U0710046

中國國家圖書館編

國家圖書館藏敦煌遺書

第六十册　北敦〇四四二〇號——北敦〇四五〇八號

北京圖書館出版社

圖書在版編目(CIP)數據

國家圖書館藏敦煌遺書·第六十册/中國國家圖書館編;任繼愈主編.—北京:北京圖書館出版社,2007.7

ISBN 978-7-5013-3212-0

Ⅰ.國… Ⅱ.①中…②任… Ⅲ.敦煌學—文獻 Ⅳ.K870.6

中國版本圖書館 CIP 數據核字(2007)第 081627 號

書　名	國家圖書館藏敦煌遺書·第六十册
著　者	中國國家圖書館編　任繼愈主編
責任編輯	徐　蜀　孫　彦
封面設計	李　璀

出　版	北京圖書館出版社　(100034　北京西城區文津街 7 號)
發　行	010-66139745　66151313　66175620　66126153 66174391(傳真)　66126156(門市部)
E-mail	cbs@nlc.gov.cn(投稿)　btsfxb@nlc.gov.cn(郵購)
Website	www.nlcpress.com
經　銷	新華書店
印　刷	北京文津閣印務有限責任公司

開　本	八開
印　張	47.5
版　次	2007 年 7 月第 1 版第 1 次印刷
印　數	1-250 册(套)

書　號	ISBN 978-7-5013-3212-0/K·1439
定　價	990.00 圓

編輯委員會

主　　編　任繼愈

常務副主編　方廣錩

副 主 編　李際寧　張志清

編委（按姓氏筆畫排列）　王克芬　王姿怡　吴玉梅　胡新英　陳　穎　黄　霞（常務）　劉玉芬

出版委員會

主　任　詹福瑞

副主任　陳　力

委　員（按姓氏筆畫排列）　李　健　姜　紅　郭又陵　徐　蜀　孫　彦

攝製人員（按姓氏筆畫排列）

于向洋　王富生　王遂新　谷韶軍　張　軍　張紅兵　張　陽　曹　宏　郭春紅　楊　勇　嚴　平

原件修整人員（按姓氏筆畫排列）

朱振彬　杜偉生　李　英　胡玉清　胡秀菊　張　平　劉建明

目錄

妙法蓮華經妙音菩薩品第廿四
尒時釋迦牟尼佛放大人相肉髻光明及放
眉間白毫相光遍照東方百八万億那由他
恒河沙等諸佛世界過是數已有世界名淨
光莊嚴其國有佛号淨華宿王智如來應供
正遍知明行足善逝世間解无上士調御丈
夫天人師佛世尊為无量无邊菩薩大眾恭
敬圍遶而為說法釋迦牟尼佛白毫光明遍
照其國尒時一切淨光莊嚴國中有一菩薩名
曰妙音久已殖眾德本供養親近无量百千
万億諸佛而悉成就甚深智慧得妙幢相三
昧法華三昧淨德三昧宿王戲三昧无緣三
昧智印三昧解一切眾生語言三昧集一切
功德三昧清淨三昧神通遊戲三昧慧炬三
昧莊嚴王三昧淨光明三昧淨藏三昧不共三
昧日旋三昧得如是等百千万億恒河沙等
諸大三昧釋迦牟尼佛光照其身即白淨
華宿王智佛言世尊我當往詣娑婆世界礼
拜親近供養釋迦牟尼佛及見文殊師利法

BD04420號　妙法蓮華經（八卷本）卷七

（7-1）

功德三昧清淨三昧神通遊戲三昧慧炬三
昧莊嚴王三昧淨光明三昧淨藏三昧不共三
昧日旋三昧得如是等百千万億恒河沙等
諸大三昧釋迦牟尼佛光照其身即白淨
華宿王智佛言世尊我當往詣娑婆世界礼
拜親近供養釋迦牟尼佛及見文殊師利法
王子菩薩藥王菩薩勇施菩薩宿王華菩薩
上行意菩薩莊嚴王菩薩藥上菩薩
尒時淨華宿王智佛告妙音菩薩汝莫輕彼
國生下劣想善男子彼娑婆世界高下不平
土石諸山穢惡充滿佛身卑小諸菩薩眾其
形亦小而汝身四万二千由旬我身六百八十
万由旬汝身第一端正百千万福光明殊
妙是故汝往莫輕彼國若佛菩薩及國土生
下劣想妙音菩薩白其佛言世尊我今詣娑
婆世界皆是如來之力如來神通遊戲如來
功德智慧莊嚴於是妙音菩薩不起于坐身
不動搖而入三昧以三昧力於耆闍崛山去法
座不遠化作八万四千眾寶蓮華閻浮檀
金為莖白銀為葉金剛為鬚甄叔迦寶以為
其臺尒時文殊師利法王子見是蓮華而白
佛言世尊是何因緣先現此瑞有若干千万
蓮華閻浮檀金為莖白銀為葉金剛為鬚
甄叔迦寶以為其臺
尒時釋迦牟尼佛告文殊師利是妙音菩薩
摩訶薩欲從淨華宿王智佛國與八万四千
菩薩圍遶而來至此娑婆世界供養親近
礼拜於我亦欲供養聽法華經文殊師利白佛

BD04420號　妙法蓮華經（八卷本）卷七

（7-2）

蓮華閻浮檀金為莖白銀為葉金剛為鬚
甄叔迦寶以為其臺
尒時釋迦牟尼佛告文殊師利是妙音菩薩
摩訶薩欲從淨華宿王智佛國與八万四千
菩薩圍遶而來至此娑婆世界供養親近
礼拜於我亦欲供養聽法華經文殊師利白佛
言世尊是菩薩種何善本脩何功德而能有
是大神通力行何三昧願為我等說是三昧
名字我等亦欲勤脩行之行此三昧乃能見
是菩薩色相大小威儀進止唯願世尊以神
通力彼菩薩來令我得見尒時釋迦牟尼佛
告文殊師利此久滅度多寶如來當為汝等
而現其相時多寶佛告彼菩薩善男子來
文殊師利法王子欲見汝身
于時妙音菩薩於彼國沒與八万四千菩薩
俱共發來所經諸國六種震動皆悉雨於七
寶蓮華百千天樂不鼓自鳴是菩薩目如廣
大青蓮華葉政使和合百千万月其面貌端
正復過於此身真金色无量百千功德莊嚴
威德熾盛光明照耀諸相具足如那羅延堅
固之身入七寶臺上昇虛空去地七多羅樹
諸菩薩衆恭敬圍遶而來詣此娑婆世界耆
闍崛山到已下七寶臺以價直百千瓔珞持至
釋迦牟尼佛所頭面礼足奉上瓔珞而白
佛言世尊淨華宿王智佛問訊世尊少病少
惱起居輕利安樂行不四大調和不世事可
忍不衆生易度不无多貪欲瞋恚愚癡嫉
妬慳慢不无不孝父母不敬沙門邪見不善

BD04420 號　妙法蓮華經（八卷本）卷七　　（7-3）

釋迦牟尼佛所頭面礼足奉上瓔珞而白
佛言世尊淨華宿王智佛問訊世尊少病少
惱起居輕利安樂行不四大調和不世事可
忍不衆生易度不无多貪欲瞋恚愚癡嫉
妬慳慢不无不孝父母不敬沙門邪見不善
心不攝五情不世尊衆生能降伏諸魔怨不久
滅度多寶如來在七寶塔中來聽法不又問
訊多寶如來安隱少惱堪忍久住不世尊我
今欲見多寶佛身唯願世尊示我令見尒時
釋迦牟尼佛語多寶佛是妙音菩薩欲得相
見時多寶佛告妙音言善哉善哉汝能為
供養釋迦牟尼佛及聽法華經并見文殊師
等故來至此
尒時華德菩薩白佛言世尊是妙音菩薩種
何善根脩何功德有是神力佛告華德菩薩
過去有佛名雲雷音王多陀阿伽度阿羅訶
三藐三佛陀國名現一切世間劫名喜見妙
音菩薩於万二千歲以十万種伎樂供養雲
雷音王佛并奉上八万四千七寶鉢以是因
緣果報今生淨華宿王智佛國有是神力華
德於汝意云何尒時雲雷音王佛所妙音菩
薩伎樂供養奉上寶器者豈異人乎今此妙
音菩薩摩訶薩是華德是妙音菩薩已曾供
養親近无量諸佛久殖德本又值恒河沙等
百千万億那由他佛
華德汝但見妙音菩薩其身在此而是菩薩
現種種身處處為諸衆生說是經典或現梵
王身或現帝釋身或現自在天身或現大自

BD04420 號　妙法蓮華經（八卷本）卷七　　（7-4）

養親近无量諸佛久殖德本又值恒河沙等
百千万億那由他佛
華德汝但見妙音菩薩其身在此而是菩薩
現種種身處處為諸衆生說是經典或現梵
王身或現帝釋身或現自在天身或現大自
在天身或現天大将軍身或現毗沙門王身
或現轉輪聖王身或現諸小王身或現長者
身或現居士身或現宰官身或現婆羅門身
或現比丘比丘尼優婆塞優婆夷身或現長
者居士婦女身或現宰官婦女身或現婆羅
門婦女身或現童男童女身或現天龍夜叉
乾闥婆阿脩羅迦樓羅緊那羅摩睺羅伽
人非人等身而說是經諸有地獄餓鬼畜生及
衆難處皆能救濟乃至於王後宮變為女
身而說是經華德是妙音菩薩能救護娑
婆世界諸衆生者是妙音菩薩如是種種變化現
身在此娑婆國土為諸衆生說是經典於神
通變化智慧无所損減是菩薩以若干智慧
明照娑婆世界令一切衆生各得所知於十
方恒河沙世界中亦復如是若應以聲聞形
得度者現聲聞形而為說法應以辟支佛形
得度者現辟支佛形而為說法應以菩薩形
得度者現菩薩形而為說法應以佛形得度
者即現佛形而為說法如是種種隨所應度
而為現形乃至應以滅度而得度者亦現滅
度華德妙音菩薩摩訶薩成就大神通智
慧之力其事如是

BD04420號　妙法蓮華經（八卷本）卷七　（7–5）

得度者現菩薩形而為說法應以佛形得度
者即現佛形而為說法如是種種隨所應度
而為現形乃至應以滅度而得度者亦現滅
度華德妙音菩薩摩訶薩成就大神通智
慧之力其事如是
尒時華德菩薩白佛言世尊是妙音菩薩深
種善根世尊是菩薩住何三昧而能如是在
所變現度脫衆生佛告華德菩薩善男子其
三昧名現一切色身妙音菩薩住是三昧中
能如是饒益无量衆生說是妙音菩薩品時
與妙音菩薩俱來者八万四千人皆得現一切
色身三昧此娑婆世界无量菩薩亦得是
三昧及陁羅尼尒時妙音菩薩摩訶薩供養
釋迦牟尼佛及多寶佛塔已還歸本土所經
諸國六種震動雨寶蓮華作百千万億種種
伎樂既到本國與八万四千菩薩圍遶至淨
華宿王智佛所白佛言世尊我到娑婆世界
饒益衆生見釋迦牟尼佛及見多寶佛塔礼
拜供養又見文殊師利法王子菩薩及見藥
王菩薩得勤精進力菩薩勇施菩薩等亦
令八万四千菩薩得現一切色身三昧說是妙
音菩薩來往品時四万二千天子得无生法
忍華德菩薩得法華三昧

妙法蓮華經卷第七

BD04420號　妙法蓮華經（八卷本）卷七　（7–6）

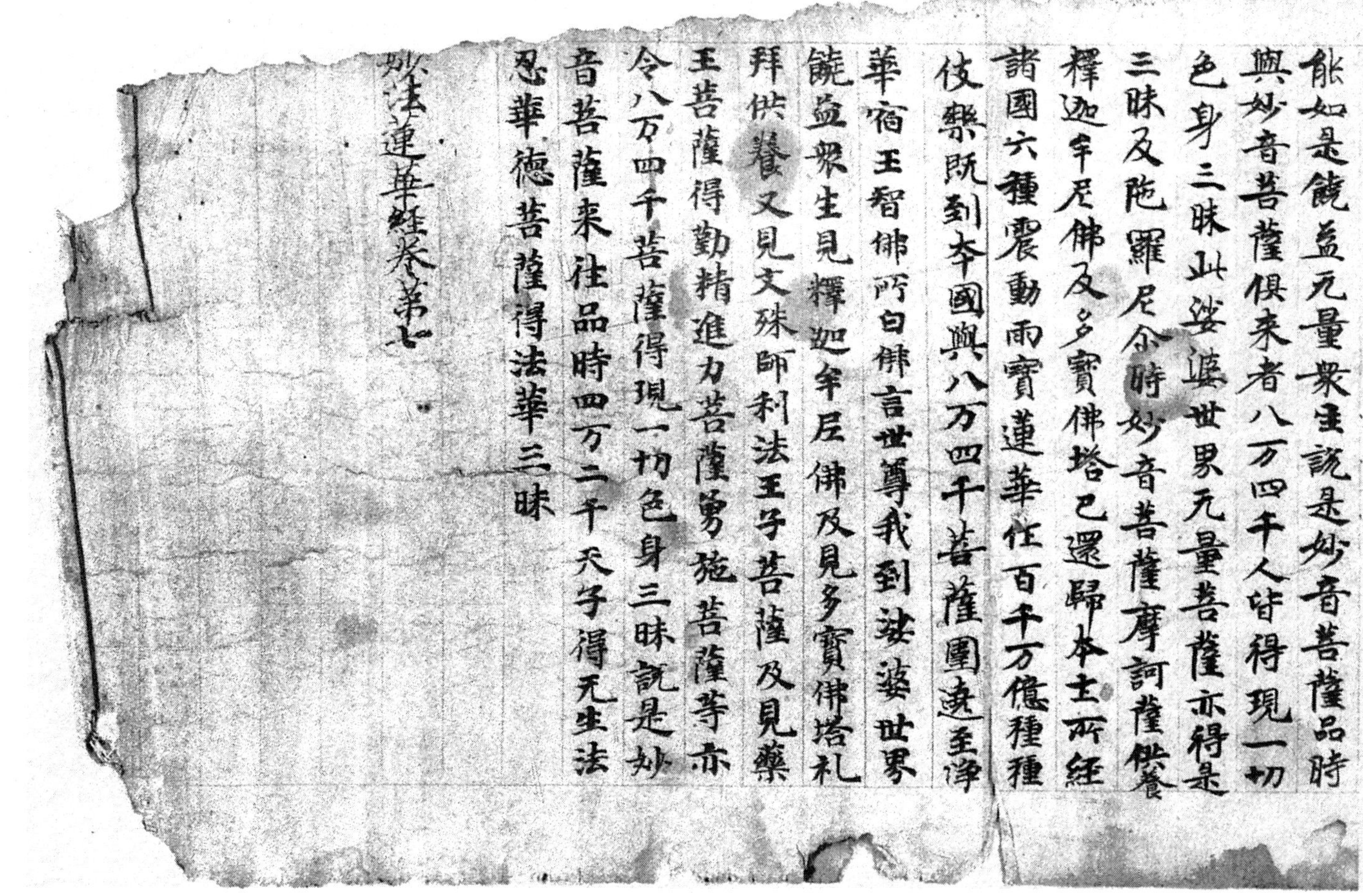

能如是饒益无量衆生說是妙音菩薩品時
與妙音菩薩俱來者八万四千人皆得現一切
色身三昧此娑婆世界无量菩薩亦得是
三昧及陁羅尼尒時妙音菩薩摩訶薩供養
釋迦牟尼佛及多寶佛塔已還歸本土所經
諸國六種震動雨寶蓮華作百千万億種種
伎樂既到本國與八万四千菩薩圍遶至淨
華宿王智佛所白佛言世尊我到娑婆世界
饒益衆生見釋迦牟尼佛及見多寶佛塔礼
拜供養又見文殊師利法王子菩薩及見藥
王菩薩得勤精進力菩薩勇施菩薩等亦
令八万四千菩薩得現一切色身三昧說是妙
音菩薩來往品時四万二千天子得无生法
忍華德菩薩得法華三昧

妙法蓮華經卷第七

BD04420 號　妙法蓮華經（八卷本）卷七　　（7–7）

法王法力超羣生
能善分別諸法相
已於諸法得自在
說法不有亦不无
无我无造无受者
始在佛樹力降魔
已无心意无受行
三轉法輪於大千
天人得道此爲證
以斯妙法濟羣生
度老病死大醫王
毀譽不動如須弥
心行平等如虛空
今奉世尊此微蓋
諸天龍神所居宮
悉見世間諸所有
衆覩希有皆歎佛
大聖法王衆所歸
各見世尊在其前
佛以一音演說法
皆謂世尊同其語

衆生隨類
斯則神力不共法

BD04421 號　維摩詰所說經卷上　　（6–1）

衆覩希有皆歎佛
大聖法王衆所歸
各見世尊在其前
佛以一音演說法　衆生隨類解
皆謂世尊同其語　斯則神力不共法
佛以一音演說法　衆生各各隨所解
普得受行獲其利　斯則神力不共法
佛以一音演說法　或有恐畏或歡喜
或生猒離或斷疑　斯則神力不共法
稽首十力大精進　稽首以得无所畏
稽首住於不共法　稽首一切大導師
稽首能斷衆結縛　稽首以到於彼岸
稽首能度諸世間　稽首永離生死道
悉知衆生來去相　善於諸法得解脫
不著世間如蓮華　常善入於空寂行
達諸法相无罣礙　稽首如空无所依
尒時長者子寶積說此偈已白佛言世尊是
五百長者子皆已發阿耨多羅三藐三菩提
心願聞得佛國土清淨唯願世尊說諸菩薩
淨土之行佛言善哉寶積乃能爲諸菩薩問
於如來淨土之行諦聽諦聽善思念之當爲
汝說於是寶積及五百長者子受教而聽佛
言寶積衆生之類是菩薩佛土所以者何菩
薩隨所化衆生而取佛土隨所調伏衆生而
取佛土隨諸衆生應以何國入佛智慧而取
佛土隨諸衆生應以何國起菩薩根而取佛
土所以者何菩薩取於淨國皆爲饒益諸衆

BD04421號　維摩詰所說經卷上　（6–2）

言寶積衆生之類是菩薩佛土所以者何菩
薩隨所化衆生而取佛土隨所調伏衆生而
取佛土隨諸衆生應以何國入佛智慧而取
佛土隨諸衆生應以何國起菩薩根而取佛
土所以者何菩薩取於淨國皆爲饒益諸衆
生故譬如有人欲於空地造立宮室隨意无
閡若於虛空終不能成菩薩如是爲成就衆
生故願取佛國願取佛國者非於空也寶積
當知直心是菩薩淨土菩薩成佛時不諂衆
生來生其國深心是菩薩淨土菩薩成佛時
具足功德衆生來生其國大乘心是菩薩淨
土菩薩成佛時大乘衆生來生其國布施是
菩薩淨土菩薩成佛時一切能捨衆生來生
其國持戒是菩薩淨土菩薩成佛時行十善
道滿願衆生來生其國忍辱是菩薩淨土菩
薩成佛時三十二相莊嚴衆生來生其國精
進是菩薩淨土菩薩成佛時勤脩一切功德
衆生來生其國禪定是菩薩淨土菩薩成佛
時攝心不亂衆生來生其國智慧是菩薩淨
土菩薩成佛時正定衆生來生其國四无量
心是菩薩淨土菩薩成佛時成就慈悲喜捨
衆生來生其國四攝法是菩薩淨土菩薩成
佛時解脫所攝衆生來生其國方便是菩薩
淨土菩薩成佛時於一切法方便无閡衆生
來生其國三十七道品是菩薩淨土菩薩成
佛時念處正勤神足根力覺道衆生來生其
國迴向心是菩薩淨土菩薩成佛時得一切

BD04421號　維摩詰所說經卷上　（6–3）

衆生來生其國四攝法是菩薩淨土菩薩成
佛時解脫所攝衆生來生其國方便是菩薩
淨土菩薩成佛時於一切法方便无閡衆生
來生其國三十七道品是菩薩淨土菩薩成
佛時念處正勤神足根力覺道衆生來生其
國迴向心是菩薩淨土菩薩成佛時得一切
具足功德國土說除八難是菩薩淨土菩薩
成佛時國土无有三惡八難自守戒行不譏
彼闕是菩薩淨土菩薩成佛時國土无有犯
禁之名十善是菩薩淨土菩薩成佛時命不
中夭大富梵行所言誠諦常以濡語眷屬不
離善和諍訟言必饒益不嫉不恚正見衆生
來生其國如是寶積菩薩隨其直心則能發
行隨其發行則得深心隨其深心則意調伏
隨意調伏則如說行隨如說行則能迴向隨
其迴向則有方便隨其方便則成就衆生隨
成就衆生則佛土淨隨佛土淨則說法淨隨
說法淨則智慧淨隨智慧淨則其心淨隨其
心淨則一切功德淨是故寶積若菩薩欲得
淨土當淨其心隨其心淨則佛土淨
尒時舍利弗承佛威神作是念若菩薩心淨
則佛土淨者我世尊本為菩薩時意豈不淨
而是佛土不淨若此佛知其念即告之言於
意云何日月豈不淨耶而盲者不見對曰不
也世尊是盲者過非日月咎舍利弗衆生罪
故不見如來佛國嚴淨非如來咎舍利弗我
此土淨而汝不見尒時螺髻梵王語舍利弗

BD04421號　維摩詰所說經卷上　（6–4）

則佛土淨者我世尊本為菩薩時意豈不淨
而是佛土不淨若此佛知其念即告之言於
意云何日月豈不淨耶而盲者不見對曰不
也世尊是盲者過非日月咎舍利弗衆生罪
故不見如來佛國嚴淨非如來咎舍利弗我
此土淨而汝不見尒時螺髻梵王語舍利弗
勿作是意謂此佛土以為不淨所以者何我
見釋迦牟尼佛土清淨譬如自在天宮舍利
弗言我見此土丘陵坑坎荊棘砂礫土石諸
山穢惡充滿螺髻梵言仁者心有高下不依
佛慧故見此土為不淨耳舍利弗菩薩於一
切衆生悉皆平等深心清淨依佛智慧則能
見此佛土清淨於是佛以足指案地即時三
千大千世界若干百千珎寶嚴飾譬如寶莊
嚴佛无量功德寶莊嚴土一切大衆歎未曾
有而皆自見坐寶蓮華佛告舍利弗汝且觀
是佛土嚴淨舍利弗言唯然世尊本所不見
本所不聞今佛國土嚴淨悉現佛語舍利弗
我佛國土常淨若此為欲度斯下劣人故示
是衆惡不淨土耳譬如諸天共寶器食隨其
福德飯色有異如是舍利弗若人心淨便見
此土功德莊嚴當佛現此國土嚴淨之時寶
積所將五百長者子皆得无生法忍八万四
千人皆發阿耨多羅三藐三菩提心佛攝神
足於是世界還復如故求聲聞乘三万二千
天及人知有為法皆悉无常遠塵離垢得法
眼淨八千比丘不受諸法漏盡意解

BD04421號　維摩詰所說經卷上　（6–5）

佛慧故見此土為不淨耳舍利弗菩薩於一
切衆生悉皆平等深心清淨依佛智慧則能
見此佛土清淨於是佛以足指案地即時三
千大千世界若干百千珎寶嚴飾譬如寶莊
嚴佛无量功德寶莊嚴土一切大衆歎未曾
有而皆自見坐寶蓮華佛告舍利弗汝且觀
是佛土嚴淨舍利弗言唯然世尊本所不見
本所不聞今佛國土嚴淨悉現佛語舍利弗
我佛國土常淨若此為欲度斯下劣人故示
是衆惡不淨土耳譬如諸天共寶器食隨其
福德飯色有異如是舍利弗若人心淨便見
此土功德莊嚴當佛現此國土嚴淨之時寶
積所將五百長者子皆得无生法忍八万四
千人皆發阿耨多羅三藐三菩提心佛攝神
足於是世界還復如故求聲聞乘三万二千
天及人知有為法皆悉无常遠塵離垢得法
眼淨八千比丘不受諸法漏盡意解
方便品第二
尒時毗耶離大城中有長者名維摩詰已曾

BD04421 號　維摩詰所說經卷上　（6–6）

佛
佛
明佛
色光明聲佛
南无妙鼓聲佛
南无雲聲佛
南无妙聲佛
南无雲妙鼓聲佛
南无法鼓出聲佛
南无地吼聲佛
南无師子吼聲佛

南无寶月光明佛
南无聚集日輪佛
南无聲頭音婆留王佛
南无法力光明佛
南无清淨光明佛
南无日光明佛
南无然火光明佛
南无羅網光明佛
南无稱光明佛
南无无邊光明佛
南无虛空聲佛
南无師子聲佛
南无天聲佛
南无梵聲佛
南无法鼓聲佛
南无聲滿法界聲佛
南无普遍聲佛
南无无量吼聲佛

BD04422 號　佛名經（十六卷本）卷二　（30–1）

南无妙聲佛　南无梵聲佛
南无雲妙鼓聲佛　南无法鼓聲佛
南无法鼓出聲佛　南无聲滿法界聲佛
南无地吼聲佛　南无普遍聲佛
南无師子吼聲佛　南无无量吼聲佛
南无无剝吼聲佛　南无鷲怖一切魔輪聲佛
南无降伏一切聲聲佛　南无无障礙月慧佛
南无法无垢月佛　南无普照月佛
南无放光明月佛　南无盧舍那月佛
南无解脫月佛　南无稱月佛
南无功德月佛　南无寶月佛
從此以上一千一百佛十二部經一切賢聖
南无滿月佛　南无大月佛
南无月輪清淨佛　南无日月佛
南无月慧佛　南无无垢慧佛
南无深慧佛　南无式慧佛
南无難勝慧佛　南无阿僧祇劫修慧佛
南无无量樂功德莊聲行慧佛
南无无量功德莊嚴佛　南无離劫佛
南无勝功德王莊嚴威德王劫佛
南无自在滅劫佛　南无弥留劫佛
南无須弥留劫佛　南无不可說劫佛
南无金光明色光上佛　南无龍家上佛
南无愛上佛　南无度上佛

BD04422號　佛名經（十六卷本）卷二　（30–2）

南无自在滅劫佛　南无弥留劫佛
南无須弥留劫佛　南无不可說劫佛
南无金光明色光上佛　南无龍家上佛
南无愛上佛　南无度上佛
南无法上佛　南无金剛上佛
南无威德上佛　南无无垢上佛
南无龍家上佛　南无寶上佛
南无勝寶上佛　南无沙利羅上佛
南无天上佛　南无波頭摩上佛
南无香上佛　南无放香佛
南无樂香佛　南无香奮迅佛
南无香鳥奮迅佛　南无香鳥佛
南无大香鳥佛　南无多羅毉香佛
南无香佛　南无无邊香佛
南无普遍香佛　南无薰香佛
南无多伽羅香佛　南无栴檀香佛
南无蔓陀羅香佛　南无波頭摩香佛
南无波頭摩手佛　南无波頭眼佛
南无波頭摩莊嚴佛　南无波頭摩起佛
南无波頭摩勝佛　南无月勝佛
南无身勝佛　南无驚怖勝佛
南无邊勝雲佛　南无功德成就雲佛
南无寶雲佛　南无功德雲佛
南无雲護佛　南无普護佛

BD04422號　佛名經（十六卷本）卷二　（30–3）

南无波頭摩勝佛　南无月勝佛
南无身勝佛　南无鷲怖勝佛
南无驗勝雲佛　南无功德成就雲佛
南无寶雲佛　南无功德雲佛
南无雲護佛　南无普護佛
南无聖護佛　南无功德護佛
南无普遍護佛　南无精進護佛
南无精進善佛　南无上善佛
南无寶善佛　南无師子善佛
南无龍善佛　南无寶善佛
南无寶智佛　南无善去佛
南无善智寂靜去佛　南无大勢佛
南无甘露勢佛　南无金剛勢佛
南无无垢處勢佛　南无不動處勢佛
南无三界處勢佛　南无三昧處勢佛
南无定處勢佛　南无不動處勢佛
南无高去佛　南无寂滅去佛
南无師子奮迅去佛　南无善步去佛
南无无盡慧佛　南无海慧佛
南无任慧佛　南无勝慧佛
南无滅諸惡慧佛　南无寂靜慧佛
南无脩行慧佛　南无密慧佛
南无堅慧佛　南无善清淨慧佛
南无大慧佛　南无香慧佛

BD04422號　佛名經（十六卷本）卷二　（30–4）

南无滅諸惡慧佛　南无寂靜慧佛
南无脩行慧佛　南无密慧佛
南无堅慧佛　南无善清淨慧佛
南无大慧佛　南无香慧佛
從此以上一千二百佛十二部經一切賢聖
南无无邊慧佛　南无威德慧佛
南无世慧佛　南无上慧佛
南无妙慧佛　南无快慧佛
南无无觀慧佛　南无稱意佛
南无廣慧佛　南无栴檀滿慧佛
南无覺慧佛　南无法慧佛
南无師子慧佛　南无膚慧佛
南无普慧佛　南无寶慧佛
南无金剛慧佛　南无清淨慧佛
南无勝慧佛　南无勝積佛
南无勇猛積佛　南无般若積佛
南无樂說積佛　南无香積佛
南无寶積佛　南无寶髻佛
南无功德髻佛　南无天髻佛
南无龍髻佛　南无大髻佛
南无彌留聚佛　南无大聚佛
南无炎大聚佛　南无寶聚佛
南无寶手佛　南无柔耎佛
南无寶印手佛　南无寶光明奮迅思惟佛

BD04422號　佛名經（十六卷本）卷二　（30–5）

南无弥留聚佛　南无大聚佛
南无炎大聚佛　南无寶聚佛
南无寶手佛　南无柔耎佛
南无寶印手佛　南无寶光明奮迅思惟佛
南无寶火圍遶佛　南无寶天佛
南无寶勝佛　南无寶高佛
南无寶堅佛　南无寶波頭摩佛
南无寶念佛　南无寶力佛
南无寶山佛　南无寶炎佛
南无寶火圍遶佛　南无寶照佛
南无放照佛　南无迭共花佛
南无妙說佛　南无月說佛
南无金剛說佛　南无寶說佛
南无寶杖佛　南无无量寶杖佛
南无无垢杖佛　南无无邊杖佛
南无法杖佛　南无寶蓋佛
南无均寶蓋佛　南无摩戹蓋佛
南无金蓋佛　南无奮迅王佛
南无增上大成就王佛　南无增上勇猛佛
南无勇施佛　南无智施佛
南无燃燈佛　南无燃燈火佛
南无清淨燈佛　南无功德燃燈佛
南无福德燃燈佛　南无寶燃燈佛
南无火然燈佛　南无无邊然燈佛

BD04422 號　佛名經（十六卷本）卷二　（30–6）

南无增上大成就王佛　南无增上勇猛佛
南无勇施佛　南无智施佛
南无燃燈佛　南无燃燈火佛
南无清淨燈佛　南无功德燃燈佛
南无福德燃燈佛　南无寶燃燈佛
南无火燃燈佛　南无无邊燃燈佛
南无寶火燃燈佛　南无普燃燈佛
南无月然燈佛　南无日然燈佛
南无日月然燈佛　南无雲聲然燈佛
南无大海然燈佛　南无忍辱輭燈佛
南无世然燈佛　南无光明遍十方然燈佛
南无照諸趣燃燈佛　南无破諸闇燃燈佛
南无功德成就燃燈佛　南无俱蘇摩身佛
南无不散佛　南无散花佛
南无不散花佛　南无放光明佛
南无千千光明佛　南无六十光明佛
南无觀光明佛　南无无障礙光明佛
從此以上一千三百佛十二部經一切賢聖
南无放淨光明佛　南无无邊光明佛
南无波頭摩光明佛　南无福德光明佛
南无智光明佛　南无月光明佛
南无日光明佛　南无无礙光明佛
南无奮迅寂稱佛　南无无比佛
南无功德稱佛　南无寶稱佛

BD04422 號　佛名經（十六卷本）卷二　（30–7）

南无波頭摩光明佛　南无福德光明佛
南无智光明佛　南无月光明佛
南无日光明佛　南无无礙光明佛
南无奮迅衆教稱佛　南无无比佛
南无功德稱佛　南无寶稱佛
南无无垢稱佛　南无垢无德佛
南无堅德佛　南无无憂德佛
南无勇猛德佛　南无花德佛
南无歡喜德佛　南无龍德佛
南无功德海佛　南无淨德佛
南无淨天佛　南无供養佛
南无淨聲佛　南无淨妙聲佛
南无出淨聲佛　南无普智輪光聲佛
南无大聲佛　南无雲勝聲佛

次礼十二部尊經大藏法輪

南无向善宗經　南无弥勒下生經
南无脩行經　南无无盡意經
南无大雲經　南无廣博嚴淨經
南无所行讚經　南无十住經
南无海龍王經　南无思益經
南无菩薩處胎經　南无禪行經
南无鴦掘魔羅經　南无菩薩本緣經
南无密迹金剛經　南无佛藏經
南无大樹緊那羅經　南无向毗曇心經
南无[illegible]　南无百喻經

南无海龍王經　南无思益經
南无菩薩處胎經　南无禪行經
南无鴦掘魔羅經　南无菩薩本緣經
南无密迹金剛經　南无佛藏經
南无大樹緊那羅經　南无向毗曇心經
南无大悲分陁利經　南无百喻經
南无大吉義呪經　南无淨度經
南无維摩詰經　南无菩薩本行經
南无寶蓮經　南无无明羅刹經
南无集一切福德經　南无金光明經

次礼十方諸大菩薩

南无因陁羅德菩薩　南无海天菩薩
南无跋陁波羅菩薩　南无藥王菩薩
南无盧舍那菩薩　南无月光菩薩
南无聖藏菩薩　南无智山菩薩
南无波頭摩勝藏菩薩　南无不捨行菩薩
南无不空見菩薩　南无妙聲菩薩
南无妙聲吼菩薩　南无常[illegible][illegible]精菩薩
南无波頭摩直勝菩薩　南无廣思菩薩
南无憂波羅眼菩薩　南无可供養菩薩
南无常憶菩薩　南无住一切悲見菩薩
南无斷一切惡菩薩　南无住一切聲菩薩
南无住一切有菩薩　南无住佛聲菩薩
南无无垢菩薩　南无勇猛德菩薩

南无憂波羅明菩薩　南无可供養菩薩
南无常憶菩薩　南无住一切悲見菩薩
南无斷一切惡菩薩　南无住一切聲菩薩
南无住一切有菩薩　南无住佛聲菩薩
南无无垢菩薩　南无勇猛德菩薩
南无淨菩薩　南无寶勝菩薩
南无羅網光菩薩　南无斷諸盡菩薩
南无能捨一切事菩薩　南无華莊嚴菩薩
南无月光光明菩薩　南无家勝意菩薩
南无堅意菩薩　南无自在天菩薩
南无勝意菩薩　南无淨意菩薩
從此以上一千四百佛十二部經一切賢聖
南无金剛意菩薩　南无增長意菩薩
南无善住菩薩　南无善導師菩薩
南无波頭摩藏菩薩　南无隨居自在王菩薩
南无普行菩薩　南无覺菩提菩薩
歸命如是等十方无量无邊菩薩
南无寶辟支佛　南无不可比辟支佛
南无歡喜辟支佛　南无喜辟支佛
南无隨喜辟支佛　南无十二婆羅隨辟支佛
南无十二名婆羅辟支佛　南无火身辟支佛
南无同菩提辟支佛　南无摩訶男辟支佛
南无心上辟支佛　南无髮淨辟支佛
歸命如是等无量无邊辟支佛

南无十二名婆羅辟支佛　南无火身辟支佛
南无同菩提辟支佛　南无摩訶男辟支佛
南无心上辟支佛　南无髮淨辟支佛
歸命如是等无量无邊辟支佛
礼三寶已次復懺悔
衆等相与即今我身心寂靜无諂无障正是
生善滅惡之時復應各起四種觀行以為滅
罪作前方便何等為四一者觀於因緣二者
觀於果報三者觀我自身四者觀如來身第
一觀因緣者知我此罪藉以无明不善思惟
无正觀力不識其過遠離善友諸佛菩薩隨
逐魔道行邪險逕如魚吞鉤不知其患如蠶
作繭自縈自縛如蛾赴火自燒自爛以是因
緣不能自出
第二觀於果報者所有諸惡不善之業三世
流轉苦果无窮沈溺无邊巨夜大海為諸煩
惱羅刹所食未來生死冥然无崖設使報得
者轉輪聖王王四天下飛行自在七寶具足
命終之後不免惡趣四空果報三界尊極福
盡還作牛領中虫況復其餘无福德者而復
懈怠不勤懺悔此亦譬如抱石沈淵求出良
難
第三觀我自身雖有正因靈覺之性而為煩
惱黑闇叢林之所覆蔽无了因力不能得顯

懈怠不勤懺悔此亦譬如抱石沉溺求出良
難
第三觀我自身雖有正因靈覺之性而為煩
惱黑暗業林之所覆蔽无了因力不能得顯
我今應當發起勝心破列无明顛倒重障斷
滅生死虛偽苦因顯發如來大明覺慧建
无上涅槃妙果
第四觀如來身者无為寂照離四句絕百非衆
德具足湛然常住雖復方便入於滅度慈悲
救接未曾暫捨生如是心可謂滅罪之良津
除障之要行是故弟子今日至誠歸命
東方勝藏珠光佛　南无南方寶精求現佛
西方法界智燈佛　南无北方寶勝降伏佛
東南方龍自在王佛　南无南方轉一切生死佛
西北方无邊智自在佛　東北方无邊功德月佛
下方海智神通佛　上方一切勝王佛
如是十方盡虛空界一切三寶
弟子等无始以來至於今日長養煩惱日滋
日厚日滋日茂覆蓋慧眼令无所見斷除衆
善不得相續起障煩惱不得見佛不聞正法不值
聖僧煩惱起障不見過去未來一切世間善
惡業行之煩惱障受人天尊貴之煩惱障生
色无色界禪定福樂之煩惱障不得自在神
通飛騰隱顯遍至十方諸佛淨土聽法之煩

BD04422號　佛名經（十六卷本）卷二　（30–12）

善不得相續起障煩惱不得見佛不聞正法不值
聖僧煩惱起障不見過去未來一切世間善
惡業行之煩惱障受人天尊貴之煩惱障生
色无色界禪定福樂之煩惱障不得自在神
通飛騰隱顯遍至十方諸佛淨土聽法之煩
惱障學安那般那息不淨觀諸煩惱障學慈
悲喜捨因緣煩惱障學七方便三觀義煩惱
障學四念處煖頂忍煩惱障學聞思脩第一
法煩惱障學空平等中道解煩惱障學覺八
正道示相之煩惱障學七覺支不示相煩惱
障學於道品因緣觀煩惱障學八解脫九空
之煩惱障學於十智三三昧煩惱障學三明
六通四无礙煩惱障學六度四等煩惱障學
四攝法廣化之煩惱障學大乘心四弘誓攝
願煩惱障學十明十行之煩惱障學十迴向
十願之煩惱障學初地二地三地四地明解
之煩惱障五地六地七地諸知見煩惱障學
八地九地十地雙照之煩惱障如是乃至障
學佛果百万阿僧祇諸行上煩惱如是行障
无量无邊弟子今日至到誓懇向十方佛尊
法聖衆慚愧懺悔願皆消滅
願弟子等藉此懺悔障於諸行一切煩惱願
弟子等在在處處自在受生不為結業之所
迴轉以如意通於一念傾須遍至十方淨諸

BD04422號　佛名經（十六卷本）卷二　（30–13）

无量无邊弟子今日至到誓懇向十方佛尊
法聖衆慙愧懺悔願皆消滅
願弟子等藉此懺悔障於諸行一切煩惱願
弟子等在在處處自在受生不爲結業之所
迴轉以如意通於一念傾須遍至十方淨諸
佛土攝化衆生於諸禪定甚深境界及諸知
見通達无礙心能普同一切諸法樂說无窮
而不染著得心自在得法自在智慧自在方
便自在令此煩惱及无知結習畢竟永斷不
復相續无漏聖道朗然如日 礼一拜

南无安隱聲佛　南无樂聲佛
南无妙聲鼓佛　南无天聲佛
南无月聲佛　南无日聲佛
南无師子聲佛　南无波頭摩聲佛
南无福德聲佛　南无金剛聲佛
南无自在聲佛　南无慧聲佛
南无妙聲佛　南无選擇聲佛
南无甘露聲佛　南无淨幢佛
南无金剛幢佛　南无法幢佛
南无持住法佛　南无樂法佛
南无讚法佛　南无曇无竭佛
南无法奮迅佛　南无法果華佛
南无讚法眼佛　南无然法庭燎佛
南无法自在佛　南无人自在佛

南无金剛幢佛　南无法幢佛
南无持住法佛　南无樂法佛
南无讚法佛　南无曇无竭佛
南无法奮迅佛　南无法果華佛
南无讚法眼佛　南无然法庭燎佛
南无法自在佛　南无人自在佛
南无功德自在佛　南无聲自在佛
南无世自在佛　南无觀世自在佛
南无无量自在佛　南无意住持佛
南无地住持佛　南无庄嚴住持佛
南无器住持佛　南无功德性住持佛
南无勝色佛　南无轉發起佛
南无一切觀形示佛　南无發功无猒足行佛
南无發成就佛　南无善讚佛
南无善思惟佛　南无善喜佛
南无善處佛　南无普禪佛
南无甘露功德佛　南无善眼佛
南无師子仙化佛　南无佛眼佛
南无合聚佛　南无疾智勇佛
南无善住佛　南无實行佛
南无師子手佛　南无海瀰佛
南无善思惟佛　南无稱王佛
南无住慈佛　南无善夜摩佛
南无善行佛　南无善功德佛
南无善色佛　南无善識佛

南无善住佛　南无寶行佛
南无師子手佛　南无海淵佛
南无善思惟佛　南无稱王佛
南无住慈佛　南无善夜摩佛
南无善行佛　南无善功德佛
南无善色佛　南无善識佛
南无善心佛　南无善光佛
從此以上一千五百佛十二部經一切賢聖
南无師子月佛　南无不可勝佛
南无不可勝无畏佛　南无无量佛
南无速與佛　南无不動心佛
南无應稱佛　南无應不怯弱聲佛
南无不虛足藏佛　南无不盡佛
南无不可動佛　南无名无畏佛
南无名自在讓聞佛　南无名龍自在聲佛
南无名法行廣慧佛　南无名妙勝自在相通稱佛
南无名妙勝自在勝佛　南无名樂法奮迅佛
南无名法界莊嚴佛　南无名大乘莊嚴佛
南无名寂靜王佛　南无解脫行佛
南无大海彌留起王佛　南无舍聚鄰羅迷王佛
南无散壞降魔輪佛　南无精進根寶王佛
南无佛法波頭摩佛　南无得佛眼分陀利佛
南无隨前覺佛　南无平等作佛
南无名初發心念遠離一切驚怖无煩惱起功

南无大海彌留起王佛　南无舍聚鄰羅迷王佛
南无散壞降魔輪佛　南无精進根寶王佛
南无佛法波頭摩佛　南无得佛眼分陀利佛
南无隨前覺佛　南无平等作佛
南无名初發心念遠離一切驚怖无煩惱起功
德佛　南无教化菩薩佛
南无金剛釜奮迅佛
南无名寶像光明釜奮迅佛
南无破壞魔輪佛
南无初發心成就不退勝輪佛
南无寶蓋起无畏光明佛
南无初發心念斷疑煩惱佛
南无名光明破闇起三昧王佛
善男子善女人若有得聞是諸佛名者永離
業障不墮惡道若无眼者誦必得眼
南无十千同名星宿佛　南无一切同名星宿佛
南无三十千同名釋迦牟尼佛
南无一切同名釋迦牟尼佛
南无二億同名拘隣佛
南无一切同名拘隣佛
南无十八億同名實法決定佛
南无一切同名實法決定佛
南无十八億同名日月燈佛
南无一切同名日月燈佛

南无一切同名拘隣佛
南无十八億同名寶法決定佛
南无一切同名寶法決定佛
南无十八億同名日月燈佛
南无一切同名日月燈佛
南无千五百同名大威德佛
南无一切同名大威德佛
南无千五百同名日佛
南无一切同名日佛
南无四万四千同名面佛
南无一切同名面佛
南无万千同名堅固自在佛
南无一切同名堅固自在佛
南无万八千同名普護佛
南无一切同名普護佛
南无千八百同名舍摩他佛
南无一切同名舍摩他佛
劫名善眼彼劫中有七十二那由他如来
成佛我悉歸命彼諸如来
劫名善見彼劫中有七十二億如来成佛
我悉歸命彼諸如来
劫名淨讃歎彼劫中有一万八千如来
成佛我悉歸命彼諸如来
劫名善竹彼劫中有三万二千如来成

BD04422號　佛名經（十六卷本）卷二　（30–18）

劫名善見彼劫中有七十二億如来成佛
我悉歸命彼諸如来
劫名淨讃歎彼劫中有一万八千如来
成佛我悉歸命彼諸如来
劫名善竹彼劫中有三万二千如来成
佛我悉歸命彼諸如来
劫名莊嚴彼劫中有八万四千如来成佛我
悉歸命彼諸如来
南无現在十方世界不捨命說諸法佛所謂
安樂世界中阿弥陁佛為上首
南无樂世界中阿閦佛如来為上首
南无袈裟幢世界中碎金剛佛為上首
南无不退輪吼世界中清淨光波頭摩
化身如来為上首
南无无垢世界中法幢如来為上首
南无善燈世界中師子如来為上首
南无善住世界中盧舍那藏為上首
南无難過世界中功德花身如来為上首
南无莊嚴慧世界中一切通光明佛為上首
南无鏡輪光明世界中月智慧佛為上首
南无花勝世界中波頭摩勝如来為上首
南无波頭摩勝世界中賢勝如来為上首
南无不瞬世界中普賢如来為上首
南无普賢世界中自在王如来為上首

BD04422號　佛名經（十六卷本）卷二　（30–19）

南无鏡輪光明世界中月智慧佛為上首
南无花勝世界中波頭摩勝如来為上首
南无波頭摩勝世界中賢勝如来為上首
南无不瞬世界中普賢如来為上首
南无普賢世界中自在王如来為上首
南无不可勝世界中成就一切義如来為上首
南无娑婆世界中釋迦牟尼佛為上首
南无善說佛為上首　南无自在幢王佛
南无作大光佛　南无无畏觀佛
如是等上首諸佛我以身口意業遍滿十
方一時礼拜讚歎供養彼諸如来所說法
甚深境界不可量境界不可思議境界无
量境界善我悉以身口意業遍滿十方礼拜
讚歎供養彼佛世界中不退菩薩僧不退聲
聞僧我悉以身口意業遍滿十方頭面礼
足讚歎供養
南无降伏魔人自在佛　南无降伏貪自在佛
南无降伏瞋自在佛　南无降伏癡見自在佛
南无降伏怒自在佛　南无降伏見自在佛
南无降伏諸戲自在佛　南无了達法自在佛
南无得神通自在稱佛　南无得勝業自在稱佛
南无起施自在稱佛　南无起清淨戒自在稱佛
南无起忍辱人自在稱佛　南无起精進人自在稱佛
從此以上一千六百佛十二部經一切賢聖

南无降伏諸戲自在佛　南无了達法自在佛
南无得神通自在稱佛　南无得勝業自在稱佛
南无起施自在稱佛　南无起清淨戒自在稱佛
南无起忍辱人自在稱佛　南无起精進人自在稱佛
從此以上一千六百佛十二部經一切賢聖
南无起禪那人自在稱佛　南无福德清淨光明自在佛
南无陁羅尼自在稱佛　南无高勝佛
南无光明勝佛　南无大勝佛
南无散香上勝佛　南无多寶勝佛
南无月上勝佛　南无賢上勝佛
南无摩上勝佛　南无无量上勝佛
南无波頭摩上勝佛　南无三昧手上勝佛
南无善說名稱佛　南无大海深勝佛
南无阿僧祇精進住勝佛　南无樂說一切法莊嚴勝佛
南无寶輪威德上勝佛　南无日輪上光明勝佛
南无无量慙愧金色上勝佛
南无功德海瑠璃金山金色光明勝佛
南无寶花普照勝佛　南无起无邊德光垢勝佛
南无起多羅王勝佛　南无樹王吼勝佛
南无法海潮勝佛　南无智清淨功德勝佛
南无樂劫火勝佛　南无不可思議光明勝佛
南无寶月光明勝佛　南无寶賢幢勝佛
南无成就義勝佛　南无寶成就勝佛
南无寶集勝佛　南无奮迅勝佛

南无樂劫火勝佛　南无不可思議光明勝佛
南无寶月光明勝佛　南无寶賢幢勝佛
南无成就義勝佛　南无寶成就勝佛
南无寶集勝佛　南无奮迅勝佛
南无不空勝佛　南无聞勝佛
南无海勝佛　南无住持勝佛
南无善行勝佛　南无龍勝佛
南无波頭摩勝佛　南无福得勝佛
南无智勝佛　南无妙勝佛
南无賢勝佛　南无勝賢勝佛
南无栴檀勝佛　南无勝栴檀勝佛
南无无量光明勝佛　南无幢勝佛
南无勝幢勝佛　南无无憂勝佛
南无離一切憂勝佛　南无寶杖如来
南无善寶杖如来　南无枸蘇摩勝佛
南无花勝佛　南无樹提勝佛
南无三昧奮迅勝佛　南无廣功德勝佛
南无火勝佛
南无衆勝佛
南无清淨光世界有佛號精清淨增長
勝上王佛
南无普光世界普花无畏王如来
南无普蓋世界名均寶莊嚴如来彼如来

BD04422號　佛名經（十六卷本）卷二　（30–22）

南无衆勝佛
南无清淨光世界有佛號精清淨增長
勝上王佛
南无普光世界普花无畏王如来
南无普蓋世界名均寶莊嚴如来彼如来
授羅因光菩薩阿耨多羅三藐三菩提記
南无一寶髻世界名无量寶境界如来彼如
来授不空奮迅境界菩薩阿耨多羅三藐
三菩提記
南无相威德王世界名无量聲如来彼如来
授即發心轉法輪菩薩阿耨多羅三藐三
菩提心
南无名稱世界名須弥留聚集如来彼如来
授光明輪勝威德菩薩阿耨多羅三藐三菩
提記
南无善住世界名虛空寂如来彼如来授月
光菩薩阿耨多羅三藐三菩提記
南无地輪世界稱力王如来彼如来授智稱
菩薩阿耨多羅三藐三菩提記
南无月起光世界放光明如来彼如来授光
明輪菩薩阿耨多羅三藐三菩提
南无袈裟幢世界名離袈裟如来彼如来授
无量寶發菩薩阿耨多羅三藐三菩提

BD04422號　佛名經（十六卷本）卷二　（30–23）

南无月起光世界放光明如来彼如来授光
明輪菩薩阿耨多羅三藐三菩提
南无袈裟幢世界名離袈裟如来彼如来授
无量寶發菩薩阿耨多羅三藐三菩提
南无波頭摩花世界種種花勝成就如来彼
如来授名无量精進菩薩阿耨多羅三藐三
菩提
南无一盖世界名遠離諸怖毛竪如来彼
如来授羅因光明菩薩阿耨多羅三藐三
菩提
南无種種幢世界名須弥留聚如来彼如来
授大勝菩薩阿耨多羅三藐三菩提
南无普光世界名无鄣礙眼如来彼如来
授名智勝菩薩阿耨多羅三藐三菩提
南无賢世界名栴檀尸如来授名智功德幢
菩薩阿耨多羅三藐三菩提記
南无賢慧世界名合聚如来彼如来授名
妙智菩薩阿耨多羅三藐三菩提
南无寶首世界名羅因光明如来如来授名
智功德菩薩阿耨多羅三藐三菩提記
南无安樂首世界名寶蓮華勝如来彼如来
授名波頭摩勝功德菩薩阿耨多羅三藐
三菩提記

BD04422號　佛名經（十六卷本）卷二　（30–24）

南无寶首世界名羅因光明如来彼如来授名
智功德菩薩阿耨多羅三藐三菩提記
南无安樂首世界名寶蓮華勝如来彼如来
授名波頭摩勝功德菩薩阿耨多羅三藐三
三菩提記
南无稱世界名智花寶光明勝如来彼如来
授第一莊嚴菩薩阿耨多羅三藐三菩提記
南无賢辟世界名起賢光明如来彼如来授
名寶光明菩薩阿耨多羅三藐三菩提記
南无无畏世界名滅散　畏如来彼如来
授名畏菩薩阿耨多羅三藐三菩提記
南无弥留幢世界名弥留厚如来彼如来授
合聚菩薩阿耨多羅三藐三菩提記
南无遠離一切憂惱障礙世界名无畏王
如来彼如来授名聲菩薩阿耨多羅三藐
三菩提記
南无法世界名作法如来彼如来授名智作
菩薩阿耨多羅三藐三菩提記
南无善住世界名百一十光明如来彼如来
授名勝光明菩薩阿耨多羅三藐三
南无共光明世界名千上光明如来彼如来
授名普光明菩薩阿耨多羅三藐三
南无多伽羅世界名智光明如来彼如来
授名善眼菩薩阿耨多羅三藐三菩提記

BD04422號　佛名經（十六卷本）卷二　（30–25）

授名勝光明菩薩阿耨多羅三藐三
南无光明世界名千上光明如來彼如來
授名普光明菩薩阿耨多羅三藐三
南无多伽羅世界名智光明如來彼如來
授名善眼菩薩阿耨多羅三藐三菩提記
南无香世界名寶勝光明如來彼如來授名
无量光明菩薩阿耨多羅三藐三菩提記
次礼十二部尊經大藏法輪
南无首楞嚴經　南无菩薩夢經
南无菩薩神通變化經　南无法界體性經
南无密藏經　南无般舟經
從此以上二千七百佛十二部經一切賢聖
南无超日明經　南无中本起經
南无无量壽經　南无百論經
南无寶梁經　南无善王皇帝經
南无發菩提心經　南无決罪福經
南无大乘方便經　南无法句經
南无蜜蜂王經　南无虛空藏經
南无辟支佛緣經　南无淨業障經
南无温室洗浴經　南无太子讚經
南无法句譬喻經　南无衆要阿毗曇經
南无睒經　南无光瑞經
南无三受經　南无三乘无當白經
次礼十方諸大菩薩
南无妙光菩薩　南无无邊光菩薩

BD04422號　佛名經（十六卷本）卷二　（30–26）

南无温室洗浴經　南无太子讚經
南无法句譬喻經　南无衆要阿毗曇經
南无睒經　南无光瑞經
南无三受經　南无三乘无當白經
次礼十方諸大菩薩
南无妙光菩薩　南无无邊光菩薩
南无无量明菩薩　南无勇施菩薩
南无普賢菩薩　南无勇智菩薩
南无度難菩薩　南无濟神菩薩
南无開化菩薩　南无淨智菩薩
南无安神菩薩　南无專通菩薩
南无无邊光菩薩　南无金剛慧菩薩
南无寶首菩薩　南无調慧菩薩
南无法藏菩薩　南无龍樹菩薩
南无淨藏菩薩　南无淨眼菩薩
南无大勢志菩薩　南无童真菩薩
南无成道菩薩　南无度難菩薩
南无弥陀羅菩薩
復次應稱辟支佛名
南无見人飛騰辟支佛　南无可波羅辟支佛
南无恭摩利辟支佛　南无月淨辟支佛
南无善智辟支佛　南无脩陀羅辟支佛
南无善法辟支佛　南无應求辟支佛
南无鞞求辟支佛　南无大勢辟支佛
南无脩不著辟支佛　南无難捨辟支佛
歸命如是等无量无邊辟支佛

BD04422號　佛名經（十六卷本）卷二　（30–27）

南无善智辟支佛　南无脩陁羅辟支佛
南无善法辟支佛　南无應求辟支佛
南无驕求辟支佛　南无大勢辟支佛
南无脩不着辟支佛　南无難捨辟支佛
歸命如是等无量无邊辟支佛
礼三寶已次復懺悔
弟子等略懺煩惱障竟今當次第懺悔業
障夫業能莊飾世趣在在處處是以思惟
求離世解脫所以六道果報種種不同形類
各異當知皆是業力所作所以佛十力中業
力甚深凡夫之人多於此中好起疑惑何以
故尒現見世間行善之人觸向轗軻為惡之
者是事諧偶謂言天下善惡无分如此計
者皆是不能深達業理何以故尒經中說言
有三種業何等為三一者現報二者生報三
者後報現報業者現在作善作惡現身受報
生報業者此生作善作惡來生受報後報業者
或是過去无量生中作善作惡或於此生中
受或在未來无量生中方受其報向者行惡
之人現在見好此是過去生報後報善業熟
故所以現在有此樂果豈關現在作諸惡業
而得好報行善之人現在見苦者是過去生
中生報後報惡業熟故現在善根力弱不能
排遣是故得此苦報豈關現在作善而招惡
報何以知然現見世間為善之者為人所讚
歎人所尊重故知未來必招樂過去既有

BD04422號　佛名經（十六卷本）卷二　（30–28）

而得好報行善之人現在見苦者是過去生
中生報後報惡業熟故現在善根力弱不能
排遣是故得此苦報豈關現在作善而招惡
報何以知然現見世間為善之者為人所讚
歎人所尊重故知未來必招樂過去既有
如此惡業所以諸佛菩薩教令親近善行
共行懺悔善知識者於得道中則為全利是
弟子等今日至誠歸依佛
東方无量離垢佛　南方樹根花王佛
西方蓮華自在佛　北方金剛能破佛
東南方憂檀義勝佛　西南方金海自在王佛
西北方无邊法自在王佛　東北方无礙香象王佛
下方无礙慧幢佛　上方甘露上王佛
如是十方盡虛空界一切三寶
弟子等无始以來至於今日積惡如恒沙造
罪滿天地捨身與受身不覺亦不知或作五
逆深厚濁纏无間罪業或造一闡提斷善根
業輕誣佛語謗方等業破滅三寶毀正法
業不信罪福起十惡業迷真返正癡惑之
業不孝二親反戾之業輕慢師長无礼敬業
朋友不信不義之業或作四重六重八重障
聖道業毀犯五戒破八齋業五篇七聚多
缺犯業優婆塞戒輕重垢業或菩薩戒不

BD04422號　佛名經（十六卷本）卷二　（30–29）

違法…罪業或造一闡提斷善根
業輕誣佛語謗方等業破滅三寶毀正法
業不信罪福起十惡業迷真返正癡惑之
業不孝二親反戾之業輕慢師長无礼敬業
朋友不信不義之業或作四重六重八重障
聖道業毀犯五戒破八齋業五篇七聚多
缺犯業優婆塞戒輕重垢業或菩薩戒不

BD04422 號　佛名經（十六卷本）卷二　（30–30）

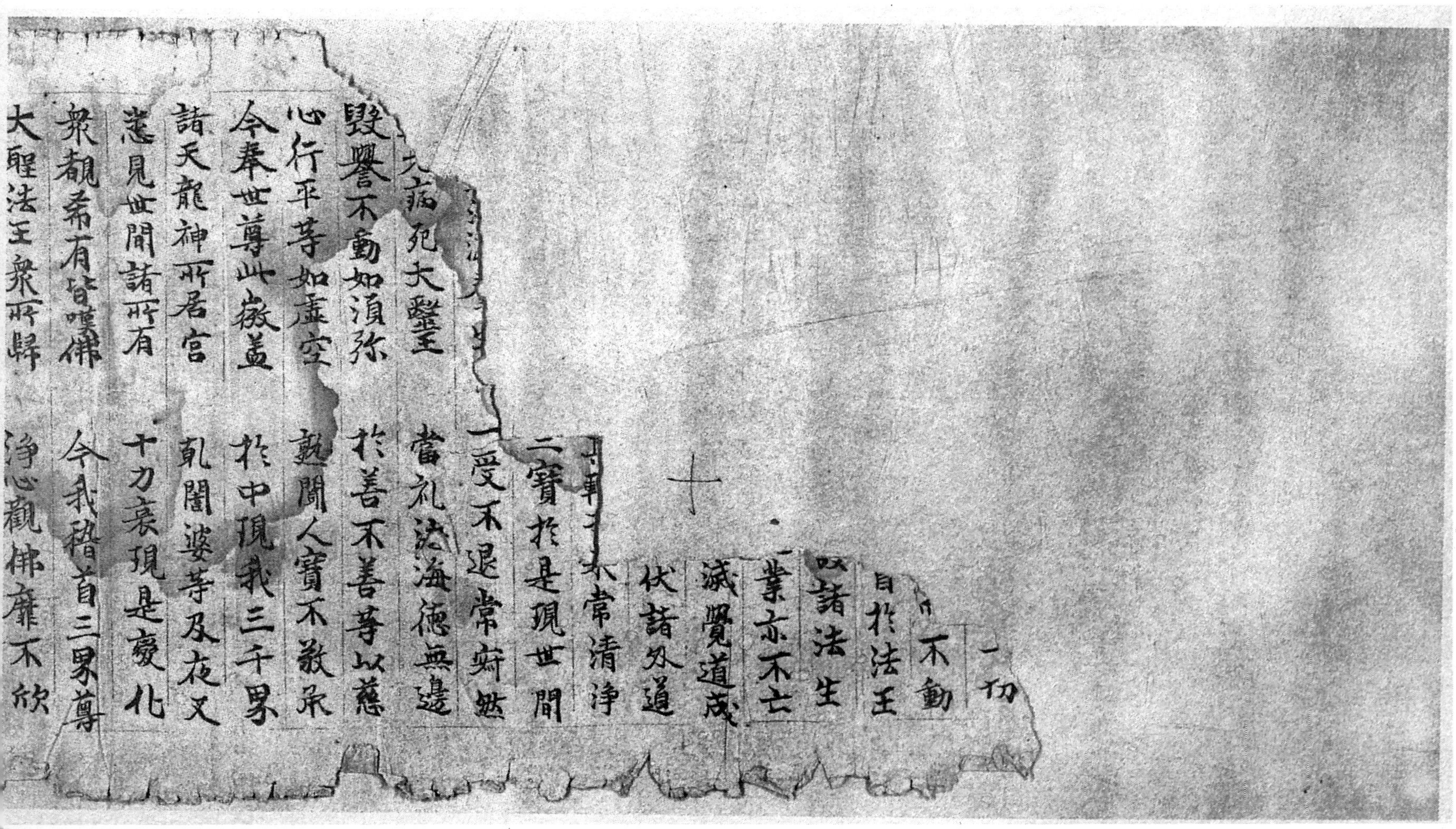

一切
不動
自於法王
以諸法生
業亦不亡
滅覺道成
伏諸外道
常清淨
三寶於是現世間
一受不退常寂然
大病死大醫王　當礼法海德無邊
毀譽不動如須弥　於善不善等以慈
心行平等如虛空　孰聞人寶不敬承
今奉世尊此微蓋　於中現我三千界
諸天龍神所居宮　乾闥婆等及夜叉
悉見世間諸所有　十力哀現是變化
衆覩希有皆歎佛　今我稽首三界尊
大聖法王衆所歸　淨心觀佛靡不欣

BD04423 號　維摩詰所說經卷上　（28–1）

今奉世尊此微蓋　於中現我三千界
諸天龍神所居宮　乾闥婆等及夜叉
悉見世間諸所有　十力哀現是變化
衆覩希有皆歎佛　今我稽首三界尊
大聖法王衆所歸　淨心觀佛靡不欣
各見世尊在其前　斯則神力不共法
佛以一音演說法　衆生隨類各得解
皆謂世尊同其語　斯則神力不共法
佛以一音演說法　衆生各各隨所解
普得受行獲其利　斯則神力不共法
佛以一音演說法　或有恐畏或歡喜
或生猒離或斷疑　斯則神力不共法
稽首十力大精進　稽首已得無所畏
稽首住於不共法　稽首一切大道師
稽首能斷衆結縛　稽首已到於彼岸
稽首能度諸世間　稽首永離生死道
悉知衆生來去相　善於諸法得解脫
不著世間如蓮華　常善入於空寂行
達諸法相無罣閡　稽首如空無所依
尒時長者子寶積說此偈已白佛言世尊是
五百長者子皆已發阿耨多羅三藐三菩提
心願聞得佛國土清淨唯願世尊說諸菩薩淨
土之行佛言善哉寶積乃能為諸菩薩問於
如來淨土之行諦聽諦聽善思念之當為汝

BD04423號　維摩詰所說經卷上　（28–2）

五百長者子皆已發阿耨多羅三藐三菩提
心願聞得佛國土清淨唯願世尊說諸菩薩淨
土之行佛言善哉寶積乃能為諸菩薩問於
如來淨土之行諦聽諦聽善思念之當為汝
說於是寶積及五百長者子受教而聽佛言
寶積衆生之類是菩薩佛土所以者何菩薩
隨所化衆生而取佛土隨所調伏衆生而取
佛土隨諸衆生應以何國入佛智慧而取佛土
隨諸衆生應以何國起菩薩根而取佛土
所以者何菩薩取於淨國皆為饒益諸衆生
故譬如有人欲於空地造立宮室隨意無㝵
若於虛空終不能成菩薩如是為成就衆生故
願取佛國願取佛國者非於空也寶積當
知直心是菩薩淨土菩薩成佛時不諂衆生
來生其國深心是菩薩淨土菩薩成佛時具足
功德衆生來生其國發大乘心是菩薩淨土菩
薩成佛時大乘衆生來生其國布施是菩
薩淨土菩薩成佛時一切能捨衆生來生其
國持戒是菩薩淨土菩薩成佛時行十善道
滿願衆生來生其國忍辱是菩薩淨土菩薩
成佛時卅二相莊嚴衆生來生其國精進是
菩薩淨土菩薩成佛時懃脩一切功德衆生來
生其國禪定是菩薩淨土菩薩成佛時攝
心不亂衆生來生其國智慧是菩薩淨土菩

BD04423號　維摩詰所說經卷上　（28–3）

成佛時卅二相莊嚴衆生來生其國精進是
菩薩淨土菩薩成佛時懃脩一切功德衆生來
生其國禪定是菩薩淨土菩薩成佛時攝
心不亂衆生來生其國智慧是菩薩淨土菩
薩成佛時正定衆生來生其國四无量心是
菩薩淨土菩薩成佛時成就慈悲喜捨衆生
來生其國四攝法是菩薩淨土菩薩成佛時
解脫所攝衆來生其國方便是菩薩淨土
菩薩成佛時於一切法方便无㝵衆生來生其
國卅七道品是菩薩淨土菩薩成佛時念處
正勤神足根力覺道衆生來生其國迴向心
是菩薩淨土菩薩成佛時得一切具足功德
國土說除八難是菩薩淨土菩薩成佛時國
土無有三惡八難自守戒行不譏彼闕是菩
薩淨土菩薩成佛時國土無有犯禁之名十
善道是菩薩淨土菩薩成佛時命不中夭
大富梵行所言誠諦常以濡語眷屬不離善
和諍訟言必饒益不嫉不恚正見衆生來生
其國如是寶積菩薩隨其直心則能發行隨
其發行則得深心隨其深心則意調伏隨意
調伏則如說行隨如說行則能迴向隨其迴向
則有方便隨其方便則成就衆生隨成就衆
生則佛土淨隨佛土淨則說法淨隨說法淨
則智慧淨隨智慧淨則其心淨隨其心淨

BD04423號　維摩詰所說經卷上

（28–4）

調伏則如說行隨如說行則能迴向隨其迴向
則有方便隨其方便則成就衆生隨成就衆
生則佛土淨隨佛土淨則說法淨隨說法淨
則智慧淨隨智慧淨則其心淨隨其心淨
則一切功德淨是故寶積若菩薩欲得淨土
當淨其心隨其心淨則佛土淨
尒時舍利弗承佛威神作是念若菩薩心淨則
佛土淨者我世尊本為菩薩時意豈不淨而
是佛土不淨若此佛知其念即告之言於意
云何日月豈不淨耶而盲者不見對曰不也
世尊是盲者過非日月咎舍利弗衆生罪
故不見如來佛國嚴淨非如來咎舍利弗我見
此土清淨而汝不見尒時螺髻梵王語舍利弗
勿作是意謂此佛土以為不淨所以者何我見
釋迦牟尼佛土清淨譬如自在天宮舍利
弗言我見此土丘陵坑坎荊棘沙礫土石諸
山穢惡充滿螺髻梵王言仁者心有高下不
依佛慧故見此土為不淨耳舍利弗菩薩
於一切衆生悉皆平等深心清淨依佛智慧則
能見此佛土清淨於是佛以足指案地即時三
千大千世界若干百千珍寶嚴飾譬如寶莊
嚴佛无量功德寶莊嚴土一切大衆歎未曾
有而皆自見坐寶蓮華佛告舍利弗汝且觀
是佛土嚴淨舍利弗言唯然世尊本所不見

BD04423號　維摩詰所說經卷上

（28–5）

能見此佛土清淨於是佛以足指按地即時三
千大千世界若干百千珍寶嚴飾譬如寶莊
嚴佛无量功德寶莊嚴土一切大眾歎未曾
有而皆自見坐寶蓮華佛告舍利弗汝且觀
是佛土嚴淨舍利弗言唯然世尊本所不見
本所不聞今佛國土嚴淨悉現佛語舍利弗
我佛國土常淨若此為欲度斯下劣人故示
是眾惡不淨土耳譬如諸天共寶器食隨其
福德飯色有異如是舍利弗若人心淨便見
此土功德莊嚴當佛現此國土嚴淨之時寶
積所將五百長者子皆得無生法忍八万四千
人發阿耨多羅三藐三菩提心佛攝神足於是
世界還復如故求聲聞乘三万二千天及人
知有為法皆悉無常遠塵離垢得法眼淨
八千比丘不受諸法漏盡意解

方便品第二

尒時毗耶離大城中有長者名維摩詰已曾
供養无量諸佛深殖善本得無生忍辯才無
㝵遊戲神通逮諸揔持獲無所畏降魔勞怨
入深法門善於智度通達方便大願成就明
了眾生心之所趣又能分別諸根利鈍久於佛
道心已純淑決定大乘諸有所作能善思量
住佛威儀心大如海諸佛咨嗟弟子釋梵世
主所敬欲度人故以善方便居毗耶離資財

BD04423 號　維摩詰所說經卷上　（28–6）

入深法門善於智度通達方便大願成就明
了眾生心之所趣又能分別諸根利鈍久於佛
道心已純淑決定大乘諸有所作能善思量
住佛威儀心大如海諸佛咨嗟弟子釋梵世
主所敬欲度人故以善方便居毗耶離資財
无量攝諸貧民奉戒清淨攝諸毀禁以忍
調行攝諸恚怒以大精進攝諸懈怠一心禪
寂攝諸亂意以決定慧攝諸無智雖為白衣
奉持沙門清淨律行雖處居家不著三界示
有妻子常修梵行現有眷屬常樂遠離雖服
寶飾而以相好嚴身雖復飲食而以禪悅為
味若至博弈戲處輒以度人受諸異道不毀
正信雖明世典常樂佛法一切見敬為供養
中最執持正法攝諸長幼一切治生諧偶雖
獲俗利不以喜悅遊諸四衢饒益眾生入治
政法救護一切入講論處導以大乘入諸學堂
誘開童蒙入諸婬舍示欲之過入諸酒肆能
立其志若在長者長者中尊為說勝法若
在居士居士中尊斷其貪著若在剎利剎
利中尊教以忍辱若在婆羅門婆羅門中尊除
其我慢若在大臣大臣中尊教以正法若在王
子王子中尊示以忠孝若在內官內官中尊
化政宮女若在庶民庶民中尊令興福力
若在梵天梵天中尊誨以勝慧若在帝釋
帝釋中尊示現無常若在護世護世中尊

BD04423 號　維摩詰所說經卷上　（28–7）

其我慢若在大臣大臣中尊教以正法
子王子中尊亦以忠孝若在内官内官中尊
化政宫女若在庶民庶民中尊令興福力
若在梵天梵天中尊誨以勝慧若在帝釋
帝釋中尊亦現無常若在護世護世中尊
護諸衆生長者維摩詰以如是等无量方便饒
益衆生其以方便現身有疾以其疾故國王
大臣長者居士婆羅門等及諸王子并餘官屬
無數人天皆往問疾其往者維摩詰因以身
疾廣為說法諸仁者是身無常無强無力
無堅速朽之法不可信也為苦為惱衆病所集
諸仁者如此身明智者所不怙是身如聚沫
不可撮摩是身如泡不得久立如身如炎從
渴愛生是身如芭蕉中無有堅是身如幻從顛
倒起是身如夢為虛妄見如身如影從業
緣現是身如嚮屬諸因緣是身如浮雲須臾
變滅是身如電念念不住是身無主為如地
是身無我為如火是身無壽為如風是身無
人為如水是身不實四大為家是身為空離我
我所是身無知如草木瓦礫是身無作風力
所轉是身不淨穢惡充滿是身為虛偽雖
假以澡浴衣食必歸磨滅是身為災百一病
惱是身如丘井為老所逼是身無定為要當
死是身如毒蛇如怨賊如空聚陰界諸入所
共合成諸仁者此可患厭當樂佛身所以者

BD04423號　維摩詰所說經卷上　（28–8）

我所是身無知如草木瓦礫是身無作風力
所轉是身不淨穢惡充滿是身為虛偽雖
假以澡浴衣食必歸磨滅是身為災百一病
惱是身如丘井為老所逼是身無定為要當
死是身如毒蛇如怨賊如空聚陰界諸入所
共合成諸仁者此可患厭當樂佛身所以者
何佛身者即法身也從无量功德智慧生從
戒定慧解脫解脫智見生從慈悲喜捨生從
布施持戒忍辱柔和懃行精進禪定解脫三
昧多聞智慧諸波羅蜜生從方便生從六通
生從三明生從卅七道品生從止觀生從十力
四無所畏十八不共法生從斷一切不善法
集一切善法生從真實生從不放逸生從如
是无量清淨法生如來身諸仁者欲得佛身
斷一切衆生病者當發阿耨多羅三藐三
菩提心如是長者維摩詰為諸問疾者如
應說法令無數千人皆發阿耨多羅三藐三
菩提心
弟子品第三
尒時長者維摩詰自念寢疾于牀世尊大
慈寧不垂愍佛知其意即告舍利弗汝行詣
維摩問疾舍利弗白佛言世尊我不堪任詣
彼問疾所以者何憶念我昔曾於林中宴坐
樹下時維摩詰來謂我言舍利弗不必是坐
為宴坐也夫宴坐者不於三界現身意是

BD04423號　維摩詰所說經卷上　（28–9）

尒時長者維摩詰自念寢疾于牀世尊大
慈寧不垂愍佛知其意即告舍利弗汝行詣
維摩問疾舍利弗白佛言世尊我不堪任詣
彼問疾所以者何憶念我昔曾於林中宴坐
樹下時維摩詰來謂我言舍利弗不必是坐
為宴坐也夫宴坐者不於三界現身意是
為宴坐不起滅定而現諸威儀是為宴坐不
捨道法而現凡夫事是為宴坐心不住內亦
不住外是為宴坐於諸見不動而脩行三十
七品是為宴坐不斷煩惱而入涅槃是為宴
坐若能如是坐者佛所印可時我世尊聞是
語已默然而止不能加報故我不任詣彼問疾
佛告大目揵連汝行詣維摩詰問疾目連白
佛言世尊我不堪任詣彼問疾所以者何憶
念我昔入毗耶離大城於里巷中為諸居士說
法時維摩詰來謂我言唯大目連為白衣居
士說法不當如仁者所說夫說法者當如法
說法無衆生離衆生垢故法無有我離我
垢故法無壽命離生死故法無有人前後際
斷故法常寂然滅諸相故法離於相無所緣
故法無名字言語斷故法無有說離覺觀故
法無形相如虛空故法無戲論畢竟空故法
無所我離我所故法無分別離諸識故法無
有比無相待故法不屬因不在緣故法同法
性入諸法故法隨於如無所隨故法住實際

BD04423號　維摩詰所說經卷上　（28–10）

故法無名字言語斷故法無有說離覺觀故
法無形相如虛空故法無戲論畢竟空故法
無所我離我所故法無分別離諸識故法無
有比無相待故法不屬因不在緣故法同法
性入諸法故法隨於如無所隨故法住實際
諸邊不動故法無動搖不依六塵故法無去來
常不住故法順空隨無相應無作法離好
醜法無增損法無生滅法無所歸法過眼
耳鼻舌身心法無高下法常住不動法
離一切觀行唯大目連法相如是豈可說乎
夫說法者無說無示其聽法者無聞無得
譬如幻士為幻人說法當建是意而為說法
當了衆生根有利鈍善於知見無所罣㝵以大悲
心讚于大乘念報佛恩不斷三寶然後說法維
摩詰說是法時八百居士發阿耨多羅三藐三
菩提心我無此辯是故不任詣彼問疾
佛告大迦葉汝行詣維摩詰問疾迦葉白佛言
世尊我不堪任詣彼問疾所以者何憶念我
昔於貧里而行乞食維摩詰來謂我言唯
大迦葉有慈悲心而不能普捨豪富從貧乞
迦葉住平等法應次行乞食為不食故應行
乞食為壞和合相故應取揣食為不受故應
受彼食以空聚想入於聚落所見色與盲
等所聞聲與響等所嗅香與風等所食味不
別受諸觸如智證知諸法如幻相無自性無

BD04423號　維摩詰所說經卷上　（28–11）

大迦葉有慈悲心而不能普捨豪富從貧乞
迦葉住平等法應次行乞食為不食故應行
乞食為壞和合相故應取揣食為不受故應
受彼食以空聚想入於聚落所見色與盲
等所聞聲與響等所嗅香與風等所食味不
別受諸觸如智證知諸法如幻相無自性無
他性本自不然今則無滅迦葉若能不捨八耶
入八解脫以耶相入正法以一食施一切供養諸
佛及衆賢聖然後可食如是食者非有煩
惱非離煩惱非入定意非起定意非住世間
非住涅槃其有施者無大福無小福不為益
不為損是為正入佛道不依聲聞迦葉若如是
食為不空食人之施也時我世尊聞說是語
得未曾有即於一切菩薩深起敬心復作是
念斯有家名辯才智慧乃能如是其誰不發阿
耨多羅三藐三菩提心我從是來不復勸人聲
聞辟支佛行是故我不任詣彼問疾
佛告須菩提汝行詣維摩詰問疾須菩提白
佛言世尊我不堪任詣彼問疾所以者何憶
念我昔入其舍從乞食時維摩詰取我鉢盛
滿飯謂我言唯須菩提若能於食等者諸
法亦等諸法等者於食亦等如是行乞乃可
取食若須菩提不斷婬怒癡亦不與俱不壞
於身而隨一相不滅癡愛起於明脫以五逆
相而得解脫亦不解不縛不見四諦非不見諦

BD04423號　維摩詰所說經卷上

（28–12）

滿飯謂我言唯須菩提若能於食等者諸
法亦等諸法等者於食亦等如是行乞乃可
取食若須菩提不斷婬怒癡亦不與俱不壞
於身而隨一相不滅癡愛起於明脫以五逆
相而得解脫亦不解不縛不見四諦非不見諦
非得果非不得果非凡夫非離凡夫法非聖人
非不聖人雖成就一切法而離諸法相乃可食
若須菩提不見佛不聞法彼外道六師富樓
那迦葉末迦梨拘賒梨子刪闍夜毗羅胝子
阿耆多翅舍　欽婆羅迦羅鳩馱迦旃延尼
揵陀若提子等是汝之師因其出家彼師所
墮汝亦隨墮乃可取食若須菩提入諸邪見
不到彼岸住於八難不得無難同於煩惱離
清淨法汝得無諍三昧一切衆生亦得是定其
施汝者不名福田供養汝者墮三惡道為與
衆魔共一手作諸勞侶汝與衆魔及諸塵勞等
無有異於一切衆生而有怨心謗諸佛毀於法
不入衆數終不得滅度汝若如是乃可取食時
我世尊聞說此語茫然不識是何言不知以何荅
便置鉢欲出其舍維摩詰言唯須菩提取鉢
勿懼於意云何如來所作化人若以是事詰
寧有懼不我言不也維摩詰言一切諸法如幻
化相汝今不應有所懼也所以者何一切言說
不離是相至於智者不著文字故無所懼
何以故文字性離無有文字是則解脫解脫

BD04423號　維摩詰所說經卷上

（28–13）

寧有懼不我言不也維摩詰言一切諸法如幻
化相汝今不應有所懼也所以者何一切言說
不離是相至於智者不著文字故無所懼
何以故文字性離無有文字是則解脫解脫
相者則諸法也維摩詰說是法時二百天子
得法眼淨故我不任詣彼問疾
佛告富樓那彌多羅尼子汝行詣維摩詰問
疾富樓那白佛言世尊我不堪任詣彼問疾
所以者何憶念我昔於大林中在一樹下為
諸新學比丘說法時維摩詰來謂我言唯
富樓那先當入定觀此人心然後說法無以
穢食置於寶器當知是比丘心之所念無
以流璃同彼水精汝不能知衆生根原無得
發起以小乘法彼自無瘡勿傷之也欲行大道
莫示小徑無以大海内於牛跡無以日光等彼
螢火富樓那此比丘久發大乘心中忘此意汝
何以小乘法而教道之我觀小乘智慧微淺
猶如盲人不能分別一切衆生根之利鈍時
維摩詰即入三昧令此比丘自識宿命曾於
五百佛所殖衆德本迴向阿耨多羅三藐三
菩提即時豁然還得本心於是比丘稽
首礼維摩詰足時維摩詰因為說法於阿耨
多羅三藐三菩提不復退轉我念聲聞不
觀人根不應說法是故不任詣彼問疾

菩提即時豁然還得本心於是比丘稽
首礼維摩詰足時維摩詰因為說法於阿耨
多羅三藐三菩提不復退轉我念聲聞不
觀人根不應說法是故不任詣彼問疾
佛告摩訶迦旃延汝行詣維摩詰問疾迦旃
延白佛言世尊我不堪任詣彼問疾所以者
何憶念昔者佛為諸比丘略說法要我即於
後敷演其義謂無常義苦義空義無我義
寂滅義時維摩詰來謂我言唯迦旃延無
以生滅心行說實相法迦旃延諸法畢竟不
生不滅是無常義五受陰通達空無所起是
苦義諸法究竟無所有是空義於我無我而不
二是無我義法本不然今則無滅是寂滅義
說是法時彼諸比丘心得解脫故我不任
詣彼問疾
佛告阿那律汝行詣維摩詰問疾阿那律白
佛言世尊我不堪任詣彼問疾所以者何憶念
我昔於一處經行時有梵王名曰嚴淨與万
梵俱放淨光明來詣我所稽首作礼問我
言幾何阿那律天眼所見我即答言仁者吾見
此釋迦牟尼佛土三千大千世界如觀掌中菴
摩勒菓時維摩詰來謂我言唯阿那律天
眼所見為作相耶無作相耶假使作相則與
外道五通等若無作相即是無為不應有

言幾何阿那律天所見我即荅言仁者吾見
此釋迦牟尼佛土三千大千世界如觀掌中菴
摩勒菓時維摩詰來謂我言唯阿那律天
眼所見為作相耶無作相耶假使作相則與
外道五通等若無作相即是無為不應有
見世尊我時默然彼諸梵聞其言得未曾有
即為作礼而問曰世孰有真天眼者維摩詰
言有佛世尊得真天眼常在三昧悉見諸佛
國不以二相於是嚴淨梵王及其眷屬五百
梵天皆發阿耨多羅三藐三菩提心礼維摩
詰足已忽然不現故我不任詣彼問疾
佛告優波離汝行詣維摩詰問疾優婆離白佛
言世尊我不堪任詣彼問疾所以者何憶
念昔者有二比丘犯律行以為恥不敢問佛
來問我言唯優波離我等犯律誠以為恥
不敢問佛願解疑悔得免斯咎我即為其如
法解脫時維摩詰來謂我言唯優波離无重增
此二比丘罪當直除滅勿優其心所以者何彼罪
性不在內不在外不在中間如佛所說心垢
故眾生垢心淨故眾生淨心亦不在內不在外
不在中間如其心然罪垢亦然諸法亦然不出
於如如優波離以心相得解脫時寧有垢
不我言不也維摩詰言一切眾生心相無垢
亦復如是唯優波離妄想是垢無妄想是淨
顛倒是垢無顛倒是淨取我是垢不取我

BD04423號　維摩詰所說經卷上

（28–16）

不在中間如其心然罪垢亦然諸法亦然不出
於如如優波離以心相得解脫時寧有垢
不我言不也維摩詰言一切眾生心相無垢
亦復如是唯優波離妄想是垢無妄想是淨
顛倒是垢無顛倒是淨取我是垢不取我
是淨優波離一切法生滅不住如幻如電諸
法不相待乃至一念不住諸法皆妄見如夢
如炎如水中月如鏡中像以妄相生其知此
者是名奉律其知此者是名善解於是二比
丘言上智哉是優波離所不及持律之上而不
能說我荅言自捨如來未有聲聞及菩薩能
制其樂說之辯其智慧明達為若此也時二
比丘疑悔即除發阿耨多羅三藐三菩提心
作是願言令一切眾生皆得是辯故我不
任詣彼問疾
佛告羅睺羅汝行詣維摩詰問疾羅睺羅白
佛言世尊我不堪任詣彼問疾所以者何憶
念昔時毗耶離諸長者子來詣我所稽首作
礼問我言唯羅睺羅汝佛之子捨轉輪王位出
家為道其出家者有何等利我即如法為
說出家功德之利時維摩詰來謂我言唯羅睺
羅不應說出家功德之利所以者何無利無
功德是為出家有為法者可說有利有功
德夫出家者為無為法無為法中無利無功德

BD04423號　維摩詰所說經卷上

（28–17）

說出家功德之利時維摩詰來謂我言唯羅睺
羅不應說出家功德之利所以者何無利無
功德是為出家有為法者可說有利有功
德夫出家者為無法無為法中無利無功德
羅睺羅夫出家者無彼無此亦無中間離六十
二見處於涅槃智者所受聖所行處降伏眾
魔度五道淨五眼得五力立五根不惱於彼
離眾雜惡摧諸外道超越假名出淤泥無繫
著無我所無所受無擾亂內懷喜護彼意隨
禪定離眾過若能如是是真出家於是維
摩詰語諸長者子汝等於正法中宜共出家
所以者何佛世難值諸長者子言居士我
聞佛言父母不聽不得出家維摩詰言然汝
便發阿耨多羅三藐三菩提心即是出家
是即具足尒時諸長者子皆發阿耨多羅
三藐三菩提心故我不任詣彼問疾
佛告阿難汝行詣維摩詰問疾阿難白佛
言世尊我不堪任詣彼問疾所以者何憶念昔
時世尊身小有疾當用牛乳我即持鉢詣大婆
羅門家門下立時維摩詰來謂我言唯阿難
何為晨朝持鉢住此我言居士世尊身小有疾
當用牛乳故來至此維摩詰言止止阿難莫
作是語如來身者金剛之體諸惡已斷眾
善普會當有何疾當有何惱默往阿難勿

BD04423號　維摩詰所說經卷上　（28–18）

羅門家門下立時維摩詰來謂我言唯阿難
何為晨朝持鉢住此我言居士世尊身小有疾
當用牛乳故來至此維摩詰言止止阿難莫
作是語如來身者金剛之體諸惡已斷眾
善普會當有何疾當有何惱默往阿難勿
謗如來莫使異人聞此麁言無令大威德諸天
及他方淨土諸來菩薩得聞斯語阿難轉輪
聖王以少福故尚得無病豈況如來無量福
會普勝者哉行矣阿難勿使我等受斯恥
世外道梵志若聞此語當作是念何名為師
自疾不能救而能救諸疾人可密速去勿使
人聞當知阿難諸如來身即是法身非思欲
身佛為世尊過於三界佛身無漏諸漏已盡
佛身無為不墮諸數如此之身當有何病時我
世尊實懷慚愧得無近佛而謬聽耶即聞空
中聲曰阿難如居士言但為佛出五濁惡世
現行斯法度脫眾生行矣阿難取乳勿慚
世尊維摩詰智慧辯才為若此也是故不任
詣彼問疾如是五百大弟子各各向佛說其
本緣稱述維摩詰所言皆曰不任詣彼問疾

菩薩品第四

於是佛告彌勒菩薩汝行詣維摩詰問疾彌
勒白佛言世尊我不堪任詣彼問疾所以者
何憶念我昔為兜率天王及其眷屬說不退

BD04423號　維摩詰所說經卷上　（28–19）

菩薩品第四
於是佛告弥勒菩薩汝行詣維摩詰問疾弥
勒白佛言世尊我不堪任詣彼問疾所以者
何憶念我昔為兜率天王及其眷屬說不退
轉地之行時維摩詰來謂我言弥勒世尊授
仁者記一生當得阿耨多羅三藐三菩提為
用何生得受記乎過去耶未來耶現在耶若
過去生過去生已滅若未來生未來生未至若
現在生現在生無住如佛所說比丘汝今即
時亦生亦老亦滅若以無生得受記者無生
即是正位於正位中亦無受記亦無得阿耨
多羅三藐三菩提云何弥勒受一生記乎為
從如生得受記耶為從如滅得受記耶若以
如生得受記者如無有生若以如滅得受記
者如無有滅一切衆生皆如也一切法亦如
也衆賢聖亦如也至於弥勒亦如也若弥
勒得受記者一切衆生亦應受記所以者何
夫如者不二不異若弥勒得阿耨多羅三藐
三菩提者一切衆生皆亦應得所以者何一
切衆生即菩提相若弥勒滅度者一切衆
生亦當滅度所以者何諸佛知一切衆生畢竟
寂滅即涅槃相不復更滅是故弥勒無以此
法誘諸天子實無發阿耨多羅三藐三菩提
心者亦無退者弥勒當令此諸天子捨於分

BD04423號　維摩詰所說經卷上　（28–20）

寂滅即涅槃相不復更滅是故弥勒無以此
法誘諸天子實無發阿耨多羅三藐三菩提
心者亦無退者弥勒當令此諸天子捨於分
别菩提之見所以者何菩提者不可以身得
不可以心得寂滅是菩提滅諸相故不觀是菩
提離諸緣故不行是菩提無憶念故斷是菩
提捨諸見故離是菩提離諸妄想故鄣是
菩提鄣諸願故不入是菩提無貪著故順是
菩提順於如故住是菩提住法性故至是菩
提至實際故不二是菩提離意法故等是菩
提等虛空故無為是菩提無生住滅故知是
菩提了衆生心行故不會是菩提諸入不會
故不合是菩提離煩惱習故無處是菩提無
形色故假名是菩提名字空故如化是菩提
無取捨故無亂是菩提常自靜故善寂是菩
提性清淨故無取是菩提離攀緣故無異
是菩提諸法等故無比是菩提无可喻故微
妙是菩提諸法難知故世尊維摩詰說是法時
二百天子得無生法忍故我不任詣彼問疾
佛告光嚴童子汝行詣維摩詰問疾光嚴
白佛言世尊我不堪任詣彼問疾所以者何
憶念我昔出毗耶離大城時維摩詰方入城
我即為作礼而問言居士從何所來荅我
言吾從道場來我問道場者何所是荅曰

BD04423號　維摩詰所說經卷上　（28–21）

白佛言世尊我不堪任詣彼問疾所以者何
憶念我昔出毗耶離大城時維摩詰方入城
我即為作禮而問言居士從何所來荅我
言吾從道場來我問道場者何所是荅曰
直心是道場無虛假故發行是道場能辦事
故深心是道場增益功德故菩提心是道場
無錯謬故布施是道場不望報故持戒是道場
得願具故忍辱是道場於諸衆生心無导故精
進是道場不懈退故禪定是道場心調柔故
智慧是道場現見諸法故慈是道場等衆生
故悲是道場忍疲苦故喜是道場悅樂法故
捨是道場憎愛斷故神通是道場成就六通
故解脫是道場能背捨故方便是道場教化
衆生故四攝法是道場攝衆生故多聞是道
場如聞行故伏心是道場正觀諸法故三十
七品是道場捨有為法故諦是道場不誑世
間故緣起是道場無明乃至老死皆無盡故諸
煩惱是道場知如實故衆生是道場知無我
故一切法是道場知諸法空故降魔是道場不
傾動故三界是道場無所趣故師子吼是道
場無所畏故力無畏不共法是道場無諸過
故三明是道場無餘导故一念知一切法是
道場成就一切智故如是善男子菩薩若應
諸波羅蜜教化衆生諸有所作舉足下足當

BD04423號　維摩詰所說經卷上

（28–22）

傾動故三界是道場無所趣故師子吼是道
場無所畏故力無畏不共法是道場無諸過
故三明是道場無餘导故一念知一切法是
道場成就一切智故如是善男子菩薩若應
諸波羅蜜教化衆生諸有所作舉足下足當
知皆從道場來住於佛法矣說是法時五
百天人皆發阿耨多羅三藐三菩提心故我
不任詣彼問疾
佛告持世菩薩汝行詣維摩詰問疾持世白
佛言世尊我不堪任詣彼問疾所以者何憶
念我昔住於靜室時魔波旬從万二千天女
狀如帝釋鼓樂弦歌來詣我所與其眷屬
稽首我足合掌恭敬於一面立我意謂是帝
釋而語之言善來憍尸迦雖福應有不當自恣
當觀五欲無常以求善本於身命財而脩堅
法即語我言正士受是万二千天女可備掃灑
我言憍尸迦無以此非法之物要我沙門釋
子此非我宜所言未訖時維摩詰來謂我言
非帝釋也是為魔來嬈固汝耳即語魔言
是諸女等可以與我如我應受魔即驚懼念
維摩詰將無惱我欲隱形去而不能隱盡其
神力亦不得去即聞空中聲曰波旬以女與之
乃可得去魔以畏故俛仰而與尒時維摩
詰語諸女言魔以汝等與我今汝皆當發

BD04423號　維摩詰所說經卷上

（28–23）

非帝釋也是為魔來嬈固汝耳即語魔言
是諸女等可以與我如我應受魔即驚懼念
維摩詰將無惱我欲隱形去而不能隱盡其
神力亦不得去即聞空中聲曰波旬以女與之
乃可得去魔以畏故俛仰而與尒時維摩
詰語諸女言魔以汝等與我今汝皆當發
阿耨多羅三藐三菩提心即隨所應而為說
法令發道意復言汝等已發道意有法樂
可以自娛不應復樂五欲樂也天女即問何
謂法樂答言樂常信佛樂欲聽法樂供養
衆樂離五欲樂觀五陰如怨賊樂觀四大如毒
虵樂觀內入如空聚樂隨護道意樂饒益衆
生樂敬供養師樂廣行布施樂堅持戒樂忍
辱柔和樂懃集善根樂禪定不亂樂離
垢明慧樂廣菩提心樂降伏衆魔樂斷諸煩
惱樂淨佛國土樂成就相好故脩諸功德樂莊嚴
道場樂聞深法不畏樂三脫門不樂非時樂近同
學樂於非同學中心無恚㝵樂將護惡知識樂
近善知識樂心喜清淨樂脩无量道品之法
是為菩薩法樂於是波旬告諸女言我欲與
汝俱還天宮諸女言以我等與此居士有法樂
我等甚樂不復樂五欲樂也魔言居士可
捨此女一切所有施於彼者是為菩薩維摩
詰言我以捨矣汝便將去令一切衆生得法
願具足於是諸女問維摩詰我等云何止於

BD04423號　維摩詰所說經卷上　（28–24）

汝俱還天宮諸女言以我等與此居士有法樂
我等甚樂不復樂五欲樂也魔言居士可
捨此女一切所有施於彼者是為菩薩維摩
詰言我以捨矣汝便將去令一切衆生得法
願具足於是諸女問維摩詰我等云何止於
魔宮維摩詰言諸姊有法門名無盡燈汝等
當學無盡燈者譬如一燈燃百千燈冥者皆
明明終不盡如是諸姊夫一菩薩開道百千
衆生令發阿耨多羅三藐三菩提心於其道
意亦不滅盡隨所說法而自增益一切善法
是名無盡燈也汝等雖住魔宮以是無盡
燈令無數天子天女皆發阿耨多羅三藐三菩
提心者為報佛恩亦大饒益一切衆生尒時
天女頭面礼維摩詰足隨魔還宮忽然不
現世尊維摩詰有如是自在神力智慧辯
才故我不任詣彼問疾
佛告長者子善得汝行詣維摩詰問疾善得
白佛言世尊我不堪任詣彼問疾所以者何
憶念我昔自於父舍設大施會供養一切
沙門婆羅門及諸外道貧窮下賤孤獨乞人
期滿七日時維摩詰來入會中謂我言長
者子夫大施會不當如汝所設當為法施之
會何用是財施會為我言居士何謂法施之會
法施會者無前無後一時供養一切衆生是名

BD04423號　維摩詰所說經卷上　（28–25）

沙門婆羅門及諸外道貧窮下賤孤獨乞人
期滿七日時維摩詰来入會中謂我言長
者子夫施會不當如汝所設當為法施之
會何用是財施會為我言居士何謂法施之
法施會者無前無後一時供養一切衆生是名
法施之會曰何謂也謂以菩提起於慈心以救
衆生起大悲心以持正法起於喜心以攝智
慧行於捨心以攝慳貪起檀波羅蜜以化犯
戒起尸波羅蜜以無我法起羼提波羅蜜以
離身心相起毗梨耶波羅蜜以菩提相起禪
波羅蜜以一切智起般若波羅蜜教化衆生
而起於空不捨有為法而起無相示現受生而
起無作護持正法起方便力以度衆生起四
攝法以敬事一切起除慢法於身命財起
三堅法於六念中起思念法於六和敬起
質直心正行善法起於淨命心淨歡喜起近
賢聖不憎惡人起調伏心以出家法起於深
心以如說行起於多聞以無諍法起空閑處趣
向佛慧起於宴坐解衆生縛起脩行地以具相
好及淨佛土起福德業知一切衆生心念如應
說法起於智業知一切法不取不捨入一相門
起於慧業斷一切煩惱一切鄣㝵一切不善
法起一切善業以得一切智慧一切善法起於
一切助佛道法如是善男子是為法施之會
若菩薩住是法施會者為大施主亦為一切

BD04423號　維摩詰所說經卷上　（28–26）

說法起於智業知一切法不取不捨入一相門
起於慧業斷一切煩惱一切鄣㝵一切不善
法起一切善業以得一切智慧一切善法起於
一切助佛道法如是善男子是為法施之會
若菩薩住是法施會者為大施主亦為一切
世間福田世尊維摩詰說是法時婆羅門衆
中二百人皆發阿耨多羅三藐三菩提心我
時心得清淨嘆未曾有稽首礼維摩詰足
即解瓔珞價直百千以上之不肯取我言居
士願必納受隨意所與維摩詰乃受瓔珞
分作二分持一分施此會中一最下乞人持一
分奉彼難勝如来一切衆會皆見光明國
土難勝如来又見珠瓔在彼佛上變成四
柱寶臺四面嚴飾不相鄣蔽時維摩詰
現神通變已作是言若施主等心施一最下
乞人猶如如来福田之相無所分別等乎大
悲不求果報是則名曰具足法施城中一最下
人見是神力聞其所說即發阿耨多羅三藐三
菩提心故我不任詣彼問疾如是諸菩薩各
各向佛說其本縁稱述維摩詰所言皆曰
不任詣彼問疾

維摩詰經卷上

BD04423號　維摩詰所說經卷上　（28–27）

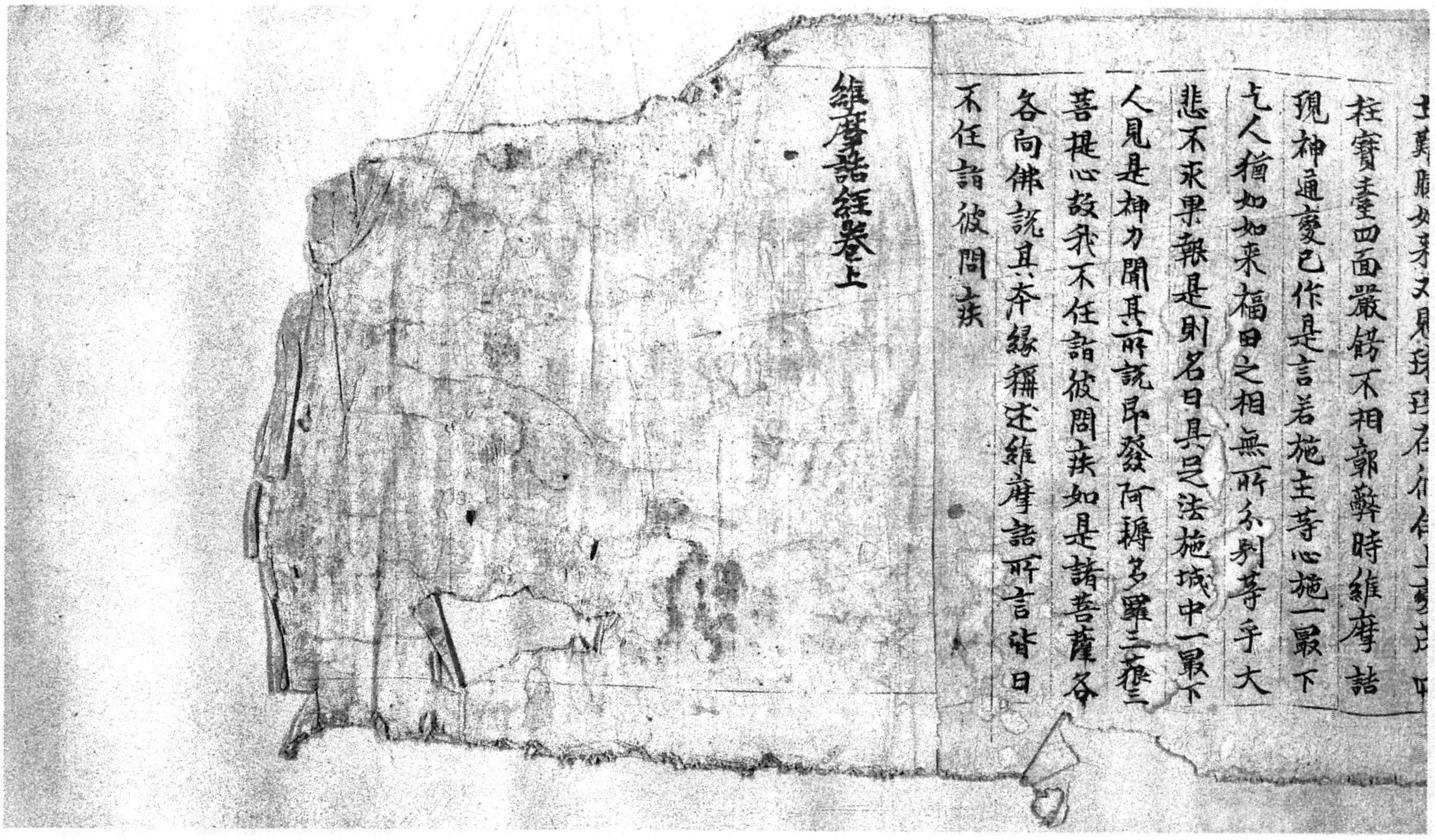

難勝如來又見珠瓔在彼佛上變成四
柱寶臺四面嚴飾不相鄣蔽時維摩詰
現神通變已作是言若施主等心施一最下
乞人猶如如來福田之相無所分別等于大
悲不求果報是則名曰具足法施城中一最下
人見是神力聞其所說即發阿耨多羅三藐三
菩提心故我不任詣彼問疾如是諸菩薩各
各向佛說其本緣稱述維摩詰所言皆曰
不任詣彼問疾

維摩詰經卷上

BD04423號　維摩詰所說經卷上　（28–28）

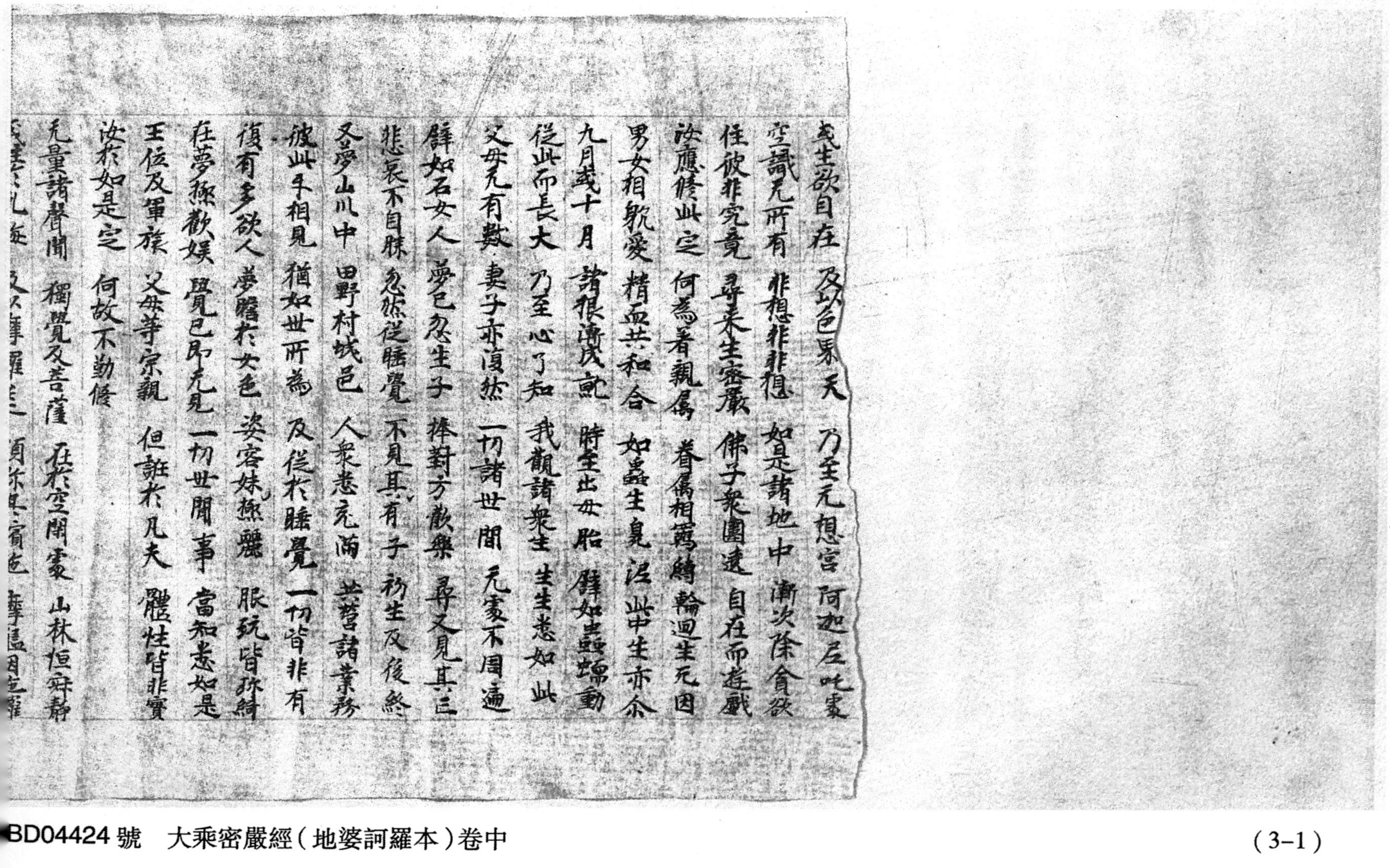

或生欲自在　及以色界天　乃至無想宮　阿迦尼吒處
空識無所有　非想非非想　如是諸地中　漸次除貪欲
住彼非究竟　尋來生密嚴　佛子衆圍遶　自在而遊戲
汝應修此定　何為著親屬　眷屬相羈縛　輪迴生死因
男女相躭愛　精血共和合　如蟲生臭泥　此中生亦尒
九月或十月　諸根漸成就　時至出母胎　譬如蟲蠕動
從此而長大　乃至心了知　我觀諸衆生　生生悉如此
父母無有數　妻子亦復然　一切諸世間　無處不周遍
譬如石女人　夢已忽生子　捧對方歡樂　尋又見其亡
悲哀不自勝　忽然從睡覺　不見其有子　初生及後終
又夢山川中　田野村城邑　人衆悉充滿　共營諸業務
彼此互相見　猶如世所為　及從於睡覺　一切皆非有
復有多欲人　夢睹於女色　姿容殊艷麗　服玩皆珎綺
在夢極歡娛　覺已即無見　一切世間事　當知悉如是
王位及軍旅　父母等宗親　但誑於凡夫　體性皆非實
汝於如是定　何故不勤修
無量諸聲聞　獨覺及菩薩　在於空閑處　山林恒寂靜
[illegible]　及以摩羅[illegible]　[illegible]　摩醯首羅

BD04424號　大乘密嚴經（地婆訶羅本）卷中　（3–1）

[illegible]

復有多欲人　夢𥧌於女色　姿容姝豔麗　服玩皆珍綺
在夢極歡娛　覺已即无見　一切世間事　當知悉如是
王位及軍旅　父母等宗親　但誑於凡夫　體性皆非實
汝於如是定　何故不勤修
无量諸聲聞　獨覺及菩薩　在於空閑處　山林恒寂靜
或住於乳海　及以摩羅延　須彌與牖陁　摩醯因陁羅
雞羅娑利師　乃至雪山等　或在劫波樹　波利耶多羅
拘鞞羅樹下　半栓娑羅上　食閻浮果味　及諸不死食
具足諸神通　而常修此觀　過去未來世　常坐於蓮花
結跏身不動　正定恒觀察　諸根善調攝　不散於衆境
譬如烏得鈎　離欲而三昧　世間若出世　一切諸定中
佛定淨无垢　貪愛皆除遣
遍處无色定　无想等禪中　見日月蓮花　水火虛空相
若離是分別　其心不動搖　即於三昧中　見无量諸佛
一時共舒手　以水灌其頂　如是入佛地　一切皆明覺
具足衆色身　隨宜而普現　力通諸自在　三昧陁羅尼
如是等功德　莫不皆成就
分析於諸色　乃至觀微塵　自性无所有　譬如衆兔角
无分无分者　蘊有蘊亦然　同於幻所作　一切皆如是
此中无業果　亦无作業人　无能作世間　設有非能作
能作待於作　何名能作人　此言成過失　說者非清淨
若謂云何有　水輪與地輪　及衆生世間　次第而安布
諸趣各差別　彼此互往來　誰復作諸根　隨情取於境
此等皆分別　展轉而變異　同於乳酪蘇　如是生住滅
若業若非業　於斯生妄計　定者常觀此　如夢與乾城
衆生无始來　戲論所重習　生起於分別　種種衆過咎
諸根猶如幻　境界同於夢　能作作及業　定者不分別

BD04424 號　大乘密嚴經（地婆訶羅本）卷中　（3–2）

此中无業果　亦无作業人　无能作世間　設有非能作
能作待於作　何名能作人　此言成過失　說者非清淨
若謂云何有　水輪與地輪　及衆生世間　次第而安布
諸趣各差別　彼此互往來　誰復作諸根　隨情取於境
此等皆分別　展轉而變異　同於乳酪蘇　如是生住滅
若業若非業　於斯生妄計　定者常觀此　如夢與乾城
衆生无始來　戲論所重習　生起於分別　種種衆過咎
諸根猶如幻　境界同於夢　能作作及業　定者不分別
智慧微劣者　妄生諸惡見　計有於能作　作一切世間
或謂摩尼珠　金銀等衆礦　鳥獸色差別　刺端纖以利
此等誰所爲　當知无作者
世間非勝性　微塵等緣作　亦非无有因　自然而得有
惑心妄計者　不知其體性　爲業爲非業　如是而分別
如毒入於乳　隨變與相應　諸法亦復然　分別常俱起
法性非是生　亦非是滅壞　惑者不能了　種種異分別
定者應觀察　世間唯積聚　若業若非業　於此勿思惟
諸趣互來往　譬如於日月　在空无所依　隨風而運轉
業性甚微隱　密嚴者能見　修行觀行人　不爲其所縛
譬如火燒木　須臾作灰燼　智火焚業薪　當知亦如是
[illegible]盡无餘　諸業之闇冥　多劫所熏聚

BD04424 號　大乘密嚴經（地婆訶羅本）卷中　（3–3）

不生無二無二分故舍利子諸菩薩摩訶薩
脩行般若波羅蜜多時亦不見苦聖諦異
竟不生亦不見集滅道聖諦異畢竟不
以故苦聖諦乃至道[illegible]異畢竟不生
無二分故舍利子諸菩薩摩訶薩脩行般若
波羅蜜多時亦不見無明異畢竟不生亦不
見行識名色六處觸受愛取有生老死愁歎
苦憂惱異畢竟不生何以故無明乃至老死
愁歎苦憂惱異畢竟不生無二無二分故舍
利子諸菩薩摩訶薩脩行般若波羅蜜多時
亦不見內空異畢竟不生亦不見外空內外
空空空大空勝義空有為空無為空畢竟
空無際空散空無變異空本性空自相空共
相空一切法空不可得空無性空自性空無性
自性空異畢竟不生何以故內空乃至無性
自性空異畢竟不生無二無二分故
舍利子諸菩薩摩訶薩脩行般若波羅蜜多
時亦不見布施波羅蜜多異畢竟不生亦不
見淨戒安忍精進靜慮般若波羅蜜多異畢
竟不生何以故布施乃至般若波羅蜜多異
畢竟不生無二無二分故舍利子諸菩薩摩
訶薩修行般若波羅蜜多時亦不見四靜慮

BD04425號　大般若波羅蜜多經卷七〇　（6–1）

舍利子諸菩薩摩訶薩脩行般若波羅蜜多
時亦不見布施波羅蜜多異畢竟不生亦不
見淨戒安忍精進靜慮般若波羅蜜多異畢
竟不生何以故布施乃至般若波羅蜜多異
畢竟不生無二無二分故舍利子諸菩薩摩
訶薩修行般若波羅蜜多時亦不見四靜慮
異畢竟不生亦不見四無量四無色定異畢
竟不生何以故四靜慮四無量四無色定異
畢竟不生無二無二分故舍利子諸菩薩摩
訶薩脩行般若波羅蜜多時亦不見八解脫
異畢竟不生亦不見八勝處九次第定十遍
處異畢竟不生何以故八解脫乃至十遍處
異畢竟不生無二無二分故舍利子諸菩薩
摩訶薩脩行般若波羅蜜多時亦不見四念
住異畢竟不生亦不見四正斷四神足五根
五力七等覺支八聖道支異畢竟不生何以
故四念住乃至八聖道支異畢竟不生無二
無二分故舍利子諸菩薩摩訶薩脩行般
若波羅蜜多時亦不見空解脫門異畢竟不
生亦不見無相無願解脫門異畢竟不生何
以故空解脫門無相無願解脫門異畢竟不生
無二無二分故舍利子諸菩薩摩訶薩脩行
般若波羅蜜多時亦不見五眼異畢竟不生
亦不見六神通異畢竟不生何以故五眼六
神通異畢竟不生無二無二分故舍利子諸
菩薩摩訶薩脩行般若波羅蜜多時亦不見
佛十力異畢竟不生亦不見四無所畏四無

BD04425號　大般若波羅蜜多經卷七〇　（6–2）

無二無二分故舍利子諸菩薩摩訶薩脩行
般若波羅蜜多時亦不見五眼與畢竟不生
亦不見六神通與畢竟不生何以故五眼六
神通與畢竟不生無二無二分故舍利子諸
菩薩摩訶薩脩行般若波羅蜜多時亦不見
佛十力與畢竟不生亦不見四無所畏四無
礙解大慈大悲大喜大捨十八佛不共法與
畢竟不生何以故佛十力乃至十八佛不共
法與畢竟不生無二無二分故舍利子諸菩
薩摩訶薩脩行般若波羅蜜多時亦不見一
切智與畢竟不生亦不見道相智一切相智
與畢竟不生何以故一切智道相智一切相
智與畢竟不生無二無二分故舍利子諸菩
薩摩訶薩脩行般若波羅蜜多時亦不見無
忘失法與畢竟不生亦不見恒住捨性與畢
竟不生何以故無忘失法恒住捨性與畢竟
不生無二無二分故舍利子諸菩薩摩訶薩
脩行般若波羅蜜多時亦不見一切陁羅尼
門與畢竟不生亦不見一切三摩地門與畢
竟不生何以故一切陁羅尼門一切三摩地
門與畢竟不生無二無二分故舍利子諸菩
薩摩訶薩脩行般若波羅蜜多時亦不見極
喜地與畢竟不生亦不見離垢地發光地焰
慧地極難勝地現前地遠行地不動地善慧
地法雲地與畢竟不生何以故極喜地乃至
法雲地與畢竟不生無二無二分故舍利子
諸菩薩摩訶薩脩行般若波羅蜜多時亦

BD04425 號　大般若波羅蜜多經卷七〇　（6–3）

薩摩訶薩脩行般若波羅蜜多時亦不見極
喜地與畢竟不生亦不見離垢地發光地焰
慧地極難勝地現前地遠行地不動地善慧
地法雲地與畢竟不生何以故極喜地乃至
法雲地與畢竟不生無二無二分故舍利子
諸菩薩摩訶薩脩行般若波羅蜜多時亦
不見異生地與畢竟不生亦不見種姓地第八
地具見地薄地離欲地已辦地獨覺地菩薩
地如來地與畢竟不生何以故異生地乃至
如來地與畢竟不生無二無二分故舍利子
諸菩薩摩訶薩脩行般若波羅蜜多時亦不
見聲聞乘與畢竟不生亦不見獨覺乘大
乘與畢竟不生何以故聲聞乘獨覺乘大乘
與畢竟不生無二無二分故舍利子由此緣故
我作是說離畢竟不生亦無菩薩能行無
上正等菩提
尒時具壽善現復荅舍利子言如尊者所云
何緣故說若菩薩摩訶薩作是說其心不
驚不恐不怖不沉不沒亦不憂悔當知是菩
薩摩訶薩能行般若波羅蜜多者舍利子諸
菩薩摩訶薩脩行般若波羅蜜多時不見諸
法有覺有用見一切法如幻事如夢境如像
如響如光影如陽焰如空花如尋香城如變
化事都非實有聞說諸法本性皆空深心歡
喜舍利子由此緣故我作是說若菩薩摩訶
薩聞作是說其心不驚不恐不怖不沉不沒
亦不憂悔當知是菩薩摩訶薩能行般若波

BD04425 號　大般若波羅蜜多經卷七〇　（6–4）

法有覺有用見一切法如幻事如夢境如像
如嚮如光影如陽焰如空花如尋香城如變
化事都非實有開說諸法本性皆空深心歡
喜舍利子由此緣故我注是說若菩薩摩訶
薩聞作是說其心不驚不恐不怖不沉不沒
亦不憂悔當知是菩薩摩訶薩能行般若波
羅蜜多

初分觀行品第十九

尒時具壽善現白佛言世尊諸菩薩摩訶薩
脩行般若波羅蜜多觀諸法時於色不受不
取不執不著亦不施設為色於受想行識不
受不取不執不著亦不施設為受想行識世
尊諸菩薩摩訶薩脩行般若波羅蜜多觀諸
法時於眼處不受不取不執不著亦不施設
為眼處於耳鼻舌身意處不受不取不執不
著亦不施設為耳鼻舌身意處世尊諸菩薩
摩訶薩脩行般若波羅蜜多觀諸法時於色
處不受不取不執不著亦不施設為於色處於
聲香味觸法處不受不取不執不著亦不施
設為聲香味觸法處世尊諸菩薩摩訶薩脩
行般若波羅蜜多觀諸法時於眼界不受不
取不執不著亦不施設為眼界於色界眼識
界及眼觸眼觸為緣所生諸受不受不取不
執不著亦不施設為色界乃至眼觸為緣所
生諸受世尊諸菩薩摩訶薩脩行般若波羅
蜜多觀諸法時於耳界不受不取不執不著
亦不施設為耳界於聲界耳識界及耳觸耳

BD04425號　大般若波羅蜜多經卷七〇　（6–5）

法時於眼處不受不取不執不著亦不施設
為眼處於耳鼻舌身意處不受不取不執不
著亦不施設為耳鼻舌身意處世尊諸菩薩
摩訶薩脩行般若波羅蜜多觀諸法時於色
處不受不取不執不著亦不施設為於色處於
聲香味觸法處不受不取不執不著亦不施
設為聲香味觸法處世尊諸菩薩摩訶薩脩
行般若波羅蜜多觀諸法時於眼界不受不
取不執不著亦不施設為眼界於色界眼識
界及眼觸眼觸為緣所生諸受不受不取不
執不著亦不施設為色界乃至眼觸為緣所
生諸受世尊諸菩薩摩訶薩脩行般若波羅
蜜多觀諸法時於耳界不受不取不執不著
亦不施設為耳界於聲界耳識界及耳觸耳
觸為緣所生諸受不受不取不執不著亦不
施設為聲界乃至耳觸為緣所生諸受世尊
諸菩薩摩訶薩脩行般若波羅蜜多觀諸法
時於鼻界不受不取不執不著亦不施設為
鼻界於香界鼻識界及鼻觸鼻觸為緣所
生諸受不受不取不執不著亦不施設為香界

BD04425號　大般若波羅蜜多經卷七〇　（6–6）

道方於未來當涉无邊嶮遠之路而不知以
善法資粮而自莊嚴是諸外道常為婬欲火
毒所害而反抱持五欲霜毒是諸外道瞋恚
熾盛而復反更親近惡友是諸外道常為无
明之所覆蔽而反推求耶惡之法是諸外道
常為耶見之所誑惑而反於中生親善想是
諸外道悕食甘菓而種苦子是諸外道已處
煩惱闇室之中而反遠離大智炬明是諸外
道患煩惱渴而復更飲諸欲醎水是諸外道
㵱沒生死无邊大河而復遠離无上船師是
諸外道遠迷惑顛倒言諸行常諸行若常者
是處善男子我觀諸行悉皆无常云何知也
以因緣故若有諸法從緣生者則知无常是
諸外道无有一法不從緣生善男子佛性无
生无滅无去无來非過去非未來非現在非
因所作非无因作非作非作者非相非无相
非有名非无名非名非色非長非短非陰界
入之所攝持是故名常善男子佛性即是如
來如來即是法法即是常善男子常者即是
如來如來即是僧僧即是常以是義故從因
生法不名為常是諸外道无有一法不從因
生善男子是諸外道不見佛性如來及法是

BD04426 號　大般涅槃經（北本　宮本）卷一三　（3–1）

因所作非无因作非作非作者非相非无相
非有名非无名非名非色非長非短非陰界
入之所執持是故名常善男子佛性即是如
來如來即是法法即是常善男子常者即是
如來如來即是僧僧即是常以是義故從因
生法不名為常是諸外道无有一法不從因
生善男子是諸外道不見佛性如來及法是
故外道所可言說悉是妄語无有真諦諸凡
夫人先見缾衣車乘舍宅城郭河水山林男
女象馬牛羊後見相似便言是常當知其實
非是常也善男子一切有為皆是无常虛空
无為是故為常佛性无為是故為常虛空者
即是佛性佛性者即是如來如來者即是无
為无為者即是常常者即是法法者即是僧
僧即无為无為者即是常善男子有為之法
凡有二種色法非色法非色法者心心數法色
法者地水火風善男子心名无常何以故性
是攀緣相應分別故善男子眼識性異乃
至意識性異是故无常善男子色境界異乃
至法境界異是故无常善男子眼識相應異
乃至意識相應異是故无常善男子心若常
者眼識應獨緣一切法善男子若眼識異乃
至意識異則知无常以法相似念念生滅凡
夫見已計之為常善男子諸因緣相可破壞
故亦名无常所謂因眼因色因明因思惟生
於眼識耳識生時所因各異非眼識因緣乃
至意識異亦如是復次善男子壞諸行因緣
異故心名无常所謂脩无常心異脩苦空无我

BD04426 號　大般涅槃經（北本　宮本）卷一三　（3–2）

至意諸異則知无常以法相似念念生滅凡
夫見已計之爲常善男子諸因緣相可破壞
故亦名无常所謂因眼因色因明因思惟生
於眼識耳識生時所因各異非眼識因緣乃
至意識異亦如是復次善男子壞諸行因緣
異故心名无常所謂脩无常心異脩苦空无我
心異心若常者應常脩无常尚不得觀苦空
无我況復得觀常樂我淨以是義故外道法
中不能攝取常樂我淨善男子當知心法必
定无常復次善男子心性異故名爲无常所
謂聲聞心性異緣覺心性異諸佛心性異一
切外道心有三種一者出家心二者在家心
三者在家遠離心樂相應心異苦相應心異
不苦不樂相應心異貪欲相應心異瞋恚相
應心異愚癡相應心異一切外道心相亦異
所謂愚癡相應心異疑惑相應心異邪見相
應心異進止威儀其心亦異善男子心若常
者亦復不能分別諸色所謂青黃赤白紫色
善男子心若常者諸憶念法不應忘失善
男子心若常者凡所讀誦不應增長復次善男
子心若常者不應說言已作今作當作若有
已作今作當作當知是心必定无常善男子
心若常者則无怨親非怨非親心若常者則
不應言我物他物若死若生心若常者雖有
所作不應增長善男子以是義故當知心生

BD04426號　大般涅槃經（北本　宮本）卷一三　（3–3）

曆日須下天下令知時節爲有平滿成收閉
字執危破煞之文愚人依字信用無不免於
又使邪師厭鎮說是道非謾求神拜餓鬼
殃自受苦如斯人輩逆天時違地理背日月
明常投闇室違正道之廣路恒尋邪徑顛倒
也善男子生時讀此經三遍兒則易生
利智福德具足而無中夭死時讀三遍一無
得福無量善男子日日好日月月好月
年年無閑隔但辦即須殯葬殯葬之日讀
經七遍甚大利吉獲福無量門榮人貴
壽命終之日並得成聖善男子殯葬
東西南北安隱之處人之愛樂鬼神愛樂
經三遍便以修營安置墓田永無灾障
興大吉利尒時世尊欲重宣此義而說偈
勞生善善日　休殯好好時　生死讀誦經　得大利益
月月善明月　年年大好年　誦經即殯葬　[illegible]万代昌
尒時衆中七万千人聞佛所說心開意解捨邪歸
正得佛法永斷疑惑得阿耨多羅三藐三菩
提無尋菩薩復白佛言世尊一切凡夫皆以婚嫓
爲親先問相宜後取吉日然始成親已後富貴

BD04427號　天地八陽神咒經　（3–1）

㑭生善善日 休殯好好時 生死讀誦經 得大利益
月月善明月 年年大好年 誦經即殯葬 万代昌
尒時衆中七万千人聞佛所說心開意解捨邪歸
正得佛法永斷疑惑得阿耨多羅三藐三菩
提無㝵菩薩復白佛言世尊一切凡夫皆以婚姻
爲親先聞相冝復取吉日然始成親已後富貴
諧偶老者少貧寒生離死別者多一種信邪何可
而有差別唯願世尊爲決衆疑佛言善男子汝
等諦聽當爲汝說天陰地陽月陰日陽水陰
火陽男陰女陽天地氣合一切草木生焉
日月交運四時八節明焉水火相承一切萬物
熟焉男女允諧子孫興焉皆是天之常道自然
之理世諦之法善男子愚人無智信其邪師卜問
望吉而不脩善造種種惡業命終之後復得人
身者如指甲上土墮於地獄作餓鬼者如大
地土善男子復得人身正信脩善者如[illegible]上土
信邪造惡業者如大地土善男子若結婚親
莫問水火相剋胎胞相壓唯看祿命書即知福
德多少以爲眷屬呼迎之日讀此經三遍即以
成礼此乃善善相因明明相屬門高人貴子孫興
盛聰明利智多才多藝孝敬相承甚大吉利
而無中夭福德具足皆成佛道時有八菩薩承
佛威神得大揔持常處人間和光同塵破邪立
正度四生處八解其名曰
跋陀菩薩漏盡和 羅隣那竭菩薩漏盡和 憍曰兜菩薩漏盡和
須彌菩薩漏盡和 那羅達菩薩漏盡和 因坻達菩薩漏盡和

BD04427號 天地八陽神咒經 (3–2)

佛威神得大揔持常處人間和光同塵破邪立
正度四生處八解其名曰
跋陀菩薩漏盡和 羅隣那竭菩薩漏盡和 憍曰兜菩薩漏盡和
須彌菩薩漏盡和 那羅達菩薩漏盡和 因坻達菩薩漏盡和
和輪調菩薩漏盡和 無緣觀菩薩漏盡和
是八菩薩俱白佛言世尊我等於諸佛所受得陀
羅尼神呪而今說之擁護受持讀誦八陽經者永
無恐怖使一切不善之物不得侵損讀此經法師即
於佛前而說呪曰
阿佉尼 尼佉尼 阿比羅 曼隸 曼多隸
世尊若有不善者欲來惱法師聞我說此呪頭
破七分如阿梨樹枝
是時無邊身菩薩白佛言世尊云何名爲八陽
經唯願世尊爲諸聽衆解說其義令得醒悟速
達心本入佛知見永斷疑悔佛言善哉善哉善男
汝等諦聽吾今爲汝解說八陽之經八者分別也
陽者明解也明解大乘無爲之理了能分別八識
因緣空空無所得又云八識爲經陽明爲緯經
緯相投以成經教故名八陽經八識者眼是色
識耳是聲識鼻是香識舌是味識身是觸
識意是分別識含藏識阿賴耶識是名八識
明了分別八識根源空無所有即知兩眼光明天
中即現日月光明世尊兩耳[illegible]
聲如來兩鼻佛香天佛
口舌是味天法味天中[illegible]

BD04427號 天地八陽神咒經 (3–3)

BD04427 號背　藏文

（2–1）

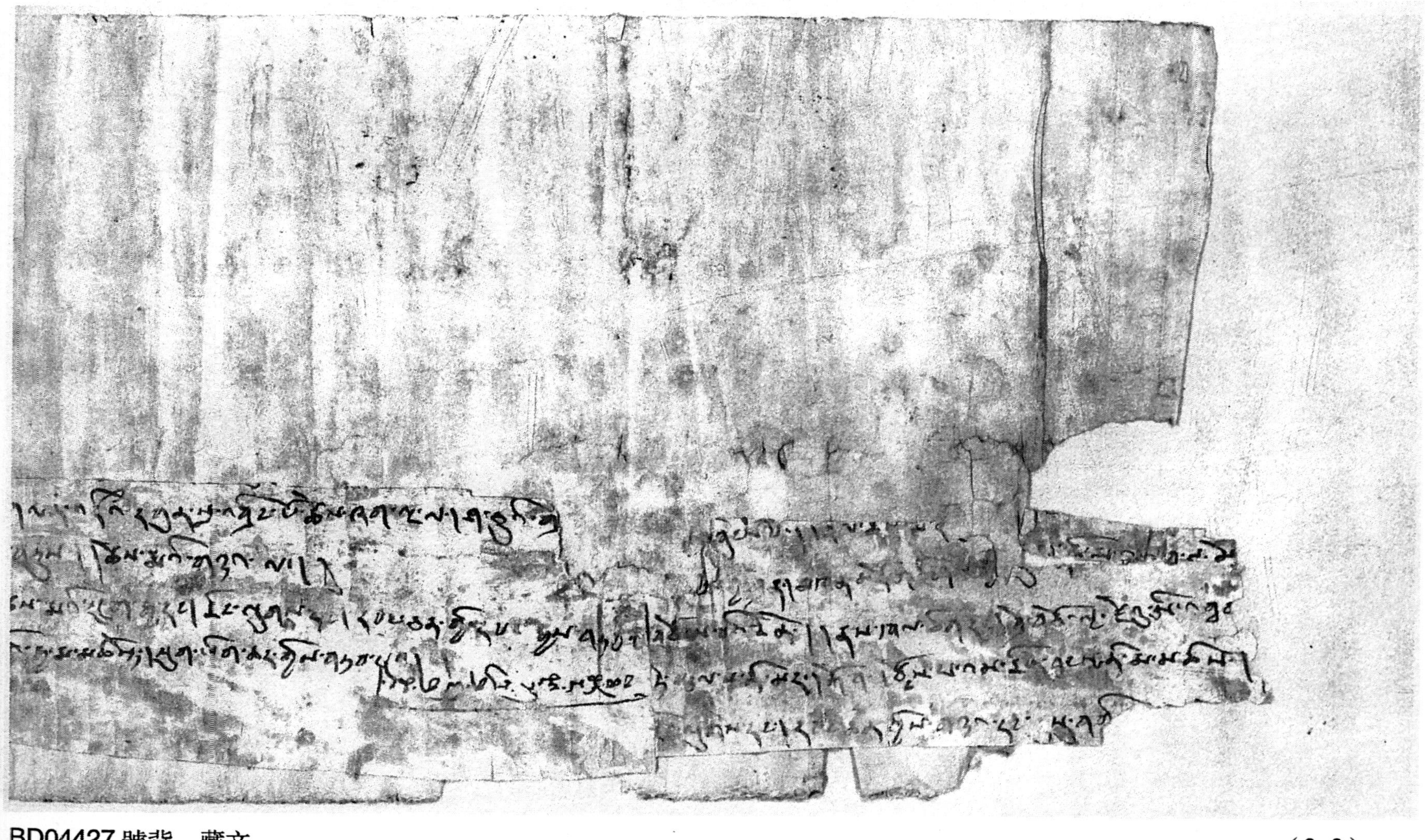

BD04427 號背　藏文

（2–2）

別復次善男子辟如一識分別說六若至於
眼則名眼識乃至意識亦復如是善男子道
亦如是一而无二如来為化諸衆生故種種
分別復次善男子辟如一色眼所見者則名
為色耳所聞者則名為聲鼻所嗅者則名為
香舌所嘗者則名為味身所覺者則名為觸
善男子道亦如是一而无二如来為欲化衆
生故種種分別善男子以是義故八聖道分
名道聖諦善男子是四聖諦諸佛世尊次第
說之以是因緣无量衆生得度生死迦葉菩
薩白佛言世尊昔佛一時在恒河岸尸首林
中尒時如来取其樹葉告諸比丘我今手中
所捉葉多一切因地草木葉多諸比丘言世
尊一切因地草木葉多不可稱計如来所捉
少不足言諸比丘我所覺了一切諸法如因
大地生草木等為諸衆生所宣說者如手中
葉世尊尒時說如是言如来所了无量諸法
若入四諦則為已說若不入者應有五諦尒

BD04428號　大般涅槃經（北本　思溪本）卷一三　（6–1）

所捉葉多一切因地草木葉多諸比丘言世
尊一切因地草木葉多不可稱計如来所捉
少不足言諸比丘我所覺了一切諸法如因
大地生草木等為諸衆生所宣說者如手中
葉世尊尒時說如是言如来所了无量諸法
若入四諦則為已說若不入者應有五諦尒
時佛讚迦葉菩薩善哉善哉善男子汝今所
問則為利益安隱快樂无量衆生善男子如
是諸法悉已攝在四聖諦中迦葉菩薩復作
是言如是等法若在四諦如来何故唱言不
說佛言善男子雖復入中猶不名說何以故
善男子知聖諦有二種智一者中二者上中
者聲聞緣覺智上者諸佛菩薩智善男子知
諸陰苦名為中智分別諸陰有无量相悉是
諸苦非諸聲聞緣覺所知是名上智善男子
如是等義我於彼經竟不說之善男子知諸
入者名之為門亦名為苦是名中智分別種
種有无量相悉是諸苦非諸聲聞緣覺所知
是名上智如是等義於彼經中我亦不說善
男子知諸界者名之為分亦名為性亦名為
苦是名中智分別諸界有无量相悉是諸苦
非諸聲聞緣覺所知是名上智善男子如是
等義我於彼經亦不說之善男子知色壞相
是名中智分別諸色有无量相悉是諸苦非
諸聲聞緣覺所知是名上智如是等義我於
彼經亦不說之善男子知受覺相是名中智
別諸受有无量覺相非諸聲聞緣覺所知

BD04428號　大般涅槃經（北本　思溪本）卷一三　（6–2）

苦是名中智分別諸界有无量相悉是諸苦
非諸聲聞緣覺所知是名上智善男子如是
等義我於彼經亦不說之善男子知色壞相
是名中智分別諸色有无量相悉是諸苦非
諸聲聞緣覺所知是名上智如是等義我於
彼經亦不說之善男子知受覺相是名中智
分別諸受有无量覺相非諸聲聞緣覺所知
是知上智善男子如是等義我於彼經亦不
說之善男子知想取相是名中智分別是想
有无量取相非諸聲聞緣覺所知是名上智
如是等義我於彼經亦不說之善男子知行
作相是名中智分別是行无量作相非諸聲
聞緣覺所知是名上智善男子如是等義我
於彼經亦不說之善男子知識分別相是名
中智分別是識无量知相非諸聲聞緣覺所
知是名上智善男子如是等義我於彼經亦
不說之善男子知愛因緣能生五陰是名中
智一人起愛无量无邊聲聞緣覺所不能知
能知一切衆生所起如是等愛是名上智如
是等義我於彼經亦不說之善男子知滅煩
惱是名中智分別煩惱不可稱計滅亦如是
不可稱計非諸聲聞緣覺所知是名上智如
是等義我於彼經亦不說之善男子知是道
相能離煩惱是名中智分別道相无量无邊
所離煩惱亦无量无邊非諸聲聞緣覺所知
是名上智如是等義我於彼經亦不說之善
男子知世諦者是名中智分別世諦无量无

BD04428 號　大般涅槃經（北本　思溪本）卷一三　（6-3）

相能離煩惱是名中智分別道相无量无邊
所離煩惱亦无量无邊非諸聲聞緣覺所知
是名上智如是等義我於彼經亦不說之善
男子知世諦者是名中智分別世諦无量无
邊不可稱計非諸聲聞緣覺所知是名上智
如是等義我於彼經亦不說之善男子一切
行无常諸法无我涅槃寂滅是第一義是名
中智知第一義无量无邊不可稱計非諸聲
聞緣覺所知是名上智如是等義我於彼經
亦不說之尒時文殊師利菩薩摩訶薩白佛
言世尊所說世諦第一義諦其義云何世尊
第一義中有世諦不世諦之中有第一義不
如其有者即是一諦如其无者將非如來虛
妄說耶善男子世諦者即第一義諦世尊若
尒者則无二諦佛言善男子有善方便隨順
衆生說有二諦善男子若隨言說則有二種
一者世法二者出世法善男子如出世人之
所知者名第一義諦世人知者名為世諦善
男子五陰和合稱言某甲凡夫衆生隨其所
稱是名世諦解陰无有某甲名字離陰亦无
某甲名字出世之人如其性相而能知之名
第一義諦復次善男子或有法有名有實或
復有法有名无實善男子有名无實者即
是世諦有名有實者是第一義諦善男子
如我衆生壽命知見養育士夫受者作者熱時
之炎乾闥婆城龜毛兔角旋火之輪諸陰界
入是名世諦苦集滅道名第一義諦善男子

BD04428 號　大般涅槃經（北本　思溪本）卷一三　（6-4）

第一義諦復次善男子或有法有名有實或
復有法有名无實善男子有名无實者即
是世諦有名有實者是第一義諦善男子
如我衆生壽命知見養育士夫受者作者熱時
之炎乹闥婆城龜毛兔角旋火之輪諸陰界
入是名世諦苦集滅道名第一義諦善男子
有有五種一者名世二者句世三者縛世四者
法世五者執著世善男子云何名世男女瓶
衣車乘屋舍如是等物是名名世云何句世
四句一偈如是等偈名爲句世云何縛世捲
合繫結束縛合掌是名縛世云何法世如鳴
椎集僧嚴鼓戒兵吹貝知時是名法世云何
執着世如望遠人有染衣者生想執着言是
沙門非婆羅門見有結繩橫佩身上便生念
言是婆羅門非沙門也是名執着世善男子
如是名爲五種世諦善男子若有衆生於如
是等五種世法心无顛倒如實而知是名第
一義諦復次善男子若燒若割若死若壞是
名世諦无燒无割无死无壞是名第一義諦
復次善男子有八苦相名爲世諦无生无老
无病无死无愛別離无惡憎會无求不得无
五盛陰是名第一義諦復次善男子譬如一
人多有所能若其走時則名走者或收刈時
復名刈者或作飲食名作食者若治材木則
名工匠鍛金銀時言金銀師如是一人有多
名字法亦如是其實是一而有多名依因父
母和合而生名爲世諦十二因緣和合生者

BD04428號　大般涅槃經（北本　思溪本）卷一三　（6–5）

是等五種世法心无顛倒如實而知是名第
一義諦復次善男子若燒若割若死若壞是
名世諦无燒无割无死无壞是名第一義諦
復次善男子有八苦相名爲世諦无生无老
无病无死无愛別離无惡憎會无求不得无
五盛陰是名第一義諦復次善男子譬如一
人多有所能若其走時則名走者或收刈時
復名刈者或作飲食名作食者若治材木則
名工匠鍛金銀時言金銀師如是一人有多
名字法亦如是其實是一而有多名依因父
母和合而生名爲世諦十二因緣和合生者
名第一義諦文殊師利菩薩摩訶薩白佛言
世尊所言實諦其義云何佛言善男子言實
諦者名曰真法善男子若法非真不名實諦
善男子實諦者无有顛倒无顛倒者乃是實
諦善男子實諦者无有虛妄若有虛妄不名
實諦善男子實諦者名曰大乘非大乘者不名
實諦善男子實諦者是佛所說非魔所說若
是魔說非佛說者不名實諦善男子實諦者

BD04428號　大般涅槃經（北本　思溪本）卷一三　（6–6）

[illegible]
稽首禮諸佛　及法比丘僧　今[illegible]
戒如海无崖　如寶求无猒　欲[illegible]
欲除四弃法　及滅僧殘法　障三十捨墮　衆集[illegible]
毗婆尸式弃　毗舍拘留孫　拘那含牟尼　迦葉釋迦文
諸世尊大德　為我說是事　我今欲善說　諸賢咸共聽
譬如人毀足　不堪有所涉　毀戒亦如是　不得生天人
欲得生天上　若生人間者　常當護戒足　勿令有毀損
如御入險道　失轄折軸憂　毀戒亦如是　死時懷恐懼
如人自照鏡　好醜生欣慼　說戒亦如是　全毀生憂喜
如兩陣共戰　勇怯有進退　說戒亦如是　淨穢生安畏
世間王為最　衆流海為最　衆星月為最　衆聖佛為最
一切衆律中　戒經為上最　如來立禁戒　半月半月說
和合僧集會未受大戒者出（有者遣出遣已答言出　无者答无）
不來諸比丘說欲及清淨（有依法說　无答言无）誰遣比丘
尼來請教誡（有者為請已依請具答无者答云此處无尼來請教誡）僧今和合
何所作為（答云說戒羯磨）大德僧聽今（白月常稱十五日黑月若大亦云十五日若小
應稱十四日）衆僧說戒若僧時到僧忍聽和合說戒
白如是
諸大德我今欲說波羅提木叉戒汝等諦
聽善思念之若自知有犯者即應自懺悔不
犯者默然默然者知諸大德清淨若有他問

BD04429號　四分律比丘戒本　（7-1）

尼來請教誡（有者為請已依請具答无者答云此處无尼來請教誡）僧今和合
何所作為（答云說戒羯磨）大德僧聽今（白月常稱十五日黑月若大亦云十五日若小
應稱十四日）衆僧說戒若僧時到僧忍聽和合說戒
白如是
諸大德我今欲說波羅提木叉戒汝等諦
聽善思念之若自知有犯者即應自懺悔不
犯者默然默然者知諸大德清淨若有他問
者亦如是答如是比丘在於衆中乃至三問憶
念有罪不懺悔者得故妄語罪故妄語者佛
說障道法若彼比丘憶念有罪欲求清淨者
應懺悔懺悔得安樂諸大德我已說戒經
序今問諸大德是中清淨不（如是至三）
諸大德是中清淨嘿然故是事如是持
諸大德是四波羅夷法半月半月說戒經中來
若比丘共比丘同戒若不還戒戒羸不自悔
犯不淨行乃至共畜生是比丘波羅夷不共住
若比丘若在村落若閑靜處不与盜心取隨
不与取法若為王王大臣所捉若殺若縛
若駈出國汝是賊汝癡汝無所知是比丘波
羅夷不共住
若比丘故自手斷人命持刀與人歎譽死快
勸死咄男子用此惡活為寧死不生作如是
心思惟種種方便歎譽死快勸死是比丘波羅
夷不共住
若比丘實无所知自稱言我得上人法我已
入聖智勝法我知是我見是彼於異時若問
若不問欲自清淨故作是說我實不知不見
言知言見虛誑妄語除增上慢是比丘波羅

BD04429號　四分律比丘戒本　（7-2）

心思惟種種方便歎譽死伏勸死是比丘波羅
夷不共住
若比丘實无所知自稱言我得上人法我已
入聖智勝法我知是我見是彼於異時若問
若不問欲自清淨故作是說我實不知不見
言知言見虛誑妄語除增上慢是比丘波羅
夷不共住
諸大德我已說四波羅夷法若比丘犯一一波
羅夷法不得与諸比丘共住如前後亦如是
是比丘得波羅夷罪不應共住今問諸大
德是中清淨不 三稱
諸大德是中清淨默然故是事如是持
諸大德是十三僧伽婆尸沙法半月半月說戒
戒經中來
若比丘故弄陰出精除夢僧伽婆尸沙
若比丘婬欲意與女人身相觸若捉手若
捉髮若觸一一身分者僧伽婆尸沙
若比丘婬欲意與女人麤惡婬欲語隨麤惡
婬欲語者僧伽婆尸沙
若比丘婬欲意於女人前自歎身言大妹我
脩梵行持戒精進脩善法可持是婬欲法供
養我如是供養第一最僧伽婆尸沙
若比丘往來彼此媒嫁持男意語女持女意
語男若爲成婦事若爲私通事乃至須臾
頃僧伽婆尸沙
若比丘自求作屋無主自爲己當應量作
是中量者長十二佛磔手內廣七磔手當將
餘比丘指授處所彼比丘當指示處所无難處

若比丘往來彼此媒嫁持男意語女持女意
語男若爲成婦事若爲私通事乃至須臾
頃僧伽婆尸沙
若比丘自求作屋無主自爲己當應量作
是中量者長十二佛磔手內廣七磔手當將
餘比丘指授處所彼比丘當指示處所无難處
无妨處若比丘有難妨處自求作屋无主自
爲己不將餘比丘指示處所若過量作
者僧伽婆尸沙
若比丘欲作大房有主爲己作當將餘比丘
指授處所彼比丘應指授處所无難處无妨
處若比丘有難處妨處作大房有主爲己作
不將餘比丘指授處所者僧伽婆尸沙
若比丘瞋恚所覆故非波羅夷比丘以无根波
羅夷法謗欲壞彼清淨行若於異時若問
若不問知此事无根說我瞋恚故作是語若
比丘作是語者僧伽婆尸沙
若比丘以瞋恚故於異分事中取片非波羅
夷比丘以无根波羅夷法謗欲壞彼清淨行
彼於異時若問若不問知是異分事中取片
是比丘自言我瞋恚故作是語作是語者僧
伽婆尸沙
若比丘欲壞和合僧方便受壞和合僧法堅
持不捨彼比丘應諫是比丘言大德莫壞和
合僧莫方便壞和合僧莫受壞僧法堅持不
捨大德應與僧和合與僧和合歡喜不諍同
一師學如水乳合於佛法中有增益安樂住是
比丘如是諫時堅持不捨彼比丘應三諫捨此事

若比丘欲壞和合僧方便受壞和合僧法堅
持不捨彼比丘應諫是比丘言大德莫壞和
合僧莫方便壞和合僧莫受壞僧法堅持不
捨大德應與僧和合與僧和合歡喜不諍同
一師學如水乳合於佛法中有增益安樂住是
比丘如是諫時堅持不捨彼比丘應三諫捨此事
故乃至三諫捨者善不捨者僧伽婆尸沙
若比丘有餘伴黨若一若二若三乃至无數
彼比丘語是比丘言大德莫諫此比丘此比丘是法
語比丘律語比丘此比丘所說我等喜樂此比
丘所說我等忍可彼比丘言大德莫作是
說言此比丘是法語比丘律語比丘此比丘所
說我等喜樂此比丘所說我等忍可然
此比丘非法語比丘非律語比丘大德莫破
壞和合僧汝等當樂欲和合僧大德應
與僧和合歡喜不諍同一師學如水乳合
於佛法中有增益安樂住是比丘如是諫時堅持
不捨彼比丘應三諫捨是事故乃至三諫捨者
善不捨者僧伽婆尸沙
若比丘依聚落若城邑住汙他家行惡行汙
他家亦見亦聞行惡行亦見亦聞諸比丘當
語是比丘言大德汙他家行惡行汙他家亦
見亦聞行惡行亦見亦聞大德汝惡他家行惡
行今可遠此聚落去不須住此是比丘語彼比丘
言大德諸比丘有愛有恚有怖有癡有如是同罪
比丘有駈者有不駈者諸比丘報言大德莫
作是語言僧有愛有恚有怖有癡有如是同
罪比丘有駈者有不駈者而諸比丘不愛不恚

[illegible]汙他家亦
見亦聞行惡行亦見亦聞大德汝惡他家行惡
行今可遠此聚落去不須住此是比丘語彼比丘
言大德諸比丘有愛有恚有怖有癡有如是同罪
比丘有駈者有不駈者諸比丘報言大德莫
作是語言僧有愛有恚有怖有癡有如是同
罪比丘有駈者有不駈者而諸比丘不愛不恚
不怖不癡大德汙他家行惡行汙他家亦見
亦聞行惡行亦見亦聞是比丘如是諫時堅持不
捨彼比丘應三諫捨此事故乃至三諫捨者善
不捨者僧伽婆尸沙
若比丘惡性不受人語於戒法中諸比丘如法
諫已自身不受諫語言諸大德莫向我說
若好若惡我亦不向諸大德說若好若惡諸
大德且止莫諫我彼比丘諫是比丘言大德莫自
身不受諫語大德自身當受諫語大德如法諫
諸比丘諸比丘亦如法諫大德如是佛弟子衆得
增益展轉相諫展轉相教展轉懺悔是比丘如
是諫時堅持不捨彼比丘應三諫捨是事故
乃至三諫捨者善不捨者僧伽婆尸沙
諸大德我已說十三僧伽婆尸沙法九初犯四乃
至三諫若比丘犯一一法知而覆藏應強與波
利婆沙行波利婆沙竟增上與六夜摩
埵行摩那埵已餘有出罪法應二十僧中出
是比丘罪若少一人不滿二十衆出是比丘罪是
比丘罪不得除諸比丘亦可可此是時今問
諸大德是中清淨不 三說
諸大德是中清淨嘿然故是事如是持
諸大德[illegible]

諸比丘諫比丘亦如法諫大德如是佛弟子衆得
增益展轉相諫展轉相教展轉懺悔是比丘如
是諫時堅持不捨彼比丘應三諫捨是事故
乃至三諫捨者善不捨者僧伽婆尸沙
諸大德我已說十三僧伽婆尸沙法九初犯四乃
至三諫若比丘犯一一法知而覆藏應强與波
利婆沙行波利婆沙竟增上與六夜摩
埵行摩那埵已餘有出罪法應二十僧中出
是比丘罪若少一人不滿二十衆出是比丘罪是
比丘罪不得除諸比丘亦可呵此是時令問
諸大德是中清淨不 三說
諸大德是中清淨嘿然故是事如是持
諸大德是二不定法半月半月說戒經中来
若比丘共女人獨在屏處覆處鄣處可作婬處
坐說非法語有住信優婆私於三法中一一
法說若波羅夷若僧伽婆尸沙若波逸提是坐
比丘自言我犯是罪於三法中應一一治若波
羅夷若僧伽婆尸沙若波逸提如住信優
婆私所說應如法治是比丘是名不定法
若比丘共女人在露現處不可作婬處坐說麁
惡語有住信優婆私於二法中一一法說若

（7–7）

BD04429號　四分律比丘戒本

南无大……
南无降伏黠慧佛　南无大勢力佛
南无妙聲佛　南无普寶滿足佛
南无樂師子佛　南无金剛輪佛
南无一切世間愛佛　南无大將佛
南无過火佛　南无大莊嚴佛
南无衆生月佛　南无勝嚴佛
南无日光明佛　南无寂靜行佛
南无斷諸有憙香佛　南无梵天供養佛
南无攝愛稱佛　南无无量无邊顯佛
南无大吼佛　南无可見忍佛
南无世間光明佛　南无脩行身佛
南无大花佛　南无婆藪達多佛
南无諸根清淨佛　南无善見佛
南无不怯弱聲佛　南无決定色佛
南无月賢佛　南无信勝功德佛
南无方便脩佛　南无賢莊嚴佛
南无勝報佛　南无勸受器聲佛
南无慚愧賢佛　南无普行佛
南无勝愛佛

（3–1）

BD04430號　佛名經（十六卷本）卷一四

南无月賢佛　南无決定色佛
南无方便脩佛　南无信勝功德佛
南无勝報佛　南无賢莊嚴佛
南无慚愧賢佛　南无勘受器聲佛
南无勝愛佛　南无普行佛
南无普智佛　南无大威力佛
南无月難兜佛　南无堅固行佛
南无天供養佛　南无敬善佛
南无勝妙稱佛　南无成就一切功德佛
南无堅固莎黎羅佛　南无甘露光佛
南无大貴佛　南无勝聲佛
南无大力佛　南无大步佛
南无信甘露佛　南无道步佛
南无勝聲心佛　南无勝意佛
南无婆樓那步佛　南无大脩行佛
從此以上一万七百佛十二部經一切賢聖
南无威德光佛　南无无淨智佛
南无師子聲佛　南无善德佛
南无善住佛　南无日光佛
南无菩提上首佛　南无降伏怨佛
南无无垢濁義佛　南无勝去佛
南无妙光明佛　南无普光明佛
南无大莊嚴佛　南无功德山佛
南无摩尼月佛　南无愛眼佛
南无月名佛　南无菩提智佛
南无寶功德佛　南无天光明佛

BD04430號　佛名經（十六卷本）卷一四　（3–2）

南无勝聲心佛　南无勝意佛
南无婆樓那步佛　南无大脩行佛
從此以上一万七百佛十二部經一切賢聖
南无威德光佛　南无无淨智佛
南无師子聲佛　南无善德佛
南无善住佛　南无日光佛
南无菩提上首佛　南无降伏怨佛
南无无垢濁義佛　南无勝去佛
南无妙光明佛　南无普光明佛
南无大莊嚴佛　南无功德山佛
南无摩尼月佛　南无愛眼佛
南无月名佛　南无菩提智佛
南无寶功德佛　南无天光明佛
南无勝仙佛　南无寶佛智佛

BD04430號　佛名經（十六卷本）卷一四　（3–3）

明
菩地
微妙
莊嚴
令天王心生歡喜……之所
照諸天宮殿是經能與衆生快樂是經能令
地獄餓鬼畜生諸河焦乾枯竭是經能除一
切怖畏是經能却他方怨賊是經能除穀貴
飢饉是經能愈一切疾病是經能滅惡星變
異是經能去一切憂惱舉要言之是經能滅
一切衆生无量无邊百千苦惱世尊是金光
明微妙經典若在大衆廣宣說時我等四天
王及餘眷屬聞此甘露无上法味增益身力
心進勇銳具諸威德世尊我等四王能說正
法脩行正法為世法王以法持世世尊我等
四王及天龍鬼神乾闥婆阿脩羅迦樓羅
緊那羅摩睺羅伽以法治世遮諸惡鬼噉精
氣者世尊我等四王二十八部諸鬼神等及
无量百千鬼神以淨天眼過於人眼常觀擁

BD04431 號　金光明經卷二　（23–1）

心進勇銳具諸威德世尊我等四王能說正
法脩行正法為世法王以法持世世尊我等
四王及天龍鬼神乾闥婆阿脩羅迦樓羅
緊那羅摩睺羅伽以法治世遮諸惡鬼噉精
氣者世尊我等四王二十八部諸鬼神等及
无量百千鬼神以淨天眼過於人眼常觀擁
護此閻浮提世尊是故我等名護世王若此
國土有諸衰耗怨賊侵境飢饉疾疫種種艱
難若有比丘比丘尼受持是經我等四王當
共勸請令是比丘以我力故疾往彼所國邑郡縣
廣宣流布是金光明微妙經典令如是等種
種百千衰耗之事悉皆盡滅世尊如諸國王所
有土境是持經者若至其國是王應當往
是人所聽受如是微妙經典聞已歡喜復當
護念恭敬是人世尊我等四王復當勤心擁
護是王及國人民為除衰患令得安隱世尊
若有比丘比丘尼優婆塞優婆夷受持是經
若諸人王有能供給施其所安我等四王亦當勤
令是王及國人民一切安隱具足无患世尊若
有四衆受持讀誦是妙經典若諸人王有能
供養恭敬尊重讚歎我等四王亦當復令
如是人王於諸王中常得第一供養恭敬尊
重讚歎亦令諸王歎上羨慕稱讚其善尒
時世尊讚歎護世四天王等善哉善哉汝
等四王過去以曾供養恭敬尊重讚歎无量
百千万億諸佛所種善根說於正法脩行正

BD04431 號　金光明經卷二　（23–2）

供養恭敬尊重讚歎我等四王亦當復令
如是人王於諸王中常得第一供養恭敬尊
重讚歎亦令諸王歎上義業稱讚其善尒
時世尊讚歎護世四天王等善哉善哉汝
等四王過去以曾供養恭敬尊重讚歎无量
百千万億諸佛所種善根說於正法脩行正
法以法治世為人天王汝等今日長夜利益於
諸衆生行大悲心施與衆生一切樂具能遮
諸惡惠與諸善以是義故若有人王能供養
恭敬此金光明微妙經典汝等正應如是護念
滅其苦惱與其安樂汝等四王及諸眷屬无
量无邊百千鬼神若能護念如是經典者
即是護持去来現在諸佛正法汝等四王及
餘天衆百千鬼神與阿脩羅共戰鬪時汝
等諸天常得勝利汝等若能護念是經悉
能調伏一切諸苦所謂惡賊飢饉疾疫若四部
衆有能受持讀誦此經汝等亦應懃心守
護為除衰惱施與安樂尒時四王復白佛言
世尊是金光明微妙經典於未来世所在流
布若國土城邑郡縣村落隨所至處若諸國
王以天律治世復能恭敬至心聽受是妙經典并
復尊重供養供給持是經典四部之衆以是
因緣我等時時得聞如是微妙經典聞已即
得增益身力心進勇銳具諸威德是故我等
及无量鬼神常當隱形隨是經典所流布處
而作擁護令无留難亦當護念聽是經典諸國

BD04431號　金光明經卷二　（23–3）

復尊重供養供給持是經典四部之衆以是
因緣我等時時得聞如是微妙經典聞已即
得增益身力心進勇銳具諸威德是故我等
及无量鬼神常當隱形隨是經典所流布處
而作擁護令无留難亦當護念聽是經典諸國
王等及其人民除其患難悉令安隱他方怨
賊亦使退散若有人王聽是經時隣國怨
敵興如是念當具四兵壞彼國土世尊以是
經典威神力故尒時隣敵更有異怨為作留
難於其境界起諸衰惱疫異疾病尒時怨
敵起如是等諸惡事已備具四兵發向是國
規往討罰我等尒時當與眷屬无量无邊
百千鬼神隱蔽其形為作護助令彼怨敵自
然退散起諸怖懅種種留難彼國兵衆尚不
能到況復當能有所破壞
尒時佛讚四天王等善哉善哉汝等四王乃
能擁護我百千億那由他劫所可脩集阿耨多
羅三藐三菩提及諸人王受持是經恭敬供
養者為消衰患令其安樂復能擁護宮殿
舍宅城邑村落國土邊疆乃至怨賊悉令退
散滅其衰惱令得安樂亦令一切閻浮提內所
有諸王无諸凶衰鬪諍之事四王當知此閻
浮提八万四千城邑聚落八万四千諸人王等
各於其國娛樂快樂各各於國而得自在於
自在所有錢財珍寶各各自足不相侵奪如其
宿世所脩集業受報不生惡心貪求他國各各

BD04431號　金光明經卷二　（23–4）

浮提八万四千城邑聚落八万四千諸人王等
各於其國娛樂快樂各各於國而得自在於
自在所有錢財珎寶各各自足不相侵奪如其
宿世所脩集業受報不生惡心貪求他國各各
自生利益之心生於慈心安樂之心不諍訟心不
破壞心无繫縛心无楚撻心各於其土自生愛
樂上下和睦猶如水乳心相愛念增諸善根
以是因緣故此閻浮提安隱豐樂人民熾盛大
地沃壤陰陽調和時不越序日月星宿不失常
度風雨隨時无諸災橫人民豐實自足於財心
无貪恡亦无嫉妬等行十善其人壽終多生
天上天宮充滿增益天衆若未來世有諸人
王聽受是經典及供養恭敬受持是經四部之衆
是王則爲安樂利益汝等四王及餘眷屬无量
百千諸鬼神等何以故汝等四王若得時時聞
是經典則爲已得正法之味甘露味增益
身力心進勇銳具諸威德是諸人王若能至心
聽受是典則爲已能供養於我若供養我則
是供養過去未來現在諸佛則得无量不可
思議功德之聚以是因緣是諸人王應得擁護
及后妃婇女中宮眷屬諸王子等亦應得護
衰惱消滅快樂熾盛宮殿堂宇安隱清淨
无諸災變護宅之神增長威德亦受无量歡
喜快樂是諸國土所有人民悉受種種五欲之
樂一切惡事悉皆消滅
尒時四天王白佛言世尊未來之世若有人王

BD04431號　金光明經卷二　（23–5）

衰惱消滅快樂熾盛宮殿堂宇安隱清淨
无諸災變護宅之神增長威德亦受无量歡
喜快樂是諸國土所有人民悉受種種五欲之
樂一切惡事悉皆消滅
尒時四天王白佛言世尊未來之世若有人王
欲得擁護身及后妃婇女諸王子等宮殿屋宅得
第一護身所王領處爲殊勝具不思議王者功
德欲得攝取无量福聚國土无有他方怨賊
无諸憂惱及諸苦事世尊如是人王不應
放逸散亂其心應生恭敬謙下之心應當莊
嚴第一微妙最勝宮宅種種香汁持用灑地散
種種華敷大法坐師子之座以无量珎奇異
物而爲校飾張施種種无數微妙幢幡寶蓋當
淨洗浴以香塗身著新淨衣瓔珞自嚴坐小
卑座不自高大除去自在離諸放逸謙下自
卑除去憍慢正念聽受如是妙典於說法者
生世尊想復於宮內后妃婇女眷屬生慈哀心
和顏與語勸以種種供養之具供養法師是
王尒時既勸化已即生无量歡喜樂心懷悅
豫倍復自厲不生疲倦多作利益於說法者
倍生恭敬
尒時佛告四天王尒時人王應著白淨鮮絜之
衣種種瓔珞莊嚴執持素白微妙上
蓋服飾容儀不失常則躬出奉迎說法之人
何以故是王如是隨其舉足步步之中即是
供養值遇百千億那由他諸佛世尊復得超

BD04431號　金光明經卷二　（23–6）

倶生我等
尒時佛告四天王尒時人王應著白淨鮮潔之
衣種種瓔珞齊整莊嚴執持素白微妙上
蓋服飾容儀不失常則躬出奉迎說法之人
何以故是王如是隨其舉足步步之中即是
供養值遇百千億那由他諸佛世尊復得超
越如是等劫生死之難復於來世尒時劫中常
得封受轉輪王位隨其步步亦得如是現世功
德不可思議自在之力常得寂勝微妙七寶
人天宮殿在在生處增益壽命言語辯了人
所信用无所畏忌有大名稱常為人天之所恭
敬天上人中受上妙樂得大勢力具足威德身
色微妙端正第一常值諸佛遇善知識成就具
足无量福聚汝等四王如是人王見如是等種
種无量功德利益是故此王應當躬出奉迎
法師若一由旬於說法師應生佛想應作是念
今日釋迦如來正知入於我宮受我供養為我
說法我聞是法師即不退轉於阿耨多羅三藐
三菩提已為得值百千万億那由他佛為已供
養過去未來現在諸佛已得畢竟三惡道
苦我今已種百千无量轉輪聖王釋梵之因已
種无邊善根種子已令无量百千万億諸衆
生等度於生死已集无量无邊福聚後宮眷
屬已得擁護宮宅諸衰悉已清滅國王无
有怨賊釋判他方怨敵不能侵汝等四王如是
人王應作如是供養正法清淨聽受是妙經典

種无邊善根種子已令无量百千万億諸衆
生等度於生死已集无量无邊福聚後宮眷
屬已得擁護宮宅諸衰悉已清滅國王无
有怨賊釋判他方怨敵不能侵汝等四王如是
人王應作如是供養正法清淨聽受是妙經典、
及恭敬供養尊重讚歎持是經典四部之衆
亦當迴此所得寂勝功德之分施與汝等及
餘眷屬諸天鬼神聚集如是諸善功德現世
常得无量无邊不可思議自在之利威德勢
力成就具足能以正法摧伏諸惡
尒時四天王白佛言世尊若未來世有諸人王
作如是等恭敬正法至心聽受是妙經典及恭
敬供養尊重讚歎持是經典四部之衆嚴治
舍宅香汁灑地專心正念說是法時我等四王
亦當在中共聽此法願諸人王為自利故以己
所得功德少分施與我等世尊是諸人王於說法
者所坐之處為我等故燒種種香供養是經
是妙香氣於一念頃即至我等諸天宮殿其香
即時變成香蓋其香微妙金色晃曜照我
等宮釋宮梵宮大辯神天功德神天堅牢地
神散脂鬼神大將軍二十八部鬼神大將摩
醯首羅金剛密迹摩尼跋陀鬼神大將鬼子
母與五百鬼子周匝圍繞阿耨達龍王娑竭
羅龍王如是等衆自於宮殿各各得聞是妙
香氣及見香蓋光明普照是香蓋光明亦
照一切諸天宮殿佛告四王是香蓋光明非

等宮釋宮梵宮大辯神天功德神天堅牢地
神散脂鬼神衆大將軍二十八部鬼神大將摩
醯首羅金剛密迹摩尼跋陀鬼神大將鬼子
母與五百鬼子周迊圍繞阿耨達龍王娑竭
羅龍王如是等衆自於宮殿各各得聞是妙
香氣及見香蓋光明普照是香蓋光明亦
照一切諸天宮殿佛告四王是香蓋光明非
但至汝四王宮殿何以故是諸人王手擎香爐
供養經時其香遍布於一念頃遍至三千大
千世界百億日月百億大海百億須彌山百億
大鐵圍山小鐵圍山及諸山王百億四天下百
億四天王百億三十三天乃至百億非想非非想
天於此三千大千世界百億三十三天一切龍鬼乾
闥婆阿脩羅迦樓羅緊那羅摩睺羅伽宮
殿虛空悉滿種種香烟雲蓋其蓋金光亦
照宮殿如是三千大千世界所有種種香烟
香蓋皆是此經威力故是諸人王手擎香
爐供養經時種種香氣不但遍此三千大千世
界於一念頃亦遍十方无量无邊恒河沙等百
千万億諸佛世尊於諸佛所虛空之中亦成
香蓋金色普照亦復如是諸佛世尊聞是妙
香見是香蓋及金色光於十方界恒河沙等
諸佛世尊作如是等神力變化已異口同音於
說法者稱讚善哉善哉大士汝等廣宣流布
如是甚深微妙經典則為成就无量无邊不
可思議功德之聚若有聞是甚深經典所得

BD04431 號　金光明經卷二　（23-9）

香蓋金色普照亦復如是諸佛世尊聞是妙
香見是香蓋及金色光於十方界恒河沙等
諸佛世尊作如是等神力變化已異口同音於
說法者稱讚善哉善哉大士汝等廣宣流布
如是甚深微妙經典則為成就无量无邊不
可思議功德之聚若有聞是甚深經典所得
功德則為不少況持讀誦為他衆生開示分
別演說其義何以故善男子此金光明微妙
經典无量无邊億那由他諸菩薩等若得聞
者即不退轉於阿耨多羅三藐三菩提尒時
十方无量无邊恒河沙等諸佛世界現在諸佛
異口同音作如是言善男子汝於未來世必當
得坐於道場菩提樹下於三界中最尊最勝
出過一切衆生之上勤脩力故受諸苦行善能
莊嚴菩提道場能壞三千大千世界外道邪論
摧伏諸魔惡賊異形覺了諸法最一寂滅清淨
无垢甚深无上菩提之道善男子汝已能坐金
剛坐處轉於无上諸佛所讚十二種行甚深法輪能
擊无上最大法鼓能吹无上熾妙法螺能竪
无上最勝法幢能然无上熾明法炬能雨无上
甘露法雨能斷无量煩惱惡結能令无量百千
万億那由他衆度於无岸可畏大海能脫生
死无際輪轉復過无量百千万億那由他佛
尒時四天王復白佛言世尊是金光明微妙經
典能得未來現在種種无量功德是故人王若
[illegible]

BD04431 號　金光明經卷二　（23-10）

甘露法雨能斷无量煩惱惡結能令无量百千
万億那由他衆度於无岸可畏大海解脫生
死无除輪轉復過无量百千万億那由他佛
尒時四天王復白佛言世尊是金光明微妙經
典能得未來現在種種无量功德是故人王若
得聞是微妙經典則為已於百千万億无量佛
所種諸善根我以敬念是人王故復見无量
福德利故我等四王及餘眷屬无量百千万
億鬼神於自宮殿見是種種香烟雲蓋瑞應
之時我當隱蔽不現其身為聽法故當至是
王所至宮殿講法之處大梵天王釋提桓因大
辯天神功德天神堅牢地神散脂鬼神大將
軍等二十八部鬼神大將摩醯首羅金剛密
迹摩尼跋陀鬼神大將鬼子母及五百鬼子
周匝圍繞阿耨達龍王娑竭羅龍王无量
百千万億那由他鬼神諸天如是等衆為聽法
故悉自隱蔽不現其身至是人王所止宮殿
講法之處世尊我等四王及餘眷屬无量鬼
神悉當同心以是人王為善知識同共一行善相
應行能為无上大法施主以甘露味充足我等
應當擁護是王除其衰患令得安隱及其宮
宅國土城邑諸惡災患悉令消滅世尊若有人
王於此經典心生捨離不樂聽聞其心不欲恭
敬供養尊重讚歎若四部衆有受持讀誦
講說之者亦復不能恭敬供養尊重讚歎
我等四王及餘眷屬无量鬼神即便不得聞

宅國土城邑
王於此經典心生捨離不樂聽聞其心不欲恭
敬供養尊重讚歎若四部衆有受持讀誦
講說之者亦復不能恭敬供養尊重讚歎
我等四王及餘眷屬无量鬼神即便不得聞
此正法背甘露味失大法利无有勢力及以
威德減損天衆增長惡趣世尊我等四王及
无量鬼神捨其國土不但我等亦有无量守護
國土諸舊善神皆悉捨去我等諸天及諸鬼
神既捨離已其國當有種種災異一切人民失
其善心唯有繫縛瞋恚鬪諍互相破壞多諸
疾疫彗星現怪流星崩落五星諸宿違失常度
兩日並現日月薄蝕白黑惡虹數數出現大地
震動發大音聲暴風惡雨无日不有穀米勇
貴飢饉凍餓多有他方怨賊侵掠其國人民
多受苦惱其地无有可愛樂處世尊我等
四王及諸无量百千鬼神并守國土諸舊善
神遠離去時生如是等无量惡事世尊若有
人王欲得自護及王國土多受安樂欲令國土一切
衆生悉皆成就具足快樂欲得摧伏一切外敵
欲得擁護一切國土欲以正法正治國土欲得除
滅衆生怖畏世尊是人王等應當畢定聽是
經典及恭敬供養讚誦受持是經典者我
等四王及无量鬼神以是法食善根因緣得服
甘露无上法味增長身力心進勇銳增益諸
天何以故由是人王至心聽受是經典故如諸梵

滅衆生怖畏世尊是人王等應當畢定聽是
經典及恭敬供養讀誦受持是經典者我
等四王及无量鬼神以是法食善根因緣得服
甘露无上法味增長身力心進勇銳增益諸
天何以故由是人王至心聽受是經典故如諸梵
王說出欲論釋提桓因種種善論五通之人神
仙之論世尊梵天釋提桓因五通神人雖有百
千億那由他无量勝論是金光明於中最勝
所以者何如來說是金光明經為衆生故為令
一切閻浮提內諸人王等以正法治為一與一切
衆生安樂為欲愛護一切衆生欲令衆生无
諸苦惱无有他方怨賊棘刺所有諸惡背而
不向欲令國土无有憂惱以正法教无有諍訟
是故人王各於國土應然法炬熾然正法增益
天衆我等四王及无量鬼神閻浮提內諸天善
神以是因緣得服甘露法味充足得大威德進
力具足閻浮提內安隱豐樂人民熾盛安樂其
處復於來世无量百千不可思議那由他劫
常受微妙第一快樂復值遇无量諸佛種諸
善根然後證成阿耨多羅三藐三菩提得如
是等无量功德悉是如來正遍知說是如來過
於百千億那由他諸梵天等以大悲力故亦過无
量百千億那由他釋提桓因以苦行力故是故如
來為諸衆生演說如是金光明經若閻浮提
一切衆生及諸人王世間出世所作國土所造世
論皆因此經欲令衆生得安樂故釋迦如來示

於百千億那由他諸梵天等以大悲力故亦過无
量百千億那由他釋提桓因以苦行力故是故如
來為諸衆生演說如是金光明經若閻浮提
一切衆生及諸人王世間出世所作國土所造世
論皆因此經欲令衆生得安樂故釋迦如來示
現是經廣宣流布世尊以是因緣故是諸人王
應當畢定聽受供養恭敬尊重讚歎是經
尒時佛復告四天王汝等四王及餘眷屬无量
百千那由他鬼神是諸人王若能至心聽是經
典供養恭敬尊重讚歎汝等四王正應擁護
滅其衰患而與安樂若有人能廣宣流
布如是妙典於人天中作大佛事能大利益
无量衆生如是之人汝等四王必當擁護莫令他緣而
得擾亂令心憺靜受於快樂續復當得廣宣
是經尒時四天王即從坐起偏袒右肩右
膝著地長跪合掌於世尊前以偈讚曰

佛月清淨　滿足莊嚴　佛日暉曜　放千光明
如來面目　最上明淨　齒白无垢　如蓮華根
功德无量　猶如大海　智淵无邊　法水具足
百千三昧　无有缺減　足下平滿　千輻相現
足指網縵　猶如鵝王　光明晃曜　如寶山王
微妙清淨　如鍊真金　所有福德　不可思議
佛功德山　我今敬礼　佛真法身　猶如虛空
應物現形　如水中月　无有障㝵　如炎如化
是故我今　稽首佛月　尒時世尊　以偈答曰
此金光明　諸經之王　甚深最勝　為无有上

微妙清淨　如鍊真金　所有福德　不可思議
佛功德山　我今敬礼　佛真法身　猶如虛空
應物現形　如水中月　无有障㝵　如炎如化
是故我今　稽首佛月　尒時世尊　以偈荅曰
此金光明　諸經之王　甚深寂靜　為无有上
十力世尊　之所宣說　汝等四王　應當勤護
以是因緣　是深妙典　能與衆生　无量快樂
為諸衆生　安樂利益　故久流布　於閻浮提
能滅三千　大千世界　所有惡趣　无量諸苦
閻浮提內　諸人王等　心生慈悲　正法治世
若能流布　此妙經典　則令其上　安隱豐熟
所有衆生　悉受快樂　若有人王　欲愛己身
及其國土　欲令豐盛　應當至心　淨潔洗浴
往法會所　聽受是典　是經能作　所有善事
摧伏一切　內外怨敵　復能除滅　无量怖畏
是諸經王　能興一切　无量衆生　安隱快樂
譬如寶樹　在人家中　悉能出生　一切珎寶
是妙經典　亦復如是　悉能出生　諸王功德
如清冷水　能除渴乏　是妙經典　亦復如是
能除諸王　功德渴乏　譬如珎寶　異物箱器
悉在手手　隨意所用　是金光明　亦復如是
隨意能與　諸王法寶　是金光明　微妙經典
常為諸天　恭敬供養　亦為護世　四天大王
威神勢力　之所護持　十方諸佛　常念是經
若有演說　稱讚善哉　亦有百千　无量神鬼
從十方來　擁護是人　若有得聞　是妙經典

BD04431號　金光明經卷二　（23–15）

隨意能與　諸王法寶　是金光明　微妙經典
常為諸天　恭敬供養　亦為護世　四天大王
威神勢力　之所護持　十方諸佛　常念是經
若有演說　稱讚善哉　亦有百千　无量神鬼
從十方來　擁護是人　若有得聞　是妙經典
心生歡喜　踊躍无量　閻浮提內　无量大衆
皆悉歡喜　集聽是法　聽是經故　具諸威德
增益天衆　精氣身力
尒時四天王聞是偈已白佛言世尊我從昔
來未曾得聞如是微妙寂滅之法我聞是已
心生悲喜涕淚橫流舉身戰動支體怡解
復得无量不可思議具足妙樂以天曼陀羅
華摩訶曼陀羅華供養奉散於如來上作
如是等供養佛已復白佛言世尊我等四
王各各自有五百鬼神常當隨逐是說法
者而為守護
金光明經大辯神品第七
尒時大辯神白佛言世尊是說法者我當
益其樂說辯才令其所說莊嚴次第善得大
智若是經中有失文字句義違錯我能令是說
法比丘次第還得能與揔持令不忘失若有衆
生於百千佛所種善根是說法者為是等故
於閻浮提廣宣流布是妙經典令不斷絕復令
无量无邊衆生得聞是經當令是等悉得
極利不可思議大智慧聚不可稱量福德之報善

BD04431號　金光明經卷二　（23–16）

法比丘次第還得與相待令不忘失若有衆
生於百千佛所種善根是說法者為是等故
於閻浮提廣宣流布是妙經典令不斷絶復令
无量无邊衆生得聞是經當令是等悉得
猛利不可思議大智慧聚不可稱量福德之聚善
解无量種種方便善能辯暢一切諸論善知世
間種種伎術能出生死得不退轉必定疾得
阿耨多羅三藐三菩提
金光明經功德天品第八
尒時功德天白佛言世尊是說法者我當隨之所
須之物衣服飲食卧具醫藥及餘資生供
給是人无所乏少令心安住晝夜歡樂正念
思惟是經章句分別深義若有衆生於百千
佛所種諸善根是說法者為是等故於閻浮
提廣宣流布是妙經典令不斷絶是諸衆生
聽是經已於未來世无量百千那由他劫常
在天上人中受樂值遇諸佛速成阿耨多羅
三藐三菩提三惡道苦悉畢无餘世尊我已
於過去寶華功德海琉璃金山照明如來
應供正遍知明行足善逝世間解无上士調
御丈夫天人師佛世尊所種善根是故我今
隨所念方隨所視方隨所至方令无量百千衆
生受諸快樂若衣服飲食資生之具金銀七
寶真珠琉璃珊瑚虎珀璧玉珂貝悉无所乏
若有人能稱金光明微妙經典為我供養諸
佛世尊三稱我名燒香供養供養佛已別以香

BD04431號　金光明經卷二　（23–17）

御丈夫天人師佛世尊所種善根是故我今
隨所念方隨所視方隨所至方令无量百千衆
生受諸快樂若衣服飲食資生之具金銀七
寶真珠琉璃珊瑚虎珀璧玉珂貝悉无所乏
若有人能稱金光明微妙經典為我供養諸
佛世尊三稱我名燒香供養供養佛已別以香
華種種美味供養於我灑散諸方當知是
人即能聚集資財寶物以是因緣增長地
味神諸天悉得歡喜所種穀米芽莖枝葉果
實滋茂樹神歡喜出生无量種種諸物我時
慈念諸衆生故多與資生所須之物世尊於此
北方毗沙門王有城名曰阿尼曼陀其城有園名
德華光於是園中有最勝園名曰金幢七寶
極妙此即是我常止住處若有欲得財寶增
長是人當於自所住處應淨掃灑洗浴其身
著新淨白衣妙香塗身為我至心三稱彼佛
寶華琉璃世尊名号礼拜供養燒香散華亦
當三稱金光明經至誠發願別以香華種種美
味供施於我散灑諸方尒時當說如是章句
波利富樓那遮利　三曼陀達舍尼　摩訶毗
訶羅伽帝　三曼陀毗陀那伽帝　摩訶迦梨
波帝　波婆祢　薩婆三曼陀　脩鉢梨富
隸阿夜那　達摩帝　摩訶毗鼓畢帝　摩
訶彌勒簸僧祇帝　醯帝簁三博祇悕帝
三曼陀　阿咃　阿㝹　婆羅尼
是灌頂章句畢定吉祥真實不虛等行衆

BD04431號　金光明經卷二　（23–18）

波帝　波婆禰　薩婆三曼陁　佛剎梨富
盧阿夜那　達摩帝　摩訶毗鼓畢帝　摩
訶弥勒簸僧祇帝　醯帝　徔三博祇悕帝
三曼陁　阿咃　阿樓　婆羅尼
是灌頂章句必定吉祥真實不虛等行衆
生及中善根應當受持讀誦通利七日七夜
受持八戒朝暮淨心香華供養十方諸佛常
為己身及諸衆生迴向具足阿耨多羅三藐三
菩提作是誓願令我所求皆得吉祥自於所
居房舍屋宅淨潔掃除若自住處若阿蘭
若處以香塗地燒微妙香敷淨好坐以種
種華香布散其地以待於我我於尒時如一念
頃入其室宅即坐從此日夜令此居處若村
邑若僧房若露處无所乏少若錢若金若珎
寶若牛羊若穀米一切所須即得具足悉受
快樂若能以己所作善根廣勝之分迴與我者
我當終身不遠其人於所住處至心讚念隨其
所須令得成就應當至心礼如是等諸佛世尊
其名曰寶勝如来无垢熾寶光明王相如来
金燄光明如来金百光明照藏如来金山
寶蓋如来金華炎光相如来大炬如来寶
相如来亦應敬礼信相菩薩金光明菩薩金
藏菩薩常悲菩薩法上菩薩亦應敬礼東
方阿閦如来南方寶相如来西方无量壽佛北
方微妙聲佛

金光明經堅牢地神品第九

BD04431號　金光明經卷二　（23–19）

相如来亦應敬礼信相菩薩金光明菩薩金
藏菩薩常悲菩薩法上菩薩亦應敬礼東
方阿閦如来南方寶相如来西方无量壽佛北
方微妙聲佛

金光明經堅牢地神品第九

尒時地神堅牢白佛言世尊金光明若現在
世若未来世在在處處若城邑聚落若山澤
空處若王宮宅世尊隨是經典所流布處
是地分中敷師子座令說法者坐其座上廣
演宣說是妙經典我當在中常作宿衛隱蔽
其身於法座下頂戴其足我聞法已得服甘
露无上法味增益身力而此大地深十六万八
千由旬從金剛際至海地上悉得衆味增長
具足豐壤肥濃過於今日以是之故閻浮提
内藥草樹木根莖枝葉華菓滋茂美色香
味皆悉具足衆生食已增長壽命色力辯安
六情諸根具足通利威德顏皃端嚴殊特成
就如是種種等已所作事業多得成辦有大
勢力精進勇猛是故世尊閻浮提内安隱豐
樂人民熾盛一切衆生多受快樂應心適意隨
其所樂是諸衆生得是威德大勢力已能
供養是金光明經及恭敬供養受持經者四
部之衆我於尒時當往其所為諸衆生受快
樂故請說法者廣令宣布如是妙典何以故
世尊是金光明若廣說時我及眷屬所得功
德倍過於常增長身力心進勇鋭世尊我

BD04431號　金光明經卷二　（23–20）

其所[illegible]
供養是金光明經及恭敬供養受持經者四
部之眾我於今時當往其所為諸眾生受快
樂故請說法者廣令宣布如是妙典何以故
世尊是金光明若廣說時我及眷屬所得功
德倍過於常增長身力心進勇銳世尊我
服甘露无上味已閻浮提地縱廣七千由旬
豐壤倍常世尊如此大地眾生所依悉能增
長一切所須物已令諸眾生隨意所用受於
快樂種種飲食衣服卧具宮殿屋宅樹木林
苑河池泉井如是等物因依於地悉皆具足是
故世尊是諸眾生為知我恩應作是念我當
畢定聽受是經供養恭敬尊重讚歎作是念
已即從住處若城邑聚落舍宅空地往法會
所聽受是經即聽受已還其所止各應相慶
作如是言我等今者聞此甚深无上妙法已
為攝取不可思議功德之聚值遇无量无邊
諸佛三惡道報已得解脫於未來世常生天
上人中受樂是諸眾生各於住處若為他
人演說是經若說一品一緣若復稱歎一佛
菩薩一四句偈乃至一句及稱是經手題名字
世尊隨是所住之處其地具足豐壤肥濃過
於餘地凡是因地所生之物悉得增長滋茂廣大
悉令眾生受於快樂多饒財寶好行惠施心
常堅固深信三寶尒時佛告地神堅牢若有
眾生乃至聞是金光明經一句之義人中命終
隨意往生三十三天地神若有眾生為欲供

BD04431號　金光明經卷二　（23–21）

世尊隨是所住之處其地具足豐壤肥濃過
於餘地凡是因地所生之物悉得增長滋茂廣大
悉令眾生受於快樂多饒財寶好行惠施心
常堅固深信三寶尒時佛告地神堅牢若有
眾生乃至聞是金光明經一句之義人中命終
隨意往生三十三天地神若有眾生為欲供
養是經典故莊嚴屋宅乃至張懸一幡一蓋或
以一衣欲界六天已有自然七寶宮殿是人
命終即往生彼地神於諸七寶宮殿之中各各
自然有七天女共相娛樂日夜常受不可思議
微妙快樂尒時地神白佛言世尊以是因緣說
法比丘坐法座時我常晝夜衛護不離隱蔽
其形在其坐下頂戴其足世尊若有眾生於百
千佛所種諸善根是說法者為是等故於
閻浮提廣宣流布是妙經典不令斷絕是諸
眾生聽是經已未來世中无量百千那由
他劫於天上人中常受快樂值遇諸佛疾
成阿耨多羅三藐三菩提三惡道苦悉斷
无餘

金光明經卷第二

BD04431號　金光明經卷二　（23–22）

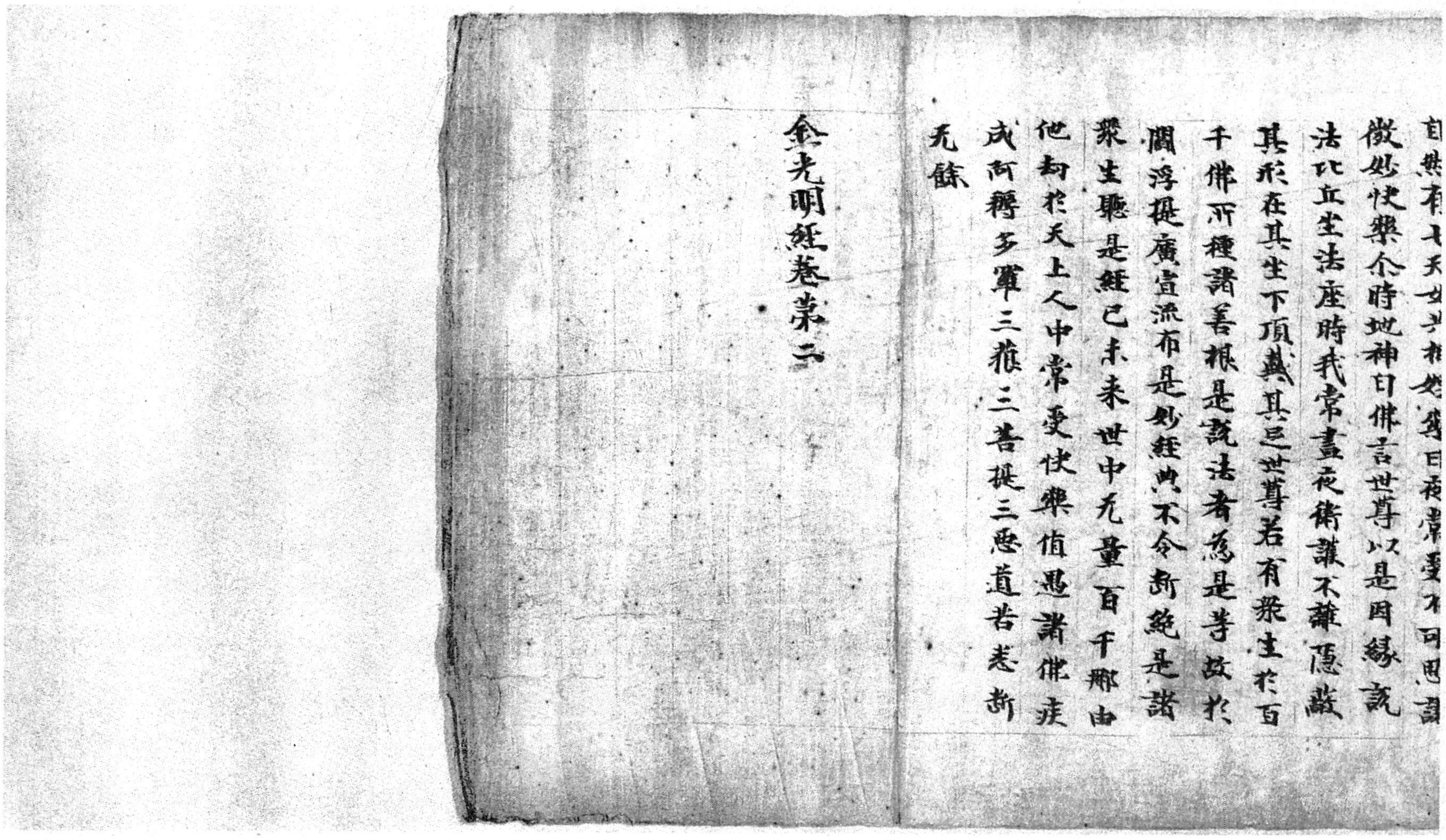

自然有七天妙[illegible]妙[illegible]日夜常受不可思議
微妙快樂尒時地神白佛言世尊以是因緣說
法比丘坐法座時我常晝夜衛護不離隱蔽
其形在其坐下頂戴其足世尊若有衆生於百
千佛所種諸善根是說法者爲是等故於
閻浮提廣宣流布是妙經典不令斷絕是諸
衆生聽是經已未來世中無量百千那由
他劫於天上人中常受快樂值遇諸佛疾
成阿耨多羅三藐三菩提三惡道苦悉斷
无餘

金光明經卷第二

BD04431號　金光明經卷二　（23–23）

金光明最勝王經八
尒時虛空藏菩薩
起偏袒右肩右膝著
以上微妙金寶之花
佛言世尊云何菩薩摩
祕密如法修行佛言善
念之吾當爲汝分別解說
善男子一切如來
化身二者應身
受阿耨多羅
死云何菩薩了知化身善男子
行地中為一切衆生修種種法如是修習至

BD04432號　金光明最勝王經卷二　（4–1）

善男子一切如來
化身二者應身
受阿耨多羅
死云何菩薩了知化身善男子……脩
行地中為一切衆生脩種種法如是脩習至
脩行滿脩行力故得大自在自在力故隨衆
生意隨衆生行隨衆生界悉皆了別不待時
不過時處相應時相應行相應說法相應現
種種身是名化身善男子云何菩薩了知
身謂諸如來為諸菩薩得通達故說於
為令解了生死涅槃是一味故為除身見衆
生怖畏歡喜故為无邊佛法而作本故如實
相應如如如如智本願力故是身得現具三
十二相八十種好項背圓光是名應身善男
子云何菩薩摩訶薩了知法身為除諸煩惱
等障為具諸善法故唯有如如如如智是名
法身前二種身是假名有此第三身是真實
有為前二身而作根本何以故離法如如離
无分別智一切諸佛无有別法一切諸佛智
慧具足一切煩惱究竟滅盡得清淨佛地是
故法如如如如智攝一切佛法
復次善男子一切諸佛利益自他至於究竟
自利益者是法如如利益他者是如如智能
於自他利益之事而得自在成就種種无邊
用故是故分別一切佛法有无量无邊種種
差別善男子譬如依止妄想思惟說種種煩
惱說種種業因種種果報如是依法如如如
如智說種種佛法說種種獨覺法說種種聲

BD04432號　金光明最勝王經卷二　（4–2）

復次善男子一切諸佛利益自他至於究竟
自利益者是法如如利益他者是如如智能
於自他利益之事而得自在成就種種无邊
用故是故分別一切佛法有无量无邊種種
差別善男子譬如依止妄想思惟說種種煩
惱說種種業因種種果報如是依法如如如
如智說種種佛法說種種獨覺法說種種聲
聞法依法如如依如如智一切佛法自在成
就是為第一不可思議譬如畫空作莊嚴具
是難思議如是依法如如依如如智成就佛
法亦難思議善男子云何法如如如如智二
无分別而得自在事業成就善男子譬如如
來入於涅槃願自在故種種事業皆得成就
法如如如如智自在事成亦復如是
復次菩薩摩訶薩入无心定依前願力從禪
定起作衆事業如是二法无有分別自在事
成善男子譬如日月无有分別亦如水鏡无
有分別光明亦无分別三種和合得有影生
如是法如如如如智亦无分別以願自在故
衆生有感現應化身如日月影和合出現
復次善男子譬如无量无邊水鏡依於光故
空影得現種種異相空者即是无相善男子
如是受化諸弟子等是法身影以願力故於
二種身現種種相於法身地无有異相善男
子依此二身一切諸佛說有餘涅槃依此法
身說无餘涅槃何以故一切餘法究竟盡故
依此三身一切諸佛說无住處涅槃為二身
故不住涅槃離於法身无有別佛何故二身

BD04432號　金光明最勝王經卷二　（4–3）

空影得現種種異相空者即是无相善男子
如是受化諸弟子等是法身影以願力故於
二種身現種種相於法身地无有異相善男
子依此二身一切諸佛說有餘涅槃依此法
身說无餘涅槃何以故一切餘法究竟盡故
依此三身一切諸佛說无住處涅槃爲二身
故不住涅槃離於法身无有別佛何故二身
不住涅槃二身假名不實念念生滅不定住
故數數出現以不定故法身不尒是故二身
不住涅槃法身不二是故不住涅槃故依三
身說无住涅槃
善男子一切凡夫爲三相故有縛有障遠離
三身不至三身何者爲三一者遍計所執相
二者依他起相三者成就相如是諸相不能
解故不能滅故不能淨故是故不得至於三
身如是三相能解能滅能淨故是故諸佛具
足三身善男子諸凡夫人未能除遣此三心
故遠離三身不能得至何者爲三一者起事
心二者依根本心三者根本心依諸伏道起
事心盡依法斷道依根本心盡依最勝道根
本心盡起事心滅故得現化身依根本心滅
故得顯應身根本心滅故得至法身是故
一切如來具足三身

BD04432號　金光明最勝王經卷二　（4–4）

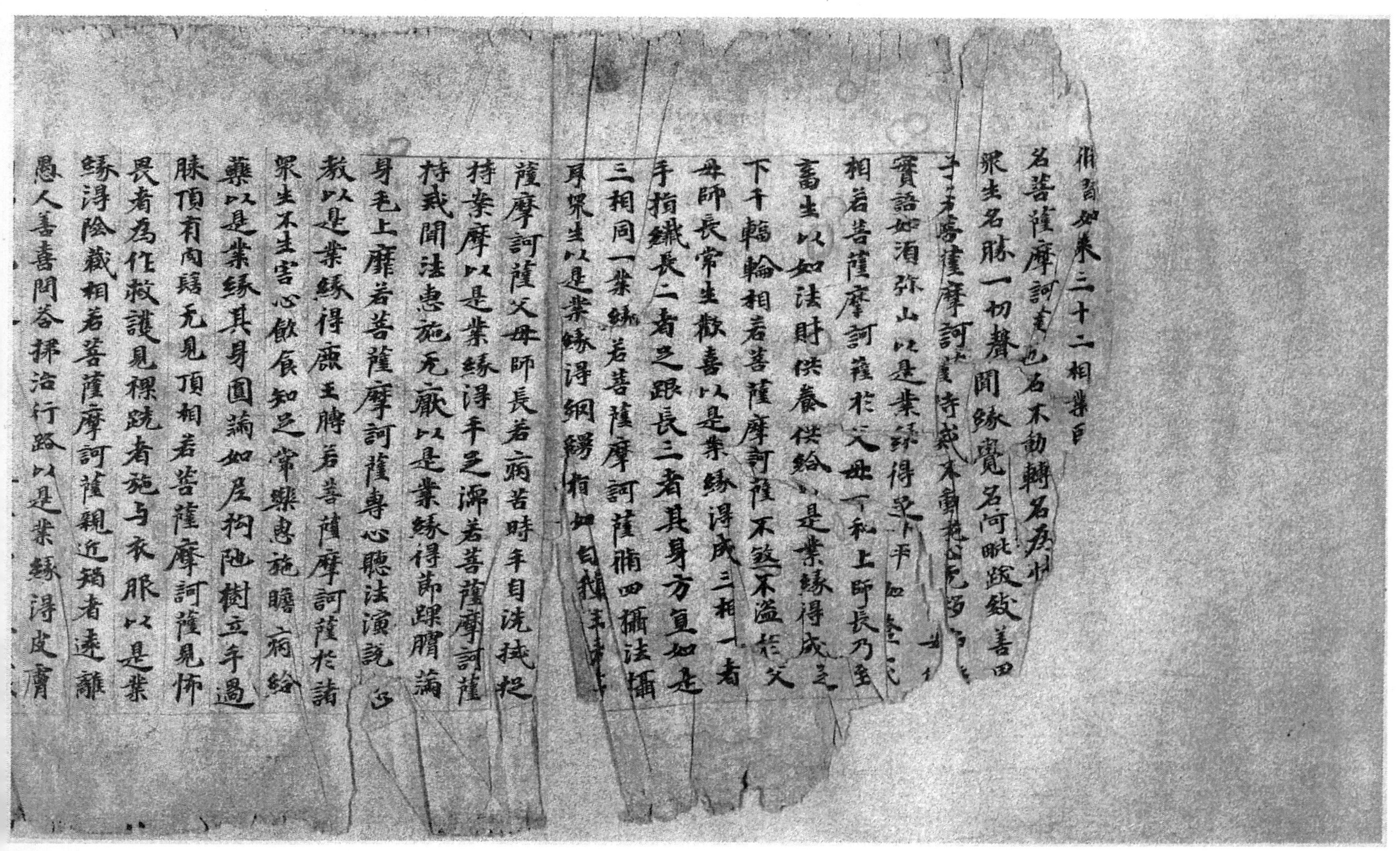

[illegible]習如來三十二相業[illegible]
名菩薩摩訶薩也名不動轉名[illegible]
衆生名勝一切聲聞緣覺名阿毗跋致善男
子[illegible]菩薩摩訶薩持戒不動[illegible]
實語如須弥山以是業緣得足下平如奩底
相若菩薩摩訶薩於父母和上師長乃至
畜生以如法財供養供給以是業緣得成足
下千輻輪相若菩薩摩訶薩不殺不盜於父
母師長常生歡喜以是業緣得成三相一者
手指纖長二者足跟長三者其身方直如是
三相同一業緣若菩薩摩訶薩脩四攝法攝
取衆生以是業緣得網縵相如白鵝王[illegible]
薩摩訶薩父母師長若病苦時手自洗拭捉
持案摩以是業緣得手足濡若菩薩摩訶薩
持戒聞法惠施无厭以是業緣得節踝腨滿
身毛上靡若菩薩摩訶薩專心聽法演說正
教以是業緣得鹿王腨若菩薩摩訶薩於諸
衆生不生害心飲食知足常樂惠施瞻病給
藥以是業緣其身圓滿如尼拘陀樹立手過
膝頂有肉髻无見頂相若菩薩摩訶薩見怖
畏者為作救護見裸跣者施与衣服以是業
緣得陰藏相若菩薩摩訶薩親近智者遠離
愚人善喜問答掃治行路以是業緣得皮膚

BD04433號　大般涅槃經（北本　異本）卷二九　（23–1）

華以是業緣其身圓滿如尼拘陁樹立手過
膝頂有肉髻无見頂相若菩薩摩訶薩見怖
畏者為作救護見裸跣者施与衣服以是業
緣得陰藏相若菩薩摩訶薩親近善者遠離
愚人善喜問答掃治行路以是業緣得皮膚
細滑身毛右旋若菩薩摩訶薩常以衣服飲
食卧具醫藥香華燈明施人以是業緣得身
金色常光明曜若菩薩摩訶薩行施之時所
珍之物能施不悋不觀福田及非福田以是
業緣得七處滿相若菩薩摩訶薩布施之時
心不生疑以是業緣得柔濡聲若菩薩摩訶
薩如法求財以用布施以是業緣得缺骨滿
相師子上身髀肘傭纖若菩薩摩訶薩遠離
兩舌惡口恚心以是業緣得卌齒白淨齊密
若菩薩摩訶薩於諸衆生脩大慈悲以是業
緣得二牙相若菩薩摩訶薩常作是願有来
求者隨意給与以是業緣得師子頰若菩薩
摩訶薩隨諸衆生所須之食悉皆與之以是
業緣得味中上味若菩薩摩訶薩自脩十善
兼以化人以是業緣得廣長舌若菩薩摩訶
薩不訟彼短不謗正法以是業緣得梵音聲
若菩薩摩訶薩見諸怨憎生於喜心以是業
緣得目睫紺色若菩薩摩訶薩不隱他德稱
揚其善以是業緣得白毫相善男子若菩薩
摩訶薩脩習如是三十二相業因緣時則得
不退菩提之心善男子一切衆生不可思議
諸佛境界業果佛性亦不可思議何以故如
是四法皆悉是常以是常故不可思議一切

BD04433 號　大般涅槃經（北本　異本）卷二九　（23–2）

緣得目睫紺色若菩薩摩訶薩不隱他德稱
揚其善以是業緣得白毫相善男子若菩薩
摩訶薩脩習如是三十二相業因緣時則得
不退菩提之心善男子一切衆生不可思議
諸佛境界業果佛性亦不可思議何以故如
是四法皆悉是常以是常故不可思議一切
衆生煩惱覆鄣故名為常斷常煩惱故名无
常若言一切衆生常者何故脩習八聖道分
為斷衆苦衆苦若斷則名无常所受之樂則
名為常是故我言一切衆生煩惱覆鄣不見
佛性以不見故不得涅槃師子吼言世尊如
佛所說一切諸法有二種因一者正因二者
緣因以是二因應无縛解是五陰者念念生
滅如其生滅誰有縛解世尊因此五陰生後
五陰此陰自滅不至彼陰雖不至彼能生彼
陰如因子生牙子不至牙雖不至牙而能生
牙衆生亦尒云何縛解善男子諦聽諦聽我
當為汝分別解說善男子如人捨命受大苦
時宗親圍遶號哭懊惱其人惶怖莫知依投
雖有五情无所知覺支節戰動不能自持身
體虛冷煖氣欲盡見先所脩善惡報相善男
子如日垂沒山陵堆阜影現東移理无西逝
衆生業果亦復如是此陰滅時彼陰續生如
燈生闇滅燈滅闇生善男子如臈印印泥印
与泥合印滅文成而此臈印不變在泥文非
泥出不餘處来以印因緣而生是文現在陰
滅中陰陰生是現在陰終不變為中陰五陰
中陰五陰亦非自生不從餘来因現陰故生
中陰[illegible]

BD04433 號　大般涅槃經（北本　異本）卷二九　（23–3）

衆生業果亦復如是此陰滅時彼陰續生如
燈生闇滅燈滅闇生善男子如臈印印泥印
与泥合印滅文成而此臈印不變在泥文非
泥出不餘處來以印因緣而生是文現在陰
滅中陰陰生是現在陰終不變為中陰五陰
中陰五陰亦非自生不從餘來因現陰故生
中陰陰如印印泥印壞文成名雖无差而時
節各異是故我說中陰五陰非肉眼見天眼
所見是中陰中有三種食一者思食二者觸
食三者意食中陰二種一善業果二惡業果
因善業故得善覺觀因惡業故得惡覺觀父
母交會泮合之時隨業因緣向受生處於母
生愛於父生瞋父精出時謂是已有見已心
悅而生歡喜以是三種煩惱因緣中陰壞
生後五陰如印印泥印壞文成生時諸根有
具不具具者見色則生於貪生於貪故則名
為愛狂故生貪是名无明貪愛无明二因緣
故所見境界皆悉顛倒无常見常无我見我
无樂見樂无淨見淨以四倒故作善惡行煩
惱作業業作煩惱是名繫縛以是義故名五
陰生是人若得親近於佛及佛弟子諸善知
識便得聞受十二部經以聞法故觀善境界
觀善境界故得大智慧大智慧者名正知見
得正知見故於生死中而生悔心生悔心故
不生歡樂不生歡樂故能破貪心破貪心故
修八聖道修八聖道故得无生死无生死故
名得解脫如火不遇薪名之為滅滅生死故
名為滅度以是義故名五陰滅師子吼言空

BD04433號 大般涅槃經（北本 異本）卷二九

（23–4）

得正知見故於生死中而生悔心生悔心故
不生歡樂不生歡樂故能破貪心破貪心故
修八聖道修八聖道故得无生死无生死故
名得解脫如火不遇薪名之為滅滅生死故
名為滅度以是義故名五陰滅師子吼言空
中无判云何言捉陰无繫者云何繫縛佛言
善男子以煩惱[illegible]繫縛五陰離五陰已无別
煩惱離煩惱已无別五陰善男子如柱持屋
離屋无柱離柱无屋衆生五陰亦復如是有
煩惱故名為繫縛无煩惱故名為解脫善男
子如拳合掌繫縛結等三合散生滅更无別
法衆生五陰亦復如是有煩惱故名為繫縛
无煩惱故名為解脫善男子如說名色繫縛
衆生名色若滅則无衆生離名色已无別衆
生離衆生已无別名色亦名名色繫縛衆生
亦名衆生繫縛名色師子吼言世尊如眼不
自見指不自觸刀不自割受不自受云何如
來說言名色繫縛名色何以故言名色者即
是衆生言衆生者即是名色若言名色繫縛
衆生即是名色繫縛名色佛言善男子如二
手合時更无異法而來合也名之与色亦復
如是以是義故我言名色繫縛衆生若離名
色則得解脫是故我言衆生解脫師子吼言
世尊若有名色是繫縛者諸阿羅漢未離名
色亦應繫縛善男子解脫二種一者子斷二
者果斷言子斷者名斷煩惱阿羅漢等已斷
煩惱諸結爛壞是故子結不能繫縛未斷果
故名果繫縛諸阿羅漢不見佛性以不見故

BD04433號 大般涅槃經（北本 異本）卷二九

（23–5）

世尊若有名色是繫縛者諸阿羅漢未離名
色二應繫縛善男子解脫二種一者子斷二
者果斷言子斷者名斷煩惱阿羅漢等已斷
煩惱衆結爛壞是故子結不能繫縛未斷果
故名果繫縛諸阿羅漢不見佛性以不見故
不得阿耨多羅三藐三菩提以是義故可言
果繫不可得言名色繫縛善男子譬如燃燈
油未盡時明則不滅油若盡者滅則无疑善
男子所言油者喻諸煩惱燈喻衆生一切衆
生煩惱油故不入涅槃若得斷者則入涅槃
師子吼言世尊燈之与油二性各異衆生煩
惱則不如是衆生即是煩惱煩惱即是衆生
衆生名五陰五陰名衆生五陰名煩惱煩惱
名五陰云何如來喻之於燈佛言善男子喻
有八種一者順喻二者逆喻三者現事四者
非喻五者先喻六者後喻七者先後喻八者
遍喻云何順喻如經中說天降大雨溝瀆皆
滿溝瀆滿故小坑滿小坑滿故大坑滿大坑
滿故小泉滿小泉滿故大泉滿大泉滿故小
池滿小池滿故大池滿大池滿故小河滿小
河滿故大河滿大河滿故大海滿如來法雨
亦復如是衆生戒滿戒滿之故不悔心滿不
悔滿故歡喜滿歡喜滿故遠離滿遠離滿故
安隱滿安隱滿故三昧滿三昧滿故正知見
滿正知見滿故厭離滿厭離滿故呵責滿呵
責滿故解脫滿解脫滿故涅槃滿是名順喻
云何逆喻大海有本所謂大河大河有本所
謂小河小河有本所謂大池大池有本所謂
小池小池有本所謂大泉大泉有本所謂小

安隱滿安隱滿故三昧滿三昧滿故正知見
滿正知見滿故厭離滿厭離滿故呵責滿呵
責滿故解脫滿解脫滿故涅槃滿是名順喻
云何逆喻大海有本所謂大河大河有本所
謂小河小河有本所謂大池大池有本所謂
小池小池有本所謂大泉大泉有本所謂小
泉小泉有本所謂大坑大坑有本所謂小坑
小坑有本所謂溝瀆溝瀆有本所謂大雨涅
槃有本所謂解脫解脫有本所謂呵責呵責
有本所謂厭離厭離有本所謂正知見知見
有本所謂三昧三昧有本所謂安隱安隱有
本所謂遠離遠離有本所謂喜心喜心有本
所謂不悔不悔有本所謂持戒持戒有本所
謂法雨是名逆喻云何現喻如經中說衆生
心性猶如獼猴獼猴之性捨一取一衆生心
性亦復如是取著色聲香味觸法无暫住時
是名現喻云何非喻如我昔告波斯匿王大
王有親信人從四方來各作是言大王有四
大山從四方來欲害人民王若聞者當設何
計王言世尊設有此來无逃避處唯當專心
持戒布施我即讚言善哉大王我說四山即
是衆生生老病死生老病死常來切人云何
大王不脩戒施王言世尊持戒布施得何等
果我言大王於人天中多受快樂王言世尊
尼拘陁樹持戒布施亦於人天受安樂耶我
言大王尼拘陁樹不能持戒脩行布施如其
能者則受无異是名非喻云何先喻我經中
說譬如有人貪著妙華採取之時為水所漂
衆生亦尒貪受五欲為生老病死之所漂沒

眾我言大王於人天中多受快樂王言世尊
屋拘陁樹持戒布施亦於人天受安樂耶我
言大王屋拘陁樹不能持戒備行布施如其
能者則受无異是名非喻云何先喻我經中
說譬如有人貪著妙華採取之時為水所漂
眾生亦尒貪受五欲為生老病死之所漂沒
是名先喻云何後喻如法句說
莫輕小惡　以為无殃　水渧雖微　漸盈大器
是名後喻云何先後喻喻如芭蕉生果則死
愚人得養亦復如是如騾懷任命不久全云
何遍喻如經中說三十三天有波利質多樹
其根入地深五由旬高百由旬枝葉四布五
十由旬葉熟則黃諸天見已心生歡喜是葉
不久必當墮落其葉既落復生歡喜是枝不
久必當變色枝既變色復生歡喜是色不久
必當生疱見已復喜是疱不久必當生嘴見
已復喜是嘴不久必當開剖開剖之時香氣
周遍五十由旬光明遠照八十由旬尒時諸
天夏三月時在下受樂善男子我諸弟子亦
復如是葉色黃者喻我弟子念欲出家其葉
落者喻我弟子剃除鬚髮其色變者喻我弟
子白四羯磨受具足戒初生疱者喻我弟子
發阿耨多羅三藐三菩提心嘴者喻於十住
菩薩得見佛性開剖者喻於菩薩得阿耨多
羅三藐三菩提香者喻於十方无量眾生受
持禁戒光者喻於如來名號无㝵周遍十方
夏三月者喻三三昧三十三天受快樂者喻
於諸佛在大涅槃得常樂我淨是名遍喻善

羅三藐三菩提香者喻於十方无量眾生受
持禁戒光者喻於如來名號无㝵周遍十方
夏三月者喻三三昧三十三天受快樂者喻
於諸佛在大涅槃得常樂我淨是名遍喻善
男子凡所引喻不必盡取或取少分或取多
分或復全取如言如來面如滿月是名少分
善男子譬如有人初未見乳轉問他言乳為
何類彼人荅言如水蜜貝水則濕相蜜則甜
相貝則色相雖引三喻未則乳實善男子我
言燈喻喻於眾生亦復如是善男子離水无
河眾生亦尒離五陰已无別眾生善男子如
離箱轂輪軸輻輞更无別車眾生亦尒善男
子若欲得合彼燈喻者諦聽諦聽我今當說
炷者喻於二十五有油者喻愛明喻智慧除
破黑闇喻破无明燸喻聖道如燈油盡明炎
則滅眾生愛盡則見佛性雖有名色不能繫
縛雖復處在二十五有不為諸有之所染汙
師子吼言世尊眾生五陰空无所有誰有受
教備習道者佛言善男子一切眾生皆有念
心慧心發心懃精進心信心定心如是等法
雖念念生滅猶故相似相續不斷故名脩道
師子吼言世尊如是等法皆念念滅是念念
滅中亦相似相續云何脩習佛言善男子如
燈雖念念滅而有光明除破闇冥念等諸法
亦復如是善男子如眾生食雖念念滅亦令
飢者而得飽滿譬如上藥雖念念滅亦能愈
病日月光明雖念念滅亦能增長樹林草木
善男子汝言念念滅云何增長者心不斷故

燈雖念念滅而有光明除破闇冥念等諸法
亦復如是善男子如衆生食雖念念滅亦令
飢者而得飽滿譬如上藥雖念念滅亦能愈
病日月光明雖念念滅亦能增長樹林草木
善男子汝言念念滅云何增長者心不斷故
名為增長善男子如人誦書所誦字句不得
一時前不至中中不至後人之与字及以心
想俱念念滅以久習故而得通利善男子譬
如金師從初習作至于皓首雖念念滅前不
至後以積習故所作遂巧是故得稱善好金
師讀誦經書亦復如是善男子譬如種子地
亦不教汝當生牙以法性故牙則自生乃至
華亦不教汝當作菓以法性故而菓自生衆
生脩道亦復如是善男子譬如數法一不至
二二不至三雖念念滅而至千万衆生脩道
亦復如是善男子如燈念念滅初滅之炎不
教後炎我滅汝生當破諸闇善男子譬如犢
子生便求乳求乳之智無人教雖念念滅
而初飢後飽是故當知不應相似若相似者
不應異生衆生脩道亦復如是初雖未增以
久脩故則能破壞一切煩惱師子吼言世尊
如佛所說須陁洹人得果證已雖生惡國猶
故持戒不煞盜婬兩舌飲酒須陁洹陰即此
處滅不至惡國脩道亦尒不至惡國若相似
者何故不生淨妙國土若惡國陰非須陁洹
陰云何而得不作惡業佛言善男子須陁洹
者雖生惡國終不失於須陁洹名陰不相似
是故我引犢子為喻須陁洹人雖生惡國以

故持戒不煞盜婬兩舌飲酒須陁洹陰即此
處滅不至惡國脩道亦尒不至惡國若相似
者何故不生淨妙國土若惡國陰非須陁洹
陰云何而得不作惡業佛言善男子須陁洹
者雖生惡國終不失於須陁洹名陰不相似
是故我引犢子為喻須陁洹人雖生惡國以
道力故不作惡業善男子譬如香山有師子
王是故一切飛鳥走獸絶跡此山无敢近者
有時是王至雪山中一切鳥獸猶故不往須
陁洹人亦復如是雖不脩道以道力故不作
諸惡善男子譬如有人服食甘露甘露雖滅
以其力勢能令是人不生不死善男子如須
弥山有上妙藥名楞伽利有人服之雖念念
滅以藥力故不過患苦善男子如轉輪王所
坐之處王雖不在无人敢近何以故王威力
故須陁洹人亦復如是雖生惡國不脩習道
以道力故不作惡業善男子須陁洹陰於此
而滅雖生異陰猶故不失須陁洹陰善男子
譬如衆生為菓實故於種子中多役作業糞
治溉灌未得菓實而子復滅亦得名為因子
得菓須陁洹陰亦復如是善男子譬如有人
資産巨富唯有一子先已終没其子有子復
在他土其人忽然奄便終巳孫聞是已還收
産業雖知財貨非其所作然其收取无遮護
者何以故以姓一故須陁洹陰亦復如是師
子吼言如佛說偈
比丘若脩習　戒定及智慧　當知是不退　親近大涅槃
世尊云何脩戒云何脩定云何脩習佛言善

治產田[illegible]
在他土其人忽然奄便終亡孫聞是已還收
產業雖知財貨非其所作然其收取无遮護
者何以故以姓一故須陁洹陰亦復如是師
子吼言如佛說偈
比丘若修習　戒定及智慧　當知是不退　親近大涅槃
世尊云何修戒云何修定云何修習佛言善
男子若有人受持禁戒但為自利受天人樂
不為度脫一切眾生不為擁護无上正法但
為利養畏三惡道為命色力安无㝵辯畏懼
王法惡名穢稱為世事業如是戒護則不得
名修習戒也善男子云何名為真修習戒受
持戒時若為度脫一切眾生為護正法度不
度故解未解故歸未歸故未入涅槃令得入
故如是修時不見戒不見戒相不見持者不
見果報不觀毀犯善男子若能如是是則名
為修習戒也云何復名修習三昧修三昧時
為自度脫為於利養不為眾生不為護法為
見貪欲穢食等過男女等根九孔不淨鬪訟
打判互相殺害若為此事修三昧者是則不
名修習三昧善男子云何復名真修三昧若
為眾生修習三昧於眾生中得平等心為令
眾生得不退法為令眾生得心聖故為令眾
生得大乘故為欲護持无上法故為令眾生
不退菩提故為令眾生得首楞嚴三昧故為
令眾生得金剛三昧故為令眾生得陁羅尼
故為令眾生得四无㝵故為令眾生見佛性
故作是行時不見三昧不見三昧相不見修
者不見果報善男子若能如是是則名為修

不退菩提故為令眾生得首楞嚴三昧故為
令眾生得金剛三昧故為令眾生得陁羅尼
故為令眾生得四无㝵故為令眾生見佛性
故作是行時不見三昧不見三昧相不見修
者不見果報善男子若能如是是則名為修
習三昧云何復名修於智慧若有修者作是
思惟我若修習如是智慧則得解脫度三惡
道誰能利益一切眾生誰能度人於生死道
佛出世難如優曇華我今能斷煩惱諸結得
解脫果是故我當勤修智慧速斷煩惱早得
度脫如是修者不得名為修習智慧云何名
為真修習智者若觀生老死苦一切眾生
无明所覆不知修習无上正道願我此身悉
代眾生受大苦惱眾生所有貧窮下賤破戒
之心貪瞋癡業願皆悉來集于我身願諸眾
生不生貪取不為名色之所繫縛願諸眾生
早度生死令我一身處之不厭願令一切皆
得阿耨多羅三藐三菩提如是修時不見智
慧不見智慧相不見修者不見果報是則名
為修習智慧善男子修習如是戒定智慧是
名菩薩不能如是修戒定慧是名聲聞復次
善男子云何復名修習於戒若能破壞一切
眾生十六惡律儀何等十六一者為利餧養
羔羊肥已轉賣二者為利買已屠煞三者為
利餧養豬豚肥已轉賣四者為利買已屠煞
五者為利餧養牛犢肥已轉賣六者為利買
已屠煞七者為利養雞令肥肥已轉賣八者
為利買已屠煞九者釣魚十者獵師十一者

衆生十六惡律儀何等十六一者爲利餧養
羔羊肥已轉賣二者爲利買已屠煞三者爲
利餧養豬豚肥已轉賣四者爲利買已屠煞
五者爲利餧養牛犢肥已轉賣六者爲利買
已屠煞七者爲利養雞令肥肥已轉賣八者
爲利買已屠煞九者釣魚十者獵師十一者
劫奪十二者魁膾十三者網捕飛鳥十四者
兩舌十五者獄卒十六者呪龍能爲衆生永
斷如是十六惡業是名脩戒云何脩定能斷
一切世間三昧所謂无身三昧能令衆生生
顚倒心謂是涅槃有无邊心三昧淨聚三昧
世邊三昧世斷三昧世性三昧世丈夫三昧
非想非非想三昧如是等定能令衆生生顚
倒心謂是涅槃若能永斷如是三昧是則名
爲脩習三昧云何復名脩習智慧能破世閒
所有惡見一切衆生悉有惡見所謂色即是
我二是我所色中有我我中有色乃至識之
如是常即是我色滅我存色即是我色滅我
滅復有人言作者名我受者名色復有人言
作者名色受者名我復有人言无作无受自
生自滅悉非因緣復有人言无作无受悉是
自在之所造作復有人言无有作者无有受
者一切悉是時節所作復有人言作者受者
悉无所有地等五大名爲衆生善男子若能
破壞一切衆生如是惡見是則名爲脩習智慧
也善男子脩習戒者爲身寂靜脩習三昧爲
心寂靜脩習智慧爲壞疑心壞疑心者爲脩
習道脩習道者爲見佛性見佛性者爲得阿
耨多羅三藐三菩提故得阿耨多羅三藐三

BD04433號　大般涅槃經（北本　異本）卷二九

（23–14）

破壞一切衆生如是惡見是則名爲脩習智慧
也善男子脩習戒者爲身寂靜脩習三昧爲
心寂靜脩習智慧爲壞疑心壞疑心者爲脩
習道脩習道者爲見佛性見佛性者爲得阿
耨多羅三藐三菩提故得阿耨多羅三藐三
菩提者爲得无上大涅槃故得大涅槃爲斷
衆生一切生死一切煩惱一切諸有一切諸
界一切諸諦故斷於生死至斷諸諦爲得常
樂我淨法故師子吼言世尊如佛所說若不
生滅名大涅槃生亦如是不生不滅何故不
得名爲涅槃善男子如是如是如汝所說是
生雖復不生不滅而有終始世尊是生死法
亦无始終若无始終則名爲常常即涅槃何
故不名生死爲涅槃耶善男子是生死法悉
有因果有因果故不得名之爲涅槃也何以
故涅槃之體无因果故師子吼言世尊夫涅
槃者亦有因果如佛所說
從因故生天　從因墮惡道　從因故涅槃　是故皆有因
如佛往昔告諸比丘我今當說沙門道果言
沙門者謂能具備戒定智慧道者謂八聖道
沙門果者所謂涅槃世尊涅槃如是豈非果
耶云何說言涅槃之體无因无果佛言善男
子我所宣說涅槃因者所謂佛性佛性之性
不生涅槃是故我言涅槃无因能破煩惱故
名大果不從道生故名无果是故涅槃无因
无果師子吼言世尊衆生佛性爲悉共有爲
各各有若共有者一人得阿耨多羅三藐三
菩提時一切衆生亦應同得世尊如二十人

BD04433號　大般涅槃經（北本　異本）卷二九

（23–15）

不生涅槃是故我言涅槃无因能破煩惱故
名大果不從道生故名无果是故涅槃无因
无果師子吼言世尊衆生佛性為悉共有為
各各有若共有者一人得阿耨多羅三藐三
菩提時一切衆生亦應同得世尊如二十人
同有一怨若一人能除餘十九人皆亦同除
佛性若尒一人得時餘亦應得若各各有則
是无常何以故可筭數故然佛所說衆生佛
性不一不二若各各有不應說言諸佛平等
亦不應說佛性如空佛言善男子衆生佛性
不一不二諸佛平等猶如虚空一切衆生同
共有之若有能脩八聖道者當知是人則得
明見善男子雪山有草名曰忍辱牛若食之
則成醍醐衆生佛性亦復如是師子吼言如
佛所說忍辱草者一耶多耶如其一者牛食
則盡如其多者云何而言衆生佛性亦如是
耶如佛所說若有脩習八聖道者則見佛性
是義不然何以故道若一者如忍辱草則應
有盡如其有盡一人脩已餘則无分道若多
者云何得言具足脩習亦不得名薩婆若智
佛言善男子如平坦路一切衆生悉於中行
无鄣㝵者中路有樹其蔭清涼行人在下憩
駕止息然其樹蔭常住不異亦不消壞无持
去者路喻聖道蔭喻佛性善男子譬如大城
唯有一門雖有多人逐由入出都无有能作
遮㝵者亦復无人破壞毀落而賷持去善男
子譬如橋梁行人所由亦无有人遮止鄣㝵
毀壞持去善男子譬如良醫遍療衆病亦无

BD04433號　大般涅槃經（北本　異本）卷二九　（23–16）

去者路喻聖道蔭喻佛性善男子譬如大城
唯有一門雖有多人逐由入出都无有能作
遮㝵者亦復无人破壞毀落而賷持去善男
子譬如橋梁行人所由亦无有人遮止鄣㝵
毀壞持去善男子譬如良醫遍療衆病亦无
有能遮止是醫治此捨彼聖道佛性亦復如
是師子吼言世尊所引諸喻義不如是何以
故先者在路於後則妨云何而言无有鄣㝵
餘亦皆尒聖道佛性若如是者一人脩時應
妨餘者佛言善男子如汝所言義不相應我
所喻道是少分喻非一切也善男子世間道
者則有鄣㝵此彼之異无有平等无漏道者
則不如是能令衆生无有鄣㝵平等无二无
有方處此彼之異如是正道能為一切衆生
佛性而作了因不作生因猶如明燈照了於
物善男子一切衆生皆同无明因緣於行不
可說言一人无明因緣行已其餘應无一切
衆生悉有无明因緣於行是故說言十二因
緣一切平等衆生所脩无漏正道亦復如是
等斷衆生煩惱四生諸界有道以是義故名
曰平等具有證者彼此知見无有鄣㝵是故
得名薩婆若智師子吼言一切衆生身不一
種或有天身或有人身畜生餓鬼地獄之身
如是多身差別非一云何而言佛性為一佛
言善男子譬如有人置毒乳中乃至提湖皆
悉有毒乳不名酪酪不名乳乃至提湖亦復
如是名字雖變毒性不失遍五味中皆悉如
是若復提湖亦能煞人實不置毒於提湖中

BD04433號　大般涅槃經（北本　異本）卷二九　（23–17）

種或有天身或有人身畜生餓鬼地獄之身
如是多身差別非一云何而言佛性爲一佛
言善男子譬如有人置毒乳中乃至提湖皆
悉有毒乳不名酪酪不名乳乃至提湖亦復
如是名字雖變毒性不失遍五味中皆悉如
是若復提湖亦能煞人實不置毒於提湖中
衆生佛性亦復如是雖處五道受別異身而
是佛性常一无變師子吼言世尊十六大國
有六大城所謂舍婆提城娑枳多城占婆城
毗舍離城波羅㮈城王舍城如是六城世中
最大何故如來捨之在此邊地弊惡極陋隘
小拘尸那城入般涅槃善男子汝不應言拘
尸那城邊地弊惡寡陋隘小應言是城微妙
功德之所莊嚴何以故諸佛菩薩所行處故
善男子如賤人舍王若過者則應讚嘆是舍
嚴麗福德成就乃令大王迴駕臨顧善男子
如人重病服穢弊藥服已病愈應歡喜讚
嘆是藥最妙能愈我病善男子如人乘舩在
大海中其舩卒壞无所依倚因倚死屍得到
彼岸到彼岸已應大歡喜讚嘆是屍我賴相
遇而得安隱拘尸那城亦復如是乃是諸佛
菩薩行處云何而言邊地弊惡隘陋小城善
男子我念往昔過恒沙劫劫名善覺時有聖
王姓憍尸迦七寶成就千子具足其王始初
造立此城周匝縱廣十二由旬七寶莊嚴上
多有河其水清淨柔潤甘美所謂尼連禪河
伊羅跋提河熈連禪河伊梭末坻河毗婆舍
那河如是等河其數五百河此彼岸樹木鬱

王姓憍尸迦七寶成就千子具足其王始初
造立此城周匝縱廣十二由旬七寶莊嚴上
多有河其水清淨柔潤甘美所謂尼連禪河
伊羅跋提河熈連禪河伊梭末坻河毗婆舍
那河如是等河其數五百河此彼岸樹木鬱
茂華菓鮮潔尒時人民壽命无量時轉輪聖
王過百年已作是唱言如佛所說一切諸法
皆悉无常若能脩習十善法者能斷如是无
常大苦人民聞已咸共奉脩十善之法我於
尒時聞佛名號受持十善思惟脩習初發阿
耨多羅三藐三菩提心發是心已復以是法
轉教无量无邊衆生言一切法无常變壞是
故我今續於此處亦說諸法无常變壞唯說
佛身是常住法我憶往昔所行因緣是故今
來在此涅槃亦欲訓報此地往恩以是義故
我經中說我眷屬者受恩能報復次善男子
往昔衆生壽无量時尒時此城名拘舍拔提
周匝縱廣五十由旬時閻浮提居民隣接雞
飛相及有轉輪王名曰善見七寶成就千子
具足王四天下第一太子思惟正法得辟支
佛時轉輪王見其太子成辟支佛威儀詳序
神通希有見是事已即捨王位如棄涕唾出
家在此娑羅樹間八万歲中脩習慈心非喜
捨心各八万歲善男子欲知尒時善見聖王
則我身是是故我今常樂遊止如是四法是
四法者名爲三昧以是義故如來之身常樂
我淨善男子以是因緣令來在此拘尸那城
娑羅樹間三昧正受善男子我念往昔過无

家在山婆羅樹間八万歲中脩習慈心非善
捨心各八万歲善男子欲知尒時善見聖王
則我身是是故我今常樂遊止如是四法是
四法者名為三昧以是義故如來之身常樂
我淨善男子以是因緣今來在此拘尸那城
娑羅樹間三昧正受善男子我念往昔過无
量劫此城尒時名迦毗羅衛其城有王名曰
曰淨其王夫人名曰摩耶王有一子名悉達
多尒時王子不由師教自然思惟得阿耨多
羅三藐三菩提有二弟子一名舍利弗二名
大目揵連給侍弟子名曰阿難尒時世尊在
雙樹間演說如是大涅槃經我時在會得豫
斯事聞諸衆生悉有佛性聞是事已即於菩
提得不退轉尋自發願願未來世成佛之時
父母國土名字弟子侍使之人說法教化如
今世尊等无有異以是因緣今來在此敷揚
演說大涅槃經善男子我初出家未得阿耨多羅
三藐三菩提時頻婆娑羅王遣使而言悉達
太子若為聖王我當臣屬若不樂家得阿耨
多羅三藐三菩提者願先來至此王舍城說
法度人受我供養我時嘿然已受彼請善男
子我初得阿耨多羅三藐三菩提已向鴦闍
國時伊連禪河有婆羅門姓迦葉氏与五百
弟子在彼河側求无上道我為是人故往說
法迦葉言瞿曇我今年邁已百二十摩伽陁
國所有人民及其大王頻婆娑羅咸謂我已
證阿羅漢果我今若當在於汝前聽受法者
一切人民或生倒心大德迦葉非羅漢耶年

弟子在彼河側求无上道我為是人故往說
法迦葉言瞿曇我今年邁已百二十摩伽陁
國所有人民及其大王頻婆娑羅咸謂我已
證阿羅漢果我今若當在於汝前聽受法者
一切人民或生倒心大德迦葉非羅漢耶年
願瞿曇速往餘處若此人民定知瞿曇功德
勝我我等无由復得供養我時答言迦葉汝
若於我不生瞋重大瞋恨者見容一宿明當
早去迦葉答言瞿曇我心无他深相愛重但
我住處有一毒龍其性暴急恐相危害我言
迦葉毒中之毒不過三毒我今已斷世間之
毒我所不畏迦葉復言喬能不畏善哉聽住
善男子我於尒時故為迦葉現十八變如經
中說尒時迦葉及其眷屬五百等輩見聞是
已證羅漢果是時迦葉復有二弟一名伽耶
迦葉二名那提迦葉師徒眷屬復有五百之
皆得證阿羅漢果時王舍城六師之徒聞是
事已即於我所生大惡心我時赴信受彼王
請詣王舍城未至中路王与无量百千之衆
悉來奉迎我為說法時聞法已欲界諸天八
万六千發阿耨多羅三藐三菩提心頻婆娑
羅王所將營從十二万人得須陁洹果无量
衆生成就忍心既入城已度舍利弗大目揵
連及其眷屬二百五十人令捨本心出家學
道我即住彼受王供養外道六師相与集聚
詣舍衛城時彼城中有一長者名須達多為
兒娉婦詣王舍城既達彼城寄止長者珊檀
那舍時此長者中夜而起告諸眷屬仁等可

羅王所將營從十二万人得須陁洹果无量
衆生成就忍心既入城已度舍利弗大目揵
連及其眷屬二百五十人令捨本心出家學
道我即往彼受王供養外道六師相与集聚
詣舍衛城時彼城中有一長者名須達多為
兒娉婦詣王舍城既達彼城寄止長者珊檀
那舍時此長者中夜而起告諸眷屬仁等可
起速共莊嚴掃治宅舍辨具餚饍須達聞已
尋自思惟將非欲請摩伽陁王耶為有婚姻
歡樂會乎思惟是已尋前問言大士欲請摩
伽陁王頻婆娑羅王耶為有婚姻歡樂會乎
懷豬不安乃如是耶長者答言不也居士我
明請佛无上法王須達長者初聞佛名身毛
皆豎尋復問言何等名佛長者答言汝不聞
耶迦毗羅城有釋種子字悉達多姓瞿曇氏
父名曰淨其生未久相師占之定當得作轉
輪聖王如菴羅菓已在手中心不顧樂捨之
出家无師自覺得阿耨多羅三藐三菩提貪
恚癡盡常住无變不生不滅无有憂畏於諸
衆生其心平等猶如父母等視一子所有身
心衆中最勝雖勝一切而无憍慢塗割二事
其心无二智慧通達於法无导具足十力四
无所畏五智三昧大慈大悲及三念處故號
為佛明受我請是故忩忩未暇相瞻

大般涅槃經卷第廿九

BD04433號　大般涅槃經（北本　異本）卷二九　（23–22）

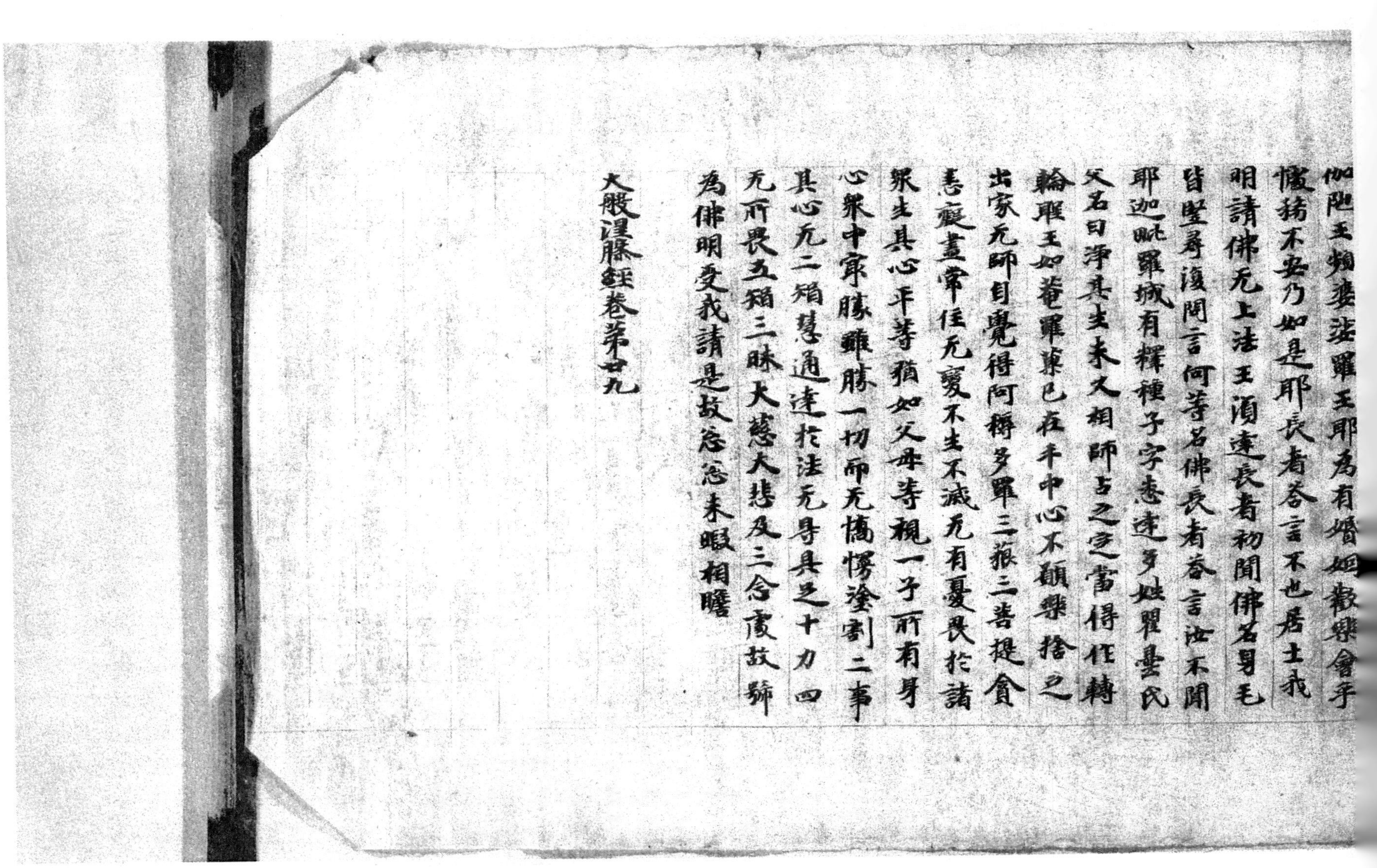
伽陁王頻婆娑羅王耶為有婚姻歡樂會乎
懷豬不安乃如是耶長者答言不也居士我
明請佛无上法王須達長者初聞佛名身毛
皆豎尋復問言何等名佛長者答言汝不聞
耶迦毗羅城有釋種子字悉達多姓瞿曇氏
父名曰淨其生未久相師占之定當得作轉
輪聖王如菴羅菓已在手中心不顧樂捨之
出家无師自覺得阿耨多羅三藐三菩提貪
恚癡盡常住无變不生不滅无有憂畏於諸
衆生其心平等猶如父母等視一子所有身
心衆中最勝雖勝一切而无憍慢塗割二事
其心无二智慧通達於法无导具足十力四
无所畏五智三昧大慈大悲及三念處故號
為佛明受我請是故忩忩未暇相瞻

大般涅槃經卷第廿九

BD04433號　大般涅槃經（北本　異本）卷二九　（23–23）

BD04434號　金剛般若波羅蜜經　（9–1）

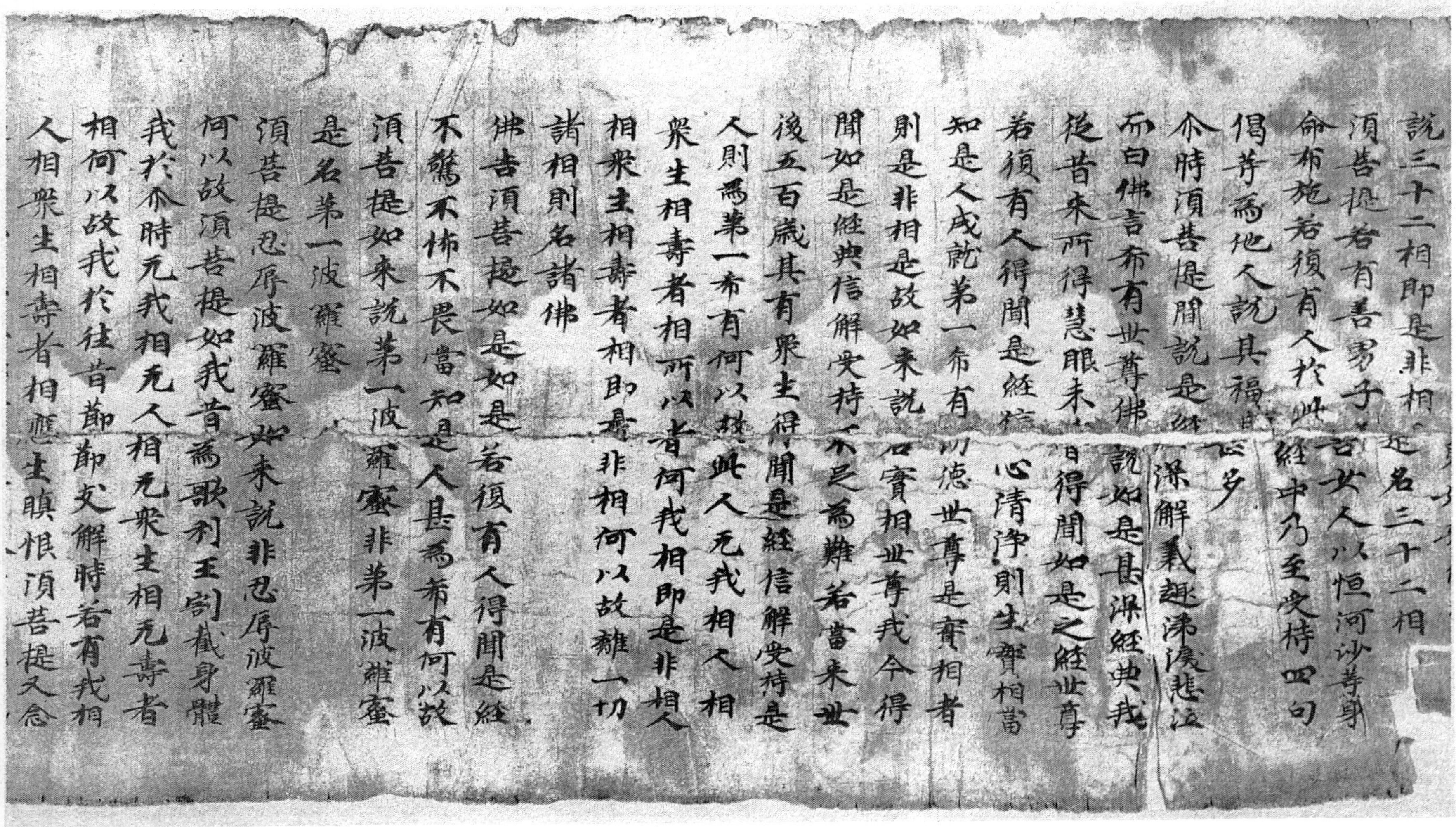

BD04434號　金剛般若波羅蜜經　（9–2）

是名第一波羅蜜
須菩提忍辱波羅蜜如來說非忍辱波羅蜜
何以故須菩提如我昔為歌利王割截身體
我於爾時无我相无人相无衆生相无壽者
相何以故我於往昔節節支解時若有我相
人相衆生相壽者相應生瞋恨須菩提又念
過去於五百世作忍辱仙人於爾所世无我
相无人相无衆生相无壽者相是故須菩提
菩薩應離一切相發阿耨多羅三藐三菩提
心不應住色生心不應住聲香味觸法生心
應生无所住心若心有住則為非住是故佛
說菩薩心不應住色布施須菩提菩薩為利
益一切衆生應如是布施如來說一切諸相
即是非相又說一切衆生則非衆生
須菩提如來是真語者實語者如語者不誑
語者不異語者須菩提如來所得法此法无
實无虛
須菩提若菩薩心住於法而行布施如人入
闇則无所見若菩薩心不住法而行布施如
人有目日光明照見種種色
須菩提當來之世若有善男子善女人能於此
經受持讀誦則為如來以佛智慧悉知是人
悉見是人皆得成就无量无邊功德
須菩提若有善男子善女人初日分以恒河
沙等身布施中日分復以恒河沙等身布施
後日分亦以恒河沙等

BD04434號　金剛般若波羅蜜經　（9–3）

須菩提若菩薩心住於法而行布施如人入
闇則无所見若菩薩心不住法而行布施如
人有目日光明照見種種色
須菩提當來之世若有善男子善女人能於此
經受持讀誦則為如來以佛智慧悉知是人
悉見是人皆得成就无量无邊功德
須菩提若有善男子善女人初日分以恒河
沙等身布施中日分復以恒河沙等身布施
後日分亦以恒河沙等身布施如是无量百
千万億劫以身布施若復有人聞此經典信
心不逆其福勝彼何況書寫受持讀誦為人
解說
須菩提以要言之是經有不可思議不可稱
量无邊功德如來為發大乘者說為發最上
乘者說若有人能受持讀誦廣為人說如來
悉知是人悉見是人皆得成就不可量不可
稱无有邊不可思議功德如是人等則為荷
擔如來阿耨多羅三藐三菩提何以故須菩
提若樂小法者著我見人見衆生見壽者見
則於此經不能聽受讀誦為人解說須菩提
在在處處若有此經一切世間天人阿脩羅
所應供養當知此處則為是塔皆應恭敬作
禮圍遶以諸華香而散其處
復次須菩提善男子善女人受持讀誦此經
若為人輕賤是人先世罪業應墮惡道以今

BD04434號　金剛般若波羅蜜經　（9–4）

在在處處若有此經一切世間天人阿修羅
所應供養當知此處則爲是塔皆應恭敬作
礼圍遶以諸華香而散其處
復次須菩提善男子善女人受持讀誦此經
若爲人輕賤是人先世罪業應墮惡道以今
世人輕賤故先世罪業則爲消滅當得阿耨
多羅三藐三菩提須菩提我念過去无量阿
僧祇劫於然燈佛前得值八百四千万億那
由他諸佛悉皆供養承事无空過者若復有
人於後末世能受持讀誦此經所得功德於
我所供養諸佛功德百分不及一千万億分
乃至筭數譬喻所不能及須菩提若善男子
善女人於後末世有受持讀誦此經所得功
德我若具說者或有人聞心則狂亂狐疑不
信須菩提當知是經義不可思議果報亦不
可思議
尒時須菩提白佛言世尊善男子善女人發
阿耨多羅三藐三菩提心云何應住云何降
伏其心佛告須菩提善男子善女人發阿耨
多羅三藐三菩提者當生如是心我應滅度
一切衆生滅度一切衆生已而无有一衆生
實滅度者何以故若菩薩有我相人相衆生
相壽者相則非菩薩所以者何須菩提實无
有法發阿耨多羅三藐三菩提者
須菩提於意云何如來於然燈佛所有法得
阿耨多羅三藐三菩提不不也世尊如我解

BD04434號　金剛般若波羅蜜經　（9–5）

一切衆生滅度一切衆生已而无有一衆生
實滅度者何以故若菩薩有我相人相衆生
相壽者相則非菩薩所以者何須菩提實无
有法發阿耨多羅三藐三菩提者
須菩提於意云何如來於然燈佛所有法得
阿耨多羅三藐三菩提不不也世尊如我解
佛所說義佛於然燈佛所无有法得阿耨多
羅三藐三菩提佛言如是如是須菩提實无
有法如來得阿耨多羅三藐三菩提須菩提
若有法如來得阿耨多羅三藐三菩提然燈佛
則不與我受記汝於來世當得作佛号釋迦
牟尼以實无有法得阿耨多羅三藐三菩提
是故然燈佛與我受記作是言汝於來世
當得作佛号釋迦牟尼何以故如來者即諸
法如義若有人言如來得阿耨多羅三藐三
菩提須菩提實无有法佛得阿耨多羅三藐
三菩提須菩提如來所得阿耨多羅三藐三
菩提於是中无實无虛是故如來說一切法
皆是佛法須菩提所言一切法者即非一切
法是故名一切法
須菩提譬如人身長大須菩提言世尊如來
說人身長大則爲非大身是名大身
須菩提菩薩亦如是若作是言我當滅度无
量衆生則不名菩薩何以故須菩提實无有
法名爲菩薩是故佛說一切法无我无人无

BD04434號　金剛般若波羅蜜經　（9–6）

須菩提譬如人身長大須菩提言世尊如来
說人身長大則為非大身是名大身
須菩提菩薩亦如是若作是言我當滅度无
量衆生則不名菩薩何以故須菩提實无有
法名為菩薩是故佛說一切法无我无人无
衆生无壽者須菩提若菩薩作是言我當莊
嚴佛土是不名菩薩何以故如来說莊嚴佛土
者即非莊嚴是名莊嚴須菩提若菩薩通
達无我法者如来說名真是菩薩
須菩提於意云何如来有肉眼不如是世尊
如来有肉眼須菩提於意云何如来有天眼
不如是世尊如来有天眼須菩提於意云何
如来有慧眼不如是世尊如来有慧眼須菩
提於意云何如来有法眼不如是世尊如来
有法眼須菩提於意云何如来有佛眼不如
是世尊如来有佛眼須菩提於意云何恒河
中所有沙佛說是沙不如是世尊如来說是
沙須菩提於意云何如一恒河中所有沙有
如是等恒河是諸恒河所有沙數佛世界如
是寧為多不甚多世尊佛告須菩提尒所國
土中所有衆生若干種心如来悉知何以故
如来說諸心皆為非心是名為心所以者何
須菩提過去心不可得現在心不可得未来
心不可得須菩提於意云何若有人滿三千
大千世界七寶以用布施是人以是因緣得

BD04434 號　金剛般若波羅蜜經　（9–7）

土中所有衆生若干種心如来悉知何以故
如来說諸心皆為非心是名為心所以者何
須菩提過去心不可得現在心不可得未来
心不可得須菩提於意云何若有人滿三千
大千世界七寶以用布施是人以是因緣得
福多不如是世尊此人以是因緣得福甚多
須菩提若福德有實如来不說得福德多以
福德无故如来說得福德多
須菩提於意云何佛可以具足色身見不不
也世尊如来不應以具足色身見何以故如
来說具足色身即非具足色身是名具足色
身須菩提於意云何如来可以具足諸相見
不不也世尊如来不應以具足諸相見何以
故如来說諸相具足即非具足是名諸相具
足須菩提汝勿謂如来作是念我當有所說
法莫作是念何以故若人言如来有所說法
即為謗佛不能解我所說故須菩提說法者
无法可說是名說法
須菩提白佛言世尊佛得阿耨多羅三藐三
菩提為无所得耶如是如是須菩提我於阿
耨多羅三藐三菩提乃至无有少法可得是
名阿耨多羅三藐三菩提復次須菩提是法
平等无有高下是名阿耨多羅三藐三菩提
以无我无人无衆生无壽者脩一切善法則
得阿耨多羅三藐三菩提須菩提所言善法

BD04434 號　金剛般若波羅蜜經　（9–8）

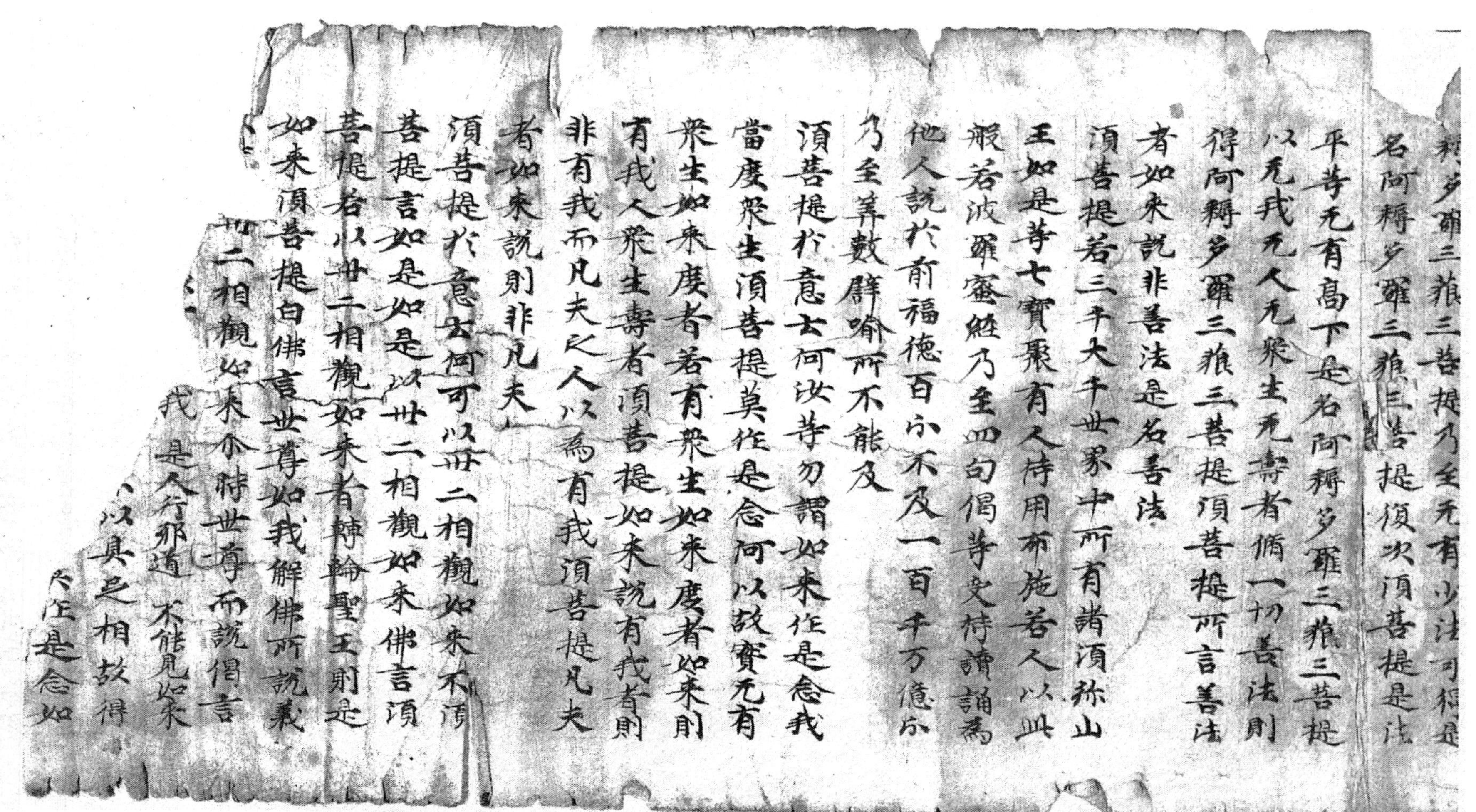

BD04434號　金剛般若波羅蜜經　（9–9）

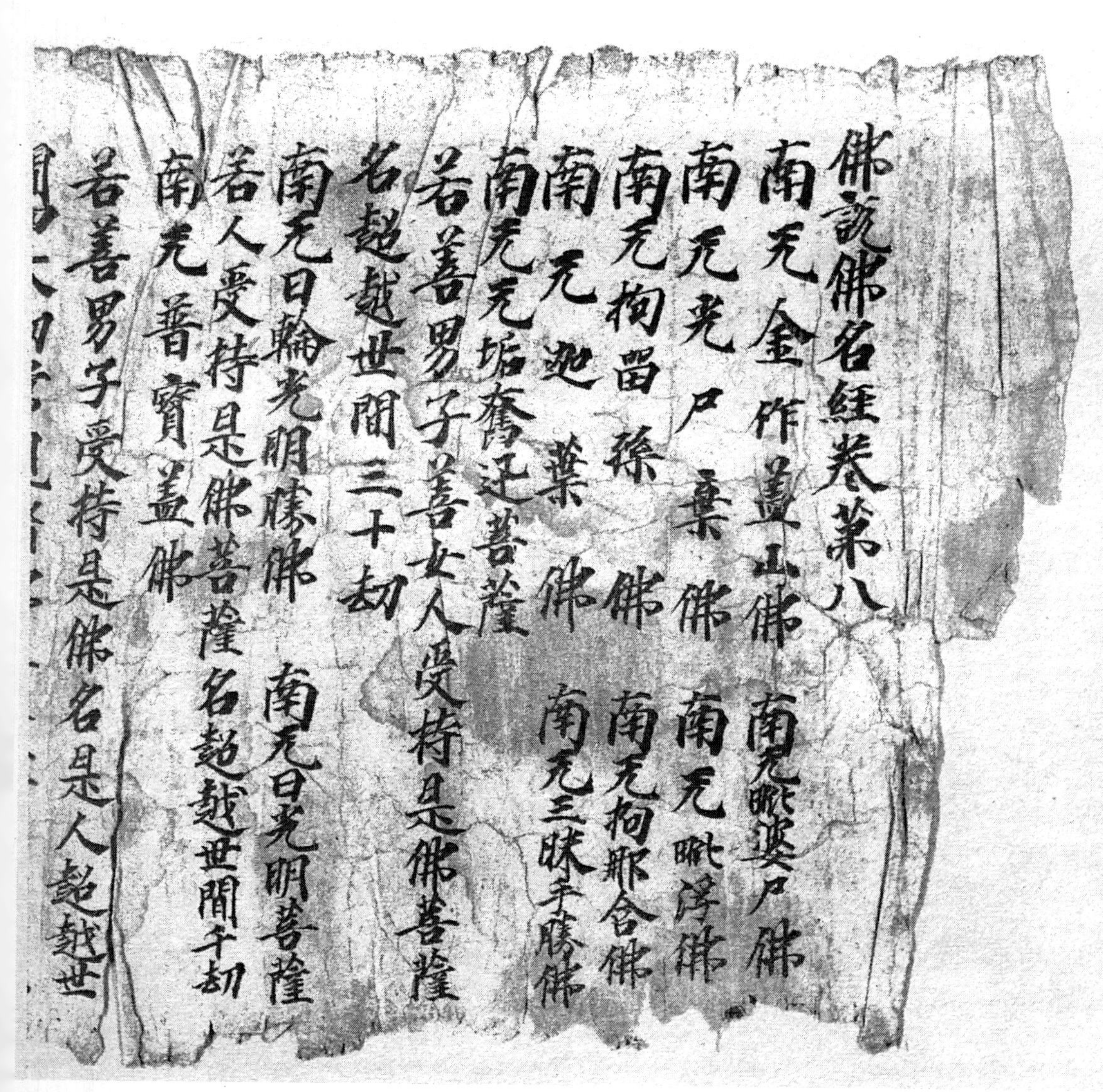

BD04435號　佛名經（十六卷本）卷八　（34–1）

[illegible]超越世間三十劫

南无日輪光明勝佛　南无日光明菩薩

若人受持是佛菩薩名超越世間千劫

南无普寶蓋佛

若善男子受持是佛名是人超越世

間四大劫常現諸佛菩薩前生不復

作五逆罪

南无三昧勝奮迅佛

若善男子受持是佛名得千三昧超

越世間无量千劫同弥勒菩薩功德

南无寶俱蘇摩身光明勝佛

若人受持讀誦是佛名超越世間不可

數劫

南无寂勝波頭奮迅勝佛

若人受持是佛名超越世間卌劫

南无无量香勝王佛

若善男子受持是佛名超越世間无

量劫常得宿命

南无寶華奮迅如來

若人受持讀誦是佛名得千三昧諸衆

生歸命是人為諸佛如來所讚歎是人超

越世間千劫不久轉法輪

南无大光明如來

若善男子受持是佛名超越世間卌劫

南无寶藏佛

生歸命是人為諸佛如來所讚歎是人超

越世間千劫不久轉法輪

南无大光明如來

若善男子受持是佛名超越世間卌劫

南无寶藏佛

若善男子受持是佛名超越世間六十劫

南无寶勝佛

若善男子受持是佛名若復有人捨七

寶如須弥山以用布施及恒河沙世界若

復有人受持讀誦是佛名此福勝彼

南无名降伏魔人勝佛　南无降伏貪人自在佛

南无降伏瞋勝人佛　南无降伏癡自在佛

南无降伏淬魔人勝佛　南无降伏限自在佛

南无嫉人勝佛　南无降伏諂曲自在佛

南无降伏邪見人勝佛　南无降伏獻自在佛

南无法清淨人勝佛　南无業勝得名自在佛

南无如意通清淨得名人勝佛

南无起施得名自在佛

南无起持戒清淨名人勝佛

南无起忍辱得名自在名佛

南无起精進得名人勝佛

南无施思惟得名自在勝佛

南无起思惟得名人勝佛

南无生忍辱忍進得名自在佛

南无起忍辱得名自在名佛
南无起精進得名人勝佛
南无施思惟得名自在勝佛
南无起思惟得名人勝佛
南无法忍辱思惟得名自在佛
南无起思惟精進得名人勝佛
南无起禪成就自在佛
南无起般若得名人勝佛
南无禪思惟得名自在佛
南无般若思惟得名人勝佛
南无行不可思議得名自在勝佛
南无行不可思議得名人勝佛
南无行起得名自在佛
南无揔持智清淨光明人勝佛
南无揔持色清淨得名自在佛
南无陁羅尼性清淨自在勝佛
南无陁羅尼稱清淨得名人勝佛
南无陁羅尼施清淨得名自在佛
南无空行得名人勝佛
南无空无我得名自在佛　南无眼光明人勝佛
南无耳光明人自在佛　南无鼻光明人勝佛
南无舌光明自在佛　南无身光明人勝佛
南无心光明自在佛　南无色光明人勝佛
南无聲光明自在佛　南无降伏香人勝佛

BD04435號　佛名經（十六卷本）卷八　（34–4）

南无空无我得名自在佛　南无眼光明人勝佛
南无耳光明人自在佛　南无鼻光明人勝佛
南无舌光明自在佛　南无身光明人勝佛
南无心光明自在佛　南无色光明人勝佛
南无聲光明自在佛　南无降伏香人勝佛
南无味光明自在佛　南无觸光明人勝佛
南无法光明自在佛　南无炎光明人勝佛
南无讚歎光明自在佛　南无火光明人勝佛
南无風光明自在佛　南无光明人勝佛
南无事光明自在佛　南无世光明人勝佛
南无救苦自在佛　南无陰光明人勝佛
南无我光明自在佛　南无不二光明人勝佛
南无生光明自在佛　南无聲光明人勝佛
南无地華光明自在佛　南无勝光明人勝佛
南无香蓋光明自在佛　南无禾光明人勝佛
南无成就義佛　南无畏王佛
南无不動佛　南无觀世自在佛
南无无量命佛　南无尼弥佛
南无炎弥留佛　南无金剛佛
從此以上六千五百佛十二部經一切賢聖
南无初出日然燈月華寶波頭摩金光明身
盧舍那放无㝵寶光明照十方世界王佛
南无降伏龍佛　南无善調心佛
南无寶聚佛　南无大首佛

BD04435號　佛名經（十六卷本）卷八　（34–5）

從此以上六千五百佛十二部經一切賢聖

南无初出日燃燈月華寶波頭摩金光明身盧舍那放无㝵寶光明照十方世界王佛

南无降伏龍佛　南无善調心佛

南无寶聚佛　南无大首佛

南无夫積佛　南无一切光明佛

南无日光佛　南无不可思議佛

南无无邊精進佛　南无无邊思惟佛

南无金色華佛　南无善香香佛

南无淨行佛　南无无滿佛

南无无邊智佛　南无賢身佛

南无賢佛　南无見佛

南无无邊威德佛　南无次佛

南无堅安隱佛　南无莎羅佛

南无得名佛　南无波頭摩勝佛

南无稱蓮華佛　南无華佛

南无莊嚴佛　南无奮迅佛

南无善見佛　南无善敵對佛

南无善讓世佛　南无无邊威德佛

南无第一勝佛　南无善行佛

南无无量威德佛　南无妙勝佛

南无勝供養佛　南无火奮迅智聲自在王

南无電光佛　南无照一切佛

南无不可思議佛　南无无量色佛

BD04435號　佛名經（十六卷本）卷八　（34–6）

南无无量威德佛　南无妙勝佛

南无勝供養佛　南无火奮迅智聲自在王

南无電光佛　南无照一切佛

南无不可思議佛　南无无量色佛

南无无量光佛　南无善光華敷身佛

南无須弥山波頭摩勝王佛

南无求名發聲脩行佛

南无一切寶摩尼王放光明佛

南无无垢火稱成就王佛　南无香寶光明佛

南无離諸煩惱佛　南无善知佛

南无善見佛　南无寶山莊嚴佛

南无慈行佛　南无閻浮檀幢佛

南无无邊智佛　南无无量威德佛

南无大稱佛　南无寶稱佛

南无火光明佛　南无大光明佛

南无電照光明佛　南无一切種照佛

南无不可量佛　南无日光佛

南无月照佛　南无功德海佛

南无具足功德佛　南无上行佛

南无无畏佛　南无師子幢佛

南无帝釋幢佛　南无火幢佛

南无善眼佛　南无莊嚴王佛

南无放光明光佛　南无无邊光佛

南无妙光佛　南无普讓增上佛

BD04435號　佛名經（十六卷本）卷八　（34–7）

南无无畏佛　南无師子幢佛
南无帝釋幢佛　南无火幢佛
南无善眼佛　南无莊嚴王佛
南无放光明光佛　南无无邊光佛
南无妙光佛　南无普讃增上佛
南无雲自在佛　南无自在憶佛
南无日燈佛　南无寂佛
南无善生佛　南无无邊不可思議威德佛
南无普眼佛　南无波頭摩上佛
南无妙去佛　南无月起佛
南无燈佛　南无不厭足身佛
南无弥留幢佛　南无寶幢佛
南无火炎聚佛　南无自在幢佛
南无寶火佛　南无旃檀香佛
南无不空光明波頭摩敷身佛
南无无邊稱功德光明佛
從此以上六千六百佛十二部經一切賢聖
南无奮當色佛　南无无量光明佛
南无快光明波頭摩敷身佛
南无出須弥山波頭摩王佛
南无星宿劫二万同名光作佛
南无二万同名盧舍那佛
南无二万同名釋迦牟尼佛
南无同名帝釋日太白星宿无量百

BD04435號　佛名經（十六卷本）卷八　（34–8）

南无星宿劫二万同名光作佛
南无二万同名盧舍那佛
南无二万同名釋迦牟尼佛
南无同名帝釋日太白星宿无量百
千万不可數佛
南无无垢光明佛　南无功德寶光明佛
南无精進力成就佛　南无清淨光佛
南无解脫一切縛佛　南无波頭摩藏勝佛
南无得无障㝵力解脫佛　南无不怯弱十方稱香佛
南无盧舍那光明佛　南无寶聚佛
南无法幢懸佛　南无破一切闇曀佛
南无普光明莊嚴照作佛　南无光明作佛
南无火炎佛　南无无邊行功德佛
南无法功德雲然燈佛　南无然燈炬王佛
南无破一切衆生闇勝佛　南无妙見佛
南无妙勝佛　南无妙聞佛
南无山峯佛　南无金聖佛
南无飲甘露佛　南无无量光明佛
南无雞頭佛　南无无邊眠尼勝王佛
南无電照光明羅網佛　南无成就无量功德佛
南无无量說境界佛　南无智勝教光明佛
南无降伏電日月作光佛
南无普句素摩勝奮迅功德積佛

BD04435號　佛名經（十六卷本）卷八　（34–9）

南无雷吼光明[illegible]佛
南无无量說境界佛　南无智勝放光明佛
南无降伏電日月作光佛
南无普句素摩勝奮迅功德精佛
南无功德王光佛　南无善月佛
南无光莊嚴王佛　南无賒捨施雞頭佛
南无福德光佛　南无普光上勝山王佛
南无善住摩尼山王佛　南无斷一切煩惱佛
南无釋迦牟尼佛　南无破碎金剛堅固佛
南无寶幟佛　南无龍自在王佛
南无勇猛仙佛　南无寶月佛
南无離垢佛　南无无垢佛
南无勇猛得佛　南无淨佛
南无梵得佛　南无婆樓那佛
南无婆樓那天佛　南无賢勝佛
南无旃檀勝佛　南无力士佛
南无歡喜威德勝佛　南无光明勝佛
南无无憂勝佛　南无句素摩勝佛
南无波頭摩樹提奮迅通佛　南无財勝佛
南无念勝佛　南无善說名勝佛
南无因陁羅雞頭幢佛　南无步勝佛
南无善覺步勝佛　南无善步去佛
南无普照莊嚴勝佛　南无寶華步佛
南无寶波頭摩善住山自在王佛

南无因陁羅雞頭幢佛　南无步勝佛
南无善覺步勝佛　南无善步去佛
南无普照莊嚴勝佛　南无寶華步佛
南无寶波頭摩善住山自在王佛
南无光明幢火衆生莊嚴光王佛
南无妙平等法界智起聲佛
南无廣福德普光明照佛
南无普照大應羅網盧舍那佛
南无盧舍那華眼電光佛　南无家勝大師子意佛
南无到法界勝光盧舍那王佛
南无常无垢功德遍至稱佛
南无日華勝王佛　南无法自在智幢佛
南无廣喜无垢威德梵聲佛
南无根本勝善導師佛　南无智力佛
南无弥樓威德佛　南无顏清淨月光佛
從此以上六千七百佛十二部經一切賢聖
南无法海顏出聲光佛
南无寶功德相莊嚴作光佛
南无妙聲地王天佛　南无勝進奔去佛
南无見衆生歡喜佛
南无不動深光明盧舍集慧佛
南无普放光明不可思議王佛
南无不等妙功德威德佛　南无速光明梵眼佛

南无妙[illegible]地王天佛　南无勝進[illegible]佛
南无見衆生歡喜佛
南无不動深光明盧舍集慧佛
南无普放光明不可思議王佛
南无不等妙切德威德佛　南无速光明梵眼佛
南无解脫精進日光明佛　南无普法身覺慧佛
南无普門照一切衆生門見佛
南无迦那迦无垢光明日炎雲佛
南无因陁羅光明冕幢佛　南无一切地處无垢月佛
南无覺虛空平等相佛　南无十方廣應雲幢佛
南无平等不平等盧舍那佛　南无害心悲解脫空王佛
南无成就一切義須弥佛　南无不空步照見佛
南无妙吼勝佛　南无第一自在通王佛
南无不可思議切德盧舍那妙月佛
南无可信力幢佛　南无法界樹聲智慧佛
南无波頭摩光長養辟佛　南无不退切德海光佛
南无普生妙一切智速佛　南无師子光无量力智佛
南无見一切法清淨勝智佛　南无遠離一切憂惱佛
南无自在妙威德佛　南无金華大光佛
南无觀法界奮迅佛　南无寶樹盧舍那王佛
南无然香燈佛　南无應王佛
南无如來切德普門見佛　南无一切法普奮王佛
南无廣化自在佛
南无法界解脫光明不可思議意佛
南无如來无垢光佛

南无然香燈佛　南无應王佛
南无如來切德普門見佛　南无一切法普奮王佛
南无廣化自在佛
南无法界解脫光明不可思議意佛
南无如來无垢光佛
次礼十二部尊經大藏法輪
南无堆羅菩薩經　南无五十校計經
南无骂身无反復經　南无惟留經
南无五陰事經　南无離向舍丹章經
南无慧明經　南无五母子經
南无發意決疑經　南无慧上菩薩經
南无慧上菩薩經　南无五福施經
南无五十緣身行經　南无墮落憂塞經
南无賢者手力法行經　南无五蓋疑失行經
南无菩相經　南无賢首夫人經
南无五百偈經　南无坏喻佛
南无內藏大方等經　南无五觀佛
南无淨行經　南无內藏百品經
南无佛併叉弟調達經　南无仁賢系士經
南无離提迦羅越經　南无如是有比丘經
次礼十方諸大菩薩
南无普賢菩薩　南无文殊師利菩薩
南无无垢稱菩薩　南无地藏菩薩
南无虛空藏菩薩　南无觀世音菩薩

南无難提迦羅越經　南无如是有八丘經
次礼十方諸大菩薩
南无普賢菩薩　南无文殊師利菩薩
南无无垢稱菩薩　南无地藏菩薩
南无虛空藏菩薩　南无觀世音菩薩
南无大勢志菩薩　南无香象菩薩
南无大香象菩薩　南无藥王菩薩
南无藥上菩薩　南无金剛藏菩薩
南无解脫月菩薩　南无弥勒菩薩
南无奮迅菩薩　南无无所發菩薩
南无陁羅尼自在王菩薩　南无堅意菩薩
南无无盡意菩薩
南无歸命如是等无量无邊菩薩
南无東方九十億百千万同名梵息菩薩
南无南方九十億百千万同名不降陁羅菩薩
南无西方九十億百千万同名大功德菩薩
南无北方九十億百千万同名大藥王菩薩
從此以上六千八百佛十二部經一切賢聖
歸命如是等十方世界无量无邊諸大菩薩
次礼聲聞緣覺一切賢聖
南无毗耶離辟支佛　南无俱薩羅辟支佛
南无波藪陁羅辟支佛　南无无垢淨心辟支佛
南无寶无垢辟支佛　南无福德辟支佛
南无黑辟支佛　南无唯黑辟支佛

次礼聲聞緣覺一切賢聖
南无毗耶離辟支佛　南无俱薩羅辟支佛
南无波藪陁羅辟支佛　南无无垢淨心辟支佛
南无寶无垢辟支佛　南无福德辟支佛
南无黑辟支佛　南无唯黑辟支佛
南无直福德辟支佛　南无識辟支佛
歸命如是等十方无量无邊辟支佛
礼三寶已次復懺悔
夫論懺悔者本是改往脩來滅惡興善
人生居世誰能无過學人失念尚起煩惱
羅漢結習動身口業豈況凡夫而當无過但
智者先覺便能改悔愚者覆藏遂使滋
蔓所以積習長夜曉悟无期若能慚愧發
露懺悔者豈惟正是滅罪而已亦復增長
无量功德樹立如來涅槃妙果若欲行此
法者先當外肅形儀瞻奉尊像內起敬
意緣於想法懇切至到生二種心何等爲
二一者自念我此形命難可常保一朝散
壞不知此身何時可復若復不值諸佛賢
聖忽遭逢惡友造衆罪業復應墮落
深坑嶮趣二者自念我此生中雖得值遇如
來正法爲佛弟子弟子之法紹繼聖種淨身
口意善法自居而今我等公自作惡而復
覆藏言他不知謂彼不見隱匿在心傲然

聖忽遭遇惡友造衆罪業復應墮落
深坑嶮趣二者自念我此生中雖得值遇如
來正法爲佛弟子弟子之法紹繼聖種淨身
口意善法自居而今我等公自作惡而復
覆藏言他不知謂彼不見隱匿在心傲然
无愧此實天下愚惑之甚即念現有十方
諸佛諸天地菩薩諸大神仙何曾不以清
淨天眼見於我等所作罪惡又復幽顯靈
祇注記罪福纖豪无差夫論作罪之人命
終之後牛頭獄卒錄其精神在閻羅王所
辯覈是非當尒之時一切怨對皆來證據
各言汝先屠裂我身炮煑蒸炙或言汝
先剝奪於我一切財寶離我眷屬我於今
者始得汝便于時現前證據何得敢諱唯
應甘心分受宿殃如經所明地獄之中不枉
治人若其平素所作衆罪心自忘失者是其
生時造惡之處一切諸相皆現在前各言汝
昔在於我邊作如是罪今何得諱是爲作
罪无藏隱處於是閻魔羅王切齒呵責將
付地獄歷劫窮年求出莫由此事不遠不
關他人正是我身自作自受雖父子至親
一旦對至无代受者衆等相與及其形休
體无衆疾各自努力與性命競大怖至時
悔无所及是故弟子至心歸依於佛
南无東方破疑淨光佛　南无南方无優功德佛

一旦對至无代受者衆等相与及其形休
體无衆疾各自努力与性命競大怖至時
悔无所及是故弟子至心歸依於佛
南无東方破疑淨光佛　南无南方无優功德佛
南无西方華嚴神通佛　南无北方月殿清淨佛
南无東南方破一切闇佛　南无西南方大哀觀衆生佛
南无西北方香氣放光明佛　南无東北方无量功德海佛
南无下方斷一切疑佛　南无上方離一切憂佛
如是十方盡虛空界一切三寶
弟子等從无始以來至於今日積聚无明障
蔽心目隨煩惱性造三業罪或耽染愛著起
於貪欲煩惱或復瞋恚忿怒懷害煩惱或
惛惰瞪瞢不了煩惱或我慢自高輕傲煩惱
疑或正道猶豫煩惱謗无因果邪見煩惱不識
緣假著我煩惱迷於三世執斷常煩惱朋
押惡法起見取煩惱僻稟邪師造戒取煩
惱乃至一切四執橫計煩惱今日至誠皆
悉懺悔
又復无始以來至於今日守惜堅著起慳
悋煩惱不攝六情奢誕煩惱心行弊惡不
忍煩惱怠惰緩縱不勤煩惱情慮躁動覺
觀煩惱觸境迷惑无知解煩惱隨世八風生
彼我煩惱諂曲面譽不直心煩惱橫彊難
觸不調和煩惱易忿難悅多含恨煩惱嫉

恚煩惱急憤緩縱不動煩惱情處躁動覺
觀煩惱觸境迷惑无知解煩惱隨世八風生
彼我煩惱謟曲面譽不直心煩惱横徑難
觸不調和煩惱易忿難悦多含恨煩惱嫉
妬鬱刺佷戾煩惱凶險暴害謟毒煩惱
乖背二諦執相煩惱於苦集滅道生顛倒
煩惱隨從生死十二因緣流轉煩惱乃至
无始无明住地恒沙煩惱起四住地構於
三界苦果煩惱如是諸无量无邊惱乱賢
聖六道四生今日發露向十方佛尊法聖
衆皆悉懺悔
願弟子等承是懺悔貪瞋癡等一切煩惱
生生世世折慢幢竭愛欲水滅瞋恚火破
愚癡暗拔斷疑根裂諸見網深識三界猶
如牢獄四大毒蛇五陰怨賊六入空聚愛詐
親善脩八聖道斷无明源正向涅槃不休
不息卅七品心心相應十波羅蜜常現在前 礼一拜
南无盧舍那世間輪勝聲佛
南无波頭摩蹟无邊眼佛　南无喜樂成佛
南无一切智行境界慧佛　南无廣稱妙聲佛
南无虚空无垢智月佛　南无福德海厚雲相業佛
南无能作喜勝雲佛　南无勝聲吼幢佛
南无觀眼奮迅佛　南无无盡智金剛佛
南无普眼日威照佛　南无一切吼聲佛

BD04435號　佛名經（十六卷本）卷八　（34–18）

南无一切智行境界慧佛　南无廣稱妙聲佛
南无虚空无垢智月佛　南无福德海厚雲相業佛
南无能作喜勝雲佛　南无勝聲吼幢佛
南无觀眼奮迅佛　南无无盡智金剛佛
南无普眼日威照佛　南无一切吼聲佛
南无无量智數佛　南无一切福德彌樓上佛
南无根日威德佛　南无滿光明身光佛
南无地第一相華佛　南无雲无畏見佛
南无平等言語難頭佛　南无實然燈王佛
南无堅精進奮迅成就義心佛
南无普照觀稱佛　南无慈光明稱勝佛
南无福德稱上勝佛　南无念一切衆生稱勝佛
南无須彌步稱勝佛　南无畢慚愧稱上勝佛
南无教化一切世間佛　南无離一切憂佛
南无離一切難佛　南无離一切世間佛
南无能轉台佛　南无轉女佛
南无轉男女降伏佛　南无佛華勝上王佛
南无不空說名佛　南无善慧法通王佛
南无十方廣功德稱天盡樂佛
南无愛大智見不空聞名佛
南无无量力智勝佛　南无成就梵功德佛
南无香烏佛　南无金剛密迹佛
南无善轉成就義佛　南无盧舍那化勝威德佛
南无常功德然燈去慧佛　南无到諸疑彼岸月佛

BD04435號　佛名經（十六卷本）卷八　（34–19）

南无愛大智見不空聞名佛
南无无量力智勝佛　南无成就梵功德佛
南无香鳥佛　南无金剛密迹佛
南无善轉成就義佛　南无盧舍那化勝威德佛
南无常功德然燈去慧佛　南无到諸疑彼岸月佛
南无到法界无量聲慧佛　南无然燈勝光明佛
南无法界日光明佛
南无无邊无中劫德海轉法輪聲佛
南无日不可思議智見佛　南无寶勝光明威德王佛
南无无盡功德妙莊嚴佛　南无不可量力普吼佛
南无普眼滿足然燈佛　南无勝功德炬佛
南无大龍聲佛
南无波頭摩師子坐奮迅齊佛
南无智聚覺光佛　南无住持地善威德王佛
南无善住法然燈王佛　南无不空見生喜作佛
南无放身夫幢佛　南无清淨衆生行佛
南无一切德雲普光明佛　南无敷華相月智佛
南无第一光明金庭燎佛
南无觀一切法海无差別光明佛
南无化日佛　南无寶蓋勝盧舍那佛
南无善思惟佛　南无精進堅慧佛
南无敷華心波頭摩佛　南无清淨眼佛
從此以上六千九百佛十二部經一切賢聖
南无月光自在佛　南无……

南无化日佛　南无寶蓋勝盧舍那佛
南无善思惟佛　南无精進堅慧佛
南无敷華心波頭摩佛　南无清淨眼佛
從此以上六千九百佛十二部經一切賢聖
南无月光自在佛　南无无盡法海寶幢佛
南无金剛波頭摩勝佛　南无廣俱蘇摩作佛
南无人自在幢佛　南无一切智輪照盧舍那佛
南无龍稱无量功德佛　南无寶功德歸光佛
南无一切力莊嚴慧佛　南无寶須弥山佛
南无一切行光明勝佛　南无一切波羅蜜海佛
南无寶炎面門幢佛　南无成就一切願光明佛
南无廣得一切法齊佛　南无光明羅網勝佛
南无寶山幢佛　南无无邊中智海儀佛
南无清淨一切義功德幢佛　南无一切通首王佛
南无无障导一切法界盧舍那佛
南无勝三昧精進慧佛　南无无导法界然燈佛
南无无导法界須弥幢勝王佛
南无菩提分俱蘇摩作王佛　南无得世間功德大海佛
南无寶師子力佛　南无普智海王佛
南无波頭摩善化幢佛　南无无盡光明普門聲佛
南无普功德雲勝威德佛　南无勝慧海佛
南无智月華雲佛　南无香光威德佛
南无普門見无障导清淨佛　南无不可降伏法自在慧佛
南无波頭摩光明敷王佛　南无大精進善智慧佛
南无堅王幢佛　南无不可降伏妙威德佛

南无波頭摩[illegible]佛 南无[illegible]佛
南无普功德雲勝威德佛 南无勝慧海佛
南无智月華雲佛 南无香光威德佛
南无普門見无障导清淨佛 南无不可降伏法自在慧佛
南无波頭摩光明敷王佛 南无大精進善智慧佛
南无堅王幢佛 南无不可降伏妙威德佛
南无精進德佛 南无一切德勝心王佛
南无善成就无邊功德善佛 南无斷諸疑廣善眼佛
南无妙功德勝慧佛 南无過諸光明勝明佛
南无須弥山炷燈佛 南无无盡化善雲佛
南无无量光明化王佛 南无日智梵行佛
南无師子眼奚雲佛 南无大海天実門佛
南无覺佛 南无智勝佛
南无无量味大聖佛 南无无垢速雲聞佛
南无滿法界盧舍那佛 南无金色華佛
南无大功德華敷无垢佛 南无照勝威德王佛
南无不住眼无垢佛 南无无导庄嚴佛
南无轉燈輪幢佛 南无智差別佛
南无法界輪佛 南无一切佛
南无寶勝王佛 南无无邊光明智輪幢佛
南无香智幢佛 南无師子佛
南无月智佛 南无照佛
南无常放普光明舌功德海王佛
南无无邊光明法界庄嚴王佛

BD04435號　佛名經（十六卷本）卷八　（34–22）

南无香智幢佛 南无師子佛
南无月智佛 南无照佛
南无常放普光明舌功德海王佛
南无无邊光明法界庄嚴王佛
南无長辟佛 南无高佛
南无无垢地平等光明世界普照十方光
明聲吼虛空盧舍那佛
南无清淨華池庄嚴世界普門見妙光明佛
南无无邊功德住持世界无邊功德普光佛
南无弥留勝燈燈世界普光明虛空鏡像佛
南无一切妙聲善愛聞世界喜樂見華火佛
南无妙聲庄嚴世界寶須弥山燈佛
南无一切寶色庄嚴光明照世界化善法界聲幢佛
南无香藏金剛庄嚴世界金剛光明電聲吼佛
南无炎聲世界不可降伏力月佛
南无寶波頭摩間錯庄嚴无垢世界法
城慧吼聲佛
南无能与樂世界十方世界廣稱名智燈佛
南无手无垢善无垢羅網世界師子光明
滿足功德大海佛
南无妙華幢照世界大智敷華光明佛
南无无量庄嚴間錯世界高智種種佛光明佛
南无无邊庄嚴世界普滿法界幢眼佛
南无寶蓋普光庄嚴世界妙慧上首佛

BD04435號　佛名經（十六卷本）卷八　（34–23）

南无[illegible]
滿足功德大海佛
南无妙華幢照世界大智敷華光明佛
南无量荘嚴間錯世界高智種種佛光明佛
南无无邊荘嚴世界普滿法界幢眼佛
南无寶蓋普光荘嚴世界妙慧上首佛
南无頭王世界作月光明幢佛
南无焰藏荘嚴世界善覺梵威德佛
南无寶光明身世界一佛種力虛空燃燈佛
南无寶道瓔珞成就世界一切諸波羅蜜
相大海威德佛
南无輪塵普蓋世界斷一切著喜作佛
南无寶頭妙幢世界大稱廣功吼照佛
南无不可思議荘嚴普荘嚴光明世界
无差別智光明功德海佛
南无无盡光明擇幢世界无邊法界无垢
光明佛
從此以上七千佛十二部經一切賢聖
南无放寶炎華世界清淨寶鏡像佛
南无威德炎藏世界无障导奮迅光明吼佛
南无寶輪平等光荘嚴世界普寶光明佛
南无旃檀樹頭幢世界清淨一切念无疑光明佛
南无佛國土色輪善脩荘嚴世界廣喜
見光明智慧佛
南无微細光明荘嚴照世界法界奮迅善觀佛

南无威德炎藏世界无障[illegible]
南无寶輪平等光荘嚴世界普寶光明佛
南无旃檀樹頭幢世界清淨一切念无疑光明佛
南无佛國土色輪善脩荘嚴世界廣喜
見光明智慧佛
南无微細光明荘嚴照世界法界奮迅善觀佛
南无无邊色形相世界无障导智成就佛
南无普炎雲大然世界不退轉法輪吼佛
南无種種寶荘嚴清淨輪世界清淨色
相威德佛
南无究竟善脩世界无障导日眼佛
南无善作堅固金剛坐成就世界過
法界智身光明佛
南无十方荘嚴无障导世界寶廣炬佛
南无差別色光明世界普光明華雲王佛
南无寶門種種幢世界普見妙功德光明佛
南无摩尼須作頭光明世界普十方聲雲佛
南无自在摩尼金剛藏世界智勝須弥王佛
南无摩尼衣坐成就勝世界放明功德寶
荘嚴佛
南无華憂波羅荘嚴世界普智幢聲王佛
南无寶荘嚴種種藏世界一切法无畏然燈佛
南无香勝无垢光明世界普喜速勝王佛
南无日幢樂藏世界普門智盧舍那吼佛

南无華嚴波羅庄嚴世界普智幢聲王佛
南无寶庄嚴種種藏世界一切法无畏然燈佛
南无香勝无垢光明世界普喜速勝王佛
南无日幢樂藏世界普門智盧舍那吼佛
南无香庄嚴仗藏世界无量功德光明佛
南无寶師子大光明世界法界電光明佛
南无相仗照世界无障导功德稱解脫光王佛
南无功德成就光明照世界清淨眼无垢然燈佛
南无種種香花勝庄嚴世界師子光明勝光佛
南无寶庄嚴平等光明世界廣光明智勝幢佛
南无種種光明蹟仗世界金光明无量力自成就佛
南无放光句素摩況淪世界香光明喜力堅固佛
南无光明清淨種種作世界光明力堅固佛
南无光明清淨種種作世界普光明大自在幢佛
南无句素除多尖輪庄嚴世界喜海疾功
德稱自在王佛
南无地成就威德世界廣稱智海幢佛
南无放聲吼世界相光明月佛
南无金剛幢世界一切法海勝王佛
南无无量功德庄嚴世界无量衆生德法佛
南无光明照世界梵自在勝佛
南无生无垢光明世界妙法界勝吼佛
南无種種光明照然燈世界不可嫌力光明幢佛
南无照平等光明世界无垢功德日眼佛

BD04435號　佛名經（十六卷本）卷八　（34–26）

南无光明照世界梵自在勝佛
南无生无垢光明世界妙法界勝吼佛
南无種種光明照然燈世界不可嫌力光明幢佛
南无照平等光明世界无垢功德日眼佛
南无寶作庄嚴藏世界无障导智普照十方佛
南无塵世界无量勝行幢佛
南无清淨光明世界法界虛空平等光明照佛
南无寶藏波浪成就世界功德相雲勝威德佛
南无宮殿庄嚴幢世界盧舍那勝須光明佛
南无蹟勝藏世界一切法无邊海慧佛
南无善化香勝世界相法化普光佛
南无仗地色光世界眷屬盧舍那佛
南无善作教世界法行喜无盡慧佛
南无勝福德威德輪世界无垢清淨普光明佛
南无摩尼寶波頭摩庄嚴世界清淨眼无勝佛
南无尖地成就世界无量力成就慧佛
次礼十二部尊經大藏法輪
南无維摩詰解經　南无旃陁調伏經
南无佛說道有比丘經　南无本起經
南无旃檀經　南无佛寶三昧經
南无丹世三相經　南无目連并諸國經
南无佛在拘薩國經　南无理家難經
南无佛在憂隕國經　南无欲從本相有經
南无文殊師利淨律經　南无佛誨過經

BD04435號　佛名經（十六卷本）卷八　（34–27）

南无旃檀經　南无佛寶三昧經
南无丹世三相經　南无目連遊諸國經
南无佛在拘薩國經　南无理家難經
南无佛在憂墮國經　南无欲從本相有經
南无文殊師利淨律經　南无佛誨過經
南无帋耳經　南无分陁利經
南无大忍辱經　南无佛說摩登伽經
南无自在三菩薩經　南无分別六情三失盡經
南无佛說法通王經　南无智心經
南无八德經　南无大道地經
南无城喻經　南无八十種好經
南无大弥寶積惟曰經　南无觀豫經
礼礼十方諸大菩薩
南无善意菩薩　南无善眼菩薩
南无世間菩薩　南无尸毗王菩薩
南无一切勝菩薩　南无知大地菩薩
南无大藥菩薩　南无鳩舍菩薩
南无阿離念弥菩薩　南无須生菩薩
南无喜見菩薩　南无欝多羅菩薩
南无薩和檀菩薩　南无長壽王菩薩
南无羼提菩薩　南无葬藍菩薩
南无睒菩薩　南无月蓋菩薩
從此以上七千一百佛十二部經一切賢聖
南无明首菩薩　南无法首菩薩

BD04435號　佛名經（十六卷本）卷八　（34–28）

南无喜見菩薩　南无欝多羅菩薩
南无薩和檀菩薩　南无長壽王菩薩
南无羼提菩薩　南无葬藍菩薩
南无睒菩薩　南无月蓋菩薩
從此以上七千一百佛十二部經一切賢聖
南无明首菩薩　南无法首菩薩
南无戍利菩薩　南无弥勒菩薩
南无復有金剛藏菩薩　南无金剛首菩薩
南无无垢藏菩薩　南无无垢稱菩薩
南无除疑菩薩　南无无垢德菩薩
南无網明菩薩　南无无量明菩薩
次礼聲聞緣覺一切賢聖
南无香辟支佛　南无有香辟支佛
南无見人飛騰辟支佛　南无可波羅辟支佛
南无奈摩利辟支佛　南无月淨辟支佛
南无善智辟支佛　南无脩陁羅辟支佛
南无善法辟支佛　南无應求辟支佛
南无賂求辟支佛　南无大勢辟支佛
歸命如是等十方盡虛空界諸大辟支佛
衆等相與即今身心寂靜无諂无障正是生
善滅惡之時復應各起四種觀行以為滅罪
作前方便何等為四一者觀於因緣二者觀於
果報三者觀我自身四者觀如來身

BD04435號　佛名經（十六卷本）卷八　（34–29）

歸命如是等十方盡虛空界一切三寶
衆等相與即今身心寂靜无諂无障正是生
善滅惡之時復應各起四種觀行以爲滅罪
作前方便何等爲四一者觀於因緣二者觀於
果報三者觀我自身四者觀如來身
第一觀因緣者知我此罪藉以无明不善
思惟无正觀力不識其過遠離善友諸
佛菩薩隨逐魔道行邪嶮逕如魚吞鈎
不知其患如蠶作繭自纏自縛如蛾赴火自
燒自爛以是因緣不能自出
第二觀於果報者所有諸惡不善之業三
世流轉苦果无窮沉溺无邊巨夜大海爲
諸煩惱羅刹所食未來生死冥然无崖設
使報得轉輪聖王王四天下飛行自在七
寶具足命終之後不免惡趣四空果報三
界尊極福盡還作牛領中虫況復餘无
福德者而復懈怠不勤懺悔此亦譬如
抱石沉淵求出良難
第三觀我自身雖有正因靈覺之性而爲
煩惱黑闇叢林之所覆蔽无了因力不能
得顯我今應當發起勝心破裂顛倒重障
斷滅生死虛僞苦因顯發如來大明覺慧
建立无上涅槃妙果

得顯我今應當發起勝心破裂顛倒重障
斷滅生死虛僞苦因顯發如來大明覺慧
建立无上涅槃妙果
第四觀如來身无爲寂照離四句絕百非
衆具足湛然常住雖復方便入於滅度慈
悲救接未曾暫捨生如是心可謂滅罪之
良津除障之要行是故弟子今日至到稽
首歸依於佛
南无東方勝藏珠光佛　南无南方寶積示現佛
南无西方法界智燈佛　南无北方寂勝降伏佛
南无東南方龍自在王佛　南无西南方轉一切生死佛
南无西北方无邊自在佛　南无東北方无邊功德網
南无下方滿智神通佛　南无上方一切勝王佛
如是等十方盡虛空界一切三寶
弟子等无始以來至於今日長養煩惱日深
日厚日滋日茂覆蓋慧眼令无所見斷除
衆善不得相續起障不得見佛不聞正法
不值聖僧煩惱起障不見過去未來一切
世間善惡業行之煩惱障受人天尊貴之
煩惱障生色无色界禪定福樂
之煩惱障不得自在神通飛騰隱顯遍至
十方諸佛淨土聽法之煩惱障學安那般
那數息不淨觀諸煩惱障學慈悲喜捨因
緣煩惱障學七方便三觀義煩惱障學四念

煩惱障生色无色界禪定福樂
之煩惱障不得自在神通飛騰隱顯遍至
十方諸佛淨土聽法之煩惱障學安那般
那數息不淨觀諸煩惱障學慈悲喜捨因
緣煩惱障學七方便三觀義煩惱障學四念
處煖頂忍煩惱障學聞思脩第一法煩惱
障學空平等中道解煩惱障學八正道示
相之煩惱障學七覺枝不示相煩惱障學
於道品因緣觀煩惱障學八解脫九空之
煩惱障學於十智三三昧煩惱障學三明六
通四无㝵煩惱障學六度四等煩惱障學
四攝法廣化之煩惱障學大乘心四弘誓願
煩惱障學十迴向十願之煩惱障學初地二
地三地四地明解之煩惱障五地六地七地
諸知見煩惱障學八地九地雙照之煩惱
障如是乃至障學佛果百万阿僧祇諸
行上煩惱如是行障无量无邊弟子今日
至到稽顙向十方佛尊法聖衆慚愧懺悔
願皆消滅願藉此懺悔障於諸行一切煩
惱願弟子在在處處自在受生不為結業
之所迴轉以始意通一念頃遍至十方淨
諸佛土攝化衆生於諸禪定甚深境界及
諸知見通達无㝵心能普周一切諸法樂

BD04435號　佛名經（十六卷本）卷八　（34–32）

願皆消滅願藉此懺悔障於諸行一切煩
惱願弟子在在處處自在受生不為結業
之所迴轉以始意通一念頃遍至十方淨
諸佛土攝化衆生於諸禪定甚深境界及
諸知見通達无㝵心能普周一切諸法樂
說无窮而不染著得心自在智慧自在令
此煩惱及无知結習畢竟永斷不復相
續无漏聖道朗然如日 礼一拜

佛名經卷第八

BD04435號　佛名經（十六卷本）卷八　（34–33）

佛說佛名經卷第八

佛

四弟子人亡過神生淨土 莫墮三塗

BD04435 號　佛名經（十六卷本）卷八　題記　　（34–34）

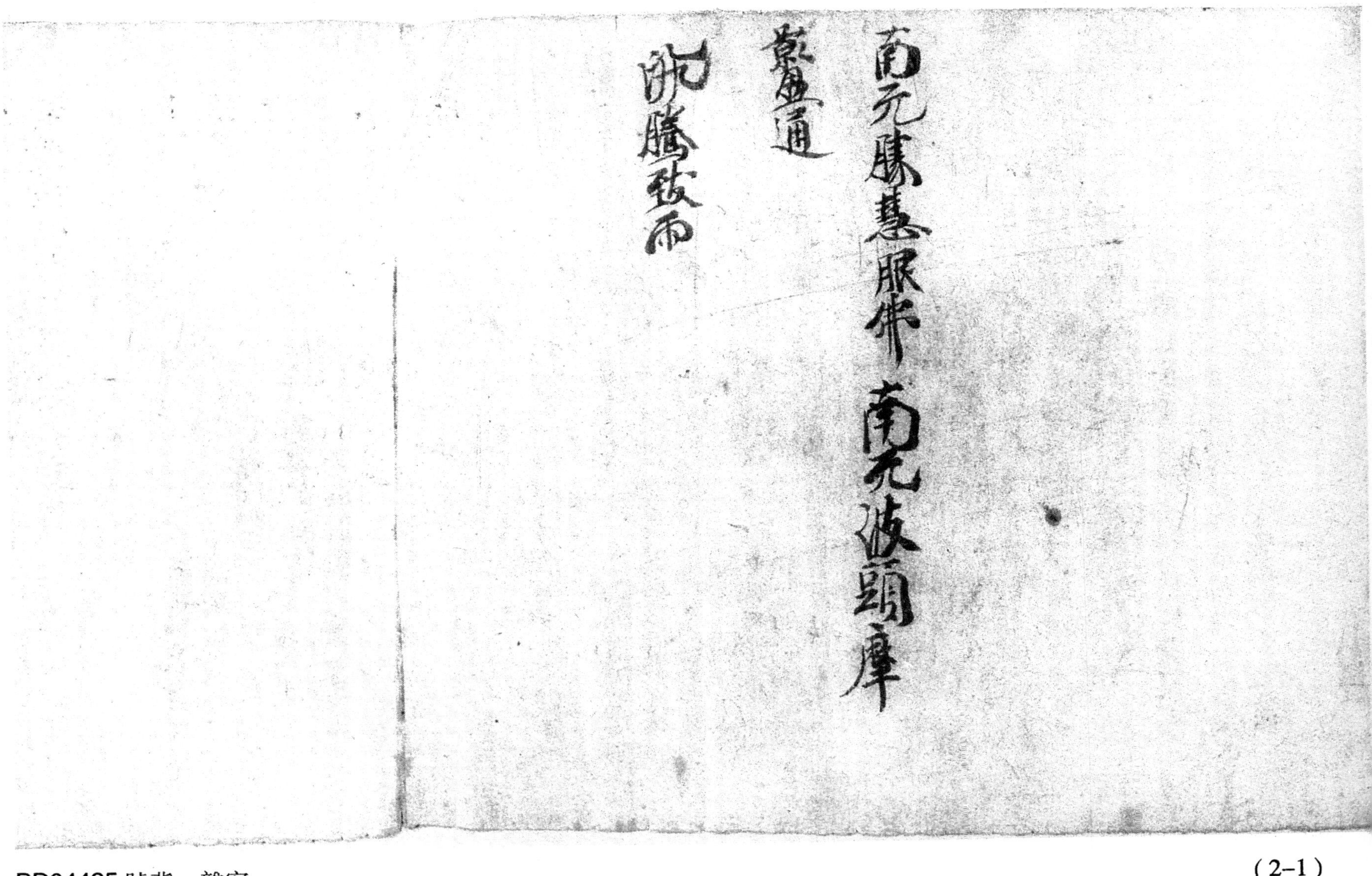

南无勝慧眼佛　南无波頭摩

藏盈道

泥騰致而

BD04435 號背　雜寫　　（2–1）

BD04435號背　雜寫　（2–2）

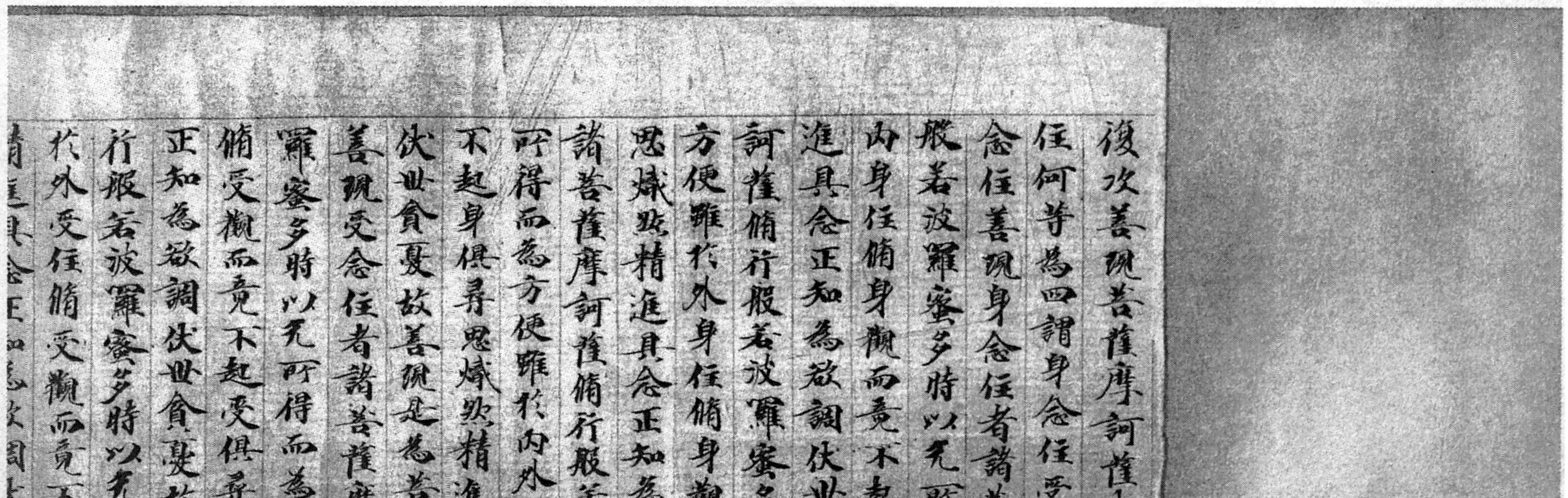

復次善現菩薩摩訶薩大乘相者謂四念
住何等為四謂身念住受念住心念住法
念住善現身念住者諸菩薩摩訶薩脩行
般若波羅蜜多時以无所得而為方便雖於
内身住脩身觀而竟不起身俱尋思熾然精
進具念正知為欲調伏世貪憂故諸菩薩摩
訶薩脩行般若波羅蜜多時以无所得而為
方便雖於外身住脩身觀而竟不起身俱尋
思熾然精進具念正知為欲調伏世貪憂故
諸菩薩摩訶薩脩行般若波羅蜜多時以无
所得而為方便雖於内外身住脩身觀而竟
不起身俱尋思熾然精進具念正知為欲調
伏世貪憂故善現是為菩薩摩訶薩身念住
善現受念住者諸菩薩摩訶薩脩行般若波
羅蜜多時以无所得而為方便雖於内受住
脩受觀而竟不起受俱尋思熾然精進具念
正知為欲調伏世貪憂故諸菩薩摩訶薩脩
行般若波羅蜜多時以无所得而為方便雖
於外受住脩受觀而竟不起受俱尋思熾然
精進具念正知為欲調伏世貪憂故諸菩薩

BD04436號　大般若波羅蜜多經卷五二　（3–1）

伏世貪憂故善現是為菩薩摩訶薩身念住
善現受念住者諸菩薩摩訶薩脩行般若波
羅蜜多時以无所得而為方便雖於內受住
脩受觀而竟不起受俱尋思熾然精進具念
正知為欲調伏世貪憂故諸菩薩摩訶薩脩
行般若波羅蜜多時以无所得而為方便雖
於外受住脩受觀而竟不起受俱尋思熾然
精進具念正知為欲調伏世貪憂故諸菩薩
摩訶薩脩行般若波羅蜜多時以无所得而
為方便雖於內外受住脩受觀而竟不起受
俱尋思熾然精進具念正知為欲調伏世貪
憂故善現是為菩薩摩訶薩受念住善現心
念住者諸菩薩摩訶薩脩行般若波羅蜜多
時以无所得而為方便雖於內心住脩心觀而
竟不起心俱尋思熾然精進具念正知為欲
調伏世貪憂故諸菩薩摩訶薩脩行般若波
羅蜜多時以无所得而為方便雖於外心住脩
心觀而竟不起心俱尋思熾然精進具念正
知為欲調伏世貪憂故諸菩薩摩訶薩脩行
般若波羅蜜多時以无所得而為方便雖於
內外心住脩心觀而竟不起心俱尋思熾然精
進具念正知為欲調伏世貪憂故善現是
為菩薩摩訶薩心念住善現法念住者諸菩
薩摩訶薩脩行般若波羅蜜多時以无所得
而為方便雖於內法住脩法觀而竟不起法
俱尋思熾然精進具念正知為欲調伏世貪
[illegible]摩訶薩脩行般若波羅蜜多時

BD04436號　大般若波羅蜜多經卷五二　（3–2）

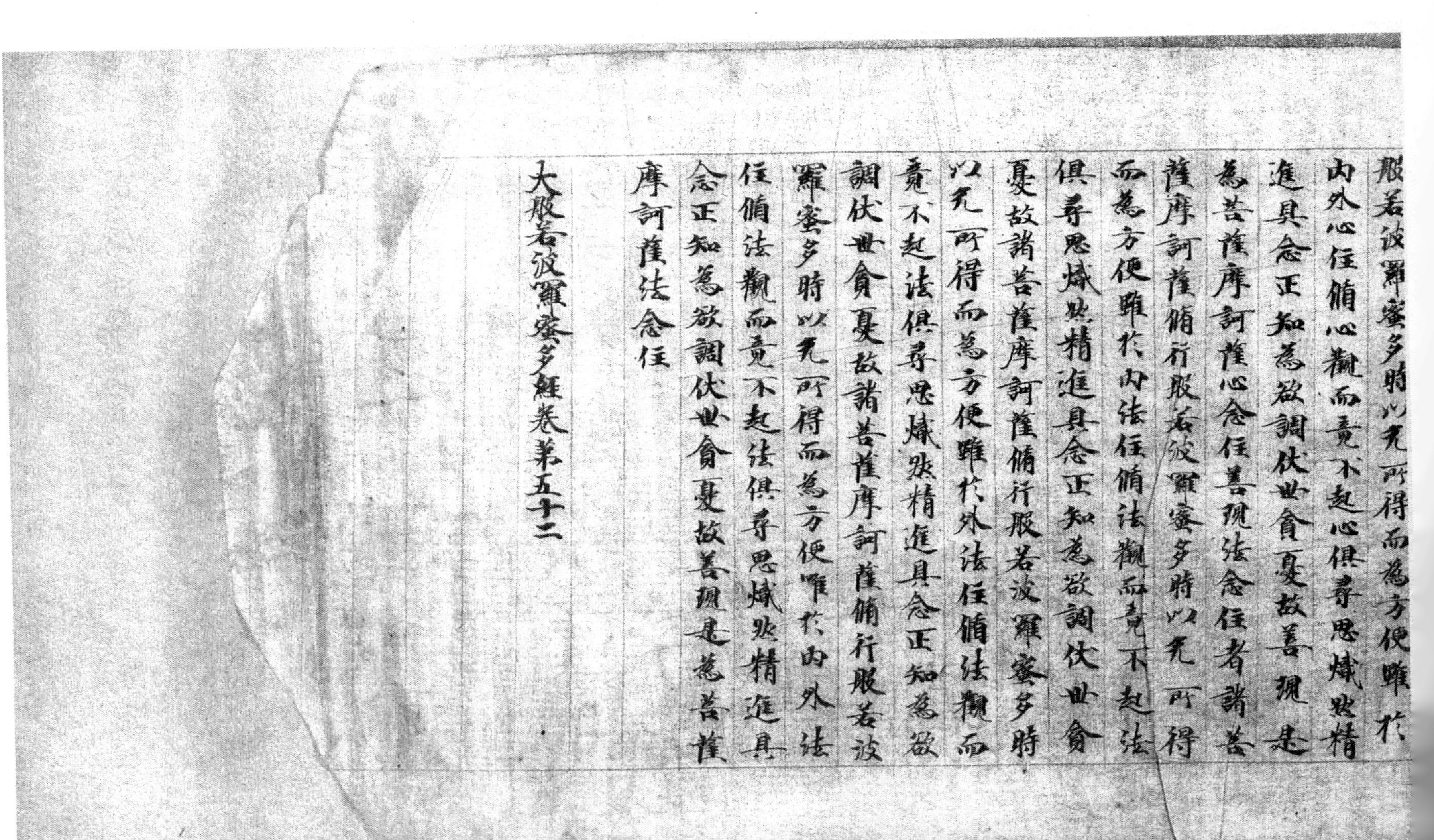

般若波羅蜜多時以无所得而為方便雖於
內外心住脩心觀而竟不起心俱尋思熾然精
進具念正知為欲調伏世貪憂故善現是
為菩薩摩訶薩心念住善現法念住者諸菩
薩摩訶薩脩行般若波羅蜜多時以无所得
而為方便雖於內法住脩法觀而竟不起法
俱尋思熾然精進具念正知為欲調伏世貪
憂故諸菩薩摩訶薩脩行般若波羅蜜多時
以无所得而為方便雖於外法住脩法觀而
竟不起法俱尋思熾然精進具念正知為欲
調伏世貪憂故諸菩薩摩訶薩脩行般若波
羅蜜多時以无所得而為方便雖於內外法
住脩法觀而竟不起法俱尋思熾然精進具
念正知為欲調伏世貪憂故善現是為菩薩
摩訶薩法念住

大般若波羅蜜多經卷第五十二

BD04436號　大般若波羅蜜多經卷五二　（3–3）

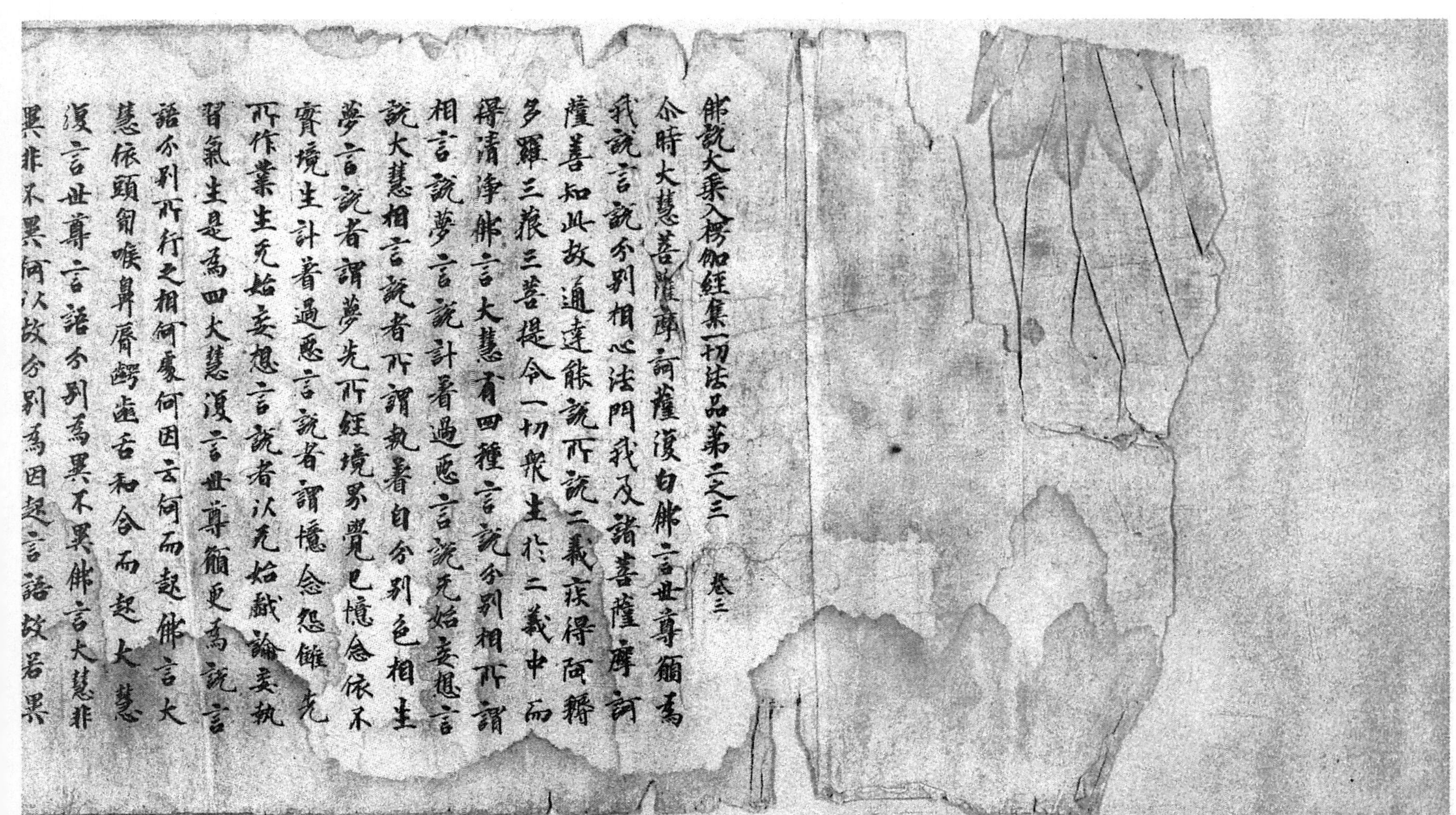
佛說大乘入楞伽經集一切法品第二之三　卷三
尒時大慧菩薩摩訶薩復白佛言世尊願爲
我說言說分別相心法門我及諸菩薩摩訶
薩善知此故通達能說所說二義疾得阿耨
多羅三藐三菩提令一切衆生於二義中而
得清淨佛言大慧有四種言說分別相所謂
相言說夢言說計著過惡言說无始妄想言
說大慧相言說者所謂執著自分別色相生
夢言說者謂夢先所經境界覺已憶念依不
實境生計著過惡言說者謂憶念怨讎先
所作業生无始妄想言說者以无始戲論妄執
習氣生是爲四大慧復言世尊願更爲說言
語分別所行之相何處何因云何而起佛言大
慧依頭胷喉鼻脣齶齒舌和合而起大慧
復言世尊言語分別爲異不異佛言大慧非
異非不異何以故分別爲因起言語故若異

BD04437號　大乘入楞伽經卷三　（22–1）

所作業生无始妄想言說者以无始戲論妄執
習氣生是爲四大慧復言世尊願更爲說言
語分別所行之相何處何因云何而起佛言大
慧依頭胷喉鼻脣齶齒舌和合而起大慧
復言世尊言語分別爲異不異佛言大慧非
異非不異何以故分別爲因起言語故若異
者分別不應爲因若不異者語言不應顯義
是故非異亦非不異大慧復言世尊爲言語
是第一義爲所說是第一義佛告大慧非言
語是亦非所說何以故第一義者是聖樂處
因言而入非即是言第一義者是聖智內自
證境非言語分別智境言語分別不能顯示
大慧言語者起滅動搖展轉因緣生若展轉
緣生於第一義不能顯示第一義者无自他
相言語有相不能顯示第一義者但爲自心
種種外相悉皆无有言語分別不能顯示是
故大慧應當遠離言語分別尒時世尊重
說頌言
諸法无自性　亦復无言說　不見空空義　愚夫故流轉
一切法无性　離語言分別　諸有如夢化　非生死涅槃
如王及長者　爲令諸子喜　先示相似物　後賜真實者
我今亦復然　先說相似法　後乃爲其演　自證實際法
尒時大慧菩薩摩訶薩復白佛言世尊願爲
我說離一異俱不俱有无非有无常无常等
一切外道所不能行自證聖智所行境界遠
離妄計自相共相入於真實第一義境漸淨
諸地入如來位以无功用本願力故如如意寶
普現一切无邊境界一切諸法皆是自心所
見差別令我及餘諸菩薩等於如是等法
離妄計自性自共相見速證阿耨多羅三藐
三菩提普令衆生具足圓滿一切功德佛言

BD04437號　大乘入楞伽經卷三　（22–2）

一切外道所不能行自證聖智所行境界遠
離妄計自相共相入於真實第一義境漸淨
諸地入如來位以无功用本願力故如如意寶
普現一切无邊境界一切諸法皆是自心所
見差別令我及餘諸菩薩等於如是等法
離妄計自性自共相見速證阿耨多羅三藐
三菩提普令衆生具足圓滿一切功德佛言
大慧善哉善哉汝哀愍世間請我此義
多所利益多所安樂大慧凡夫无智不知心
量妄習為因執著外物分別一異俱不俱有
无非有无常无常等一切自性大慧譬如群
獸為渴所逼於熱時燄而生水想迷惑馳趣不
知非水愚癡凡夫亦復如是无始戲論分別所
熏三毒燒心樂色境界見生住滅取內外法
墮一異等執著之中大慧如乾闥婆城非城
非非城无智之人无始時來執著城種妄習
熏故而作城想外道亦尒以无始來妄習熏
故不能了達自心所現著一異等種種言說
大慧譬如有人夢見男女象馬車步城邑園
林種種嚴飾覺已憶念彼不實事大慧汝意
云何如是之人是黠慧不荅言不也大慧外
道亦尒惡見所噬不了唯心執著一異有无
等見大慧譬如畫像无高无下愚夫妄見作
高下想未來外道亦復如是惡見熏習妄
心增長執一異等自壞壞他於離有无无生
之論亦說為无此謗因果拔善根本應知此
人分別有无起自他見當墮地獄欲求勝法宜
速遠離大慧譬如翳目見有毛輪互相謂言
此事希有而此毛輪非有非无見不見故外
道亦尒惡見分別執著一異俱不俱等誹謗
正法自陷陷他大慧譬如火輪實非是輪愚

人分別有无起自他見當墮地獄欲求勝法宜
速遠離大慧譬如翳目見有毛輪互相謂言
此事希有而此毛輪非有非无見不見故外
道亦尒惡見分別執著一異俱不俱等誹謗
正法自陷陷他大慧譬如火輪實非是輪愚
夫取著非諸智者外道亦尒惡見樂欲執著
一異俱不俱等一切法生大慧譬如水泡似頗
梨珠愚夫執實奔馳而取然彼水泡非珠
非非珠取不取故外道亦尒惡見分別習氣
所熏說非有為生壞於緣有復次大慧立三
種量已於聖智內證離二自性法起有性分
別大慧諸脩行者轉心意識離能所取住如
來地自證聖法於有及无不起於想大慧諸
脩行者若於境界起有无執則著我人衆生
壽者大慧一切諸法自相共相是化佛說非
法佛說大慧化佛說法但順愚夫所起之見
不為顯示自證聖智三昧樂境大慧譬如水
中有樹影現彼非影非非影非樹形非非樹
形外道亦尒諸見所熏不了自心於一異等
而生分別大慧譬如明鏡无有分別隨順衆緣
現諸色像彼非像非非像而見像非像愚
夫分別而作像想外道亦尒於自心所現種
種形像而執一異俱不俱相大慧譬如谷響依
於風水人等音聲和合而起彼非有非无以
聞聲非聲故外道亦尒自心分別熏習力故
起於一異俱不俱見大慧譬如大地无草木
處日光照觸燄水波動彼非有非无以倒想
非想故愚癡凡夫亦復如是无始戲論惡習
所熏於聖智自證法性門中見生住滅一異
有无俱不俱性大慧譬如木人及以起屍以

於風水人等音聲和合而起彼非有非无以
聞聲非聲故外道亦尒自心分別熏習力故
起於一異俱不俱見大慧譬如大地无草木
處日光照觸焰水波動彼非有非无以倒想
非想故愚癡凡夫亦復如是无始戲論惡習
所熏於聖智自證法性門中見生住滅一異
有无俱不俱性大慧譬如木人及以起屍以
毗舍闍機關力故動搖運轉云為不絕无智
之人取以為實愚癡凡夫亦復如是隨逐外
道起諸惡見著一異等虛妄言說是故大慧
當於聖智所證法中離生住滅一異有无俱
不俱等一切分別尒時世尊重說頌曰

諸識蘊有五　猶如水樹影　所見如幻夢　不應妄分別
三有如陽焰　幻夢及毛輪　若能如是觀　究竟得解脫
譬如熱時焰　動轉迷亂心　渴獸取為水　而實无水事
如是識種子　動轉見境界　如翳者所見　愚夫生執著
无始生死中　執著所緣覆　退捨令出離　如因楔出楔
幻呪機所作　浮雲夢電光　觀世恒如是　永斷三相續
此中无所有　如空中陽焰　如是知諸法　則為无所知
諸蘊如毛輪　於中妄分別　唯假施設名　求相不可得
如畫垂髮幻　夢闥乹婆城　火輪熱時焰　實无而見有
如是常无常　一異俱不俱　无始繫縛故　愚夫妄分別
明鏡水淨眼　摩尼妙寶珠　於中現色像　而實无所有
心識亦如是　普現衆色相　如夢空中焰　亦如石女兒

復次大慧諸佛說法離於四句謂離一異俱不
俱及有无等建立誹謗大慧諸佛說法以諦
緣起滅道解脫而為其首非與勝性自在
宿作自然時微塵等而共相應大慧諸佛說
法為淨惑智二種障故次第令住一百八句
无相法中而善分別諸乘地相猶如商主
善道衆人

俱及有无等建立誹謗大慧諸佛說法以諦
緣起滅道解脫而為其首非與勝性自在
宿作自然時微塵等而共相應大慧諸佛說
法為淨惑智二種障故次第令住一百八句
无相法中而善分別諸乘地相猶如商主
善道衆人

復次大慧有四種禪何等為四謂愚夫所行
禪觀察義禪攀緣真如禪諸如來禪大慧
云何愚夫所行禪謂聲聞緣覺諸脩行者知
人无我見自他身骨鎖相連皆是无常苦不
淨相如是觀察堅著不捨漸次增勝至无想
滅定是名愚夫所行禪云何觀察義禪謂知
自共相人无我已亦離外道自他俱作於法无
我諸地相義隨順觀察是名觀察義禪云何
緣真如禪　謂若分別无我有二是虛妄念
若如實知彼念不起是名緣真如禪云何諸如
來禪謂入佛地住自證聖智三種樂為諸衆
生作不思議事是名諸如來禪尒時世尊重
說頌言

愚夫所行禪　觀察義相禪　攀緣真如禪　如來清淨禪
脩行者在定　觀見日月形　波頭摩深險　虛空火及畫
如是種種相　墮於外道法　亦墮於聲聞　辟支佛境界
捨離此一切　住於无所緣　是則能隨入　如如真實相
十方諸國土　所有无量佛　悉引光明手　而摩是人頂

尒時大慧菩薩摩訶薩復白佛言世尊諸佛
如來所說涅槃說何等法名為涅槃佛告大
慧一切識自性習氣及藏識意意識見習轉
已我及諸佛說名涅槃即是諸法性空境界
復次大慧涅槃者自證聖智所行境界遠離
斷常及以有无云何非常謂離自相共相諸
分別故云何非斷謂去來現在一切聖者自

慧一切識自性習氣及藏識意意識見習轉
已我及諸佛說名涅槃即是諸法性空境界
復次大慧涅槃者自證聖智所行境界遠離
斷常及以有无云何非常謂離自相共相諸
分別故云何非斷謂去來現在一切聖者自
證智所行故復次大慧大般涅槃不壞不死
若死者應更受生若壞者應是有爲是故涅
槃不壞不死諸脩行者之所歸趣復次大慧
无捨无得故非斷非常故不一不異故說名
涅槃復次大慧聲聞緣覺知自共相捨離
憒鬧不生顛倒不起分別彼於其中生涅槃想
復次大慧有二種自性相何者爲二謂執着
言說自性相執着諸法自性相執着言說自性
相者以无始戲論執着言說習氣故起執着
諸法自性相者以不覺自心所現故起復次
大慧諸佛有二種加持持諸菩薩令頂礼佛
足請問衆義云何爲二謂令入三昧及身現
其前手灌其頂大慧初地菩薩摩訶薩蒙
諸佛持力故入菩薩大乘光明定入已十方諸
佛普現其前身語加持金剛藏及餘成就
如是功德相菩薩摩訶薩者是大慧此菩
薩摩訶薩蒙佛持力入三昧已於百千劫集
諸善根漸入諸地善能通達治所治相至法
雲地處大蓮華微妙宮殿坐於寶座同類菩
薩所共圍繞首戴寶冠身如黃金薝蔔花色
如盛滿月放大光明十方諸佛舒蓮花手於
其座上而灌其頂如轉輪王太子受灌頂已
而得自在此諸菩薩亦復如是是名爲二諸
菩薩摩訶薩爲二種持之所持故即能親見
一切諸佛異則不能復次大慧諸菩薩摩訶
薩入於三昧現通說法如是一切皆由諸佛二

BD04437 號　大乘入楞伽經卷三　（22–7）

如盛滿月放大光明十方諸佛舒蓮花手於
其座上而灌其頂如轉輪王太子受灌頂已
而得自在此諸菩薩亦復如是是名爲二諸
菩薩摩訶薩爲二種持之所持故即能親見
一切諸佛異則不能復次大慧諸菩薩摩訶
薩入於三昧現通說法如是一切皆由諸佛二
種持力大慧若諸菩薩離佛加持能說法者
則諸凡夫亦應能說大慧山林草樹城郭宮殿
及諸樂器如來至處以佛持力尚演法音況
有心者聾盲瘖瘂離苦解脫大慧如來持力
有如是等廣大作用大慧菩薩復白佛言何
故如來以其持力令諸菩薩入於三昧及殊
勝地中手灌其頂佛言大慧爲欲令其遠離
魔業諸煩惱故爲令不墮聲聞地故爲令速
入如來地故令所得法倍增長故是故諸佛
以加持力持諸菩薩大慧若不如是彼諸菩
薩便墮外道及以聲聞魔意之中則不能得
无上菩提是故如來以加持力攝諸菩薩尒
時世尊重說頌言
世尊清淨願　有大加持力　初地十地中　三昧及灌頂
尒時大慧菩薩摩訶薩復白佛言世尊佛
說緣起是由作起非自體起外道亦說勝性自
在時我微塵生於諸法今佛世尊但以異名
說作緣起非義有別世尊外道亦說以作者
故從无生有世尊亦說以因緣故一切諸法本
无而生生已歸滅如佛所說无明緣行乃至
老死此說无因非說有因世尊說言此有故
彼有若一時建立非次第相待者其義不成
是故外道說勝非如來也何以故外道說因
不從緣生而有所生世尊所說果待於因因
復待因如是展轉成无窮過又有此故彼有

BD04437 號　大乘入楞伽經卷三　（22–8）

故從无生有世尊亦說以因緣故一切諸法本
无而生生已歸滅如佛所說无明緣行乃至
老死此說无因非說有因世尊說言此有故
彼有若一時建立非次第相待者其義不成
是故外道說勝非如來也何以故外道說因
不從緣生而有所生世尊所說果待於因因
復待因如是展轉成无窮過又有此故彼有
者則无有因佛言大慧我了諸法唯心所現
无能取所取說此有故彼有非是无因及因
緣過失大慧若不了諸法唯心所現計有
能取及以所取執著外境若有若无彼有是
過非我所說大慧菩薩復白佛言世尊有言
說故必有諸法若无諸法言依何起佛言大
慧雖无諸法亦有言說豈不見龜毛兔角石
女兒等世人於中皆起言說大慧彼非有非
非有而有言說耳大慧如汝所說有言說故
有諸法者此論則壞大慧非一切佛土皆有
言說言說者假安立耳大慧或有佛土瞪
視顯法或現異相或復揚眉或動精或示微
笑頻申謦欬憶念動搖以如是等而顯於法
大慧如不瞬世界妙香世界及普賢如來佛
土之中但瞪視不瞬令諸菩薩獲无生法忍
及諸勝三昧大慧非由言說而有諸法此世
界中蠅蟻等蟲雖无言說成自事故尒時
世尊重說頌言
如虛空兔角　及與石女兒　无而有言說　妄計法如是
因緣和合中　愚夫妄謂生　不能如實解　流轉於三有
尒時大慧菩薩摩訶薩復白佛言世尊所說
常聲依何處說佛言大慧依妄法說以諸妄法
聖人亦現然不顛倒大慧譬如陽焰火輪垂
髮乾闥婆城夢幻鏡像世无智者生顛倒解

BD04437號　大乘入楞伽經卷三

(22-9)

世尊重說頌言
如虛空兔角　及與石女兒　无而有言說　妄計法如是
因緣和合中　愚夫妄謂生　不能如實解　流轉於三有
尒時大慧菩薩摩訶薩復白佛言世尊所說
常聲依何處說佛言大慧依妄法說以諸妄法
聖人亦現然不顛倒大慧譬如陽焰火輪垂
髮乾闥婆城夢幻鏡像世无智者生顛倒解
有智不然然非不現大慧妄法現時无量差
別然无常何以故離有无故云何離有无
一切愚夫種種解故如恒河水有見不見餓
鬼不見不可言有餘所見故不可言无聖於
妄法離顛倒見大慧妄法是常相不異故非
諸妄法有差別相以分別故而有別異是
故妄法其體是常大慧云何而得妄法真實
謂諸聖者於妄法中不起顛倒非顛倒覺若
於妄法有少分想則非聖智有少想者當知
則是愚夫戲論非聖言說大慧若分別妄法
是倒非倒彼則成就二種種性謂聖種性凡
夫種性大慧聖種性者彼復三種謂聲聞緣
覺佛乘別故大慧云愚夫分別妄法生聲
聞乘種性所謂計著自相共相大慧何謂復
有愚夫分別妄法成緣覺乘種性謂即執著
自共相時離於憒鬧大慧何謂智人分別妄
法而得成就佛乘種性所謂了達一切唯是
自心分別所見无有外法大慧有諸愚夫分
別妄法種種事物決定如是決定不異此則
成就生死乘性大慧彼妄法中種種事物非
即是物亦非非物大慧即彼妄法諸聖智者
心意意識諸惡習氣自性法轉依故即說此
妄名為真如是故真如離於心識我今明了
顯示此句離分別者悉離一切諸分別故大

BD04437號　大乘入楞伽經卷三

(22-10)

别妄法種種事物決定如是決定不異此則
成就生死乘性大慧彼妄法中種種事物非
即是物亦非非物大慧即彼妄法諸聖智者
心意意識諸惡習氣自性法轉依故即說此
妄名爲真如是故真如離於心識我今明了
顯示此句離分别者悉離一切諸分别故大
慧菩薩白言世尊所說妄法爲有爲无佛
言如幻无執着相故若執着相體是有者應不
可轉則諸緣起應如外道說作者生大慧又
言若諸妄法同於幻者此則當與餘妄作因
佛言大慧非諸幻事爲妄惑因以幻不生諸
過惡故以諸幻事无分别故大慧夫幻事者
從他明呪而得生起非自分别過習力起是
故幻事不生過惡大慧此妄惑法唯是愚夫
心所執着非諸聖者尒時世尊重說頌言
聖不見妄法　中間亦非實　以妄即真故　中間亦真實
若離於妄法　而有相生者　此還即是妄　如翳未清淨
復次大慧見諸法非幻无有相似故說一切法
如幻大慧言世尊爲依執着種種幻相言
一切法猶如幻邪爲異依此執着顛倒相邪
若依執着種種幻相言一切法猶如幻者世
尊非一切法悉皆如幻何以故見種種色相
不无因故世尊都无有因令種種色相顯現
如幻是故世尊不可說言依於執着種種幻
相言一切法與幻相似佛言大慧不依執着
種種幻相言一切法如幻大慧以一切法不
實速滅如電故說如幻大慧譬如電光見已
即滅世間凡愚悉皆現見一切諸法依此分
别自共相現亦復如是以不能觀察无所有
故而妄計着種種色相尒時世尊重說頌言
非幻无相似　亦非有諸法

BD04437 號　大乘入楞伽經卷三　（22–11）

相言一切法與幻相似佛言大慧不依執着
種種幻相言一切法如幻大慧以一切法不
實速滅如電故說如幻大慧譬如電光見已
即滅世間凡愚悉皆現見一切諸法依此分
别自共相現亦復如是以不能觀察无所有
故而妄計着種種色相尒時世尊重說頌言
非幻无相似　亦非有諸法　不實速如電　如幻應當知
尒時大慧菩薩摩訶薩復白佛言世尊如佛
先說一切諸法皆悉无生又言如幻將非所
說前後相違佛言大慧无有相違何以故我
了於生即是无生唯是自心之所見故若有
若无一切外法見其无性本不生故大慧爲
離外道因生義故我說諸法皆悉不生大慧
外道群聚共興惡見言從有无生一切法非
自執着分别爲緣大慧我說諸法非有无生
故名无生大慧說諸法者爲令弟子知依諸
業攝受生死遮其无有斷滅見故大慧說諸
法相猶如幻者令離諸法自性相故爲諸凡
愚墮惡見欲不知諸法唯心所現爲令遠離
執着因緣生起之相說一切法如幻如夢彼
諸愚夫執着惡見欺誑自他不能明見一
切諸法如實住處大慧見一切法如實處
者謂能了達唯心所現尒時世尊重說頌言
无作故无生　有法攝生死　了達如幻等　於相不分别
復次大慧我當說名句文身相諸菩薩摩訶
薩善觀此相了達其事疾得阿耨多羅三
藐三菩提復能開悟一切衆生大慧名身者謂
依事立名即是身是名名身句身者謂能顯
義決定究竟是名句身文身者謂由於
此能成名句是名文身復次大慧句身者謂
句事究竟名身者謂諸字名各各差别如

BD04437 號　大乘入楞伽經卷三　（22–12）

復次大慧我當說名句文身相諸菩薩摩訶
薩善觀此相了達其事疾得阿耨多羅三
藐三菩提復能開悟一切衆生大慧名身者謂
依事立名即是身是名名身句身者謂能顯
義決定究竟是名句身文身者謂由於
此能成名句是名文身復次大慧句身者謂
句事究竟名身者謂諸字名各各差別如
從阿字乃至呵字文身者謂長短高下復次句
身者如足跡如衢巷中人畜等跡名謂非色四
蘊以名說故文謂名之自相由文顯故是名名
句文身此名句文身相汝應脩學尒時世尊
重說頌言
名身與句身　及文身差別　凡愚所計著　如象溺深泥
復次大慧未來世中有諸邪智惡見學者離
如實法以見一異俱不俱相問諸智者彼即
荅言此非正問謂色與无常為異為不異如
是涅槃諸行相所相依所依造所造見所見
地與微塵智與智者異為不異如是等不可
記事次第而問世尊說此當止記荅愚夫
无智非所能知佛欲令其離驚怖處不為記
說大慧不記說者欲令外道永得出離作者
見故大慧諸外道衆計有作者作如是說命
即是身命異身異如是等說名无記論大慧
外道癡惑說无記論非我教中大慧我教中
說離能所取不起分別云何可止大慧若有
執著能取所取不了唯是自心所見彼應可
止大慧諸佛如來以四種記論為衆生說法大
慧止記論者我別時說以根未熟且止說故
復次大慧何故一切法不生以離能作所作无
作者故何故一切法无自性以證智觀自相
共相不可得故何故一切法无來去以自

止大慧諸佛如來以四種記論為衆生說法大
慧止記論者我別時說以根未熟且止說故
復次大慧何故一切法不生以離能作所作无
作者故何故一切法无自性以證智觀自相
共相不可得故何故一切法无來去以自
共相來无所從去无所至故何故一切法不
滅謂一切法无性相故不可得故何故一切法
无常謂諸相起无常性故何故一切法常謂
諸相起即是不起无所有故无常性常是
故我說一切法常尒時世尊重說頌言
一向及反問　分別異置荅　如是四種說　摧伏諸外道
數論與勝論　言有非有生　如是等諸說　一切皆无記
以智觀察時　體性不可得　以彼无可說　故說无自性
尒時大慧菩薩摩訶薩復白佛言世尊願為
我說諸須陁洹須陁洹行差別相我及諸菩
薩摩訶薩聞是義故於須陁洹斯陁含阿
那含阿羅漢方便相皆得善巧如是而為衆
生演說令其證得二无我法淨除二障於諸地
相漸次通達獲於如來不可思議智慧境界
如衆色摩尼普令衆生悉得饒益佛言諦
聽當為汝說大慧言唯佛言大慧諸須陁洹
須陁洹果差別有三謂下中上大慧下者於諸
有中極七反生中者三生五生上者即於此
生而入涅槃大慧此三種人斷三種結謂身
見疑戒禁取上上勝進得阿羅漢果大慧
身見有二種謂俱生及分別如依緣起有妄
計性大慧譬如依止緣起性故種種妄計執著
性生彼法但是妄分別相非有非无非亦有
亦无凡夫愚癡而橫執著猶如渴獸妄生水
想此分別身見无智慧故久遠相應見人无
我即時捨離大慧俱生身見以普觀察自他

見起戒禁取上上勝進得阿羅漢果大慧
身見有二種謂俱生及分別如依緣起有妄
計性大慧譬如依上緣起性故種種妄計執着
性生彼法但是妄分別相非有非无非亦有
亦无凡夫愚癡而横執着猶如渴獸妄生水
想此分別身見无智慧故久遠相應見人无
我即時捨離大慧俱生身見以普觀察自他
之身受等四蘊无色相故色由大種而得生
故是諸大衆互相因故色不集故如是觀已
明見有无即時捨離捨身見故貪則不生是
名身見相大慧疑相者於所證法善見相故
及先二種身見分別斷故於諸法中疑不得
生亦不於餘生大師想為淨不淨是名疑相
大慧何故須陁洹不取戒禁謂以明見生處
苦相是故不取夫其取者謂諸凡愚於諸有
中貪着世樂苦行持戒願生於彼須陁洹人
不取是相唯求所證最勝无漏无分別法脩
行戒品是名戒禁取相大慧須陁洹人捨三
結故離貪瞋癡大慧白言貪有多種捨何等
貪佛言大慧捨於女色纏綿貪欲見此現樂
生來苦故又得三昧殊勝樂故是故捨彼非
涅槃貪大慧云何斯陁含果謂不了色相起
色分別一往來已善脩禪行盡苦邊際而
般涅槃是名斯陁含大慧云何阿那含果謂
於過未現在色相起有无見分別過惡隨眠不
起永捨諸結更不還來是名阿那含大慧阿
羅漢者謂諸禪三昧解脫力通悉已成就煩
惱諸苦分別永盡是名阿羅漢大慧言世尊
阿羅漢有三種謂一向趣寂退菩提願佛所
變化此說何者佛言大慧此說趣寂非是其
餘大慧餘二種人謂已曾發巧方便願

於過未現在色相起有无見分別過惡隨眠不
起永捨諸結更不還來是名阿那含大慧阿
羅漢者謂諸禪三昧解脫力通悉已成就煩
惱諸苦分別永盡是名阿羅漢大慧言世尊
阿羅漢有三種謂一向趣寂退菩提願佛所
變化此說何者佛言大慧此說趣寂非是其
餘大慧餘二種人謂已曾發巧方便願及為
莊嚴諸佛衆會於彼示生大慧於虛妄處
說種種法所謂證果禪者及禪皆性離故自
心所見得果相故大慧若須陁洹作如是念我
離諸結則有二過謂墮我見及諸結不斷復
次大慧若欲超過諸禪无量无色界者應離
自心所見諸相大慧想受滅三昧超自心所見
境者不然不離心故尒時世尊重說頌言

諸禪與無量　无色三摩提　及以想受滅　唯心不可得
預流一來果　不還阿羅漢　如是諸聖人　悉依心妄有
禪者禪所緣　斷惑見真諦　此皆是妄想　了知即解脫

復次大慧有二種覺智謂觀察智及取相分
別執着建立智觀察智者謂觀一切法離四
句不可得四句者謂一異俱不俱有非有常无
常等我以諸法離此四句是故說言一切法
離大慧如是觀法汝應脩學云何取相分
別執着建立智謂於堅濕煖動諸大種性取
相執着虛妄分別以宗因喻而妄建立是名
取相分別執着建立智是名二種覺智相菩
薩摩訶薩知此智相即能通達人法无我以
无相智於解行地善巧觀察入於初地得百
三昧以勝三昧力見百佛百菩薩知前後際
各百劫事光明照曜百佛世界善能了知上
上地相以勝願力變現自在至法雲地而受
灌頂入於佛地十无盡願成就衆生種種應

取相分別執著建立智是名二種覺智相善
薩摩訶薩知此智相即能通達人法无我以
无相智於解行地善巧觀察入於初地得百
三昧以勝三昧力見百佛百菩薩知前後際
各百劫事光明照曜百佛世界善能了知上
上地相以勝願力變現自在至法雲地而受
灌頂入於佛地十无盡願成就衆生種種應
現无有休息而恒安住自覺境界三昧勝樂
復次大慧菩薩摩訶薩當善了知大種造
色云何了知大慧菩薩摩訶薩應如是觀彼
諸大種真實不生以諸三界但是分別唯心所
見无有外物如是觀時大種所造悉皆離
超過四句无我我所住如實處成无上相大慧
彼諸大種云何造色大慧謂虛妄分別津
潤大種成內外水界炎盛大種成內外火界
飄動大種成內外風界色分段大種成內外
地界離於虛空由執著邪諦五蘊聚集大
種造色生大慧識者以執著種種言說境界
為因起故於餘趣中相續受生大慧地等造
色有大種因非四大種為大種因何以故謂若
有法有形相者則是所作非无形者大慧此
大種造色相外道分別非是我說
復次大慧我今當說五蘊體相謂色受想行
識大慧色謂四大及所造色此各異相受等
非色大慧非色諸蘊猶如虛空无有四數大
慧譬如虛空超過數相然分別言此是虛空
非色諸蘊亦復如是離諸數相離有无等四
種句故數相者愚夫所說非諸聖者諸聖但
說如幻所作唯假施設離異不異如夢如像
无別所有不了聖智所行境故見有諸蘊分
別現前是名諸蘊自性相大慧如是分別汝

BD04437號　大乘入楞伽經卷三　（22–17）

非色諸蘊亦復如是離諸數相離有无等四
種句故數相者愚夫所說非諸聖者諸聖但
說如幻所作唯假施設離異不異如夢如像
无別所有不了聖智所行境故見有諸蘊分
別現前是名諸蘊自性相大慧如是分別汝
應捨離捨離此已說寂靜法斷一切剎諸外
道見淨法无我入遠行地成就无量自在三
昧獲意生身如幻三昧力通自在皆悉具足
猶如大地普益群生
復次大慧涅槃有四種何等為四謂諸法自
性无性涅槃種種相性无性涅槃覺自相性
无性涅槃斷諸蘊自共相流注涅槃大慧此
四涅槃是外道義非我所說大慧我所說者
分別尒焰識滅名為涅槃大慧言世尊豈不
建立八種識耶佛言建立大慧言若建立者
云何但說意識滅非七識滅佛言大慧以彼
為因及所緣故七識得生大慧意識分別境
界起執著時生諸習氣長養藏識由是意
具我我所執思量隨轉无別體相藏識為因
為所緣故執著自心所現境界心聚生起展轉
為因大慧譬如海浪自心所現境界風吹而
有起滅是故意識滅時七識亦滅尒時世尊
重說頌言
我不以自性　及以於作相　分別境識滅　如是說涅槃
意識為心因　心為意境界　因及所緣故　諸識依止生
如大瀑流盡　波浪則不起　如是意識滅　種種識不生
復次大慧我今當說妄計自性差別相令汝
及諸菩薩摩訶薩善知此義超諸妄想證聖
智境知外道法遠離能取所取分別於依他
起種種相中不更取著妄所計相大慧云何

BD04437號　大乘入楞伽經卷三　（22–18）

如大瀑流盡　波浪則不起　如是意識滅　種種識不生
復次大慧我今當說妄計自性差別相令汝
及諸菩薩摩訶薩善知此義超諸妄想證聖
智境知外道法遠離能取所取分別於依他
起種種相中不更取著妄所計相大慧云何
妄計自性差別相所謂言說分別所說分別
相分別財分別自性分別因分別見分別理
分別生分別不生分別相屬分別縛解分別
大慧此是妄計自性差別相云何言說分別
謂執著種種美妙音詞是名言說分別云何
所說分別謂執有所說事是聖智所證境
依此起說是名所說分別云何相分別謂即於
彼所說事中如渴獸想分別執著堅濕煖動
等一切諸相是名相分別云何財分別謂取者
種種金銀等寶而起言說是名財分別云
何自性分別謂以惡見如是分別此自性決定
非餘是名自性分別云何因分別謂於因緣
分別有无以此因相而能生故是名因分別
云何見分別謂諸外道惡見執著有无一
異俱不俱等是名見分別云何理分別謂有
執著我我所相而起言說是名理分別云何生
分別謂計諸法若有若无從緣而生是名生
分別云何不生分別謂計一切法本來不生
未有諸緣而先有體不從因起是名不生
分別云何相屬分別謂此與彼遞相繫屬如
針與線是名相屬分別云何縛解分別謂執
因能縛而有所縛如人以繩方便力故縛已
復解是名縛解分別大慧此是妄計性差別
相一切凡愚於中執著若有若无大慧於緣
起中執著種種妄計自性如依於幻見種種

BD04437號　大乘入楞伽經卷三

（22-19）

分別云何相屬分別謂此與彼遞相繫屬如
針與線是名相屬分別云何縛解分別謂執
因能縛而有所縛如人以繩方便力故縛已
復解是名縛解分別大慧此是妄計性差別
相一切凡愚於中執著若有若无大慧於緣
起中執著種種妄計自性如依於幻見種種
物凡愚分別見異於幻大慧幻與種種非異
非不異若異者應幻非種種因若一者幻與
種種應无差別然見差別是故非異非不異
大慧汝及諸菩薩摩訶薩於幻有无不應
生著尒時世尊重說頌言
心爲境所縛　覺想智隨轉　无相最勝處　平等智慧生
在妄計是有　於緣起則无　妄計迷惑取　緣起離分別
種種支分生　如幻不成就　雖現種種相　妄分別則无
彼相即是過　皆從心縛生　妄計者不了　分別緣起法
此諸妄計性　皆即是緣起　妄計有種種　緣起中分別
世俗第一義　第三无因生　妄計是世俗　斷則證境界
如脩觀行者　於一種種現　於彼无種種　妄計相如是
如目種種翳　妄想見衆色　彼无色非色　不了緣起然
如金離塵垢　如水離泥濁　如虛空无雲　妄想淨如是
无有妄計性　而有於緣起　建立及誹謗　由斯分別壞
若无妄計性　而有緣起者　无法而有法　有法從无生
依因於妄計　而得有緣起　相名常相隨　而生於妄計
以緣起依妄　究竟不成就　是時現清淨　名爲第一義
妄計有十二　緣起有六種　自證真如境　彼无有差別
五法爲真實　三自性亦尒　脩行者觀此　不越於真如
依於緣起相　妄計種種名　彼諸妄計相　皆因緣起有
智慧善觀察　无緣无妄計　真實中无物　云何起分別
圓成若是有　此則離有无　既已離有无　云何有二性
妄計有二性　二性是安立　分別見種種　清淨聖所行
妄計種種相　緣起中分別　若異此分別　則墮外道論

BD04437號　大乘入楞伽經卷三

（22-20）

依於緣起相　妄計種種名　彼諸妄計相　皆因緣起有
智慧善觀察　无緣无妄計　真實中无物　云何起分別
圓成若是有　此則離有无　既已離有无　云何有二性
妄計有二性　二性是安立　分別見種種　清淨聖所行
妄計種種相　緣起中分別　若異此分別　則墮外道論
以諸妄見故　妄計於妄計　離此二計者　則為真實法
大慧菩薩摩訶薩復白佛言世尊唯願為說
自證聖智行相及一乘行相我及諸菩薩摩
訶薩得此善巧於佛法中不由他悟佛言諦
聽當為汝說大慧言唯佛言大慧菩薩摩
訶薩依諸聖教无有分別獨處閑靜觀察自
覺不由他悟離分別見上上昇進入如來地如是
脩行名自證聖智行相云何名一乘行相謂
得證知一乘道故云何名為知一乘道謂
離能取所取分別如實而住大慧此一乘道
唯除如來非外道二乘梵天王等之所能得
大慧白言此世尊何故說有三乘不說一乘
佛言大慧聲聞緣覺无自般涅槃法故我
說一乘以彼但依如來所說調伏遠離如是脩
行而得解脫非自所得又彼未能除滅智障
及業習氣未覺法无我未名不思議變易
死是故我說以為三乘若彼能除一切過習
覺法无我是時乃離三昧所醉於无漏界而
得覺悟既覺悟已於出世上上无漏界中脩
諸功德普使滿足獲不思議自在法身尒
時世尊重說頌言
天乘及梵乘　聲聞緣覺乘　諸佛如來乘　諸乘我所說
乃至有心起　諸乘未究竟　彼心轉滅已　无乘及乘者

BD04437號　大乘入楞伽經卷三　（22–21）

覺法无我是時乃離三昧所醉於无漏界而
得覺悟既覺悟已於出世上上无漏界中脩
諸功德普使滿足獲不思議自在法身尒
時世尊重說頌言
天乘及梵乘　聲聞緣覺乘　諸佛如來乘　諸乘我所說
乃至有心起　諸乘未究竟　彼心轉滅已　无乘及乘者
无有乘建立　我說為一乘　為攝愚夫故　說諸乘差別
解脫有三種　謂離諸煩惱　及以法无我　平等智解脫
譬如海中木　常隨波浪轉　聲聞心亦然　相風所漂激
雖滅起煩惱　猶被習氣縛　三昧酒所醉　住於无漏界
彼非究竟趣　亦復不退轉　以得三昧身　乃至劫不覺
譬如昏醉人　酒消然後悟　聲聞亦如是　覺後當成佛

佛說大乘入楞伽經卷第三

BD04437號　大乘入楞伽經卷三　（22–22）

无𪑆電光三摩地能照一切世間三摩地能
救一切世間三摩地定平等性三摩地无塵
有塵平等理趣三摩地无諍有諍平等理趣
三摩地无巢穴无標幟无愛樂三摩地決定
安住真如三摩地器中涌出三摩地燒諸煩
惱三摩地大智慧炬三摩地出生十力三摩
地開闡三摩地壞身惡行三摩地壞語惡行
三摩地壞意惡行三摩地善觀察三摩　地
如虛空三摩地无染著如虛空三摩地如是
等三摩地有无量百千是菩薩摩訶薩大乘
相
尒時具壽善現白佛言世尊云何名爲健行
三摩地佛言善現謂若住此三摩地時能受
一切三摩地境能辦无邊殊勝健行能爲一
切等持導首是故名爲健行三摩地世尊云
何名爲寶印三摩地善現謂若住此三摩地
時能印一切三摩地境及定行相所作事業
是故名爲寶印三摩地世尊云何名爲師子

BD04438號　大般若波羅蜜多經卷五二　（2–1）

惱三摩地大智慧炬三摩地出生十力三摩
地開闡三摩地壞身惡行三摩地壞語惡行
三摩地壞意惡行三摩地善觀察三摩　地
如虛空三摩地无染著如虛空三摩地如是
等三摩地有无量百千是菩薩摩訶薩大乘
相
尒時具壽善現白佛言世尊云何名爲健行
三摩地佛言善現謂若住此三摩地時能受
一切三摩地境能辦无邊殊勝健行能爲一
切等持導首是故名爲健行三摩地世尊云
何名爲寶印三摩地善現謂若住此三摩地
時能印一切三摩地境及定行相所作事業
是故名爲寶印三摩地世尊云何名爲師子
遊戲三摩地善現謂若住此三摩地時於諸
等持遊戲自在是故名爲師子遊戲三摩地
世尊云何名爲妙月三摩地善現謂若住此
三摩地時如淨滿月普照諸定是故名爲妙
月三摩地世尊云何名爲月幢相三摩地善
現謂若住此三摩地時普能執持一切定相
如淨滿月垂妙光幢是故名爲月幢相三摩
地世尊云何名爲一切法涌三摩地善現謂
若住此三摩地時普能涌出諸三摩地如大
泉池涌出衆水是故名爲一切法涌三摩地世

BD04438號　大般若波羅蜜多經卷五二　（2–2）

言□
璧玉珂貝流泉河池飲
青燈燭之明如是等物悉是淨法復次有淨
謂五陰者即是淨器盛諸淨物所謂人天諸
仙阿羅漢辟支佛菩薩諸佛以是義故名之
為淨世尊有諸外道復有我有所覩見能
造作故譬如有人入陶師家雖復不見陶師
之身以見輪繩定知其家必是陶師我亦如
是眼見色已必知有我若无我者誰能見色
聞聲乃至觸法亦復如是復次有我云何得
知因相故知何等為相喘息視眴壽命役心
受諸苦樂貪求瞋恚如是等法悉是我相是
故當知必定有我復次有我能別味故有人
食菓見已知味是故當知必定有我復次有
我云何知耶執作業故執鎌能刈執斧能斫
執瓶盛水執車能御如是等事我執能作當
知必定亦有我也復次有我云何知耶即於
生時欲得乳鋪乘宿習故是故當知必定有
我復次有我云何知耶和合利益他衆生故
譬如瓶衣車乘田宅山林樹木象馬牛羊如
是等物若和合者則有利益此內五陰亦復

BD04439號　大般涅槃經（北本）卷一三　（3–1）

我云何知耶執作業故執鎌能刈執斧能斫
執瓶盛水執車能御如是等事我執能作當
知必定亦有我也復次有我云何知耶即於
生時欲得乳鋪乘宿習故是故當知必定有
我復次有我云何知耶和合利益他衆生故
譬如瓶衣車乘田宅山林樹木象馬牛羊如
是等物若和合者則有利益此內五陰亦復
如是眼等諸根有和合故則利益我是故當
知必定有我復次有我云何知耶有遮法故
如有物故則有遮导物若无者則无有遮若
有遮者則知有我是故當知必定有我復次
有我云何知耶伴非伴故親與非親非是伴
侶正法耶法亦非伴侶智與非智亦非伴侶
沙門非沙門婆羅門非婆羅門子非子晝非
晝夜非夜我非我如是等法為伴非伴是故
當知必定有我世尊諸外道等種種說有常
樂我淨當知定有常樂我淨世尊以是義故
諸外道等亦得說言我有真諦
佛言善男子若有沙門婆羅門有常有樂有
我有淨者是非沙門非婆羅門何以故迷於
生死離一切智大導師故如是沙門婆羅門
等沉沒諸欲善法羸損故是諸外道繫在貪
欲瞋恚癡獄堪忍愛樂故是諸外道雖知業
果自作自受而猶不能遠離惡法是諸外道
非是正法正命自活何以故无智慧火不能
消故是諸外道雖欲貪著上妙五欲貧於善
法不懃脩故是諸外道雖欲往至正解脫中
而持戒已不成就故是諸外道雖欲求樂而

BD04439號　大般涅槃經（北本）卷一三　（3–2）

晝夜非夜我非我如是等法爲伴非伴是故
當知必定有我世尊諸外道等種種說有常
樂我淨當知定有常樂我淨世尊以是義故
諸外道等亦得說言我有真諦
佛言善男子若有沙門婆羅門有常有樂有
我有淨者是非沙門非婆羅門何以故迷於
生死離一切智大導師故如是沙門婆羅門
等沉沒諸欲善法羸損故是諸外道繫在貪
欲瞋恚癡獄堪忍愛樂故是諸外道雖知業
果自作自受而猶不能遠離惡法是諸外道
非是正法正命自活何以故无智慧火不能
消故是諸外道雖欲貪著上妙五欲貪於善
法不勤脩故是諸外道雖欲往至正解脫中
而持戒乏不成就故是諸外道雖欲求樂而
不能求樂因緣故是諸外道雖復憎惡一切
諸苦然其所行未能遠離諸苦因緣是諸外
道雖爲四大毒虵所纏猶行放逸不能謹慎
是諸外道无明所覆遠離善友樂在三界无
常熾燃大火之中而不能出是諸外道遇諸
煩惱難愈之病而復不求大智良醫是諸外

BD04439號　大般涅槃經（北本）卷一三　（3–3）

爲背上疾還父所坐室
還心生歡喜踊躍无
食之物散著池中與魚食已
即自思惟我今已能與此魚食令其飽滿未
來之世當施法食復更思惟曾聞過去空閑
之處有一比丘讀誦大乘方等經典其經中
說若有衆生臨命終時得聞寶勝如來名号
即生天上我今當爲是十千魚解說甚深十
二因緣亦當稱說寶勝佛名時閻浮提中有
二種人一者深信大乘方等二者毀呰不生
信樂時長者子作是思惟我今當入池水之
中爲是諸魚說深妙法思惟是已即便入水
作如是言南无過去寶勝如來應供正遍知
明行足善逝世間解无上士調御丈夫天人師
佛世尊寶勝如來本往昔時行菩薩道作是
誓願若有衆生於十方界臨命終時聞我名
者當令是輩即命終已尋得上生三十三天
尒時流水復爲是魚解說如是甚深妙法所
謂无明緣行行緣識識緣名色名色緣六入
六入緣觸觸緣受受緣愛愛緣取取緣有有
緣生生緣老死憂悲苦惱善女天尒時流水
長者子及其二子說是法已即共還家是長
者子復於後時賓客聚會醉酒而卧尒時其
地卒大震動時十千魚同日命終即命終已

BD04440號　合部金光明經（異卷）卷八　（19–1）

尒時流水復為是魚解説如是甚深妙法所
謂无明緣行行緣識識緣名色名色緣六入
六入緣觸觸緣受受緣愛愛緣取取緣有有
緣生生緣老死憂悲苦聚善女天尒時流水
長者子復於後時賓客聚會醉酒而卧尒時其
地卒大震動時十千魚同日命終即命終已
生忉利天既生天已作是思惟我等以何善
業因緣得生於此忉利天中復相謂言我等
先於閻浮提內墮畜生中受於魚身流水長
者與我等水及以飲食復為我等解説甚深
十二因緣并稱寶勝如來名号以是因緣令
我等輩得生此天是故我等今當往至長者
子所報恩供養尒時十千天子從忉利天下
閻浮提至流水長者子大醫王家時長者子
在樓屋上露卧眠睡是十千天子以十千真
珠天妙瓔珞置其頭邊復以十千置其足邊
復以十千置右脅邊復以十千置左脅邊雨
曼陁羅華摩訶曼陁羅華積至于膝種種天
樂出妙音聲閻浮提中有睡眠者皆悉覺寤
流水長者子亦從睡寤是十千天子於上空
中飛騰遊行於天自在光王國內處處皆雨
天妙蓮華是諸天子復至本處空澤池所復
雨天華便從此没還忉利宮隨意自在受天
五欲時閻浮提過是夜已天自在光王問諸
大臣今夜何緣示現如是淨妙瑞相有大光明
大臣答王大王當知忉利諸天於流水長者
子家雨四十千真珠瓔珞及不可計曼陁羅

BD04440號　合部金光明經（異卷）卷八　（19–2）

天妙蓮華是諸天子復至本處空澤池所復
雨天華便從此没還忉利宮隨意自在受天
五欲時閻浮提過是夜已天自在光王問諸
大臣今夜何緣示現如是淨妙瑞相有大光明
大臣答王大王當知忉利諸天於流水長者
子家雨四十千真珠瓔珞及不可計曼陁羅
華王即告臣卿可往至彼長者子所善言誘
喻喚令使來大臣受勅即至其家宣王勅令
喚是長者是時長者尋至王所王問長者何
緣示現如是瑞相長者子言我必定知是十千
魚其命已終時大王言今可遣人審實是事
尒時流水尋遣其子至彼池所看是諸魚死
活定實尒時其子聞是語已向於彼池既至
池已見其池中多有摩訶曼陁羅華積聚成
積其中諸魚悉皆命終見已即還白其父言
彼諸魚等悉已命終尒時流水知是事已復
往王所作如是言是十千魚悉皆命終王聞
是已心生歡喜尒時世尊告道場菩提樹神
善女天欲知尒時流水長者子者今我身是
長子水空今羅睺羅是次子水藏今阿難是
時十千魚者今十千天子是是故我今為其
授阿耨多羅三藐三菩提記尒時樹神現半
身者今汝身是

金光明經捨身品第廿二

尒時道場菩提樹神復白佛言世尊我聞世
尊過去脩行菩薩道時具受无量百千苦行
捐捨身命肉血骨髓唯願世尊少説往昔苦
行因緣為利衆生受諸快樂尒時世尊即現

BD04440號　合部金光明經（異卷）卷八　（19–3）

金光明經捨身品第十三

尒時道場菩提樹神復白佛言世尊我聞世
尊過去脩行菩薩道時具受无量百千苦行
捐捨身命肉血骨髓唯願世尊少說往昔
行因緣為利衆生受諸快樂尒時世尊即現
神足神足力故令此大地六種震動於大講
堂衆會之中有七寶塔從地踊出衆寶羅網
彌覆其上尒時大衆見是事已生希有心尒
時世尊即從座起礼拜是塔恭敬圍遶還就
本坐尒時道場菩提樹神白佛言世尊如来
世雄出現於世常為一切之所恭敬於諸衆
生冣勝冣尊何因緣故礼拜是塔佛言善女
天我本脩行菩薩道時我身舍利安止是塔
因由是身令我早成阿耨多羅三藐三菩提
尒時佛告尊者阿難汝可開塔取中舍利亦
此大衆是舍利者乃是无量六波羅蜜功德
所薰尒時阿難聞佛教勅即往塔所礼拜供
養開其塔戶見其塔中有七寶函以手開函
見其舍利色妙紅白而白佛言世尊是中舍
利其色紅白佛告阿難汝可持来此是大士
真身舍利尒時阿難即舉寶函還至佛所持
以上佛尒時佛告一切大衆汝等今可礼是
舍利此舍利者是戒定慧之所薰脩甚難可
得冣上福田尒時大衆聞是語已心懷歡喜
即從座起合掌恭敬頂礼菩薩大士舍利尒
時世尊欲為大衆斷疑網故說是舍利往昔
因緣阿難過去之世有王名曰摩訶羅陁脩
行善法善治國土无有怨敵時有三子端正

得冣上福田尒時大衆聞是語已心懷歡喜
即從座起合掌恭敬頂礼菩薩大士舍利尒
時世尊欲為大衆斷疑網故說是舍利往昔
因緣阿難過去之世有王名曰摩訶羅陁脩
行善法善治國土无有怨敵時有三子端正
微妙形色殊特威德第一第一太子名摩訶
波那羅次子名曰摩訶提婆小子名曰摩訶
薩埵是三王子於諸園林遊戲觀看次第漸
到一大竹林憩駕止息第一王子作如是言
我於今日心甚怖懼於是林中將无衰損第
二王子復作是言我於今日不自惜身但離
所愛心憂愁耳第三王子復作是言我於今
日獨无怖懼亦无愁惱山中空寂神仙所讚
是處閑靜能令行人安隱受樂時諸王子說
是語已轉復前行見有一虎適產七日而有
七子圍遶周帀飢餓窮悴身體羸損命欲將
絕第一王子見是虎已作如是言怪哉此虎
產来七日七子圍遶不得求食若為飢逼必
還噉子第三王子言此虎經常所食何物第
一王子言此虎唯食新熱肉血第三王子言
君等誰能與此虎食第二王子言此虎飢餓
身體羸瘦窮困頓乏餘命无幾不容餘處為
其求食設餘求者命必不濟誰能為此不惜
身命第一王子言一切難捨不過己身第三
王子言我等今者以貪惜故於此身命不能
放捨智慧薄少故於是事而生驚怖若諸大
士欲利益他生大悲心為衆生者捨此身命
不足為難時諸王子心大愁憂久住視之目

身命第一王子言一切難捨不過己身第三
王子言我等今者以貪惜故於此身命不能
放捨智慧薄少故於是事而生驚怖若諸大
士欲利益他生大悲心為衆生者捨此身命
不足為難時諸王子心大愁憂久住視之目
未曾捨作是觀已尋便離去尒時第三王子
作是念言我今捨身時已到矣何以故我從
昔來多弃是身都无所為亦常愛護處之屋
宅又復供給衣服飲食卧具醫藥象馬車乘
隨時將養令无所乏而不知恩反生怨害然
復不免无常敗壞復次是身不堅无所利益
可惡如賊猶若行廁我於今日當使此身作
无上業於生死海中作大橋梁復次若捨此
身則捨无量癰疽瘭疾百千怖畏是身唯有
大小便利是身不堅如水上沫是身不淨多
諸虫戶是身不淨筋纏血塗皮骨髓腦共相
連持如是觀察甚可患猒是故我今應當捨
離以求寂滅无上涅槃永離憂患无常變異
生死休息无諸塵累无量禪定智慧功德具
足成就微妙法身百福莊嚴諸佛所讚證成
如是无上法身與諸衆生无量法樂是時王
子勇猛堪任作是大願以上大悲熏脩其心
慮其二兄心懷怖懼或恐固遮為作留難即
便語言兄等今者可與眷屬還其所止尒時
王子摩訶薩埵還至虎所脫身衣裳置竹枝
上作是誓言我今為利諸衆生故證於最勝
无上道故大悲不動捨難捨故為求菩提智

便語言兄等今者可與眷屬還其所止尒時
王子摩訶薩埵還至虎所脫身衣裳置竹枝
上作是誓言我今為利諸衆生故證於最勝
无上道故大悲不動捨難捨故為求菩提智
所讚故欲度三有諸衆生故滅生死怖衆惱
熱故是時王子作是誓已即自放身卧餓虎
前是時王子以大悲力故虎无能為王子復
作如是念言虎今羸瘦身无勢力不能得我
身血肉食即起求刀周遍求之了不能得即
以乾竹刺頸出血於高山上投身虎前是時
大地六種震動日无精光如羅睺羅阿脩羅
王捉持鄣蔽又雨雜華種種妙香時虛空中
有諸餘天見是事已心生歡喜歎未曾有讚
言善哉善哉大士汝今真是行大悲者為衆
生故能捨難捨於諸學人第一勇健汝已為
得諸佛所讚常樂住處不久當證无惱无熱
清涼涅槃是虎尒時見血流出汙王子身即
便䑛血噉食其肉唯留餘骨尒時第一王子
見地大動為第二王子而說偈言
震動大地　及以大海　日无精光　如有覆蔽
於上虛空　而雨諸華　必是我弟　捨所愛身
第二王子復說偈言
彼虎產來　已經七日　七子圍遶　窮无飲食
氣力羸損　命不云遠　小弟大悲　知其窮悴
懼不堪忍　還食其子　恐定捨身　以救彼命
時二王子心大愁怖涕泣悲歎容貌憔悴復
共相將還至虎所見弟所著被服衣裳皆悉
在一竹枝之上骸骨髮爪布散狼籍流血處

氣力羸損命不云遠 小弟大悲 知其窮悴
懼不堪忍 還食其子 思定捨身 以救彼命
時二王子心大愁怖涕泣悲歎容貌憔悴復
共相將還至虎所見弟所著被服衣裳皆悉
在一竹枝之上骸骨髮爪布散狼籍流血處
處遍汙其地見已悶絕不自勝持投身骨上
良久乃寤即起舉手呼天而哭我弟幼稚才
能過人特為父母之所愛念奄忽捨身以飴
餓虎我今還宮父母設問當云何荅我寧在
此并命一處不忍見是骸骨髮爪何心捨離
還見父母妻子眷屬朋友知識時二王子悲
號懊惱漸捨而去時小王子所將侍從各散
諸方互相謂言今者我天為何所在爾時王
妃於睡夢中夢乳被割牙齒墮落得三鴿鶵
一為鷹食爾時王妃大地動時即便驚寤心
大愁怖而說偈言
今日何故 大地大水 一切皆動 物不安所
日无精光 如有覆蔽 我心憂苦 目睫瞤動
如我今者 所見瑞相 必有災異 不祥苦惱
於是王妃說是偈已時有青衣在外已聞王
子消息心驚惶怖尋即入內啓白王妃作如
是言向者在外聞諸侍從推覓王子不知所
在王妃聞已生大憂苦涕泣滿目至大王所
我於向者傳聞外人失我冣小所愛之子大
王聞已而復悶絕悲哽苦惱收淚而言如何
今日失我心中所愛重者爾時世尊欲重宣
此義而說偈言
我於往昔 无量劫中 捨所重身 以求菩提

我於向者傳聞外人失我冣小所愛之子大
王聞已而復悶絕悲哽苦惱收淚而言如何
今日失我心中所愛重者爾時世尊欲重宣
此義而說偈言
我於往昔 无量劫中 捨所重身 以求菩提
若為國王 及作王子 常捨難捨 以求菩提
我念宿命 有大國王 其王名曰 摩訶羅陁
是王有子 能大布施 其子名曰 摩訶薩埵
復有二兄 長者名曰 大波那羅 次名大天
三人同遊 至一空山 見新產虎 飢窮无食
時勝大士 生大悲心 我今當捨 所重之身
此虎或為 飢餓所逼 儻能還食 自所生子
即上高山 自投虎前 為令虎子 得全性命
是時大地 及諸大山 皆悉震動 驚諸虫獸
虎狼師子 四散馳走 世間皆暗 无有光明
是時二兄 故在竹林 心懷憂惱 愁苦涕泣
漸漸推求 遂至虎所 見虎虎子 血汙其口
又見骸骨 髮毛爪齒 處處迸血 狼藉在地
時二王子 見是事已 心更悶絕 自擗於地
以灰塵土 自塗坌身 忘失正念 生狂癡心
所將侍從 覩見是事 亦生悲慟 失聲號哭
手以冷水 共相噴灑 然後穌息 而復得起
是時王子 當捨身時 正值後宮 妃后綵女
眷屬五百 共相娛樂 王妃是時 兩乳汁出
一切枝節 痛如針刺 心生愁惱 以喪愛子
於是王妃 疾至王所 其聲微細 悲泣而言
大王今當 諦聽諦聽 憂愁盛火 今來燒我
我今二兒 俱時[illegible]

眷屬五百 共相娛樂 王妃是時 兩乳汁出
一切枝節 痛如針刺 心生愁惱 以喪愛子
於是王妃 疾至王所 其聲微細 悲泣而言
大王今當 諦聽諦聽 憂愁盛火 今來燒我
我今二乳 俱時汁出 身體苦切 如被針刺
我見如是 不祥瑞相 恐更不復 見所愛子
今以身命 奉上大王 願速遣人 求覓我子
夢三鴿鶵 在我懷抱 其最小者 可適我心
有鷹飛来 奪我而去 夢是事已 即生憂惱
我今愁怖 恐命不濟 唯願遣人 推求我子
是時王妃 說是語已 即時悶絕 而復擗地
王聞是語 復生憂惱 以不得見 所愛子故
其王大臣 及諸眷屬 悉皆聚集 在王左右
哀哭悲號 聲動天地 尒時城內 所有人民
聞是聲已 驚愕而出 各相謂言 今是王子
為活来邪 為已死亡 如是大士 常出歎語
為衆所愛 今難可見 已有諸人 入林推求
不久自當 得定消息 諸人尒時 章惶如是
而復悲號 哀動神祇
尒時大王 即從座起 以水灑妃 良久乃穌
還得正念 微聲問王 我子今者 為死活邪
尒時王妃 念其子故 倍復懊惱 心无暫捨
可惜我子 形色端正 如何一日 捨我終亡
云何我身 不先甍沒 而見如是 諸苦惱事
善子妙色 猶如蓮華 誰壞汝身 使令分離
將非是我 昔日怨讎 俠本業緣 而殺汝耶
我子面目 淨如滿月 不啚一旦 遇斯禍對

云何我身 不先甍沒 而見如是 諸苦惱事
善子妙色 猶如蓮華 誰壞汝身 使令分離
將非是我 昔日怨讎 俠本業緣 而殺汝耶
我子面目 淨如滿月 不啚一旦 遇斯禍對
寧使我身 碎破如塵 不令我子 喪失身命
我所見夢 已為得報 值我无情 能堪是苦
如我所夢 牙齒墮落 二乳一時 汁自流出
必定是我 失所愛子 夢三鴿鶵 鷹奪一去
三子之中 必定失一
尒時大王 即告其妃 我今當遣 大臣使者
周遍東西 推求覓子 汝今且可 莫大憂惱
大王如是 慰喻妃已 即便嚴駕 出其宮殿
心生愁惱 憂苦所切 雖在大衆 顏貌憔悴
即出其城 覓所愛子 尒時亦有 无量諸人
哀號動地 尋從王後
是時大王 既出城已 四向顧望 求覓其子
煩冤心亂 靡知所在 最後遙見 有一信来
頭蒙塵土 血汙其衣 灰糞塗身 悲號而至
尒時大王 摩訶羅陁 見是使已 倍生懊惱
舉手號叫 仰天而哭 先所遣臣 尋復來至
既至王所 作如是言 願王莫愁 諸子猶在
不久當至 令王得見 須臾之頃 復有臣来
見王愁苦 顏貌憔悴 身所著衣 垢膩塵汙
大王當知 一子已終 二子雖存 哀悴无賴
第三王子 見虎新產 飢窮七日 恐還食子
見是虎已 深生悲心 發大誓願 當度衆生
於未來世 證成菩提 即上高山 投身餓虎

見王愁苦　顔貌憔悴　身所著衣　垢膩塵汙
大王當知　一子已終　二子雖存　衰悴无頼
第三王子　見虎新産　飢窮七日　恐還食子
見是虎已　深生悲心　發大誓願　當度衆生
於未來世　證成菩提　即上高山　投身餓虎
虎飢所逼　便起噉食　一切血肉　已為都盡
唯有骸骨　狼藉在地　是時大王　聞臣語已
轉復悶絶　失念躄地　憂愁盛火　熾然其身
諸臣眷屬　亦復如是　以水灑王　良久乃穌
復起舉手　號天而哭　復有臣來　而白王言
向於林中　見二王子　愁憂苦毒　悲號啼哭
迷悶失志　自投於地　臣即求水　灑其身上
良久之頃　乃還穌息　望見四方　大火熾然
扶持暫起　尋復躄地　舉手悲哀　號天而哭
乍復讃歎　其弟功德　是時大王　以離愛子
其心迷沒　氣力惙然　憂惱涕泣　并復思惟
是䝉小子　我所愛重　无常大鬼　奄便吞食
其餘二子　今雖存在　而為憂火　之所焚燒
或能為是　喪失命根　我宜速往　至彼林中
迎載諸子　急還宮殿　其母在後　憂苦逼切
心肝分裂　或能失命　若見二子　慰喻其心
可使終保　餘年壽命　尒時大王　駕乘名為
與諸侍從　欲至彼林　即於中路　見其二子
號天扣地　稱弟名字　時王即前　抱持二子
悲號涕泣　隨路還宮　速令二子　覲見其母
佛告樹神　汝今當知　尒時王子　摩訶薩埵
捨身飴虎　今我身是　尒時大王　摩訶羅陀
於今父王　輸頭檀是

BD04440號　合部金光明經(異卷)卷八　(19–12)

號天扣地　稱弟名字　時王即前　抱持二子
悲號涕泣　隨路還宮　速令二子　覲見其母
佛告樹神　汝今當知　尒時王子　摩訶薩埵
捨身飴虎　今我身是　尒時大王　摩訶羅陀
於今父王　輸頭檀是　尒時王妃　今摩耶是
第一王子　今彌勒是　第二王子　今調達是
尒時虎者　今瞿夷是　時虎七子　今五比丘
及舍利弗　目揵連是
尒時大王摩訶羅陀及其妃后悲號涕泣悉
皆脫身御服瓔珞與諸大衆往竹林中收其
舍利即於此處起七寶塔是時王子摩訶薩
埵臨捨命時作是誓願願我舍利於未來世
過筭數劫常為衆生而作佛事說是經時无
量阿僧祇天及人發阿耨多羅三藐三菩提
心樹神是名礼塔往昔因緣尒時佛神力故
是七寶塔即沒不現
金光明經讃佛品第廿三
尒時无量百千万億諸菩薩衆從此世界至
金寶蓋山王如來國土到彼土已五體投地
為佛作礼却一面立向佛合掌異口同音而
讃歎佛
如來之身　金色微妙　其明照曜　如金山王
身淨柔軟　如金蓮華　无量妙相　以自莊嚴
隨形之好　光飾其體　淨潔无比　如紫金山
圓足无垢　如淨滿月　其音清徹　妙如梵聲
師子吼聲　大雷震聲　六種清淨　微妙音聲
迦陵頻伽　孔雀之聲　清淨无垢　威德具足

BD04440號　合部金光明經(異卷)卷八　(19–13)

隨形之好 光飾其體 淨潔无比 如紫金山
圓足无垢 如淨滿月 其音清徹 妙如梵聲
師子吼聲 大雷震聲 六種清淨 微妙音聲
迦陵頻伽 孔雀之聲 清淨无垢 威德具足
百福相好 莊嚴其身 光明遠照 无有齊限
智慧寂滅 无諸愛習 世尊成就 无量功德
譬如大海 須彌寶山 為諸眾生 生憐愍心
於未來世 能與快樂 如來所說 第一深義
能令眾生 寂滅安隱 能與眾生 无量快樂
能演无上 甘露妙法 能開无上 甘露法門
能入一切 无患窟宅 能令眾生 悉得解脫
度於三有 无量苦海 安住正道 无諸憂苦
如來世尊 功德智慧 大慈悲力 精進方便
如是无量 不可稱計 我等今者 不能說喻
諸天世人 於无量劫 盡思度量 不能得知
如來所有 功德智慧 无量大海 一滴少分
我今略讚 如來功德 百千億分 不能宣一
若我功德 得聚集者 迴與眾生 證无上道
尒時信相菩薩即於此會從座而起偏袒右
肩右膝著地合掌向佛而說讚言
世尊百福 相好微妙 功德千數 莊嚴其身
色淨遠照 視之无猒 如日千光 彌滿虛空
光明熾盛 无量无邊 猶如无數 珎寶大聚
其明五色 青紅赤白 琉璃頗梨 如融真金
光明赫弈 遍徹諸山 悉能遠照 无量佛土
能滅眾生 无量苦惱 又與眾生 上妙快樂
諸根清淨 微妙第一 眾生見者 无有猒足

BD04440號　合部金光明經（異卷）卷八　（19–14）

光明熾盛 无量无邊 猶如无數 珎寶大聚
其明五色 青紅赤白 琉璃頗梨 如融真金
光明赫弈 遍徹諸山 悉能遠照 无量佛土
能滅眾生 无量苦惱 又與眾生 上妙快樂
諸根清淨 微妙第一 眾生見者 无有猒足
髮紺柔軟 猶孔雀項 如諸蜂王 集在蓮華
清淨大悲 功德莊嚴 无量三昧 及以大悲
如是功德 悉已聚集 相好妙色 嚴飾其身
種種功德 助成菩提
如來悉能 調伏眾生 令心柔軟 受諸快樂
種種深妙 功德莊嚴 亦為十方 諸佛所讚
其光遠照 遍於諸方 猶如日月 充滿虛空
功德成就 如須彌山 在在示現 於諸世界
齒白齊整 猶如珂雪 其德如日 處空明顯
眉間豪相 右旋宛轉 光明流出 如琉璃珠
其色微妙 如日處空
尒時道場菩提樹神復說讚曰
南无清淨 无上正覺 甚深妙法 隨順覺了
遠離一切 非法非道 獨拔而出 成佛正覺
如有非有 本性清淨
希有希有 如來功德 希有希有 如來大海
希有希有 如須彌山 希有希有 佛无邊行
希有希有 佛出於世 如優曇華 時一現耳
希有希有 无量大悲 釋迦牟尼 為人中日
為欲利益 諸眾生故 宣說如是 妙寶經典
善哉如來 諸根寂滅 而復遊入 善寂大城
无垢清淨 甚深三昧 入於諸佛 所行之處

BD04440號　合部金光明經（異卷）卷八　（19–15）

希有希有 无量大悲 釋迦牟尼 為人中日
為欲利益 諸衆生故 宣說如是 妙寶經典
善哉如来 諸根寂滅 而復遊入 善寂大城
无垢清淨 甚深三昧 入於諸佛 所行之處
一切聲聞 身皆空寂 而是世尊 行處亦空
如是一切 无量諸法 推本性相 亦皆空寂
一切衆生 性相亦空 狂愚心故 不能覺知
我常念佛 樂見世尊 常作誓願 不離佛日
我常於地 長跪合掌 其心戀慕 欲見於佛
我常脩行 最上大悲 哀泣雨淚 欲見於佛
我常渴仰 欲見於佛 為是事故 憂火熾然
唯願世尊 賜我慈悲 清冷法水 以滅是火
世尊慈愍 悲心无量 願使我身 常得見佛
世尊常護 一切人天 是故我今 渴仰欲見
聲聞之身 猶如虛空 焰幻響化 如水中月
衆生之身 如夢所見 如来行處 淨如瑠璃
雨於无上 甘露法雨 能與衆生 无量快樂
如来行處 微妙甚深 一切衆生 无能知者
五通神仙 及諸聲聞 一切緣覺 亦不能知
我今不疑 佛所行處 唯願慈悲 為我現身
尒時世尊 從三昧起 以微妙音 而讚歎言
善哉善哉 樹神善女 汝於今日 快說是言

金光明經付屬品第廿四

尒時世尊告彼大菩薩衆言汝等善丈夫輩
誰能守護此諸如来阿僧祇劫集成菩提於
我滅後以此法本當作廣現令正法久住故
尒時彼菩薩衆中有六十俱致菩薩及六十

金光明經付屬品第廿四

尒時世尊告彼大菩薩衆言汝等善丈夫輩
誰能守護此諸如来阿僧祇劫集成菩提於
我滅後以此法本當作廣現令正法久住故
尒時彼菩薩衆中有六十俱致菩薩及六十
俱致天女同以一咽喉聲說如是言世尊我
等堪能守護此諸如来阿僧祇劫集成菩提
於彼後時當作廣現尒時世尊說此伽他
諸佛是實語 安住於實法 彼等實住故 此經增住持
大悲為鎧甲 大慈為安住 彼等慈力故 此經增住持
福聚為鎧甲 智聚所出生 諸聚和合故 此經增住持
降伏諸摩羅 諸論亦破散 已斷於諸見 此經增住持
護世天帝等 諸梵及脩羅 天龍乹闥婆 住持此已作
地住及虛空 所有諸天女 諸佛住持故 已說此行法
梵行相應故 四寶已莊嚴 盡四摩羅故 此經增住持
虛空若作色 或色作非色 諸佛所住持 无有能令動
尒時四大天王同以一咽喉聲說此伽他
我等於此經 守護當如是 及子諸眷屬 亦善作守護
若當持此者 菩提已作緣 我當近彼等 四方作守護
尒時天帝向佛說此伽他
我知諸佛恩 導師亦已證 於此勝經典 已說佛出生
我於彼諸佛 報恩當作護 當護如是經 及彼持經者
尒時娑訶世界主大梵天王向佛說此伽他
諸定及无量 諸乘及解脫 皆由此經出 已說佛出生
我捨梵處樂 此經所在處 至彼聽聞故 守護當如是
尒時刪兜率多天子向佛說此伽他
若住於菩提 彼當住兜率 此經佛已說 若當有持者

尒時娑訶世界主大梵天王白佛說此伽他
諸定及无量　諸乘及解脫　皆由此經出　已說佛出生
我捨梵處樂　此經所在處　至彼聽聞故　守護當如是
尒時刪兜率多天子向佛說此伽他
若住於菩提　彼當住兜率　此經佛已說　若當有持者
世尊我當能　捨於天福報　閻浮洲內住　當說此行法
尒時商主摩羅子向佛說此伽他
清淨摩羅業　彼不隨摩羅　若當能持此　脩多羅正義
我等於此經　守護當如是　我發精進欲　如是令廣現
尒時摩羅波毘摩向佛說此伽他
我於彼眾生　當不作障礙　若當持此者　煩惱皆折伏
摩羅不得便　故說於此經　以佛住持故　我當護彼等
尒時善德天子向佛說此伽他
若諸佛菩提　彼於此經說　若持此經典　彼即供諸尊
我當持此經　為俱致天說　教化向菩提　當聽及敬重
尒時慈氏菩薩向佛說此伽他
不請之朋友　若彼住菩提　守護諸法故　能捨於自體
故我至兜率　如是脩多羅　以佛住持故　我當作廣顯
尒時上座摩訶迦葉波向佛說此伽他
我等少智慧　聲聞乘已說　隨能隨勢力　教師法當持
若有持此經　我當攝受彼　及以堪能辯　與彼作善言
尒時命者阿難陁向佛說此伽他
諸經多千數　我聞教師口　如是等經典　我先未曾聞
我值遇此經　對面已受取　我當作廣顯　欲求於菩提
佛說此時菩提高樹善哉天女及彼大辯天
女等功德天女等諸天女及諸天眾釋梵鞞
沙門等為首諸天王及彼諸大天眾乾闥婆
阿脩羅等世間於佛所說皆大歡喜

BD04440號　合部金光明經（異卷）卷八　（19-18）

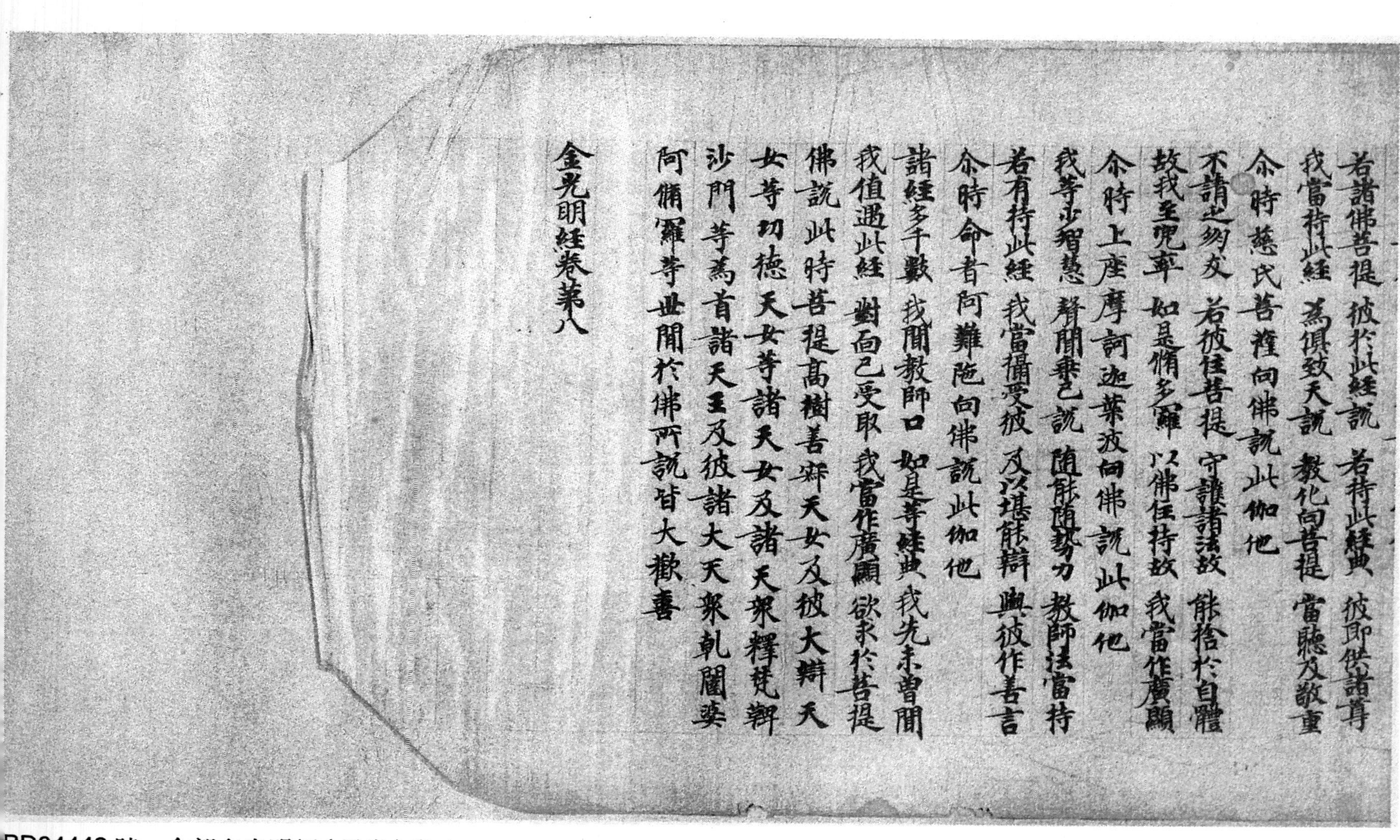

若諸佛菩提　彼於此經說　若持此經典　彼即供諸尊
我當持此經　為俱致天說　教化向菩提　當聽及敬重
尒時慈氏菩薩向佛說此伽他
不請之朋友　若彼住菩提　守護諸法故　能捨於自體
故我至兜率　如是脩多羅　以佛住持故　我當作廣顯
尒時上座摩訶迦葉波向佛說此伽他
我等少智慧　聲聞乘已說　隨能隨勢力　教師法當持
若有持此經　我當攝受彼　及以堪能辯　與彼作善言
尒時命者阿難陁向佛說此伽他
諸經多千數　我聞教師口　如是等經典　我先未曾聞
我值遇此經　對面已受取　我當作廣顯　欲求於菩提
佛說此時菩提高樹善哉天女及彼大辯天
女等功德天女等諸天女及諸天眾釋梵鞞
沙門等為首諸天王及彼諸大天眾乾闥婆
阿脩羅等世間於佛所說皆大歡喜

金光明經卷第八

BD04440號　合部金光明經（異卷）卷八　（19-19）

莫不瞻[illegible]
智慧最上无比如釋迦牟尼人中師子之所
已得汝諸佛子咸當得之是故仁等應生淨
信信為佛體必當解脫斯人或作轉輪聖王
及諸小王乃至或生梵天等宮而為天主是
諸佛子轉復精進於蓮花藏清淨佛土與諸
菩薩蓮花化生入一乘道離貪等習乃至降
伏欲界天魔夫精進者志无怯弱光隆佛家
王諸國土諸仁者若欲作佛當淨佛種姓淨
種姓已必為如來之所授記成无上覺利益
一切諸修行者譬如大地與諸眾生而作所
依又如良醫善調眾藥周行城邑普心救療
佛亦如是平等教化心无分別設有眾生割
截肌膚心亦不動諸仁者內外境界心之所
行皆唯是識惑亂而見此中无我亦无我所
能害所害及害具一切皆是意識境界依
阿賴耶如是分別譬如有人置珠日中或因
鑽燧而生於火此火非是珠燧所生亦非人作
心意識亦復如是根境作意和合而生此性
非如陽焰夢幻迷惑所取亦不同於龜毳

BD04441號　大乘密嚴經（地婆訶羅本）卷中　（3–1）

[illegible]
截肌膚心亦不動諸仁者內外境界心之所
行皆唯是識惑亂而見此中无我亦无我所
能害所害及害具一切皆是意識境界依
阿賴耶如是分別譬如有人置珠日中或因
鑽燧而生於火此火非是珠燧所生亦非人作
心意識亦復如是根境作意和合而生此性
非如陽焰夢幻迷惑所取亦不同於龜毳
之毛及以兔角如霹靂火為從木生為從電
生為雷生邪无能定知此所從生如見陶師
造於瓶等欲等心法與心共生亦復如是諸仁
者心之體性不可思議密嚴中人善能知見
諸仁者一切眾生阿賴耶識本來而有圓滿
清淨出過於世同於涅槃譬如明月現眾
國土世間之人見有虧盈而月體性未嘗增
減藏識亦尒普現一切眾生界中性常圓潔
不增不減无智之人妄生計著若有於此能
正了知即得无漏轉依差別此差別法得者
甚難如月在雲中性恒明潔藏識亦尒於轉
識境界習氣之中而常清淨如河中有木隨
流漂轉而木與流體相各別藏識亦尒諸識
習氣雖常與俱不為所雜諸仁者阿賴耶識
恒與一切染淨之法而作所依是諸聖人現
法樂住三昧之境人天等趣諸佛國土悉以
為因常與諸乘而作種姓若能了悟即成佛
道諸仁者一切眾生有具功德威力自在乃
至有生險難之處阿賴耶識恒住其中作所
依止此是眾生无始時界諸業習氣能自增
長亦能增長餘之七識由是凡夫執為所作

BD04441號　大乘密嚴經（地婆訶羅本）卷中　（3–2）

演護諸有尒普頂一切衆生……
不增不減无智之人妄生計著若有於此能
正了知即得无漏轉依差別此差別法得者
甚難如月在雲中性恒明潔藏識亦尒於轉
識境界習氣之中而常清淨如河中有木隨
流漂轉而木與流體相各別藏識亦尒諸識
習氣雖常與俱不為所雜諸仁者阿賴耶識
恒與一切染淨之法而作所依是諸聖人現
法樂住三昧之境人天等趣諸佛國土悉以
為因常與諸乘而作種姓若能了悟即成佛
道諸仁者一切衆生有具功德威力自在乃
至有生險難之處阿賴耶識恒住其中作所
依止此是衆生无始時界諸業習氣能自增
長亦能增長餘之七識由是凡夫執為所作
能作內我諸仁者意在身中如風速轉業風
吹動遍在諸根七識同時如浪而起外道所
計勝性微塵自在時等悉是清淨阿賴耶識
諸仁者阿賴耶識由先業力及愛為因成就
世間若干品類妄計之人執為作者此識體
相微細難知未見真實心迷不了於根境意
而生愛著尒時金剛藏菩薩摩訶薩復說偈

BD04441號　大乘密嚴經（地婆訶羅本）卷中　（3–3）

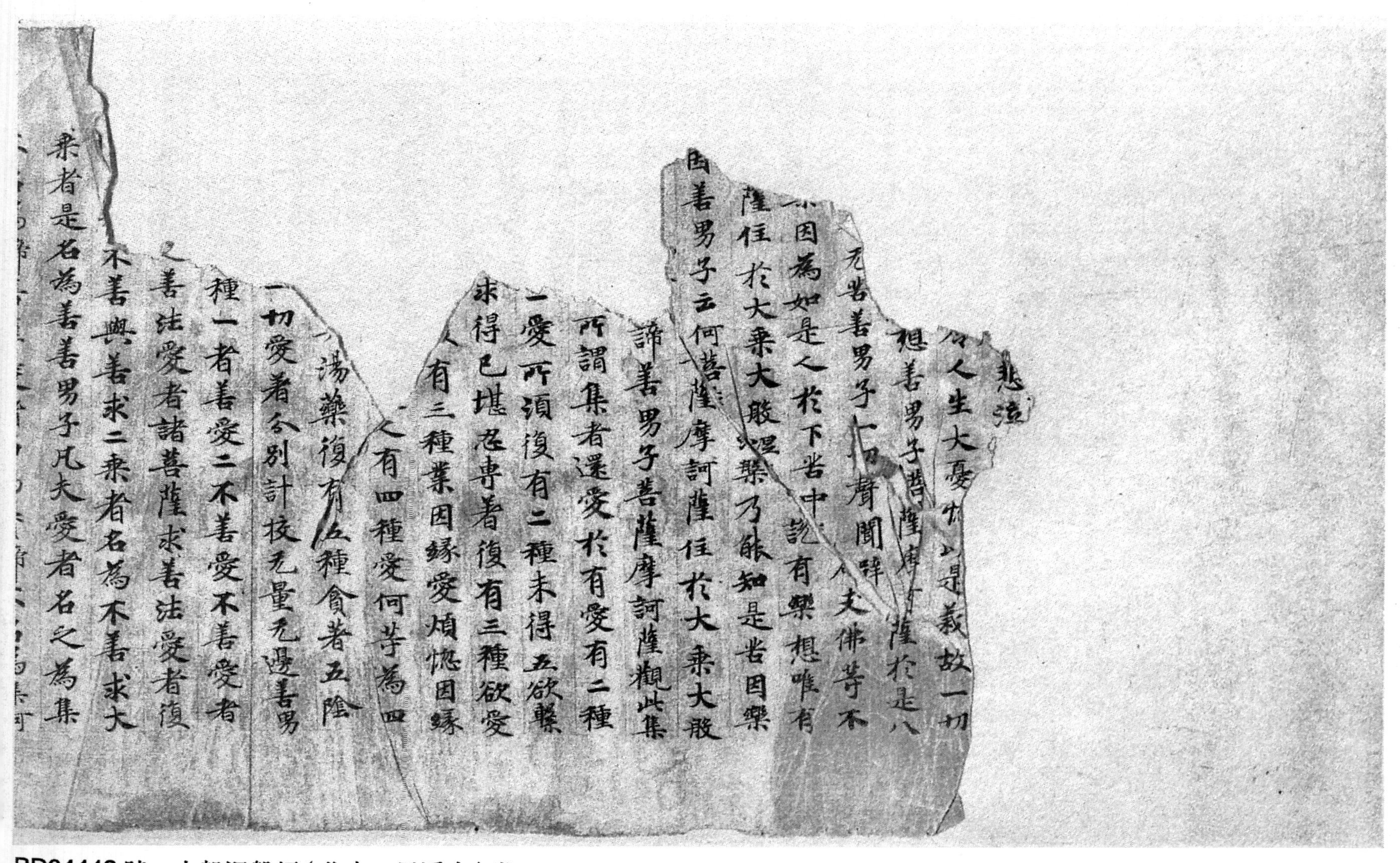
悲泣
令人生大憂以是義故一切
想善男子菩薩摩訶薩於是八
无苦善男子一切聲聞辟支佛等不
知因為如是之於下苦中說有樂想唯有
薩住於大乘大般涅槃乃能知是苦因樂
因善男子云何菩薩摩訶薩住於大乘大般
諦善男子菩薩摩訶薩觀此集
所謂集者還愛於有愛有二種
一愛所須復有二種未得五欲繫
求得已堪忍專著復有三種欲愛
有三種業因緣愛煩惱因緣
人有四種愛何等為四
湯藥復有五種貪著五陰
一切愛者分別計挍无量无邊善男
種一者善愛二不善愛不善愛者
善法愛者諸菩薩求善法愛者復
不善與善求二乘者名為不善求大
乘者是名為善善男子凡夫愛者名之為集

BD04442號　大般涅槃經（北本　思溪本）卷一三　（4–1）

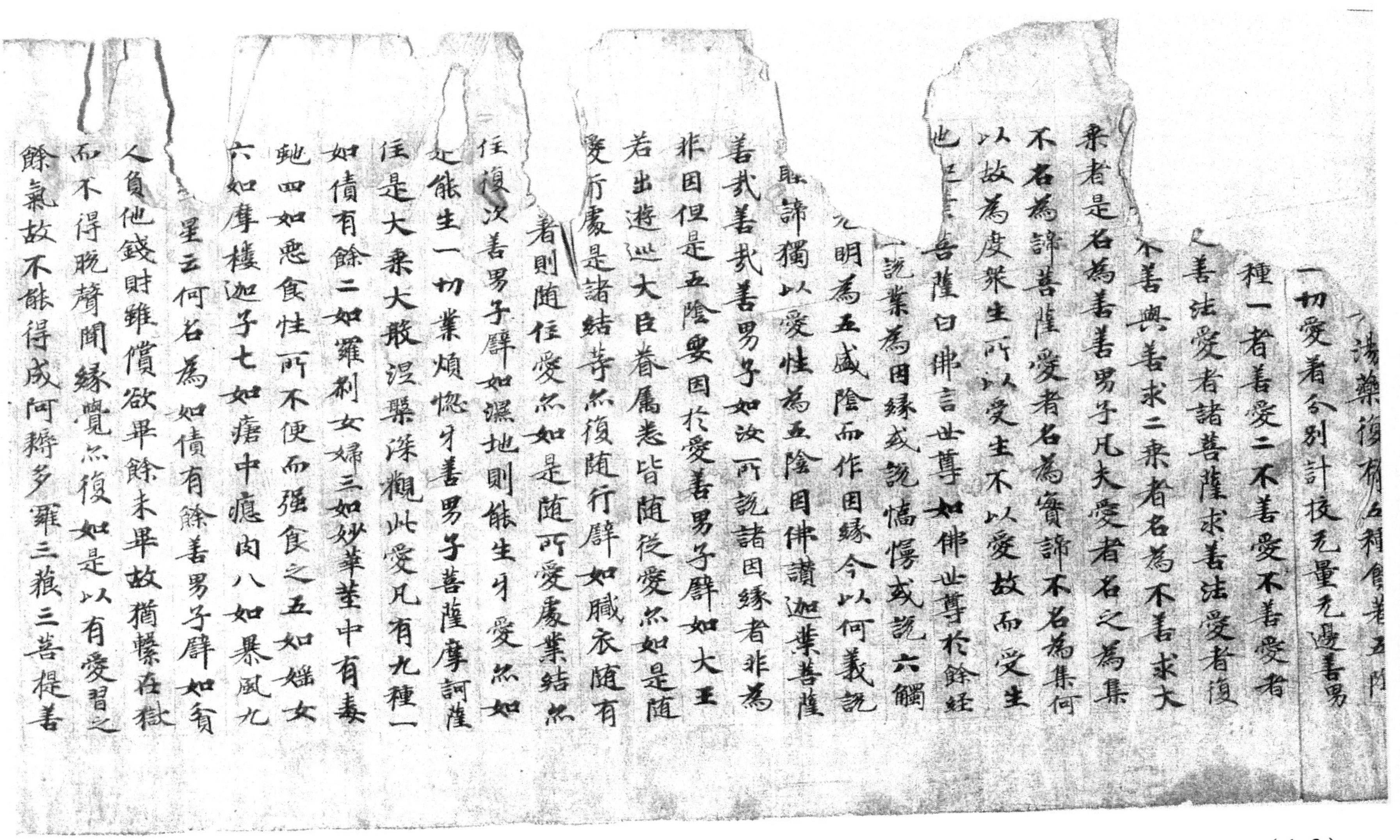

湯藥復有五種愛着五陰
一切愛着分別計挍无量无邊善男
種一者善愛二不善愛不善愛者
之善法愛者諸菩薩求善法愛者復
不善與善求二乘者名為不善求大
乘者是名為善善男子凡夫愛者名之為集
不名為諦菩薩愛者名為實諦不名為集何
以故為度衆生所以受生不以愛故而受生
也[illegible]菩薩白佛言世尊如佛世尊於餘經
說業為因緣或說憍慢或說六觸
无明為五盛陰而作因緣今以何義說
聖諦獨以愛性為五陰因佛讚迦葉菩薩
善哉善哉善男子如汝所說諸因緣者非為
非因但是五陰要因於愛善男子譬如大王
若出遊巡大臣眷屬悉皆隨從愛亦如是隨
愛所處是諸結等亦復隨行譬如膩衣隨有
者則隨住愛亦如是隨所愛處業結亦
住復次善男子譬如濕地則能生牙愛亦如
是能生一切業煩惱牙善男子菩薩摩訶薩
住是大乘大般涅槃深觀此愛凡有九種一
如債有餘二如羅刹女婦三如妙華莖中有毒
蛇四如惡食性所不便而強食之五如婬女
六如摩樓迦子七如瘡中瘜肉八如暴風九
星云何名為如債有餘善男子譬如貧
人負他錢財雖償欲畢餘未畢故猶繫在獄
而不得脫聲聞緣覺亦復如是以有愛習之
餘氣故不能得成阿耨多羅三藐三菩提善

BD04442號　大般涅槃經（北本　思溪本）卷一三　（4–2）

蛇四如惡食性所不便而強食之五如婬女
六如摩樓迦子七如瘡中瘜肉八如暴風九
星云何名為如債有餘善男子譬如貧
人負他錢財雖償欲畢餘未畢故猶繫在獄
而不得脫聲聞緣覺亦復如是以有愛習之
餘氣故不能得成阿耨多羅三藐三菩提善
男子是名如債有餘善男子云何如羅刹女
婦善男子譬如有人以羅刹女而為婦妻是
羅刹女隨所生子生已便噉子既盡已次噉
其夫善男子愛羅刹女亦復如是隨諸衆生
生善根子隨生隨食善子既盡復噉衆生令
墮地獄畜生餓鬼唯除菩薩是名如羅刹女
婦善男子云何如妙華莖毒蛇纏之譬如有
人性愛妙華不見華莖毒蛇過患即便前捉
捉已蛇螫螫已命終一切凡夫亦復如是貪
五欲華不見是愛毒蛇過患而便受取即為
愛毒之所蛆螫命終墮於三惡道中唯除菩
薩是名如妙華莖毒蛇纏之善男子云何所不
便食而強食之譬如有人所不便食而強食
之食已腹痛患下而死愛食亦尒五道衆生
強食貪著以是因緣墮三惡道唯除菩薩是
名所不便食而強食之善男子云何婬女譬
如愚人與婬女通而彼婬女巧作種種諂媚
現親悉奪是人所有錢財錢財既盡便復駈
逐愛之婬女亦復如是愚人无智與之交通
而是愛女奪其所有一切善法善法既盡駈
逐令墮三惡道中唯除菩薩是名婬女善男

BD04442號　大般涅槃經（北本　思溪本）卷一三　（4–3）

之食已腹痛患下而死愛食亦尒五道衆生
强食貪著以是因緣墮三惡道唯除菩薩是
名所不便食而强食之善男子云何婬女辟
如愚人與婬女通而彼婬女巧作種種謟媚
現親悉奪是人所有錢財錢財既盡便復駈
逐愛之婬女亦復如是愚人无智與之交通
而是愛女奪其所有一切善法善法既盡駈
逐令墮三惡道中唯除菩薩是名婬女善男
子云何摩樓迦子辟如摩樓迦子若鳥食已
隨糞落地或因風吹来在樹下即便生長纏
繞縛束尼拘羅樹令不增長遂至枯死愛摩
樓迦子亦復如是纏縛凡夫所有善法不令
増長遂至枯滅既枯滅已命終之後墮三惡
道唯除菩薩是名摩樓迦子善男子云何瘡
中瘜肉如人有瘡瘡中生瘜肉其人要當勤心
療治莫生捨心若生捨心瘡瘜增長虫疽
復生以是因緣即便命終凡夫愚人五陰瘡
痍亦復如是愛於其中而爲瘜肉應當勤心
…即墮三惡道中唯

鼻舌身意觸爲緣所生諸受无邊際故隨順
般若波羅蜜多應觀地界无邊際故隨順般
若波羅蜜多應觀水火風空識界无邊際故
隨順般若波羅蜜多應觀因緣无邊際故隨
順般若波羅蜜多應觀等无間緣所緣緣增
上緣无邊際故隨順般若波羅蜜多應觀无
明無邊際故隨順般若波羅蜜多應觀行識
名色六處觸受愛取有生老死愁歎苦憂
惱无邊際故隨順般若波羅蜜多應觀日光輪
照无邊際故隨順般若波羅蜜多應觀一切
音聲无邊際故隨順般若波羅蜜多應觀一
切有情无邊際故隨順般若波羅蜜多應觀
積集善法无邊際故隨順般若波羅蜜多應
觀諸法得實无邊際故隨順般若波羅蜜多
應觀一切佛法无邊際故隨順般若波羅蜜
多應觀諸法无邊際故隨順般若波羅蜜多
應觀空性无邊際故隨順般若波羅蜜多應
觀一切心及心所无邊際故隨順般若波羅
蜜多應觀心行无邊際故隨順般若波羅蜜
多應觀善法无轉變故隨順般若波羅蜜多
應觀不善法无量故隨順般若波羅蜜多應

觀諸法得實无邊際故隨順般若波羅蜜多
應觀一切佛法无邊際故隨順般若波羅蜜
多應觀諸法无邊際故隨順般若波羅蜜多
應觀空性无邊際故隨順般若波羅蜜多應
觀一切心及心所无邊際故隨順般若波羅
蜜多應觀心行无邊際故隨順般若波羅蜜
多應觀善法无轉變故隨順般若波羅蜜多
應觀不善法无量故隨順般若波羅蜜多應
觀一切法如師子吼故隨順般若波羅蜜　多
所以者何色蘊如大海受想行識蘊如大海眼
處如大海耳鼻舌身意處如大海色處如
大海聲香味觸法處如大海眼界如大海　耳
鼻舌身意界如大海色界如大海聲香味觸
法界如大海眼識界如大海耳鼻舌身意識
界如大海眼觸如大海耳鼻舌身意觸如大
海眼觸為緣所生諸受如大海耳鼻舌身意
觸為緣所生諸受如大海地界如大海水火
風空識界如大海因緣如大海等无間緣所緣
緣增上緣如大海无明如大海行識名色六
處觸受愛取有生老死愁歎苦憂惱如
大海復次善現色蘊如虛空受想行識蘊如虛
空眼處如虛空耳鼻舌身意處如虛空色處
如虛空聲香味觸法處如虛空眼界如虛空
耳鼻舌身意界如虛空色界如虛空聲香味
觸法界如虛空眼識界如虛空耳鼻舌身意
識界如虛空眼觸如虛空耳鼻舌身意觸如
虛空眼觸為緣所生諸受如虛空耳鼻舌身
意觸為緣所生諸受如虛空地界如虛空水
大風空識界如虛空因緣如虛空等无間緣

BD04443號　大般若波羅蜜多經卷五五五　（3-2）

大海復次善現色蘊如虛空受想行識蘊如虛
空眼處如虛空耳鼻舌身意處如虛空色處
如虛空聲香味觸法處如虛空眼界如虛空
耳鼻舌身意界如虛空色界如虛空聲香味
觸法界如虛空眼識界如虛空耳鼻舌身意
識界如虛空眼觸如虛空耳鼻舌身意觸如
虛空眼觸為緣所生諸受如虛空耳鼻舌身
意觸為緣所生諸受如虛空地界如虛空水
大風空識界如虛空因緣如虛空等无間緣
所緣緣增上緣如虛空无明如虛空行識名
色六處觸受愛取有生老死愁歎苦憂惱如
虛空復次善現色如妙高山種種嚴飾受想
行識如妙高山種種嚴飾眼處如妙高山種
種嚴飾耳鼻舌身意處如妙高山種種嚴飾
色處如妙高山種種嚴飾聲香味觸法處如
妙高山種種嚴飾眼界如妙高山種種嚴飾
耳鼻舌身意界如妙高山種種嚴飾色界如
妙高山種種嚴飾聲香味觸法界如妙高山
種種嚴飾眼識界如妙高山種種嚴飾耳鼻
舌身意識界如妙高山種種嚴飾眼觸如妙
高山種種嚴飾耳鼻舌身意觸如妙高山種
種嚴飾眼觸為緣所生諸受如妙高山種種
嚴飾耳鼻舌身意觸為緣所生諸受如妙高
山種種嚴飾地界如妙高山種種嚴飾水大

BD04443號　大般若波羅蜜多經卷五五五　（3-3）

各各別異有別異故當知无常善男子我今
於此非色法中演說无常其義已顯復當為
汝說色无常是色无常本无有生生已滅故
内身處胎歌羅邏時本无有生生已變故外
諸牙莖本无有生生已變故是故當知一切
色法悉皆无常善男子所有内色隨時而變
歌羅邏時異安浮陀時異伽耶時異閉尸時
異諸皰時異初生時異嬰孩時異童子時異
乃至老時各各變異所有外色亦復如是牙
異莖異枝異葉異華異菓異復次善男子
内味亦異歌羅邏異乃至老時各各變異外
味亦尒牙莖枝葉華菓味異歌羅邏力異乃
至老時力異歌羅邏時狀貌異乃至老時狀
貌亦異歌羅邏時果報異乃至老時果報亦
異歌羅邏時名字異乃至老時名字亦異所謂
内色壞已還合故知无常外諸樹木亦壞已
還合故知无常次第漸生故知无常次第生
歌羅邏時乃至老時次第生牙乃至菓子故
知无常諸色可滅故知无常歌羅邏滅時異
乃至老滅時異牙滅時異乃至菓滅時異
故知无常凡夫无智見相似生計以為常以
是義故名曰无常若无常即是苦若苦即
是不淨

BD04444號　大般涅槃經（北本　宮本）卷一三　（2–1）

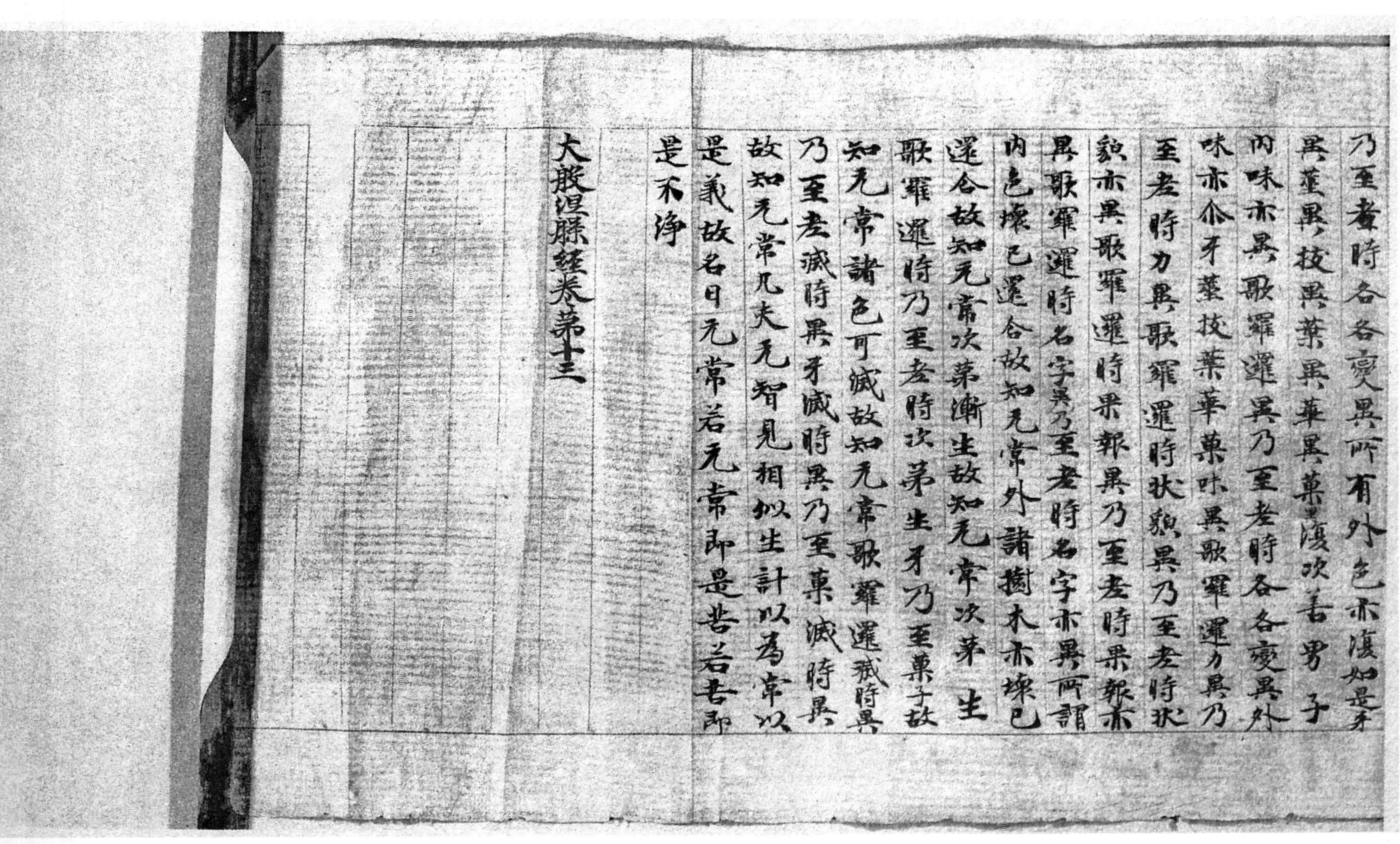
乃至老時各各變異所有外色亦復如是牙
異莖異枝異葉異華異菓異復次善男子
内味亦異歌羅邏異乃至老時各各變異外
味亦尒牙莖枝葉華菓味異歌羅邏力異乃
至老時力異歌羅邏時狀貌異乃至老時狀
貌亦異歌羅邏時果報異乃至老時果報亦
異歌羅邏時名字異乃至老時名字亦異所謂
内色壞已還合故知无常外諸樹木亦壞已
還合故知无常次第漸生故知无常次第生
歌羅邏時乃至老時次第生牙乃至菓子故
知无常諸色可滅故知无常歌羅邏滅時異
乃至老滅時異牙滅時異乃至菓滅時異
故知无常凡夫无智見相似生計以為常以
是義故名曰无常若无常即是苦若苦即
是不淨

大般涅槃經卷第十三

BD04444號　大般涅槃經（北本　宮本）卷一三　（2–2）

兌

羅蜜多若寂靜若不寂靜增語是菩薩摩訶薩善現汝復觀何義言即布施波羅蜜多若遠離若不遠離增語非菩薩摩訶薩即淨戒安忍精進靜慮般若波羅蜜多若遠離若不遠離增語非菩薩摩訶薩耶世尊若布施波羅蜜多遠離不遠離若淨戒安忍精進靜慮般若波羅蜜多遠離不遠離尚畢竟不可得增語及淨戒安忍精進靜慮般若波羅蜜多遠離不遠離增語此增語既非有如何可言即布施波羅蜜多若遠離若不遠離增語是菩薩摩訶薩即淨戒安忍精進靜慮般若波羅蜜多若遠離若不遠離增語是菩薩摩訶薩善現汝復觀何義言即布施波羅蜜多若有為若無為增語非菩薩摩訶薩即淨戒安忍精進靜慮般若波羅蜜多若有為若無為增語非菩薩摩訶薩耶世尊若布施波羅蜜多有為無為若淨戒安忍精進靜慮般若波羅蜜多有為無為尚畢竟不可得性非有故況有布施波羅蜜多有為無為增語及淨戒安忍精進靜慮般若波羅蜜多有為無為增語此增語既非有如何可言即布施波羅蜜

BD04445號　大般若波羅蜜多經（兌廢稿）卷二八　（2–1）

羅蜜多遠離不遠離若淨[illegible]

般若波羅蜜多遠離不遠離尚畢竟不可得增語及淨戒安忍精進靜慮般若波羅蜜多遠離不遠離增語此增語既非有如何可言即布施波羅蜜多若遠離若不遠離增語是菩薩摩訶薩即淨戒安忍精進靜慮般若波羅蜜多若遠離若不遠離增語是菩薩摩訶薩善現汝復觀何義言即布施波羅蜜多若有為若無為增語非菩薩摩訶薩即淨戒安忍精進靜慮般若波羅蜜多若有為若無為增語非菩薩摩訶薩耶世尊若布施波羅蜜多有為無為若淨戒安忍精進靜慮般若波羅蜜多有為無為尚畢竟不可得性非有故況有布施波羅蜜多有為無為增語及淨戒安忍精進靜慮般若波羅蜜多有為無為增語此增語既非有如何可言即布施波羅蜜多若有為若無為增語是菩薩摩訶薩即淨戒安忍精進靜慮般若波羅蜜多若有為若無為增語是菩薩摩訶薩善現汝復觀何義言即布施波羅蜜多若有漏若無漏增語非

BD04445號　大般若波羅蜜多經（兌廢稿）卷二八　（2–2）

若無明淨
淨不淨尚畢竟不可得性非有故況有無明
淨不淨增語及行乃至老死淨不淨增語此
增語既非有如何可言即無明若淨若不淨
增語是菩薩摩訶薩即行乃至老死若淨若
不淨增語是菩薩摩訶薩善現汝復觀何義
言即無明若空若不空增語非菩薩摩訶薩
即行乃至老死若空若不空增語非菩薩摩
訶薩耶世尊若無明空不空若行乃至老死
空不空尚畢竟不可得性非有故況有無明
空不空增語及行乃至老死空不空增語此
增語既非有如何可言即無明若空若不空
增語是菩薩摩訶薩即行乃至老死若空若
不空增語是菩薩摩訶薩善現汝復觀何義
言即無明若有相若無相增語非菩薩摩訶
薩即行乃至老死若有相若無相增語非菩
薩摩訶薩耶世尊若無明有相無相若行乃
至老死有相無相尚畢竟不可得性非有故
況有無明有相無相增語及行乃至老死有

BD04446 號　大般若波羅蜜多經卷二八　（1–1）

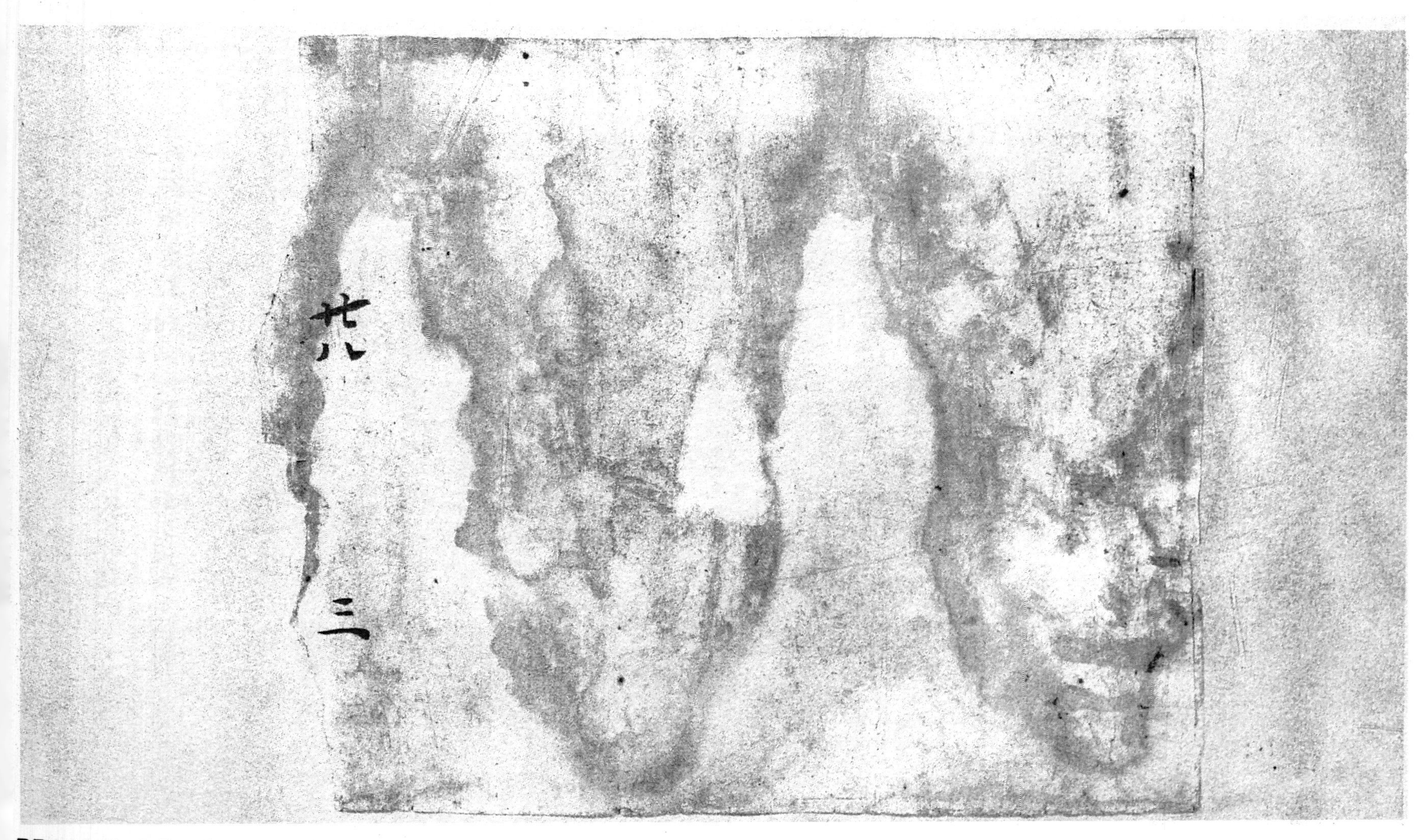

BD04446 號背　勘記　（1–1）

大般若波羅蜜多經卷第一百九十六
初分難信解品第卅四之十五　三藏法
善現有情清淨故鼻界清淨
切智智清淨何以故若有情清淨
淨若一切智智清淨无二无二分无別
有情清淨故香界鼻識界及鼻觸
緣所生諸受清淨香界乃至鼻觸為緣所
受清淨故一切智智清淨何以故若有情清
淨若香界乃至鼻觸為緣所生諸受清淨若
一切智智清淨无二无二分无別无斷故善
現有情清淨故舌界清淨舌界清淨故一切
智智清淨何以故若有情清淨若香界清
淨若一切智智清淨无二无二分无別无斷故
有情清淨故味界舌識界及舌觸舌觸為緣
所生諸受清淨味界乃至舌觸為緣所生諸
受清淨故一切智智清淨何以故若有情清
淨若味界乃至舌觸為緣所生諸受清淨若
一切智智清淨无二无二分无別无斷故善
現有情清淨故身界清淨身界清淨故一
切智智清淨何以故若有情清淨若身界

BD04447號　大般若波羅蜜多經卷一九六　（2–1）

緣所生諸受清淨香界乃至鼻觸為緣所
受清淨故一切智智清淨何以故若有情清
淨若香界乃至鼻觸為緣所生諸受清淨若
一切智智清淨无二无二分无別无斷故善
現有情清淨故舌界清淨舌界清淨故一切
智智清淨何以故若有情清淨若香界清
淨若一切智智清淨无二无二分无別无斷故
有情清淨故味界舌識界及舌觸舌觸為緣
所生諸受清淨味界乃至舌觸為緣所生諸
受清淨故一切智智清淨何以故若有情清
淨若味界乃至舌觸為緣所生諸受清淨若
一切智智清淨无二无二分无別无斷故善
現有情清淨故身界清淨身界清淨故一
切智智清淨何以故若有情清淨若身界
淨若一切智智清淨无二无二分无別无斷
故有情清淨故觸界身識界及身觸身觸為
緣所生諸受清淨觸界乃至身觸為緣所生
諸受清淨故一切智智清淨何以故若有情
清淨若觸界乃至觸　為緣所所諸受清淨
若一切智智清淨无二无二分无別无斷故
善現有情清淨故意界清淨意界清淨

BD04447號　大般若波羅蜜多經卷一九六　（2–2）

BD04447 號背　勘記　　（1–1）

若菩薩摩訶薩住第十地已於前所脩諸地
勝法皆得圓滿與諸如来應言无異
具壽善現白佛言世尊云何菩薩摩訶薩以
无所得而為方便應善脩治淨勝意樂業佛
告善現若菩薩摩訶薩以一切智智相應作意
脩集一切殊勝善根是為菩薩摩訶薩以无
所得而為方便應善脩治淨勝意樂業世尊
云何菩薩摩訶薩以无所得而為方便應善
脩治一切有情平等心業善現若菩薩摩訶
薩以一切智智相應作意引發慈悲喜捨四
无量心是為菩薩摩訶薩以无所得而為方
便應善脩持一切有情平等心業世尊云何
菩薩摩訶薩以无所得而為方便應善脩治
一切捨施業善現若菩薩摩訶薩於諸有情
无所分別而行布施是為菩薩摩訶薩以无
所得而為方便應善脩治一切捨施業世尊
云何菩薩摩訶薩以无所得而為方便應善
脩治親近善友業善現若菩薩摩訶薩見諸
善友勸化有情令其脩習一切智智即便親

BD04448 號　大般若波羅蜜多經卷四九〇　　（2–1）

无所得而為方便應善脩治淨勝意樂業佛
告善現若菩薩摩訶薩以一切智智相應作意
脩集一切殊勝善根是為菩薩摩訶薩以无
所得而為方便應善脩治淨勝意樂業世尊
云何菩薩摩訶薩以无所得而為方便應善
脩治一切有情平等心業善現若菩薩摩訶
薩以一切智智相應作意引發慈悲喜捨四
无量心是為菩薩摩訶薩以无所得而為方
便應善脩持一切有情平等心業世尊云何
菩薩摩訶薩以无所得而為方便應善脩治
一切捨施業善現若菩薩摩訶薩於諸有情
无所分別而行布施是為菩薩摩訶薩以无
所得而為方便應善脩治一切捨施業世尊
云何菩薩摩訶薩以无所得而為方便應善
脩治親近善友業善現若菩薩摩訶薩見諸
善友勸化有情令其脩習一切智智即便親
近恭敬供養尊重讚歎諮受正法晝夜承奉
无懈倦心是為菩薩摩訶薩以无所得而為
方便應善脩治親近善友業世尊云何菩薩
摩訶薩以无所得而為方便應善脩治勤求
正法業善現若菩薩摩訶薩以一切智智相
應作意勤求如來无上正法不墮聲聞獨覺
等地是為菩薩摩訶薩以无所得而為方便
應善脩治勤求正法業世尊云何菩薩摩訶
薩以无所得而為方便應善脩治常樂出家

BD04448號　大般若波羅蜜多經卷四九〇　（2–2）

一百千万億分
乃至筭數譬喻所不能及
須菩提於意云何汝等勿謂如來作是念我
當度衆生須菩提莫作是念何以故實无有
衆生如來度者若有衆生如來度者如來則
有我人衆生壽者須菩提如來說有我者則
非有我而凡夫之人以為有我須菩提凡夫
者如來說則非凡夫
須菩提於意云何可以三十二相觀如來不須
菩提言如是如是以三十二相觀如來佛言
須菩提若以三十二相觀如來者轉輪聖王則
是如來須菩提白佛言世尊如我解佛所說義
不應以三十二相觀如來尒時世尊而說偈言
若以色見我　以音聲求我　是人邪行道　不能見如來
須菩提汝若作是念如來不以具足相故得
阿耨多羅三藐三菩提須菩提莫作是念如
來不以具足相故得阿耨多羅三藐三菩提
須菩提汝若作是念發阿耨多羅三藐三菩
提者說諸法斷滅相莫作是念何以故發阿耨
多羅三藐三菩提者於法不說斷滅相須菩
提若菩薩以滿恒河沙等世界七寶布施若

BD04449號　金剛般若波羅蜜經　（3–1）

若以色見我　以音聲求我　是人行邪道　不能見如來
須菩提汝若作是念如來不以具足相故得
阿耨多羅三藐三菩提須菩提莫作是念如
來不以具足相故得阿耨多羅三藐三菩提
須菩提汝若作是念發阿耨多羅三藐三菩
提者說諸法斷滅相莫作是念何以故發阿耨
多羅三藐三菩提者於法不說斷滅相須菩
提若菩薩以滿恒河沙等世界七寶布施若
復有人知一切法无我得成於忍此菩薩勝
前菩薩所得功德須菩提以諸菩薩不受福
德故須菩提白佛言世尊云何菩薩不受福德
須菩提菩薩所作福德不應貪著是故說不受福
德須菩提若有人言如來若來若去若坐若卧
是人不解我所說義何以故如來者无所從
來亦无所去故名如來
須菩提若善男子善女人以三千大千世界
碎為微塵於意云何是微塵衆寧為多不甚
多世尊何以故若是微塵衆實有者佛則不
說是微塵衆所以者何佛說微塵衆則非微
塵衆是名微塵衆世尊如來所說三千大千
世界則非世界是名世界何以故若世界實
有者則是一合相如來說一合相則非一合
相是名一合相須菩提一合相者則是不可
說但凡夫之人貪著其事須菩提若人言佛
說我見人見衆生見壽者見須菩提於意云
何是人解我所說義不世尊是人不解如來
所說義何以故世尊說我見人見衆生見壽
者見即非我見人見衆生見壽者見是名我見

塵衆是名微塵衆世尊如來所說三千大千
世界則非世界是名世界何以故若世界實
有者則是一合相如來說一合相則非一合
相是名一合相須菩提一合相者則是不可
說但凡夫之人貪著其事須菩提若人言佛
說我見人見衆生見壽者見須菩提於意云
何是人解我所說義不世尊是人不解如來
所說義何以故世尊說我見人見衆生見壽
者見即非我見人見衆生見壽者見是名我
見人見衆生見壽者見須菩提發阿耨多
羅三藐三菩提心者於一切法應如是知如是
見如是信解不生法相須菩提所言法相者
如來說即非法相是名法相須菩提若有人
以滿无量阿僧祇世界七寶持用布施若有
善男子善女人發菩薩心者持於此經乃至
四句偈等受持讀誦為人演說其福勝彼云
何為人演說不取於相如如不動何以故
一切有為法　如夢幻泡影　如露亦如電　應作如是觀
佛說是經已長老須菩提及諸比丘比丘尼
優婆塞優婆夷一切世間天人阿脩羅聞佛
所說皆大歡喜信受奉行

我善哉舍利子汝
尊重大乘如汝所說
非方處非法非非法非過去非
在非事非非事非緣非非緣非行非
法生亦無法滅然為利益諸菩薩故
說於此陁羅尼切用正道理趣勢力
是諸佛功德諸佛禁戒諸佛所學諸佛密意
諸佛生處故名無染著陁羅尼最妙法門作
是語已舍利子白佛言世尊唯願善逝為我
說此陁羅尼法若諸菩薩能安住者於無上
菩提不復退轉成就正願得無所依自性辯
才獲希有事安住聖道皆由得此陁羅尼故
佛告舍利子善哉善哉如是如是如汝所說
若有菩薩得此陁羅尼者應知是人與佛無
異若有供養尊重承事供給此菩薩者應知
即是供養於佛舍利子若有餘人聞此陁羅
尼受持讀誦生信解者亦應如是恭敬供養
與佛無異以是因緣獲無上果尒時世尊即
為演說陁羅尼曰
怛　姪　他　那陁喇你嗢多喇你
蘇三鉢囉底瑟恥哆　蘇　那　麼
蘇鉢喇底瑟恥哆　鼻　逝也　跋　羅

BD04450 號　金光明最勝王經卷七　（19–1）

即是供養於佛舍利子若有餘人聞此陁羅
尼受持讀誦生信解者亦應如是恭敬供養
與佛無異以是因緣獲無上果尒時世尊即
為演說陁羅尼曰
怛　姪　他　那陁喇你嗢多喇你
蘇三鉢囉底瑟恥哆　蘇　那　麼
蘇鉢喇底瑟恥哆　鼻　逝也　跋　羅
薩底也鉢喇底慎若　薩　阿　盧　訶
慎若那　末　底　嗢波　彈　你
阿代那　末　你　阿毗師彈你
阿鞞毗耶訶　囉　輸婆　伐　底
蘇尼室唎多　引　薄虎　郡　社　引
阿毗婆　駄　引　莎　訶
佛告舍利子此無染著陁羅尼句若有菩薩
能善安住能正受持者當知是人若於一劫
若百劫若千劫若百千劫所發正願無有窮
盡身亦不被刀仗毒藥水火猛獸之所損害
何以故舍利子此無染著陁羅尼是過去諸
佛母未來諸佛母現在諸佛母舍利子若復
有人以十阿僧企耶三千大千世界滿中七
寶奉施諸佛及以上妙衣服飲食種種供養經
無數劫若復有人於此陁羅尼乃至一句能
受持者所生之福倍多於彼何以故舍利子
此無染著陁羅尼甚深法門是諸佛母故時
具壽舍利子及諸大衆聞是法已皆大歡喜
咸願受持
金光明最勝王經如意寶珠品第十四
尒時世尊於大衆中告阿難陁曰汝等當知

BD04450 號　金光明最勝王經卷七　（19–2）

無數劫若復有人於此陀羅尼乃至一句能
受持者所生之福倍多於彼何以故舍利子
此無染著陀羅尼甚深法門是諸佛母故時
具壽舍利子及諸大衆聞是法已皆大歡喜
咸願受持
金光明最勝王經如意寶珠品第十四
尒時世尊於大衆中告阿難陀曰汝等當知
有陀羅尼名如意寶珠遠離一切災厄亦能
遮止諸惡雷電過去如來應正等覺所共宣
說我於今時於此經中亦為汝等大衆宣說
能於人天為大利益哀愍世間擁護一切令
得安樂時諸大衆及阿難陀聞佛語已各各
至誠瞻仰世尊聽受神呪佛言汝等諦聽於
此東方有光明電王名阿揭多南方有光明
電王名設羝嚕西方有光明電王名主多光
北方有光明電王名蘇多末尼若有善男子
善女人得聞如是電王名字及知方處者此
人即便遠離一切怖畏之事及諸災橫悉皆
消殄若於住處書此四方電王名者於所住
處無雷電怖亦無災厄及諸障惱非時枉死
悉皆遠離尒時世尊即說呪曰
怛　姪他　你弭　你弭　你弭　你弭
尼民　達　哩　室哩盧迦盧羯你
室哩輪攞波你　曷路叉曷路叉
我某甲及此住處一切恐怖所有苦惱雷電
霹靂乃至枉死悉皆遠離莎訶
尒時觀自在菩薩摩訶薩在大衆中即從座
起偏袒右肩合掌恭敬白佛言世尊我今亦

BD04450 號　金光明最勝王經卷七　（19–3）

尼民　達　哩　室哩盧迦盧羯你
室哩輪攞波你　曷路叉曷路叉
我某甲及此住處一切恐怖所有苦惱雷電
霹靂乃至枉死悉皆遠離莎訶
尒時觀自在菩薩摩訶薩在大衆中即從座
起偏袒右肩合掌恭敬白佛言世尊我今亦
於佛前略說如意寶珠神呪於諸人天為大
利益哀愍世間擁護一切令得安樂有大威
力所求如願即說呪曰
怛姪他曷帝　毗喝帝你喝帝
鉢喇窒體雞　鉢喇底丁耶蜜窒㗚
式提目羝毗末㗚　鉢喇婆莎蘓洁㗚
安荼入聲㗚般荼㗚　稅平聲帝
般荼囉婆死你　喝㗚羯荼引㗚
劫　畢　㗚　水揭羅悉綺
達地目企　曷路叉曷路叉
我某甲及此住處一切恐怖所有苦惱乃至
枉死悉皆遠離願我莫見罪惡之事常蒙聖
觀自在菩薩大悲威光之所護念莎訶
尒時執金剛秘密主菩薩即從座起合掌恭
敬白佛言世尊我今亦說陀羅尼呪名曰無
勝於諸人天為大利益哀愍世間擁護一切
有大威力所求如願即說呪曰
怛姪他毋你毋你　毋尼㗚末底末底
蘓末底莫訶末底　呵呵呵磨婆以
那悉底帝引波跛　跋析攞波你
惡蚶大含姪㗚荼上　莎訶

BD04450 號　金光明最勝王經卷七　（19–4）

勝於諸人天為大利益哀愍世間擁護一切
有大威力所求如願即說呪曰
怛姪他毋你毋你　毋尼囇末底末底
蘇末底莫訶末底　呵呵呵麼婆以
那悉底帝引波跛　跋析攞　波　你
惡蚶大舍姪㗚柰上　莎訶
世尊我此神呪名曰無勝擁護若有男女一
心受持書寫讀誦憶念不忘我於晝夜常護
是人於一切恐怖乃至枉死悉皆遠離
尒時索訶世界主梵天王即從座起合掌恭
敬白佛言世尊我亦有陀羅尼微妙法門於
諸人天為大利益哀愍世間擁護一切有大
威力所求如願即說呪曰
怛　姪　他　　醯里弭里地里莎訶
跋囉蚶麼布囉　跋囉蚶　末　泥
跋囉蚶麼揭鞞　補澀跛僧悉怛囉莎訶
世尊我此神呪名曰梵治悉能擁護持是呪
者令離憂惱及諸罪業乃至枉死悉皆遠離
尒時帝釋天主即從座起合掌恭敬白佛言
世尊我亦有陀羅尼名跋析羅扇你是大明
呪能除一切恐怖厄難乃至枉死悉皆遠離
拔苦與樂利益人天即說呪曰
怛姪他毗你婆喇你　畔拖麼　彈　滯
麼賊你捌拔尒瞿哩　健陀哩旃　荼　哩
摩登耆上卜羯死　薩羅跋喇鞞去
嗢娜末住合麼塭多喇你　莫呼剌你達剌你計
斫羯囉　婆　枳　　揜伐哩奢伐哩莎訶
尒時多聞天王持國天王增長天王廣目天

怛姪他毗你婆喇你　畔拖麼　彈　滯
麼賊你捌拔尒瞿哩　健陀哩旃　荼　哩
摩登耆上卜羯死　薩羅跋喇鞞去
嗢娜末住合麼塭多喇你　莫呼剌你達剌你計
斫羯囉　婆　枳　　揜伐哩奢伐哩莎訶
尒時多聞天王持國天王增長天王廣目天
王俱從座起合掌恭敬白佛言世尊我今亦
有神呪名施一切眾生無畏於諸苦惱常為
擁護令得安樂增益壽命無諸患苦乃至枉
死悉皆遠離即說呪曰
怛姪他補澀閉　蘇補澀閉
度麼鉢喇呵囇　阿離耶鉢喇設悉帝
扇帝涅目帝　忙揭例窣覩帝
悉吟鼻帝　莎訶
尒時復有諸大龍王所謂末那斯龍王電光
龍王無熱池龍王電舌龍王妙光龍王俱從
座起合掌恭敬白佛言世尊我亦有如意寶
珠陀羅尼能遮惡電除諸恐怖能於人天為
大利益哀愍世間擁護一切有大威力所求
如願乃至枉死悉皆遠離一切毒藥皆令止
息一切造作蠱道呪術不吉祥事悉令除滅
我今以此神呪奉獻世尊唯願哀愍慈悲納
受當令我等離此龍趣永捨慳貪何以故由
此慳貪於生死中受諸苦惱我等願斷慳貪
種子即說呪曰
怛姪他阿析囇　阿末囇阿蜜㗚帝
惡叉裹阿弊裹　奔尼鉢喇取法帝
薩　婆　波　跋　鉢喇苦摩尼裹莎訶

我今以此神呪奉獻世尊唯願哀愍慈悲納
受當令我等離此龍趣永捨慳貪何以故由
此慳貪於生死中受諸苦惱我等願斷慳貪
種子即說呪曰
怛姪他 阿折囉 阿末囉 阿蜜栗帝
惡叉褰 阿弊帝 奔尼缽唎 取法帝
薩 婆 跋 缽唎苦 摩尼褰 莎訶
阿 離 褰 般豆蘇波尼褰 莎訶
世尊若有善男子善女人口中說此陁羅尼
明呪或書經卷受持讀誦恭敬供養者終無
雷電霹靂及諸恐怖苦惱憂患乃至枉死悉
皆遠離所有毒藥蠱魅厭禱害人虎狼師子
毒蛇之類乃至蚊虻悉不為害
尒時世尊普告大衆善哉善哉此等神呪皆
有大力能隨衆生心所求事悉令圓滿為大
利益除不至心汝等勿疑時諸大衆聞佛語
已歡喜信受
金光明最勝王經大辯才天女品第十五
尒時大辯才天女於大衆中即從座起頂礼
佛足白佛言世尊若有法師說是金光明最
勝王經者我當益其智慧具足莊嚴言說之
辯若彼法師於此經中文字句義所有忘失
皆令憶持能善開悟復與陁羅尼揔持無礙
又此金光明最勝王經為彼有情已於百千
佛所種諸善根當受持者於贍部洲廣行流
布不速隱沒復令無量有情聞是經典皆得
不可思議捷利辯才無盡大慧善解衆論及
諸技術能出生死速趣無上正等菩提於現

BD04450號　金光明最勝王經卷七

（19-7）

皆令憶持能善開悟復與陁羅尼揔持無礙
又此金光明最勝王經為彼有情已於百千
佛所種諸善根當受持者於贍部洲廣行流
布不速隱沒復令無量有情聞是經典皆得
不可思議捷利辯才無盡大慧善解衆論及
諸技術能出生死速趣無上正等菩提於現
世中增益壽命資身之具悉令圓滿世尊我
當為彼持經法師及餘有情於此經典樂聽
聞者說其呪藥洗浴之法彼人所有惡星災
變與初生時星屬相違疫病之苦鬪諍戰陣
惡夢鬼神蠱毒厭魅呪術起屍如是諸惡為
障難者悉令除滅諸有智者應作如是洗浴
之法當取香藥三十二味所謂
菖蒲 跋者　牛黃 瞿盧折娜　苜蓿香 塞畢力迦
麝香 莫訶婆伽　雄黃 末捺眵羅　合昏樹 尸利灑
白及 因達囉喝悉哆　芎藭 闍莫迦　枸杞根 苫弭
松脂 室利薛鼟得迦　桂皮 咄者　香附子 目窣哆
沈香 惡揭嚕　栴檀 栴檀娜　零淩香 多揭羅
丁子 索瞿者　鬱金 茶矩麼　婆律膏 曷羅娑
葦香 捺剌柁　竹黃 鵄路戰娜　細豆蔻 蘇泣迷羅
甘松 苫弭哆　藿香 缽怛羅　茅根香 嗢尸羅
叱脂 薩洛計　艾納 世黎也　安息香 窶具攞
芥子 薩利殺跛　馬芹 葉婆你　龍花鬚 那伽雞薩羅
白膠 薩折羅娑　青木 矩瑟侘　皆等分
以布灑星日一處擣篩取其香末當以此呪
呪一百八遍呪曰
怛姪他 蘇訖栗帝 訖栗帝 訖栗計
劫摩怛里 繕怒羯囉滯

BD04450號　金光明最勝王經卷七

（19-8）

芥子(薩利殺跛) 馬芹(葉婆你) 龍花鬚(那伽雞薩羅)
白膠(薩折羅婆) 青木(矩瑟侘) 皆等分
以布灑星日一處擣篩取其香末當以此咒
咒一百八遍咒曰
怛姪他 蘇訖栗帝 訖栗帝訖栗計
劫摩 怛里 繕怒羯闌滯
郝羯喇滯 因達囉闍利膩
鑠羯喇滯 鉢設姪囇
阿伐底羯細 計娜矩覩矩覩
脚迦鼻囇 劫鼻囇劫鼻囇
劫毗羅末底(丁里) 尸羅末底
删底度囉末底里 波伐雉畔稚囇
室囇室囇 薩底悉體羝莎訶
若樂如法洗浴時 應作壇場方八肘
可於寂靜安隱處 念所求事不離心
應塗牛糞作其壇 於上普散諸花彩
當以淨潔金銀器 盛滿美味并乳蜜
於彼壇場四門所 四人守護法如常
令四童子好嚴身 各於一角持瓶水
於此常燒安息香 五音之樂聲不絕
旛蓋莊嚴懸繒綵 安在壇場之四邊
復於場內置明鏡 利刀兼箭各四枚
於壇中心埋大盆 應以漏版安其上
用前香末以和湯 亦復安在於壇內
既作如斯布置已 然後誦咒結其壇
結界咒曰
怛姪他 頞喇計 娜也泥(去) 呬囇
弭囇 抳 囇 企企囇莎訶

BD04450號　金光明最勝王經卷七　　（19–9）

於壇中心埋大盆 應以漏版安其上
用前香末以和湯 亦復安在於壇內
既作如斯布置已 然後誦咒結其壇
結界咒曰
怛姪他 頞喇計 娜也泥(去) 呬囇
弭囇 抳 囇 企企囇 莎訶
如是結界已 方入於壇內 咒水三七遍 散灑於四方
次可咒香湯 滿一百八遍 四邊安幔障 然後洗浴身
咒水咒湯咒曰
怛姪他一 索揭智(貞勵反下同 二) 毗揭智(三) 毗揭荼
伐底(四) 莎訶(五)
若洗浴訖 其洗浴湯及壇場中供養飲食
棄河池內 餘皆收攝 如是浴已 方著淨衣 既
出壇場 入淨室內 咒師教其發弘誓願 永斷
衆惡 常修諸善 於諸有情 興大悲心 以是因
緣當獲無量隨心福報 復說頌曰
若有病苦諸衆生 種種方藥治不差
若依如是洗浴法 并復讀誦斯經典
常於日夜念不散 專想慇懃生信心
所有患苦盡消除 解脫貧窮足財寶
四方星辰及日月 威神擁護得延年
吉祥安隱福德增 災變厄難皆除遣
次誦護身咒三七遍咒曰 怛姪他 三謎
毗三謎 莎訶 索揭滯 毗揭滯 莎訶
毗揭荼(亭耶反) 伐底 莎訶
娑 揭 囉 三步多也 莎訶
塞 建 陁 摩多也 莎訶
尼攞建侘也 莎訶

BD04450號　金光明最勝王經卷七　　（19–10）

次誦護身呪三七遍呪曰　怛姪他　三謎
毗三謎　莎訶　索揭滯　毗揭滯　莎訶
毗揭荼(亭耶反)伐底　莎訶
娑揭囉　三步多也　莎訶
塞建陀　摩多也　莎訶
尼攞建佗也　莎訶
阿鉢囉市多　毗[口*梨]耶也　莎訶
呬摩槃多　三步多也　莎訶
阿你蜜攞　薄怛囉也　莎訶
南謨薄伽伐都　跋囉甜摩寫　莎訶
南謨薩囉酸(蘇活)底　莫訶提鼻裔　莎訶
悉甸覩漫(此云成就)我某甲　曷怛囉鉢陀　莎訶
怛喇覩毗姪　跋囉甜摩奴揭覩　莎訶
尒時大辯才天女說洗浴法壇場呪已前礼
佛足白佛言世尊若有苾蒭苾蒭尼鄔波索
迦鄔波斯迦受持讀誦書寫流布是妙經王
如說行者若在城邑聚落曠野山林僧尼住
處我為是人將諸眷屬作天伎樂來詣其所
而為擁護除諸病苦流星變怪疫疾鬪諍王
法所拘惡夢惡神為障礙者蠱道厭術悉皆
除殄饒益是等持經之人苾蒭等眾及諸聽
者皆令速渡生死大海不退菩提
尒時世尊聞是說已讚辯才天女言善哉善
哉天女汝能安樂利益無量無邊有情說此
神呪及以香水壇場法式果報難思汝當擁
護最勝經王勿令隱沒常得流通尒時大辯
才天女礼佛足已還復本座
尒時法師授記憍陳如婆羅門承佛威力於

者皆令速渡生死大海不退菩提
尒時世尊聞是說已讚辯才天女言善哉善
哉天女汝能安樂利益無量無邊有情說此
神呪及以香水壇場法式果報難思汝當擁
護最勝經王勿令隱沒常得流通尒時大辯
才天女礼佛足已還復本座
尒時法師授記憍陳如婆羅門承佛威力於
大眾前讚請辯才天女曰
聰明勇進辯才天　人天供養悉應受
名聞世間遍充滿　能與一切眾生願
依高山頂勝住處　葺茅為室在中居
恒結耎草以為衣　在處常翹於一足
諸天大眾皆來集　咸同一心申讚請
唯願智慧辯才天　以妙言詞施一切
尒時辯才天女即便受請為說呪曰
怛姪他慕囉囇只囇　阿伐帝(貞)　阿伐吒伐底(丁里下同)
馨遏[口*梨]　名具[口*梨]　名具羅伐底
鴦具師末喇只三末底　毗三末底惡近(入)喇
莫近喇怛囉只　怛囉者伐底
質質哩室里蜜里　末難地曇(去)
末　喇只　八囉拏畢喇裔
盧迦逝瑟跐(丑世反)　盧迦失囇瑟恥
盧迦畢喇裔　悉馱跋喇帝
毗麽目企(輕利反)　輸只　折喇
阿鉢喇底喝帝　阿鉢喇底喝多勃地
南母只南母只　莫訶提鼻
鉢喇底近(入)喇㖿(大恨拏上)　南摩塞迦囉
我某甲勃地　達哩奢四

毗盧目企(輕利反) 輪只析剃
阿鉢剃底羯帝 阿鉢喇底喝哆勃地
南毋只南毋只 莫訶提鼻
鉢喇底近(入)剃旨(大恨拏上) 南摩褰迦囉
我某甲勃地 達哩沓 呬
勃地阿鉢喇底喝哆 婆(上) 跋覩
帀婆謎毗輸娙覩 舍悉怛囉輸路迦
旁怛羅畢𢭃迦 迦娉耶地數
怛 娙 他 莫訶鉢喇婆鼻
呬里蜜里呬里蜜里 毗析喇覩謎勃地
我某甲勃地輸提 薄伽伐點提毗𪘏
薩羅酸(蘇活)點(丁焰引) 羯囉(魯家)滯雞由羼
雞由囉末底 呬里蜜里呬里蜜里
阿婆訶耶弭 莫訶 提鼻
勃陀薩帝娜 達摩薩帝娜
僧伽薩帝娜 因達囉薩帝娜
跋嘍拏薩帝娜 裏盧雞薩底婆地娜
羝釤薩帝娜 薩底伐者近娜
阿婆訶耶弭 莫訶 提鼻
呬里蜜里呬里蜜里 毗析喇覩
我某甲勃地 南謨薄伽伐底(丁利)
莫訶提鼻薩囉酸底 悉 甸 覩
旁怛囉鉢陀弥 莎訶
尒時辯才天女說是呪已告婆羅門言善哉
大士能為衆生求妙辯才及說諸弥實神道
智慧廣利一切速證菩提如是應知受持法
式即說頌曰
先可誦此陀羅尼 令使純熟無謬失

BD04450 號　金光明最勝王經卷七

（19–13）

莫訶提鼻薩囉酸底 悉甸覩
旁怛囉鉢陀弥 莎訶
尒時辯才天女說是呪已告婆羅門言善哉
大士能為衆生求妙辯才及說諸弥實神道
智慧廣利一切速證菩提如是應知受持法
式即說頌曰
先可誦此陀羅尼 令使純熟無謬失
歸敬三寶諸天衆 請求加護願隨心
敬礼諸佛及法寶 菩薩獨覺聲聞衆
次礼梵王并帝釋 及護世者四天王
一切常修梵行人 悉可至誠慇重敬
可於寂靜蘭若處 大聲誦前呪讃法
應在佛像天龍前 隨其所有修供養
於彼一切衆生類 發起慈悲哀愍心
世尊妙相紫金身 繫想正念心無亂
世尊護念說教法 隨彼根機令習定
於其句義善思惟 復依空性而修習
應在世尊形像前 一心正念而安坐
即得妙智三摩地 并獲最勝陀羅尼
如來金口演說法 妙響調伏諸人天
舌相隨緣現希有 廣長能覆三千界
如是諸佛妙音聲 至誠憶念心無畏
諸佛皆由發弘願 得此舌相不思議
宣說諸法皆非有 譬如虛空無所著
諸佛音聲及舌相 繫念思量願圓滿
若見供養辯才天 或見弟子隨師教
授此秘法令修學 尊重隨心皆得成
若人欲得最上智 應當一心持此法

BD04450 號　金光明最勝王經卷七

（19–14）

諸佛皆由發弘願　得此舌相不思議
宣說諸法皆非有　譬如虛空無所著
諸佛音聲及舌相　繫念思量願圓滿
若見供養辯才天　或見弟子隨師教
授此秘法令修學　尊重隨心皆得成
若人欲得最上智　應當一心持此法
增長福智諸功德　必定成就勿生疑
若求財者得多財　求名稱者獲名稱
求出離者得解脫　必定成就勿生疑
無量無邊諸功德　隨其內心之所願
若能如是依行者　必得成就勿生疑
當於淨處著淨衣　應作壇場隨大小
以四淨瓶成美味　香花供養可隨時
懸諸繒綵并幡蓋　塗香抹香遍嚴飾
供養佛及辯才天　求見天身皆遂願
應三七日誦前呪　可對大辯天神前
若其不見此天神　應更用心經九日
於後夜中猶不見　更求清淨勝妙處
如法應畫辯才天　供養誦持心無捨
晝夜不生於懈怠　自利利他無窮盡
所獲果報施群生　於所求願皆成就
若不遂意經三月　六月九月或一年
慇懃求請心不移　天眼他心皆悉得
尒時憍陳如婆羅門聞是說已歡喜踊躍歎
未曾有告諸大眾作如是言汝等人天一切
大眾如是當知皆一心聽我今更欲依世諦
法讚彼勝妙辯才天女即說頌曰
敬礼天女那羅延　於世界中得自在

若不遂意經三月　六月九月或一年
慇懃求請心不移　天眼他心皆悉得
尒時憍陳如婆羅門聞是說已歡喜踊躍歎
未曾有告諸大眾作如是言汝等人天一切
大眾如是當知皆一心聽我今更欲依世諦
法讚彼勝妙辯才天女即說頌曰
敬礼天女那羅延　於世界中得自在
我今讚歎彼尊者　皆如往昔仙人說
吉祥成就心安隱　聰明慚愧有名聞
為母能生於世間　勇猛常行大精進
於軍陣處戰恒勝　長養調伏心慈忍
現為閻羅之長姊　常著青色野蠶衣
好醜容儀皆具有　眼目能令見者怖
無量勝行超世間　歸信之人咸攝受
或在山巖深險處　或居坎窟及河邊
或在大樹諸叢林　天女多依此中住
假使山林野人輩　亦常供養於天女
以孔雀羽作幢旗　於一切時常護世
師子虎狼恒圍繞　牛羊雞等亦相依
振大鈴鐸出音聲　頻陀山眾皆聞響
或執三戟頭圓髻　左右恒持日月旗
黑月九日十一日　於此時中當供養
或現婆蘇大天妹　見有鬪戰心常愍
觀察一切有情中　天女最勝無過者
權現牧牛歡喜女　與天戰時常得勝
能久安住於世間　亦為和忍及暴惡
大婆羅門四明法　幻化呪等悉皆通
於天仙中得自在　能為種子及大地

觀察一切有情中　天女最勝無過者
摧現牧牛歡喜女　與天戰時常得勝
能久安住於世間　亦為和忍及暴惡
大婆羅門四明法　幻化呪等悉皆通
於天仙中得自在　能為種子及大地
諸天女等集會時　如大海潮必來應
於諸龍神藥叉衆　咸為上首能調伏
於諸女中最梵行　出言猶如世間主
於王住處如蓮花　若在河津喻橋栰
面貌猶如盛滿月　具足多聞作依處
辯才勝出若高峯　念者皆與為洲渚
阿蘇羅等諸天衆　咸共稱讚其功德
乃至千眼帝釋主　以慇重心而觀察
衆生若有希求事　悉能令彼速得成
亦令聡辯具聞持　於大地中為第一
於此十方世界中　如大燈明常普照
乃至神鬼諸禽獸　咸皆遂彼所求心
於諸女中若山峯　同昔仙人久住世
如少女天常離欲　實語猶如大世主
普見世間差別類　乃至欲界諸天宮
唯有天女獨稱尊　不見有情能勝者
若於戰陣恐怖處　或見墮在火坑中
河津險難賊盜時　悉能令彼除怖畏
或被王法所枷縛　或為怨讎行殺害
若能專注心不移　決定解脫諸憂苦
於善惡人皆擁護　慈悲愍念常現前
是故我以至誠心　稽首歸依大天女

BD04450號　金光明最勝王經卷七　（19–17）

若於戰陣恐怖處　或見墮在火坑中
河津險難賊盜時　悉能令彼除怖畏
或被王法所枷縛　或為怨讎行殺害
若能專注心不移　決定解脫諸憂苦
於善惡人皆擁護　慈悲愍念常現前
是故我以至誠心　稽首歸依大天女
尒時婆羅門復以呪讚天女曰
敬礼敬礼世間尊　於諸母中最為勝
三種世間咸供養　面貌容儀人樂觀
種種妙德以嚴身　目如脩廣青蓮葉
福智光明名稱滿　譬如無價末尼珠
我今讚歎最勝者　悉能成辦所求心
真實功德妙吉祥　譬如蓮花極清淨
身色端嚴皆樂見　衆相希有不思議
能放無垢智光明　於諸念中為最勝
猶如師子獸中上　常以八臂自莊嚴
各持弓箭刀矟斧　長杵鐵輪并羂索
端正樂觀如滿月　言詞無滯出和音
若有衆生心願求　善士隨念令圓滿
帝釋諸天咸供養　皆共稱讚可歸依
衆德能生不思議　一切時中起恭敬
莎訶　此上呪頌是呪亦是讚　若持呪時必須誦之
若欲祈請辯才天　依此呪讚言詞句
晨朝清淨至誠誦　於所求事悉隨心
尒時佛告婆羅門善哉善哉汝能如是利益
衆生施與安樂讚彼天女請求加護獲福無
邊
此品呪法有略有廣或開或合前後不同

BD04450號　金光明最勝王經卷七　（19–18）

最勝清淨王說讚　於所求事悉隨心
尒時佛告婆羅門善哉善哉汝能如是利益
衆生施與安樂讚彼天女請求加護獲福無
邊
此品呪法有略有廣或開或合前後不同梵
本既多但依一譯後勘者知之
金光明經卷第七
殞多可 澀色立 蝨麦庚 薩力徵 鬚粟俞 謎迷計 攞羅可 蒷侯入 蠱作含
叱嗔失 杞數己
苐子沙弥慈光
王文信轉經一遍

BD04450 號　金光明最勝王經卷七　　(19–19)

滿其中池底純以金沙布地四邊階道金銀
瑠璃頗梨合成上有樓閣亦以金銀瑠璃頗
梨車𤦲赤珠馬瑙而嚴飾之池中蓮花大如
車輪青色青光黃色黃光赤色赤光白色白
光微妙香潔舍利弗極樂國土成就如是功
德莊嚴
又舍利弗彼佛國土常作天樂黃金為地晝
夜六時而雨曼陀羅花其土衆生常以清旦
各以衣裓盛衆妙花供養他方十萬億佛即
以食時還到本國飯食經行舍利弗極樂國
土成就如是功德莊嚴
復次舍利弗彼國常有種種奇妙雜色之鳥
白鵠孔雀鸚鵡舍利迦陵頻伽共命之鳥是
諸衆鳥晝夜六時出和雅音其音演暢五根
五力七菩提分八聖道分如是等法其土衆
生聞是音已皆悉念佛念法念僧舍利弗汝
勿謂此鳥實是罪報所生所以者何彼佛國

BD04451 號　阿彌陀經　　(6–1)

復次舍利弗彼國常有種種奇妙雜色之鳥
白鵠孔雀鸚鵡舍利迦陵頻伽共命之鳥是
諸衆鳥晝夜六時出和雅音其音演暢五根
五力七菩提分八聖道分如是等法其土衆
生聞是音已皆悉念佛念法念僧舍利弗汝
勿謂此鳥實是罪報所生所以者何彼佛國
土无三惡趣舍利弗其佛國土尚无三惡道
之名何況有實是諸衆鳥皆是阿弥陀佛欲
令法音宣流變化所作舍利弗彼佛國土微
風吹動諸寶行樹及寶羅網出微妙音譬如
百千種樂同時俱作聞是音者皆自然生念
佛念法念僧之心舍利弗其佛國土成就如
是功德莊嚴
舍利弗於汝意云何彼佛何故号阿弥陀舍
利弗彼佛光明无量照十方國无所鄣礙是
故号為阿弥陀又舍利弗彼佛壽命及其人
民无量无邊阿僧祇劫故名阿弥陀舍利弗
阿弥陀佛成佛已來於今十劫又舍利弗彼
佛有无量无邊聲聞弟子皆阿羅漢非是
筭數之所能知諸菩薩衆亦復如是舍利弗
彼佛國土成就如是功德莊嚴
又舍利弗極樂國土衆生生者皆是阿鞞跋
致其中多有一生補處其數甚多非是筭數
所能知之但可以无量无邊阿僧祇說舍利
弗衆生聞者應當發願願生彼國所以者何
得與如是諸上善人俱會一處舍利弗不可

BD04451號　阿彌陀經　（6–2）

彼佛國土成就如是功德莊嚴
又舍利弗極樂國土衆生生者皆是阿鞞跋
致其中多有一生補處其數甚多非是筭數
所能知之但可以无量无邊阿僧祇說舍利
弗衆生聞者應當發願願生彼國所以者何
得與如是諸上善人俱會一處舍利弗不可
以少善根福德因緣得生彼國舍利弗若有
善男子善女人聞說阿弥陀佛執持名号若
一日若二日若三日若四日若五日若六日
若七日一心不亂其人臨命終時阿弥陀佛
與諸聖衆現在其前是人終時心不顛倒即
得往生阿弥陀佛極樂國土舍利弗我見是
利故說此言若有衆生聞是說者應當發願
生彼國土舍利弗如我今者讚歎阿弥陀佛
不可思議功德之利東方亦有阿閦鞞佛須
弥相佛大須弥佛須弥光佛妙音佛如是等
恒河沙數諸佛各於其國出廣長舌相遍覆
三千大千世界說誠實言汝等衆生當信是
稱讚不可思議功德一切諸佛所護念經
舍利弗南方世界有日月燈佛名聞光佛大炎
肩佛須弥燈佛无量精進佛如是等恒河沙
數諸佛各於其國出廣長舌相遍覆三千大
千世界說誠實言汝等衆生當信是稱讚不
可思議功德一切諸佛所護念經舍利弗西
方世界有无量壽佛无量相佛无量幢佛大
光佛大明佛寶相佛淨光佛如是等恒河沙

BD04451號　阿彌陀經　（6–3）

數諸佛各於其國出廣長舌相遍覆三千大
千世界說誠實言汝等衆生當信是稱讚不
可思議功德一切諸佛所護念經舍利弗西
方世界有无量壽佛无量相佛无量幢佛大
光佛大明佛寶相佛淨光佛如是等恒河沙
數諸佛各於其國出廣長舌相遍覆三千大
千世界說誠實言汝等衆生當信是稱讚不
可思議功德一切諸佛所護念經
舍利弗北方世界有炎肩佛最勝音佛難沮
佛日生佛網明佛如是等恒河沙數諸佛各於
其國出廣長舌相遍覆三千大千世界說誠
實言汝等衆生當信是稱讚不可思議功德
一切諸佛所護念經
舍利弗下方世界有師子佛名聞佛名光佛
達摩佛法幢佛持法佛如是等恒河沙數諸
佛各於其國出廣長舌相遍覆三千大千世
界說誠實言汝等衆生當信是稱讚不可思
議功德一切諸佛所護念經
舍利弗上方世界有梵音佛宿王佛香上佛
香光佛大炎肩佛雜色寶花嚴身佛娑羅
樹王佛寶花德佛見一切義佛如須彌山佛如
是等恒河沙數諸佛各於其國出廣長舌相
遍覆三千大千世界說誠實言汝等衆生當
信是稱讚不可思議功德一切諸佛所護念經
舍利弗於汝意云何何故名為一切諸佛
所護念經
舍利弗若有善男子善女人聞是經受持

BD04451號　阿彌陀經　（6–4）

是等恒河沙數諸佛各於其國出廣長舌相
遍覆三千大千世界說誠實言汝等衆生當
信是稱讚不可思議功德一切諸佛所護念經
舍利弗於汝意云何何故名為一切諸佛
所護念經
舍利弗若有善男子善女人聞是經受持
者及聞諸佛名者是諸善男子善女人皆
為一切諸佛之所護念得不退轉於阿耨多
羅三藐三菩提是故舍利弗汝等皆當信
受我語及諸佛所說舍利弗若有人已發願
今發願當發願欲生阿彌陀佛國者是諸人
等皆得不退轉於阿耨多羅三藐三菩提於
彼國土若已生若今生若當生是故舍利弗
諸善男子善女人若有信者應當發願生
彼國土舍利弗如我今者稱讚諸佛不可思
議功德彼諸佛等亦稱讚我不可思議功德
而作是言釋迦牟尼佛能為甚難希有之事
能於娑婆國土五濁惡世劫濁見濁煩惱濁
衆生濁命濁中得阿耨多羅三藐三菩提為
諸衆生說是一切世間難信之法舍利弗當
知我於五濁惡世行此難事得阿耨多羅三
藐三菩提一切世間說此難信之法是為甚
難佛說此經已舍利弗及諸比丘一切世間
天人阿脩羅等聞佛所說歡喜信受作禮
而去

BD04451號　阿彌陀經　（6–5）

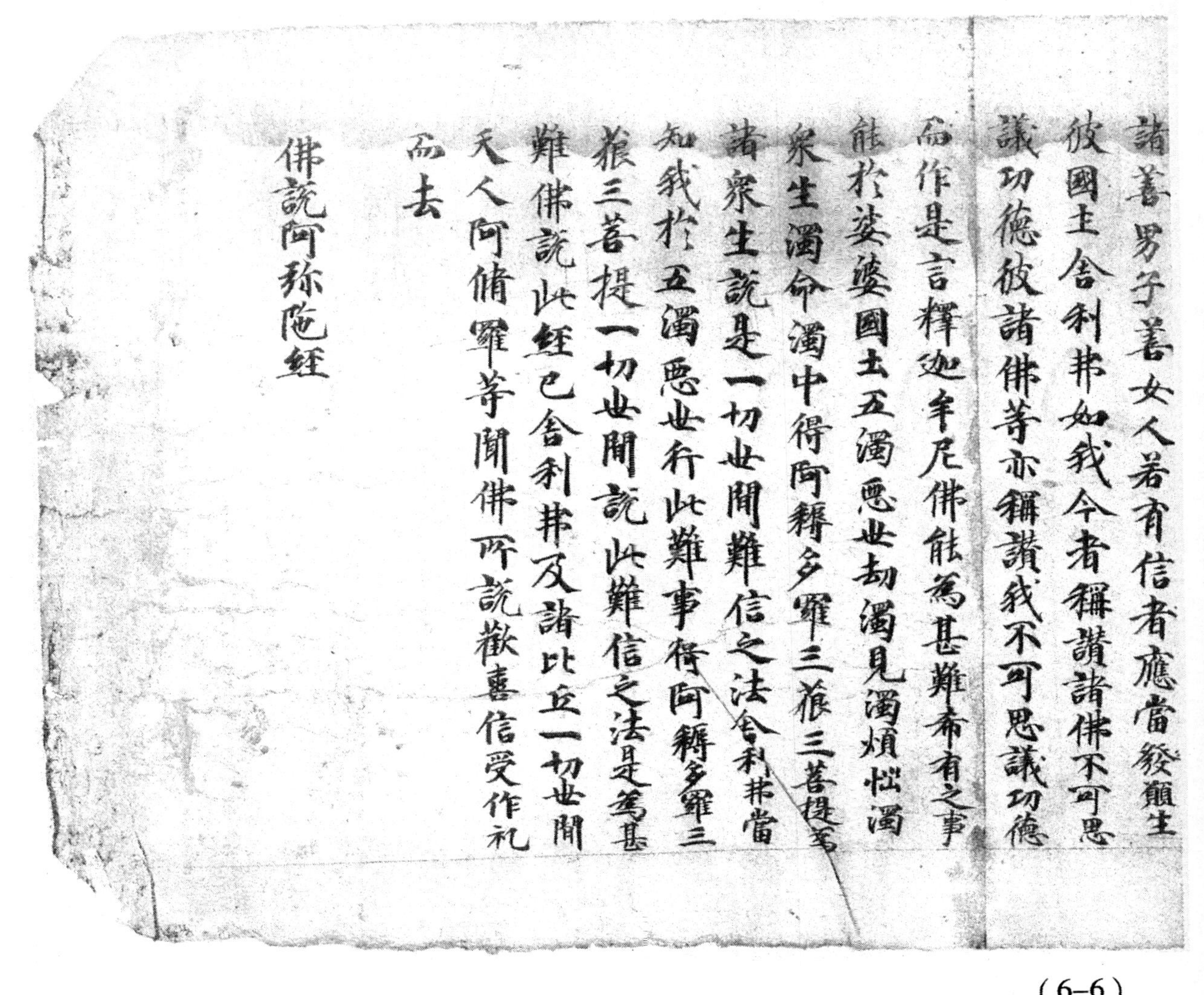

諸善男子善女人若有信者應當發願生
彼國土舍利弗如我今者稱讚諸佛不可思
議功德彼諸佛等亦稱讚我不可思議功德
而作是言釋迦牟尼佛能為甚難希有之事
能於娑婆國土五濁惡世劫濁見濁煩惱濁
衆生濁命濁中得阿耨多羅三藐三菩提為
諸衆生說是一切世間難信之法舍利弗當
知我於五濁惡世行此難事得阿耨多羅三
藐三菩提一切世間說此難信之法是為甚
難佛說此經已舍利弗及諸比丘一切世間
天人阿脩羅等聞佛所說歡喜信受作禮
而去

佛說阿弥陀經

（6–6）

BD04451號　阿彌陀經

（1–1）

BD04451號背　雜寫

大乘密嚴經阿賴耶建立品第六
尒時金剛藏菩薩摩訶薩復告衆言諸仁者
我念昔曾蒙佛威力而得妙定廓然明見十
方國土諸世定人及佛菩薩所住之處於如是
處中密嚴佛土安樂第一諸佛菩薩數如微
塵處蓮花藏我於尒時一心瞻仰尊從定出
即自見身與諸菩薩在密嚴土復於尒時
見解脫藏住在宮中其量大小如一指節色
相明潔如阿恒斯花亦如空中清淨滿月我
時見已便生念言此爲是誰而有如是不思
議事作是念時即見我身在其身内於中普
見一切世間尒時蓮花藏中无量菩薩以佛
神力亦如是見咸生是念此爲希有不可思
議時天中天所爲事畢還攝神力諸菩薩等
悉復如故我時見此希有事已知諸菩薩種

BD04452號　大乘密嚴經（地婆訶羅本）卷中　（3–1）

見一切世間尒時蓮花藏中无量菩薩以佛
神力亦如是見咸生是念此爲希有不可思
議時天中天所爲事畢還攝神力諸菩薩等
悉復如故我時見此希有事已知諸菩薩種
種變現是佛境界不可思議諸仁者如來昔
爲菩薩之時從初歡喜至法雲地得陁羅尼
句義无盡及首楞嚴等諸大三昧意生之身
八種自在如應而現遊戲神通名稱光明如
是等一切功德悉已成就轉復清淨遠成正
覺住密嚴土隨宜變化佛及菩薩種種色像
自然周遍一切世間轉妙法輪令諸衆生速
滅癡闇修行善法或有菩薩見佛身相尸利
婆瑳等具足莊嚴自然光明猶如盛火與諸
菩薩住如蓮花清淨之宮常遊妙定以爲安
樂或見大樹緊那羅王現百千億種種變化
如月光明遍諸國土或見无量佛子智慧善
巧衆相莊嚴頂飾寶冠身佩瓔珞住究竟
等諸天之宮或見普賢有大威力得一切智
无礙辯才身相光明獨无倫比所居宮殿如
淨滿月雖住密嚴正定而現衆色像靡
不周遍一切賢聖所共稱譽无量天仙乾闥
婆等國王王子并其眷屬圍遶侍衛或復見
有觀行之師諸佛子衆所共圍遶住禪寂靜
猶如睡眠離憍慢懈怠等過悉曾侍奉无
量諸佛或復有見爲大導師降神誕生出家
苦行一心正定乃至涅槃於虚空中行住坐卧
現諸神變令閻浮提至色究竟諸天人等
[illegible]者[illegible]生唯佛所知佛之

BD04452號　大乘密嚴經（地婆訶羅本）卷中　（3–2）

覺住密嚴土隨宜變化佛及菩薩種種色像
自然周遍一切世間轉妙法輪令諸衆生速
滅癡闇修行善法或有菩薩見佛身相尸利
婆踐等具足莊嚴自然光明猶如盛大與諸
菩薩住如蓮花清淨之宮常遊妙定以為安
樂或見大樹緊那羅王現百千億種種變化
如月光明遍諸國土或見无量佛子智慧善
巧衆相莊嚴頂飾寶冠身佩瓔珞住兜率陀
等諸天之宮或見普賢有大威力得一切智
无礙辯才身相光明獨无倫比所居宮殿如
淨滿月離住密嚴正定海而現衆色像靡
不周遍一切賢聖所共稱譽无量天仙乾闥
婆等國王王子并其眷屬圍遶侍衛或復見
有觀行之師諸佛子衆所共圍遶住禪寂靜
猶如[illegible]離惛沉懈怠等過患曾侍奉无
量諸佛或復有見為大導師降神誕生出家
苦行一心正定乃至涅槃於虛空中行住坐卧
現諸神變令閻浮提至色究竟諸天人等
[illegible]者下體生唯佛所知佛之

BD04452號　大乘密嚴經（地婆訶羅本）卷中　　(3–3)

BD04453號　金剛般若波羅蜜經（偽卷）　　(1–1)

者何獸生死故是為菩薩摩訶薩應遠離聲
聞心世尊云何菩薩摩訶薩應遠離獨覺心善
現若菩薩摩訶薩作如是念獨覺乘心非
證无上菩提之道故應遠離所以者何樂涅
槃故是為菩薩摩訶薩應遠離獨覺心世尊
云何菩薩摩訶薩應遠離熱惱心善現若菩
薩摩訶薩作如是念怖畏生死熱惱之心非證
无上菩提之道故應遠離所以者何畏生死
故是為菩薩摩訶薩應遠離熱惱心世尊云
何菩薩摩訶薩應遠離見乞者來不喜愁惱
心善現若菩薩摩訶薩作如是念此不喜愁
惱心非證无上菩提之道故應遠離所以者何
違慈悲故是為菩薩摩訶薩應遠離見乞
者來不喜愁惱心世尊云何菩薩摩訶薩應
遠離捨所有物追悔心善現若菩薩摩
訶薩作如是念此追悔心非證无上菩提之
道故應遠離所以者何違本願故謂我先發
菩提心時作是願言諸我所有施來求者隨
欲不空云何今時施已追悔是為菩薩摩訶
薩應遠離捨所物追悔心世尊云何
菩薩摩訶薩應遠離[illegible]

BD04454號　大般若波羅蜜多經卷四九〇　（2–1）

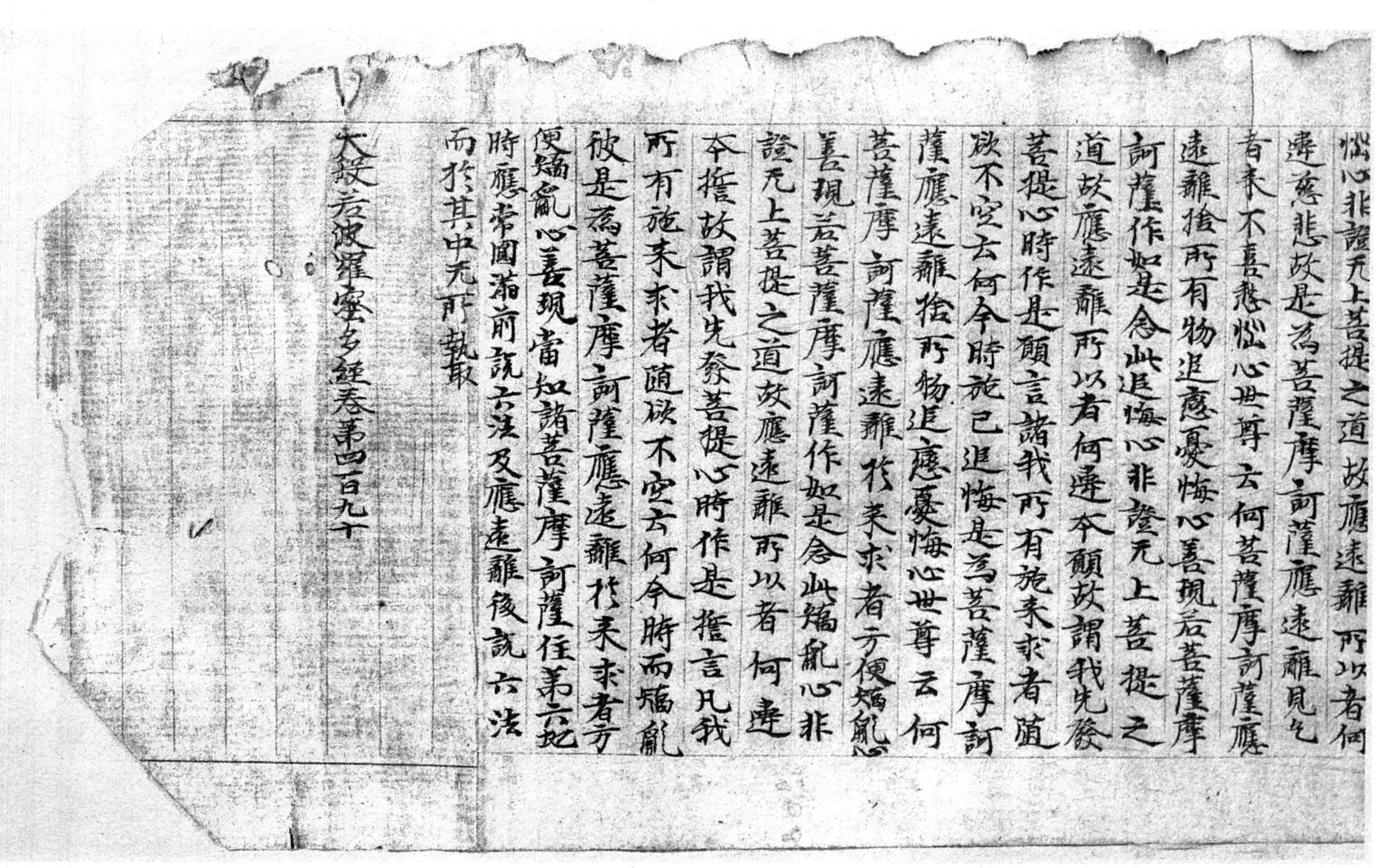
惱心非證无上菩提之道故應遠離所以者何
違慈悲故是為菩薩摩訶薩應遠離見乞
者來不喜愁惱心世尊云何菩薩摩訶薩應
遠離捨所有物追悔心善現若菩薩摩
訶薩作如是念此追悔心非證无上菩提之
道故應遠離所以者何違本願故謂我先發
菩提心時作是願言諸我所有施來求者隨
欲不空云何今時施已追悔是為菩薩摩訶
薩應遠離捨所物追悔心世尊云何
菩薩摩訶薩應遠離於來求者方便矯亂心
善現若菩薩摩訶薩作如是念此矯亂心非
證无上菩提之道故應遠離所以者何違
本誓故謂我先發菩提心時作是誓言凡我
所有施來求者隨欲不空云何今時而矯亂
彼是為菩薩摩訶薩應遠離於來求者方
便矯亂心善現當知諸菩薩摩訶薩住第六地
時應常圓滿前說六法及應遠離後說六法
而於其中无所執取

大般若波羅蜜多經卷第四百九十

BD04454號　大般若波羅蜜多經卷四九〇　（2–2）

所取著三摩地世尊云何名為電焰莊嚴三
摩地善現謂若住此三摩地時發種種光照
諸冥暗復以无量功德莊嚴是故名為電焰
莊嚴三摩地世尊云何名為除遣三摩地善
現謂若住此三摩地時除遣无邊煩惱習氣
是故名為除遣三摩地世尊云何名為法炬
三摩地善現謂若住此三摩地時照了諸法
自相共相是故名為法炬三摩地世尊云何
名為慧燈三摩地善現謂若住此三摩地時
照了諸法空无我理是故名為慧燈三摩地
世尊云何名為趣向不退轉神通三摩地善
現謂若住此三摩地時能引无量不退難伏
冣勝神通是故名為趣向不退轉神通三摩
地世尊云何名為解脫音聲文字三摩地善
現謂若住此三摩地時見諸等持解脫一切
音聲文字衆相寂滅是故名為解脫音聲文
字三摩地世尊云何名為炬熾然三摩地善
現謂若住此三摩地時於諸等持威德獨盛

BD04455號　大般若波羅蜜多經卷五二　（2–1）

是故名為除遣三摩地世尊云何名為法炬
三摩地善現謂若住此三摩地時照了諸法
自相共相是故名為法炬三摩地世尊云何
名為慧燈三摩地善現謂若住此三摩地時
照了諸法空无我理是故名為慧燈三摩地
世尊云何名為趣向不退轉神通三摩地善
現謂若住此三摩地時能引无量不退難伏
冣勝神通是故名為趣向不退轉神通三摩
地世尊云何名為解脫音聲文字三摩地善
現謂若住此三摩地時見諸等持解脫一切
音聲文字衆相寂滅是故名為解脫音聲文
字三摩地世尊云何名為炬熾然三摩地善
現謂若住此三摩地時於諸等持威德獨盛
照了諸定猶如熾炬是故名為熾炬然三摩
地世尊云何名為嚴淨相三摩地善現謂若
住此三摩地時於諸等持嚴淨其相是故名
為嚴淨相三摩地世尊云何名為无相三摩
地善現謂若住此三摩地時於諸等持不見
其相是故名為无相三摩地世尊云何名為
无濁忍相三摩地善現謂若住此三摩地時
於一切法得无濁忍是故名為无濁忍相三
摩地世尊云何名為具一切妙相三摩地善
現謂若住此三摩地時諸定妙相无不具足

BD04455號　大般若波羅蜜多經卷五二　（2–2）

度更……
若得戒局在須陁（洹）耶沙弥若今亦法中有須陁洹耶沙弥……
戒唯局尼衆受道人遍餘者皆得戒唯在尼衆半迦尸尼若今亦
是比丘亦聽小小顏容不得也所以邊地五人得戒今邊方有仏法初行處皆悉
聽曾滿十二局在尼衆上法受戒通僧尼二衆今若有得阿羅漢者亦即得名
上法受戒唯有羯磨一法教通凡聖故僧尼誤羅現未須知作法成不成
故依諸部廣明　問羯磨受戒具足幾緣得名如法　答依僧祇律具五因
緣得戒如法何者為五一者受戒人要須年滿廿三衣鉢具　二者受戒人身无十三遮
難　三者要須結界成就　四者界內僧盡集无差別衆　五者羯磨秤无有增
減　三者十僧滿足如法清淨備此三緣得名如法天中也受戒不成問云何名
僧祇云要年滿廿歲滿若年滿廿而不得戒但使兩滿得受
戒若冬時生夏安居竟受戒是名不滿廿若春時生安居竟受戒是名滿廿
前安居竟受戒後安居時生後安居竟受戒是名滿廿四分家十二月為一歲滿廿
人取本生月皆名滿廿得具足戒僧祇家竟廿雨滿得具足戒滿月生者並滿廿
始可捨八雨故名不滿如是等要廿夏然後方得受戒然受戒事重是出家根
本若大年法不成即非比丘自知无別受人信施及以礼拜皆名為盜得罪无量
若人定知年小受戒者雖受百年猶若沙弥不應受大比丘礼數及受信施當更
受戒問此人受戒已來備受布薩羯磨何故得受戒　答曰作受大戒意聽羯
磨布薩非盜心故四分聽更受戒僧祇云若人不知年幾當問父母親里若從不
……何歲

人取本生月皆名滿廿得具足戒僧祇律云□□□而滿得具足戒□月生者□□
恐厓捨八兩故名不滿如是等要廿夏然後方得受戒然受戒事重是出家根
本若太盜法不成即非比丘与白衣無别受人信施及以礼拜皆名為盜得罪無量
若人定知年少受戒者雖逕百年猶若沙弥不應受大比丘礼敬及受信施僧更
受戒 問此人受戒已來偷受布薩羯磨何故得受戒 答此之作受大戒意應羯
磨布薩非盜心故四分聽更受戒僧祇云若人不知年幾當問父母親里若總不
知當看生年板若無是者當觀其顏狀手足成就已不若如是不知當問何王何歲
國王豐儉旱澇等非謂一切如是時有難知者如是一一尋究若實不知滿廿難于之
戒就亦不得戒也 問四分云年未滿廿聽數胎中閏月等此後云何 答有人称受戒
時意謂年滿廿受戒竟方知不滿懷疑問佛佛言聽數胎中月數閏月若數一切十四
日說戒以滿年數者無犯此是大聖開令得戒依閻國法五年再閏十誦云浙沙王共
年五閏五分五年一閏亦知依何者為定 問无衣鉢得受戒不四分云无衣鉢不得受
戒 又問借衣鉢得受戒不 五分云借者應教衣主捨得受戒也 毗尼母經云
論云无衣鉢得戒不 答言得 問若爾何須衣鉢 答言一為威儀故二為生前人善
故三為標異相故須衣鉢具也 第二身无遮難者何故須問也 答十三難為三
業所障与聖道隔絶竟不發戒名之為難是故須問 又問十三難者名義
云何 答一邊罪難此人曾受大戒犯波羅夷為僧擯復自後又須更求出家
翻在眾外名邊竟不發戒故稱難也 二汙尼淨行難從出家已來不犯戒者
名為淨行若白衣時汙犯此人不名為難 三賊心受戒難此人无師自剃
頭髮着袈裟不受戒而共他布薩羯磨偷竊仏法故名賊心若下三衆盜
聽說戒羯磨詐同僧事亦犯也 四破內外道難此人先是外道來出家受戒
後不捨戒還入外道惡見心重自然失戒若更欲相仏法出家受戒者名難
五黃門難此人性多煩惱惱亂相持戒煩惱竟重不發大戒故名為難
六殺父難 七殺母難 白衣殺父或殺母為尼永深竟不發戒
八殺阿羅漢白衣時殺比丘時殺時類亦不要 九破僧難 妄說耶
去威儀律普同界之內別行去事斷壞仏法知而故為難 十惡心出仏

後不捨戒還入外道邪見心重自然失戒若更欲相似法 出家受戒者名難
五黃門難 六性多煩惱相持戒煩惱𢾾重不發大戒故名爲難
六殺父難 七殺母難 白衣殺父或殺母爲罪深重不發戒
八殺阿羅漢 白衣時殺比丘時終時顏色不變 九破僧難 妄說邪
法惑亂群情同界之內別行法事斷壞佛法知而故爲難（故在佛） 十惡出佛
身血難 此人方便欲殺佛而不能斷命復損軀違理處深得重逆罪令
時未世燒壞精舍形像舍利若見瑞相亦得逆罪不得受戒故名爲難
十一非人難 若鬼若天變作人形欲受大戒者名爲非人難也 十二畜生難 若龍
若狐化爲人形不得與受戒 十三二根難 此人一身具有男女二根相僧尼二
衆皆無置處故名爲難 此十三之中初四及五逆業𢾾 偏黃門一人煩惱𢾾
偏後三人報𢾾 偏三𢾾所羅一形之中不可改易 若未出家莫度已出家擯當
償虧辭如論中所說也 問曰 不問十三難爲得戒不 答四分云 自制已不得戒
又問本爲防難故問今實無者何須問也 答雖爲難故問 若實有難問以
不問俱不得戒 若實無難問便得戒不問不得戒 第三明結界成 後結界法（此不成）
中當說 第四界內僧盡集不來者與欲衆僧和合無別衆也 第五羯磨
秤文者 若作白四羯磨而白五白三白二皆不成也 第六僧數滿者要清淨
大比丘十人若過十人名爲衆滿減則不成 問 犯重人及十三難人作和上爲得戒
不 答四分云 此不足僧數不得戒也 自餘證人犯重但使證人多則得戒少則
不得 四分云 時有從不持戒和上受戒後生疑 問汝知和上不持戒不 答言
知 汝知不應從如是人受具戒不 答言不知 此得名受具戒 又復有生疑 問佛（佛言問）
言 汝知和上破戒不 答言知 汝知不應從破不 答言知言 汝知從破戒人邊受（戒人邊受戒）
戒不得戒不 答言不知 佛言得名受具戒 第四人三句俱知者 佛言不名受具足戒
問 無和上得受具戒不 佛言不得 十誦云 優波離問佛 無和上得受具戒不 佛言
得名受具戒 羯磨人及衆僧有罪 四分云 時有和上九歲授人具戒不知成不
戒 佛言成受戒 衆僧有罪 又僧祇云 以和上是十人數不名受具戒 又不自稱

言汝知和上破戒不答言知汝知不應從破不答言知言汝知從破戒人邊受
戒不得戒不答言不知佛言得名受具戒　第四人三句俱知者佛言不名受具足戒
問無和上得受具戒不佛言不得　十誦云優波離問佛無和上得受具戒不佛言
得名受具戒羯磨人及眾僧有罪　四分云時有和上九歲授人具戒不知成
戒不佛言成受戒眾僧有罪　又僧祇云以和上足十人數不名受具戒　又不自稱
字不稱和上字不乞戒皆不名受具戒　四分云時有不與沙彌戒便與受具戒不知
成受不　佛言得具足戒眾僧有犯　毗尼母論云時有從破戒師受戒生疑
問佛言汝先知和上從師邊受得戒不答不知佛言得名受戒　問大僧得與
尼受六法及十戒不答大僧唯得與尼作三種羯磨一受大戒二摩那埵三出罪自
餘法事諸律無文授全作者羯磨不成僧尼俱得罪　問何故大尼取比丘為師
式叉沙彌尼不取也答女無獨志是故聖制受大戒要取大僧作師式叉摩尼及沙
彌尼初始出家年幼志弱但依大尼為師證成學戒不須大僧也　問受六法時更
須請和上不　答不須何以故然者式叉摩那但於十戒中增學其六未是易位故不
須請五部律皆言眼見耳不聞處若對面作羯磨者不成受六法得罪
問有人言大比丘尼得作禮沙彌是如法不　答此人不解律相妄作是說何以故四分
律房舍揵度中佛自為諸比丘制於敬法小沙彌應禮大沙彌尼墖何況大比丘尼
而不禮也　何者不應禮十三難人三舉人滅擯人非法語人如是等人不應禮之者
彼此俱得罪耳　次明捨戒　然戒是淨法應清身累表是故僧尼五眾護持
佛戒寧死不犯若故犯者不如本不出家也何以故自壞道法汙辱師僧穢亂三
寶虛負四恩不消信施蓋罪尤多若人煩惱迫心業道情薄苟欲為惡不能
遮心者佛言是人聽捨戒還家不得倚傍佛法違犯清禁也若欲捨戒者當向
一天比丘前蹲踞合掌作如是言大德一心念我比丘某甲今捨大戒還作白衣大
德憶我是白衣如是三說　又受戒之中有作戒有無作戒初對師前作心受戒還
動身口造成此法故名作戒得戒已後懷之在心不復營為故名無作戒也
此無作戒是出世法作受之便得作心捨之便失善業不亦忽能感果無有捨義
不失戒去有舍義也　五篇戒法　上明受戒今明持戒既受得法理須護持隨犯制意 [illegible]已有輕重皆差為五篇例相屬圖

BD04456號　毗尼心經

（10–4）

莚心者佛言是人聽捨戒還家不得倚傍佛法違犯清禁也若欲捨戒者當向
一天比丘前𧿹跪合掌作如是言大德一心念我比丘某甲今捨大戒還作白衣願大
德憶我是白衣如是三說　又受戒之中有作戒有无作戒初對師前作心受戒運
動身口是戒此法故名作戒得戒已後懷之在心不復營為故名无作戒也
此无作戒是出世法作受之便得住心捨之便失善業不忘忽能感果无有捨義
不定戒法有捨義也　五篇戒法 上明受戒今明持戒既受得法理須護持隨犯制意慎而不犯犯有輕重階差為五貴例相屬因
之義篇也 一波羅夷戒 蓋是西音此云无餘若犯此戒永棄清衆故曰无餘有布薩羯磨二種法事不得在數永无其分故曰无餘也
二僧伽婆尸沙戒 此云僧殘若犯此戒行則毀缺不應在布薩之數猶於羯磨衆中作頻其分故曰僧殘也
三波逸提戒 此方云墮若犯此戒落地獄燒煮覆障故曰為墮也　四波羅提舍尼戒 此方云向彼悔若犯此戒事合可向彼發露曉喻故云向彼悔
五戒突吉羅戒 此方云應當學威儀練行勤心習學戒故曰當應學　此五篇之中該三種行初
一篇護根本行第二篇護衆法行下三篇護威儀行又此五篇防三種障初兩篇防
斷道罪初篇正斷道僧殘正斷衆也波逸提一篇防牽報罪沈輪有出離允
由也後兩篇防譏過罪生人不善衣□提舍尼衆犯衆學悔下應當勸學專
精莫犯義通諸篇顯法門有又對防五品之罪故立五篇佛言有罪心念懺悔此
則第五篇所防也有罪從他懺悔此則第四篇所防也有罪小重亦從他懺悔此則
第三篇所防也有罪從僧懺悔此則第二篇所防也有大重罪不可懺悔此則初篇
所防也初篇防无罪第二篇防決无罪第三篇防合得鞭罪第四篇防合得杖罪第
五篇防嘖失罪此五篇戒並是身口上善為幹女離五品故名五支戒初篇名根
本業清淨戒第二名前後眷屬餘清淨戒第三篇名非諸惡覺之清淨戒第四
篇護持正念之清淨戒第五篇名迴向阿耨多羅三藐三菩提善戒　沙彌十戒
沙彌者此云息慈息惡行慈故曰沙彌息救十惡故受十戒身慈念衆
衆生故不殺等也此之十戒乃是衆戒之根本先誰持之　一不殺 若故殺人不得受大
戒若畜生若摩角牛等至心懺悔得拭也　二不盜 若偷若劫若強奪若燒若損壞他物但直五錢已上不得受大戒也若
減五錢若非人畜生物懺悔得拭　三不婬 若人男女若非人男女若畜生男女若侵身亦不得受大戒若繫畜生等至心懺悔得拭
四不妄語 若詐稱得聖不得受大戒也若以重事謗清淨人及誰戒聚妄其罪輕懺悔餘小妄語聽懺悔已受大戒　五不飲酒 酒性

汝行者山…[illegible]…故曰汝所…[illegible]

衆生故不殺等也此之十戒乃是衆戒之根本先明持之 一不殺 若故不得殺大

戒若畜生若犛牛等至心懺悔得捄 若偷若劫若種棄若燒若撗埋他

等至心懺悔得捄也 二不盜 物但五錢已上一不得犯大戒也若

藏五錢若非人畜生物懺悔得捄 三不婬 若人男女若非人男女若畜生男女若傷身分 不得犯大戒若殺畜生等至心懺悔得捄

四不妄語 若詐稱得聖不得犯大戒也若妄語重事誑清淨人及誑衆者 妄其罪難懺悔餘小妄語懺悔已受大戒 五不飲酒 酒性能

發大煩惱改人心性亂人道心多開衆過之門若酒入腹中誹戒心雖自制不能得故佛制不飲狂藥 六不著花鬘香油塗身 莊飾 若安觀其身

由懷染著 七不歌儛倡伎及往觀聽 習近嬉戲故 散亂道心 故壞道心淨 情識亂道 八不上高廣大床上坐也 慢 傷

自處無謙下心情慢 九不非時食 濟命養道宜須應法 食味不節致患妨道 十不捉持生像金銀寶物 受物去道遠矣

供身之具儉素為佳非貴說服多 生人貪染故教不捉也

此十戒之中前四性重後六遮重 重者內自起惡惡 重者外能生過又前四戒是業清淨戒中四戒是行清淨後二戒是緣清淨戒所以者

何殺盜二戒不自作不教他作則身口俱淨不婬戒純身業淨不妄語一戒純口業淨不

殺離瞋心不盜離外貪不婬離內貪不妄語離顛倒心戒之心攝三毒根則意業淨

也淨戒本出自身口意業故云前四戒是業清淨戒所以依業起行與先須護

過今諸惡不起故不飲酒也惡既不起次應於飾威儀而威儀精潔離於世染故次不

著花鬘香油塗身也威儀既舉次應運動身口順美法音竅求善友說法未聞

而今嘆詠非法鼓動群情專習術藝採妖冶邪持來道業故次不歌儛倡伎

及故往觀聽也既聽[illegible]習有六次[illegible]宜安心於法端懃係念祈伏我慢思受禁辱

離寬大者以故次不高廣大床座也故云中四戒是行清淨戒身既道行非狐起行託

緣興飲食濟命未服讚形由外資發方得行道故次不非時食不服寶飾以離貪著

資緣之過也故云後二戒是緣清淨戒持戒得十利 一者攝取於僧 則為如法 若下坐持戒

衆攝在 二者令僧歡喜 若中坐持戒有所讚為悅可衆心也 三者令僧安樂 若上坐持戒則先餘衆皆能發菩提 五不出過

數中

呵責不應作 弟子被呵責應行五事 一應捨作事 二應捨已請教誡 四不應於餘人邊住 五不應不懺悔而去

三應日作三時求懺 呵責弟子五事失法 一盡示壽呵嘖 二覓安居呵嘖

三呵嘖病者不看視 四不現前呵嘖 一無羞著於人 二無愧 亦不從教 三不受教 作罪不果羅 縱勸不順

四作非威儀 數作殘 五不供敬師僧 輕慢都無果忌故可呵嘖 示數店突瞋同怒應心懷 一汝去出寺 罪合 二汝莫入我房

出房 三汝莫為我作更供給 四汝莫受我戒 不受 五不與汝語 若經法故 弟子有五事合

BD04456號　毗尼心經

（10–6）

且不應須令請教誡若二不能增淨行三不能增波羅提木叉戒 四若貢

和上攝受者向闍梨

見不能撿而住善見 五不滿五夏 為律儀四 有五法闍梨教誡依止師 四受經向闍梨 法律受教

五依止向闍梨 從請教誡 須和上處 五有法不應元依止而住 一不能勳從威儀戒 四愧不敢

住還尊 果難 五樂依住 同親其差 三教受教誡 有十種阿闍梨 一出家阿闍梨 初脫白 十戒師 二羯磨

阿闍梨 受大戒師 三教受阿闍梨 五有德勝令弟子敬重 同法師也 此四依藤 弟子依師應具

五德 一受念 若依若食 盡心奉養 二恭敬 不敢違慢 得承事也 安身處 三若弟子有疑事能如法

開解其意 四若弟子有惡見生能教捨惡見住善見 未證義成 能譽衆法 師弟

子應具五法 一若弟子有病應自瞻視若使人看 二若弟子不樂住處應

置尊師應具德 一善知有難法 二善知元難法 三善知作白法 四善知羯

磨法 五有戒行清淨 五德 三知增上波羅提木叉戒 立行依止法故云僧上是淨戒亦名道共

戒從 出 四知白羯磨 言音辭辯 此句善知衆法文 五滿五夏 人作師羯磨威儀受戒師 五羯

磨 十年滿十臈 四分律 僧十中和上十德亦同出 向闍梨應具五德 一知增上威儀 亦名定共戒 是淨行心戒 弟

子毗尼 五能教弟子捨惡見住善見 六知波羅提木叉戒 七知說波羅

提木叉戒 八知作布薩 九知布薩使人受戒難 十滿 出僧祇律 依止向闍梨應具十德

具持二百五十戒 二多聞 三能教授弟子向毗曇 四能授十德 一持戒 二多聞向毗曇

三多聞毗尼 四學戒 五學 此之元學 東 七自出罪使人出罪 八能自看病 九弟子有

梵行難能自送 若令比丘如法稱淨行剋獲道證同佛所得无上常住永寂休息法也 故云若諸比丘集十句義 諸佛立戒法矣 於世舩濟具軌 永不絕 故曰十者令正

法得久住也 原如來制戒之意本非其止惡而已 乃欲遠開涅槃之正路 師徒法弟二

和上應具 學人利也 從一句明中成就 謂見道於前坐僧學人利也 從二句明上成 當謂智无學聖果功德利 第十一句教法利之明化成就 謂說法九夫興益僧安衆

樂也 今明外凡比丘若能持戒見聞清淨得入此三種僧中同布薩羯磨攝此衆法

利也 次明行有法六句者 初二句明下成就 謂信行僧內凡教所攝得在僧例 故曰者

攝得在僧例 故曰一者攝取於僧也 弟二明內凡和合僧同心奉律和順為本 故曰二者令

令僧歡喜也 三明聖修真實僧依律而行不相違惱 故曰三者令何利也 又有一釋 此十

利之中三段之釋 義前三句明於衆法中得利也 後一句明於教法中得利也 初衆法有

三者 弟一明外凡假名僧為律攝 九者斷未來有漏 不令未生惡永 十者令正法得久

住 釋理要達衆益 時化化相承 通而更舉持戒之之自行清淨 復能令他持戒綱草益 一則能興隆三寶 惟持戒之人得此十 此十利之中前三衣衆求解脫中六行

戒自他順威儀者能如法治罰 推伏令改也 從衆之中若有損惡性無散違教犯禁不

（10–8）

BD04456號　毗尼心經

稱得在僧例故曰一者稱[illegible]也二[illegible]

令僧歡喜也二明聖修真實僧依律而行不相違惱故曰三者令伺利也又有一釋此十

利之中三段之義前三句明於衆法中得利也後一句明於教法中得利也初衆法有

三者第一明外九假名僧為律源致 九者斷未來有漏 不令更起也 未生惡永 十者令正法得久

住 雖理要達衆益 時化化相承 道而更舉持戒之人 自行清淨 復能令他持戒 紹

業益一則能興隆三寶 唯持戒之人得此十〃利之中前三衣衆求解脫中之行

成自他順威儀者能如法治罰推伏令改也 後衆之中若有惡性麁獷違教犯禁不

七者慚愧者得安樂 住衛未未先洗足退能救救於歸依法處持衆之 中若有道心失意犯罪常懷愧還故 八者斷有現

在漏 既淨現煩惱行 元已未生惡 四者未信者令信 濟世是以出家者信樂此出家從

縱惑惱起以心衆益徒 受戒世戒得內備外發人信

滅之以 五者已信令增廣 試令其護持增進心行 既 度弟子汲能教誨教 六者難調順者令調順慚

四不應於餘處過往 五不應不懺悔而去 有四種師 一無法無衣食 離不須問而去 三有法

無衣食 雖若而往 是名前二種師無法應懺悔已而去 後二種師有法

盡形壽不得離 出僧 教律 師有五種失法 弟子應懺悔而去 一者應語和上言我如

法和上不知 二者我不如法亦不知 三者我犯戒捨不教呵責 四者若犯亦不知

五者若犯而亦懺悔亦不知 既無出家訓誡之益 是 從今許作 諮觀於學 弟子辭出行 師應以三法其量

一所為事好 二所去處好 三同伴好 聽去 若一事不好應止之 有五事法不應將往

從小[illegible] 一喜太在前行 二喜太在後行 三喜樹斷人語次 四不別善惡語 善語不

讚揚美惡言 五如法得利不以時為彼受取 五句應將往伴 有五法不應

與作親厚 一慕喜鬬諍 二若多作業 三若與衆坐勝比丘共諍 四若喜遊行不止

五心不欲為人說法言亦不善惡 有七法應與作親厚 一難與能與不惜 財寶 二難忍能

忍 不惜心意 不相嫌恨 四密事相語 說時 無話無諍 告實 五身相覆蔽 是藏護 不相揭長 六遭苦不捨

看患相料理負 七貧賤不輕 不見為 又相救解 見利三家 有十法應善友 一誡於具足

善終成 二多聞 經論 善解 三誦二部戒利 縉 四決斷無疑 自 五善[illegible]

法言辭辯了 六大性出家 可觀 七顏貌端正 八堪任為尼說 善誨 九不犯重禁

心 由無[?] 十滿廿臘 重尼 讚八敬法 一者[?]禮大 業教 二者不得罵詈比丘

口業 三者不舉比丘罪為任情念 怨嫌 四者二歲學戒已 僧中受具足戒

無過

受戒之法 夜由大僧 五者若犯僧殘應二部僧中半月半月行摩那埵出罪 犯此戒罪由僧

救治罪之法 六者半月半月大僧中請教授 出家人法學戒為先 請 行則 七者不得在無大僧

[illegible]

BD04456 號　毗尼心經

（10–9）

BD04456號　毗尼心經

（10–10）

BD04456號背1　齋儀（擬）

（10–1）

（10–2）

BD04456 號背 1　齋儀（擬）

BD04456號背1　齋儀（擬）

（10–3）

名之明光照真坐之竟面像圓月目品蓮花瞻礼
福生稱揚罪滅 繡像 乃綺綵真容 館成寶
相巧二畫妙非縷線而像如來極思成能續針
鏤而模大聖闡之善集見乃殃除 素像
乃妙絲拾蓮香泥珠淨和模真私彷素等嶽朱
開如說之脣點出慈悲之目旋遶者生福敬礼者
除愆 畫像 妙盡丹青浮呈朱採像三身而作
色模五眼以明真金淒施黃珠瓔茲於紫峰依
者不足迴向者無厭 藥師 琉璃見影 明月開顏
乘過去之願往生化生之含識 寫經
嚴精王帛牋寫幽理之懸文錄難思之妙術
連珠作句貫玉成行轉讀者靡不消灾受持者
無非罪滅 造幡 綵錯紈綺截成條帛光浮五
色刹像十方旋轉空中飛雲隨合搖曳沖於天
漢業風乃清輪王之位以成報鄣之愆永滅
轉經 樂聞大乘至教而廣仰受持法海轉寶偈
已崇誠聞者滅罪恒沙誦者福生無量
觀世音菩薩 含慈救生懷悲拔苦隨聲念而即至
應物現形遂邀請而便降靈起而仰來稱名礼
拜利益無窮 地藏菩薩 現身六道流念四生示迹
於苦趣之中作沙門像說法於閻羅王界隱菩薩
形憶想救除稱名罪滅 聖僧 妙飾威儀涉成
容必得賓頭盧之本狀像羅漢之真儀生諸福
善滅諸苦惱 地藏菩薩 其菩薩乃寶珠入掌金
纓嚴身得忉利之天宗依翱輪之苦 花嚴經

於苦趣之中作四門像諸法於閻羅王界隱菩薩
刑憶想殊除稱名罪滅 聖僧 妙飾威儀巧成
容心得肩頭盡之本狀像羅漢之真儀生浩福
善域諸苦惶 地藏菩薩 其菩薩乃寶珠入掌金
縵嚴身得切利之天衆依劍輪之苦 花嚴經
乃圓融海印法界花臺流納上之花身析微塵
之念 冊乃醍醐仏性琉璃冊開顏內之明珠撥地
地中之寶藏 勝天王般若 乃天王請法調御談空
光明照於十方流血灑於大地 楞伽經
乃窗山見影金得傳心八識照於靈臺三性懸於
業鏡 維摩經 竜羅妙(?)方丈請談男子納於
須彌毛端容於巨海 法花經 乃三界火宅 乘
半車引被化城棄其寶所 金剛經
除心住道忍辱行檀開四句之消央勝三時
之捨命 藥師經 乃琉璃作身灌頂章名
絕九橫之餘央行十二之願 元(?)常經 乃元常速
謝有徧輪迴愁迷執於生身徧流積於死報
多心經 乃初觀歷(?)蓋(?)海隔三科為昔之輪作聲
聞之法印 千手眼經 千手接引千眼速觀應念
者聞聲隨求者覽見 尊勝經
經名仏頂咒廣仏心幢繞影而消殃落微塵
而贖罪 隨願往生經 開淨度入微娑婆絕一念
之因緣照十方之國界 彌陀仏之于西方見贊東
國化刑十念圓明千殃弥滅

BD04456 號背 1 齋儀（擬） (10–5)

者聞聲隨求者皆見　尊勝經
經名仏頂呪幢仏心幢繞影而消殃　萬劫塵
而滅罪　隨願往生經　聞淨土度入　永娑婆絕一念
之因緣照十方之國界　承隨仏〻子西方見佛果
國化利十念圓明千殃殄滅
外道乘者
為了世間眾生界等為從自在天生歲時節微塵
勝性而生相續識等亦從作者生不信一切眾生自
有心性變現而生亦云世間本無從作者有時至自
無便習一切無見而彼世定無見成就生無色界惡
可重習妄心增長執一異俱等自壞壞他於離有無
無生之論亦說為無自謗因果拔善根本應知此人
分別有無起自他見當隨地獄欲求勝法當速遠
離　偈云　計梵自在作　一身與多身　及日月運行
彼非是我子
聲聞乘者
有二種差別相一自證聖殊勝相二分別執著自性
相自證聖智殊勝相者為明見苦空無常無我諸
諦境界離欲寂滅故於蘊界處若自若共外不
壞相如實了知故心住一境已獲禪解脫三昧道果而
得出離住自證聖智境樂未離習氣及不思議變
易死　名聲聞乘自證聖智境界相分別執著自性相
者所謂知堅濕煖動青黃赤白如是等法非作者生
然依教理見自共相分別執著是名聲聞乘分別執
著相　又聲聞畏生死妄想苦而求涅槃不知生死涅槃
差別之相一切皆是妄相分別

得出離住自證聖智境樂未離習氣及不思議變
易死 名聲聞乘自證聖智境界相分別執着自性相
者所謂知堅濕煖動青黃赤白如是等法非作者生
然依教理見自共相分別執着是名聲聞乘分別執
着相 又聲聞畏生死妄想苦而求涅槃不知生死涅槃
差別之相一切皆是妄相分別有無所有故妄計未來諸
根境滅以為涅槃不知證自智境界轉所依藏識為
大涅槃彼愚癡人說有三乘下說唯心無有境界 最若
欣樂名聲聞行 偈云 諸禪与無量 無色三摩提
及以相受滅 唯心不可得 預流一來果 不還阿羅漢
如是諸聖人 悉依心妄有 禪者禪所緣 斷惑見真諦
斯皆是妄想 了知即解脫 緣覺乘者
觀諸世間 從因緣有 無明緣行 行緣識 識緣名色
名色緣六入 六入緣觸 觸緣受 受緣愛 愛緣取
取緣有 有緣生 生緣老死 憂悲苦惱 便觀十二因緣
即滅無明 無明滅即行滅 行滅即識滅 識滅 即名色滅
名色滅 即六入滅 六入滅 即觸滅 觸滅 即受滅 受滅
即愛滅 愛滅 即取滅 取滅 即有滅 有滅 即生滅 生滅
即老死 憂悲苦惱滅 捨緣求淨 名緣覺乘
佛乘者 菩薩摩訶薩雖亦得此聖智境界 以憐愍
眾生故 本願所持 故不證滅門及三昧樂 菩薩於此法中
應捨離人無我見 入法無我相 菩薩摩訶薩了生死涅
槃皆心所變 心所不變名為涅槃
十二年中為諸利根
略制戒律 十二年後佛臨涅槃 如來成道時 以此律藏付

佛弟者 菩薩摩訶薩雖亦得此聖智境界以攝滋
衆生故本願所持故不證滅門及三昧樂菩薩於此法中
應捨離人無我見入法無我相菩薩摩訶薩了生死涅
槃皆心所憂心所不憂名爲涅槃 十二年中爲諸利根
略制戒律十二年後佛臨涅槃如來成道時以此律藏付
囑優波離 悉以付囑摩訶迦葉 將入滅度以此律藏付囑
阿難 將欲滅度付二大士一名商那和脩 二名末田地
尊者末田地向罽賓行化不在 商那和脩在王舍城行化
而商那和脩臨滅度時以此法藏 付囑優波毱多 已上六月五
師皆總持八万法藏 智辯超群 神通莫側 而毱多有五弟子
一名薩婆多 二名曇無德 三名彌沙塞 四名婆麁富那
五名迦葉 唯此五人者於大藏中神解不同闕於圓通
文皆是聖智 覩末代凡夫根鈍不能具受大毗尼藏 各自
簡略取捨不同 隨衆生所樂 分爲五部律 一者十誦律
律主名薩婆多 誦出此律 二者四分律 律主名曇無德 誦出
此律 三者五分律主名彌沙塞 四者僧祇律律主名婆麁
富那 五者迦葉惟律 亦名迦葉毗律 律藏有四名 一名爲戒
二名爲律 三名波羅提木叉 四名毗尼 四分戒本 戒者制諸惡
法隨善而行名之爲戒 二名禁也防也 禁防七支不造諸惡
名之爲戒 二名舟船 三名眼目手足 病人良藥等也
四分戒者 佛涅槃後十八部等曇無德部律也 四分戒本上有
三分 一序分 二正宗 三流通分 初至第一問清淨已來以爲序分
第二至四重已下七諍以來爲正宗分 第三七佛教誡已下爲
流通分也 初序分等復分爲三 從稽首禮諸佛已下至偈末

名之為戒　二名卅般　三名眼目手足　病人良藥等也
四分戒者　仏涅槃後十八部等曇無德部律也　四分戒本亦有
三分　一序分　二正宗　三流通分　初至第一問清淨已來以為序分
第二至四重已下七諍以來為正宗分　第三七仏教誡已下為
流通分也　初序分等復分為三　從稽首禮諸仏已下至僧未
為勸序分　從和合已下至是事如是持已來發起序分
從諸大德是四波羅夷法至七滅諍已來明教行攝持不盡
義　婬戒第一　仏在王舍城時於十二年中諸比丘等多犯
諸戒　仏雖說惡而未制戒　尒時有比丘須提那子捨妻出
家　其妻無子　時母常憂無子繼嗣　即設方計令子行婬　不
经多時其妻懷妊　母知是已便[illegible]之後生一男　名曰續種　諸
比丘知已白仏　因此制戒　盜戒第二　仏在舍衛城時有比丘
名檀尼迦　先是瓦師　授仏出家　樂住𨻶間　自造草菴　頻
被人拆却　尒時比丘自造一瓦菴　已仏遣阿難打破　時比丘發
心造好舍　即往波斯匿王庫內　詐傳勅令　索好材木截
割造舍　時王後知　提此比丘訶罵打棒　諸比丘白仏　因制此
戒　煞戒第三　仏在毗舍離時　為諸比丘說不淨觀　依習
定已　厭患身命　相讚勸死　難提比丘受雇煞人　仏於眾
少阿難　實答曰　請改觀　向般般那三昧　比丘修習證增
上果　俗仏二呵　因制此戒　大妄語戒第四　仏在毗舍離城
時世穀貴　乞食難得　婆求河邊有安居者　手相稱歎得
上人法　信心居士減食分施　仏問　具答　因制此戒
僧殘戒第一　尒時世尊在王舍城　迦留陁夷欲意熾盛
作種種方便弄　失不淨　顏色光澤　諸比丘見問　仏因制此
戒　摩觸第二　仏在舍衛城時　迦留陁夷聞仏制前戒　便
出門外伺諸婦女將至房中捉為非[illegible]

少阿難賓答曰諸故莿向舡艘舡三味比丘修習證增
上果俗仏二呵曰制此戒　大妄語戒第四　仏在毗舍離城
時世穀貴乞食難得婆求河邊有安居者手相稱嘆得
上人法信心居士減食分施仏問具答曰制此戒
僧殘戒第一　尒時世尊在王舍城迦留陁夷慾意熾盛
作種〻方便弄　失不淨顏色光澤諸比丘見問仏曰制此
戒　摩觸第二　仏在舍衛城時迦留陁夷聞仏制前戒便
出門外伺諸婦女將至房中捉為排摸樂者便笑不樂
者便嗔恚罵辱走出門外諸比丘白仏曰制此戒
麁語第三　仏在舍衛城時迦留陁夷備諸女人入寺來
者便以麁語說婬慾事有諸具暫隱者大嗔恚一如前
上仏因制制前一〻諸皆憎嫌　歎供養第四
仏在舍衛城時迦留陁夷聞仏制前戒　欲往諸女人
家語諸女人我於僧衆梵行持戒第一汝等可將婬法供養
戒時諸女人有慚愧者大生瞋恚一如前戒
媒嫁戒第五　仏在羅閱祇迦羅比丘是大臣子善知俗法
城中嫁娶盡往問之皆隨行者便生歡喜不好者便嫌
居士譏呵比丘舉過白仏〻因制戒　房舍第六
尒時曠野中有五百比丘廣造房舍乞索而作惟村
居士譏嫌惡怕見三寶舍利弗知已具白世尊訶也
有主作房戒第七　仏在句睒彌

（10–10）

BD04456號背 3　比丘戒述要（擬）

唯願天人尊　轉无上法輪　擊于大法鼓　而吹大法螺
普雨大法雨　度无量衆生　我等咸歸請　當演深遠音
尒時大通智勝如來嘿然許之西南方乃至下
方亦復如是
尒時上方五百万億國土諸大梵王皆悉自覩
所止宮殿光明威曜昔所未有歡喜踊躍
生希有心即各相詣共議此事以何因緣我
等宮殿有斯光明而彼衆中有一大梵天王
名曰尸棄爲諸梵衆而說偈言
今以何因緣　我等諸宮殿　威德光明曜　嚴飾未曾有
如是之妙相　昔所未聞見　爲大德天生　爲佛出世間
尒時五百万億諸梵天王與宮殿俱各以衣裓
盛諸天華共詣下方推尋此相見大通智
勝如來處于道場菩提樹下坐師子座諸天
龍王乾闥婆緊那羅摩睺羅伽人非人等恭
敬圍遶及見十六王子請佛轉法輪時諸梵
天王頭面礼佛遶百千帀即以天華而散佛
上所散之華如須弥山并以供養佛菩提樹
華供養已各以宮殿奉上彼佛而作是言唯

盛諸天華共詣下方推尋此相見大通智
勝如來處于道場菩提樹下坐師子座諸天
龍王乾闥婆緊那羅摩睺羅伽人非人等恭
敬圍遶及見十六王子請佛轉法輪時諸梵
天王頭面礼佛遶百千帀即以天華而散佛
上所散之華如須弥山并以供養佛菩提樹
華供養已各以宮殿奉上彼佛而作是言唯
見哀愍饒益我等所獻宮殿願垂納處時諸
梵天王即於佛前一心同聲以偈頌曰
善哉見諸佛　救世之聖尊　能於三界獄　勉出諸衆生
普智天人尊　哀愍群萌類　能開甘露門　廣度於一切
於昔无量劫　空過无有佛　世尊未出時　十方常闇冥
三惡道增長　阿脩羅亦盛　諸天衆轉減　死多墮惡道
不從佛聞法　常行不善事　色力及智慧　斯等皆減少
罪業因緣故　失樂及樂想　住於邪見法　不識善儀則
不蒙佛所化　常墮於惡道　佛爲世間眼　久遠時乃出
哀愍諸衆生　故現於世間　超出成正覺　我等甚欣慶
及餘一切衆　喜歎未曾有　我等諸宮殿　蒙光故嚴飾
今以奉世尊　唯垂哀納受　願以此功德　普及於一切
我等與衆生　皆共成佛道
尒時五百万億諸梵天王偈讚佛已各白佛
言唯願世尊轉於法輪多所安隱多所度脫
時諸梵天王而說偈言
世尊轉法輪　擊甘露法鼓　度苦惱衆生　開示涅槃道

我等與衆生　皆共成佛道
尒時五百万億諸梵天王偈讚佛已各白佛
言唯願世尊轉於法輪多所安隱多所度脫
時諸梵天王而說偈言
世尊轉法輪　擊甘露法鼓　度苦惱衆生　開示涅槃道
唯願受我請　以大微妙音　哀愍而敷演　无量劫集法
尒時大通智勝如來受十方諸梵天王及十
六王子請即時三轉十二行法輪若沙門婆
羅門若天魔梵及餘世間所不能轉謂是苦
是苦集是苦滅是苦滅道及廣說十二因緣
法无明緣行行緣識識緣名色名色緣六入
六入緣觸觸緣受受緣愛愛緣取取緣有有
緣生生緣老死憂悲苦惱无明滅則行滅行
滅則識滅識滅則名色滅名色滅則六入滅
六入滅則觸滅觸滅則受滅受滅則愛滅愛
滅則取滅取滅則有滅有滅則生滅生滅則
老死憂悲苦惱滅佛於天人大衆之中說是
法時六百万億那由他人以不受一切法故而
於諸漏心得解脫皆得深妙禪定三明六通
具八解脫第二第三第四說法時千万億
恒河沙那由他等衆生亦以不受一切法故
而於諸漏心得解脫從是已後諸聲聞衆无
量无邊不可稱數尒時十六王子皆以童子
出家而為沙弥諸根通利智慧明了已曾供
養百千万億諸佛淨脩梵行求阿耨多羅三

BD04457號　妙法蓮華經卷三

(5–3)

於諸漏心得解脫皆得深妙禪定三明六通
具八解脫第二第三第四說法時千万億
恒河沙那由他等衆生亦以不受一切法故
而於諸漏心得解脫從是已後諸聲聞衆无
量无邊不可稱數尒時十六王子皆以童子
出家而為沙弥諸根通利智慧明了已曾供
養百千万億諸佛淨脩梵行求阿耨多羅三
藐三菩提俱白佛言世尊是諸无量千万億
大德聲聞皆已成就世尊亦當為我等說阿
耨多羅三藐三菩提法我等聞已皆共脩學
世尊我等志願如來知見深心所念佛自證
知尒時轉輪聖王所將衆中八万億人見十
六王子出家亦求出家王即聽許尒時彼佛
受沙弥請過二万劫已乃於四衆之中說是
大乘經名妙法蓮華教菩薩法佛所護念說
是經已十六沙弥為阿耨多羅三藐三菩提
故皆共受持諷誦通利說是經時十六菩薩
沙弥皆悉信受聲聞衆中亦有信解其餘衆
生千万億種皆生疑惑佛說是經於八千劫
未曾休廢說此經已即入靜室住於禪定八
万四千劫是時十六菩薩沙弥知佛入室寂
然禪定各昇法座亦於八万四千劫為四部
衆廣說分別妙法華經一一皆度六百万億
那由他恒河沙等衆生示教利喜令發阿耨
多羅三藐三菩提心大通智勝佛過八万四

BD04457號　妙法蓮華經卷三

(5–4)

世尊我等志願如來知見深心所念佛自證
知爾時轉輪聖王所將衆中八万億人見十
六王子出家亦求出家王即聽許爾時彼佛
受沙弥請過二万劫已乃於四衆之中說是
大乘經名妙法蓮華教菩薩法佛所護念說
是經已十六沙弥爲阿耨多羅三藐三菩提
故皆共受持諷誦通利說是經時十六菩薩
沙弥皆悉信受聲聞衆中亦有信解其餘衆
生千万億種皆生疑惑佛說是經於八千劫
未曾休廢說此經已即入靜室住於禪定八
万四千劫是時十六菩薩沙弥知佛入室寂
然禪定各昇法座亦於八万四千劫爲四部
衆廣說分別妙法華經一一皆度六百万億
那由他恒河沙等衆生示教利喜令發阿耨
多羅三藐三菩提心大通智勝佛過八万四
千劫已從三昧起往詣法座安詳而坐普告
大衆是十六菩薩沙弥甚爲希有諸根通利

BD04457號　妙法蓮華經卷三　　（5–5）

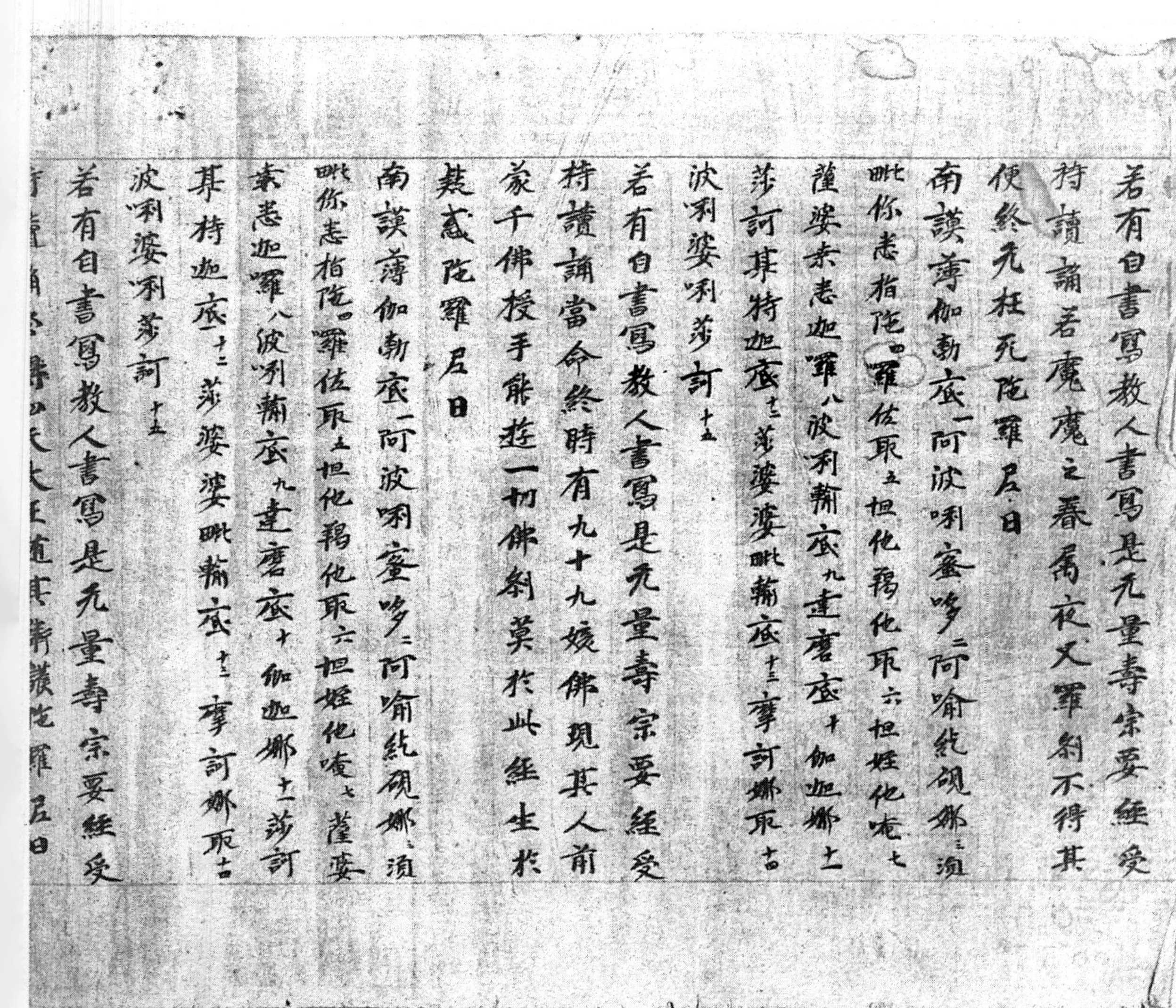
若有自書寫教人書寫是无量壽宗要經受
持讀誦若魔魔之眷屬夜叉羅剎不得其
便終无枉死陀羅尼曰
南謨薄伽勃底一阿波唎蜜哆二阿喻紇硯那三須
毗你志指陀四羅佐耶五怛他羯他耶六怛姪他唵七
薩婆桑悉迦羅八波唎輸底九達磨底十伽迦那十一
莎訶娑特迦底十二莎婆婆毗輸底十三摩訶娜耶十四
波唎婆唎莎訶十五
若有自書寫教人書寫是无量壽宗要經受
持讀誦當命終時有九十九殑佛現其人前
來千佛授手能遊一切佛剎莫於此經生於
疑惑陀羅尼曰
南謨薄伽勃底一阿波唎蜜哆二阿喻紇硯那三須
毗你志指陀四羅佐耶五怛他羯他耶六怛姪他唵七薩婆
桑悉迦羅八波唎輸底九達磨底十伽迦那十一莎訶
莎特迦底十二莎婆婆毗輸底十三摩訶娜耶十四
波唎婆唎莎訶十五
若有自書寫教人書寫是无量壽宗要經受

BD04458號　無量壽宗要經　　（2–1）

若有自書寫教人書寫是无量壽宗要經受
持讀誦當命終時有九十九姟佛現其人前
蒙千佛授手能遊一切佛剎莫於此經生於
疑惑陀羅尼曰
南謨薄伽勃底一阿波唎蜜哆二阿喻紇硯那三須
毗你志指陁四囉佐耶五怛他羯他耶六怛姪他唵七薩婆
桑志迦囉八波唎輸底九達磨底十伽迦娜十一莎訶
莫持迦底十二莎婆婆毗輸底十三摩訶娜耶十四
波唎婆唎莎訶十五
若有自書寫教人書寫是无量壽宗要經受
持讀誦常得四天大王隨其衛護陀羅尼曰
南謨薄伽勃底一阿波唎蜜哆二阿喻紇硯那三
須毗你志指陁四囉佐耶五怛他羯他耶六怛姪他唵七
薩婆桑志迦囉八波唎輸底九達磨底十伽迦娜十一
莎訶莫持迦底十二莎婆婆毗輸底十三摩訶娜
耶十四波唎婆唎莎訶十五
若有自書寫教人書寫是无量壽宗要經受
持讀誦當得往生西方極樂世界阿弥陁淨
土陀羅尼曰
南謨薄伽勃底一阿波唎蜜哆二阿喻紇硯那三

BD04458號　無量壽宗要經　（2–2）

南无无邊輪奮迅佛
南无花勝王佛　南无寶[illegible]
南无空名稱佛　南无寶勝佛
南无發起无邊精進功德佛
南无蓋行佛　南无香山佛
南无發心莊嚴一切衆生佛
南无光明轉威德王佛
南无功德王光明佛
南无一切功德到彼岸佛
南无燃燈作佛　南无能作光明佛
南无得功德佛　南无放頭摩上勝佛
南无寶作佛　南无无邊願佛
南无无邊功德王住佛　南无婆羅自在王佛
南无寶聚佛　南无寶積佛
南无寶光明佛　南无脩行无邊功德佛
南无家上佛　南无須弥山光明佛
南无觀聲佛　南无妙香佛
南无无邊境界佛　南无无邊奮迅佛
南无寶花成就勝佛　南无寶蓋起佛
南无發起一切衆生信佛

BD04459號　佛名經（十六卷本）卷一四　（2–1）

南无无邊功德王佛

南无寶聚佛　南无娑羅自在王佛

南无寶光明佛　南无寶積佛

南无寂上佛　南无脩行无邊功德佛

南无觀髻佛　南无須彌山光明佛

南无无邊境界佛　南无妙音佛

南无寶花成就勝佛　南无无邊奮迅佛

南无發起一切衆生信佛　南无寶蓋起佛

南无勝功德佛　南无不可花佛

南无寶境界光明佛　南无寶勝功德佛

南无發心即轉法輪佛　南无十方稱名佛

南无迦陵迦王佛　南无日輪然燈佛

南无寶上佛　南无智成就勝佛

南无功德王住佛　南无无障㝵眼佛

南无无畏佛　南无智積佛

南无發起无譬喻相佛　南无積光明輪成德佛

南无日意佛　南无那羅延佛

南无无垢離免佛　南无月積佛

南无清淨意佛　南无安隱佛

南无發起善思惟佛　南无能破諸怨佛

南无復彼羅功德佛　南无積力王佛

南无无邊光明雲香彌留佛

南无種種色花佛　南无无邊光佛

南无能轉能任佛　……佛

BD04459 號　佛名經（十六卷本）卷一四　（2–2）

諸佛如是舌相願我畢甲咀……

才至心歸命

敬礼諸佛妙辯才　王行……

獨覺聖者妙辯才

四聖諦語妙辯才　正行妙辯才

凡夫諸仙妙辯才　大天烏摩妙辯才

塞建陀天妙辯才　摩那斯王妙辯才

聰明夜天妙辯才　四大天王妙辯才

善住天子妙辯才　毗摩天女妙辯才

侍數天神妙辯才　室唎天女妙辯才

室唎末多妙辯才　颰哩言詞妙辯才

諸母大母妙辯才　訶哩底母妙辯才

諸乘天神妙辯才　十方諸王妙辯才

所有勝業資助我　令得无窮妙辯才

敬礼无欺誑　敬礼解脫者　敬礼離欲人　敬礼捨纏蓋

敬礼心清淨　敬礼光明者　敬礼真實語　敬礼无塵智

敬礼住勝義　敬礼大衆生　敬礼辯才天　令我詞无导

願我所求事　皆悉速成就　无病常安隱　壽命得延長

善解諸明呪　勤修菩提道　廣饒益群生　求心願早遂

我說真實語　我說无誑語　天女妙辯才　令我得成就

BD04460 號　金光明最勝王經卷八　（18–1）

所有勝業資助我　令得无窮妙辯才
敬礼无欺誑　敬礼解脫者　敬礼離欲人　敬礼捨重擔
敬礼心清淨　敬礼光明者　敬礼真實語　敬礼无塵習
敬礼住勝義　敬礼大衆生　敬礼辯才天　令我詞无礙
願我所求事　皆悉速成就　无病常安隱　壽命得延長
善解諸明呪　勤修菩提道　廣饒益群生　求心願早遂
我說真實語　我說无誑語　天女妙辯才　令我得成就
唯願天女來　令我語无滯　速入身口內　聰明足辯才
願令我舌根　當得如來辯　由彼語威力　調伏諸衆生
我所出語時　隨事皆成就　聞者生恭敬　所作不唐捐
若我求辯才　事不成就者　天女之實語　皆悉成虛妄
有作无間罪　佛語令調伏　及以阿羅漢　所有報恩語
舍利子目連　世尊衆第一　斯等真實語　願我皆成就
我今皆召請　佛之聲聞衆　皆願速來至　成就我求心
所求真實語　皆願无虛誑　上致色究竟　及以淨居天
大梵及梵輔　一切梵王衆　乃至遍三千　索訶世界主
并及諸眷屬　我今皆請召　唯願降慈悲　哀憐同攝受
他化自在天　及以樂變化　覩史多天衆　慈氏當成佛
夜摩諸天衆　及三十三天　四大王衆天　一切諸天衆
地水火風神　依妙高山住　七海山神衆　所有諸眷屬
滿財及五頂　日月諸星辰　如是諸天衆　令世間安隱
斯等諸天神　不樂作罪業　敬佛鬼子母　及最小愛兒
天龍藥叉衆　揵闥阿蘇羅　及以緊那羅　莫呼洛伽等
我以世尊力　悉皆申請召　願降慈悲心　與我无礙辯
一切人天衆　能了他心者　皆願加神力　與我妙辯才
及至盡虛空　周遍於法界　所有含生類　與我妙辯才
尒時辯才天女聞是請已告婆羅門言善哉大
士若有男子女人能依如是呪及呪讚如

BD04460號　金光明最勝王經卷八　（18–2）

我以世尊力　悉皆申請召　願降慈悲心　與我无礙辯
一切人天衆　能了他心者　皆願加神力　與我妙辯才
及至盡虛空　周遍於法界　所有含生類　與我妙辯才
尒時辯才天女聞是請已告婆羅門言善哉大
士若有男子女人能依如是呪及呪讚如
前所說持受法式歸敬三寶虔心正念於所
求事皆不唐捐兼復受持讀誦此金光明微
妙經典所願求者无不果遂速得成就除不至
心　時婆羅門深心歡喜合掌頂受
尒時佛告辯才天女善哉善哉善女天汝能
流布是妙經王擁護受持經者及能利
益一切衆生令得安樂說如是法施與辯才
不可思議得福无量諸發心者速趣菩提
金光明最勝王經大吉祥天女品第十六
尒時大吉祥天女即從座起前礼佛足合掌
恭敬白佛言世尊我若見有苾芻苾芻尼鄔
波索迦鄔波斯迦受持讀誦爲人解說是金光
明最勝王經者我當專心恭敬供養此等
法師所謂飲食衣服臥具醫藥及餘一切所
須資具皆令圓滿无有乏少若晝若夜於此
經王所有句義觀察思量安樂而住令此經
典於贍部洲廣行流布爲彼有情已於无量
百千佛所種善根者常使得聞不速隱沒
於无量百千億劫當受人天種種勝樂常得
豐稔永除飢饉一切有情恒受安樂亦得值
遇諸佛世尊於未來世速證无上大菩提果
永絶三塗輪迴苦難世尊我念過去有瑠璃
金山寶花光照吉祥功德海如來應正等覺
十號具足我於彼所種諸善根由彼如來威

BD04460號　金光明最勝王經卷八　（18–3）

百千佛所種善根者常使得聞不速隱沒復
於无量百千億劫當受人天種種勝樂常得
豐稔永除飢饉一切有情恒受安樂亦得值
遇諸佛世尊於未來世速證无上大菩提果
永絕三塗輪迴苦難世尊我念過去有瑠璃
金山寶花光照吉祥功德海如來應正等覺
十号具足我於彼所種諸善根由彼如來慈
悲愍念威神力故令我今日隨所念處隨所
視方隨所至國能令无量百千万億衆生受
諸快樂乃至所須衣服飲食資生之具金銀瑠
璃硨磲碼碯珊瑚虎魄真珠等寶悉令充
足若復有人至心讀誦是金光明最勝王經亦
當日日燒衆名香及諸妙花為我供養彼瑠
璃金山寶花光照吉祥功德海如來應正等
覺復當每日於三時中稱念我名別以香花
及諸美食供養於我亦常聽受此妙經王得
如是福而說頌曰

由能如是持經故　自身眷屬離諸衰
所須衣食无乏時　威光壽命難窮盡
能使地味常增長　諸天降雨隨時節
令彼天衆咸歡悅　及以園林穀果神
叢林果樹並滋榮　所有苗稼咸成就
欲求珍財皆滿願　隨所念者遂其心

佛告大吉祥天女善哉善哉汝能如是憶念
昔因報恩供養利益安樂无邊衆生流布
是經功德无盡

金光明最勝王經大吉祥天女增長財物品第十七

尒時大吉祥天女復白佛言世北方薜室羅
末拏天王城名有財去城不遠有國名曰妙花

昔因報恩供養利益安樂无邊衆生流布
是經功德无盡

金光明最勝王經大吉祥天女增長財物品第十七

尒時大吉祥天女復白佛言世北方薜室羅
末拏天王城名有財去城不遠有國名曰妙花
福光中有勝七寶所成世尊我常住彼
若復有人欲求五穀日日增多倉庫盈溢者
應當發起敬信之心淨治一室瞿摩塗地應
畫我像種種瓔珞周帀莊嚴當洗浴身著
淨衣服塗以名香入淨室內發心為我每
日三時稱彼佛名及此經名号而申礼敬南
謨瑠璃金山寶花光照吉祥功德海如來持
諸香花及以種種甘美飲食至心奉獻亦以
香花及諸飲食供養我像復持飲食散擲
餘方施諸神等實言邀請大吉祥天女發所
求願若如所言是不虛者於我所請勿令空尒
于時吉祥天女知是事已便生愍念令其宅
中財穀增長即當誦呪請召於我先稱佛名
及菩薩名字一心敬

南謨十方一切三世諸佛　南謨寶髻佛
南謨无垢光明寶幢佛　南謨金幢光佛
南謨百金光藏佛　南謨金蓋寶積佛
南謨金花光幢佛　南謨大燈光佛
南謨大寶幢佛　南謨東方不動佛
南謨南方寶幢佛　南謨西方无量壽佛
南謨北方天鼓音佛　南謨妙幢菩薩
南謨金光菩薩　南謨金藏菩薩
南謨常啼菩薩　南謨法上菩薩

南謨金花光幢佛　南謨大燈光佛
南謨大寶幢佛　南謨東方不動佛
南謨南方寶幢佛　南謨西方无量壽佛
南謨北方天鼓音佛　南謨妙幢菩薩
南謨金光菩薩　南謨金藏菩薩
南謨常啼菩薩　南謨法上菩薩
南謨善安菩薩
敬礼如是佛菩薩已次當誦呪請召大吉
祥天女由此呪力所求之事皆得成就即說
呪曰
南謨室唎莫訶天女　怛姪他
鉢唎脯嚟拏折囇　三曼頞
達唎設泥(去聲下皆同尔)　莫訶毗訶囉揭帝
三曼哆毗曇末泥　莫訶迦里也
鉢唎底瑟侘鉢泥　薩婆頞他娑彈泥
蘇鉢唎底脯囇　痾耶娜達摩多
莫訶毗俱比帝　莫訶迷咄嚕
鄔波僧呬羝　莫訶頡唎使
蘇僧近(入)里呬羝　三曼多頞他
阿奴波剌泥　莎訶
世尊若人誦持如是神呪請召我時我聞
請已即至其所令願得遂世尊是灌頂法
句定成就句真實之句无虛誑句是平等行
於諸衆生是正善根若有受持讀誦呪者
應七日七夜受八支戒於晨朝時先嚼齒木
淨澡漱已及於晡後香花供養一切諸佛自
陳其罪當為己身及諸含識迴向發願令所
希有速得成就淨治一室或在空閑阿蘭若處
瞿摩為壇燒栴檀香而為供養置一勝座

於諸衆生是正善根若有受持讀誦呪者
應七日七夜受八支戒於晨朝時先嚼齒木
淨澡漱已及於晡後香花供養一切諸佛自
陳其罪當為己身及諸含識迴向發願令所
希有速得成就淨治一室或在空閑阿蘭若處
瞿摩為壇燒栴檀香而為供養置一勝座
憣蓋莊嚴以諸名花布列壇內應當至心誦
持前呪希望我至我於尒時即便護念觀察
是人来入其室就座而座受其供養從是
以當令彼人於睡夢中得見於我隨所求事以
實告知若聚落空澤及僧住處隨所求者皆
令圓滿金銀財寶牛羊穀麦飲食衣服皆
得隨心受諸快樂既得如是勝妙果報當以
上分供養三寶及施於我廣修法會設諸
飲食布列香花既供養已所有供食貨之取
直復為供養我當終身常住於此擁護是人
令无闕乏隨所希求悉皆稱意亦當時時給濟
貧乏不應慳惜獨為己身常讀是經供養不絕
當以此福普施一切迴向菩提願出生死速得解脫
尒時世尊讚言善哉吉祥天女汝能如是流
布此經不可思議自他俱益
金光明最勝王經堅牢地神品第十八
尒時堅牢地神即於衆中從座而起合掌恭
敬而白佛言世尊是金光明最勝王經若現
在世若未來世若在城邑聚落王宮樓觀及
阿蘭若澤山空林有此經王流布之處世尊
我當往詣其所供養恭敬擁護流通若有
方處為說法師敷置高座演說經者我以神
力不現本身在於座所頂戴其足我得聞法

敬而白佛言世尊是金光明最勝王經若現
在世若未來世若在城邑聚落王宮樓觀及
阿蘭若澤山空林有此經王流布之處世尊
我當往詣其所供養恭敬擁護流通若有
方處為說法師敷置高座演說經者我以神
力不現本身在於座所頂戴其足我得聞法
深心歡喜得飡法味增益威光慶悅无量自
身既得如是利益亦令大地深十六万八千踰
繕那至金剛輪際令其地味悉皆增益乃至
四海所有土地亦使肥濃田疇沃壤倍勝
常日亦復令此贍部洲中江河池沼所有諸樹
藥草叢林種種花果根莖枝葉及諸苗稼
形相可愛衆所樂觀色香具足皆堪受用若
諸有情受用如是勝飲食已長命色力諸根
安隱增益光輝无諸痛惱心慧勇健无不
堪能又此大地凡有所須百千事業悉皆周備世
尊以是因緣諸贍部洲安隱豐樂人民熾盛
无諸衰惱所有衆生皆受安樂既受如是身
心快樂於此經王深加愛敬所在之處皆願受
持供養恭敬尊重讚歎又復於彼說法大師
法座之處悉皆往彼為諸衆生勸請說是
最勝經王何以故世尊由說此經我之自身并
諸眷屬咸蒙利益光輝氣力勇猛威勢
顏容端正倍勝於常世尊我堅牢地神蒙
法味已令贍部洲縱廣七千踰繕那地皆沃壤
乃至如前所有衆生皆受安樂是故世尊時彼
衆生為報我恩應作是念我當必定聽受是
經恭敬供養尊重讚歎作是念已即從住處
城邑聚落舍宅空地詣法會所頂礼法師聽

BD04460 號　金光明最勝王經卷八　（18–8）

顏容端正倍勝於常世尊我堅牢地神蒙
法味已令贍部洲縱廣七千踰繕那地皆沃壤
乃至如前所有衆生皆受安樂是故世尊時彼
衆生為報我恩應作是念我當必定聽受是
經恭敬供養尊重讚歎作是念已即從住處
城邑聚落舍宅空地詣法會所頂礼法師聽
受是經既聽受已各還本處心生慶喜共作
是言我等今者得聞甚深无上妙法即是
攝受不可思議功德之聚由經力故我等當值
无量无邊百千俱胝那庾多佛承事供養永
離三塗極苦之處復於來世百千生中常生
天人及在人間受諸勝樂時彼諸人各還本處
為諸人衆說是經王若一喻一品一昔因緣
一如來名一菩薩名一四句頌或復一句為諸
衆生說是經典乃至首題名字世尊隨諸
衆生所住之處其地悉皆沃壤肥濃過於
餘處凡是土地所生之物悉得增長滋茂廣大
令諸衆生受於快樂多饒財寶好行惠施心
常堅固深信三寶作是語已尒時世尊告堅
牢地神曰若有衆生聞是金光明最勝經王
乃至一句命終之後當得往生三十三天及餘
天處若有衆生為欲供養是經王故莊嚴宅
宇乃至張一傘蓋懸一繒幡由是因緣六天
之上如念受生七寶妙宮隨意受用各各自然
有七千天女共相娛樂日夜常受不可思議殊
勝之樂作是語已尒時堅牢地神白佛言世
尊以是因緣若有四衆昇於法座說法時
我當晝夜擁護是人自隱其身在於座所頂
戴其足世尊如是經典為彼衆生已於百千
佛所種善根者於贍部洲流布不滅是諸

BD04460 號　金光明最勝王經卷八　（18–9）

有七千天女共相娛樂日夜常受不可思議殊
勝之樂作是語已爾時堅牢地神白佛言世
尊以是因緣若有四衆昇於法座說法時
我當晝夜擁護是人自隱其身在於座所頂
戴其足世尊如是經典為彼衆生已於百千
佛所種善根者於贍部洲流布不滅是諸
衆生聽斯經者於未來世无量百千俱胝那
庾多天劫天上人中常受勝樂得遇諸佛速成
阿耨多羅三藐三菩提不歷三塗生死之苦
爾時堅牢地神白佛言世尊我有心呪能利
人天安樂一切若有男子女人及諸四衆欲得
親見我真身者應當至心持此陀羅尼隨其
所願皆悉遂心所謂資財珍寶伏藏及求神
通長年妙藥并療衆病降伏怨敵制諸異
論當於淨室安置道場洗浴身已著鮮潔
衣踞草座上於有舍利尊像之前或有舍
利制底之所燒香散花飲食供養於白月八日
布灑星合即可誦此請召之呪
怛姪他 只里只里 主 嚕主嚕 句嚕句嚕
拘柱拘柱 覩柱覩柱 縛訶 上 縛訶
伐捨伐捨 莎訶
世尊此之神呪若有四衆誦一百八遍請召
於我我為是人即來赴請又復世尊若有
衆生欲得見我現身共語者亦應如前安置
法式誦此神呪
怛姪他 頞析泥 去 頞刀刹泥 室尸達哩
訶訶呬呬區 嚕 伐麗 莎訶
世尊若人持此呪時應誦一百八遍并誦前
呪我必現身隨其所願悉得成就終不虛

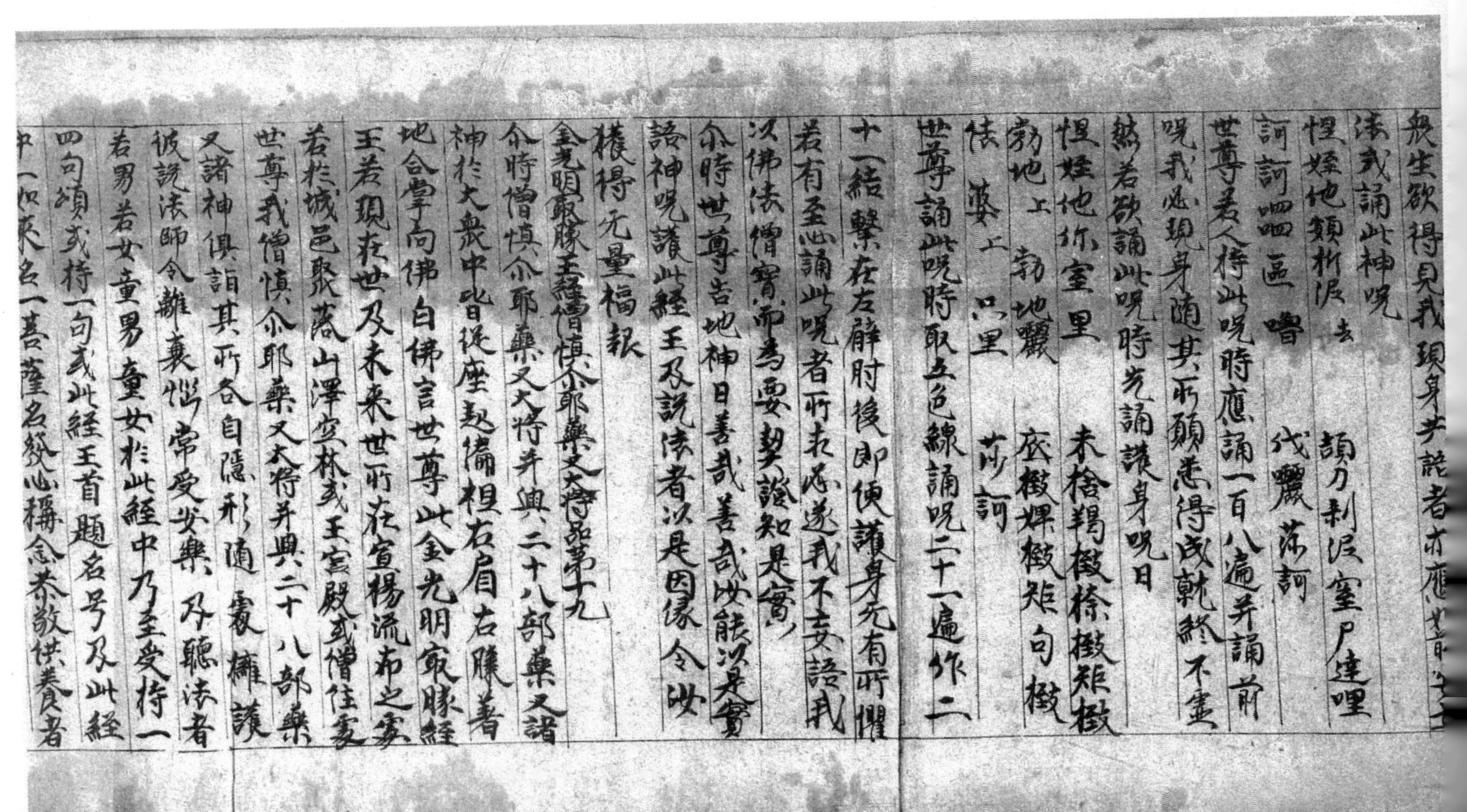
衆生欲得見我現身共語者亦應如前安置
法式誦此神呪
怛姪他 頞析泥 去 頞刀刹泥 室尸達哩
訶訶呬呬區 嚕 伐麗 莎訶
世尊若人持此呪時應誦一百八遍并誦前
呪我必現身隨其所願悉得成就終不虛
然若欲誦此呪時先誦護身呪曰
怛姪他 你室里 末捨羯儼捺儼矩儼
勃地 上 勃地麗 底儼婢儼矩 句儼
佉 婆 上 只里 莎訶
世尊誦此呪時取五色線誦呪二十一遍作二
十一結繫在左髆肘後即便護身无有所懼
若有至心誦此呪者所求必遂我不妄語我
以佛法僧寶而為要契證知是實
爾時世尊告地神曰善哉善哉汝能以是實
語神呪護此經王及說法者以是因緣令汝
獲得无量福報
金光明最勝王經僧慎爾耶藥叉大將品第十九
爾時僧慎爾耶藥叉大將并與二十八部藥叉諸
神於大衆中皆從座起偏袒右肩右膝著
地合掌向佛白佛言世尊此金光明最勝經
王若現在世及未來世所在宣揚流布之處
若於城邑聚落山澤空林或王宮殿或僧住處
世尊我僧慎爾耶藥叉大將并與二十八部藥
叉諸神俱詣其所各自隱形隨處擁護
彼說法師令離衰惱常受安樂及聽法者
若男若女童男童女於此經中乃至受持一
四句頌或持一句或此經王首題名号及此經
中一如來名一菩薩名發心稱念恭敬供養者

若於城邑聚落山澤空林或王宮殿或僧住處
世尊我僧慎尒耶藥叉大將并與二十八部藥叉
諸神俱詣其所各自隱形隨處擁護
彼說法師令離衰惱常受安樂及聽法者
若男若女童男童女於此經中乃至受持一
四句頌或持一句或此經王首題名号及此經
中一如來名一菩薩名發心稱念恭敬供養者
我當救護攝受令无災橫離苦得樂世尊何
故我名正了知此之因緣是佛親證我知諸法
我曉一切法隨所有一切法如所有一切諸
法種類體性差別世尊如是諸法我能了知
我有難思智光我有難思智炬我有難思
智行我有難思智聚我於難思智境而
能通達世尊如我於一切法正知正曉正覺
能正觀察世尊以是因緣我藥叉大將名正
了知以是義故我能令彼說法之師言詞辯
了具足莊嚴亦令精氣從毛孔入身力充足
威光勇健難思智光皆得成就得正憶念无
无有退屈增益彼身令无衰減諸根安樂
常生歡喜以是因緣為彼有情已於百千佛
所殖諸善根修福業者於贍部洲廣宣流
布不速隱沒彼諸有情聞是經已得不可思
議大智光明及以无量福智之聚於未來世當
受无量俱胝那庾多劫不可思議人天勝樂常
與諸佛共相值遇速證无上正等菩提閻羅
之界三塗極苦不復經過
尒時正了知藥叉大將白佛言世尊我有陁羅
尼今對佛前親自陳說為欲饒益憐愍

BD04460號　金光明最勝王經卷八　（18–12）

受无量俱胝那庾多劫不可思議人天勝樂常
與諸佛共相值遇速證无上正等菩提閻羅
之界三塗極苦不復經過
尒時正了知藥叉大將白佛言世尊我有陁羅
尼今對佛前親自陳說為欲饒益憐愍
諸有情故即說呪曰
南謨佛陀引也　南謨達摩引也
南謨僧伽引也　南謨跋囉大舍摩也
南謨因達羅也　南謨析哳喃
莫曷囉闍喃　怛姪他呬里呬里
須里須里瞿里　莫訶瞿里健陀里
莫訶健陀里　達羅須雉
莫訶達羅須里　單荼曲勸問驗第去
訶訶訶訶訶　呬呬呬呬呬
呼呼呼呼呼　漢魯曇謎瞿曇謎
者者者者　呂呂呂主主主
旃荼攞涉之鉢攞　尸羯囉上尸羯囉
嗢底瑟侘呬　薄伽梵僧慎尒耶沙訶
若復有人於此明呪能受持者我當給與
資生樂具飲食衣服花果珍異或求男女
童男童女金銀珍寶諸瓔珞具我皆供給隨
所願求令无闕乏此之明呪有大威力若誦
呪時我當速至其所令无障㝵隨意成就若
持此呪時應知其法先畫一鋪僧慎尒耶藥
叉形像高四五尺手執鉾鑹於此像前作
四方壇安四滿瓶蜜水或沙糖水塗香粖香
燒香及諸花鬘又於壇前作地火爐中安炭
火以蘇摩芥子燒於爐中口誦前呪一百八
遍一遍一燒乃至我藥叉大將自來現身問

BD04460號　金光明最勝王經卷八　（18–13）

於山中[illegible]
又形像高四五尺手執鉾鑽於此像前作
四方壇安四滿瓶蜜水或沙糖水塗香末香
燒香及諸花鬘又於壇前作地火爐中安炭
火以蘇摩芥子燒於爐中口誦前呪一百八
遍一遍一燒乃至我藥叉大將自來現身問
呪人曰尒何所須意所求者即以事答我即隨言
於所求事皆令滿足或須金銀及諸伏藏或欲
神仙乘空而去或求天眼通或知他心事於一
切有情隨意自在令斷煩惱速得解脫皆得
成就尒時世尊告正了知藥叉大將曰善哉
善哉汝能如是利益一切衆生說此神呪擁
護正法福利无邊

金光明最勝王經王法正論品第廿

尒時此大地神女名曰堅牢於大衆中從座而
起頂礼佛足合掌恭敬白佛言世尊於諸國
中為人王者若无正法不能治國安養衆生
及以自身長居勝位唯願世尊慈悲哀愍
當為我說王法正論治國之要令諸人王得
聞法已如說脩行正化於世能令勝位永保安
寧國內居人咸蒙利益
尒時世尊於大衆中告堅牢地神曰汝當諦
聽過去有王名力尊幢其王有子名曰妙幢
受灌頂位未久之頃尒時父王告妙幢言有
王法正論名天主教法我於昔時受灌頂位
而為國主我之父王名智力尊幢為我說是
王法正論我依此論於二万歲善治國土我
不曾憶起一念心行於非法汝於今日亦應
如是勿以非法而治於國云何名為王法正論
汝今善聽當為汝說尒時力尊幢王即為

BD04460號　金光明最勝王經卷八

(18-14)

[illegible]
王法正論名天主教法我於昔時受灌頂位
而為國主我之父王名智力尊幢為我說是
王法正論我依此論於二万歲善治國土我
不曾憶起一念心行於非法汝於今日亦應
如是勿以非法而治於國云何名為王法正論
汝今善聽當為汝說尒時力尊幢王即為
其子以妙伽陀說正論曰

我說王法論　利安諸有情　為斷世間疑　滅除衆過失
一切諸天主　及以人中王　當生歡喜心　合掌聽我說
往昔諸天衆　集在金剛山　四王從座起　請問於大梵
梵王最勝尊　天中大自在　願哀愍我等　為斷諸疑惑
云何處人世　而得名為天　復以何因緣　号曰名天子
云何生人間　獨得為人主　云何在天上　復得作天王
如是護世間　問彼梵王已　尒時梵天主　即便為彼說
護世汝當知　為利有情故　問我治國法　我說應善聽
由先善業力　生天得作王　若在於人中　統領為人主
諸天共加護　然後入母胎　既至母胎中　諸天復守護
雖生在人中　尊勝故名天　由諸天護持　亦得名天子
三十三天主　分力助人王　及一切諸天　亦資自在力
除滅諸非法　惡業令不生　教有情脩善　使得生天上
人及蘇羅衆　并揵闥婆等　羅剎旃荼羅　悉皆資半力
父母資半力　令捨惡脩善　諸天共護持　示其善惡報
若造善惡業　令於現世中　諸天共護持　示其善惡報
國人造惡業　王捨不禁制　斯非順正理　治擯當如法
若見惡不遮　非法便滋長　遂令王國內　姧詐日增多
王見國中人　造惡不遮止　三十三天衆　咸生忿怒心
因此損國政　諂偽行世間　被他怨敵侵　破壞其國土
居家及資具　積財皆散失　種種諂誑生　更互相侵奪
由正法得王　而不行其法　國人皆破散　如象蹹蓮池

BD04460號　金光明最勝王經卷八

(18-15)

國人造惡業 王捨不禁制 此非順正理 治擯當如法
若見惡不遮 非法便滋長 遂令王國內 奸詐日增多
王見國中人 造惡不遮止 三十三天衆 咸生忿怒心
因此損國政 諂偽行世間 被他怨敵侵 破壞其國土
居家及資具 積財皆散失 種種諂誑生 更互相侵奪
由正法得王 而不行其法 國人皆破散 如象踏蓮池
惡風起無恒 暴雨非時下 妖星多變怪 日月蝕無光
五穀衆花果 苗實皆不成 國土遭饑饉 由王捨正法
若王捨正法 以惡法化人 諸天處本宮 見已生憂惱
彼諸天王衆 共作如是言 此王作非法 惡黨相親附
王位不久安 諸天皆忿恨 由彼懷忿故 其國當敗亡
以非法教人 流行於國內 鬪諍多奸偽 疾疫生衆苦
天主不護念 餘天咸捨棄 國土當滅亡 王身受苦厄
父母及妻子 兄弟并姊妹 俱遭愛別離 乃至身亡歿
變怪流星墮 二日俱時出 他方怨賊來 國人遭喪亂
國所重大臣 枉橫而身死 所愛象馬等 亦復皆散失
處處有兵戈 人多非法死 惡鬼來入國 疾疫遍流行
國中最大臣 及以諸輔相 其心懷諂佞 並悉行非法
見行非法者 而生於愛敬 於行善法人 苦楚而治罰
由愛敬惡人 治罰善人故 星宿及風雨 皆不以時行
有三種過生 正法當隱沒 衆生無光色 地肥皆下沉
由敬惡輕善 復有三種過 非時降霜雹 饑疫苦流行
穀稼諸果實 滋味皆損減 於其國土中 衆生多疾病
國中諸樹林 先生甘美果 由斯皆損減 苦澁無滋味
先有妙園林 可愛遊戲處 忽然皆枯悴 見者生憂惱
稻麥諸果實 美味漸消亡 食時心不喜 何能長諸大
衆生光色減 勢力盡衰微 食噉雖復多 不能令飽足
於其國界中 所有衆生類 少力無勢力 所作不堪能
國人多疾患 衆苦逼其身 鬼魅遍流行 隨處生羅剎

BD04460號　金光明最勝王經卷八　（18–16）

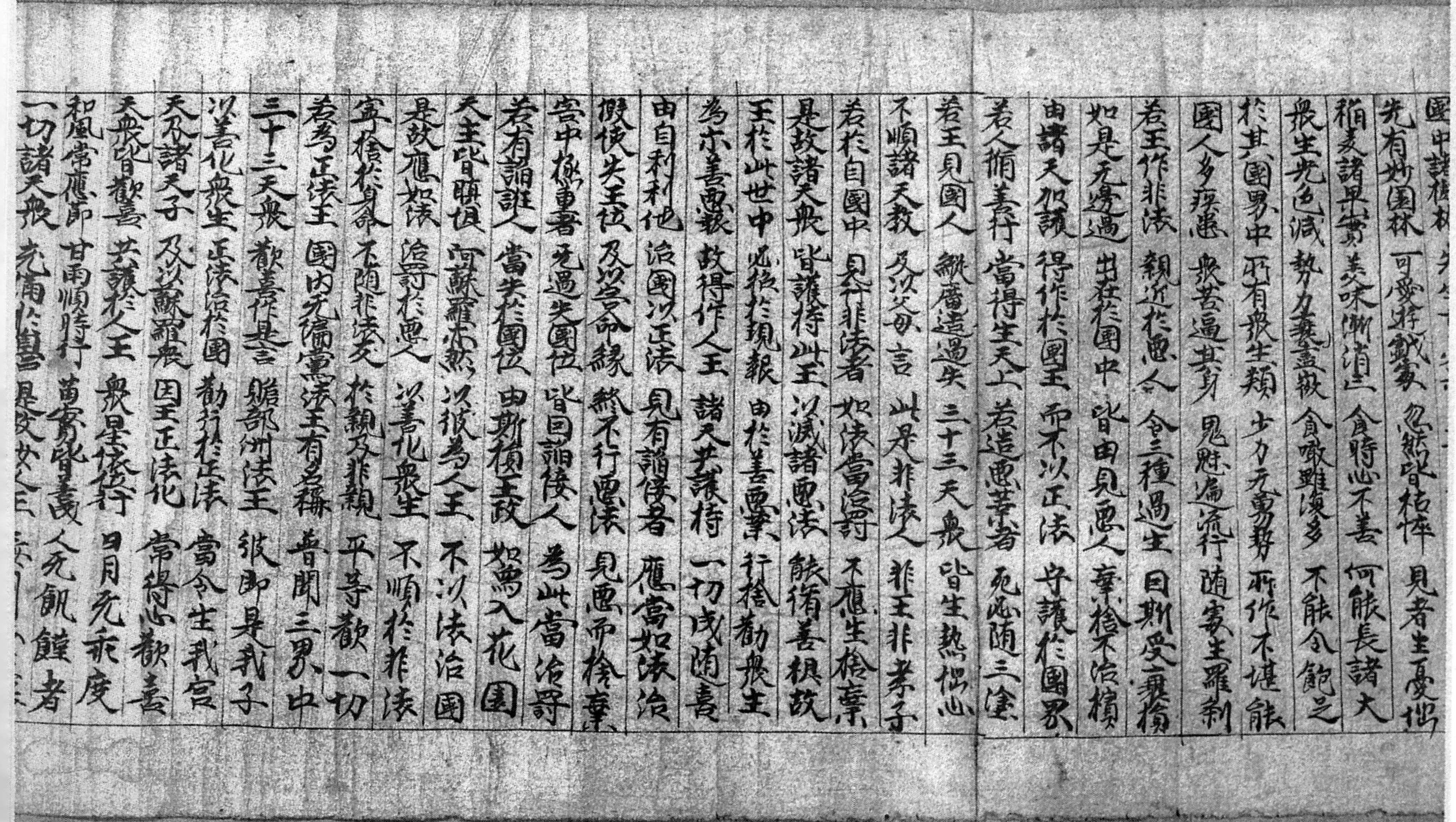

國中諸樹林 先生
先有妙園林 可愛遊戲處 忽然皆枯悴 見者生憂惱
稻麥諸果實 美味漸消亡 食時心不喜 何能長諸大
衆生光色減 勢力盡衰微 食噉雖復多 不能令飽足
於其國界中 所有衆生類 少力無勢力 所作不堪能
國人多疾患 衆苦逼其身 鬼魅遍流行 隨處生羅剎
若王作非法 親近於惡人 令三種過生 由斯受衰損
如是無邊過 出在於國中 皆由見惡人 棄捨不治擯
由諸天加護 得作於國王 而不以正法 守護於國界
若人修善行 當得生天上 若造惡業者 死必墮三塗
若王見國人 縱廣造過失 三十三天衆 皆生熱惱心
不順諸天教 及以父母言 此是非法人 非王非孝子
若於自國中 見行非法者 如法當治罰 不應生捨棄
是故諸天衆 皆護持此王 以滅諸惡法 能脩善根故
王於此世中 必招於現報 由於善惡業 行捨勸衆生
為示善惡報 故得作人王 諸天共護持 一切咸隨喜
由自利利他 治國以正法 見有諂佞者 應當如法治
假使失王位 及以害命緣 終不行惡法 見惡而捨棄
害中極重者 無過失國位 皆因諂佞人 為此當治罰
若有諂誑人 當失於國位 由斯損王政 如象入花園
天主皆瞋恨 阿蘇羅亦然 以彼為人王 不以法治國
是故應如法 治罰於惡人 以善化衆生 不順於非法
寧捨於身命 不隨非法友 於親及非親 平等觀一切
若為正法王 國內無偏黨 法王有名稱 普聞三界中
三十三天衆 歡喜作是言 贍部洲法王 彼即是我子
以善化衆生 正法治於國 勸行於正法 當令生我宮
天人諸天子 及以蘇羅衆 因王正法化 常得心歡喜
天衆皆歡喜 共護於人王 衆星依位行 日月無乖度
和風常應節 甘雨順時行 苗實皆成熟 人無飢饉者
一切諸天衆 充滿於自宮 是故汝人王

BD04460號　金光明最勝王經卷八　（18–17）

天主皆助 ……以彼為人王 不以法治國
是故應如法 治罰於惡人 以善化衆生 不順於非法
寧捨於身命 不隨非法友 於親及非親 平等觀一切
若為正法王 國內无偏黨 法王有名稱 普聞三界中
三十三天衆 歡喜作是言 贍部洲法王 彼即是我子
以善化衆生 正法治於國 勸行於正法 當令生我宮
天仙諸天子 及以蘇羅衆 因王正法化 常得心歡喜
天衆皆歡喜 共護於人王 衆星依位行 日月无乖度
和風常應節 甘雨順時行 苗實皆善成 人无飢饉者
一切諸天衆 充滿於自宮 是故汝人王 忘身弘正法
應尊重法寶 由斯衆安樂 常當親正法 功德自莊嚴
眷屬常歡喜 能遠離諸惡 以法化衆生 恒令得安隱
令彼一切人 修行於十善 率土常豐樂 國土得安寧
王以法化人 善調於惡行 當得好名稱 安樂諸衆生
爾時大地一切人王及諸大衆聞佛說此古
昔人王治國要法得未曾有皆大歡喜信
受奉持

金光明最勝王經卷第八

BD04460號　金光明最勝王經卷八　（18–18）

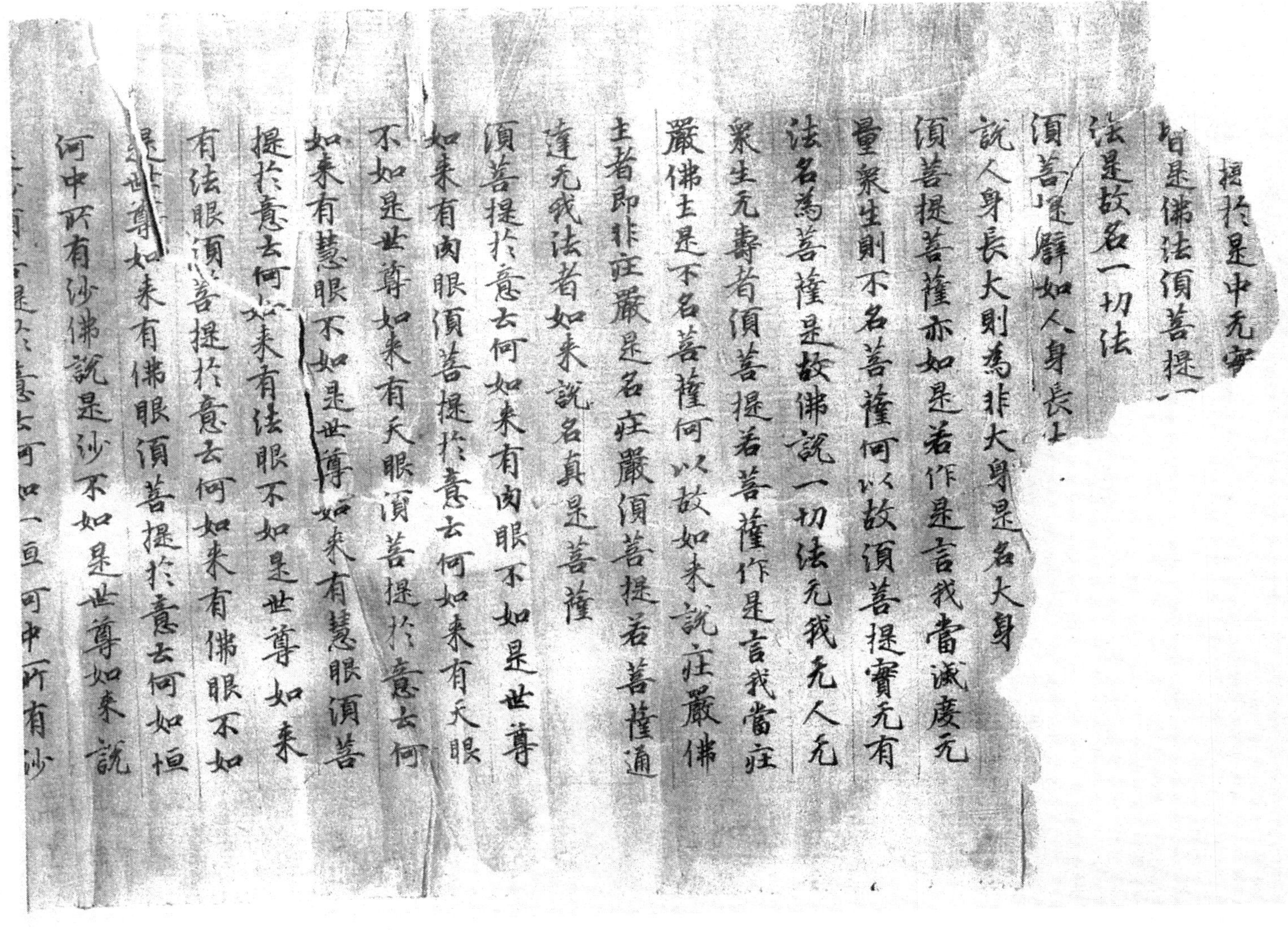

提於是中无實
皆是佛法須菩提一
法是故名一切法
須菩提譬如人身長大
說人身長大則為非大身是名大身
須菩提菩薩亦如是若作是言我當滅度无
量衆生則不名菩薩何以故須菩提實无有
法名為菩薩是故佛說一切法无我无人无
衆生无壽者須菩提若菩薩作是言我當莊
嚴佛土是不名菩薩何以故如來說莊嚴佛
土者即非莊嚴是名莊嚴須菩提若菩薩通
達无我法者如來說名真是菩薩
須菩提於意云何如來有肉眼不如是世尊
如來有肉眼須菩提於意云何如來有天眼
不如是世尊如來有天眼須菩提於意云何
如來有慧眼不如是世尊如來有慧眼須菩
提於意云何如來有法眼不如是世尊如來
有法眼須菩提於意云何如來有佛眼不如
是世尊如來有佛眼須菩提於意云何如恒
河中所有沙佛說是沙不如是世尊如來說
是沙須菩提於意云何如一恒河中所有沙

BD04461號　金剛般若波羅蜜經　（4–1）

須菩提於意云何如来有肉眼不如是世尊如来有肉眼
如来有肉眼須菩提於意云何如来有天眼
不如是世尊如来有天眼須菩提於意云何
如来有慧眼不如是世尊如来有慧眼須菩
提於意云何如来有法眼不如是世尊如来
有法眼須菩提於意云何如来有佛眼不如
是世尊如来有佛眼須菩提於意云何如恒
河中所有沙佛說是沙不如是世尊如来說
是沙須菩提於意云何如一恒河中所有沙
有如是等恒河是諸恒河所有沙數佛世界如
是寧為多不甚多世尊佛告須菩提尒所國
土中所有衆生若干種心如来悉知何以故
如来說諸心皆為非心是名為心所以者何
須菩提過去心不可得現在心不可得未来
心不可得須菩提於意云何若有人滿三千
大千世界七寶以用布施是人以是因緣得
福多不如是世尊此人以是因緣得福甚多
須菩提若福德有實如来不說得福德多以
福德无故如来說得福德多
須菩提於意云何佛可以具足色身見不不
也世尊如来不應以具足色身見何以故如
来說具足色身即非具足色身是名具足色
身須菩提於意云何如来可以具足諸相見
不不也世尊如来不應以具足諸相見何以
故如来說諸相具足即非具足是名諸相具
足須菩提汝勿謂如来作是念我當有所說

也世尊如来不應以具足色身見何以故如
来說具足色身即非具足色身是名具足色
身須菩提於意云何如来可以具足諸相見
不不也世尊如来不應以具足諸相見何以
故如来說諸相具足即非具足是名諸相具
足須菩提汝勿謂如来作是念我當有所說
法莫作是念何以故若人言如来有所說法
即為謗佛不能解我所說故須菩提說法者
无法可說是名說法
須菩提白佛言世尊佛得阿耨多羅三藐三
菩提為无所得耶如是如是須菩提我於阿
耨多羅三藐三菩提乃至无有少法可得是
名阿耨多羅三藐三菩提復次須菩提是法
平等无有高下是名阿耨多羅三藐三菩提
以无我无人无衆生无壽者脩一切善法則
得阿耨多羅三藐三菩提須菩提所言善法
者如来說非善法是名善法
須菩提若三千大千世界中所有諸須弥山
王如是等七寶聚有人持用布施若人以此
般若波羅蜜經乃至四句偈等受持讀誦為
他人說於前福德百分不及一百千万億分
乃至筭數譬喻所不能及
須菩提於意云何汝等勿謂如来作是念我
當度衆生須菩提莫作是念何以故實无有
衆生如来度者若有衆生如来度者如来則

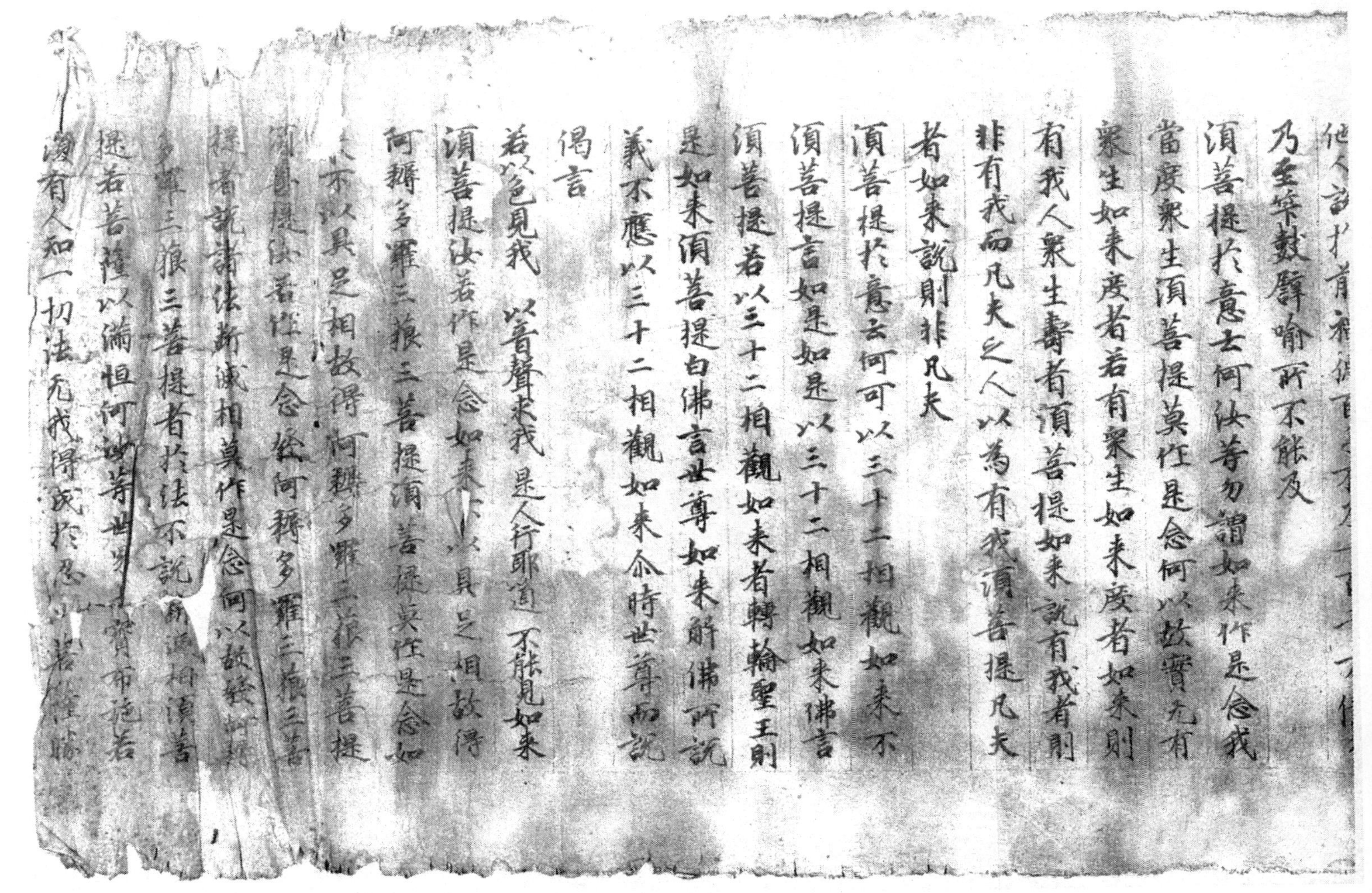

他人說於前福德百分不及一百千萬億
乃至筭數譬喻所不能及
須菩提於意云何汝等勿謂如來作是念我
當度眾生須菩提莫作是念何以故實无有
眾生如來度者若有眾生如來度者如來則
有我人眾生壽者須菩提如來說有我者則
非有我而凡夫之人以為有我須菩提凡夫
者如來說則非凡夫
須菩提於意云何可以三十二相觀如來不
須菩提言如是如是以三十二相觀如來佛言
須菩提若以三十二相觀如來者轉輪聖王則
是如來須菩提白佛言世尊如我解佛所說
義不應以三十二相觀如來尒時世尊而說
偈言
若以色見我　以音聲求我　是人行邪道　不能見如來
須菩提汝若作是念如來不以具足相故得
阿耨多羅三藐三菩提須菩提莫作是念如
來不以具足相故得阿耨多羅三藐三菩提
須菩提汝若作是念發阿耨多羅三藐三菩
提者說諸法斷滅相莫作是念何以故發阿耨
多羅三藐三菩提者於法不說斷滅相須菩
提若菩薩以滿恒河沙等世界七寶布施若
復有人知一切法无我得成於忍此菩薩勝

BD04461 號　金剛般若波羅蜜經　（4–4）

BD04462 號　大般涅槃經（北本　宮本）卷二六　（25–1）

是定說色有若善心有貪性復言凡夫心有
貪性亦解脫性遇貪因緣心則生貪若遇解
脫心則解脫雖作此說是義不然有諸凡夫
復作是言一切因中悉无有果因有二種一
者微細二者麁大細即是常麁則无常從微
細因轉成麁因從此麁因轉復成果麁无常
故果亦无常善男子有諸凡夫復作是言心
亦无因貪亦无因以時節故則生貪心如是
等輩以不能知心因緣故輪迴六趣具受生
死善男子譬如枷狗繫之於柱終日繞柱不
能得離一切凡夫亦復如是无明枷繫生
死柱繞廿五有不能得離善男子譬如有人
墮於清廁既得出已而復還入如人病差還
近病因如人涉路值空曠處既得過已而復
還來如又淨洗還塗塵土一切凡夫亦復如
是已得解脫无所有處唯未得脫非非想處
而復還來至三惡趣何以故一切凡夫唯觀
於果不觀因緣如狗逐塊不逐於人凡夫之
人亦復如是唯觀於果不觀因緣以不觀故
從非想退還三惡趣善男子諸佛菩薩終不
定說因中有果因中无果及有无果非有非
无果若言因中先定有果及定无果定有无
果定非有非无果當知是等皆魔伴黨繫屬
於愛即是愛人如是愛人不能永斷生死繫
縛不知心相及以貪相善男子諸佛菩薩顯
示中道何以故雖說諸法非有非无而不決
定所以者何因眼因色因明因心因念識則
得生是識決定不在眼中色中明中心中念

果定非有非无果當知是等皆魔伴黨繫屬
於愛即是愛人如是愛人不能永斷生死繫
縛不知心相及以貪相善男子諸佛菩薩顯
示中道何以故雖說諸法非有非无而不決
定所以者何因眼因色因明因心因念識則
得生是識決定不在眼中色中明中心中念
中亦非中間非有非无從緣生故名之為有
无自性故名之為无是故如來說言諸法非
有非无善男子諸佛菩薩終不定說心有淨
性及不淨性淨不淨心无住處故從緣生貪
故說非无本无貪性故說非有善男子從因
緣故心則生貪從因緣故心則解脫善男子
因緣有二一者隨於生死二者隨大涅槃善
男子有因緣故心共貪生共貪俱滅有共貪
生不共貪滅有不共貪生共貪俱滅有不共
貪生不共貪滅云何心共貪生共貪俱滅善
男子若有凡夫未斷貪心脩習貪心如是之
人心共貪生心共貪滅一切衆生不斷貪心
心共貪生心共貪滅如欲界衆生一切皆有
初地味禪若脩不脩常得成就遇因緣故即
便得之言因緣者謂火災也一切凡夫亦復
如是若脩不脩心共貪生心共貪滅何以故
不斷貪故云何心共貪生不共貪滅聲聞弟
子有因緣故生於貪心畏貪心故脩白骨觀
是名心共貪生不共貪滅復有心共貪生不
共貪滅如聲聞人未證四果有因緣故生於
貪心證四果時貪心得滅是名心共貪生不

如是若脩不脩心共貪生心共貪滅何以故
不斷貪故云何心共貪生不共貪滅聲聞弟
子有因緣故生於貪心畏貪心故脩白骨觀
是名心共貪生不共貪滅復有心共貪生不
共貪滅如聲聞人未證四果有因緣故生於
貪心證四果時貪心得滅是名心共貪生不
共貪滅菩薩摩訶薩得不動地時心共貪生
不共貪滅云何不共貪生共貪俱滅若菩薩
摩訶薩斷貪心已為衆生故亦現有貪以示
現故能令无量无邊衆生諮受善法具足成
就是名不共貪生共貪俱滅云何不共貪生
不共貪滅謂阿羅漢緣覺諸佛除不動地其
餘菩薩是名不共貪生不共貪滅以是義故
諸佛菩薩不決定說心性本淨性本不淨善
男子是心不與貪結和合亦復不與瞋癡和
合善男子辟如日月雖為烟塵雲霧及羅睺
羅之所覆蔽以是因緣令諸衆生不能得見
雖不可見日月之性終不與彼五翳和合心
亦如是以因緣故生於貪結衆生雖說心與
貪合而是心性實不與合若是貪心即是貪
性若是不貪即不貪性不貪之心不能為貪
貪結之心不能不貪善男子以是義故貪欲
之結不能汙心諸佛菩薩永破貪結是故說
言心得解脫一切衆生從因緣故生於貪結
從因緣故心得解脫善男子辟如雪山懸嶮
之處人與獼猴俱不能行或復有處獼猴能
行人不能行或復有處人與獼猴二俱能行

貪結之心不能不貪善男子以是義故貪欲
之結不能汙心諸佛菩薩永破貪結是故說
言心得解脫一切衆生從因緣故生於貪結
從因緣故心得解脫善男子辟如雪山懸嶮
之處人與獼猴俱不能行或復有處獼猴能
行人不能行或復有處人與獼猴二俱能行
善男子人與獼猴能行處者如諸獵師純以
黐膠置之案上用捕獼猴獼猴癡故往手觸
之觸已粘手欲脫手故以脚蹋之脚復隨著
欲脫脚故以口嚙之口復粘著如是五處悉
无得脫於是獵師以杖貫之負還歸家雪山
險處喻佛菩薩所得正道獼猴者喻諸凡夫
獵師者喻魔波旬黐膠者喻貪欲結人與獼
猴俱不行者喻諸凡夫魔王波旬俱不能行
獼猴能行人不能者喻諸外道有智慧者諸
惡魔等雖以五欲不能繫縛人與獼猴俱能
行者一切凡夫及魔波旬常處生死不能脩
行凡夫之人五欲所縛令魔波旬自在將去
如彼獵師黐捕獼猴擔負歸家善男子辟如
國王安住己界身心安樂若至他界則得衆
苦一切衆生亦復如是若能自住於己境界
則得安樂若至他界則遇惡魔受諸苦惱自
境界者謂四念處他境界者謂五欲也云何
名為繫屬於魔有諸衆生无常見常常見无
常苦見於樂樂見於苦不淨見淨淨見不淨
无我見我我見无我非實解脫橫見解脫真
實解脫見非解脫非乘見乘乘見非乘如是

則得安樂若至他界則遇惡[illegible]
境界者謂四念處他境界者謂五欲也云何
名爲繫屬於魔有諸眾生无常見常〻見无
常苦見於樂〻見於苦不淨見淨〻見不淨
无我見我〻見无我非實解脫橫見解脫真
實解脫見非解脫非乘見乘〻見非乘如是
之人名繫屬魔〻繫屬魔者心不清淨復次善
男子若見諸法真實是有摽別定相當知是
人若見色時便作色相乃至見識亦作識相
見男〻相見女〻相見日〻相見月〻相見歲
〻相見陰〻相見入〻相見界〻相見如是見
者名繫〻屬〻魔〻者心不清淨復次善男
子若見我是色〻中有我〻中有色〻屬於我
乃至見我是識〻中有我〻中有識〻屬
於我如是見者繫屬於魔非我弟子善男子
我聲聞弟子遠離如來十二部經修集種〻
外道典籍不修出家寂滅之業純營世俗在
家之事何等名爲在家事也受畜一切不淨
之物奴婢田宅象馬車乘驢騾雞犬獼猴猪
羊種〻麥遠離師僧親附白衣違反聖教
向諸白衣作如是言佛聽比丘受畜種〻不淨
之物是名修集在家之事有諸弟子不爲
涅槃但爲利養親近聽受十二部經招提僧
物及僧鬘物衣著食噉如自己有慳惜他家
及以稱譽親近國王及諸王子卜筮吉凶推
步盈虛圍碁六博樗蒱投壺親比丘尼及諸
女畜二沙彌常遊屠獵沽酒之家及旃陀羅
所住之處種〻販賣手自作食受使鄰國通

BD04462號　大般涅槃經（北本　宮本）卷二六　（25-6）

物及僧鬘物衣著食噉如自己有慳惜他家
及以稱譽親近國王及諸王子卜筮吉凶推
步盈虛圍碁六博樗蒱投壺親比丘尼及諸
女畜二沙彌常遊屠獵沽酒之家及旃陀羅
所住之處種〻販賣手作自食受使鄰國通
到信命如是之人當知即是魔之眷屬非我
弟子以是因緣心共貪生心共貪滅乃至癡
心共生共滅亦復如是善男子以是因緣心
性非淨亦非不淨是故我說心得解脫若有
不受不畜一切不淨之物爲大涅槃受持讀
誦十二部經書寫解說當知是等真我弟子
不行惡魔波旬境界即修集卅七品以修集
故不共貪生不共貪滅是名菩薩修大涅
槃微妙經典具足成就第八功德復次善男
子云何菩薩摩訶薩修大涅槃微妙經典具
足成就第九功德善男子菩薩摩訶薩修大
涅槃微妙經典初發五事悉得成就何等爲
五一者信二者直心三者戒四者親近善友
五者多聞云何爲信菩薩摩訶薩信於三寶
施有果報信於二諦一乘之道更无異趣爲
諸眾生速得解脫諸佛菩薩分別爲三信第
一義諦信善方便是名爲信如是信者若諸
沙門若婆羅門若天魔梵一切眾生所不能
壞因是信故得聖人性修行布施若多若少
悉得近於大般涅槃不墮生死戒聞智慧亦
復如是〻名爲信雖有是信而亦不見是爲
菩薩修大涅槃成就初事云何直心菩薩摩

BD04462號　大般涅槃經（北本　宮本）卷二六　（25-7）

壞因是信故得聖人性脩行布施若多若少
悉得近於大般涅槃不墮生死弍聞智慧亦
復如是、、名為信雖有是信而亦不見是為
菩薩脩大涅槃成就初事云何直心菩薩摩
訶薩於諸衆生作質直心一切衆生若遇因
縁則生諂曲菩薩不尒何以故善解諸法悉
因縁故菩薩摩訶薩雖見衆生諸惡過咎終
不說之何以故恐生煩惱若生煩惱則墮惡
趣如是菩薩若見衆生有少善事則讃嘆之
云何為善所謂佛性讃佛性故令諸衆生發
阿耨多羅三藐三菩提心
尒時光明遍照高貴德王菩薩摩訶薩白佛
言世尊如佛所說菩薩摩訶薩讃嘆佛性令
无量衆生發阿耨多羅三藐三菩提心是義
不然何以故如來初開涅槃經時說有三種
一者若有病人得良醫藥及瞻病者病則易
差如其不得則不可愈二者若得不得悉不
可差三者若得不得悉皆可差一切衆生亦
復如是若遇善友諸佛菩薩聞說妙法則得
發於阿耨多羅三藐三菩提心如其不遇則
不能發所謂須陁洹斯陁含阿那含阿羅漢
辟支佛二者雖遇善友諸佛菩薩聞說妙法
亦不能發若其不遇亦不能發謂一闡提三
者若遇不遇一切悉能發阿耨多羅三藐三
菩提所謂菩薩若言遇與不遇悉發阿耨多
羅三藐三菩提心者如來今者云何說言因
讃佛性令諸衆生發阿耨多羅三藐三菩提

BD04462號　大般涅槃經（北本　宮本）卷二六　（25–8）

辟支佛二者雖遇善友諸佛菩薩聞說妙法
亦不能發若其不遇亦不能發謂一闡提三
者若遇不遇一切悉能發阿耨多羅三藐三
菩提所謂菩薩若言遇與不遇悉發阿耨多
羅三藐三菩提心者如來今者云何說言因
讃佛性令諸衆生發阿耨多羅三藐三菩提
心世尊若遇善友諸佛菩薩聞說妙法及以
不遇悉不能發阿耨多羅三藐三菩提心當
知是義亦復不然何以故如是之人當得阿
耨多羅三藐三菩提故一闡提輩以佛性故
若聞不聞悉亦當得阿耨多羅三藐三菩提
故世尊如佛所說何等名為一闡提也謂斷
善根如是之義亦復不然何以故不斷佛性
故如是佛性理不可斷云何佛說斷諸善根
如佛往昔說十二部經善有二種一者常二
者无常、、者不斷无常者斷无常可斷故墮
地獄常不可斷何故不遮佛性不斷非一闡提
如來何故作如是說言一闡提世尊若因佛
性發阿耨多羅三藐三菩提何故如來廣為
衆生說十二部經世尊辟如四河從阿那婆
蹹多池出若有天人諸佛世尊說言是河不
入大海當還本源无有是處菩提之心亦復
如是有佛性者若聞不聞若戒非戒若施非
施若脩不脩若智非智悉皆應得阿耨多羅
三藐三菩提世尊如優陁延山日從中出至
于正南日若念言我不至西還東方者无有
是處佛性亦尒若不聞不戒不施不脩不智

BD04462號　大般涅槃經（北本　宮本）卷二六　（25–9）

如是有佛性者若聞不聞若戒非戒若施非
施若脩不脩若智非智悉皆應得阿耨多羅
三藐三菩提世尊如優陀延山日從中出至
于正南日若念言不我至西還東方者无有
是處佛性亦尒若不聞不戒不施不脩不智
不得阿耨多羅三藐三菩提者无有是處世
尊諸佛如來說因果性非有非无如是之義
是亦不然何以故如其乳中无酪性者則无
有酪尼拘陀子无五丈者則不能生五丈之
質若佛性中无阿耨多羅三藐三菩提樹者
云何能生阿耨多羅三藐三菩提樹以是義
故所說因果非有非无如是之義云何相應
尒時世尊讚言善哉善哉善男子世有二人
甚為希有如優曇華一者不行惡法二者有
罪能悔如是之人甚為希有復有二人一者
作恩二者念恩復有二人一者諮受新法二
者溫故不忘復有二人一者造新二者脩故
復有二人一樂聞法二樂說法復有二人一
善問難二善能答善問難者汝身是也善能
答者謂如來也善男子因是善問即得轉于
无上法輪能枯十二因緣大樹能度无邊生
死大河能與魔王波旬共戰能摧波旬所立
勝幢善男子如我先說三種病人值遇良醫
瞻病好藥及以不遇病悉得差是義云何若
得不得謂定壽命所以者何是人已於无量
世中脩三種善謂上中下以脩如是三種善
故得定壽命如欝單曰人壽命千年有遇病

勝幢善男子如我先說三種病人值遇良醫
瞻病好藥及以不遇病悉得差是義云何若
得不得謂定壽命所以者何是人已於无量
世中脩三種善謂上中下以脩如是三種善
故得定壽命如欝單曰人壽命千年有遇病
者若得良醫好藥瞻病及以不得悉皆得差
何以故得定命故善男子如我所說若有病
人得遇良醫好藥瞻病病得除差若不遇者
則不得差是義云何善男子如是之人壽命
不定命雖不盡有九因緣能夭其壽何等為
九一者知食不安而反食之二者多食三者宿
食未消而復更食四者大小便利不隨時節
五者病時不隨醫教六者不隨瞻病教勑七
者強耐不吐八者夜行以夜行故惡鬼打之
九者房室過差以是緣故我說病者若遇醫
藥病則可差若不遇者則不可愈善男子如
我先說若遇不遇俱不差者是義云何有人
命盡若遇不遇悉不可差何以故以命盡故
以是義故我說病人若遇醫藥及以不遇悉
不得差眾生亦尒發菩提心者若遇善友諸
佛菩薩諮受深法若不遇之皆悉當成何以
故以其能發菩提心故如欝單曰人得定壽
命如我所說從須陀洹至辟支佛若聞善友
諸佛菩薩所說深法則發阿耨多羅三藐三
菩提心若不值遇諸佛菩薩聞說深法則不
能發阿耨多羅三藐三菩提如不定命以九
因緣命則中夭如彼病人值遇醫藥病則得

故以其能發善根心故如猶單日人得定者
命如我所說從須陀洹至辟支佛若聞善友
諸佛菩薩所說深法則發阿耨多羅三藐三
菩提心若不值遇諸佛菩薩聞說深法則不
能發阿耨多羅三藐三菩提如不定命以九
因緣命則中夭如彼病人值遇醫藥病則得
差若不遇者病則不差是故我說遇佛菩薩
聞說深法則能發心若不值遇則不能發如
我先說若遇善友諸佛菩薩聞說深法若不
值遇俱不能發是義云何善男子一闡提輩
若遇善友諸佛菩薩聞說深法及以不遇俱
不得離一闡提心何以故斷善法故一闡提
輩亦得阿耨多羅三藐三菩提所以者何若
能發於菩提之心則不復名一闡提也善男
子以何緣故說一闡提得阿耨多羅三藐三
提如命盡者雖遇良醫好藥瞻病不能得差
何以故以命盡故善男子一闡名信提名不
具不具信故名一闡提佛性非信眾生非具
以不具故云何可斷一闡提名善方便提名
不具脩善方便不具足故名一闡提佛性非
是脩善方便眾生非具以不具故云何可斷
一闡名進提名不具進不具故名一闡提佛性
非進眾生非具以不具故云何可斷一闡名
念提名不具念不具故名一闡提佛性非念眾
生非具以不具故云何可斷一闡名定提
名不具定不具故一闡提佛性非定眾生非
具以不具故云何可斷一闡名慧提名不具
慧不具故名一闡提佛性非慧眾生非具以

非進眾生非具以不具故云何可斷一闡名
念提名不具念不具故名一闡提佛性非念眾
生非具以不具故云何可斷一闡名定提
名不具定不具故一闡提佛性非定眾生非
具以不具故云何可斷一闡名慧提名不具
慧不具故名一闡提佛性非慧眾生非具以
不具故云何可斷一闡名无常提名不具以
无常善不具足故名一闡提佛性非常非善
非不善何以故善法要從方便而得而是佛
性非方便得是故非善何故復名非不善也
能得善果故善果即是阿耨多羅三藐三菩
提又善法者生已得故而是佛性非生已得
是故非善以斷生得諸善法故名一闡提善
男子如汝所言若一闡提有佛性故者云
何不遮地獄之罪善男子一闡提中无有佛
性善男子譬如有王聞箜篌音其聲清妙心
即耽著喜樂愛念情无捨離即告大臣如是
妙音從何處出大臣答王如是妙音從箜篌
出王復語言持是聲來爾時大臣即持箜篌
置於王前而作是言大王當知此即是聲
王語箜篌出聲出聲而是箜篌聲亦不出
爾時大王即斷其絃聲亦不出取其皮木
悉皆析裂推求其聲了不能得爾時大王
即瞋大臣云何乃如是妄語大臣白王夫
取聲者法不如是應以眾緣善巧方便聲乃
出耳眾生佛性亦復如是无有住處以善方
便故得可見以可見故得阿耨多羅三藐三

尒時大王即斷其弦聲亦不出即其皮木
悉皆析裂推求其聲了不能得尒時大王
即瞋大臣云何乃如是妄語大臣白王夫
取聲者法不如是應以衆緣善巧方便聲乃
出耳衆生佛性亦復如是无有住處以善方
便故得可見以可見故得阿耨多羅三藐三
菩提一闡提輩不見佛性云何能遮三惡道
罪善男子若一闡提信有佛性當知是
人不至三惡是亦不名一闡提也以不自信
有佛性故即墮三惡墮三惡故名一闡提善
男子如汝所說若乳无酪性不應出酪尼拘
陁子无五丈性則不應有五丈之質愚癡
之人作如是說智者終不發如是言何以故
以无性故善男子如其乳中有酪性者不應
復假衆緣力也善男子如水乳雜臥至一月
終不成酪若以一渧頗求樹汁投之於中
即便成酪若本有酪何故待緣衆生佛性
亦復如是假衆緣故則便可見假衆緣故得
成阿耨多羅三藐三菩提若待衆緣然後成
者即是无性以无性故能得阿耨多羅三藐三
菩提善男子以是義故菩薩摩訶薩常讚
人善不訟彼缺名質直心復次善男子云
何菩薩質直心也菩薩摩訶薩常不犯惡設
有過失即時懺悔於師同學終不覆藏慚
愧自責不敢復作於輕罪中生極重想若人
詰問答言實犯復問是罪為好不好答言不
好復問是罪為善不善答言不善復問是罪

人善不訟彼缺名質直心復次善男子云
何菩薩質直心也菩薩摩訶薩常不犯惡設
有過失即時懺悔於師同學終不覆藏慚
愧自責不敢復作於輕罪中生極重想若人
詰問答言實犯復問是罪為好不好答言不
好復問是罪為善不善答言不善復問是罪
是善果耶不善果乎答言是罪實非善果又
問是罪誰之所造將非諸佛法僧作也答言
非佛法僧我所作也乃是煩惱之所構集以
直心故信有佛性信佛性故則不得名一闡
提也以直心故名佛弟子若受衆生衣服飲
食臥具醫藥種種十万不足為多是名菩薩
質直心也云何菩薩脩治於戒菩薩摩訶薩
受持禁戒不為生天不為恐怖乃至不受狗
戒雞戒牛戒雉戒不作破戒不作缺戒不作瑕
戒不作雜戒不作聲聞戒受持菩薩摩訶
薩戒尸羅波羅蜜戒得具足戒不生憍慢是
名菩薩脩大涅槃具第三戒云何菩薩親近
善友菩薩摩訶薩常為衆生說於善道不說
惡道說於惡道非善果報善男子我身即是
一切衆生真善知識是故能斷富加羅婆羅
門所有邪見善男子若有衆生親近我者雖
有生於地獄因緣即得生天如須那剎多等
應墮地獄以見我故即得斷墮地獄因緣生
於色天雖有舍利弗目揵連等不名衆生真
善知識何以故生一闡提心因緣故善男子
我昔住於波羅㮈國時舍利弗教二弟子一

有生於地獄因緣即得生天如須那剎多等
應墮地獄以見我故即得斷墮地獄因緣生
於色天雖有舍利弗目揵連等不名衆生真
善知識何以故生一闡提心因緣故善男子
我昔住於波羅㮈國時舍利弗教二弟子一
觀白骨一令數息經歷多年各不得定以是
因緣即生邪見言无涅槃无漏之法設其有
者我應得之何以故我能善持所受戒故我
於今時見是比丘生此邪見心喚舍利弗而
呵責之汝不善教云何乃為是二弟子顛倒
說法汝二弟子其性各異一主浣衣一是金
師金師之子應教數息浣衣之人應教骨觀
以汝錯教令是二人生於惡邪我於今時為是
二人如應說法二人聞已得阿羅漢果是故
我為一切衆生真善知識非舍利弗目揵連
等若使衆生有極重結得遇我者我以方便
即為斷之如我弟難陀有極重欲我以種種
善巧方便而為除斷鴦掘魔羅有重瞋恚以
見我故瞋恚即息阿闍世王有重愚癡以見
我故癡心即滅如婆熙伽長者於无量劫脩
集成就極重煩惱以見我故即便斷滅設有
鄙惡斯下之人親近於我作弟子者以是因
緣一切人天恭敬愛念尸利毱多邪見熾盛
因見我故邪見即滅因見我故斷地獄因作
生天緣如氣噓栴陀羅命欲終時因見我故
還得壽命如憍尸迦狂心錯亂因見我故還
得本心如痽瞿曇彌屠家之子常脩惡業以

緣一切人天恭敬愛念尸利毱多邪見熾盛
因見我故邪見即滅因見我故斷地獄因作
生天緣如氣噓栴陀羅命欲終時因見我故
還得壽命如憍尸迦狂心錯亂因見我故還
得本心如痽瞿曇彌屠家之子常脩惡業以
見我故即便捨離如闡提比丘因見我故寧
捨身命不毀禁戒如草繫比丘以是義故阿
難比丘說半梵行名善知識我言不爾具足
梵行乃名善知識是故菩薩具足第四親善
知識云何菩薩具足多聞菩薩摩訶薩為大
涅槃十二部經書寫讀誦分別解說是名菩
薩具足多聞除十一部唯毗佛略受持讀誦
書寫解說亦名菩薩具足多聞除十二部經
若能受持是大涅槃微妙經典書寫讀誦分
別解說是名菩薩具足多聞除是經典具足
全體若能受持一四句偈復除是偈若能受
持如來常住性无變易是名菩薩具足多聞
復除是事若知如來常不說法亦名菩薩具
足多聞何以故法无性故如來雖說一切諸
法常无所說是名菩薩脩大涅槃成就第五
具足多聞善男子若有善男子善女人為大
涅槃具足成就如是五事難作能作難忍能
忍難施能施云何菩薩難作能作若聞有人
食一胡麻得阿耨多羅三藐三菩提者信
是語故乃至无量阿僧祇劫常食一麻若聞
入火得阿耨多羅三藐三菩提者於无量劫
在阿鼻獄入熾火聚是名菩薩難作能作云

涅槃具足成就如是五事難作能作忍能
忍難施能施云何菩薩難作能作若聞有人
食一胡麻得阿耨多羅三藐三菩提者信
是諸故乃至无量阿僧祇劫常食一麻若聞
入火得阿耨多羅三藐三菩提者於无量劫
在阿鼻獄入熾大鼎是名菩薩難作能作云
何菩薩難忍能忍若聞受苦手杖刀石斫打
因緣得大涅槃即於无量阿僧祇劫身受
之不以為苦是名菩薩難忍能忍云何菩薩
難施能施若聞能以國城妻子頭目髓腦惠
施於人得阿耨多羅三藐三菩提者即於无
量施於人是名菩薩難施能施菩薩雖復難
作能作終不念言是我所作難忍難施之復
如是善男子辟如父母唯有一子愛之甚重
以好衣裳上妙甘饍隨時將養令无所乏其
若於是父母所生輕慢心惡口罵辱父母愛
故不生瞋恨之不念言我與是兒衣服飲食
菩薩摩訶薩之復如是視諸衆生猶如一子
若子遇病父母之病為求醫藥懃而療之病
既差已終不生念我為是兒療治病苦菩薩
之介見諸衆生遇煩惱病生愛念心而為說
法以聞法故諸煩惱斷煩惱斷已終不念言
我為衆生斷諸煩惱若生此念終不得成阿
耨多羅三藐三菩提唯作是念无一衆生我
為說法令斷煩惱菩薩摩訶薩於諸衆生不
瞋不善何以故善能脩集空三昧故菩薩若
脩空三昧者當於誰所生瞋生善善男子辟

之介見諸衆生遇煩惱病生愛念心而為說
法以聞法故諸煩惱斷煩惱斷已終不念言
我為衆生斷諸煩惱若生此念終不得成阿
耨多羅三藐三菩提唯作是念无一衆生我
為說法令斷煩惱菩薩摩訶薩於諸衆生不
瞋不善何以故善能脩集空三昧故菩薩若
脩空三昧者當於誰所生瞋生善善男子辟
如山林猛火所焚若人斫伐或為水漂而是
林木當於誰所生瞋生善菩薩摩訶薩之復
如是於諸衆生无瞋无善何以故脩空三昧
故尒時光明遍照高貴德王菩薩摩訶薩白
佛言世尊一切諸法性自空耶空空故空若性
自空者不應脩空空然後見空云何如來言
以脩空而見空也若性自不空雖復脩空不
能令空善男子一切諸法性本自空何以故一
切法性不可得故善男子色性不可得云何
色性色性者非地水大風不離地水大風非
青黃赤白不離青黃赤白非有非无云何當
言色有自性以性不可得故說為空一切諸
法之復如是以相似相續故凡夫見已說言
諸法性不空寂菩薩摩訶薩具足五事是故
見法性本空寂善男子若有沙門及婆羅門
見一切法性不空者當知是人非是沙門非
婆羅門不得脩集般若波羅蜜不得入於大
般涅槃不得現見諸佛菩薩是魔眷屬善男
子一切諸法性本自空之自菩薩脩集空故見諸
法空善男子如一切法性无常故滅能滅

見一切法性不空者當知是人非是沙門非
婆羅門不得脩集般若波羅蜜不得入於大
般涅槃不得現見諸佛菩薩是魔眷屬善男
子一切諸法性本自空亦因菩薩脩集空故見諸
法空善男子如一切法性无常故滅能滅
之若非常无滅不能滅有為之法有生相故
生能生之有滅相故滅能滅之一切諸法有
苦相故苦能令苦善男子如鹽醎性能醎異
物石蜜性甘能甘異物苦酒性酢能酢異物
薑本性辛能辛異物呵梨勒苦能苦異物菴
羅菓醋能醋異物毒性能害令異物害甘露
之性令人不死若合異物亦能不死菩薩脩
空亦復如是以脩空故見一切法性皆空寂
光明遍照高貴德王菩薩復作是言世尊若
鹽能令非醎作醎脩空三昧若如是者當知
是定非善非妙其性顛倒若空三昧唯見空
者空是无法為何所見善男子是空三昧見
不空法能令空寂然非顛倒如鹽非醎作醎
是空三昧亦復如是不空作空善男子貪是
有性非是空性貪若是空眾生不應以是因
緣墮於地獄若墮地獄云何貪性當是空耶
善男子色性是有何等是性所謂顛倒以顛
倒故眾生生貪若是色性非顛倒者云何能
令眾生生貪以生貪故當知色性非不是有
以是義故脩空三昧非顛倒也善男子一切
凡夫若見女人即生女相菩薩不爾雖見女

善男子色性是有何等是性所謂顛倒以顛
倒故眾生生貪若是色性非顛倒者云何能
令眾生生貪以生貪故當知色性非不是有
以是義故脩空三昧非顛倒也善男子一切
凡夫若見女人即生女相菩薩不爾雖見女
人生不女相以不生相貪則不生貪不生故
非顛倒也以世間人見有女故菩薩隨說言
有女人若見男時說言是女則是顛倒是故
我為闍提說言汝婆羅門若以晝為夜是即
顛倒以夜為晝是亦顛倒晝為晝相夜為夜
相云何顛倒善男子一切菩薩住九地者見
法有性以是見故不見佛性若見佛性則
不復見一切法性以脩如是空三昧故不見
法性以不見故則見佛性諸佛菩薩有二種
說一者有性二者无性為眾生故說有法性為
諸賢聖說无法性為不空者見法空故脩空
三昧令得見空无法性者亦脩空故空以是
義故脩空見空善男子汝言見空空是无法
為何見者善男子如是如是菩薩摩訶薩實无
所見无所見者即无所有无所有者即一切
法菩薩摩訶薩脩大涅槃於一切法悉无所
見若有見者不見佛性不能脩集般若波羅
蜜不得入於大般涅槃是故菩薩見一切
法性无所有善男子菩薩不但因見三昧而
見空也般若波羅蜜亦空禪波羅蜜亦空毗
梨耶波羅蜜亦空羼提波羅蜜亦空尸波羅
蜜亦空檀波羅蜜亦空色亦空眼亦空識亦

寂不得入於大般涅槃是故菩薩見一切
法性无所有善男子菩薩不但見三昧亦
見空也般若波羅蜜亦空禪波羅蜜亦空毗
梨耶波羅蜜亦空羼提波羅蜜亦空尸波羅
蜜亦空檀波羅蜜亦空色亦空眼亦空識亦
空如來亦空大般涅槃亦空是故菩薩見一
切法皆悉是空是故我在迦毗羅城告阿難
言汝莫愁惱悲泣涕哭阿難即言如來世尊
我今眷屬悉皆死盡云何當得不愁啼耶如
來與我俱生此城俱同釋種親戚眷屬云何
如來獨不愁惱光顏更顯善男子我復告言
阿難汝見迦毗真實而有我見空寂悉无所
有汝見釋種悉是親戚我脩空故悉无所見
以是因緣汝生愁苦我身容顏益更光顯諸
佛菩薩脩集如是空三昧故不生愁惱是名
菩薩脩大涅槃微妙經典成就具足第九功
德善男子云何菩薩脩大涅槃微妙經典具
之家後第十功德善男子菩薩脩集卅七品
入大涅槃常樂我淨為諸眾生分別解說大
涅槃經顯示佛性若須陁洹斯陁含阿那含
阿羅漢辟支佛菩薩信是語者悉得入於大
般涅槃若不信者輪迴生死尒時光明遍照
高貴德王菩薩白佛言世尊何等眾生於是
經中不生恭敬善男子我涅槃後有聲聞弟
子愚癡破戒喜生鬪諍捨十二部經讀誦種
種外道典籍文頌手筆受畜一切不淨之物
言是佛聽如是之人以好旃檀貿易凡木以

般涅槃若不信者輪迴生死尒時光明遍照
高貴德王菩薩白佛言世尊何等眾生於是
經中不生恭敬善男子我涅槃後有聲聞弟
子愚癡破戒喜生鬪諍捨十二部經讀誦種
種外道典籍文頌手筆受畜一切不淨之物
言是佛聽如是之人以好旃檀貿易凡木以
金易鍮銀易白鑞絹易氀褐以甘露味易於
惡毒云何旃檀貿易凡木如我弟子為供養
故向諸白衣演說經法白衣情迷不喜聽聞
白衣處高比丘在下兼以種種餚饍飲食而
供給之猶不肯聽是名旃檀貿易凡木云何
以金貿易鍮石鍮石色聲香味觸金喻於戒
我諸弟子以色因緣破所受戒是名以金
貿易鍮石云何以銀易於白鑞銀喻十善鑞
喻十惡我諸弟子放捨十善行十惡法是名
以銀貿易白鑞云何以絹貿易氀褐氀褐喻
於无慙无愧絹喻慙愧我諸弟子放捨慙愧
習无慙愧是名以絹貿易氀褐云何甘露貿
易毒藥毒藥喻於種種供養甘露喻於諸无
易毒藥毒藥
漏法我諸弟子為利養故向諸白衣若自譽
讚言得无漏是名甘露貿易毒藥以是如等
要比丘故是大涅槃微妙經典廣行流布於
閻浮提當是時也有諸弟子受持讀誦書寫
是經演說流布當為如是諸惡比丘之所煞
害時惡比丘共相聚集立嚴峻制若有受持
大涅槃經書寫讀誦分別說者一切不得共

要比丘故是大涅槃微妙經典廣行流布於
閻浮提當是時也有諸弟子受持讀誦書寫
是經演說流布當爲如是諸惡比丘之所殺
害時惡比丘共相聚集立嚴峻制若有受持
大涅槃經書寫讀誦分別說者一切不得共
住共坐談論語言何以故涅槃經者非佛所
說邪見所造邪見之人即是六師六師經典
非佛經典所以者何一切諸佛悉說諸法無常
无我无樂无淨若言諸法常樂我淨云何當
是佛所說經諸佛菩薩聽諸比丘畜種種物
六師所說不聽弟子畜一切物如是之義云
何當是佛之所說諸佛菩薩不制弟子斷牛
五味及以食肉六師不聽食五種鹽五種牛味
及以脂血若斷是者云何當是佛之正典諸
佛菩薩說於三乘而是經中純說一乘謂大
涅槃如此之言云何當是佛之正典諸佛畢
竟入於涅槃是經言佛常樂我淨不入涅槃
是經不在十二部數即是魔說非是佛說善
男子如是之人雖我弟子不能信順是涅槃
經善男子當尒之時若有衆生信此經典乃
至半句當知是人真我弟子因如是信即見
佛性入於涅槃尒時光明遍照高貴德王菩
薩白佛言世尊善哉善哉如來今日善能開
示大涅槃經世尊我因是事即得解悟大涅
槃經一句半句以解一句至半句故見少佛
性如佛所說我亦當得入大涅槃是名菩薩脩
大涅槃微妙經典具足成就第十功德

BD04462號　大般涅槃經（北本　宮本）卷二六　（25–24）

五味及以食肉六師不聽食五種鹽五種牛味
及以脂血若斷是者云何當是佛之正典諸
佛菩薩說於三乘而是經中純說一乘謂大
涅槃如此之言云何當是佛之正典諸佛畢
竟入於涅槃是經言佛常樂我淨不入涅槃
是經不在十二部數即是魔說非是佛說善
男子如是之人雖我弟子不能信順是涅槃
經善男子當尒之時若有衆生信此經典乃
至半句當知是人真我弟子因如是信即見
佛性入於涅槃尒時光明遍照高貴德王菩
薩白佛言世尊善哉善哉如來今日善能開
示大涅槃經世尊我因是事即得解悟大涅
槃經一句半句以解一句至半句故見少佛
性如佛所說我亦當得入大涅槃是名菩薩脩
大涅槃微妙經典具足成就第十功德

大般涅槃經卷第廿六

BD04462號　大般涅槃經（北本　宮本）卷二六　（25–25）

南无……菩薩
南无花色世界財首菩薩
南无瞻蔔花色世界寶首菩薩
南无青蓮花色世界首菩薩
南无金色世界目首菩薩
南无寶色世界進首菩薩
南无金剛色世界法首菩薩
南无頗梨色世界智首菩薩
南无如寶色世界賢首菩薩
南无无量慧世界功德林菩薩
南无幢慧世界慧林菩薩
南无地慧世界勝林菩薩
南无勝慧世界无畏林菩薩
南无燈慧世界慚愧林菩薩
南无金剛慧世界精進林菩薩
南无安樂慧世界力成就林菩薩
南无日慧世界堅固林菩薩
南无清淨慧世界如來林菩薩
南无林慧世界智林菩薩
南无因陁羅世界法慧菩薩

BD04463號　佛名經（十六卷本）卷一四　（2–1）

南无金剛慧世界精進林菩薩
南无安樂慧世界力成就林菩薩
南无日慧世界堅固林菩薩
南无清淨慧世界如來林菩薩
南无林慧世界智林菩薩
南无因陁羅世界法慧菩薩
南无蓮花世界一切慧菩薩
南无衆寶世界勝慧菩薩
南无優鉢羅世界功德慧菩薩
從此以上一万九百佛十二部經一切賢聖
次礼聲聞緣覺一切賢聖
南无轉覺辟支佛　南无去垢辟支佛
南无高去辟支佛　南无阿悲多辟支佛
南无无漏辟支佛　南无憍慢辟支佛
南无盡憍慢辟支佛　南无親辟支佛
南无得脫辟支佛　南无无垢辟支佛
南无獨辟支佛　南无難盡辟支佛
南无能作憍慢辟支佛　南无退辟支佛
南无不退去辟支佛　南无尋辟支佛
南无善去辟支佛　南无不可思辟支佛
南无善住辟支佛　南无无比辟支佛
礼三寶已須懺悔

BD04463號　佛名經（十六卷本）卷一四　（2–2）

寶无所得
須菩提於意云何菩薩莊嚴佛土不不也世
尊何以故莊嚴佛土者則非莊嚴是名莊
嚴是故須菩提諸菩薩摩訶薩應如是生清
淨心不應住色生心不應住聲香味觸法生
心應无所住而生其心
須菩提譬如有人身如須弥山王於意云何
是身為大不須菩提言甚大世尊何以故佛
說非身是名大身
須菩提如恒河中所有沙數有如是沙等恒
河於意云何是諸恒河沙寧為多不須菩提
言甚多世尊但諸恒河尚多无數何況其沙
須菩提我今實言告汝若有善男子善女人
以七寶滿尒所恒河沙數三千大千世界以用
布施得福多不須菩提言甚多世尊佛告

BD04464號　金剛般若波羅蜜經　（4–1）

說非身是名大身
須菩提如恒河中所有沙數有如是沙等恒
河於意云何是諸恒河沙寧為多不須菩提
言甚多世尊但諸恒河尚多无數何況其沙
須菩提我今實言告汝若有善男子善女人
以七寶滿尒所恒河沙數三千大千世界以用
布施得福多不須菩提言甚多世尊佛告
須菩提若善男子善女人於此經中乃至受
持四句偈等為他人說而此福德勝前福德
復次須菩提隨說是經乃至四句偈等當知
此處一切世間天人阿脩羅皆應供養如佛塔
廟何況有人盡能受持讀誦須菩提當知
是人成就最上第一希有之法若是經典所
在之處則為有佛若尊重弟子尒時須菩
提白佛言世尊當何名此經我等云何奉持
佛告須菩提是經名為金剛般若波羅蜜以
是名字汝當奉持所以者何須菩提佛說般若
波羅蜜則非般若波羅蜜須菩提於意云何
如来有所說法不須菩提白佛言世尊如来无
所說須菩提於意云何三千大千世界所有
微塵是為多不須菩提言甚多世尊須菩
提諸微塵如来說非微塵是名微塵如来說
世界非世界是名世界須菩提於意云何可
以三十二相見如来不不也世尊何以故如来
說三十二相即是非相是名三十二相
須菩提若有善男子善女人以恒河沙等身

BD04464號　金剛般若波羅蜜經　（4–2）

所說須菩提於意云何三千大千世界所有
微塵是為多不須菩提言甚多世尊須菩
提諸微塵如来說非微塵是名微塵如来說
世界非世界是名世界須菩提於意云何可
以三十二相見如来不不也世尊何以故如来
說三十二相即是非相是名三十二相
須菩提若有善男子善女人以恒河沙等身
命布施若復有人於此經中乃至受持四句
偈等為他人說其福甚多
尒時須菩提聞說是經深解義趣涕淚悲泣
而白佛言希有世尊佛說如是甚深經典我
從昔来所得慧眼未曾得聞如是之經世尊
若復有人得聞是經信心清淨則生實相當
知是人成就第一希有功德世尊是實相者
則是非相是故如来說名實相世尊我今得
聞如是經典信解受持不足為難若當來世
後五百歲其有衆生得聞是經信解受持是
人則為第一希有何以故此人无我相人相衆
生相壽者相所以者何我相即是非相人相衆
生相壽者相即是非相何以故離一切諸相
則名諸佛佛告須菩提如是如是若復有人
得聞是經不驚不怖不畏當知是人甚為
希有何以故須菩提如来說第一波羅蜜非
第一波羅蜜是名第一波羅蜜
須菩提忍辱波羅蜜如来說非忍辱波羅蜜
何以故須菩提如我昔為歌利王割截身體

BD04464號　金剛般若波羅蜜經　（4–3）

生相壽者相所以者何我相即是非相人相衆
生相壽者相即是非相何以故離一切諸相
則名諸佛佛告須菩提如是如是若復有人
得聞是經不驚不怖不畏當知是人甚為
希有何以故須菩提如来說第一波羅蜜非
第一波羅蜜是名第一波羅蜜
須菩提忍辱波羅蜜如来說非忍辱波羅蜜
何以故須菩提如我昔為歌利王割截身體
我於尒時无我相无人相无衆生相无壽者相
何以故我於往昔節節支解時若有我相
人相衆生相壽者相應生瞋恨須菩提我念
過去於五百世作忍辱仙人於尒所世无我
相无人相无衆生相无壽者相是故須菩提
菩薩應離一切相發阿耨多羅三藐三菩提
心不應住色生心不應住聲香味觸法生心
應生无所住心若心有住則為非住是故佛
說菩薩心不應住色布施須菩提菩薩為利
益一切衆生應如是布施如来說一切諸相
即是非相又說一切衆生則非衆生
須菩提如来是真語者實語者如語者不誑
語者不異語者須菩提如来所得法此

BD04464號　金剛般若波羅蜜經　（4–4）

南无[illegible]
南无月賢佛　南无勝吼[illegible]
南无勝功德佛　南无攝擇攝取佛
南无相王佛　南无離熱佛
南无聖德佛　南无法高佛
南无甘露功德佛　南无无哥稱佛
南无甘露香佛　南无捨光明佛
南无吼聲佛　南无无畏日佛
南无得无畏佛　南无愛點慧佛
南无智慧不謬佛　南无虛空光佛
南无增上天佛　南无信如意佛
南无天蓋佛　南无龍光佛
南无妙天佛　南无法威德佛
南无斷諸有佛　南无莊嚴面佛
南无妙色佛　南无普眼佛
南无功德光佛　南无勝月佛

BD04465 號　佛名經（十六卷本）卷一四　（3–1）

南无吼[illegible]　南无愛點慧佛
南无得无畏佛　南无虛空光佛
南无智慧不謬佛　南无信如意佛
南无增上天佛　南无龍光佛
南无天蓋佛　南无法威德佛
南无妙天佛　南无莊嚴面佛
南无斷諸有佛　南无普眼佛
南无妙色佛　南无勝月佛
南无功德光佛　南无云何難光佛
南无平等德佛　南无與无畏親佛
南无衆生自在動佛

從此以上一万六百佛十二部經一切賢聖

南无攝取衆生意佛　南无降伏諸怨佛
南无攝取光明佛　南无勝山佛
南无一勝光明佛　南无那羅延衆佛
南无師子步佛　南无愛成佛
南无清淨佛　南无信名稱佛
南无畢竟智佛　南无无離癡佛
南无功德聚佛　南无能思惟恐佛
南无法蓋佛　南无不動因佛
南无天花佛　南无天被頭摩佛
南无普威德佛　南无月光佛
南无大衆上首佛　南无思惟義佛
南无相王佛　南无花面佛
南无思惟名稱佛　南无樹幢佛
南无師子奮迅佛　南无信大衆佛
[illegible]

BD04465 號　佛名經（十六卷本）卷一四　（3–2）

南无攝取光明佛　南无勝山[illegible]
南无一勝光明佛　南无那羅延佛
南无師子步佛　南无愛成佛
南无清淨佛　南无信名稱佛
南无畢竟智佛　南无无離癡佛
南无功德聚佛　南无能思惟恐佛
南无法盡佛　南无不動因佛
南无天花佛　南无天波頭摩佛
南无普威德佛　南无月光佛
南无大衆上首佛　南无思惟義佛
南无相王佛　南无花面佛
南无思惟名稱佛　南无樹幢佛
南无師子奮迅佛　南无信大衆佛
南无善香佛　南无智慧讚歎佛
南无功德梁佛　南无智光明佛
南无智海佛　南无威德力佛
南无勝威德佛　南无佛歡喜佛
南无勝清淨佛　南无愛一切佛
南无遠離諸疑佛　南无善思惟勝義佛
[illegible]山[illegible]佛　南无降伏聖佛
南无趣菩提佛

BD04465 號　佛名經（十六卷本）卷一四　（3–3）

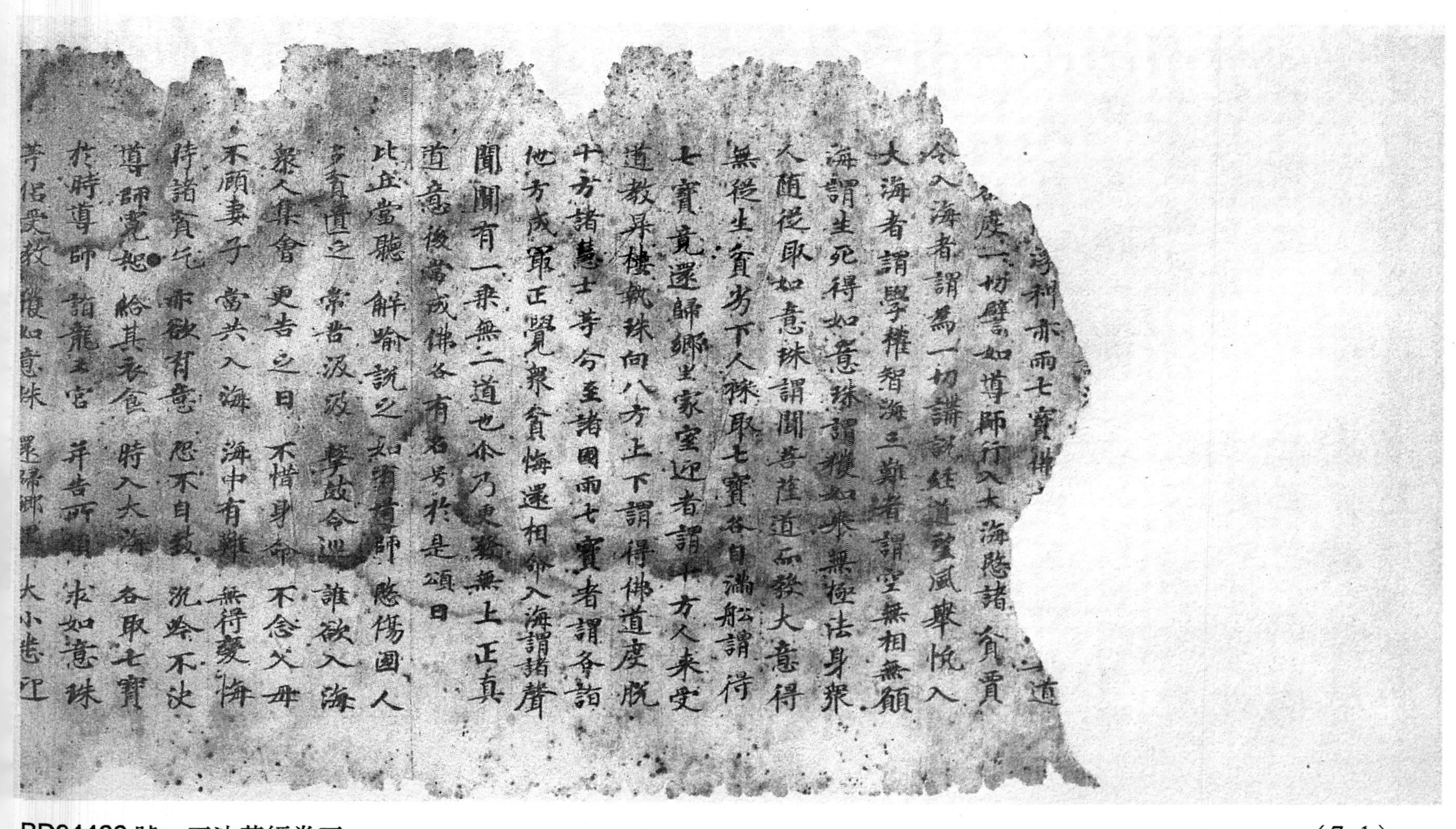

[illegible]道
諸利亦而七寶佛[illegible]
度一切譬如導師行入大海愍諸貧匱
令入海者謂爲一切講說經道聖風舉帆入
大海者謂學權智海王難者謂空無相無願
海謂生死得如意珠謂闡菩薩道而致大意得
人隨從取如意珠謂獲如來無極法身衆
無從生貧劣下人[illegible]取七寶各自滿船謂得
七寶竟還歸鄉里家室迎者謂十方人來受
道教界棲執珠向八方上下謂得佛道度脫
十方諸慧士等今至諸國而七寶者謂各詣
他方成最正覺衆貧悔還相命入海謂諸[illegible]
聞聞有一乘無二道也今乃更[illegible]無上正真
道意後當成佛各有名號於是頌曰
比丘當聽　解喻說之　如賈客師　愍傷國人
多有貧乏　常苦汲汲　[illegible]故命迴　誰欲入海
衆人集會　更吉之日　不惜身命　不念父母
不顧妻子　當共入海　海中有難　無得憂悔
時諸賈客　亦欲有意　恐不自致　[illegible]終不決
導師覺知　給其衣食　時入大海　各取七寶
於時導師　詣龍王宮　并告所[illegible]　求如意珠
等侶受教　[illegible]如意珠　[illegible]還歸鄉[illegible]　大小悲泣

BD04466 號　正法華經卷五　（7–1）

BD04466號　正法華經卷五 (7-2)

聚人保會更當之日不惜身命不念父母
行諸賓行亦欲育尋無得變悔
尊師覺悟給其活食恐不自致沈吟不決
於時尊師諸旅王宮入大海
袢侶尊師復如意珠即告所求如意珠
於時受教昇高接上向于八方遍兩彌寶
拘黨分行往於所求各取七寶太小悉達
道師喜曰前相知所是若寺過
何一意貢得正真之便隨聲聞
發菩薩意得座三昧莫不蒙恩
奉行堂事無想無顏是但
見佛世尊降魔官屬至于無上正真之道
開化一切出萬億音十方群生莫不起立
天龍鬼神皆來稽首發菩薩意至無所聞
或為漢寺乃見十方無所得
諸聞授諸聲聞斷三垢行步何為得斯
世雄方便隨順誘諸善權見示現于三乘
善權所至除日出然後乃沈乃昰子
諸告諸學世還有二
佛吉諸遊當如雲行有名考
為法都講光揚治噪諸佛之修敬陳正典精
進勸助聞佛說法諷受奉宣
辭海顯弘誼趣解於結應若四部不以歡
佛顯諸梵行慈令陳如來善權大士
辭于質疑未暑有如
顏子者於此丘眾所

BD04466號　正法華經卷五 (7-3)

為法都講光揚治噪諸佛之俗方陀正其形
進勸助聞佛說法諷受奉宣
辭海開弘誼趣解於結應若四部不以歡
佛顯諸梵行慈令陳如來善權大士
辭于質疑未暑有如顏子者於此丘眾所
趣云同其滿顏子壹獨為吾佛聲聞來而受
世尊略受正要所在眾會常侍講壹散經
法典地勿為造斯觀音以應侍九十億佛說諸
義合通達慧無所著若誓時無有猶豫
薩不通與其形壽令修梵行於聲聞眾無上
之以斯善權利益庶願揚大道令發
如應開化一切所備常為與秋入令發
世為尊勸誓每受正典論議及賢劫之和
興願十佛又當供養將來世尊至淨諸佛生
之郭無限張民令
如應菩薩道行卻覺門
上士道法御天人師當於三千大千世界
跨地地上沙學無有山陵土堆谷荊棘碎
石重闊錯螯合周通普洞而開七寶爾如諸天
宮殿如滿相膽見已見世間得見
天上天人世人往來安授其主經有六十六

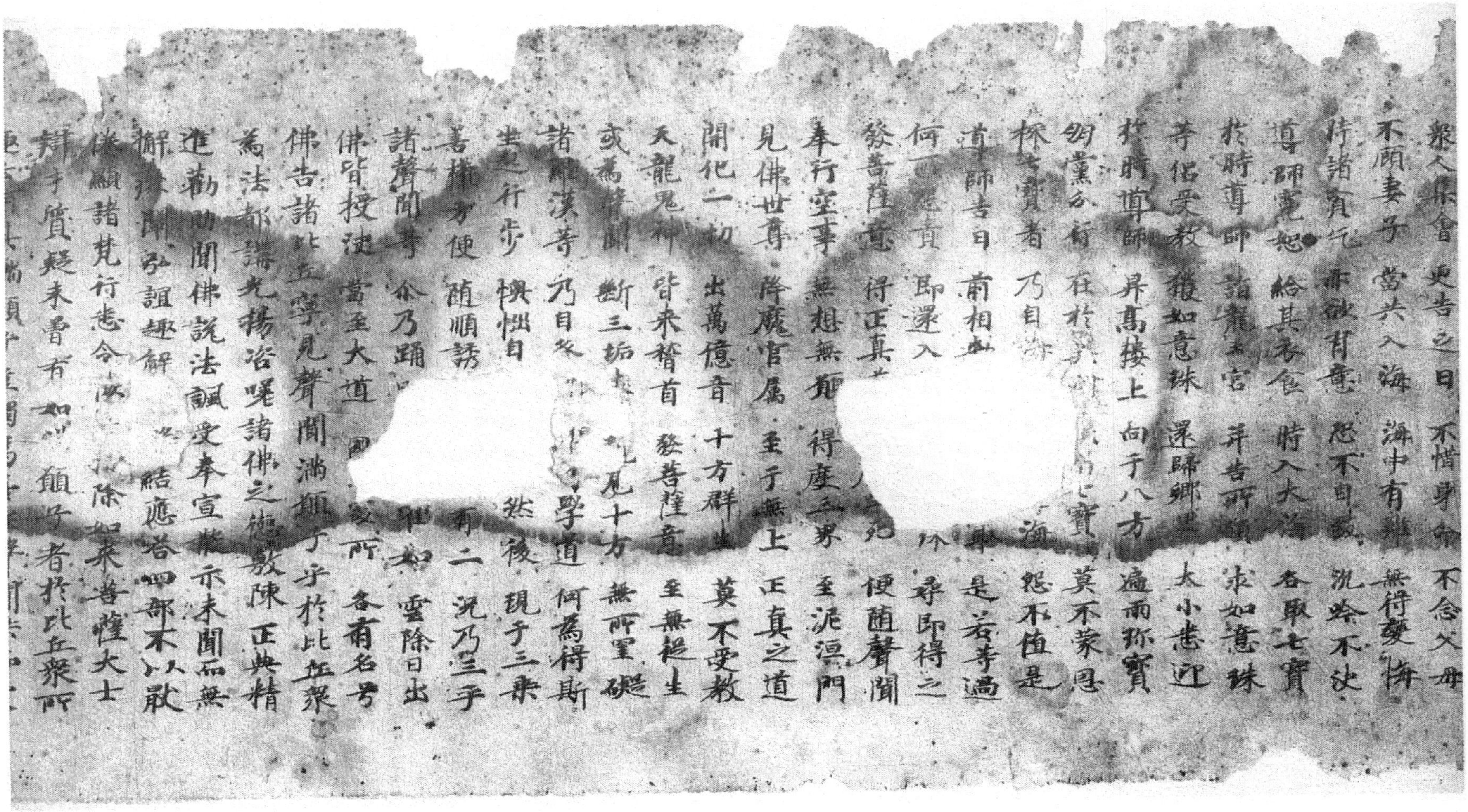

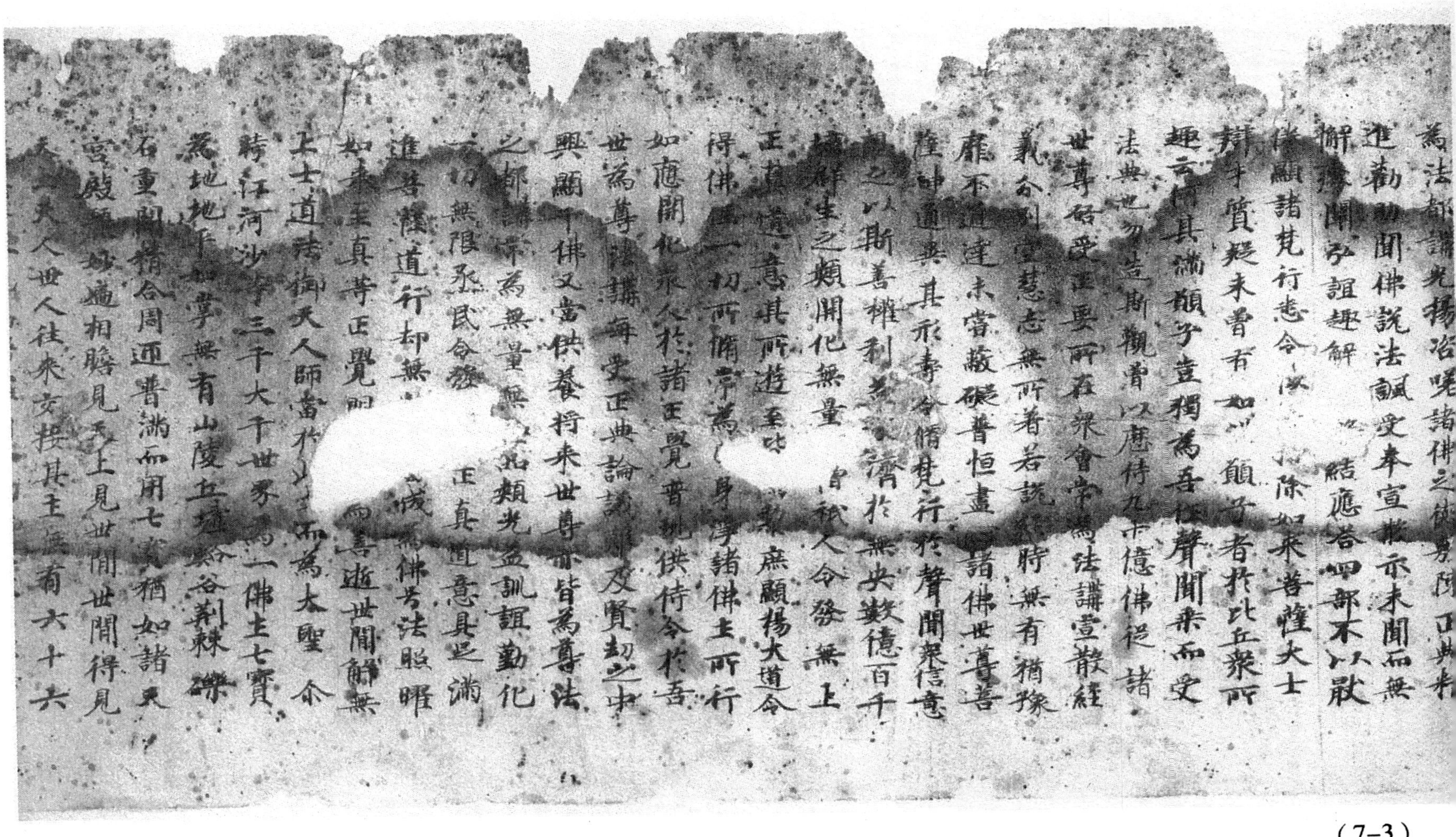

時恒河沙等三千大千世界爲一佛土七寶
爲地地平如掌無有山陵丘墟谿谷荊棘沙礫
石重閣精舍周匝普滿而用七寶猶如諸天
宮殿巍巍嚴好通相瞻見天上見世間世間得見
天上天人世人往來交接其土無有大十六
[illegible]六十二見怙憑所因一切衆生不由女人
淨修梵行皆有威德以神足飛行虛空常
志精進住猗智慧[illegible]紫磨金容三十
二表大人之相是時人民當有二食一日法
食二禪悅食[illegible]是爲二食有無央數億百
千姟諸菩薩衆悉得神通周旋分別經籍誼
理具足聞法皆達聖行八脫門威神方便
名德奇雅得度無極劫名寶明世界曰善淨
佛壽無量劫滅度之後法住甚久起七寶塔
遍其世界十方諸佛皆共歌歎斯土功德佛
歎如是[illegible]解誼即而頌曰
諸比丘聽　於此誼首　如吾所說　諸天世人
行權方便　究竟善學　若當遵修　佛道行
此諸衆生　脫易解義　故當演說　微妙寂靜
示現聲聞　緣覺之乘　而常住　菩薩大道
善權方便　若干億千　以用開　無數菩薩
斯等聞衆　故復說言　上尊佛道　甚爲難獲
億當[illegible]　[illegible]敢衆寡化　已行[illegible]　如是之行
下劣解[illegible]　[illegible]當隨[illegible]　而當[illegible]清　皆成佛道
尋以又[illegible]　[illegible]所[illegible]如是[illegible]聞　乃勸導步
從獻[illegible]　[illegible]然之恩　而復爲[illegible]　淨己佛土
數復示現　已在[illegible]欲　於吉祥[illegible]　成闡寂其
[illegible]權[illegible]　成那見[illegible]　撰集[illegible]　因緣詰

BD04466號　正法華經卷五　（7–4）

下劣解[illegible]　[illegible]當隨[illegible]　而當[illegible]清　皆成佛道
尋以又[illegible]　[illegible]所[illegible]如是[illegible]聞　乃勸導步
從獻[illegible]　[illegible]之恩　而復[illegible]　淨己佛土
數復示現　已在[illegible]欲　於吉祥[illegible]　成闡寂其
[illegible]衆生　[illegible]進成那見　[illegible]撰集諸[illegible]　因緣詰
[illegible]聲聞衆　行亦如是　應時而且　化此衆類
[illegible]擁[illegible]　發起一切　志[illegible]人　[illegible]順[illegible]說
[illegible]者[illegible]寶　[illegible]所[illegible]修　[illegible]持擁護千佛
告諸比丘　[illegible]斯佛道　而[illegible]若　[illegible]廣
散衣[illegible]說　爲尊弟子　時聞[illegible]　[illegible]辯清勇猛
無[illegible]常[illegible]　之下厭捲　而[illegible]佛　[illegible]千道
擁[illegible]神通　[illegible]柱[illegible]竟　具[illegible]之[illegible]　則是燈明
於[illegible]衆本　常[illegible]根[illegible]　名[illegible]說　[illegible]清淨
誠道[illegible]頌　億百千姟　[illegible]合制　示尊上正法
受此[illegible]乘　無上正真　自[illegible]生　英妙清淨
將來之世　億百千佛　應時[illegible]　[illegible]敬如是
恒當[illegible]持　大尊正法　又[illegible]頌　[illegible]之佛土
講說[illegible]　億百千姟　[illegible]佛道　[illegible]勇猛
當復開[illegible]　無數衆生　[illegible]在[illegible]　[illegible]
汝[illegible]本數　諸大聖雄　[illegible]　[illegible]
當得佛道　自在尊師　名[illegible]　[illegible]而十方
其佛國土　[illegible]衆尊[illegible]　七寶[illegible]　[illegible]
於[illegible]劫當　名[illegible]寶之明　世界[illegible]　[illegible]莊嚴[illegible]
無數億[illegible]　諸菩薩衆　[illegible]神[illegible]　行大神通
時佛世界　衆所[illegible]　[illegible]　[illegible]清淨
又諸聲聞　億千之數　皆[illegible]大[illegible]　[illegible]勇猛之衆
神足極上　行八脫門　分別解[illegible]　靡不開達
其佛國土　一切衆生　[illegible]所[illegible]　[illegible]修梵行

BD04466號　正法華經卷五　（7–5）

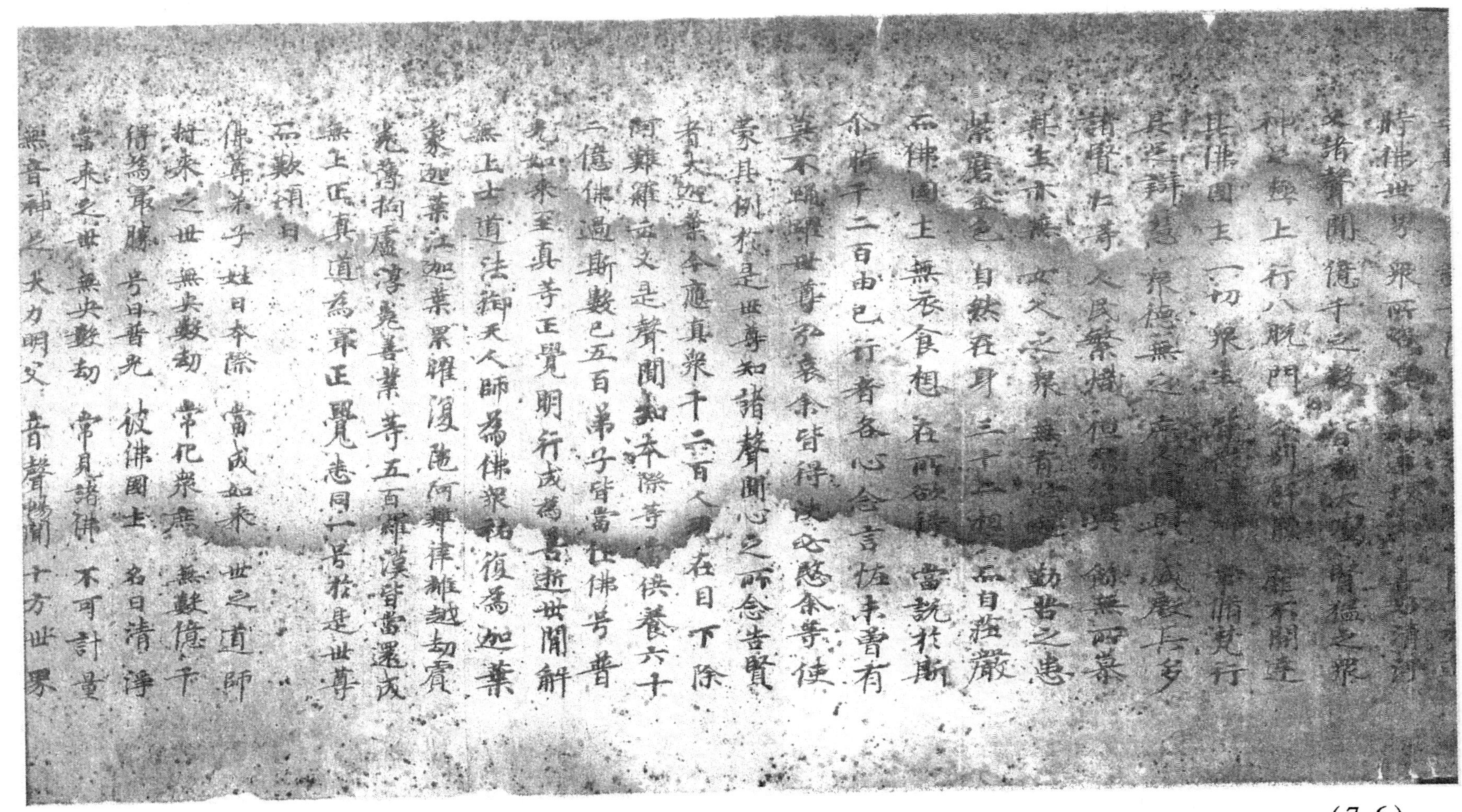

[illegible] 清淨
持佛世界 衆所[illegible] [illegible] [illegible]
又諸聲聞 億千之數 [illegible] 皆猛之衆
神足無上 行八脫門 [illegible] 無不開達
其佛國土 一切衆生 [illegible] 常脩梵行
辰從辯慧 福德無[illegible] [illegible] 威嚴上多
諸賢仁等 人民繁熾 [illegible] 飲無所慕
其土亦無 女人之衆 無有[illegible] 勤苦之患
紫磨金色 自然在身 三十二相 而自莊嚴
彼佛國土 無衣食想 在所欲得 當說於斯
今於千二百由己行者各心念言佐來會有
莫不踊躍世尊分哀余皆得決必愍余等使
蒙具例於是世尊知諸聲聞心之所念告賢
者大迦葉今應真衆千二百人在目下除
阿難羅云又是聲聞如來際等當供養六十
二億佛過斯數已五百弟子皆當作佛號普
光如來至真等正覺明行成為善逝世間解
無上士道法御天人師為佛衆祐復為迦葉
象迦葉江迦葉累耀須陁何離律離越劫賓
兎薄拘盧淳兎善業等五百羅漢皆當還成
無上正真道為最正覺悉同一号於是世尊
而歎頌曰
佛尊弟子 姓日本際 當成如來 世之道師
將來之世 無央數劫 常化衆庶 無數億千
得爲最勝 號日普光 彼佛國土 名曰清淨
當來之世 無央數劫 常見諸佛 不可計量
無音神之 大力明父 音聲暢聞 十方世界

BD04466號　正法華經卷五

（7–6）

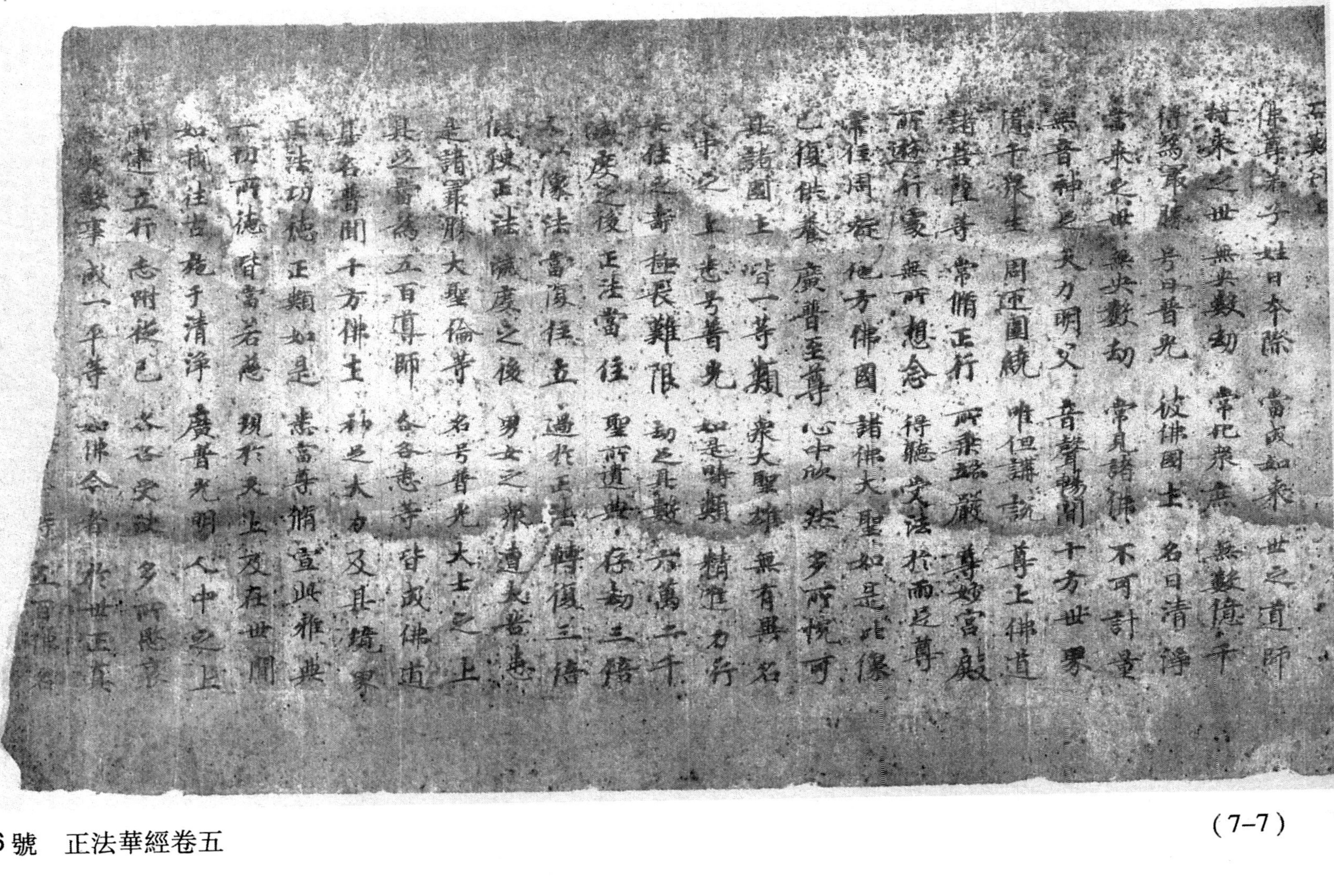

[illegible]
佛尊弟子 姓日本際 當成如來 世之道師
將來之世 無央數劫 常化衆庶 無數億千
得爲最勝 號日普光 彼佛國土 名曰清淨
當來之世 無央數劫 常見諸佛 不可計量
無音神足 大力明父 音聲暢聞 十方世界
億千衆生 周匝圍繞 惟但講說 尊上佛道
諸菩薩等 常脩正行 所乘莊嚴 尊妙宮殿
所遊行處 無所想念 得聽受法 於而足尊
常往周旋 他方佛國 諸佛大聖 如是比像
已復供養 廣普至尊 心中欣然 多所悅可
其諸國土 皆一等類 衆大聖雄 無有異名
于中之上 悉號普光 如是晴頻 精進力行
其壽之壽 極長難限 劫之具數 六萬二千
滅度之後 正法當住 聖所遺典 存劫三倍
又像法 當復住立 過於正法 轉復三倍
假使正法 滅度之後 男女之衆 遭大苦患
是諸最勝 大聖倫等 名號普光 大士之上
具足當爲 五百尊師 各各悉等 皆成佛道
其名普聞 十方佛土 神足大力 又具境界
正法功德 正類如是 悉當尊脩 宣興雅典
一切所德 皆當若茲 現於天上 及在世間
如稱往古 雅于清淨 廣普光明 人中之上
所建立行 志附後已 各各受決 多所悅豫
無央數事 成一千等 如佛令者 於世正真
[illegible]

BD04466號　正法華經卷五

（7–7）

中
任發……多……
作佛事願母……
二子欲重宣其……
願母放我等出家……難值我等隨佛學
如優曇波羅值佛復難是脫諸難亦難願聽我出家
母即告言聽汝出家所以者何佛難值故於是
二子白父母言善哉父母願時往詣雲雷
音宿王華智佛所親覲供養所以者何佛難
得值如優曇波羅華又如一眼之龜值浮木
孔而我等宿福深厚生值佛法是故父母當
聽我令得出家所以者何諸佛難值時亦
難遇彼時妙莊嚴王後宮八万四千人皆悉
堪任受持是法華經淨眼菩薩於法華三昧
久已通達淨藏菩薩已於无量百千万億劫
離諸惡趣三昧欲令一切衆生離諸惡
人得諸佛集三昧能知……
二子如是以方便力善化其父令心
信解好樂佛法於是妙莊嚴王與群臣眷屬

BD04467 號　妙法蓮華經卷七　（9–1）

久已通達淨藏菩薩已於无量百千万億劫
離諸惡趣三昧欲令一切衆生離諸惡
人得諸佛集三昧能知……
二子如是以方便力善化其父令心
信解好樂佛法於是妙莊嚴王與群臣眷屬
俱淨德夫人與後宮綵女眷屬俱其王二子
與四万二千人俱一時共詣佛所到已頭面
遶佛三匝却住一面
佛為王說法示教利喜王大歡悅尒
王及其夫人解頸真珠瓔珞價直
散佛上於虛空中化成四柱寶
有大寶床敷百千万天衣其上有佛
坐放大光明尒時妙莊嚴王作是念
有端嚴殊特成就第一微妙之色時雲
雷音宿王華智佛告四衆言汝等見是妙莊嚴
王於我前合掌立不此王於我法中作比丘
精懃脩習助佛道法當得作佛号娑羅樹王
國名大光劫名大高王其娑羅樹王佛有无
量菩薩衆及无量聲聞其國平正功德如是
其王即時以國付弟與夫人二子并諸眷屬
於佛法中出家脩道王出家已於八万四千
歲常精進脩行妙法華經過是已後得一切
淨功德莊嚴三昧即昇虛空高七多羅樹而
白佛言世尊此我二子已作佛事以神通變
化轉我邪心令得安住於佛法中得見世尊
此二子者是我善知識為欲發起宿世善

BD04467 號　妙法蓮華經卷七　（9–2）

歲常精進修行妙法華經過是已後得一切
淨功德莊嚴三昧即昇虛空高七多羅樹而
白佛言世尊此我二子已作佛事以神通變
化轉我邪心令得安住於佛法中得見世尊
此二子者是我善知識為欲發起宿世善
根饒益我故來生我家
尒時雲雷音宿王華智佛告妙莊嚴王言如
是如是如汝所言若善男子善女人種善根
故世世得善知識其善知識能作佛事示教
利喜令入阿耨多羅三藐三菩提大王當知
善知識者是大因緣所謂化導令得見佛發
阿耨多羅三藐三菩提心大王汝見此二子
不此二子已曾供養六十五百千万億那由
他恒河沙等諸佛親近恭敬於諸佛所受持
法華經愍念邪見衆生令住正見妙莊嚴王即
從虛空中下而白佛言世尊如來甚希有以
功德智慧故頂上肉髻光明顯照其眼長廣
而紺青色眉間毫相白如珂月齒白齊密常
有光明脣色赤好如頻婆菓
尒時妙莊嚴王讚歎佛如是等无量百千万
億功德已於如來前一心合掌復白佛言世
尊未曾有也如來之法具足成就不可思議
微妙功德教戒所行安隱快善我從今日不
復自隨心行不生邪見憍慢瞋恚諸惡之心
說是語已礼佛而出佛告大衆於意云何妙
莊嚴王豈異人乎今華德菩薩是其淨德夫

BD04467號　妙法蓮華經卷七　（9–3）

億功德已於如來前一心合掌復白佛言世
尊未曾有也如來之法具足成就不可思議
微妙功德教戒所行安隱快善我從今日不
復自隨心行不生邪見憍慢瞋恚諸惡之心
說是語已礼佛而出佛告大衆於意云何妙
莊嚴王豈異人乎今華德菩薩是其淨德夫
人今佛前光照莊嚴相菩薩是哀愍妙莊嚴
王及諸眷屬故於彼中生其二子者今藥王
菩薩藥上菩薩是是藥王藥上菩薩成就如
此諸大功德已於无量百千万億諸佛所殖
衆德本成就不可思議諸善功德若有人識
是二菩薩名字者一切世間諸天人民亦應
礼拜佛說是妙莊嚴王本事品時八万四千
人遠塵離垢於諸法中得法眼淨
妙法蓮華經普賢菩薩勸發品第廿八
尒時普賢菩薩以自在神通威德名聞與大
菩薩无量无邊不可稱數從東方來所經諸
國普皆震動雨寶蓮華作无量百千万億種
種伎樂又與无數諸天龍夜叉乾闥婆阿脩
羅迦樓羅緊那羅摩睺羅伽人非人等大衆
圍繞各現威德神通之力到娑婆世界耆闍
崛山中頭面礼釋迦牟尼佛右遶七匝白佛
言世尊我於寶威德上王佛國遙聞此娑婆
世界說法華經與无量无邊百千万億諸菩
薩衆共來聽受唯願世尊當為說之若善男
子善女人於如來滅後云何能得是法華經

BD04467號　妙法蓮華經卷七　（9–4）

圍繞各現威德神通之力到娑婆世界耆闍
崛山中頭面礼釋迦牟尼佛右遶七匝白佛
言世尊我於寶威德上王佛國遥聞此娑婆
世界說法華經與无量无邊百千万億諸菩
薩衆共來聽受唯願世尊當爲說之若善男
子善女人於如來滅後云何能得是法華經
佛告普賢菩薩若善男子善女人成就四法
於如來滅後當得是法華經一者爲諸佛護
念二者殖諸德本三者入正定聚四者發救
一切衆生之心善男子善女人如是成就四
法於如來滅後必得是經
尒時普賢菩薩白佛言世尊於後五百歲濁
惡世中其有受持是經典者我當守護除其
衰患令得安隱使无伺求得其便者若魔若
魔子若魔女若魔民若爲魔所著者若夜叉
若羅刹若鳩槃茶若毗舍闍若吉蔗若富單
那若韋陁羅等諸惱人者皆不得便是人若
行若立讀誦此經我尒時乘六牙白象王與
大菩薩衆俱詣其所而自現身供養守護安
慰其心亦爲供養法華經故是人若坐思惟
此經尒時我復乘白象王現其人前其人若
於法華經有所忘失一句一偈我當教之與
共讀誦還令通利
尒時受持讀誦法華經者得見我身甚大歡
喜轉復精進以見我故即得三昧及陁羅尼
名爲旋陁羅尼百千万億旋陁羅尼法音方

BD04467號　妙法蓮華經卷七　（9–5）

此經尒時我復乘白象王現其人前其人若
於法華經有所忘失一句一偈我當教之與
共讀誦還令通利
尒時受持讀誦法華經者得見我身甚大歡
喜轉復精進以見我故即得三昧及陁羅尼
名爲旋陁羅尼百千万億旋陁羅尼法音方
便陁羅尼得如是等陁羅尼世尊若後世後
五百歲濁惡世中比丘比丘尼優婆塞優婆
夷求索者受持者讀誦者書寫者欲脩習是
法華經者於三七日中應一心精進滿三七
日已我當乘六牙白象王與无量菩薩而自
圍遶以一切衆生所喜見身現其人前而爲
說法亦教利喜亦復與其陁羅尼呪得是陁
羅尼故无有非人能破壞者亦不爲女人之
所惑亂我身亦自常護是人唯願世尊聽我
說此陁羅尼呪即於佛前而說呪曰
阿檀地途賣反一 檀陁婆地二 檀陁婆帝三 檀陁鳩
舍隷四 檀陁脩陁隷五 脩陁隷六 脩陁羅婆
底七 佛馱波羶禰八 薩婆陁羅尼阿婆多尼九 薩婆
婆沙阿婆多尼十 脩阿婆多尼十一 僧伽婆履叉尼
十二 僧伽涅伽陁尼十三 阿僧祇十四 僧伽婆伽地十五 帝
隷阿惰僧伽兜略盧遮反 波羅帝十六 薩婆僧伽三摩地
伽蘭地十七 薩婆達磨脩波利刹帝十八 薩婆薩埵樓馱
憍舍略阿㝹伽地十九 辛阿毗吉利地帝廿
世尊若有菩薩得聞是陁羅尼者當知普賢
神通之力若法華經行閻浮提有受持者應
作此念皆是普賢威神之力若有受持讀誦

BD04467號　妙法蓮華經卷七　（9–6）

絺阿惰僧伽兜略五 盧遮 波羅帝十六 薩婆僧伽三摩地
伽蘭地十七 薩婆達摩脩波利刹帝十八 薩婆薩埵樓䭾
憍舍略阿㝹伽地十九 辛阿毗吉利地帝廿
世尊若有菩薩得聞是陁羅尼者當知普賢
神通之力若法華經行閻浮提有受持者應
作此念皆是普賢威神之力若有受持讀誦
正憶念解其義趣如說脩行當知是人行普
賢行於无量无邊諸佛所深種善根為諸如
来手摩其頭若但書寫是人命終當生忉利
天上是時八万四千天女作衆伎樂而来迎
之其人即著七寶冠於婇女中娛樂快樂何
況受持讀誦正憶念解其義趣如說脩行若
有人受持讀誦解其義趣是人命終為千佛
授手令不恐怖不墮惡趣即往兜率天上弥
勒菩薩所弥勒菩薩有三十二相大菩薩衆
所共圍遶有百千万億天女眷屬而於中生
有如是等功德利益是故智者應當一心自
書若使人書受持讀誦正憶念如說脩行世
尊我今以神通力守護是經於如来滅後閻
浮提內廣令流布使不斷絶
尒時釋迦牟尼佛讚言善哉善哉普賢汝能
護助是經令多所衆生安樂利益汝已成就
不可思議功德深大慈悲從久遠来發阿耨
多羅三藐三菩提意而能作是神通之願守
護是經我當以神通力守護能受持普賢菩
薩名者普賢若有受持讀誦正憶念脩習書
寫是法華經者當知是人則見釋迦牟尼佛

BD04467號　妙法蓮華經卷七　（9–7）

護助是經令多所衆生安樂利益汝已成就
不可思議功德深大慈悲從久遠来發阿耨
多羅三藐三菩提意而能作是神通之願守
護是經我當以神通力守護能受持普賢菩
薩名者普賢若有受持讀誦正憶念脩習書
寫是法華經者當知是人則見釋迦牟尼佛
如從佛口聞此經典當知是人供養釋迦牟
尼佛當知是人佛讚善哉當知是人為釋迦
牟尼佛手摩其頭當知是人為釋迦牟尼佛
衣之所覆如是之人不復貪著世樂不好外
道經書手筆亦復不喜親近其人及諸惡者
若屠兒若畜猪羊雞狗若獵師若衒賣女色
是人心意質直有正憶念有福德力是人不
為三毒所惱亦復不為嫉妬我慢邪慢增上
慢所惱是人少欲知足能脩普賢之行
普賢若如来　後後五百歲若有人見受持
讀誦法華經者應作是念此人不久當詣道
場破諸魔衆得阿耨多羅三藐三菩提轉法
輪擊法鼓吹法蠡雨法雨當坐天人大衆中
師子法坐上普賢若於後世受持讀誦是經
典者是人不復貪著衣服臥具飲食資生之
物所願不虛亦於現世得其福報若有人輕
毀之言汝狂人耳空作是行終无所獲如是
罪報當世世无眼若有供養讚歎之者當於
今世得現果報若復見有受持是經者出其
過惡若實若不實此人現世得白癩病若有

BD04467號　妙法蓮華經卷七　（9–8）

輪擊法鼓吹法蠡雨法雨當坐天人大衆中
師子法坐上普賢若於後世受持讀誦是經
典者是人不復貪著衣服臥具飲食資生之
物所願不虛亦於現世得其福報若有人輕
毀之言汝狂人耳空作是行終无所獲如是
罪報當世世无眼若有供養讚歎之者當於
今世得現果報若復見有受持是經者出其
過惡若實若不實此人現世得白癩病若有
輕咲之者當世世牙齒踈缺脣平鼻手脚
繚戾眼目角睞身體臭穢惡瘡膿血水腹
短氣諸惡重病是故普賢若見受持是經者
當起遠迎當如敬佛說是普賢勸發品時恒
河沙等无量无邊菩薩得百千億旋陀羅尼
三千大千世界微塵等諸菩薩具普賢道佛說
是經時普賢等諸菩薩舍利弗等諸聲聞及
諸天龍人非人等一切大會皆大歡喜受持
佛語作礼而去

BD04467 號　妙法蓮華經卷七

（9–9）

又於无量劫　而供養此塔　華香諸瓔珞　天衣衆伎樂
然香油蘇燈　周帀常照明　惡世法末時　能持是經者
則為已如上　具足諸供養　若能持此經　則如佛現在
以牛頭栴檀　起僧坊供養　堂有三十二　高八多羅樹
上饌妙衣服　牀臥皆具足　百千衆住處　園林諸流池
經行及禪窟　種種皆嚴好　若有信解心　受持讀誦書
若復教人書　及供養經卷　散華香末香　以須曼瞻蔔
阿提目多伽　薰油常然之　如是供養者　得无量功德
如虛空无邊　其福亦復然　況復持此經　兼布施持戒
忍辱樂禪定　不瞋不惡口　恭敬於塔廟　謙下諸比丘
遠離自高心　常思惟智慧　有問難不瞋　隨順為解說
若能行是行　功德不可量　若見此法師　成就如是德
應以天華散　天衣覆其身　頭面接足礼　生心如佛想
又應作是念　不久詣道樹　得无漏无為　廣利諸人天
其所住止處　經行若坐臥　乃至說一偈　是中應起塔
莊嚴令妙好　種種以供養　佛子住此地　則是佛受用
常在於其中　經行及坐臥
妙法蓮華經隨功德品第十八
尒時彌勒菩薩摩訶薩白佛言世尊若有善

BD04468 號　妙法蓮華經（八卷本）卷六

（10–1）

其所住止處　經行若坐卧　乃至說一偈　是中應起塔
莊嚴令妙好　種種以供養　佛子住此地　則是佛受用
常在於其中　經行及坐卧
妙法蓮華經隨喜功德品第十八
尒時弥勒菩薩摩訶薩白佛言世尊若有善
男子善女人聞是法華經隨喜者得幾所福
而說偈言
世尊滅度後　其有聞是經　若能隨喜者　爲得幾所福
尒時佛告弥勒菩薩摩訶薩阿逸多如來滅
後若比丘比丘尼優婆塞優婆夷及餘智者
若長若幼聞是經隨喜已從法會出至於餘
處若在僧坊若空閑地若城邑巷陌聚落田
里如其所聞爲父母宗親善友知識隨力演
說是諸人等聞已隨喜復行轉教餘人聞已
亦隨喜轉教如是展轉至第五十阿逸多其
第五十善男子善女人隨喜功德我今說之
汝當善聽若四百万億阿僧祇世界六趣四
生衆生卵生胎生濕生化生若有形无形有
想无想非有想非无想无足二足四足多足
如是等在衆生數者有人求福隨其所欲娛
樂之具皆給與之一一衆生與滿閻浮提金
銀琉璃車璖馬瑙珊瑚虎珀諸妙珎寶及爲
馬車乘七寶所成宮殿樓閣等是大施主如
是布施滿八十年已而作是念我已施衆生
娛樂之具隨意所欲然此衆生皆已衰老年
過八十髮白面皺將死不久我當以佛法而

BD04468號　妙法蓮華經（八卷本）卷六　（10–2）

銀琉璃車璖馬瑙珊瑚虎珀諸妙珎寶及爲
馬車乘七寶所成宮殿樓閣等是大施主如
是布施滿八十年已而作是念我已施衆生
娛樂之具隨意所欲然此衆生皆已衰老年
過八十髮白面皺將死不久我當以佛法而
訓導之即集此衆生宣布法化示教利喜一
時皆得須陁洹道斯陁含道阿那含道阿羅
漢道盡諸有漏於深禪定皆得自在具八解
脫於汝意云何是大施主所得功德寧爲多
不弥勒白佛言世尊是人功德甚多无量无
邊若是施主但施衆生一切樂具功德无量
何況令得阿羅漢果
佛告弥勒我今分明語汝是人以一切樂具
施於四百万億阿僧祇世界六趣衆生又令
得阿羅漢果所得功德不如是第五十人聞
法華經一偈隨喜功德百分千分百千万億
分不及其一乃至筭數譬喻所不能知阿逸
多如是第五十人展轉聞法華經隨喜功德
尚无量无邊阿僧祇何況最初於會中聞而
隨喜者其福復勝无量无邊阿僧祇不可得
比又阿逸多若人爲是經故往詣僧坊若坐
若立須臾聽受緣是功德轉身所生得好上
妙象馬車乘珎寶輦轝及乘天宮殿若復有
人於講法處坐更有人來勸令坐聽若分座
令坐是人功德轉身得帝釋坐處若梵王坐
處若轉輪聖王所坐之處阿逸多若復有人

BD04468號　妙法蓮華經（八卷本）卷六　（10–3）

若立須臾聽受緣是功德轉身所生得好上
妙象馬車乘珎寶輦轝及乘天宮殿若復有
人於講法處坐更有人來勸令坐聽若分座
令坐是人功德轉身得帝釋坐處若梵王坐
處若轉輪聖王所坐之處阿逸多若復有人
語餘人言有經名法華可共往聽即受其教
乃至須臾聞是人功德轉身得與陁羅尼
菩薩共生一處利根智慧百千万世終不瘖
瘂口氣不臭舌常无病口亦无病齒不垢黑
不黃不踈亦不缺落不差不曲脣不下垂亦
不褰縮不麁澀不瘡胗亦不缺壞亦不喎斜
不厚不大亦不黧黑无諸可惡鼻不匾㔸亦
不曲戾面色不黑亦不狹長亦不窊曲无有
一切不可憙相脣舌牙齒悉皆嚴好鼻脩高
直面貌圓滿眉高而長額廣平正人相具足
世世所生見佛聞法信受教誨阿逸多汝且
觀是勸於一人令往聽法功德如此何況一
心聽說讀誦而於大眾為人分別如說脩行
尒時世尊欲重宣此義而說偈言
若人於法會　得聞是經典　乃至於一偈　隨喜為他說
如是展轉教　至于第五十　冣後人獲福　今當分別之
如有大施主　供給无量眾　具滿八十歲　隨意之所欲
見彼衰老相　髮白而面皺　齒踈形枯竭　念其死不久
我今應當教　令得於道果　即為方便說　涅槃真實法
世皆不牢固　如水沫泡焰　汝等咸應當　疾生猒離心
諸人聞是法　皆得阿羅漢　具足六神通　三明八解脫

BD04468號　妙法蓮華經（八卷本）卷六　（10–4）

如是展轉教　至于第五十　冣後人獲福　今當分別之
如有大施主　供給无量眾　具滿八十歲　隨意之所欲
見彼衰老相　髮白而面皺　齒踈形枯竭　念其死不久
我今應當教　令得於道果　即為方便說　涅槃真實法
世皆不牢固　如水沫泡焰　汝等咸應當　疾生猒離心
諸人聞是法　皆得阿羅漢　具足六神通　三明八解脫
冣後第五十　聞一偈隨喜　是人福勝彼　不可為譬喻
如是展轉聞　其福尚无量　何況於法會　初聞隨喜者
若有勸一人　將引聽法華　言此經深妙　千万劫難遇
即受教往聽　乃至須臾聞　斯人之福報　今當分別說
世世无口患　齒不踈黃黑　脣不厚褰缺　无有可惡相
舌不乾黑短　鼻高脩且直　額廣而平正　面目悉端嚴
為人所憙見　口氣无臭穢　優鉢華之香　常從其口出
若故詣僧坊　欲聽法華經　須臾聞歡喜　今當說其福
後生天人中　得妙象馬車　珎寶之輦轝　及乘天宮殿
若於講法處　勸人坐聽經　是福因緣得　釋梵轉輪座
何況一心聽　解說其義趣　如說而脩行　其福不可限
妙法蓮華經法師功德品第十九
尒時佛告常精進菩薩摩訶薩若善男子善
女人受持是法華經若讀若誦若解說若書
寫是人當得八百眼功德千二百耳功德八
百鼻功德千二百舌功德八百身功德千二
百意功德以是功德莊嚴六根皆令清淨是
善男子善女人父母所生清淨肉眼見於三
千大千世界內外所有山林河海下至阿鼻
地獄上至有頂亦見其中一切眾生及業因

BD04468號　妙法蓮華經（八卷本）卷六　（10–5）

百鼻功德千二百舌功德八百身功德千二
百意功德以是功德莊嚴六根皆令清淨是
善男子善女人父母所生清淨肉眼見於三
千大千世界內外所有山林河海下至阿鼻
地獄上至有頂亦見其中一切衆生及業因
緣果報生處悉見悉知尒時世尊欲重宣此
義而說偈言
若於大衆中　以无所畏心　說是法華經　汝聽其功德
是人得八百　功德殊勝眼　以是莊嚴故　其目甚清淨
父母所生眼　悉見三千界　內外弥樓山　須弥及鐵圍
并諸餘山林　大海江河水　下至阿鼻獄　上至有頂處
其中諸衆生　一切皆悉見　雖未得天眼　肉眼力如是
復次常精進若善男子善女人受持此經若
讀若誦若解說若書寫得千二百耳功德以
是清淨耳聞三千大千世界下至阿鼻地獄
上至有頂其中內外種種語言音聲爲聲馬
聲牛聲車聲啼哭聲愁嘆聲螺聲鼓聲鍾聲
鈴聲咲聲語聲男聲女聲童子聲童女聲法
聲非法聲苦聲樂聲凡夫聲聖人聲喜聲不
喜聲天聲龍聲夜叉聲乹闥婆聲阿脩羅聲
迦樓羅聲緊那羅聲摩睺羅伽聲火聲水聲
風聲地獄聲畜生聲餓鬼聲比丘聲比丘尼
聲聲聞聲辟支佛聲菩薩聲佛聲以要言之
三千大千世界中一切內外所有諸聲雖未
得天耳以父母所生清淨常耳皆悉聞知如
是分別種種音聲而不壞耳根尒時世尊欲

風聲地獄聲畜生聲餓鬼聲比丘聲比丘尼
聲聲聞聲辟支佛聲菩薩聲佛聲以要言之
三千大千世界中一切內外所有諸聲雖未
得天耳以父母所生清淨常耳皆悉聞知如
是分別種種音聲而不壞耳根尒時世尊欲
重宣此義而說偈言
父母所生耳　清淨无濁穢　以此常耳聞　三千世界聲
爲馬車牛聲　鍾鈴螺鼓聲　琴瑟箜篌聲　簫笛之音聲
清淨好歌聲　聽之而不著　无數種人聲　聞悉能解了
又聞諸天聲　微妙之音聲　及聞男女聲　童男童女聲
山川嶮谷中　迦陵頻伽聲　命命等諸鳥　悉聞其音聲
地獄衆苦痛　種種楚毒聲　餓鬼飢渴逼　求索飲食聲
諸阿脩羅等　居在大海邊　自共語言時　出于大音聲
如是說法者　安住於此間　遥聞是衆聲　而不壞耳根
十方世界中　禽獸鳴相呼　其說法之人　於此悉聞之
其諸梵天上　光音及遍淨　乃至有頂天　言語之音聲
法師住於此　悉皆得聞之　一切比丘衆　及諸比丘尼
若讀誦經典　若為他人說　法師住於此　悉皆得聞之
復有諸菩薩　讀誦於經法　若為他人說　撰集解其義
如是諸音聲　悉皆得聞之　諸佛大聖尊　教化衆生者
於諸大衆中　演說微妙法　持此法華者　悉皆得聞之
三千大千界　內外諸音聲　下至阿鼻獄　上至有頂天
皆聞其音聲　而不壞耳根　其耳聰利故　悉能分別知
持是法華者　雖未得天耳　但用所生耳　功德已如是
復次常精進若善男子善女人受持是經若
讀若誦若解說若書寫當得八百鼻功德以

三千大千界　内外諸音聲　下至阿鼻獄　上至有頂天
皆聞其音聲　而不壞耳根　其耳聰利故　悉能分別知
持是法華者　雖未得天耳　但用所生耳　功德已如是
復次常精進若善男子善女人受持是經若
讀若誦若解說若書寫當得八百鼻功德以
是清淨鼻根聞於三千大千世界上下内外
種種諸香須曼那華香闍提華香末利華香
瞻蔔華香波羅羅華香赤蓮華香青蓮華香
白蓮華香華樹香菓樹香栴檀香沉水香多
摩羅跋香多伽羅香及千万種和香若末若
丸若塗香持是經者於此閒住悉能分別又
復別知眾生之香為香馬香牛羊等香男香
女香童子香童女香及草木叢林香若近若
遠所有諸香悉皆得聞分別不錯持是經者
雖住於此亦聞天上諸天之香波利質多羅
拘鞞陀羅樹香及曼陀羅華香摩訶曼陀羅
華香曼殊沙華香摩訶曼殊沙華香栴檀沉
水種種末香諸雜華香如是等天香和合所
出之香无不聞知又聞諸天身香釋提桓因
在勝殿上五欲娛樂嬉戲時香若在妙法堂
上為忉利諸天說法時香若於諸園遊戲時
香及餘天等男女身香皆悉遙聞如是展轉
乃至梵世上至有頂諸天身香亦皆聞之并
聞諸天所燒之香及聲聞香辟支佛香菩薩
香諸佛身香亦皆遙聞知其所在雖聞此香
然於鼻根不壞不錯若欲分別為他人說憶

BD04468號　妙法蓮華經（八卷本）卷六　（10-8）

上為忉利諸天說法時香若於諸園遊戲時
香及餘天等男女身香皆悉遙聞如是展轉
乃至梵世上至有頂諸天身香亦皆聞之并
聞諸天所燒之香及聲聞香辟支佛香菩薩
香諸佛身香亦皆遙聞知其所在雖聞此香
然於鼻根不壞不錯若欲分別為他人說憶
念不謬爾時世尊欲重宣此義而說偈言
是人鼻清淨　於此世界中　若香若臭物　種種悉聞知
須曼那闍提　多摩羅栴檀　沉水及桂香　種種華菓香
及知眾生香　男子女人香　說法者遠住　聞香知所在
大勢轉輪王　小轉輪及子　群臣諸宮人　聞香知所在
身所著珍寶　及地中寶藏　轉輪王寶女　聞香知所在
諸人嚴身具　衣服及瓔珞　種種所塗香　聞則知其身
諸天若行坐　遊戲及神變　持是法華者　聞香悉能知
諸樹華菓實　及蘇油香氣　持經者住此　悉知其所在
諸山深險處　栴檀樹華敷　眾生在中者　聞香皆能知
鐵圍山大海　地中諸眾生　持經者聞香　悉知其所在
阿脩羅男女　及其諸眷屬　鬪諍遊戲時　聞香皆能知
曠野險隘處　師子為虎狼　野牛水牛等　聞香知所在
若有懷妊者　未辯其男女　无根及非人　聞香悉能知
以聞香力故　知其初懷妊　成就不成就　安樂產福子
以聞香力故　知男女所念　染欲癡恚心　亦知脩善者
地中眾伏藏　金銀諸珍寶　銅器之所盛　聞香悉能知
種種諸瓔珞　无能識其價　聞香知貴賤　出處及所在
天上諸華等　曼陀曼殊沙　波利質多樹　聞香悉能知
天上諸宮殿　上中下差別　眾寶華莊嚴　聞香悉能知

BD04468號　妙法蓮華經（八卷本）卷六　（10-9）

曠野險隘處　師子象虎狼　野牛水牛等　聞香知所在
若有懷妊者　未辯其男女　无根及非人　聞香悉能知
以聞香力故　知其初懷妊　成就不成就　安樂產福子
以聞香力故　知男女所念　染欲癡恚心　亦知修善者
地中眾伏藏　金銀諸珍寶　銅器之所盛　聞香悉能知
種種諸瓔珞　无能識其價　聞香知貴賤　出處及所在
天上諸華等　曼陀曼殊沙　波利質多樹　聞香悉能知
天上諸宮殿　上中下差別　眾寶華莊嚴　聞香悉能知
天園林勝殿　諸觀妙法堂　在中而娛樂　聞香悉能知
諸天若聽法　或受五欲時　來往行坐臥　聞香悉能知
天女所著衣　好華香莊嚴　周旋遊戲時　聞香悉能知
如是展轉上　乃至於梵世　入禪出禪者　聞香悉能知
光音遍淨天　乃至于有頂　初生及退沒　聞香悉能知
諸比丘眾等　於法常精進　若坐若經行　及讀誦經法
或在林樹下　專精而坐禪　持經者聞香　悉知其所在
菩薩志堅固　坐禪若讀誦　或為人說法　聞香悉能知
在在方世尊　一切所恭敬　愍眾而說法　聞香悉能知
眾生在佛前　聞經皆歡喜　如法而修行　聞香悉能知
雖未得菩薩　无漏法生鼻　而是持經者　先得此鼻相

BD04468號　妙法蓮華經（八卷本）卷六　（10–10）

佛告須菩提善男子善女人發阿耨多羅三
藐三菩提者當生如是心我應滅度一切眾
生滅度一切眾生已而无有一眾生實滅度
者何以故若菩薩有我相人相眾生相壽者
相則非菩薩所以者何須菩提實无有法發
阿耨多羅三藐三菩提者
須菩提於意云何如来於然燈佛所有法得
阿耨多羅三藐三菩提不不也世尊如我解
佛所說義佛於然燈佛所无有法得阿耨
多羅三藐三菩提佛言如是如是須菩提實
无有法如来得阿耨多羅三藐三菩提須菩
提若有法如来得阿耨多羅三藐三菩提然
佛則不與我受記汝於来世當得作佛号釋
迦牟尼以實无有法得阿耨多羅三藐三菩
提是故然燈佛與我受記作是言汝於来世
當得作佛号釋迦牟尼何以故如来者即諸
法如義若有人言如来得阿耨多羅三藐三
菩提須菩提實无有法佛得阿耨多羅三藐
三菩提須菩提如来所得阿耨多羅三藐三
菩提於是中无實无虛是故如来說一切法

BD04469號　金剛般若波羅蜜經　（2–1）

多羅三藐三菩提佛言如是如是須菩提實
无有法如来得阿耨多羅三藐三菩提須菩
提若有法如来得阿耨多羅三藐三菩提然
佛則不與我受記汝於来世當得作佛号釋
迦牟尼以實无有法得阿耨多羅三藐三菩
提是故然燈佛與我受記作是言汝於来世
當得作佛号釋迦牟尼何以故如来者即諸
法如義若有人言如来得阿耨多羅三藐三
菩提須菩提實无有法佛得阿耨多羅三藐
三菩提須菩提如来所得阿耨多羅三藐三
菩提於是中无實无虗是故如来說一切法
皆是佛法須菩提所言一切法者即非一切
法是故名一切法須菩提譬如人身長大須
菩提言世尊如来說人身長大則非大身是
名大身
須菩提菩薩亦如是若作是言我當滅度无
量衆生則不名菩薩何以故須菩提實无有
法名為菩薩是故佛說一切法无我无人无
衆生无壽者須菩提若菩薩作是言我當荘
嚴佛土是不名菩薩何以故如来說荘嚴佛
土者即非荘嚴是名荘嚴須菩提若菩薩通
達无我法者如来說名真是菩薩
須菩提於意云何如来有肉眼不如是世尊
如来有肉眼須菩提於意云何如来有天眼
不如是世尊如来有天眼須菩提於意云何
如来有慧眼

BD04469 號　金剛般若波羅蜜經　（2–2）

法應以執金剛神得度者即
意菩薩世音菩薩成就
脫衆生是故汝等應當
音菩薩摩訶薩於怖畏急
世界皆号之為施无畏者
今當供養觀世音菩薩即
兩金而以與之作是言仁者受
世音菩薩言仁者愍我等故受
菩薩當愍此无盡意菩薩及
衆天
脩羅迦樓羅緊那羅摩睺羅伽人非人
時觀世音菩薩愍諸四衆及於天龍人
作二分一分奉釋迦牟尼佛一分奉多
世音菩薩有如是自在神力遊
菩薩以偈問曰
世尊妙相具　我今重問彼　佛子何
具足妙相尊　偈荅無盡意　汝聽觀音
弘誓深如海　歷劫不思議　侍多千億
我為汝略說　聞名及見身　心念
假使興害意　推落大火坑　念彼

BD04470 號　妙法蓮華經（八卷本）卷八　（12–1）

世尊妙相具　我今重問彼　佛子何
具足妙相尊　偈荅無盡意　汝聽觀
弘誓深如海　歷劫不思議　侍多千億
我為汝略說　聞名及見身　心念
假使興害意　推落大火坑　念彼
或漂流巨海　龍魚諸鬼難　念彼觀音
或在須弥峯　為人所推墮　念彼觀音
或被惡人逐　墮落金剛山　念彼觀音力　能損一毛
或值怨賊繞　各執刀加害　念彼觀音力　即起慈心
或遭王難苦　臨刑欲壽終　念彼觀音力　刀段段壞
或囚禁枷鎖　手足被杻械　念彼觀音力　釋然得解脫
呪咀諸毒藥　所欲害身者　念彼觀音力　還著於本人
或遇惡羅刹　毒龍諸鬼等　念彼觀音力　時悉不敢害
若惡獸圍繞　利牙爪可怖　念彼觀音力　疾走无邊方
蚖蛇及蝮蠍　氣毒煙火然　念彼觀音力　尋聲自迴去
雲雷鼓掣電　降雹澍大雨　念彼觀音力　應時得消散
衆生被困厄　無量苦逼身　觀音妙智力　能救世間苦
具足神通力　廣脩智方便　十方諸國土　无刹不現身
種種諸惡趣　地獄鬼畜生　生老病死苦　以漸悉令滅
真觀清淨觀　廣大智慧觀　悲觀及慈觀　常願常瞻仰
无垢清淨光　慧日破諸闇　能伏災風火　普明照世間
悲體戒雷震　慈意妙大雲　澍甘露法雨　滅除煩惱炎
諍訟經官處　怖畏軍陣中　念彼觀音力　衆怨悉退散
妙音觀世音　梵音海潮音　勝彼世間音　是故須常念
念念勿生疑　觀世音淨聖　於苦惱死厄　能為作依怙
具一切功德　慈眼視衆生　福聚海無量　是故應頂禮
尒時持地菩薩即從座起前白佛言世尊若有衆生聞是觀
世音菩薩品自在之業普門示現神通力者當知是人功德

BD04470號　妙法蓮華經（八卷本）卷八

（12–2）

諍訟經官處　怖畏軍陣中　念彼觀音力　衆怨悉退散
妙音觀世音　梵音海潮音　勝彼世間音　是故須常念
念念勿生疑　觀世音淨聖　於苦惱死厄　能為作依怙
具一切功德　慈眼視衆生　福聚海無量　是故應頂禮
尒時持地菩薩即從座起前白佛言世尊若有衆生聞是觀
世音菩薩品自在之業普門示現神通力者當知是人功德
不少佛說是普門品時衆中八万四千衆生皆發无等等阿
耨多羅三藐三菩提心

妙法蓮華經陁羅尼品第廿六

尒時藥王菩薩即從座起偏袒右肩合掌向佛而白佛言世尊
若善男子善女人有能受持法華經者若讀誦通利若書寫經
卷得幾所福佛告藥王若有善男子善女人供養八百万億那由
他恒河沙等諸佛於汝意云何其所得福寧為多不甚多世
尊佛言若善男子善女人能於是經乃至受持一四句偈讀誦解
義如說脩行功德甚多
尒時藥王菩薩白佛言世尊我今當與說法者陁羅尼以守護
之即說呪曰
安尒一 曼尒二 摩祢三 摩摩祢四 旨隸五 遮梨苐六 賒咩羊鳴音七 賒履罔雉反 多瑋
羶千反 帝九 目帝十 目多履十一 娑履十二 阿瑋娑履十三 桑履十四 娑履十五 叉裔十六
阿叉裔十七 阿耆膩十八 羶帝十九 賒履二十 陁羅尼廿一 阿盧伽婆娑蘇奈反 簸蔗毗叉膩廿二
祢毗剃廿三 阿便哆都餓反 邏祢履剃廿四 阿亶哆波隸輸地途賣反廿五 漚究隸廿六 牟究隸廿七
阿羅隸廿八 波羅隸廿九 首迦差初几反卅 阿三磨三履卅一 佛馱毗吉利袠帝卅二 達磨波
利差猜離反帝卅三 僧伽涅瞿沙祢卅四 婆舍婆舍輸地卅五 曼哆邏卅六 曼哆邏叉夜多
卅七 郵樓哆卅八 郵樓哆憍舍略來加反卅九 惡叉邏四十 惡叉冶多冶四十一 阿婆盧四十二 阿摩若
荏蔗反 那多夜四十三
世尊是陁羅尼神呪六十二億恒河沙
等諸佛所說若有侵毀此法師者則為侵毀是諸佛已時釋迦牟尼
讃藥王菩薩言善哉善哉藥王汝愍念擁護此法師故說是陁
羅尼於諸衆生多所饒益尒時勇施菩薩白佛言世尊我亦為

BD04470號　妙法蓮華經（八卷本）卷八

（12–3）

……僧伽涅瞿沙祢……婆舍婆舍輸地……曼哆邏……曼哆邏叉夜多
卅七 郵樓哆卅八 郵樓哆憍舍略卅九 惡叉邏卌 惡叉冶多冶卌一 阿婆盧卌二 阿摩若
那多夜卌三　世尊是陁羅尼神呪六十二億恒河沙
等諸佛所說若有侵毀此法師者則爲侵毀是諸佛已時釋迦牟尼
讃藥王菩薩言善哉善哉藥王汝愍念擁護此法師故說是陁
羅尼於諸衆生多所饒益尒時勇施菩薩白佛言世尊我亦爲
擁護讀誦受持法華經者說陁羅尼若此法師得是陁羅尼若
夜叉若羅刹若冨單那若吉遮若鳩槃茶若餓鬼等伺求其短
无能得便即於佛前而說呪曰
痤隸一 摩訶痤隸二 郁枳三 目枳四 阿隸五 阿羅婆帝六 涅隸弟七 涅隸多婆弟八
伊緻柅九 韋緻柅十 旨緻柅十一 涅隸墀柅十二 涅犁墀婆底十三
世尊是陁羅尼神呪恒河沙等諸佛所說亦皆隨喜若有侵毀此法
師者則爲侵毀是諸佛已尒時毗沙門天王護世者白佛言世尊我
亦爲愍念衆生擁護此法師故說是陁羅尼即說呪曰
阿梨一 那梨二 㝹那梨三 阿那盧四 那履五 拘那履六
世尊以是神呪擁護法師我亦自當擁護持是經者令百由旬内无
諸衰患尒時持國天王在此會中與千万億那由他乹闥婆衆
恭敬圍遶前詣佛所合掌白佛言世尊我亦以陁羅尼神呪擁
護持法華經者即說呪曰
阿伽祢一 伽祢二 瞿利三 乹陁利四 旃陁利五 摩蹬耆六 常求利七 浮樓莎柅八
頞底九　世尊是陁羅尼神呪四十二億諸佛所說若有
侵毀此法師者則爲侵毀是諸佛已尒時有羅刹女等一名藍婆
二名毗藍婆三名曲齒四名華齒五名黑齒六名多髮七名无厭
足八名持瓔珞九名睪帝十名奪一切衆生精氣是十羅刹女
與鬼子母并其子及眷屬俱詣佛所同聲白佛言世尊我等亦
欲擁護讀誦受持法華經者除其衰患若有伺求法師短者令不
得便即於佛前而說呪曰
伊提履一 伊提泯二 伊提履三 阿提履四 伊提履五 泥履六 泥履七 泥履八 泥履九

BD04470號　妙法蓮華經（八卷本）卷八　（12–4）

足八名持瓔珞九名睪帝十名奪一切衆生精氣是十羅刹女
與鬼子母并其子及眷屬俱詣佛所同聲白佛言世尊我等亦
欲擁護讀誦受持法華經者除其衰患若有伺求法師短者令不
得便即於佛前而說呪曰
伊提履一 伊提泯二 伊提履三 阿提履四 伊提履五 泥履六 泥履七 泥履八 泥履九
泥履十 樓醯十一 樓醯十二 樓醯十三 樓醯十四 多醯十五 多醯十六 多醯十七 兜醯十八 㝹醯十九
寧上我頭上莫惱於法師若夜叉若羅刹若餓鬼若冨單那若吉
遮若毗陁羅若揵馱若烏摩勒伽若阿跋摩羅若夜叉吉遮
若人吉遮若熱病若一日若二日若三日若四日若至七日若常
熱病若男形若女形若童男形若童女形乃至夢中亦復莫
惱即於佛前而說偈言
若不順我呪　惱亂說法者　頭破作七分　如阿梨樹枝
如殺父母罪　亦如壓油殃　斗秤欺誑人　調達破僧罪
犯此法師者　當獲如是殃
諸羅刹女說此偈已白佛言世尊我等亦當身自擁護受持讀
誦脩行是經者令得安樂離諸衰患消衆毒藥佛告諸羅
刹女善哉善哉汝等但能擁護受持法華經名者福不可量
何況擁護具足受持供養經卷華香瓔珞末香塗香燒香幡
蓋伎樂然種種燈蘇燈油燈諸香油燈蘇摩那華油燈瞻蔔華
油燈婆師迦華油燈優鉢羅華油燈如是等百千種供養者
睪帝汝等及眷屬應當擁護如是法師說是陁羅尼品時六
万八千人得无生法忍
妙法蓮華經妙莊嚴王本事品第廿七
尒時佛告諸大衆乃往古世過無量無邊不可思議阿僧祇劫有
佛名雲雷音王宿智多陁阿伽度阿羅訶三藐三佛陁國名光明
莊嚴劫名喜見彼佛法中有王名妙莊嚴其王夫人名曰淨德
有二子一名淨藏二名淨眼是二子有大神力福德智慧久脩
菩薩所行之道所謂檀波羅蜜……

BD04470號　妙法蓮華經（八卷本）卷八　（12–5）

尒時佛告諸大衆乃往古世過無量無邊不可思議阿僧祇劫有
佛名雲雷音王宿智多陁阿伽度阿羅訶三藐三佛陁國名光明
莊嚴劫名喜見彼佛法中有王妙名莊嚴其王夫人名曰淨德
有二子一名淨藏二名淨眼是二子有大神力福德智慧久脩
菩薩所行之道所謂檀波羅蜜尸羅波羅蜜羼提波羅蜜毗離耶
波羅蜜禪波羅蜜般若波羅蜜方便波羅蜜慈悲喜捨乃至
三十七品助道法皆悉明了通達又得菩薩淨三昧日星宿
三昧淨光三昧淨色三昧淨照明三昧長莊嚴三昧大威德藏
三昧於此三昧亦悉通達尒時彼佛欲引導妙莊嚴王及愍念
衆生故說是法華經時淨藏淨眼二子到其母所合十指爪掌白
言願母往詣雲雷音宿王華智佛所我等亦當侍從親近供養
礼拜所以者何此佛於一切天人衆中說法華經宜應聽受
母告子言汝父信受外道深著婆羅門法汝等應往白父與
共俱去淨藏淨眼合十指爪掌白母我等是法王子而生此
耶見家母告子言汝等當憂念汝父為現神變若得見者
心必清淨或聽我等往至佛所於是二子念其父故踊在
虛空高七多羅樹現種種神變於虛空中行住坐臥身上出
水身下出火身下出水身上出火或現大身滿虛空中而復
現小小復現大於虛空中滅忽然在地入地如水履水如地
現如是等種種神變令其父王心淨信解時父見子神力如
是心大歡喜得未曾有合掌向子言汝等師為是誰誰之弟
子二子白言大王彼雲雷音宿王華智佛今在七寶菩提樹
下法座上坐於一切世間天人衆中廣說法華經是我等師我
是弟子父語子言我今亦欲見汝等師可共俱往於是二子從
空中下到其母所合掌白母父王今已信解堪任發阿耨多羅
三藐三菩提心我等為父已作佛事願母見聽於彼佛所出
家脩道尒時二子欲重宣其意以偈白母
願母放我等　出家作沙門　諸佛甚難值　我等隨佛學

BD04470 號　妙法蓮華經（八卷本）卷八

（12–6）

是弟子父語子言我今亦欲見汝等師可共俱往於是二子從
空中下到其母所合掌白母父王今已信解堪任發阿耨多羅
三藐三菩提心我等為父已作佛事願母見聽於彼佛所出
家脩道尒時二子欲重宣其意以偈白母
願母放我等　出家作沙門　諸佛甚難值　我等隨佛學
如優曇鉢華　值佛復難是　脫諸難亦難　願聽我出家
母即告言聽汝出家所以者何佛難值故於是二子白父母言
善哉父母願時往詣雲雷音宿王華智佛所親近供養所以
者何佛難得值如優曇鉢羅華又如一眼之龜值浮木孔而我
等宿福深厚生值佛法是故父母當聽我等令得出家所以
者何諸佛難值時亦難遇彼時妙莊嚴王後宮八万四千人皆
悉堪任受持是法華經淨藏眼菩薩於法華三昧久已通達
淨藏菩薩已於无量百千万億劫通達離諸惡趣三昧欲
一切衆生離諸惡趣故其王夫人得諸佛集三昧能知諸佛秘
密之藏二子如是以方便力善化其父令心信解好樂佛法於是
妙莊嚴王與群臣眷屬俱淨德夫人與後宮婇女眷屬俱其王二
子與四万二千人俱一時共詣佛所到已頭面礼足繞佛三帀却
住一面尒時彼佛為王說法示教利喜王大歡悅尒時妙莊王
嚴及其夫人解頸真珠瓔珞價直百千以散佛上於虛空中化成
四柱寶臺臺中有大寶牀敷百千万天衣其上有佛結加趺坐
放大光明尒時妙莊嚴王作是念佛身希有端嚴殊特成就第一
微妙之色時雲雷音宿王華智佛告四衆言汝等見是妙莊嚴
王於我前合掌立不此王於我法中作比丘精懃脩習助佛
道法當得作佛号娑羅樹王國名大光劫名大高王其娑
羅樹王佛有无量菩薩衆及无量聲聞其國平正功德如是
其王即時以國付弟王與夫人二子并諸眷屬於佛法中出家
脩道王出家已於八万四千歲常懃精進脩行妙法華經過是
已後得一切淨功德莊嚴三昧即昇虛空高七多羅樹而白佛

BD04470 號　妙法蓮華經（八卷本）卷八

（12–7）

道法當得作佛號娑羅樹王國名大光劫名大高王其娑
羅樹王佛有无量菩薩衆及无量聲聞其國平正功德如是
其王即時以國付弟王與夫人二子并諸眷屬於佛法中出家
脩道王出家已於八万四千歲常懃精進脩行妙法華經過是
已後得一切淨功德莊嚴三昧即昇虛空高七多羅樹而白佛
言世尊此我二子已作佛事以神通力變化轉我邪心令得安
住於佛法中得見世尊此二子者是我善知識為欲發起宿世善
根饒益我故來生我家尒時雲雷音宿王華智佛告妙莊嚴王
言如是如是如汝所言若善男子善女人種善根故世世得善
知識其善知識能作佛事示教利喜令入阿耨多羅三藐三菩
提大王當知善知識者是大因緣所為化導令得見佛發阿耨多
羅三藐三菩提心大王汝見此二子不此二子已曾供養六十五百
千万億那由他恒河沙諸佛親近恭敬於諸佛所受持法華經
愍念耶見衆生令住正見妙莊嚴王即從虛空中下而白佛言
世尊如來甚希有以功德智慧故頂上肉髻光明顯照其眼長
廣而紺青色眉間豪相白如珂月齒白齊密常有光明脣色赤
好如頻婆菓尒時妙莊嚴王讚嘆佛如是等无量百千万億功德
已於如來前一心合掌復白佛言世尊未曾有也如來之法具足
成就不可思議微妙功德教戒所行安隱快善我從今日不復自
隨心行不生耶見憍慢嗔恚諸惡之心說是語已礼佛而去佛
告大衆於意云何妙莊嚴王豈異人乎今華德菩薩是其淨德
夫人今前佛光照莊嚴相菩薩是哀愍妙莊嚴王及諸眷屬故
於彼中生其二子者藥王藥上菩薩是是藥王藥上菩薩成就
如是此諸大功德已於無量百千万億諸佛所殖衆德本成就
不可思議諸善功德若有人識是二菩薩名字者一切世間天人
亦應礼拜佛說是妙莊嚴王本事品時八万四千人遠塵離垢
於諸法中得法眼淨
妙法蓮華經普賢菩薩勸發品第廿八
尒時普賢菩薩以自在神通力威德名聞與大菩薩无量无邊不

BD04470號　妙法蓮華經（八卷本）卷八　（12–8）

不可思議諸善功德若有人識是二菩薩名字者一切世間天人
亦應礼拜佛說是妙莊嚴王本事品時八万四千人遠塵離垢
於諸法中得法眼淨
妙法蓮華經普賢菩薩勸發品第廿八
尒時普賢菩薩以自在神通力威德名聞與大菩薩无量无邊不
可稱數從東方來所經諸國普皆震動雨寶蓮華作无量百千
万億種種伎樂又與无數諸天龍夜叉乾闥婆阿脩羅迦樓羅緊
那羅摩睺羅伽人非人等大衆圍繞各現威德神通之力到娑婆
世界耆闍崛山中頭面礼釋迦牟尼佛右繞七帀白佛言世尊我
於寶威德上王佛國遙聞此娑婆世界說法華經與无量无邊
百千万億諸菩薩衆共來聽受唯願世尊當為說之若善男子
善女人於如來滅後云何能得是法華經佛告普賢菩薩若善
男子善女人成就四法於如來滅後當得是法華經一者為諸佛
護念二者殖衆德本三者入正定聚四者發救一切衆生之心善男
子善女人如是成就四法於如來滅後必得是經尒時普賢菩
薩白佛言世尊於後五百歲濁惡世中其有受持是經典者我
當守護除其衰患令得安隱使無伺求得其便者若魔若魔子
若魔女若魔民若為魔所著者若夜叉若羅剎若鳩槃荼若毗
舍闍若吉遮若富單那若韋陁羅等諸惱人者皆不得便是
人若行若立讀誦此經我尒時乘六牙白象王與大菩薩衆俱
詣其所而自現身供養守護安慰其心亦為供養法華經故是人
若坐思惟此經尒時我復乘白象王現其人前其人若於法華
經有所忘失一句一偈我當教之與共讀誦還令通利尒時受持
讀誦法華經者得見我身甚大歡喜轉復精進以見我故即得
三昧及陁羅尼名為旋陁羅尼百千万億旋陁羅尼法音方便
陁羅尼得如是等陁羅尼世尊若後世後五百歲濁惡世中比
丘比丘尼優婆塞優婆夷求索者受持者讀誦者書寫者欲
脩習是法華經於三七日中應一心精進滿三七日已我當乘六
牙白象與无量菩薩而自圍繞以一切衆所憙見身現其人

BD04470號　妙法蓮華經（八卷本）卷八　（12–9）

三昧及陀羅尼名為旋陀羅尼百千万億旋陀羅尼法音方便
陀羅尼得如是等陀羅尼世尊若後世後五百歲濁惡世中比
丘比丘尼優婆塞優婆夷求索者受持者讀誦者書寫者欲
脩習是法華經於三七日中應一心精進滿三七日已我當乘六
牙白象與无量菩薩而自圍繞以一切衆所憙見身現其人
前而為說法示教利憙亦復與其陀羅尼呪得是陀羅尼故
无有非人能破壞者亦不為女人之所惑亂我身亦自常護是
人唯願世尊聽我說此陀羅尼呪即於佛前而說呪曰
阿檀地 途賣反 一 檀陀婆地 二 檀陀婆帝 三 檀陀鳩舍隸 四 檀陀脩陀隸 五 脩陀隸 六
脩陀羅婆底 七 佛陀波羶祢 八 薩婆陀羅尼阿婆多尼 九 薩婆婆沙阿婆多尼 十
脩阿婆多尼 十一 僧伽婆履叉尼 十二 僧伽涅伽陀尼 十三 阿僧祇 十四 僧伽波伽地 十五 帝隸
阿惰僧伽兜略 盧遮反 波羅帝 十六 薩婆僧伽三摩地伽蘭地 十七 薩婆達磨脩波利
剎帝 十八 薩婆薩埵樓馱憍舍略阿㝹伽地 十九 辛阿毗吉利地帝 二十
世尊若有菩薩得聞是陀羅尼者當知普賢神通之力若法華
經行閻浮提有受持者應作此念皆是普賢威神之力若受
持讀誦正憶念解其義趣如說脩行當知是人行普賢行於无量
无邊諸佛所種善根為諸如來手摩其頭若但書寫是人命終
當生忉利天上是時八万四千天女作衆伎樂而來迎之其人
即著七寶冠於釆女中娛樂快樂何況受持讀誦正憶念解
其義趣是人命終為千佛授手令不恐怖不墮惡趣即往兜
率天上弥勒菩薩所弥勒菩薩有三十二相大菩薩衆所共
圍繞有百千万億天女眷屬而於中生有如是等功德利益
是故智者應當一心自書若使人書受持讀誦正憶念如說脩
行世尊我今以神通力故守護是經於如來滅後閻浮提內
廣令流布使不斷絕尒時釋迦牟尼佛讚言善哉善哉普
賢汝能護助是經令多所衆生安樂利益汝已成就不可思
議功德深大慈悲從久遠來發阿耨多羅三藐三菩提意而
能作是神通之願守護是經我當以神通力守護能受持
普賢菩薩名者普賢若有受持讀誦正憶念脩習書寫是

BD04470號　妙法蓮華經（八卷本）卷八　（12–10）

廣令流布使不斷絕尒時釋迦牟尼佛讚言善哉善哉普
賢汝能護助是經令多所衆生安樂利益汝已成就不可思
議功德深大慈悲從久遠來發阿耨多羅三藐三菩提意而
能作是神通之願守護是經我當以神通力守護能受持
普賢菩薩名者普賢若有受持讀誦正憶念脩習書寫是
法華經者當知是人則見釋迦牟尼佛如從佛口聞此經典當知是
人供養釋迦牟尼佛當知是人佛讚善哉當知是人為釋迦牟尼佛
手摩其頭當知是人為釋迦牟尼佛衣之所覆如是之人不復
著貪世樂不好外道經書手筆亦復不憙親近其人及諸惡者
若屠兒若畜猪羊雞狗若獵師若衒賣女色是人心意質直
有正憶念有福德力是人不為三毒所惱亦不為嫉妬我慢邪
慢增上慢所惱是人少欲知足能脩普賢之行普賢若如來滅
後後五百歲若有人見受持讀誦法華經者應作是念此人
不久當詣道場破諸魔衆得阿耨多羅三藐三菩提轉法輪擊
法皷吹法螺雨法雨當坐天人大衆之中師子法座上普賢若
於後世受持讀誦是經典者是人不復貪著衣服卧具飲食資
生之物所願不虛亦於現世得其福報若有人輕毀之言汝狂人
耳空作是行終无所獲如是罪報當世世无眼若有供養讚
歎之者當於今世得現果報若復見受持是經者出其過惡
若實若不實此人現世得白癩病若輕笑之者當世世牙齒踈
缺醜脣平鼻手脚繚戾眼目角睞身體臭穢惡瘡膿血水腹短
氣諸惡重病是故普賢若見受持是經典者當起遠迎當如
敬佛說是普賢勸發品時恒河沙等无量无邊菩薩得百千
万億旋陀羅尼三千大千世界微塵等諸菩薩具普賢道佛
說是經時普賢等諸菩薩舍利弗等諸聲聞及諸天龍人非
人等一切大會皆大歡喜受持佛語作礼而去

妙法蓮華經卷第八

BD04470號　妙法蓮華經（八卷本）卷八　（12–11）

後後五百歲若有人見受持讀誦法華經者應作是念此人
不久當詣道場破諸魔衆得阿耨多羅三藐三菩提轉法輪擊
法鼓吹法螺雨法雨當坐天人大衆之中師子法座上普賢若
於後世受持讀誦是經典者是人不復貪著世樂卧具飲食資
生之物所願不虛亦於現世得其福報若有人輕毀之言汝狂人
耳空作是行終无所獲如是罪報當世世无眼若有供養讚
嘆之者當於今世得現果報若復見受持是經者出其過惡
若實若不實此人現世得白癩病若輕咲之者當世世牙齒踈
缺醜脣平鼻手脚繚戾眼目角睞身體臭穢惡瘡膿血水腹短
氣諸惡重病是故普賢若見受持是經典者當起遠迎當如
敬佛說是普賢勸發品時恒河沙等无量无邊菩薩得百千
万億旋陁羅尼三千大千世界微塵等諸菩薩具普賢道佛
說是經時普賢等諸菩薩舍利弗等諸聲聞及諸天龍人非
人等一切大會皆大歡喜受持佛語作礼而去

妙法蓮華經卷第八

BD04470號　妙法蓮華經（八卷本）卷八　（12–12）

言
汝等諸佛子　云何不見聞　藏識體清淨　衆身所依止
或具三十二　佛相及輪王　或為種種形　世間皆悉見
譬如淨空月　衆星所環遶　諸識阿賴耶　如是身中住
譬如欲天主　侍衛遊寶宮　江海等諸神　水中而自在
藏識處於世　當知亦復然　如地生衆物　是心多所現
譬如日天子　赫奕乘寶宮　旋遶須弥山　周流照天下
諸天世人等　見之而礼敬　藏識佛地中　其相亦如是
十地行衆行　顯發大乘法　普與衆生樂　常讚於如來
在於菩薩身　是即名菩薩　佛與諸菩薩　皆是賴耶名
佛及諸佛子　已受當受記　廣大阿賴耶　而成於正覺
密嚴諸定者　與妙定相應　能於阿賴耶　明了而觀見
佛及辟支佛　聲聞諸異道　見理无怯人　所觀皆此識
種種諸識境　皆從心所變　瓶衣等衆物　如是性皆无
悉依阿賴耶　衆生迷惑見　以諸習氣故　所取能取轉
此性非如幻　陽焰及毛輪　非生非不生　非空亦非有
譬如長短等　離一即皆无
智者觀幻事　此皆唯幻術　未曾有一物　與幻而同起
幻焰及毛輪　和合而可見　離一无和合　過未亦非有
幻事毛輪等　在在諸物相　此皆心變異　无體亦无名
世中迷惑人　其心不自在　妄說有能幻　幻成種種物

BD04471號　大乘密嚴經（地婆訶羅本）卷中　（3–1）

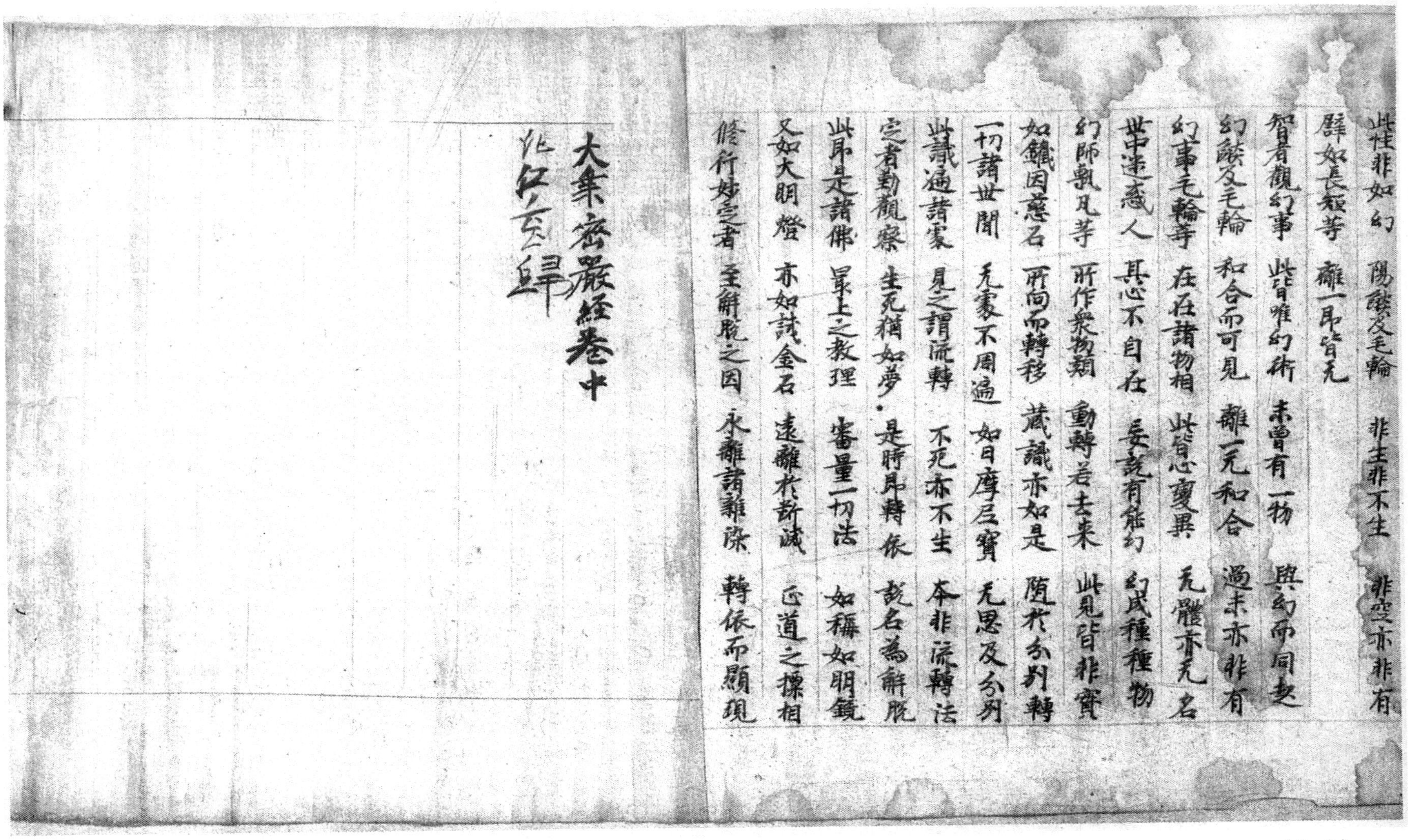

此性非如幻　陽焰及毛輪　非生非不生　非空亦非有
譬如長短等　離一即皆无
智者觀幻事　此皆唯幻術　未曾有一物　與幻而同起
幻焰及毛輪　和合而可見　離一无和合　過未亦非有
幻事毛輪等　在在諸物相　此皆心變異　无體亦无名
世中迷惑人　其心不自在　妄說有能幻　幻成種種物
幻師幻凡等　所作衆物類　動轉若去來　此見皆非實
如鐵因慈石　所向而轉移　藏識亦如是　隨於分別轉
一切諸世間　无處不周遍　如日摩尼寶　无思及分別
此識遍諸處　見之謂流轉　不死亦不生　本非流轉法
定者勤觀察　生死猶如夢　是時即轉依　說名為解脫
此即是諸佛　最上之教理　審量一切法　如稱如明鏡
又如大明燈　亦如試金石　遠離於斷滅　正道之標相
修行妙定者　至解脫之因　永離諸雜染　轉依而顯現

大乘密嚴經卷中

北紅云歸

BD04471號　大乘密嚴經（地婆訶羅本）卷中　（3–2）

如鐵因慈石　所向而轉移　藏識亦如是　隨於分別轉
一切諸世間　无處不周遍　如日摩尼寶　无思及分別
此識遍諸處　見之謂流轉　不死亦不生　本非流轉法
定者勤觀察　生死猶如夢　是時即轉依　說名為解脫
此即是諸佛　最上之教理　審量一切法　如稱如明鏡
又如大明燈　亦如試金石　遠離於斷滅　正道之標相
修行妙定者　至解脫之因　永離諸雜染　轉依而顯現

大乘密嚴經卷中

北紅云歸

BD04471號　大乘密嚴經（地婆訶羅本）卷中　（3–3）

離於二十法常應圓
二十法常應遠離一者常應遠
離我執乃至見者執二者常應遠離斷執三
者常應遠離常執四者常應遠離相執五者
常應遠離見執六者常應遠離名色執七者
常應遠離蘊執八者常應遠離處執九者常
應遠離界執十者常應遠離諦執十一者常
應遠離緣起執十二者常應遠離住著三界
執十三者常應遠離一切法執十四者常應
遠離於一切法如理不如理執十五者常應
遠離依佛見執十六者常應遠離依法見執
十七者常應遠離依僧見執十八者常應遠
離依戒見執十九者常應遠離依空見執二
十者常應遠離厭怖空性云何名為於二十
法常應圓滿一者常應圓滿通達空二者常
應圓滿證无相三者常應圓滿知无願四者
常應圓滿三輪清淨五者常應圓滿悲愍有
情及於有情无所執著六者常應圓滿於一
切法平等性見及於此中无所執著七者常

BD04472號　大般若波羅蜜多經卷四九〇　（3–1）

離依戒見執十九者常應遠離依空見執二
十者常應遠離厭怖空性云何名為於二十
法常應圓滿一者常應圓滿通達空二者常
應圓滿證无相三者常應圓滿知无願四者
常應圓滿三輪清淨五者常應圓滿悲愍有
情及於有情无所執著六者常應圓滿於一
切法平等性見及於此中无所執著七者常
應圓滿於諸有情平等性見及於此中无所
執著八者常應圓滿於真理趣究竟通達及
於此中无所執著九者常應圓滿无生忍智
十者常應圓滿說一切法一相理趣十一者常
應圓滿滅除分別十二者常應圓滿遠離諸想
十三者常應圓滿遠離諸見十四者常應圓
滿遠離煩惱十五者常應圓滿善巧心觀十
六者常應圓滿調伏心性十七者常應圓滿
寂靜心性十八者常應圓滿无礙智性十九
者常應圓滿无所愛染二十者常應圓滿隨
心所欲往諸佛土於佛眾會自現其身善現
當知諸菩薩摩訶薩住第七地時於前二十
法常應遠離於後二十法常應圓滿復次善
現諸菩薩摩訶薩住第八地時於四種法常
應圓滿何等為四一者常應圓滿悟入一切
有情心行二者常應圓滿遊戲神通三者常
應圓滿見諸佛土如其所見而自嚴淨種種
佛土四者常應圓滿承事供養諸佛世尊於
如來身如實觀察善現當知諸菩薩摩訶薩
住第八地時於此四法常應圓滿復次善現
諸菩薩摩訶薩住第九地時於四種法常應

BD04472號　大般若波羅蜜多經卷四九〇　（3–2）

應圓滿何等為四一者常應圓滿悟入一切
有情心行二者常應圓滿遊戲神通三者常
應圓滿見諸佛土如其所見而自嚴淨種種
佛土四者常應圓滿承事供養諸佛世尊於
如來身如實觀察善現當知諸菩薩摩訶薩
住第八地時於此四法常應圓滿復次善現
諸菩薩摩訶薩住第九地時於四種法常應
圓滿何等為四一者常應圓滿根勝劣智二
者常應圓滿嚴淨佛土三者常應圓滿如幻
等持數入諸定四者常應圓滿隨諸有情善
根應熟故入諸有自現化生善現當知諸菩
薩摩訶薩住第九地時於此四法常應圓滿
復次善現諸菩薩摩訶薩住第十地時於十
二法常應圓滿何等十二一者常應圓滿攝
受无邊處所大願隨有所願皆令證得二者
常應圓滿隨諸天龍藥叉健達縛阿素洛揭
路荼緊捺洛莫呼洛伽人非人等異類音智
三者常應圓滿无礙辯說四者常應圓滿入
胎具足五者常應圓滿出生具足六者常應
圓滿家族具足七者常應圓滿種姓具足八
者常應圓滿眷屬具足九者常應圓滿生身
具足十者常應圓滿出家具足十一者常應
圓滿莊嚴菩提樹具足十二者常應圓滿一
切功德成辦具足善現當知諸菩薩摩訶薩
住第十地時常應圓滿此十二法善現常知

BD04472 號　大般若波羅蜜多經卷四九〇　　（3–3）

BD04472 號背　勘記　　（1–1）

赫赫天子座起各各[illegible][illegible][illegible]不可思
議光光皆化无量佛一時以无量青黄赤
白花供養盧舍那佛受持上所說心地法門
品竟各各從此蓮花藏世界而沒沒已入體
性虛空花光三昧還本源世界閻浮提菩
提樹下從體性虛空花光三昧出出已方坐
金剛千光王座及妙光堂說十世界海復從
座起至帝釋宮說十住復至炎天中說十行
復從座起至第四天中說十迴向復從座起至
化樂天說十禪定復從座起至他化天說十地復
至一禪中說十金剛復至二禪中說十忍復
至三禪中說十願復至四禪中摩醯首羅天
王宮說我本源蓮花藏世界盧舍那佛所
說心地法門品其餘千百億釋迦亦復如是
无二无別如賢劫品中說
尒時釋迦牟尼佛從初現蓮花藏世界東
方來入天王宮中說魔受化經已下生南閻浮
提迦夷羅國母名摩耶父字白淨吾名悉達
七歲出家三十成道号吾為釋迦牟尼佛於
寂滅道場坐金剛花光王座乃至摩醯首羅

BD04473號　梵網經盧舍那佛說菩薩心地戒品第十卷下　（2–1）

无二无別如賢劫品中說
尒時釋迦牟尼佛從初現蓮花藏世界東
方來入天王宮中說魔受化經已下生南閻浮
提迦夷羅國母名摩耶父字白淨吾名悉達
七歲出家三十成道号吾為釋迦牟尼佛於
寂滅道場坐金剛花光王座乃至摩醯首羅
天王宮其中次第十住處所說時佛觀諸大
梵天網羅幢因為說无量世界猶如網孔一
世界各各不同別異无量佛教門亦復如是吾
今來此世界八千反為此娑婆世界坐金剛
座乃至摩醯首羅天王宮為是中一切大衆略
開心地竟復從天王宮下至閻浮提菩提樹
下為此地上一切衆生凡夫癡闇之人說我本
盧舍那佛心地中初發心中常所誦一戒光明
金剛寶戒是一切佛本源一切菩薩本源佛
性種子一切衆生皆有佛性一切意識色心是
情是心皆入佛性戒中當當常有因故又當
當常住法身如是十波羅提木叉出於法
界是三世一切衆生頂戴受持吾今
當為此大衆重說十无盡藏戒品一切衆
生戒本源自性清淨

BD04473號　梵網經盧舍那佛說菩薩心地戒品第十卷下　（2–2）

爲金剛輪三摩地世尊云何名爲三輪
三摩地善現謂若住此三摩地時不執諸定
定者定境是故名爲三輪清淨三摩地世尊
云何名爲无量光三摩地善現謂若住此三
摩地時放種種光過諸數量是故名爲无量
光三摩地世尊云何名爲无著无障三摩地
善現謂若住此三摩地時於一切法无執无
礙是故名爲无著无障三摩地世尊云何名
爲斷諸法轉三摩地善現謂若住此三摩地
時能截一切流轉之法是故名爲斷諸法轉
三摩地世尊云何名爲棄捨珎寶三摩地善
現謂若住此三摩地時於諸定相尚皆棄捨
况不棄捨諸煩惱相是故名爲棄捨珎寶三
摩地世尊云何名爲遍照三摩地善現謂若
住此三摩地時遍照諸定令彼光顯是故名
爲遍照三摩地世尊云何名爲不眴三摩地
善現謂若住此三摩地時於此等持其心專
一餘定餘法无取无求是故名爲不眴三摩
地世尊云何名爲无相住三摩地善現謂若
住此三摩地時不見諸定法有少相可住是

BD04474號　大般若波羅蜜多經卷五二　（2–1）

礙是故名爲无著无障三摩地世尊云何名
爲斷諸法轉三摩地善現謂若住此三摩地
時能截一切流轉之法是故名爲斷諸法轉
三摩地世尊云何名爲棄捨珎寶三摩地善
現謂若住此三摩地時於諸定相尚皆棄捨
况不棄捨諸煩惱相是故名爲棄捨珎寶三
摩地世尊云何名爲遍照三摩地善現謂若
住此三摩地時遍照諸定令彼光顯是故名
爲遍照三摩地世尊云何名爲不眴三摩地
善現謂若住此三摩地時於此等持其心專
一餘定餘法无取无求是故名爲不眴三摩
地世尊云何名爲无相住三摩地善現謂若
住此三摩地時不見諸定法有少相可住是
故名爲无相住三摩地世尊云何名爲不思
惟三摩地善現謂若住此三摩地時不起一
切心及心所是故名爲不思惟三摩地世尊
云何名爲降伏四魔三摩地善現謂若住此
三摩地時於四魔怨皆能降伏是故名爲降
伏四魔三摩地世尊云何名爲无垢燈三摩
地善現謂若住此三摩地時如持淨燈照了
諸定是故名爲无垢燈三摩地世尊云何名

BD04474號　大般若波羅蜜多經卷五二　（2–2）

无熱天妙見天善見天阿迦尼吒天空處天
識處天无所有處天非有想非无想處天若
須陁洹果若斯陁含果若阿那含果若阿羅
漢果若辟支佛道若轉輪聖王若天王但為
一切衆生共之迴向阿耨多羅三藐三菩提以
无相无得无二迴向故為世俗法故非第一
實義是菩薩具足尸羅波羅蜜以方便力起
四禪不味著故得五神通因四禪得天眼是
菩薩住二種天眼脩得報得得天眼已見東
方現在諸佛乃至得阿耨多羅三藐三菩提
如所見事不失南西北方四維上下現在諸佛
乃至得阿耨多羅三藐三菩提如所見不失
是菩薩用天耳淨過於人耳聞十方諸佛說
法如所聞不失能自饒益亦益他人是菩薩
以知他心智知十方諸佛心又知一切衆生
心亦能饒益一切衆生是菩薩用宿命智知
過去諸業緣是業因緣不失故是衆生在
在處處所生悲如是菩薩用是漏盡知令衆
生得須陁洹果乃至得羅漢辟支佛道在在
處處能令衆生入善法中如是須菩提菩薩
摩訶薩於諸法无相无得无作具足尸羅波
羅蜜世尊云何諸法无相无作得菩薩摩訶

BD04475號　摩訶般若波羅蜜經（異卷）卷三三　（4–1）

以知他心智知十方諸佛心又知一切衆生
心亦能饒益一切衆生是菩薩用宿命智知
過去諸業緣是業因緣不失故是衆生在
在處處所生悲如是菩薩用是漏盡知令衆
生得須陁洹果乃至得羅漢辟支佛道在在
處處能令衆生入善法中如是須菩提菩薩
摩訶薩於諸法无相无得无作具足尸羅波
羅蜜世尊云何諸法无相无作得菩薩摩訶
薩能具足羼提波羅蜜須菩提菩薩摩訶薩
從初發意已来乃至坐道場於其中間若一
切衆生来以瓦石刀杖加是菩薩菩薩是時
不起瞋心乃至不生一念尒時菩薩應脩二
種忍一者一切衆生惡口罵詈若加刀杖瓦
石瞋心不起二者一切法无生无生法忍菩薩
若人来惡口罵詈或以瓦石刀杖加之尒時菩
薩應如是思惟罵我者誰訶者誰打擲
者誰有受者即時菩薩應思惟諸法實性所
謂畢竟空无法无衆生諸法尚不可得何況有
衆生如是觀諸法相時不見罵者不見割截
者是菩薩如是觀諸法相時即得无生法忍
云何名无生法忍知諸法相常不生諸煩惱
從本已来亦常不生是菩薩摩訶薩住是二
忍能具足四禪四无量心四无色定四念處
乃至八聖道分三解脫門佛十力四无所畏四
无㝵智十八不共法大慈大悲是菩薩住是
聖无漏出世間法不共一切聲聞辟支佛具
足聖神通住聖神通已以天眼見東方諸佛

BD04475號　摩訶般若波羅蜜經（異卷）卷三三　（4–2）

悉能具足四禪四无量心四无色定四念處
乃至八聖道分三解脫門佛十力四无所畏四
无导智十八不共法大慈大悲是菩薩住是
聖无漏出世間法不共一切聲聞辟支佛具
足聖神通住聖神通已以天眼見東方諸佛
是人得念佛三昧乃至阿耨多羅三藐三菩
提終不斷絕南西北方四維上下亦如是是
菩薩用天耳聞十方諸佛所說法如所聞爲
衆生說是菩薩亦知十方諸佛心及知一切
衆生念知已隨其心而說法是菩薩以宿命
智知一切衆生宿世善根爲衆生說法令其
歡喜是菩薩以漏盡神通教化衆生令得三乘
是菩薩摩訶薩行般若波羅蜜以方便力成
就衆生具足一切種智得阿耨多羅三藐三
菩提轉法輪如是須菩提菩薩摩訶薩无相
无得无作法中具足羼提波羅蜜

摩訶般若波羅蜜經卷第卅三

BD04475 號　摩訶般若波羅蜜經（異卷）卷三三　（4–3）

智知一切衆生宿世善根爲衆生說法令其
歡喜是菩薩以漏盡神通教化衆生令得三乘
是菩薩摩訶薩行般若波羅蜜以方便力成
就衆生具足一切種智得阿耨多羅三藐三
菩提轉法輪如是須菩提菩薩摩訶薩无相
无得无作法中具足羼提波羅蜜

摩訶般若波羅蜜經卷第卅三

BD04475 號　摩訶般若波羅蜜經（異卷）卷三三　（4–4）

王一心同聲而說偈言
世雄兩足尊 唯願演說法 以大慈悲力 度苦惱衆生
尒時大通智勝如來黙然許之又諸比丘東南
方五百万億國土諸大梵王各自見宮殿光
明照曜昔所未有歡喜踊躍生希有心即
各相詣共議此事而彼衆中有一大梵天王
名曰大悲為諸梵衆而說偈言
是事何因緣 而現如此相 我等諸宮殿 光明昔未有
為大德天生 為佛出世間 未曾見此相 當共一心求
過千万億土 尋光共推之 多是佛出世 度脫苦衆生
尒時五百万億諸梵天王與宮殿俱各以衣
祴盛諸天華共詣西北方推尋是相見大通
智勝如來處于道場菩提樹下坐師子座諸
天龍王乾闥婆緊那羅摩睺羅伽人非人等
恭敬圍遶及見十六王子請佛轉法輪時諸

BD04476號　妙法蓮華經卷三　（4–1）

過千万億土 尋光共推之 多是佛出世 度脫苦衆生
尒時五百万億諸梵天王與宮殿俱各以衣
祴盛諸天華共詣西北方推尋是相見大通
智勝如來處于道場菩提樹下坐師子座諸
天龍王乾闥婆緊那羅摩睺羅伽人非人等
恭敬圍遶及見十六王子請佛轉法輪時諸
梵天王頭面礼佛遶百千匝即以天華而散
佛上所散之華如須弥山并以供養佛菩提
樹華供養已各以宮殿奉上彼佛而作是言
唯見哀愍饒益我等所獻宮殿願垂納處尒
時諸梵天王即於佛前一心同聲以偈頌曰
聖主天中天 迦陵頻伽聲 哀愍衆生者 我等今敬礼
世尊甚希有 久遠乃一現 一百八十劫 空過无有佛
三惡道充滿 諸天衆減少 今佛出於世 為衆生作眼
世間所歸趣 救護於一切 為衆生之父 哀愍饒益者
我等宿福慶 今得值世尊
尒時諸梵天王偈讚佛已各作是言唯願世
尊哀愍一切轉於法輪度脫衆生時諸梵天
王一心同聲而說偈言
大聖轉法輪 顯示諸法相 度苦惱衆生 令得大歡喜
衆生聞是法 得道若生天 諸惡道減少 忍善者增益
尒時大通智勝如來黙然許之又諸比丘南
方五百万億國土諸大梵王各自見宮殿光
明照曜昔所未有歡喜踊躍生希有心即各
相詣共議此事以何因緣我等宮殿有此光

BD04476號　妙法蓮華經卷三　（4–2）

大聖轉法輪　顯示諸法相　度苦惱衆生　令得大歡喜
衆生聞是法　得道若生天　諸惡道減少　忍善者增益
尒時大通智勝如來默然許之又諸比丘南
方五百万億國土諸大梵王各自見宮殿光
明照曜昔所未有歡喜踊躍生希有心即各
相詣共議此事以何因緣我等宮殿有此光
曜而彼衆中有一大梵天王名曰妙法為諸
梵衆而說偈言
我等諸宮殿　光明甚威曜　此非无因緣　是相宜求之
過於百千劫　未曾見此相　為大德天生　為佛出世間
尒時五百万億諸梵天王與宮殿俱各以衣
裓盛諸天華共詣北方推尋是相見大通智
勝如來處于道場菩提樹下坐師子座諸天
龍王乾闥婆緊那羅摩睺羅伽人非人等恭
敬圍遶及見十六王子請佛轉法輪時諸梵
天王頭面礼佛遶百千匝即以天華而散佛
上所散之華如須弥山并以供養佛菩提樹
華供養已各以宮殿奉上彼佛而作是言唯
見哀愍饒益我等所獻宮殿願垂納處尒時
諸梵天王即於佛前一心同聲以偈頌曰
世尊甚難見　破諸煩惱者　過百三十劫　今乃得一見
諸飢渴衆生　以法雨充滿　昔所未曾覩　无量智慧者
如優曇波羅　今日乃值遇　我等諸宮殿　蒙光故嚴飾
世尊大慈愍　唯願垂納受
尒時諸梵天王偈讚佛已各作是言唯願世

BD04476 號　妙法蓮華經卷三　（4–3）

裓盛諸天華共詣北方推尋是相見大通智
勝如來處于道場菩提樹下坐師子座諸天
龍王乾闥婆緊那羅摩睺羅伽人非人等恭
敬圍遶及見十六王子請佛轉法輪時諸梵
天王頭面礼佛遶百千匝即以天華而散佛
上所散之華如須弥山并以供養佛菩提樹
華供養已各以宮殿奉上彼佛而作是言唯
見哀愍饒益我等所獻宮殿願垂納處尒時
諸梵天王即於佛前一心同聲以偈頌曰
世尊甚難見　破諸煩惱者　過百三十劫　今乃得一見
諸飢渴衆生　以法雨充滿　昔所未曾覩　无量智慧者
如優曇波羅　今日乃值遇　我等諸宮殿　蒙光故嚴飾
世尊大慈愍　唯願垂納受
尒時諸梵天王偈讚佛已各作是言唯願世
尊轉於法輪令一切世間諸天魔梵沙門婆
羅門皆獲安隱而得度脫時諸梵天王一心
同聲以偈頌曰

BD04476 號　妙法蓮華經卷三　（4–4）

觀衆[illegible]
尒時文殊師利問維摩詰言菩薩云何觀於
衆生維摩詰言譬如幻師見所幻人菩薩觀
衆生爲若此如智者見水中月如鏡中見其
面像如熱時焰如呼聲響如空中雲如水聚
沫如水上泡如芭蕉堅如電久住如苐五大
如苐六陰如苐七情如十三入如十九界菩
薩觀衆生爲若此如无色界色如燋穀牙如
須陁洹身見如阿那含入胎如阿羅漢三毒
如得忍菩薩貪恚毀禁如佛煩惱習如盲者
見色如入滅盡定出入息如空中鳥跡如石
女兒如化人煩惱如夢所見已寤如滅度者
受身如无烟之火菩薩觀衆生爲若此也
文殊師利言若菩薩作是觀者云何行慈維
摩詰言菩薩作是觀已自念我當爲衆生說
如斯法是則真實慈也行寂滅慈无所生故
行不熱慈无煩惱故行等之慈等三世故行
无諍慈无所起故行不二慈内外不合故行
不壞慈畢竟盡故行堅固慈心无毀故行清
淨慈諸法性淨故行[illegible]

BD04477 號　維摩詰所說經卷中　（2–1）

薩觀衆生爲若此如无色界色如燋穀牙如
須陁洹身見如阿那含入胎如阿羅漢三毒
如得忍菩薩貪恚毀禁如佛煩惱習如盲者
見色如入滅盡定出入息如空中鳥跡如石
女兒如化人煩惱如夢所見已寤如滅度者
受身如无烟之火菩薩觀衆生爲若此也
文殊師利言若菩薩作是觀者云何行慈維
摩詰言菩薩作是觀已自念我當爲衆生說
如斯法是則真實慈也行寂滅慈无所生故
行不熱慈无煩惱故行等之慈等三世故行
无諍慈无所起故行不二慈内外不合故行
不壞慈畢竟盡故行堅固慈心无毀故行清
淨慈諸法性淨故行无邊慈如虛空故行阿
羅漢慈破結賊故行菩薩慈安衆生故行如
來慈得如相故行佛之慈覺衆生故行自然
慈无因得故行菩提慈等一味故行无等慈
斷諸愛故行大悲慈導以大乘故行无厭慈
觀空无我故行法施慈无遺惜故行持戒慈
化毀禁故行忍辱慈護彼我故行精進慈荷
負衆生故行禪定慈不受味故行智慧慈无不
知時故行方便慈一切示現故行无隱慈直心
清淨故行深心慈无雜行故行无誑慈不
虛假故行安樂慈令得佛樂故菩薩之慈爲
若此也

BD04477 號　維摩詰所說經卷中　（2–2）

[illegible]佛

南无量眼佛　南[illegible]

南无善護佛

南无不可量步佛

南无心智佛　南[illegible]

南无月形佛　南无大聚佛

南无大修佛　南无大步佛

南无勝天佛　南无成就義修佛

南无月愛佛　南无師子聲佛

南无信說佛　[illegible]佛

南无華成德[illegible]

南无神通[illegible]　南无无[illegible]

南无无量光[illegible]　南无勝藏佛

南无普照稱佛　南无寶幢佛

南无勝成德佛　南无日幢佛

南无大弥留佛　南无供養莊嚴佛

南无世間聞名佛　南无勝德佛

南无勝稱佛　南无成就步佛

南无大供養佛　南无寶佛

南无不可降伏稱佛　[illegible]應

[illegible]

BD04478號　佛名經（十六卷本）卷六　（3–1）

南无勝成德佛　南无日幢佛

南无大弥留佛　南无供養莊嚴佛

南无世間聞名佛　南无勝德佛

南无勝稱佛　南无成就步佛

南无大供養佛　南无寶佛

南无不可降伏稱佛　[illegible]應

南无大燈佛　南无行成[illegible]

南无奮迅佛　南无无障导見佛

南无離疑佛　南无大行佛

南无不失步佛　南无天國土佛

南无喜喜佛　南无華光佛

南无能與光明佛　南无天愛佛

南无解脫光明佛　南无放光明佛

南无作功德佛　南无成智佛

南无道光佛　南无海佛

南无喜菩提佛　南无法光佛

南无大天佛　南无深智佛

從此以上四千六百佛十二部經一切賢聖

南无法自在佛　南无大信佛

南无心意佛　南无智光佛

南无不誑思佛　南无越福德佛

南无漏稱佛　南无大莊嚴佛

南无月光佛　南无天光佛

南无清淨行佛　南无功德愛佛

南无師子意佛　南无地清淨佛

南无寶光明佛　南无[illegible]光明佛

BD04478號　佛名經（十六卷本）卷六　（3–2）

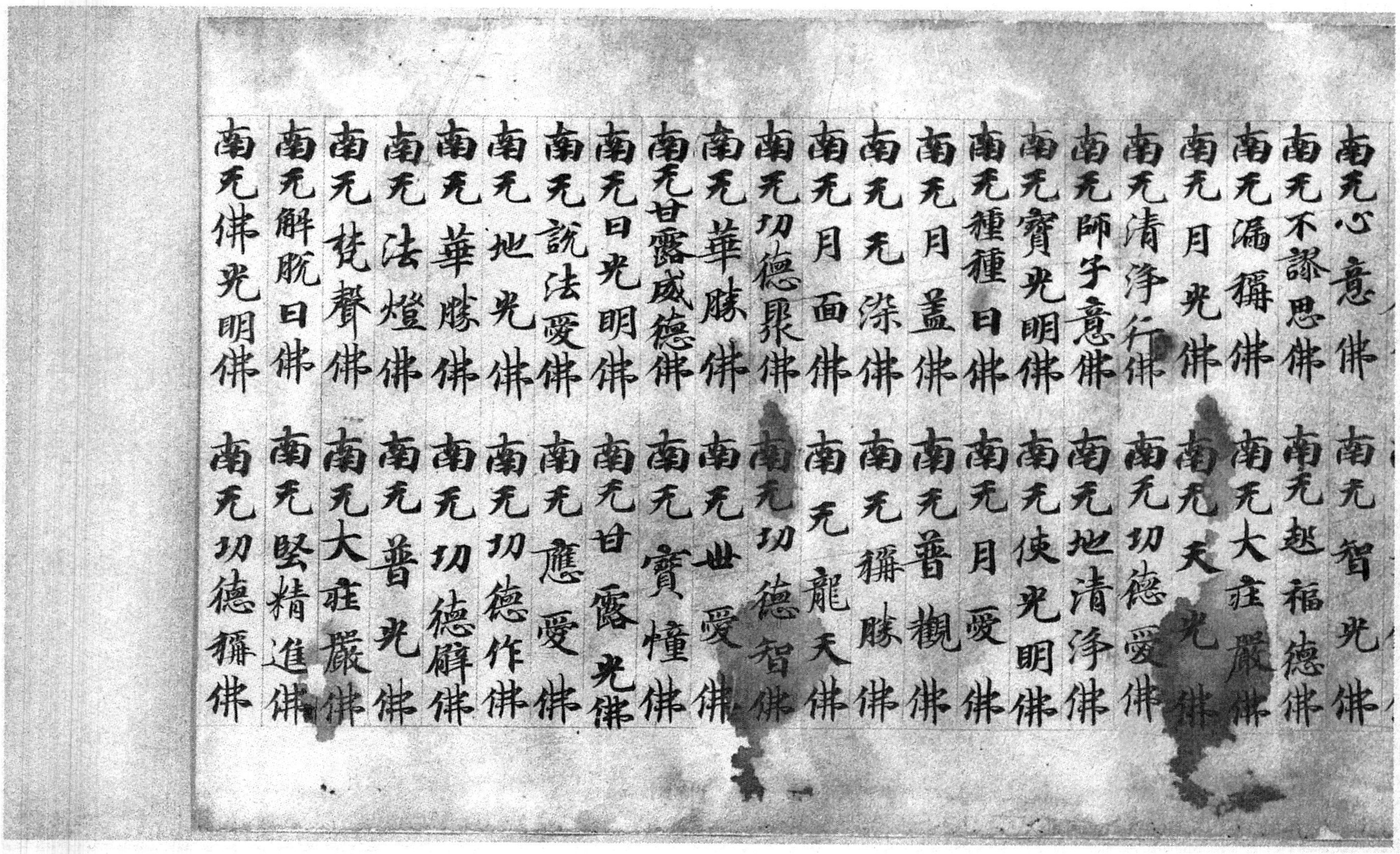

南无心意佛　南无智光佛
南无不謟思佛　南无越福德佛
南无漏稱佛　南无大莊嚴佛
南无月光佛　南无天光佛
南无清淨行佛　南无功德愛佛
南无師子意佛　南无地清淨佛
南无寶光明佛　南无使光明佛
南无種種日佛　南无月愛佛
南无月蓋佛　南无普觀佛
南无染佛　南无稱勝佛
南无月面佛　南无龍天佛
南无功德聚佛　南无功德智佛
南无華勝佛　南无世愛佛
南无甘露威德佛　南无寶幢佛
南无日光明佛　南无甘露光佛
南无說法愛佛　南无應愛佛
南无地光佛　南无功德作佛
南无華勝佛　南无功德辟佛
南无法燈佛　南无普光佛
南无梵聲佛　南无大莊嚴佛
南无解脫日佛　南无堅精進佛
南无佛光明佛　南无功德稱佛

BD04478 號　佛名經（十六卷本）卷六　（3–3）

BD04478 號背　雜寫　（1–1）

兑

或阿羅漢果或獨覺菩提或得无上正等
菩提能如實知脩行淨戒安忍精進靜慮般
若得大果報亦復如是
復次舍利子若菩薩摩訶薩脩行般若波羅
蜜多能如實知如是布施方便善巧能滿布
施波羅蜜多如是布施方便善巧能滿淨戒
波羅蜜多如是布施方便善巧能滿安忍波
羅蜜多如是布施方便善巧能滿精進波羅蜜
蜜多如是布施方便善巧能滿靜慮波羅蜜
多如是布施方便善巧能滿般若波羅蜜多
又如實知如是淨戒安忍精進靜慮般若方
便善巧谷能滿六波羅蜜多時舍利子白言
世尊云何菩薩摩訶薩脩行般若波羅蜜多
能如實知如是布施方便善巧能滿布施乃
至般若波羅蜜多能如實知如是淨戒乃至
般若方便善巧能滿淨戒乃至靜慮波羅蜜
多佛告尊者舍利子言以无所得為方便故
謂菩薩摩訶薩行布施時了達一切施受物相
不可得故能滿布施波羅蜜多犯无犯相不
可得故能滿淨戒波羅蜜多動不動相不可

BD04479號　大般若波羅蜜多經（兑廢稿）卷四七九　（2–1）

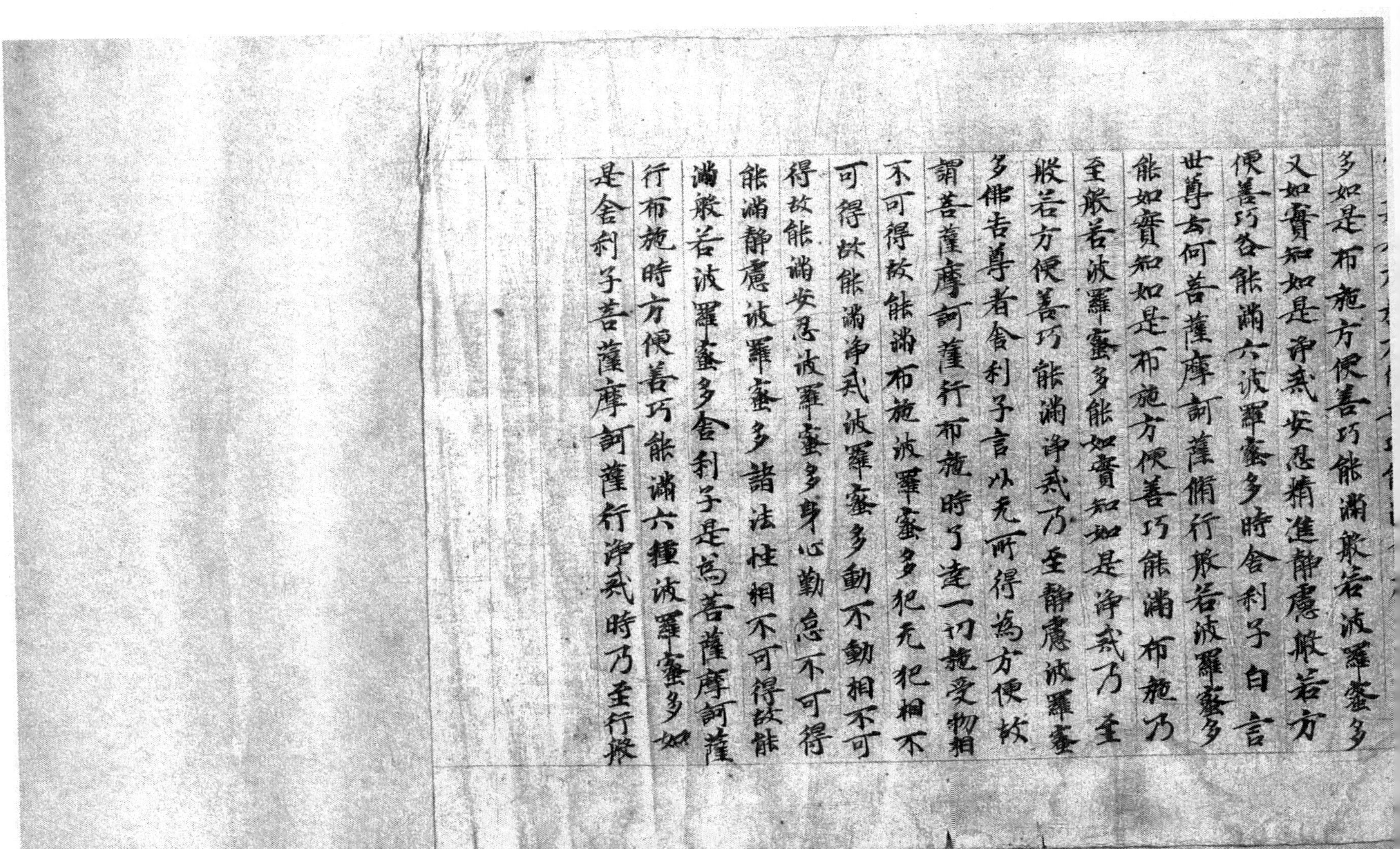
多如是布施方便善巧能滿般若波羅蜜多
又如實知如是淨戒安忍精進靜慮般若方
便善巧谷能滿六波羅蜜多時舍利子白言
世尊云何菩薩摩訶薩脩行般若波羅蜜多
能如實知如是布施方便善巧能滿布施乃
至般若波羅蜜多能如實知如是淨戒乃至
般若方便善巧能滿淨戒乃至靜慮波羅蜜
多佛告尊者舍利子言以无所得為方便故
謂菩薩摩訶薩行布施時了達一切施受物相
不可得故能滿布施波羅蜜多犯无犯相不
可得故能滿淨戒波羅蜜多動不動相不可
得故能滿安忍波羅蜜多身心勤怠不可得
能滿靜慮波羅蜜多諸法性相不可得故能
滿般若波羅蜜多舍利子是為菩薩摩訶薩
行布施時方便善巧能滿六種波羅蜜多如
是舍利子菩薩摩訶薩行淨戒時乃至行般

BD04479號　大般若波羅蜜多經（兑廢稿）卷四七九　（2–2）

猶如過去諸最勝　六波羅蜜皆圓滿
滅諸貪欲及瞋癡　降伏煩惱除衆苦
願我常得宿命智　能憶過去百千生
亦常憶念牟尼尊　得聞諸佛甚深法
願我以斯諸善業　奉事无邊最勝尊
遠離一切不善因　恒得修行真妙法
一切世界諸衆生　悉皆離苦得安樂
所有諸根不具足　令彼身相皆圓滿
若有衆生遭病苦　身形羸瘦无所依
咸令病苦得消除　諸根色力皆充滿
若犯王法當刑戮　衆苦逼迫生憂惱
彼受如斯極苦時　无有歸依能救護
若受鞭杖枷鎖繫　種種苦具切其身
无量百千憂惱時　逼迫身心无暫樂
皆令得免於繫縛　及以鞭杖苦楚事
將臨刑者得命全　衆苦皆令永除盡
若有衆生飢渴逼　令得種種殊勝味
盲者得視聾者聞　跛者能行瘂能語
貧窮衆生獲寶藏　倉庫盈溢无所乏

BD04480號　金光明最勝王經卷二　（4–1）

无量百千憂惱時　逼迫身心无暫樂
皆令得免於繫縛　及以鞭杖苦楚事
將臨刑者得命全　衆苦皆令永除盡
若有衆生飢渴逼　令得種種殊勝味
盲者得視聾者聞　跛者能行瘂能語
貧窮衆生獲寶藏　倉庫盈溢无所乏
皆令得受上妙樂　无一衆生受苦惱
一切人天皆樂見　容儀溫雅甚端嚴
悉皆現受无量樂　受用豐饒福德具
隨彼衆生念伎樂　衆妙音聲皆現前
念水即現清涼池　金色蓮花泛其上
隨彼衆生心所念　飲食衣服及牀敷
金銀珍寶妙琉璃　瓔珞莊嚴皆具足
勿令衆生聞惡響　亦復不見有相違
所受容貌悉端嚴　各各慈心相愛樂
世間資生諸樂具　隨心念時皆滿足
所得珍財无悋惜　分布施與諸衆生
燒香末香及塗香　衆妙雜花非一色
每日三時從樹墮　隨心受用生歡喜
普願衆生咸供養　十方一切最勝尊
三乘清淨妙法門　菩薩獨覺聲聞衆
常願勿處於卑賤　不墮无暇八難中
生在有暇人中尊　恒得親承十方佛
願得常生富貴家　財寶倉庫皆盈滿
顏貌名稱无與等　壽命延長經劫數
悉願女人變為男　勇健聰明多智慧
一切常行菩薩道　勤修六度到彼岸
常見十方无量佛　寶王樹下而安處

BD04480號　金光明最勝王經卷二　（4–2）

願得常生富貴家　財寶倉庫皆盈滿
顏貌名稱无與等　壽命延長經劫數
悉願女人變為男　勇健聰明多智慧
一切常行菩薩道　勤修六度到彼岸
常見十方无量佛　寶王樹下而安處
處妙琉璃師子座　恒得親承轉法輪
若於過去及現在　輪迴三有造諸業
能招可猒不善趣　願得消滅永无餘
一切衆生於有海　生死羂網堅牢縛
願以智劍為斷除　離苦速證菩提處
衆生於此贍部內　或於他方世界中
所作種種勝福田　我今皆悉生隨喜
以此隨喜福德事　及身語意造衆善
願此勝業常增長　速證无上大菩提
所有禮讚佛功德　深心清淨无瑕穢
迴向發願福无邊　當超惡趣六十劫
若有男子及女人　婆羅門等諸勝族
合掌一心讚歎佛　生生常憶宿世事
諸根清淨身圓滿　殊勝功德皆成就
願於未來所生處　常得人天共瞻仰
非於一佛十佛所　修諸善根今得聞
百千佛所種善根　方得聞斯懺悔法
尒時世尊聞此說已讚妙幢菩薩言善哉善
哉善男子如汝所夢金鼓出聲讚歎如來真
實功德并懺悔法若有聞者獲福甚多廣利
有情滅除業障汝今應知此之勝業皆是過
去讚歎發願宿習因緣及由諸佛威力加護

BD04480號　金光明最勝王經卷二　（4–3）

諸根清淨身圓滿　殊勝功德皆成就
願於未來所生處　常得人天共瞻仰
非於一佛十佛所　修諸善根今得聞
百千佛所種善根　方得聞斯懺悔法
尒時世尊聞此說已讚妙幢菩薩言善哉善
哉善男子如汝所夢金鼓出聲讚歎如來真
實功德并懺悔法若有聞者獲福甚多廣利
有情滅除業障汝今應知此之勝業皆是過
去讚歎發願宿習因緣及由諸佛威力加護
此之因緣當為汝說時諸大衆聞是法已
咸皆歡喜信受奉行

金光明最勝王經卷第二

BD04480號　金光明最勝王經卷二　（4–4）

南无善智慧佛　南无不可量莊嚴佛
南无師子愛佛　南无功德步佛
南无上天佛　南无觀行佛
南无日天佛　南无電光佛
南无勝愛佛　南无弥留幢佛
南无華光佛　南无上意佛
南无香山佛　南无功德奮迅佛
南无勝意佛　南无信聖佛
南无寶洲佛　南无上威德佛
南无冣後見佛　南无歡喜莊嚴佛
南无功德藏勝佛　南无无垢鏡佛
南无威德力佛　南无清淨眼佛
南无智行佛　南无不謬是佛
南无聖眼佛　南无樂解脫佛
南无大聲佛　南无上國土佛
南无修行光明佛　南无念業佛
南无信功德佛　南无盧舍那佛
南无照闇佛　南无愛自在佛

BD04481 號　佛名經（十六卷本）卷六　（4–1）

南无聖眼佛　南无樂解脫佛
南无大聲佛　南无上國土佛
南无修行光明佛　南无念業佛
南无信功德佛　南无盧舍那佛
南无照闇佛　南无愛自在佛
南无月光佛　南无上聲佛
南无功德勝佛　南无攝受擇佛
南无相王佛　南无離病智佛
南无勝與聖佛　南无法洲佛
南无甘露功德佛　南无无瞋恨佛
南无甘露香佛　南无月明佛
南无得无畏佛　南无喜愛佛
南无吼聲佛　南无无畏日佛
南无不錯智佛　南无世愛佛
從此以上四千七百佛十二部經一切賢聖
南无天燈佛　南无信聖佛
南无天蓋佛　南无龍光佛
南无勝步佛　南无法威德佛
南无見有佛　南无慚愧面佛
南无勝色佛　南无普眼佛
南无功德光佛　南无勝積佛
南无定寶佛　南无功德幢佛
南无世自在劫佛　南无无畏親佛
南无攝智佛　南无降怨佛
南无去光明佛　南无勝積佛

BD04481 號　佛名經（十六卷本）卷六　（4–2）

南无功德光佛 南无勝積佛
南无定寶佛 南无功德幢佛
南无世自在劫佛 南无无畏親佛
南无攝智佛 南无降怨佛
南无去光明佛 南无勝積佛
南无一念光佛 南无力士奮迅佛
南无師子足佛 南无戒愛佛
南无信世間佛 南无勝威德光明佛
南无師子奮迅髻佛 南无垢垢去佛
南无快定智佛 南无離无明佛
南无功德聚佛 南无攝慧佛
南无大智味佛 南无寶步佛
南无心日佛 南无觀方佛
南无信說佛 南无思惟忍佛
南无法蓋佛 南无不可降伏月佛
南无天華佛 南无天波頭摩佛
南无普威德佛 南无月明佛
南无功德莊嚴佛 南无相王佛
南无稱思惟佛 南无樹幢佛
南无淨行佛 南无威德步佛
南无信衆佛 南无善香佛
南无智者讚歎佛 南无智慧光明佛
南无智鎧佛 南无威德力佛
南无勝威德佛 南无佛歡喜佛
南无勝信佛 南无一切愛佛
南无離諸佛 南无思義佛

BD04481 號　佛名經（十六卷本）卷六　（4–3）

南无快定智佛 南无離无明佛
南无功德聚佛 南无攝慧佛
南无大智味佛 南无寶步佛
南无心日佛 南无觀方佛
南无信說佛 南无思惟忍佛
南无法蓋佛 南无不可降伏月佛
南无天華佛 南无天波頭摩佛
南无普威德佛 南无月明佛
南无功德莊嚴佛 南无相王佛
南无稱思惟佛 南无樹幢佛
南无淨行佛 南无威德步佛
南无信衆佛 南无善香佛
南无智者讚歎佛 南无智慧光明佛
南无智鎧佛 南无威德力佛
南无勝威德佛 南无佛歡喜佛
南无勝信佛 南无一切愛佛
南无離諸佛 南无思義佛
南无大高佛 南无聖人面佛

BD04481 號　佛名經（十六卷本）卷六　（4–4）

[illegible]屬万二千天子俱有八龍王[illegible]跋難陀[illegible]
[illegible]龍王[illegible]若干百千眷屬俱有四緊那羅王[illegible]
[illegible]乾闥婆王[illegible]各與若干百千眷屬俱[illegible]
[illegible]婆稚阿修羅王佉羅騫馱阿修羅王毘摩質多羅阿修羅王羅睺阿修羅
王各與若干百千眷屬俱有四迦樓羅王大威德迦樓羅王大身迦樓羅王大滿迦樓羅王如意迦
樓羅王各與若干百千眷屬俱韋提希子阿闍世王與若干百千眷屬俱各
禮佛足退坐一面介時世尊四衆圍繞供養恭敬尊重讚歎為諸菩薩說大乘經名無量義教菩
薩法佛所護念佛說此經已結加趺坐入於無量義處三昧身心不動是時天雨曼陀羅
華摩訶曼陀羅華曼殊沙華摩訶曼殊沙華而散佛上及諸大衆普佛世界六種震動
介時會中比丘比丘尼優婆塞優婆夷天龍夜叉乾闥婆阿修羅迦樓羅緊那羅摩睺羅伽
人非人及諸小王轉輪聖王是諸大衆得未曾有歡喜合掌一心觀佛介時佛
放眉間白毫相光照東方万八千世界靡不周遍下至阿鼻地獄上至阿迦尼吒天於此世界盡見彼
土六趣衆生又見彼土現在諸佛及聞諸佛所說經法并見彼諸比丘比丘尼優婆塞優婆夷諸
修行得道者復見諸菩薩摩訶薩種種因緣種種信解種種相貌行菩薩道復見諸佛般涅
槃者復見諸佛般涅槃後以佛舍利起七寶塔介時彌勒菩薩作是念今者世尊現神變
相以何因緣而有此瑞今佛世尊入于三昧是不可思議現希有事當以問誰誰能答者復作
此念是文殊師利法王之子已曾親近供養過去無量諸佛必應見此希有之相我
今當問介時比丘比丘尼優婆塞優婆夷及諸天龍鬼神等咸作此念是佛光明神通之相
今當問誰介時彌勒菩薩欲自決疑又觀四衆比丘比丘尼優婆塞優婆夷及諸天龍
鬼神等衆會之心而問文殊師利言以何因緣而有此瑞神通之相放大光明照于
東方萬八千土悉見彼佛國界莊嚴於是彌勒菩薩欲重宣此義以偈問曰
文殊師利　導師何故　眉間白毫　大光普照　雨曼陀羅　曼殊沙華
栴檀香風　悅可衆心　以是因緣　地皆嚴淨　而此世界　六種震動
時四部衆　咸皆歡喜　身意快然　得未曾有　眉間光明　照于東方
万八千土　皆如金色　從阿鼻獄　上至有頂　諸世界中　六道衆生

BD04482號　妙法蓮華經卷一　（5-1）

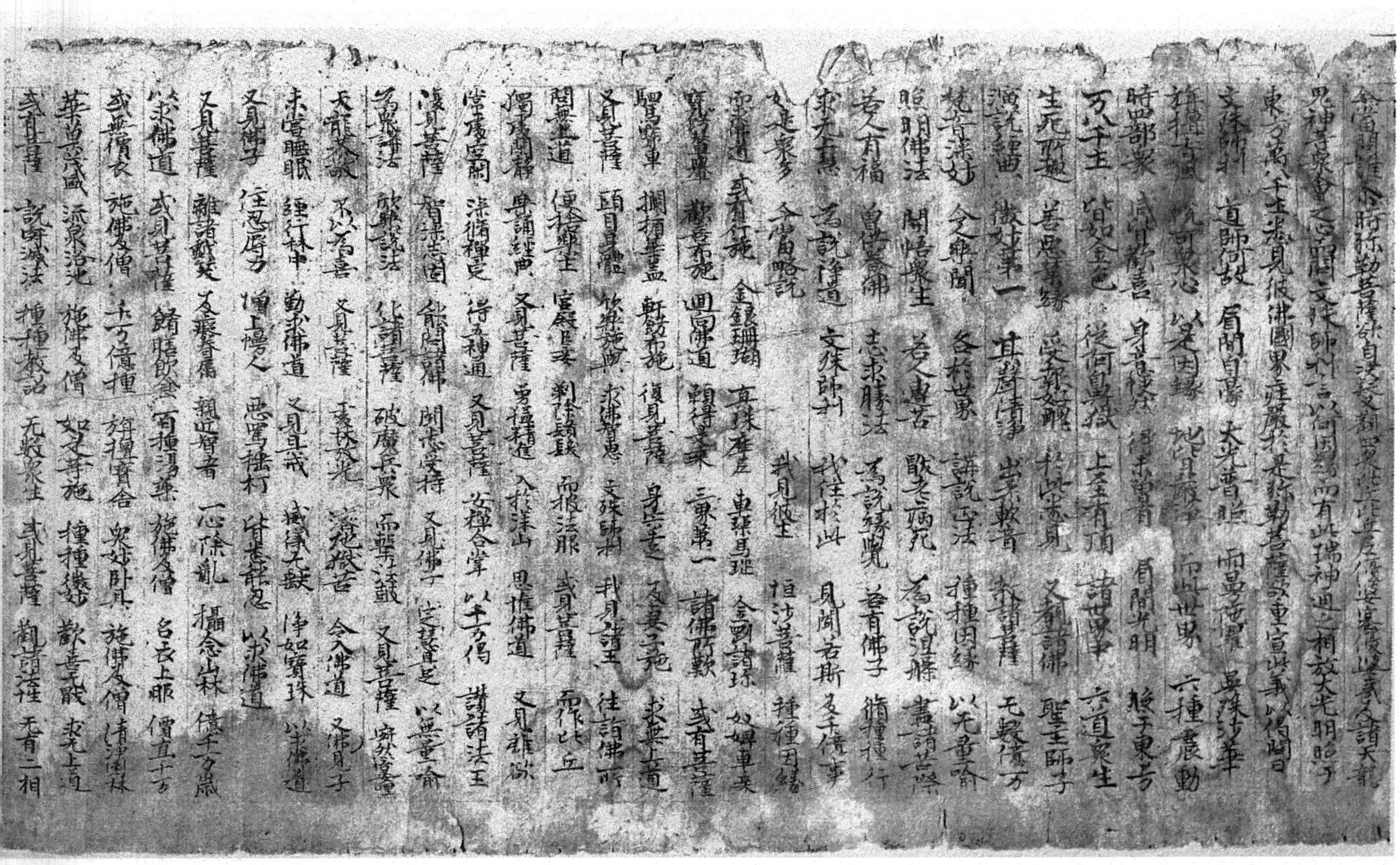

今當問誰介時彌勒菩薩欲自決疑又觀四衆比丘比丘尼優婆塞優婆夷及諸天龍
鬼神等衆會之心而問文殊師利言以何因緣而有此瑞神通之相放大光明照于
東方萬八千土悉見彼佛國界莊嚴於是彌勒菩薩欲重宣此義以偈問曰
文殊師利　導師何故　眉間白毫　大光普照　雨曼陀羅　曼殊沙華
栴檀香風　悅可衆心　以是因緣　地皆嚴淨　而此世界　六種震動
時四部衆　咸皆歡喜　身意快然　得未曾有　眉間光明　照于東方
万八千土　皆如金色　從阿鼻獄　上至有頂　諸世界中　六道衆生
生死所趣　善惡業緣　受報好醜　於此悉見　又覩諸佛　聖主師子
演說經典　微妙第一　其聲清淨　出柔軟音　教諸菩薩　無數億万
梵音深妙　令人樂聞　各於世界　講說正法　種種因緣　以無量喻
照明佛法　開悟衆生　若人遭苦　厭老病死　為說涅槃　盡諸苦際
若人有福　曾供養佛　志求勝法　為說緣覺　若有佛子　脩種種行
求无上慧　為說淨道　文殊師利　我住於此　見聞若斯　及千億事
如是衆多　今當略說　我見彼土　恒沙菩薩　種種因緣
而求佛道　或有行施　金銀珊瑚　真珠摩尼　車璖馬瑙　金剛諸珍　奴婢車乘
寶飾輦輿　歡喜布施　迴向佛道　願得是乘　三界第一　諸佛所歎　或有菩薩
駟馬寶車　欄楯華蓋　軒飾布施　復見菩薩　身肉手足　及妻子施　求無上道
又見菩薩　頭目身體　欣樂施與　求佛智慧　文殊師利　我見諸王　往詣佛所
問無上道　便捨樂土　宮殿臣妾　剃除鬚髮　而被法服　或見菩薩　而作比丘
獨處閑靜　樂誦經典　又見菩薩　勇猛精進　入於深山　思惟佛道　又見離欲
常處空閑　深修禪定　得五神通　又見菩薩　安禪合掌　以千万偈　讚諸法王
復見菩薩　智深志固　能問諸佛　聞悉受持　又見佛子　定慧具足　以無量喻
為衆講法　欣樂說法　化諸菩薩　破魔兵衆　而擊法鼓　又見菩薩　寂然宴默
天龍恭敬　不以為喜　又見菩薩　處林放光　濟地獄苦　令入佛道　又見佛子
未嘗睡眠　經行林中　懃求佛道　又見具戒　威儀无缺　淨如寶珠　以求佛道
又見佛子　住忍辱力　增上慢人　惡罵捶打　皆悉能忍　以求佛道
又見菩薩　離諸戲笑　及癡眷屬　親近智者　一心除亂　攝念山林　億千万歲
以求佛道　或見菩薩　餚膳飲食　百種湯藥　施佛及僧　名衣上服　價直千万
或無價衣　施佛及僧　千万億種　栴檀寶舍　衆妙臥具　施佛及僧　清淨園林
華菓茂盛　流泉浴池　施佛及僧　如是等施　種種微妙　歡喜無猒　求無上道
或有菩薩　說寂滅法　種種教詔　无數衆生　或見菩薩　觀諸法性　无有二相

BD04482號　妙法蓮華經卷一　（5-2）

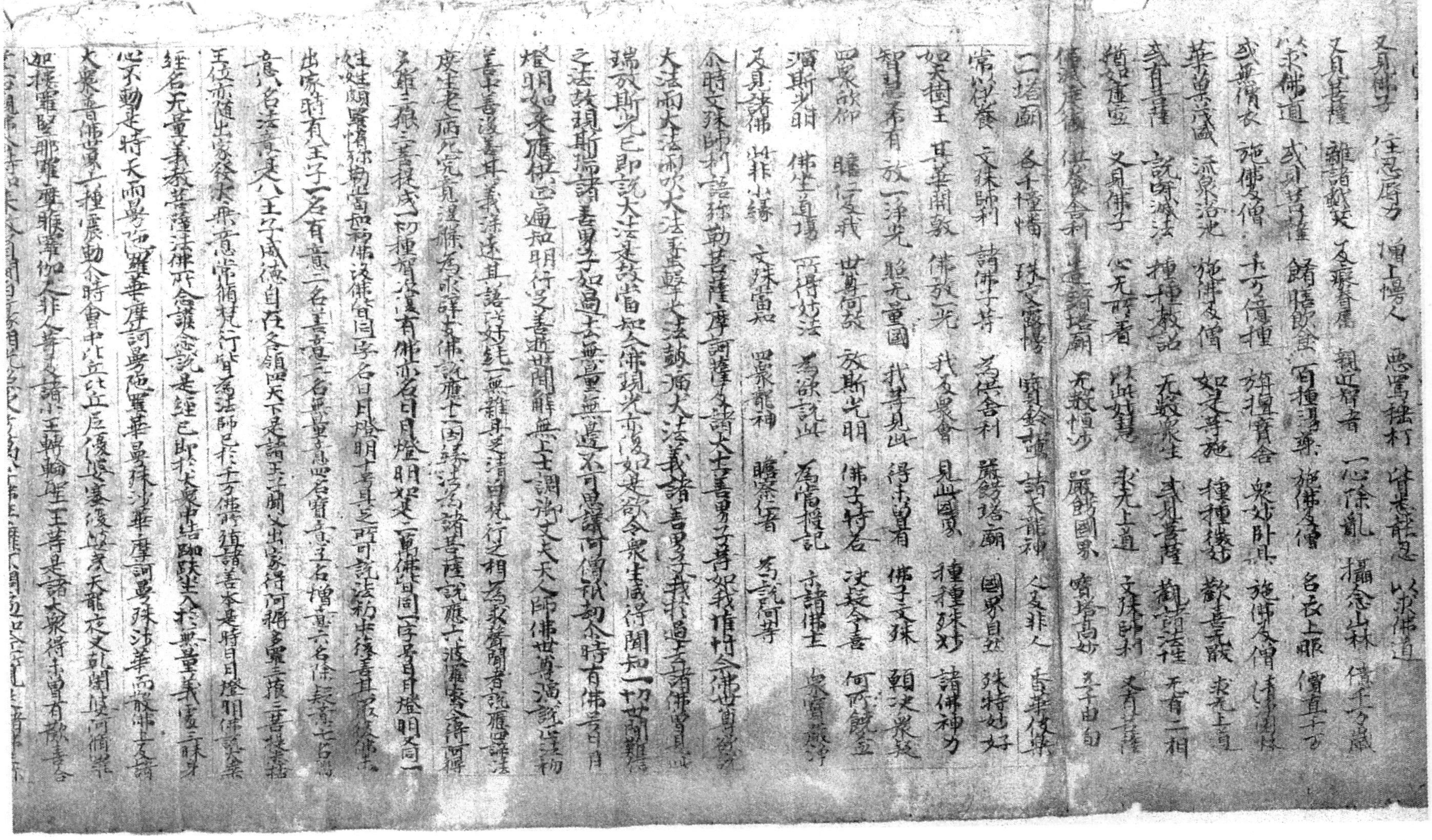

又見佛子　住忍辱力　增上慢人　惡罵捶打　皆悉能忍　以求佛道
又見菩薩　離諸戲笑　及癡眷屬　親近智者　一心除亂　攝念山林　億千萬歲
以求佛道　或見菩薩　餚饍飲食　百種湯藥　施佛及僧　名衣上服　價直千万
或無價衣　施佛及僧　千万億種　栴檀寶舍　衆妙卧具　施佛及僧　清淨園林
華菓茂盛　流泉浴池　施佛及僧　如是等施　種種微妙　歡喜无猒　求无上道
或有菩薩　說寂滅法　種種教詔　无數衆生　或見菩薩　觀諸法性　无有二相
猶如虛空　又見佛子　心无所著　以此妙慧　求无上道　文殊師利　又有菩薩
佛滅度後　供養舍利　又見佛子　造諸塔廟　无數恒沙　嚴飾國界　寶塔高妙　五千由旬
一一塔廟　各千幢幡　珠交露幔　寶鈴和鳴　諸天龍神　人及非人　香華伎樂
常以供養　文殊師利　諸佛子等　為供舍利　嚴飾塔廟　國界自然　殊特妙好
如天樹王　其華開敷　佛放一光　我及衆會　見此國界　種種殊妙　諸佛神力
智慧希有　放一淨光　照无量國　我等見此　得未曾有　佛子文殊　願決衆疑
四衆欣仰　瞻仁及我　世尊何故　放斯光明　佛子時答　決疑令喜　何所饒益
演斯光明　佛坐道場　所得妙法　為欲說此　為當授記　示諸佛土　衆寶嚴淨
及見諸佛　此非小緣　文殊當知　四衆龍神　瞻察仁者　為說何等
尒時文殊師利語彌勒菩薩摩訶薩及諸大士善男子等如我惟忖今佛世尊欲說
大法雨大法雨吹大法螺擊大法鼓演大法義諸善男子我於過去諸佛曾見此
瑞放斯光已即說大法是故當知今佛現光亦復如是欲令衆生咸得聞知一切世間難信
之法故現斯瑞諸善男子如過去无量无邊不可思議阿僧祇劫尒時有佛号日月
燈明如來應供正遍知明行足善逝世間解無上士調御丈夫天人師佛世尊演說正法初
善中善後善其義深遠其語巧妙純一無雜具足清白梵行之相為求聲聞者說應四諦法
度生老病死究竟涅槃為求辟支佛者說應十二因緣法為諸菩薩說應六波羅蜜令得阿耨
多羅三藐三菩提成一切種智次復有佛亦名日月燈明次復有佛亦名日月燈明如是二萬佛皆同一字号日月燈明又同一
姓姓頗羅墮彌勒當知初佛後佛皆同一字名日月燈明十号具足所可說法初中後善其最後佛未
出家時有八王子一名有意二名善意三名無量意四名寶意五名增意六名除疑意七名嚮
意八名法意是八王子威德自在各領四天下是諸王子聞父出家得阿耨多羅三藐三菩提悉捨
王位亦隨出家發大乘意常脩梵行皆為法師已於千万佛所殖諸善本是時日月燈明佛說大乘
經名无量義教菩薩法佛所護念說是經已即於大衆中結加趺坐入於無量義處三昧身
心不動是時天雨曼陀羅華摩訶曼陀羅華曼殊沙華摩訶曼殊沙華而散佛上及諸
大衆普佛世界六種震動尒時會中比丘比丘尼優婆塞優婆夷天龍夜叉乾闥婆阿脩羅
迦樓羅緊那羅摩睺羅伽人非人及諸小王轉輪聖王是諸大衆得未曾有歡喜合

BD04482 號　妙法蓮華經卷一

（5–3）

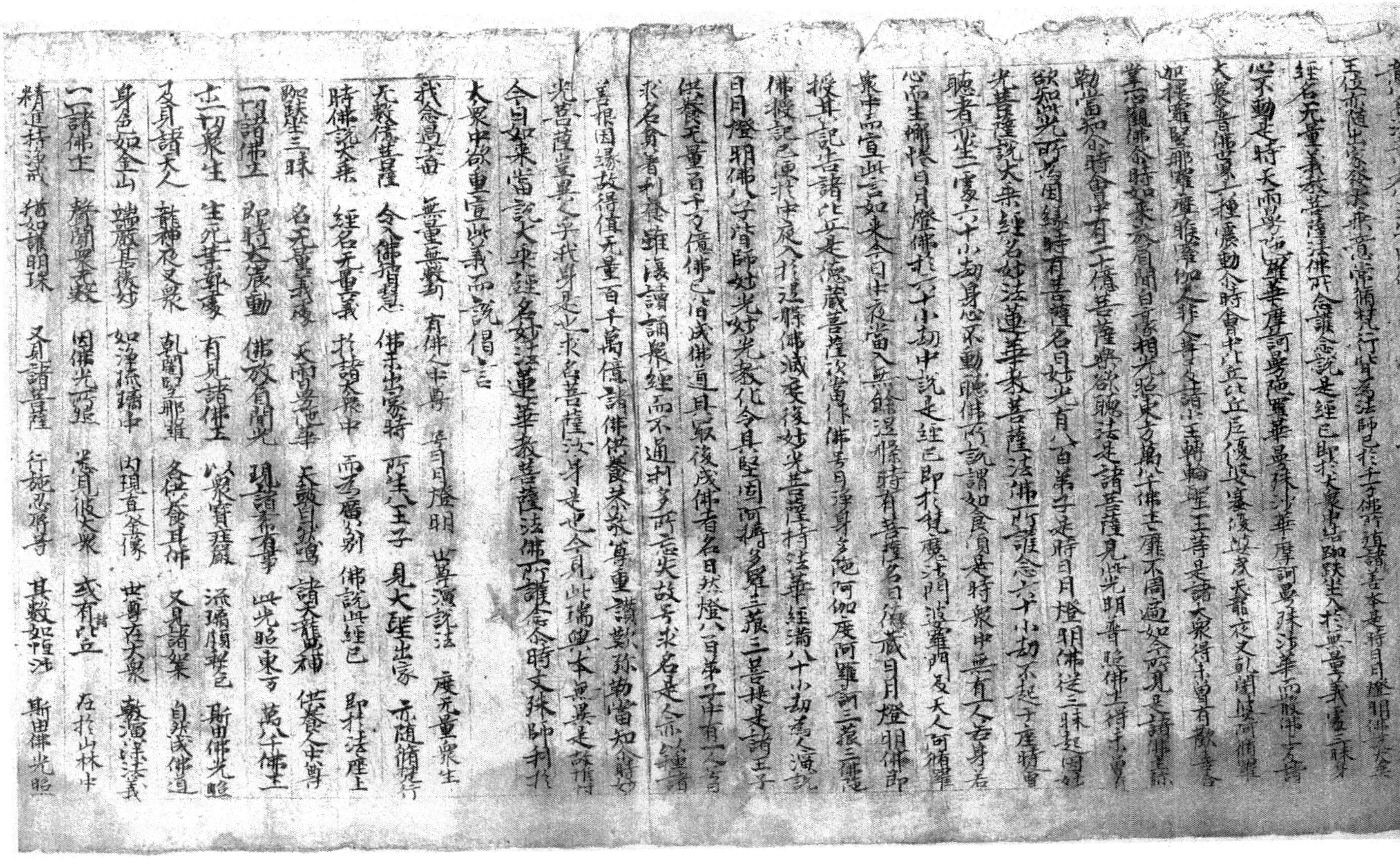

意八名法意是八王子威德自在各領四天下是諸王子聞父出家得阿耨多羅三藐三菩提悉捨
王位亦隨出家發大乘意常脩梵行皆為法師已於千万佛所殖諸善本是時日月燈明佛說大乘
經名无量義教菩薩法佛所護念說是經已即於大衆中結加趺坐入於無量義處三昧身
心不動是時天雨曼陀羅華摩訶曼陀羅華曼殊沙華摩訶曼殊沙華而散佛上及諸
大衆普佛世界六種震動尒時會中比丘比丘尼優婆塞優婆夷天龍夜叉乾闥婆阿脩羅
迦樓羅緊那羅摩睺羅伽人非人及諸小王轉輪聖王是諸大衆得未曾有歡喜合
掌一心觀佛尒時如來放眉間白毫相光照東方萬八千佛土靡不周遍如今所見是諸佛土彌
勒當知尒時會中有二十億菩薩樂欲聽法是諸菩薩見此光明普照佛土得未曾有
欲知此光所為因緣時有菩薩名曰妙光有八百弟子是時日月燈明佛從三昧起因妙
光菩薩說大乘經名妙法蓮華教菩薩法佛所護念六十小劫不起于座時會
聽者亦坐一處六十小劫身心不動聽佛所說謂如食頃是時衆中無有一人若身若
心而生懈惓日月燈明佛於六十小劫說是經已即於梵魔沙門婆羅門及天人阿脩羅
衆中而宣此言如來於今日中夜當入無餘涅槃時有菩薩名曰德藏日月燈明佛即
授其記告諸比丘是德藏菩薩次當作佛号曰淨身多陀阿伽度阿羅訶三藐三佛陀
佛授記已便於中夜入無餘涅槃佛滅度後妙光菩薩持妙法蓮華經滿八十小劫為人演說
日月燈明佛八子皆師妙光妙光教化令其堅固阿耨多羅三藐三菩提是諸王子
供養无量百千万億佛已皆成佛道其最後成佛者名曰然燈八百弟子中有一人号曰
求名貪著利養雖復讀誦衆經而不通利多所忘失故号求名是人亦以種諸
善根因緣故得值无量百千萬億諸佛供養恭敬尊重讚歎彌勒當知尒時妙
光菩薩豈異人乎我身是也求名菩薩汝身是也今見此瑞與本無異是故惟忖
今日如來當說大乘經名妙法蓮華教菩薩法佛所護念尒時文殊師利於
大衆中欲重宣此義而說偈言
我念過去世　無量無數劫　有佛人中尊　号日月燈明　世尊演說法　度无量衆生
无數億菩薩　令入佛智慧　佛未出家時　所生八王子　見大聖出家　亦隨脩梵行
時佛說大乘　經名无量義　於諸大衆中　而為廣分別　佛說此經已　即於法座上
跏趺坐三昧　名无量義處　天雨曼陀華　天鼓自然鳴　諸天龍鬼神　供養人中尊
一切諸佛土　即時大震動　佛放眉間光　現諸希有事　此光照東方　萬八千佛土
示一切衆生　生死業報處　有見諸佛土　以衆寶莊嚴　琉璃頗梨色　斯由佛光照
及見諸天人　龍神夜叉衆　乾闥緊那羅　各供養其佛　又見諸如來　自然成佛道
身色如金山　端嚴甚微妙　如淨琉璃中　內現真金像　世尊在大衆　敷演深法義
一一諸佛土　聲聞衆無數　因佛光所照　悉見彼大衆　或有諸比丘　在於山林中
精進持淨戒　猶如護明珠　又見諸菩薩　行施忍辱等　其數如恒沙　斯由佛光照

BD04482 號　妙法蓮華經卷一

（5–4）

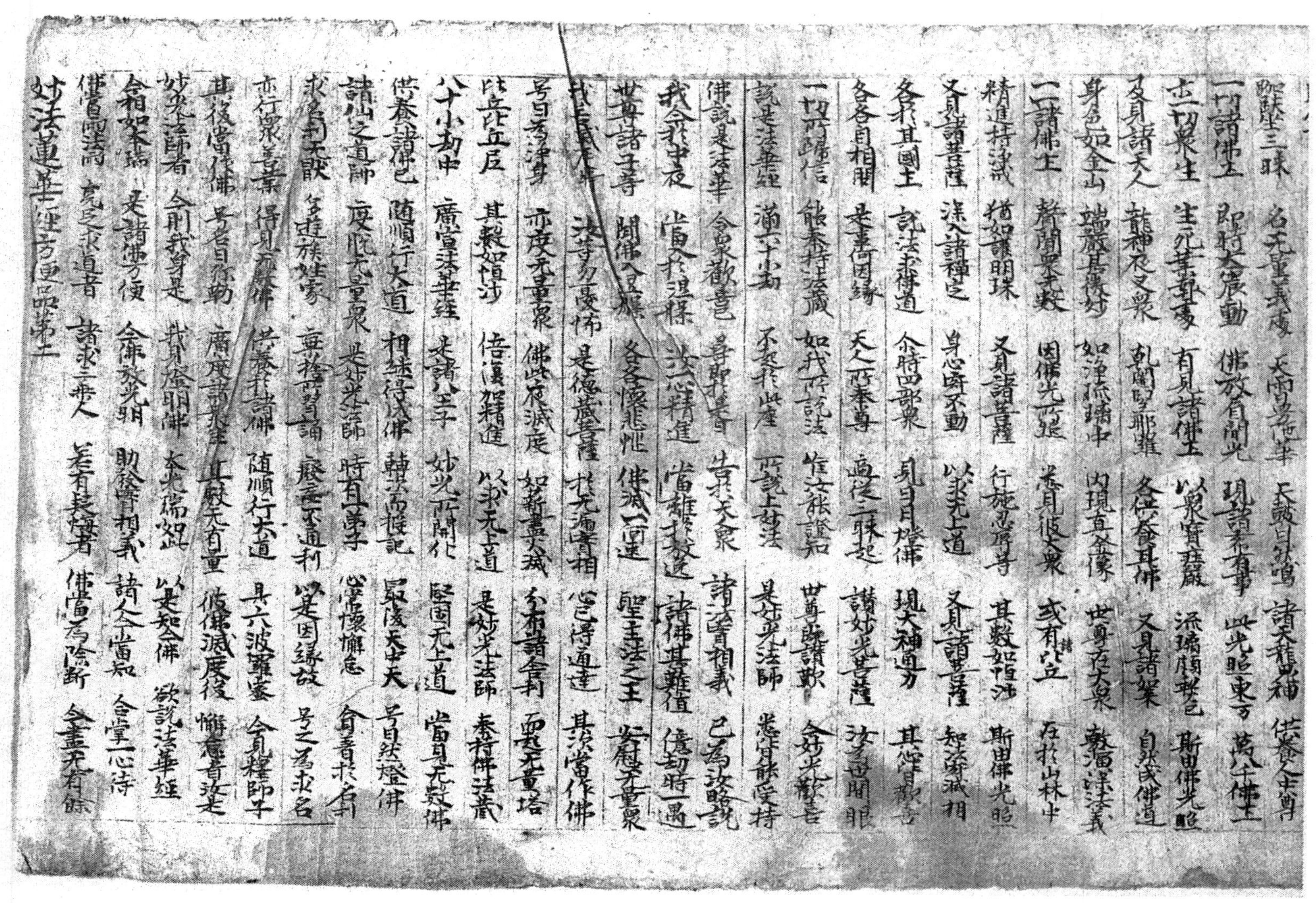

BD04482 號　妙法蓮華經卷一　　　　（5–5）

BD04483號　法門名義集

（1–1）

南无點慧信佛　南无攝菩提佛
南无妙聲佛　南无大成德佛
南无樂師子佛　南无普寶佛
南无一切世愛佛　南无分金剛佛
南无師子聲佛　南无過大佛
南无道師佛　南无人月佛
南无大莊嚴佛　南无日光佛
南无快佛　南无普摩尼香佛
南无嗣行佛　南无攝彌佛
南无梵供養佛　南无大吼佛
南无應供佛　南无點慧信佛
南无量願佛　南无世光佛
南无見忍佛　南无大華佛
南无有我佛　南无如意佛
南无善菩提根佛　南无地得佛
南无天德佛　南无不怯弱聲佛
南无普現佛　南无月光明佛
南无勝信佛　南无决定色佛
從此以上四千八百佛十二部經一切賢聖
南无方便心佛　南无智味佛
南无功德信佛　南无難降伏佛

南无有我佛　南无如意佛
南无善菩提根佛　南无地得佛
南无天德佛　南无不怯弱聲佛
南无普現佛　南无月光明佛
南无勝信佛　南无决定色佛
從此以上四千八百佛十二部經一切賢聖
南无方便心佛　南无智味佛
南无功德信佛　南无難降伏佛
南无功德信佛　南无月光明佛
南无普見佛
南无月蓋佛　南无世福佛
南无信供養佛　南无樂勝佛
南无善蓋佛　南无慙愧賢佛
南无餘觀佛　南无師子聲佛
南无文行佛　南无普信佛
南无器聲佛　南无勝愛佛
南无普行佛　南无普智佛
南无大奮迅佛　南无天供養佛
南无月幢佛　南无堅行佛
南无餘驚怖佛　南无勝彌佛
南无成就一切功德佛　南无堅固佛
南无甘露光佛　南无大聲佛
南无高聲佛　南无大力佛
南无大畫佛　南无信甘露佛
南无行菩提佛　南无勝聲思惟佛

南无能[illegible]佛　南无[illegible]佛

南无成就一切功德佛　南无堅固佛

南无甘露光佛　南无大聲佛

南无高聲佛　南无大力佛

南无大盡佛　南无信甘露佛

南无行菩提佛　南无勝聲思惟佛

南无高光佛　南无怖勝佛

南无集種種聲佛　南无愛義佛

南无修行信佛　南无離憂佛

南无善生佛　南无成德力佛

南无信功德佛　南无聲稱佛

南无放光明德佛　南无髮奮迅佛

南无功德華佛　南无捨諍佛

南无勝王佛　南无林華佛

南无大廣佛　南无大稱佛

南无虛空愛佛　南无甘露奮迅佛

南无日聚佛　南无月聲佛

南无天幢佛　南无與清淨佛

南无能日佛　南无快可見佛

南无堅意勝聲佛　南无雨甘露佛

南无无畏聲佛　南无善根聲佛

南无勝聲佛　南无勝愛佛

南无甘露稱佛　南无法華佛

南无大莊嚴佛　南无世間尊重佛

南无勝意佛　南无彌留光佛

南无清淨思惟佛　南无高光明佛

南无放[illegible]

南无[illegible]佛　南无[illegible]佛

南无甘露稱佛　南无法華佛

南无大莊嚴佛　南无世間尊重佛

南无勝意佛　南无彌留光佛

南无清淨思惟佛　南无高光明佛

南无破怨佛　南无甘露城佛

南无華佛　南无大稱佛

次禮十二部尊大藏法輪

南无彌勒上生經　南无陁羅尼經

南无小泥洹經　南无摩登伽經

南无十論經　南无五戒經

南无不退輪經　南无入大乘輪經

南无付法藏經　南无楞伽經

南无楞伽阿拔多羅經　南无大夫經

南无善臂菩薩經　南无彌勒發問經

南无法自在王經　南无勝鬘經

南无文殊師利經　南无佛說明度經

南无佛說安般經　南无十緣經

從此以上四千九百佛十二部經一切賢聖

南无佛說般泥洹經　南无佛說決定比丘經

南无佛說觀彌勒菩薩生兜率天經

南无佛說危脆經　南无相經解脫經

南无寶車經　南无千佛百五十佛名經

南无僧忍經　南无車匿經

次禮十方諸大菩薩

南无日藏菩薩　南无不歠意菩薩

南无佛說觀弥勒菩薩生兜率天經
南无佛說危脆經　南无相經解脫經
南无寶車經　南无千佛名旦十佛名經
南无僧忍經　南无車匿經
次礼十方諸大菩薩
南无日藏菩薩　南无不歡意菩薩
南无觀世音菩薩　南无滿尸利菩薩
南无執寶印菩薩　南无常舉手菩薩
南无弥勒菩薩　南无敬首菩薩
南无覺首菩薩　南无寶首菩薩
南无惠首菩薩　南无德首菩薩
南无目首菩薩　南无明首菩薩
南无法首菩薩　南无智首菩薩
南无賢首菩薩　南无法慧菩薩
南无功德林菩薩　南无金剛幢菩薩
南无金剛藏菩薩　南无善財童子菩薩
南无轉不退法輪菩薩　南无發心即轉法輪菩薩
南无離垢淨菩薩　南无除諸蓋菩薩
南无示威儀見皆愛喜菩薩
南无妙相嚴淨王意菩薩
南无不誑一切衆生菩薩
南无无量功德海意菩薩
南无諸根常定不亂菩薩
南无寶意菩薩
次礼聲聞緣覺一切賢聖
南无阿利多辟支佛　南无婆梨多辟支佛

BD04484號　佛名經（十六卷本）卷六　（6–5）

南无賢首菩薩　南无法慧菩薩
南无功德林菩薩　南无金剛幢菩薩
南无金剛藏菩薩　南无善財童子菩薩
南无轉不退法輪菩薩　南无發心即轉法輪菩薩
南无離垢淨菩薩　南无除諸蓋菩薩
南无示威儀見皆愛喜菩薩
南无妙相嚴淨王意菩薩
南无不誑一切衆生菩薩
南无无量功德海意菩薩
南无諸根常定不亂菩薩
南无寶意菩薩
次礼聲聞緣覺一切賢聖
南无阿利多辟支佛　南无婆梨多辟支佛
南无多伽樓辟支佛　南无稱辟支佛
南无見辟支佛　南无愛見辟支佛
南无覺辟支佛　南无乾陀羅辟支佛
南无妻辟支佛　南无梨沙婆辟支佛
礼三寶已次復懺悔

BD04484號　佛名經（十六卷本）卷六　（6–6）

BD04484 號背　勘記　　　　（1–1）

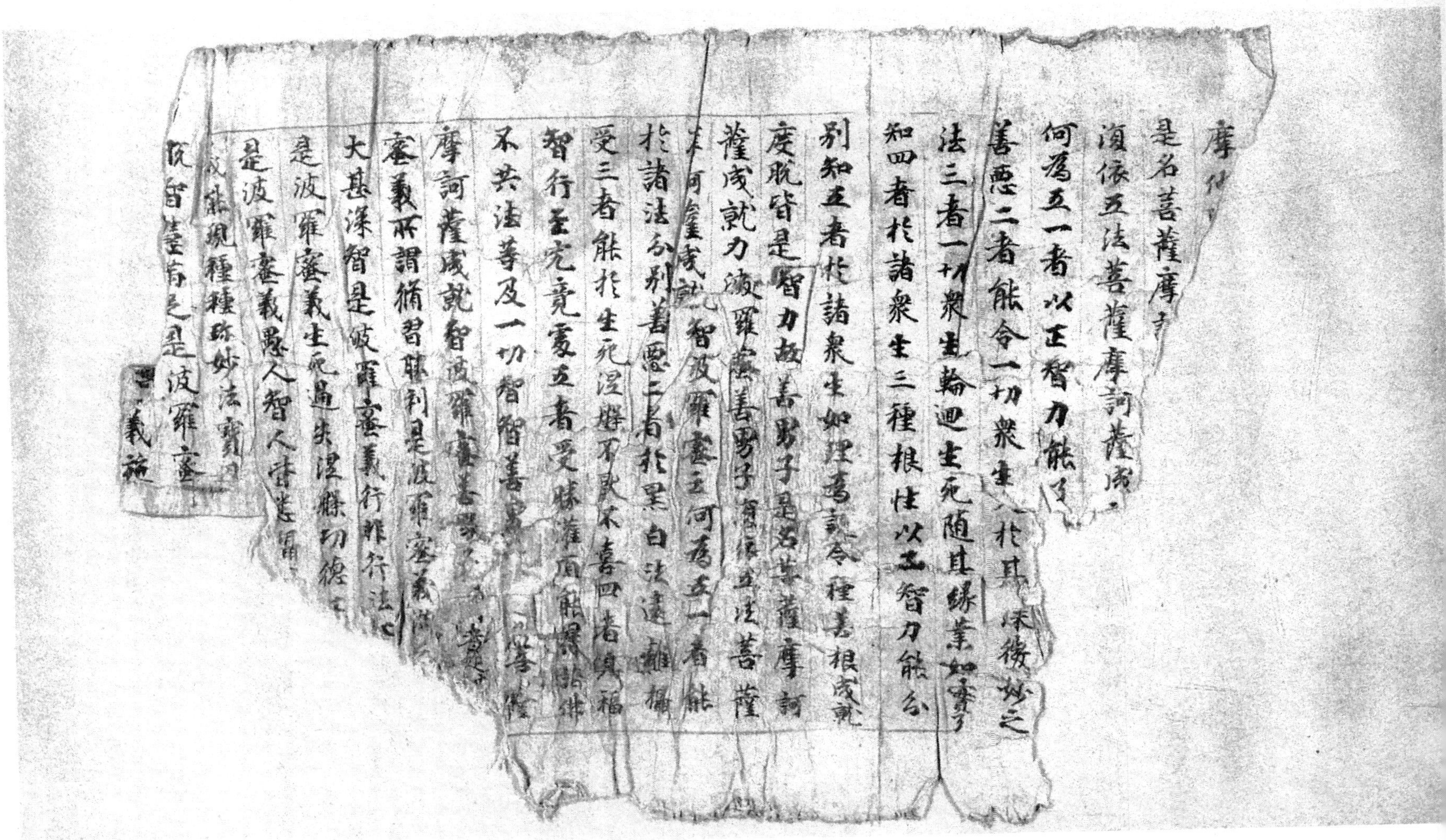

摩
是名菩薩摩訶
須依五法菩薩摩訶薩成
何為五一者以正智力能了
善惡二者能令一切眾生於其微妙之
法三者一切眾生輪迴生死隨其緣業如實了
知四者於諸眾生三種根性以正智力能分
別知五者於諸眾生如理為說令種善根成就
度脫皆是智力故善男子是名菩薩摩訶
薩成就力波羅蜜善男子菩薩依五法菩薩
[illegible]薩成就智波羅蜜云何為五一者能
於諸法分別善惡二者於黑白法遠離攝
受三者能於生死涅槃不厭不喜四者具福
智行至究竟處五者受勝灌頂能得諸佛
不共法等及一切智智善男[illegible]薩
摩訶薩成就智波羅蜜善男[illegible]
蜜義所謂循習勝利是波羅蜜義滿
大甚深智是波羅蜜義行非行法心
是波羅蜜義生死過失涅槃功德
是波羅蜜義愚人智人皆悉
能現種種珍妙法寶
[illegible]是波羅蜜
[illegible]義施

BD04485 號　金光明最勝王經卷四　　　　（1–1）

南无呪毒蛇神呪經
[illegible]秘[illegible]經　南无須真天子經
南无聖法印經　南无諸佛要集經
南无七夢經　南无四貪想經
南无九傷經　南无諸福德田經
南无神呪辟除賊害經　南无尼吒國王經
南无比丘分衛經　南无鑪炭經
次礼十方諸大菩薩
南无妙行世界精進慧菩薩
南无善行世界善慧菩薩
南无歡喜世界智慧菩薩
南无星宿世界真實慧菩薩
南无歡慈世界无上慧菩薩
南无虛空世界堅固慧菩薩
南无堅固寶世界金剛慧菩薩
南无堅固樂世界堅固幢菩薩
南无堅固寶王世界勇幢菩薩
南无堅固金剛世界寶幢菩薩
南无堅固蓮花世界精進幢菩薩
南无堅固青蓮花世界離垢菩薩

BD04486號　佛名經（十六卷本）卷一四　（2–1）

南无妙行世界精進慧菩
南无善行世界善慧菩薩
南无歡喜世界智慧菩薩
南无星宿世界真實慧菩薩
南无歡慈世界无上慧菩薩
南无虛空世界堅固慧菩薩
南无堅固寶世界金剛慧菩薩
南无堅固樂世界堅固幢菩薩
南无堅固寶王世界勇幢菩薩
南无堅固金剛世界寶幢菩薩
南无堅固蓮花世界精進幢菩薩
南无堅固青蓮花世界離垢菩薩
南无堅固金世界夜光菩薩
南无堅固旃檀世界真寶幢菩薩
南无堅固摩尼世界智幢菩薩
南无堅固香世界法幢菩薩
南无寶光樂世界香炎手莊嚴日光菩薩
南无安樂世界觀世音菩薩
南无花林世界寶首菩
南无安樂世界㝵

BD04486號　佛名經（十六卷本）卷一四　（2–2）

二百億劫常不值佛不聞法不見僧千劫於
阿鼻地獄受大苦惱畢是罪已復遇常不輕菩
薩教化阿耨多羅三藐三菩提得大勢於汝
意云何爾時四衆常輕是菩薩者豈異人乎
今此會中跋陀婆羅等五百菩薩師子月等
五百比丘尼思佛等五百優婆塞皆於阿耨
多羅三藐三菩提不退轉者是得大勢當知
是法華經大饒益諸菩薩摩訶薩能令至於
阿耨多羅三藐三菩提是故諸菩薩摩訶薩
於如來滅後常應受持讀誦解說書寫是經
爾時世尊欲重宣此義而說偈言
過去有佛　号威音王　神智无量　將導一切
天人龍神　所共供養　佛滅後　法欲盡時
有一菩薩　名常不輕　時諸四衆　計著於法
不輕菩薩　往到其所　而語之言　我不輕汝
汝等行道　皆當作佛　諸人聞已　輕毀罵詈
不輕菩薩　能忍受之　其罪畢已　臨命終時
得聞此經　六根清淨　神通力故　增益壽命
復為諸人　廣說是經　諸著法衆　皆蒙菩薩
教化成就　令住佛道　不輕命終　值无數佛

BD04487號　妙法蓮華經卷六　（1-1）

生佛世歡喜故為無邊佛法而作本故如實
相應如如如如智本願力故是身得現具三
十二相八十種好項背圓光是名應身善男
子云何菩薩摩訶薩了知法身為除諸煩惱
等障為具諸善法故唯有如如如如智是名
法身前二種身是假名有此第三身是真實
有為前二身而作根本何以故離法如如離无
分別智一切諸佛无有別法一切諸佛智慧具
足一切煩惱究竟滅盡得清淨佛地是故法如
如如如智攝一切佛法
復次善男子一切諸佛利益自他至於究竟
自利益者是法如如利益他者是如如智能
於自他利益之事而得自在成就種種无邊
用故是故分別一切佛法有无量无邊種種
差別善男子譬如依止妄想思惟說種種煩
惱說種種業用種種果報如是依法如如如
如智說種種佛法說種種獨覺法說種種聲
聞法依法如如依如如智一切佛法自在成就
是為第一不可思議譬如畫空作莊嚴具是
難思議如是依法如如依如如智成就佛法

BD04488號　金光明最勝王經卷二　（18-1）

用故是故分別一切佛法有无量无邊種種
差別善男子譬如依止妄想思惟說種種煩
惱說種種業因種種果報如是依法如如如
如智說種種佛法說種種獨覺法說種種聲
聞法依法如如依如如智一切佛法自在成就
是為第一不可思議譬如畫空莊嚴具是
難思議如是依法如如依如如智成就佛法
亦難思議善男子云何法如如如如智二无
分別而得自在事業成就善男子譬如如
來入於涅槃願自在故種種事業皆得成就
法如如如如智自在事成亦復如是
復次菩薩摩訶薩入無心定依前願力從禪
定起作眾事業如是二法无有分別自在事
成善男子譬如日月無有分別亦如水鏡无
有分別光明亦无分別三種和合得有影生
如是法如如如如智亦无分別以願自在故眾
生有感現應化身如日月影和合出現
復次善男子譬如无量无邊水依於光故空
影施現種種異相空者即是无相善男子如
是受化諸弟子等是法身影以願力故於二
種身現種種相是法身地无有異相善男子
依此二身一切諸佛說有餘涅槃依此法身
說无餘涅槃何以故一切餘法究竟盡故依此
三身一切諸佛說无住處涅槃為二身故不
住涅槃離於法身无有別佛何故二身不住
涅槃二身假名不實念念生滅不定住故數
數出現以不定故法身不尒是故二身不住涅
槃法身不二是故不住涅槃故依三身說无
住涅槃

三身一切諸佛說无住處涅槃為二身故不
住涅槃離於法身无有別佛何故二身不住
涅槃二身假名不實念念生滅不定住故數
數出現以不定故法身不尒是故二身不住涅
槃法身不二是故不住涅槃故依三身說无
住涅槃
善男子一切凡夫為三相故有縛有障遠離
三身不至三身何者為三一者遍計所執相
二者依他起相三者成就相如是諸相不能
解故不能滅故不能淨故是故不得至於三
身如是三相能解能滅能淨故是故諸佛具
足三身善男子諸凡夫人未能除遣此三心故
遠離三身不能得至何者為三一者起事心
二者依根本心三者根本心依諸伏道起事
心盡依法斷道依根本心盡依最勝道根本
心盡起事心滅故得現化身依根本心滅故
得顯應身根本心滅故得至法身是故一切
如來具足三身
善男子一切諸佛於第一身與諸佛同事於
第二身與諸佛同意於第三身與諸佛同體
善男子是初佛身隨眾生意有多種故現
種種相是故說多第二佛身弟子一意故現一
相是故說一第三佛身過一切種相非執相境
界是故說名不一不二善男子是第一身依
於應身得顯現故是第二身依於法身得
顯現故是法身者是真實有无依處故善
男子如是三身以有義故而說於常以有義
故說於无常化身者恒轉法輪處處隨緣方
便相續不斷絕故是故說常非是本故具足大

異是故說名不一不二善男子是第一身依
於應身得顯現故是第二身依於法身得
顯現故是法身者是真實有无依處故善
男子如是三身以有義故而說於常以有義
故說於无常化身者恒轉法輪處處隨緣方
便相續不斷絕故是故說常非是本故具足大
用不顯現故說為无常應身者從无始來相續
不斷一切諸佛不共之法能攝持故衆生无盡
用亦无盡是故說常非是本故以具足用不
顯現故說為无常法身者非是行法无有
異相是根本故猶如虛空是故說常善男子
離无分別智更無勝智離法如如无勝境
界是法如如是慧如如是二種如如如如不一
不異是故法身慧清淨故滅清淨故是二清
淨是故法身具足清淨
復次善男子分別三身有四種異有化身非
應身有應身非化身有化身亦應身有非化
身亦非應身何者化身非應身謂諸如來般
涅槃後以願自在故隨緣利益是名化身何
者應身非化身是地前身何者化身應亦身
謂住有餘涅槃之身何者非化身非應身謂
是法身善男子是法身者二无所有所顯現故
何者名為二无所有於此法身相及相處二皆是
无非有非无非一非異非數非非數非明非闇
如是如如智不見相及相處不見非有非无
不見非一非異不見非數非非數不見非明
非闇是故當知境界清淨智慧清淨不可
分別無有中間為滅道本故於此法身能顯
如來種種事業
善男子是身因緣境界處所果依於本難思

如是如如智不見相及相處不見非有非无
不見非一非異不見非數非非數不見非明
非闇是故當知境界清淨智慧清淨不可
分別無有中間為滅道本故於此法身能顯
如來種種事業
善男子是身因緣境界處所果依於本難思
議故善男子此義是身即是大乘是如來性是
如來藏依於此身得發初心修行地心而得顯
現不退地心亦皆得現一生補處心金剛之心
如來之心而悉顯現无量无邊如來法身皆
悉顯現依此法身不可思議摩訶三昧而得
顯現依此法身得現一切大智是故二身依
於三昧依於智慧而得顯現如此法身依於
自體說常說我依大三昧故說於樂依於
大智故說清淨是故如來常住自在安樂清
淨依大三昧一切禪定首楞嚴等一切念處
大法念等大慈大悲一切陀羅尼一切神通
一切自在一切法平等攝受如是佛法悉皆
出現依此大智十力四无所畏四无礙辯一百
八十不共之法一切希有不可思議法悉皆顯
現譬如依如意寶珠無量無邊種種珍寶
悉皆得現如是依大三昧寶依大智慧寶能
出種種無量無邊諸佛妙法善男子如是法
身三昧智慧過一切相不著於相不可分別非
常非斷是名中道雖有分別體无分別雖有
三數而无三體不增不減猶如夢幻亦无所
執亦無能執法體如如是解脫處過死王境
越生死闇一切衆生不能修行所不能至一切
諸佛菩薩之所住處善男子譬如有人願

身三昧智慧過一切相不著於相不可分別非
常非斷是名中道雖有分別體无分別雖有
三數而无三體不增不減猶如夢幻亦无所
執亦無能執法體如如是解脫處過死王境
越生死闇一切衆生不能修行所不能至一切
諸佛菩薩之所住處善男子譬如有人願
欲得金處處求覓遂得金礦既得礦已即便
碎之擇取精者爐中銷鍊得清淨金隨意
迴轉作諸鐶釧種種嚴具雖有諸用金性不
改
復次善男子若善男子善女人求勝解脫
修行世善得見如來及弟子衆得親近已白佛言
世尊何者為善何者不善何者正修得清淨
行諸佛如來及弟子衆見彼問時如是思惟
是善男子善女人欲求清淨欲聽正法即便
為說令其開悟彼既聞已正念憶持發心修
行得精進力除懶墮障滅一切罪於諸學處
離不尊重息掉悔心入於初地於初地心除
利有情障得入二地於此地中除不逼惱障
入於三地於此地中除心軟淨障入於四地於
此地中除善方便障入於五地於此地中除
見真俗障入於六地於此地中除見行相障
入於七地於此地中除不見滅相障入於八
地於此地中除不見生相障入於九地於此地
中除六通障入於十地於此地中除所知障
除根本心入如來地如來地者由三淨故名
極清淨云何為三一者煩惱淨二者苦淨三
者相淨譬如真金鎔銷冶鍊既燒打已
无塵垢為顯金性本清淨故金體清淨非

BD04488號　金光明最勝王經卷二

(18–6)

中除六通障入於十地於此地中除所知障
除根本心入如來地如來地者由三淨故名
極清淨云何為三一者煩惱淨二者苦淨三
者相淨譬如真金鎔銷冶鍊既燒打已
无塵垢為顯金性本清淨故金體清淨非
无金譬如濁水澄渟清淨无復滓穢為
顯水性本清淨故非謂无水如是法身與煩惱
雜苦集除已无復餘習為顯佛性本清淨故
非謂无體譬如虛空烟雲塵霧之所障蔽若
除屏已是空界淨非謂无空如是法身一切
衆苦悉皆盡故說為清淨非謂无體譬如有
夢中見大河水漂泛其身運手動足
渡得至彼岸由彼身心不懈退故從
不見有水彼此岸別非謂无心生死
滅盡已是覺清淨非謂无覺如是法
界一切妄想不復生故說為清淨非是諸佛
无其實體
復次善男子是法身者惑障清淨能現應
業障清淨能現化身智障清淨能現法身
空出電依電出光如是依法身故能
依應身故能現化身由性淨故能現
慧清淨能現應身三昧清淨能現化身
是法如如不異如如一味如如解脫
如如究竟如如是故諸佛體无有異善男子
若有善男子善女人說於如來是我大師若
作如是決定信者此人即應深心解了如來
之身无有別異善男子以是義故於諸境界
不正思惟悉皆除斷即知彼法无有二相亦無
分別聖所修行如如於彼無有二相正修行
故如是如是一切諸障悉皆除滅如如一切障

BD04488號　金光明最勝王經卷二

(18–7)

作如是決定信者此人即應深心解了如來
之身无有別異善男子以是義故於諸境界
不正思惟悉皆除斷即知彼法无有二相亦無
分別聖所修行如如於彼無有二相正修行
故如是如是一切諸障悉皆除滅如如一切障
滅如是如是法如如如如智得最清淨如如法
界正智清淨如是如是一切自在具足攝受
皆得成就一切諸障悉皆除滅一切諸障
得清淨故是名真如正智真實之相如是
見者是名聖見是則名為真實見佛何以
故如實得見法真如故是故諸佛悉能普見
一切如來何以故聲聞獨覺已出三界求真
實境不能知見如是聖人所不能見一切凡
夫皆生疑惑顛倒分別不能得度如兔浮海
必不能過所以者何力微劣故凡夫之人亦
復如是不能通達法如如故然諸如來无分
別心於一切法得大自在具足清淨深智慧
故是自境界不共他故是故諸佛如來於无
量无邊阿僧祇劫不惜身命行苦行方得
此身最上无比不可思議過言說境是妙寂
靜離諸怖畏
善男子如是知見法真如者无生老死壽命
無限无有睡眠亦无飢渴心常在定无有散
動若於如來起諍論心是則不能見於如來
諸佛所說皆能利益有聽聞者无不解脫
諸惡禽獸惡人惡鬼不相逢值由聞法故果報
無盡然諸如來无无記事一切境界无欲知
心生死涅槃無有異相如來所說无不決定諸
佛如來四威儀中無非智攝一切諸法无有不

BD04488號　金光明最勝王經卷二　（18–8）

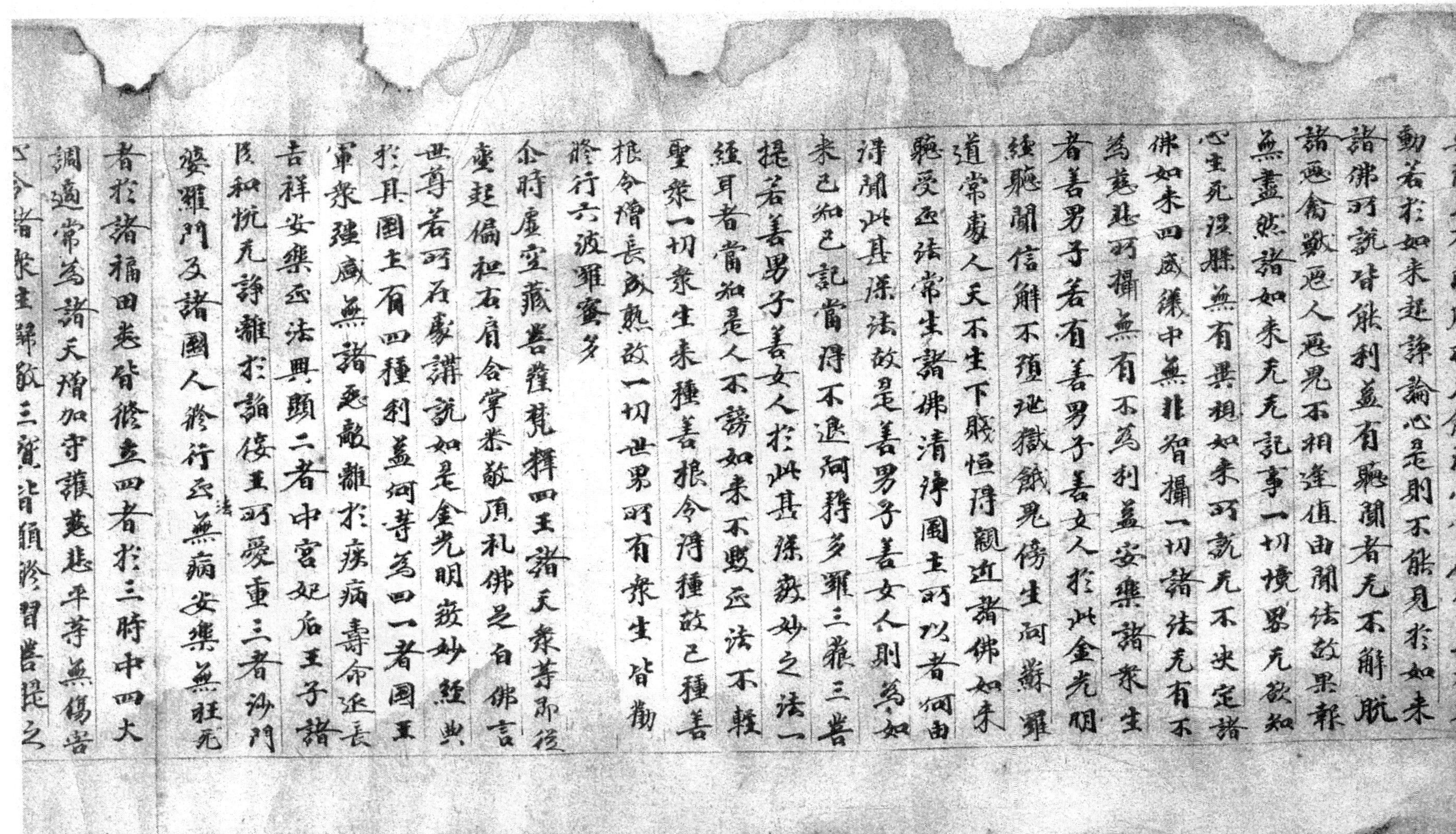

動若於如來起諍論心是則不能見於如來
諸佛所說皆能利益有聽聞者无不解脫
諸惡禽獸惡人惡鬼不相逢值由聞法故果報
無盡然諸如來无无記事一切境界无欲知
心生死涅槃無有異相如來所說无不決定諸
佛如來四威儀中無非智攝一切諸法无有不
為慈悲所攝無有不為利益安樂諸眾生
者善男子若有善男子善女人於此金光明
經聽聞信解不墮地獄餓鬼傍生阿蘇羅
道常處人天不生下賤恒得親近諸佛如來
聽受正法常生諸佛清淨國土所以者何由
得聞此甚深法故是善男子善女人則為如
來已知已記當得不退阿耨多羅三藐三菩
提若善男子善女人於此甚深微妙之法一
經耳者當知是人不謗如來不毀正法不輕
聖眾一切眾生未種善根令得種故已種善
根令增長成熟故一切世界所有眾生皆勸
修行六波羅蜜多
尒時虛空藏菩薩梵釋四王諸天眾等即從
座起偏袒右肩合掌恭敬頂禮佛足白佛言
世尊若所在處講說如是金光明微妙經典
於其國土有四種利益何等為四一者國王
軍眾強盛無諸怨敵離於疾病壽命延長
吉祥安樂正法興顯二者中宮妃后王子諸
臣和悅无諍離於諂佞王所愛重三者沙門
婆羅門及諸國人修行正法無病安樂無枉死
者於諸福田悉皆修立四者於三時中四大
調適常為諸天增加守護慈悲平等無傷害
心令諸眾生歸敬三寶皆願修習菩提之

BD04488號　金光明最勝王經卷二　（18–9）

吉祥安樂正法興顯二者中宮妃后王子諸臣和悅无諍離於諂佞王所愛重三者沙門婆羅門及諸國人修行正法無病安樂無枉死者於諸福田悉皆修立四者於三時中四大調適常為諸天增加守護慈悲平等無傷害心令諸眾生歸敬三寶皆願修習菩提之行是為四種利益之事世尊我等亦常為知經故隨逐如是持經多人所在住處為作利益佛言善哉善哉善男子如是如是汝等應當勤心流布此妙經王則令正法久住於世

金光明最勝王經夢見懺悔品第四

介時妙幢菩薩親於佛前聞妙法已歡喜踊躍一心思惟還至本處於夜夢中見大金鼓光明晃耀猶如日輪於此光中得見十方无量諸佛於寶樹下坐瑠璃座无量百千大眾圍遶而為說法見一婆羅門桴擊金鼓出大音聲聲中演說微妙伽他明懺悔法妙幢聞已皆悉憶持繫念而住至天曉已與无量百千大眾圍遶持諸供具出王舍城詣鷲峯山至世尊所禮佛足已布設香花右遶三匝退坐一面合掌恭敬瞻仰尊顏白佛言世尊我於夢中見婆羅門以手執桴擊妙金鼓出大音聲聲中演說微妙伽他明懺悔法我皆憶持唯願世尊降大慈悲聽我所說即於佛前而說頌曰

我於昨夜中　夢見大金鼓　其形極姝妙　周遍有金光
猶如盛日輪　光明皆普耀　充滿十方界　咸見於諸佛
在於寶樹下　各處瑠璃座　无量百千眾　恭敬而圍遶
有一婆羅門　以桴擊金鼓　於其鼓聲內　說此妙伽他

BD04488號　金光明最勝王經卷二　　　　(18-10)

而說頌曰
我於昨夜中　夢見大金鼓　其形極姝妙　周遍有金光
猶如盛日輪　光明皆普耀　充滿十方界　咸見於諸佛
在於寶樹下　各處瑠璃座　无量百千眾　恭敬而圍遶
有一婆羅門　以桴擊金鼓　於其鼓聲內　說此妙伽他
金光明鼓出妙聲　遍至三千大千界
能滅三塗極重罪　及以人中諸苦厄
由此金鼓聲威力　永滅一切煩惱障
斷除怖畏令安隱　譬如自在牟尼尊
佛於生死大海中　積行修成一切智
能令眾生覺品具　究竟咸歸功德海
由此金鼓出妙聲　普令聞者獲梵響
證得無上菩提果　常轉清淨妙法輪
住壽不可思議劫　隨機說法利群生
能斷煩惱眾苦流　貪瞋癡等皆除滅
若有眾生處惡趣　大火猛焰周遍身
若得聞是妙鼓音　即能離苦歸依佛
皆得成就宿命智　能憶過去百千生
悉皆正念牟尼尊　得聞如來甚深教
由聞金鼓勝妙音　常得親近於諸佛
悉能捨離諸惡業　純修清淨諸善品
一切天人有情類　慇重至誠祈願者
得聞金鼓妙音聲　能令所求皆滿足
眾生墮在无間獄　猛火炎熾苦焚身
無有救護處輪迴　聞者能令苦除滅
人天餓鬼傍生中　所有現受諸苦難
得聞金鼓發妙響　皆蒙離苦得解脫
現在十方界　常住兩足尊　願以大悲心　哀愍憶念我
眾生无歸依　亦无有救護　為如是等類　能作大歸依

BD04488號　金光明最勝王經卷二　　　　(18-11)

無有救護處輪迴　聞者能令苦除滅
人天餓鬼傍生中　所有現受諸苦難
得聞金鼓發妙響　皆夢離苦得解脫
現在十方界　常住兩足尊　願以大悲心　哀愍憶念我
衆生无歸依　亦无有救護　為如是等類　能作大歸依
我先所作罪　極重諸惡業　今對十力前　至心皆懺悔
我不信諸佛　亦不敬尊親　不務修衆善　常造諸惡業
或自恃尊高　種姓及財位　盛年行放逸　常造諸惡業
心恒起邪念　口陳於惡言　不見於過罪　常造諸惡業
恒作愚夫行　無明闇覆心　隨順不善友　常造諸惡業
或因諸戲樂　或復懷憂惱　為貪瞋所纏　故我造諸惡
親近不善人　及由慳嫉意　貧窮行諂曲　故我造諸惡
雖不樂衆過　由有怖畏故　及不得自在　故我造諸惡
或為躁動心　或因瞋恚恨　及以飢渴惱　故我造諸惡
由飲食衣服　及貪愛女人　煩惱火所燒　故我造諸惡
於佛法僧衆　不生恭敬心　作如是衆罪　我今悉懺悔
於獨覺菩提　亦无恭敬心　作如是衆罪　我今悉懺悔
无知謗正法　不孝於父母　作如是衆罪　我今悉懺悔
由愚癡憍慢　及以貪瞋力　作如是衆罪　我今悉懺悔
我於十方界　供養无數佛　當願拔衆生　令離諸苦難
願一切有情　皆令住十地　福智圓滿已　成佛導群迷
我為諸衆生　苦行百千劫　以大智慧力　皆令出苦海
我為諸含識　演說甚深經　最勝金光明　能除諸惡業
若人百千劫　造諸極重罪　蹔時能發露　衆惡盡消除
依此金光明　作如是懺悔　由斯能速盡　一切諸苦業
勝定百千種　不思議揔持　根力覺道支　修習常无倦
我當至十地　具足珍寶處　圓滿佛功德　濟度生死流
我於諸佛海　甚深功德藏　妙智難思議　皆令得具足
唯願十方佛　觀察護念我　皆以大悲心　哀受我懺悔

若人百千劫　造諸極重罪　蹔時能發露　衆惡盡消除
依此金光明　作如是懺悔　由斯能速盡　一切諸苦業
勝定百千種　不思議揔持　根力覺道支　修習常无倦
我當至十地　具足珍寶處　圓滿佛功德　濟度生死流
我於諸佛海　甚深功德藏　妙智難思議　皆令得具足
唯願十方佛　觀察護念我　皆以大悲心　哀受我懺悔
我於多劫中　所造諸惡業　由斯造苦惱　哀愍願消除
我造諸惡業　常生憂怖心　於四威儀中　曾无歡樂想
諸佛具大悲　能除衆生怖　願受我懺悔　令得離憂苦
我有煩惱障　及以諸報業　願以大悲水　洗濯令清淨
我先作諸罪　及現造惡業　至心皆發露　咸願得蠲除
未來諸惡業　防護令不起　設令有違者　終不敢覆藏
身三語四種　意業復有三　繫縛諸有情　无始恒相續
由斯三種行　造作十惡業　如是衆多罪　我今皆懺悔
我造諸惡業　苦報當自受　今於諸佛前　至誠皆懺悔
於此贍部洲　及他方世界　所有諸善業　今我皆隨喜
願離十惡業　修行十善道　安住十地中　常見十方佛
我以身語意　所修福智業　願以此善根　速成无上慧
我今親對十力前　發露衆多苦難事
凡愚迷惑三有難　恒造極重惡業難
我所積集欲邪難　常起貪愛流轉難
於此世間耽著難　一切愚夫煩惱難
狂心散動顛倒難　及以親近惡友難
於生死中貪染難　瞋癡闇鈍造罪難
生八无暇惡處難　未曾積集功德難
我金皆於最勝前　懺悔无邊罪惡業
我今歸依諸善逝　我禮德海无上尊
如天金山照十方　唯願慈悲哀攝受

於生死中貪欲難　瞋癡闇鈍造罪難
生八无暇惡處難　未曾積集功德難
我金皆於最勝前　懺悔无邊罪惡業
我今歸依諸善逝　我禮德海无上尊
如大金山照十方　唯願慈悲哀攝受
身色金光淨无垢　目如清淨紺瑠璃
吉祥威德名稱尊　大悲慧日除衆闇
佛日光明常普遍　善淨无垢離諸塵
牟尼月照極清涼　能除衆生煩惱熱
三十二相遍莊嚴　八十隨好皆圓滿
福德難思無与等　如日流光照世間
色如瑠璃淨无垢　猶如滿月處虛空
妙頗梨網映金軀　種種光明以嚴飾
於生死苦瀑流內　老病憂愁水所漂
如是苦海難堪忍　佛日舒光令永竭
我今稽首一切智　三千世界希有尊
光明晃曜紫金身　種種妙好皆嚴飾
如大海水量難知　大地微塵不可數
如妙高山巨稱量　亦如虛空无有際
諸佛功德亦如是　一切有情不能知
於无量劫諦思惟　无有能知德海岸
盡此大地諸山岳　析如微塵能筭知
毛端滴海尚可量　佛之功德无能數
一切有情皆共讚　世尊名稱諸功德
清淨相好妙莊嚴　不可稱量知分齊
我之所有衆善業　願得速成无上尊
廣說正法利群生　悉令解脫於衆苦
降伏大力魔軍衆　當轉无上正法輪
久住劫數難思議　充足衆生甘露味

一切有情皆共讚　世尊名稱諸功德
清淨相好妙莊嚴　不可稱量知分齊
我之所有衆善業　願得速成无上尊
廣說正法利群生　悉令解脫於衆苦
降伏大力魔軍衆　當轉无上正法輪
久住劫數難思議　充足衆生甘露味
猶如過去諸最勝　六波羅蜜皆圓滿
滅諸貪欲及瞋癡　降伏煩惱除衆苦
願我常得宿命智　能憶過去百千生
亦常憶念牟尼尊　得聞諸佛甚深法
願我以斯諸善業　奉事无邊最勝尊
遠離一切不善因　恒得修行真妙法
一切世界諸衆生　悉皆離苦得安樂
所有諸根不具足　令彼身相皆圓滿
若有衆生遭病苦　身形羸瘦无所依
咸令病苦得消除　諸根色力皆充滿
若犯王法當刑戮　衆苦逼迫生憂惱
彼受如斯極苦時　无有歸依能救護
若受鞭杖枷鎖繫　種種苦具切其身
无量百千憂惱時　逼迫身心无暫樂
皆令得免於繫縛　及以鞭杖苦楚事
將臨形者得命全　衆苦皆令永除盡
若有衆生飢渴逼　令得種種殊勝味
盲者得視聾者聞　跛者能行瘂能語
貧窮衆生獲寶藏　倉庫盈溢无所乏
皆令得受上妙樂　无一衆生受苦惱
一切人天皆樂見　容儀溫雅甚端嚴
悉皆現受无量樂　受用豐饒福德具
隨彼衆生念伎樂　衆妙音聲皆現前
念水即現清涼池　金色蓮花泛其上

皆令得受上妙樂　无一衆生受苦惱
一切人天皆樂見　容儀溫雅具莊嚴
悉皆現受无量樂　受用豐饒福德具
隨彼衆生念彼樂　衆妙音聲皆現前
念水即現清涼池　金色蓮花泛其上
隨彼衆生心所念　飲食衣服及床敷
金銀珍寶妙瑠璃　瓔珞莊嚴皆具足
勿令衆生聞惡響　亦復不見有相違
所受容貌悉端嚴　各各慈心相愛樂
世間資生諸樂具　隨心念時皆滿足
所得珍財无悋惜　分布施与諸衆生
燒香末香及塗香　衆妙雜花非一色
每日三時從樹墮　隨心受用生歡喜
普願衆生咸供養　十方一切最勝尊
三乘清淨妙法門　菩薩獨覺聲聞衆
常願勿處於卑賤　不墮无暇八難中
生在有暇人中尊　恒得親承十方佛
願得常生富貴家　財寶倉庫皆盈滿
顏貌名稱无与等　壽命延長經劫數
悉願女人變為男　勇健聰明多智慧
一切常行菩薩道　勤修六度到彼岸
常見十方无量佛　寶王樹下而安處
處妙瑠璃師子座　恒得親承轉法輪
若於過去及現在　輪迴三有造諸業
能招可厭不善趣　願得消滅永无餘
一切衆生於有海　生死羂網堅牢縛
願以智劍為斷除　離苦速證菩提處
衆生於此贍部內　或於他方世界中
所作種種勝福因　我今皆悉生隨喜

BD04488 號　金光明最勝王經卷二　（18–16）

處妙瑠璃師子座　恒得親承轉法輪
若於過去及現在　輪迴三有造諸業
能招可厭不善趣　願得消滅永无餘
一切衆生於有海　生死羂網堅牢縛
願以智劍為斷除　離苦速證菩提處
衆生於此贍部內　或於他方世界中
所作種種勝福因　我今皆悉生隨喜
以此隨喜福德事　及身語意造衆善
願此勝業常增長　速證无上大菩提
所有礼讚佛功德　深心清淨无瑕穢
迴向發願福无邊　當超惡趣六十劫
若有男子及女人　婆羅門等諸勝族
合掌一心讚歎佛　生生常憶宿世事
諸根清淨身圓滿　殊勝功德皆成就
願於未來所生處　常得人天共瞻仰
非於一佛十佛所　修諸善根今得聞
百千佛所種善根　方得聞斯懺悔法

爾時世尊聞此說已讚妙幢菩薩言善哉善
哉善男子如汝所夢金鼓出聲讚歎如來真
實功德并懺悔法若有聞者獲福甚多廣利
有情滅除罪障汝今應知此之勝業皆是過
去讚歎發願宿習因緣及由諸佛威力加護
此之因緣當為汝說時諸大衆聞是法已咸
皆歡喜信受奉行

金光明最勝王經卷第二

礦古猛　鍊蓮見　鎔欲鍾　渟火丁　捋　鎖蘇果　躡

BD04488 號　金光明最勝王經卷二　（18–17）

合掌一心讚歎佛　生生常憶宿世事
諸根清淨身圓滿　殊勝功德皆成就
願於未來所生處　常得人天共瞻仰
非於一佛十佛所　修諸善根今得聞
百千佛所種善根　方得聞斯懺悔法
尒時世尊聞此說已讚妙幢菩薩言善哉善
哉善男子如汝所夢金鼓出聲讚嘆如來真
實功德并懺悔法若有聞者獲福甚多廣利
有情滅除罪障汝今應知此之勝業皆是過
去讚嘆發願宿習因緣及由諸佛威力加護
此之因緣當為汝說時諸大衆聞是法已咸
皆歡喜信受奉行

金光明最勝王經卷第二

礦古猛　鍊蓮見　鎔欲鍾　渟火丁　搙霞于　鎖蘇果　[illegible]古鉢

BD04488 號　金光明最勝王經卷二　（18–18）

……不真故　次第而轉
……境　无有定次第
譬如工畫師　及畫師弟子　布彩圖衆像　我說亦如是
彩色中无文　非筆亦非素　為悅衆生故　綺煥成衆像
言說則變異　真實離文字　我所住實法　為諸脩行說
真實自證處　能所分別離　此為佛子說　愚夫別開演
種種皆如幻　所見不可得　如是種種說　隨事而變異
所說非所應　於彼為非說　譬如衆病人　良醫隨授藥
如來為衆生　隨心應量說　世間依怙者　證智所行處
外道非境界　聲聞亦然
復次大慧菩薩摩訶薩若欲了知能取所取
分別境界皆是自心之所現者當離憒鬧昏
滯睡眠初中後夜勤加脩習遠離曾聞外道
邪論及二乘法通達自心分別之相
復次大慧菩薩摩訶薩住智慧心所住相已
於上聖智三相當勤脩學何者為三所謂无
影像相一切諸佛願持相自證聖智所趣相
諸脩行者獲此已即捨跛驢智慧心相入
菩薩第八地則於此三相脩行不捨大慧无

BD04489 號　大乘入楞伽經卷二　（21–1）

滯睡眠初中後夜勤加修習遠離曾聞外道
邪論及二乘法通達自心分別之相
復次大慧菩薩摩訶薩住智慧心所住相已
於上聖智三相當勤修學何者為三所謂无
影像相一切諸佛[illegible]持相自證聖智所趣相
諸修行者獲此[illegible]已即捨跛驢智慧心相入
菩薩第八地於此三相修行不捨大慧无影
像相者謂由慣習一切二乘外道相故而得
生起一切諸佛願持相者謂由諸佛自本願
力所加持故而得生起自證聖智所趣相者
謂由不取一切法相成就如幻諸三昧身趣佛
地智故而得生起大慧是名上聖智三種
[illegible]聖智所行之處汝及
[illegible]勤[illegible]
爾時大慧菩薩摩訶薩知諸菩薩心之所念
承一切佛威神之力白佛言唯願為說百八
句差別所依聖智事自性法門一切如來應
正等覺為諸菩薩摩訶薩墮自共相者說
此妄計性差別義門知此義已則能淨治二
无我觀境照明諸地超越一切二乘外道三昧
之樂見諸如來不可思議所行境界畢竟捨
離五法自性以一切佛法身智慧而自莊嚴
入如幻境住一切剎兜率陀宮色究竟天成
如來身佛言大慧有一類外道見一切法隨
因而盡生分別解相无兔角起於无見如兔
角无一切諸法悉亦如是復有外道見大種

離五法自性以一切佛法身智慧而自莊嚴
入如幻境住一切剎兜率陀宮色究竟天成
如來身佛言大慧有一類外道見一切法隨
因而盡生分別解相无兔角起於无見如兔
角无一切諸法悉亦如是復有外道見大種
求那塵等諸物形量分位各差別已執兔无
角於此而生牛有角想大慧彼墮二見不了
唯心但於自心增長分別大慧身及資生器
世間等一切皆唯分別所現大慧應知兔角
離於有无諸法悉然勿生分別云何兔角離
於有无互因待故分析牛角乃至微塵求其
體相終不可得聖智所行遠離彼見是故
於此不應分別
爾時大慧菩薩摩訶薩復白佛言世尊彼豈
不以妄見起相比度觀待妄計无耶佛言不
以分別起相待以言无何以故彼以分別為
生因故以角分別為其所依所依為因離異
不異非由相待顯兔角无大慧若此分別異
兔角者則非角因若不異者因彼而起大慧
分析角乃至極微求不可得異於有角言无
角者如是分別決定非理二俱非有誰待於
誰若相待不成待於有故言兔角无不應分
別不正因故有无論者執有執无二俱不成
大慧復有外道見色形狀虛空分齊而生執
著言色異虛空起於分別大慧虛空是色隨
入色種大慧色是虛空能持所持建立性故

角者如是分別決定非理二俱非有誰待於
誰若相待不成待於有故言免角无不應分
別不正因故有无論者執有執无二俱不成
大慧復有外道見色形狀虛空分齊而生執
著言色異虛空起於分別大慧虛空是色隨
入色種大慧色是虛空能持所持建立性故
色空分齊應如是知大慧大種生時自相各
別不住虛空中非彼无虛空大慧免角亦尒
觀待牛角言彼角无大慧分析牛角乃至微
塵又析彼塵其相不現彼何所待而言无耶
若待餘物彼亦如是大慧汝應遠離免角牛
角虛空及色所有分別汝及諸菩薩摩訶薩
應常觀察自心所見分別之相於一切國土
為諸佛子觀察自心脩行之法尒時世尊即
說頌言

心所見无有　唯依心故起　身資所住影　眾生藏識現
心意及與識　自性五種法　无二我清淨　諸導師演說
長短共觀待　展轉互相生　因有故成无　因无故成有
微塵分析事　不起色分別　唯心所安立　惡見者不信
外道非行處　聲聞亦復然　救世之所說　自證之境界

尒時大慧菩薩摩訶薩為淨自心現流故而
請佛言世尊云何淨諸眾生自心現流為漸
次淨為頓淨耶佛言大慧漸淨非頓如菴羅
果漸熟非頓諸佛如來淨諸眾生自心現流
亦復如是漸淨非頓如陶師造器漸成非頓
諸佛如來淨諸眾生自心現流亦復如是漸

BD04489號　大乘入楞伽經卷二　（21–4）

次淨為頓淨耶佛言大慧漸淨非頓如菴羅
果漸熟非頓諸佛如來淨諸眾生自心現流
亦復如是漸淨非頓如陶師造器漸成非頓
諸佛如來淨諸眾生自心現流亦復如是漸
而非頓譬如大地生諸草木漸生非頓諸佛
如來淨諸眾生自心現流亦復如是漸淨非
頓大慧譬如人學音樂書畫種種伎術漸成
非頓諸佛如來淨諸眾生自心現流亦復如
是漸而非頓現譬如明鏡現眾像而无分別
諸佛如來淨諸眾生自心現流亦復如是頓
現一切无相境界而无分別如日月輪一時遍
照一切色像諸佛如來淨諸眾生自心過習
亦復如是頓為示現不可思議諸佛如來智
慧境界譬如藏識頓現於身及資生國土
一切境界報佛亦尒於色究竟天頓能成熟
一切眾生令脩諸行譬如法佛頓現報佛及
以化佛光明照曜自證聖境亦復如是頓現
法相而為照曜令離一切有无惡
復次大慧法性所流佛說一切法自相共相
自心現習氣因相妄計性所執因相更相繫
屬種種幻事皆无自性而諸眾生種種執著
取以為實悉不可得復次大慧妄計自性執著
緣起自性起大慧譬如幻師以幻術力依草
木瓦石幻作眾生若干色像令其見者種種
分別皆无真實大慧此亦如是由取著境界
習氣力故於緣起性中有妄計性種種相現

BD04489號　大乘入楞伽經卷二　（21–5）

取以為實悲不可得復次大慧妄計自性執著
緣起自性起大慧譬如幻師以幻術力依草
木瓦石幻作眾生若干色像令其見者種種
分別皆無真實大慧此亦如是由取著境界
習氣力故於緣起性中有妄計性種種相現
是名妄計性生大慧是名法性所流佛說法
相大慧法性佛者建立自證智所行離心自
性相大慧化佛說施戒忍進禪定智慧蘊界
處法及諸解脫諸識行相建立差別越外道
見超無色行復次大慧法性佛非所攀緣一
切所緣一切所作根量等相悉皆遠離非凡
夫二乘及諸外道執著我相所取境界是故
大慧於自證聖智勝境界相當勤脩學於自
心所現分別見相當速捨離
復次大慧聲聞乘有二種差別相所謂自證
聖智殊勝相分別執著自性相云何自證聖智
殊勝相謂明見苦空無常無我諸諦境界
離欲寂滅故於蘊界處若自若共外不壞相
如實了知故心住一境住一境已獲禪解脫三
昧道果而得出離住自證聖智境界樂未離
習氣及不思議變易死是名聲聞乘自證
聖智境界相菩薩摩訶薩雖亦得此聖智境
界以憐愍眾生故本願所持故不證寂滅門
及三昧樂諸菩薩摩訶薩於此自證聖智樂
中不應脩學大慧云何分別執著自性相所謂
知堅溼煖動青黃赤白如是等法非作者生

BD04489 號　大乘入楞伽經卷二　（21–6）

習氣及不思議
聖智境界相菩薩摩訶薩雖亦得此聖智境
界以憐愍眾生故本願所持故不證寂滅門
及三昧樂諸菩薩摩訶薩於此自證聖智樂
中不應脩學大慧云何分別執著自性相所謂
知堅溼煖動青黃赤白如是等法非作者生
然依教理見自共相分別執著是名聲聞乘
分別執著相菩薩摩訶薩於此法中應知
應捨離人無我見入法無我相漸住諸地
爾時大慧菩薩摩訶薩白佛言世尊如來所
說常不思議自證聖智第一義境將無同諸
外道所說常不思議作者耶佛言大慧非諸
外道作者得常不思議所以者何諸外道常
不思議因自相不成既因自相不成以何顯示
常不思議大慧外道所說常不思議若因
自相成彼則有常但以作者為因相故常不
思議不成大慧我第一義常不思議第一義
因相成遠離有無自證聖智所行相故有相
第一義智為其因故有因離有無故非作者
如虛空涅槃寂滅法故常不思議是故我說
常不思議不同外道所有諍論大慧此常不
思議是諸如來自證聖智所行真理是故菩
薩當勤脩學復次大慧外道常不思議以無
常異相因故常非自相因力故常大慧外道
常不思議以見所作法有已還無無已比知
是常我亦見所作法有已還無無常已不因
此說為常大慧外道以如是因相成常不思

BD04489 號　大乘入楞伽經卷二　（21–7）

思議是諸如來自證聖智所行真理是故菩
薩當勤脩學復次大慧外道常不思議以无
常異相因故常非自相因力故常大慧外道
常不思議以見所作法有已還无无已比知
是常我亦見所作法有已還无无常已不因
此說爲常大慧外道以如是因相成常不思
議此因相非有同於兔角故常不思議唯是
分別但有言說何故彼因同於兔角无自因
相故大慧我常不思議以自證爲因相不以
外法有已還无无常爲因外道反此曾不能
知常不思議自因之相而恒在於自證聖智
所行相外此不應說
復次大慧諸聲聞畏生死妄相苦而求涅槃
不知生死涅槃差別之相一切皆是妄分別
有无所有故妄計未來諸根境滅以爲涅槃
不知證自智境界轉所依藏識爲大涅槃彼
愚癡人說有三乘不說唯心无有境界大慧
彼人不知去來現在諸佛所說自心境界取
心外境常於生死輪轉不絕復次大慧去來
現在諸如來說一切法不生何以故自心所
見非有性故離有无生故如兔馬等角凡愚
妄取唯自證聖智所行之處非諸愚夫二分
別境大慧身資生器世間等一切皆是藏
識影像所取能取二種相現彼諸愚夫隨生
住滅二見中故於中妄起有无分別大慧汝
於此義當勤脩學

見非有性故離有无生故如兔馬等角凡愚
妄取唯自證聖智所行之處非諸愚夫二分
別境大慧身資生器世間等一切皆是藏
識影像所取能取二種相現彼諸愚夫隨生
住滅二見中故於中妄起有无分別大慧汝
於此義當勤脩學
復次大慧有五種種性何等爲五謂聲聞乘
種性緣覺乘種性如來乘種性不定種性无
種性大慧云何知是聲聞乘種性謂若聞說
於蘊界處自相共相若知若證舉身毛竪心
樂脩習於緣起相不樂觀察應知此是聲聞
乘種性彼於自乘見所證已於五六地斷煩惱
結不斷煩惱習住不思議死正師子吼言我
生已盡梵行已立所作已辦不受後有脩習
人无我乃至於得涅槃覺大慧復有衆人求
證涅槃言能覺知我人衆生養者取者此是
涅槃復有說言見一切法因作者有此是涅
槃大慧彼无解脫以未能見法无我故此是
聲聞乘及外道種性於未出中生出離想應
勤脩習捨此惡見大慧云何知是緣覺乘種
性謂若聞說緣覺乘法舉身毛竪悲泣流
淚離憒閙緣无所染著有時聞說現種種身
或聚或散神通變化其心信受无所違逆當
知此是緣覺乘種性應爲其說緣覺乘法大
慧如來乘種性所證法有三種所謂自性无

性謂若聞說緣覺乘法舉身毛竪悲泣流
淚離情鬧緣无所染著有時聞說現種種身
或聚或散神通變化其心信受无所違逆當
知此是緣覺乘種性應為其說緣覺乘法大
慧如來乘種性所證法有三種所謂自性无
自性法內身自證聖智法外諸佛剎廣大法
大慧若有聞說此一一法及自心所現身財
建立阿賴耶識不思議境不驚不怖不畏當
知此是如來乘性大慧不定種性者謂聞說
彼三種法時隨生信解而順脩學大慧為初
治地人而說種性欲令其入无影像地作此建
立大慧彼住三昧樂聲聞若能證知自所
依識見法无我淨煩惱習畢竟當得如來
之身尒時世尊即說頌言
預流一來果不還阿羅漢 是等諸聖人其心悉迷惑
我所立三乘 一乘及非乘 為愚夫少智樂寂諸聖說
第一義法門 遠離於二取 住於无境界何建立三乘
諸禪及无量 无色三摩提 乃至滅受想 唯心不可得
復次大慧此中一闡提何故於解脫中不生
欲樂大慧以捨一切善根故為无始眾生起
願故云何捨一切善根謂謗菩薩藏言此非
隨順契經調伏解脫之說作是語時善根悉
斷不入涅槃云何為无始眾生起願謂諸菩
薩以本願方便願一切眾生悉入涅槃若一
眾生未涅槃者我終不入此亦住一闡提趣

復
欲樂大慧以捨一切善根故為无始眾生起
願故云何捨一切善根謂謗菩薩藏言此非
隨順契經調伏解脫之說作是語時善根悉
斷不入涅槃云何為无始眾生起願謂諸菩
薩以本願方便願一切眾生悉入涅槃若一
眾生未涅槃者我終不入此亦住一闡提趣
此是无涅槃種性相大慧菩薩言世尊此中
何者畢竟不入涅槃佛言大慧彼菩薩一闡
提知一切法本來涅槃畢竟不入非捨善根
何以故捨善根一闡提以佛威力故或時善
根生何以者何佛於一切眾生无捨時故是
故菩薩一闡提不入涅槃
復次大慧菩薩摩訶薩當善知三自性相何
者為三所謂妄計自性緣起自性圓成自性
大慧妄計自性從相生云何從相生謂彼依
緣起事相種類顯現生計著故大慧彼計著
事相有二種妄計性生是諸如來之所演說
謂名相計著相事相計著相大慧事計著相
者謂計著內外法相計著相者謂即彼內外
法中計著自共相是名二種妄計自性相大
慧從所依所緣起是緣起性何者圓成自性謂
離名相事相一切分別自證聖智所行真如
大慧此是圓成自性如來藏心尒時世尊即
說頌言

法中計著自共相是名二種妄計自性相大
慧從所依所緣起是緣起性何者圓成自性謂
離名相事相一切分別自證聖智所行真如
大慧此是圓成自性如來藏心尒時世尊即
說頌言
名相分別　二自性相　正智真如　是圓成性
大慧是名觀察五法自性相法門自證聖智
所行境界汝及諸菩薩摩訶薩當勤脩學
復次大慧菩薩摩訶薩當善觀察二无我相
何者為二所謂人无我相法无我相大慧何
者是人无我相謂蘊界處離我我所无知愛
業之所生起眼等識生取於色等而生計著
又自心所見身器世間皆是藏心之所顯現剎
那相續變壞不停如河流如種子如燈焰如
迅風如浮雲躁動不安如猨猴樂不淨處如
飛蠅不知厭足如猛火无始虛偽習氣為因
諸有趣中流轉不息如汲水輪種種色身威
儀進止譬如死屍呪力故行亦如木人因大
慧云何為法无我智謂知蘊界處是妄計性
如蘊界處離我我所唯共積聚愛業繩縛互
為緣起无能作者蘊等亦尒離自共相虛妄
分別種種相現愚夫分別非諸聖者如是觀
察一切諸法離心意意識五法自性是名菩
薩摩訶薩法无我智得此智已知无境界了

BD04489號　大乘入楞伽經卷二

為緣起无能作者蘊等亦尒離自共相虛妄
分別種種相現愚夫分別非諸聖者如是觀
察一切諸法離心意意識五法自性是名菩
薩摩訶薩法无我智得此智已知无境界了
諸地相即入初地心生歡喜次第漸進乃至
善慧及以法雲諸有所作皆悉已辦住是地
已有大寶蓮花王衆寶莊嚴於其花上有寶
宮殿狀如蓮花菩薩往脩幻性法門之所成
就而坐其上同行佛子前後圍遶一切佛剎
所有如來皆舒其手如轉輪王子灌頂之法
而灌其頂超佛子地獲自證法成就如來自
在法身大慧是名見法无我相汝及諸菩薩
摩訶薩應勤脩學
尒時大慧菩薩摩訶薩復白佛言世尊願說
建立誹謗相令我及諸菩薩摩訶薩離此惡
見疾得阿耨多羅三藐三菩提已破
建立常誹謗斷見令其正法不生毀謗佛受
其請即說頌言
身資財住　皆唯心影像　凡愚不能了　起建立誹謗
所起但是心　離心不可得
尒時世尊欲重明此義告大慧言有四種无
有有建立何者為四所謂无有相建立相无有
見建立見无有因建立因无有性建立性是
為四大慧誹謗者謂於諸惡見所建立法求

BD04489號　大乘入楞伽經卷二

所緣但是心　離心不可得
尒時世尊欲重明此義告大慧言有四種无
有有立何者爲四所謂无有相建立相无有
見建立見无有因建立因无有性建立性是
爲四大慧誹謗者謂於諸惡見所建立法求
不可得不善觀察遂生誹謗此是建立誹
謗相大慧云何无有相建立相謂於蘊界處
自相共相本无所有而生計著此如是此不
異而此分別從无始種種惡習所生是名无
有相建立相云何无有見建立見謂於蘊界處
建立我人衆生等見是名无有見建立見云
何无有因建立因謂初識前无因不生其初
識本无後眼色明念等爲因如幻生生已有
有還滅是名无有因建立因云何无有性建
立性謂於虛空涅槃非數滅无作性執著建
立大慧此離性非性一切諸法離於有无猶
如毛輪兔馬等角是名无有性建立性大慧
建立誹謗皆是凡愚不了唯心而生分別非
諸聖者是故汝等當勤觀察遠離此見大
慧菩薩摩訶薩善知心意意識五法自性二
无我相已爲衆生故作種種身如依緣起妄
計性亦如摩尼隨心現色普入佛會聽聞佛
說諸法如幻如夢如影如鏡中像如水中月
遠離生滅及以斷常不住聲聞辟支佛道聞
已成就无量百千億那由他三昧得此三昧

BD04489號　大乘入楞伽經卷二　(21–14)

无我相已爲衆生故作種種身如依緣起妄
計性亦如摩尼隨心現色普入佛會聽聞佛
說諸法如幻如夢如影如鏡中像如水中月
遠離生滅及以斷常不住聲聞辟支佛道聞
已成就无量百千億那由他三昧得此三昧
已遍遊一切諸佛國土供養諸佛生諸天上
顯揚三寶示現佛身爲諸聲聞菩薩大衆
說外境界皆唯是心悉令遠離有无等執尒
時世尊即說頌言
佛子能觀見　世間唯是心　示現種種身　所作无障礙
神通力自在　一切皆成就
尒時大慧菩薩摩訶薩復請佛言願爲我說
一切法空无生无二无自性相我及諸菩薩悟
此相故離有无分別疾得阿耨多羅三藐
三菩提佛言諦聽當爲汝說大慧空者即是
妄計性句義大慧爲執著妄計自性故說空
无生无二无自性大慧略說空性有七種謂
相空自性空无行空行空一切法不可說空
第一義聖智大空彼彼空云何相空謂一切
法自相共相空展轉積聚互相待故分析推
求无所有故自他及共皆不生故自共相无生
亦无住是故名一切法自相空云何自性
空謂一切法自性不生是名自性空云何无
行空所謂諸蘊本來涅槃无有諸行是名无

BD04489號　大乘入楞伽經卷二　(21–15)

法自相共相空展轉積聚互相待故分析推
求无所有故自他及共皆不生故自共相无生
亦无住是故名一切法自相空云何自性
空謂一切法自性不生是名自性空云何无
行空所謂諸蘊本來涅槃无有諸行是名无
行空云何行空所謂諸蘊由業及因和合而
起離我我所是名行空云何一切法不可說
空謂一切法妄計自性无可言說是名不可
說空云何第一義聖智大空謂得自證聖智
時一切諸見過習悉離是名第一義聖智大
空云何彼彼空謂於此无彼是名彼彼空辟
如鹿子母堂无象馬牛羊我說彼堂空非无比
丘衆大慧非謂堂无自性非謂比丘无比
丘自性非謂餘處无象馬牛羊大慧一切諸
法自共相彼彼求不可得是故說名彼彼空
是名七種空大慧此彼彼空空中最麁汝應
遠離復次大慧无生者自體不生而非不生
除住三昧是名无生大慧无自性者以无生
故密意而說大慧一切法无自性以剎那不
住故見後變異故是名无自性云何无二相
大慧如光影如長短如黑白皆相待立獨則
不成大慧非於生死外有涅槃非於涅槃外
有生死生死涅槃无相違相如生死涅槃一

除住三昧是名无生大慧无自性者以无生
故密意而說大慧一切法无自性以剎那不
住故見後變異故是名无自性云何无二相
大慧如光影如長短如黑白皆相待立獨則
不成大慧非於生死外有涅槃非於涅槃外
有生死生死涅槃无相違相如生死涅槃一
切法亦如是是名无二相大慧空无生无二
无自性相汝當勤學尒時世尊重說頌言
我常說空法　遠離於斷常　生死如幻夢　而業亦不壞
虛空及涅槃　滅二亦如是　愚夫妄分別　諸聖離有无
尒時世尊復告大慧菩薩摩訶薩言大慧此
空无生无自性无二相悉入一切諸佛所說脩
多羅中佛所說經皆有是義大慧諸脩多
羅隨順一切衆生心說而非真實在於言中
辟如陽焰誑惑諸獸令生水想而實无水衆
經所說亦復如是隨諸愚夫自所分別令生
歡喜非皆顯示聖智證處真實之法大慧應
隨順義莫著言說
尒時大慧菩薩摩訶薩白佛言世尊脩多羅
中說如來藏本性清淨常恒不斷无有變易
具三十二相在於一切衆生身中爲蘊界處
垢衣所纏貪恚癡等妄分別垢之所汙染如
无價寶在垢衣中外道說我是常作者離於
求那自在无滅世尊所說如來藏義豈不同
於外道我耶佛言大慧我說如來藏不同外
道所說之我大慧如來應正等覺以性空實

具三十二相在於一切衆[illegible]
垢衣所纏貪恚癡等妄分別垢之所汙染如
无價寶在垢衣中外道說我是常作者離於
求那自在无滅世尊所說如來藏義豈不同
於外道我耶佛言大慧我說如來藏不同外
道所說之我大慧如來應正等覺以性空實
際涅槃不生无相无願等諸句義說如來藏
為令愚夫離无我怖說无分別无影像處如
來藏門未來現在諸菩薩摩訶薩不應於此
執著於我大慧譬如陶師於泥聚中以人功
水杖輪繩方便作種種器如來亦尒於遠離
一切分別相无我法中以種種智慧方便善
巧或說如來藏或說為无我種種名字各各差
別大慧我說如來藏為攝著我諸外道衆
令離妄見入三解脫速得證於阿耨多羅
三藐三菩提是故諸佛說如來藏不同外道
所說之我若欲離於外道見者應知无我如
來藏義尒時世尊即說頌言
士夫相續蘊　衆緣及微塵　勝自在作者　此但心分別
尒時大慧菩薩摩訶薩普觀未來一切衆生
復請佛言願為我說具脩行法如諸菩薩摩
訶薩成大脩行佛言大慧菩薩摩訶薩具
四種法成大脩行何者為四謂觀察自心所現
故遠離生住滅見故善知外法无性故專求
自證聖智故若諸菩薩成此四法則得名為

BD04489號　大乘入楞伽經卷二　（21–18）

復請佛言願為我說具脩行法如諸菩薩摩
訶薩成大脩行佛言大慧菩薩摩訶薩具
四種法成大脩行何者為四謂觀察自心所現
故遠離生住滅見故善知外法无性故專求
自證聖智故若諸菩薩成此四法則得名為
大脩行者大慧云何觀察自心所現謂觀三
界唯是自心離我我所无動作无來去无始
執著過習所熏三界種種色行名言繫縛身
資所住分別隨入之所顯現菩薩摩訶薩如
是觀察自心所現大慧云何得離生住滅見
所謂觀一切法如幻夢生自他及俱皆不生
故隨自心量之所現故見外物无有故見諸
識不起故及衆緣无積故分別因緣起三界
故如是觀時若內若外一切諸法皆不可得
知无體實遠離生見證如幻性即時逮得无
生法忍住第八地了心意意識五法自性二
我境轉所依止獲意生身大慧言世尊以何
因緣名意生身佛言大慧意生身者譬如
意去速疾无礙名意生身大慧譬如心意於无
量百千由旬之外憶先所見種種諸物念念
相續疾詣於彼非是其身及山河石壁所能
為礙意生身者亦復如是如幻三昧力通自
在諸相莊嚴憶本成就衆生願故猶如意去
生於一切諸聖衆中是名菩薩摩訶薩得
遠離於生住滅見大慧云何觀察外法无性

BD04489號　大乘入楞伽經卷二　（21–19）

相續疾詣於彼非是其身及山河石壁所能
為礙意生身者亦復如是如幻三昧力通自
在諸相莊嚴憶本成就眾生願故猶如意去
生於一切諸聖眾中是名菩薩摩訶薩得
遠離於生住滅見大慧云何觀察外法无性
謂觀察一切法如陽焰如夢境如毛輪无始
戲論種種執著虛妄惡習為其因故如是觀
察一切法時即是專求自證聖智大慧是名
菩薩具四種法成大修行汝應如是勤加修
介時大慧菩薩摩訶薩復請佛言願說一切
法因緣相令我及諸菩薩摩訶薩了達其義
離有无見不妄執諸法漸生頓生佛言大慧一
切法因緣生有二種謂內及外外者謂以泥
團水杖輪繩人功等緣和合瓶生如泥瓶縷
疊草席種牙酪蘇悉亦如是名外緣前後
轉生內者謂无明愛業等生蘊界處法是為
內緣起此但愚夫之所分別大慧因有六種
謂當有因相屬因相因能作因顯了因觀待
因大慧當有因者謂內外法作因生果相屬
因者謂內外法作所緣生果蘊種子等相因
者作无間相生相續果能作因者謂作增上
而生於果如轉輪王顯了因者謂分別生能
顯境相如燈照物觀待因者謂滅時相續斷
无妄想生大慧此是愚夫自所分別非漸次

者作无間相生相續果能作因者謂作增上
而生於果如轉輪王顯了因者謂分別生能
顯境相如燈照物觀待因者謂滅時相續斷
无妄想生大慧此是愚夫自所分別非漸次
生亦非頓生何以故大慧若頓生者則作與
所作无有差別求其因相不可得故若漸生
者求其體相亦不可得如未生子云何名父
諸計度人言以因緣所緣緣无間緣增上緣
等所生能生互相繫屬次第生者理不得成
皆是妄情執著相故大慧漸次與頓皆悉不
生但有心現身資等故外自共相皆无性故
唯除識起自分別見大慧是故應離因緣所
作和合相中漸頓生見介時世尊重說頌言
一切法不生　亦復无有滅　於彼諸緣中　分別生滅相
非遮諸緣會　如是滅復生　但[illegible]於凡愚　妄情之所著
緣中法有无　是悉无有生　習氣迷轉心　從是三有現
本來无有生　亦復无有滅　觀一切有為　譬如虛空花
離能取所取　一切迷惑見　无能生所生　亦復无因緣
但隨世俗故　而說有生滅

佛說入楞伽經卷第二

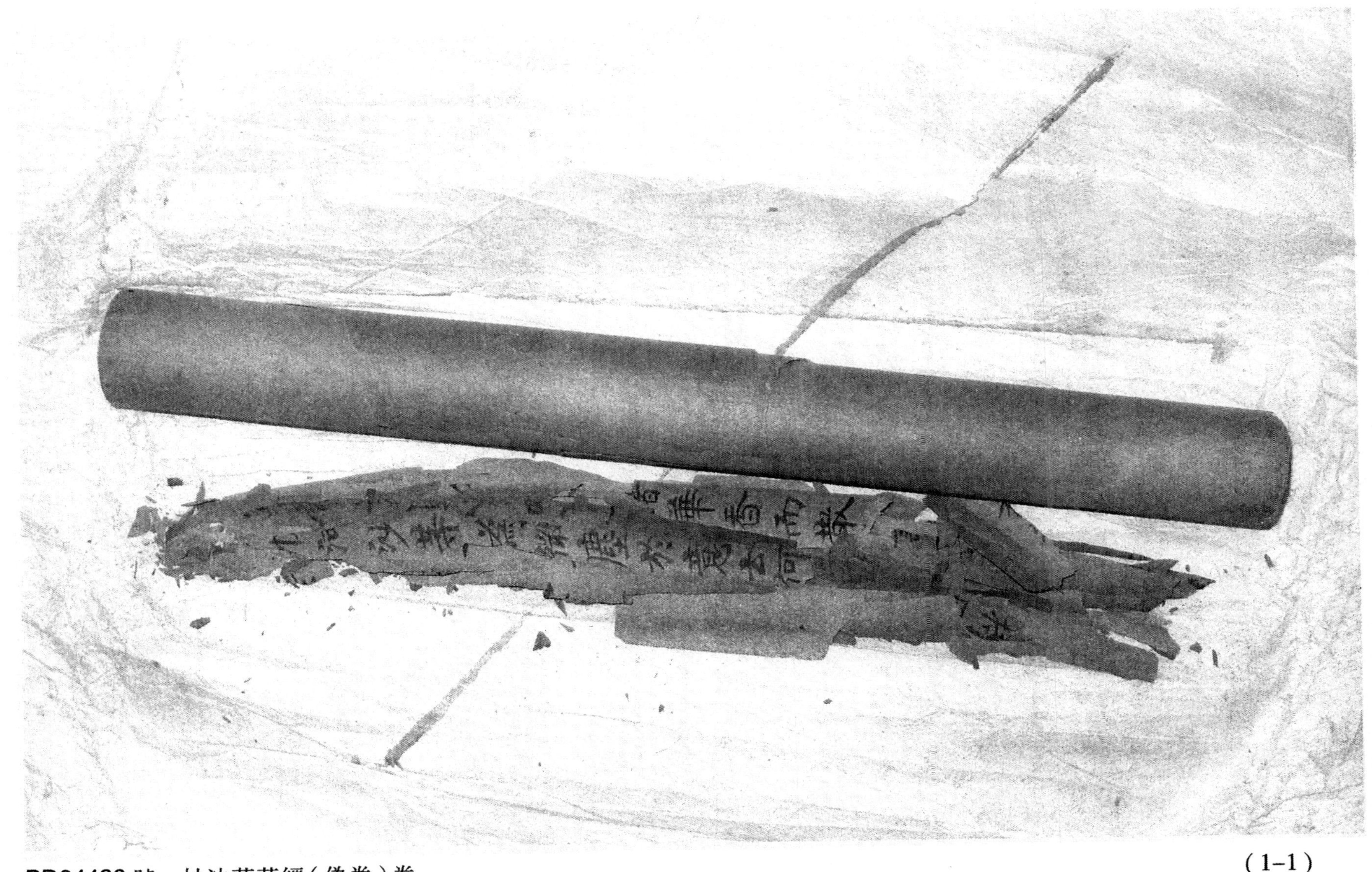

BD04490號　妙法蓮華經（僞卷）卷一　（1–1）

夫欲礼懺必須先敬三寶所以然者三寶即是
一切衆生良友福田若能歸向者則滅无量罪長无量
福能行者離生死苦得解脫樂是故弟子某甲等歸依
十方盡虛空界一切諸佛歸依十方盡虛空界一切尊法歸
依十方盡虛空界一切聖僧弟子今日所以懺悔者正言
无始以來在凡夫地不問貴賤罪自无量或因三業而生罪
或從六根而起過或以内心自耶思惟或藉外境起於
染着如是乃至十惡增長八万四千諸塵勞門然其罪
相雖復无量大而爲語不出三有何等爲三一者煩惱
二者是業三者是果報此三法種能障聖道及以人天勝
妙好事是故經中目爲三障所以諸佛菩薩教作方便懺
悔除滅此三滅者則六根十惡乃至八万四千諸塵勞門皆
悉清淨是故弟子今日運此增上勝心懺悔三障欲滅此
三罪者當用何等心可令此罪滅先當興七種心以爲方
便然後此罪乃得可滅何等爲七一者慚愧二者恐怖三
者厭離四者發菩提心五者怨親平等六者念報佛恩
七者觀罪自性空
第一慚愧者自惟我與釋迦如來同爲凡夫而今世尊
成道以來已逕尒所塵沙劫數而我等相與耽染六塵
流浪生死永無出期此實天下可慚可愧可羞可恥

BD04491號　佛名經（十六卷本）卷一　（2–1）

悪清淨是故弟子今日運此增上勝心懺悔三障欲滅此
三罪者當用何等心可令此罪滅先當興七種心以為方
便然後此罪乃得可滅何等為七一者慚愧二者恐怖三
者猒離四者發菩提心五者怨親平等六者念報佛恩
七者觀罪自性空
第一慚愧者自惟我與釋迦如來同為凡夫而今世尊
成道以來已逕尒所塵沙劫數而我等相與躭染六塵
流浪生死永無出期此實天下可慚可愧可羞可恥
第二恐怖者既是凡夫身口意業常與罪相應以是
因緣命終之後應墮地獄畜生餓鬼受無量苦如此實
為可驚可恐可怖可懼
第三猒離者相與當觀生死之中唯有無常苦空無我
不淨虛假如水上泡速起速滅往來流轉猶若車輪生老
病死八苦交煎無時暫息眾生相与但觀自身從頭至足
其中但有卅六物髮毛爪齒眵淚涕唾生熟二藏大腸小
腸腎心肺肝膽脾胃肪膏腦膜筋脉骨髓大小便利
九孔常流是故經言此身苦所集一切皆不淨何有智慧者
而當樂此身生死既有如此種種惡法甚可患猒
第四發菩提心者經言當樂佛身佛身者即法身也從無
量功德智慧生從六波羅蜜生從慈悲喜捨生從卅七助
菩提法生從如是等種種功德智慧生如來身欲得此身
者當發菩提心求一切種智常樂我淨薩婆若果淨

BD04491 號　佛名經（十六卷本）卷一　（2–2）

大乘無量壽經
如是我聞一時薄伽梵在舍衛國祇樹給孤獨園與大苾芻僧千二百五十人大菩薩摩訶薩
衆俱同會坐尒時世尊告曼殊室利童子曼殊上方有世界名無量功德聚彼土有佛
号無量壽智決定王如來阿羅訶三藐三菩提現為衆生開示說法曼殊師利諦聽南閻
浮提人皆短壽大限百年於中夭枉橫死者衆曼殊如是無量壽如來功德名稱法要若有衆
生得聞名号若自書或使人書能為經卷受持讀誦若於舍宅所住之處以種種花鬘瓔
珞塗香末香而為供養如其命盡復得延年滿足百歲如是曼殊若有衆生得聞是無量
壽智決定王如來一百八名号者益其長壽若有衆生大命將盡憶念是如來名号更得增
壽如是曼殊若有善男子善女人欲求長壽於是無量壽如來一百八名号有得聞者或
自書若使人書受持讀誦得如是等果報福德具足陀羅尼曰
南謨薄伽伐帝一阿波唎蜜多二阿喻紇硯娜三須毗你尸指多四囉坫耶五怛他揭他耶六怛
姪他唵七薩婆桑悉迦囉八波唎輸底九達磨底十伽迦娜十一莎訶其特迦底十二薩
婆婆毗輸底十三摩訶娜耶十四波利婆囉莎呵十五
世尊復告曼殊室利如是如來一百八名号若有自書或使人書能為經卷受持讀誦
如壽命盡復滿百年壽終此身後得往生無量福智世界無量壽淨土陀羅尼曰
南謨薄伽勃底一阿波唎蜜多二阿喻紇硯娜三須毗你尸指多四囉坫耶五怛他揭他耶六怛
姪他唵七薩婆桑悉迦囉八波唎輸底九達磨底十伽迦娜十一莎訶其特迦底十二薩

BD04492 號　無量壽宗要經　（7–1）

姪地唵七薩婆桒悉迦囉八波唎輸底九達磨底十伽迦娜十一莎訶其特迦底十二薩
婆婆毗輸底十三摩訶娜耶十四波利婆囉莎訶十五
世尊復告曼殊室利如是如來一百八名号若有自書或使人書能為經卷受持讀誦
如壽命盡復滿百年壽於此身後得往生无量福智世界无量壽淨土陁羅尼曰
南謨薄伽勃底一阿波唎蜜多二阿喻紇硯娜三須毗你尸指多四囉佐耶五怛他羯他耶六
怛姪他唵七薩婆桒悉迦囉八波唎輸底九達磨底十伽迦娜十一莎訶其特迦底十二薩
婆婆毗輸底十三摩訶娜耶十四波唎婆囉莎訶十五
尒時復有九十九殑佛等一時同聲說是无量壽宗要經陁羅尼曰
南謨薄伽勃底一阿波唎蜜多二阿喻紇硯娜三須毗你尸指多四囉佐耶五怛他羯他耶六
怛姪他唵七薩婆桒悉迦囉八波唎輸底九達磨底十伽迦娜十一莎訶其特迦底十二
薩婆婆毗輸底十三摩訶娜耶十四波唎婆囉莎訶十五
尒時復有一百四殑佛等一時同聲說是无量壽宗要經陁羅尼曰
南謨薄伽勃底一阿波唎蜜多二阿喻紇硯娜三須毗你尸指多四囉佐耶五怛他羯
地耶六怛姪他唵七薩婆桒悉迦囉八波唎輸底九達磨底十伽迦娜十一莎訶其
特迦底十二薩婆婆毗輸底十三摩訶娜耶十四波唎婆囉莎訶十五
尒時復有七殑佛等一時同聲說是无量壽宗要經陁羅尼曰
南謨薄伽勃底阿波唎蜜多二阿喻紇硯娜三須毗你尸指多四囉佐耶五怛他羯他
耶六怛姪他唵七薩婆桒悉迦囉八波唎輸底九達磨底十伽迦娜十一莎訶其特迦
底十二薩婆婆毗輸底十三摩訶娜耶十四波唎婆囉莎訶十五
尒時復有六十五殑佛一時同聲說是无量壽宗要經陁羅尼曰
南謨薄伽勃底阿波唎蜜多二阿喻紇硯娜三須毗你尸指多四囉佐耶五怛他羯他耶六
怛姪他唵七薩婆桒悉迦囉八波唎輸底九達磨底十伽迦娜十一莎訶其特迦底十二
薩婆婆毗輸底十三摩訶娜耶十四波唎婆囉莎訶十五
尒時復有五十五殑佛一時同聲說是无量壽宗要經陁羅尼曰
南謨薄伽勃底阿波唎蜜多二阿喻紇硯娜三須毗你尸指多四囉佐耶五怛他羯他耶
怛姪他唵七薩婆桒悉迦囉八波唎輸底九達磨底十伽迦娜十一莎訶其特迦底十二
薩婆婆毗輸底十三摩訶娜耶十四波唎婆囉莎訶十五
尒時復有四十五殑佛一時同聲說是无量壽宗要經陁羅尼曰
南謨薄伽勃底阿波唎蜜多二阿喻紇硯娜三須毗你尸指多四囉佐耶五怛他羯他
耶六怛姪他唵七薩婆桒悉迦囉八波唎輸底九達磨底十伽迦娜十一莎訶其特

BD04492 號　無量壽宗要經　（7–2）

怛姪他唵七薩婆桒悉迦囉八波唎輸底九達磨底十伽迦娜十一莎訶其特迦底十二
薩婆婆毗輸底十三摩訶娜耶十四波唎婆囉莎訶十五
尒時復有四十五殑佛一時同聲說是无量壽宗要經陁羅尼曰
南謨薄伽勃底阿波唎蜜多二阿喻紇硯娜三須毗你尸指多四囉佐耶五怛他羯他
耶六怛姪他唵七薩婆桒悉迦囉八波唎輸底九達磨底十伽迦娜十一莎訶其特
迦底十二薩婆婆毗輸底十三摩訶娜耶十四波唎婆囉莎訶十五
尒時復有三十六殑佛一時同聲說是无量壽宗要經陁羅尼曰
南謨薄伽勃底阿波唎蜜多二阿喻紇硯娜三須毗你尸指多四囉佐耶五怛他羯他耶
怛姪他唵七薩婆桒悉迦囉八波唎輸底九達磨底十伽迦娜十一莎訶其特迦底
薩婆婆毗輸底十三摩訶娜耶十四波唎婆囉莎訶十五
尒時復有二十五殑佛一時同聲說是无量壽宗要經陁羅尼曰
南謨薄伽勃底阿波唎蜜多二阿喻紇硯娜三須毗你尸指多四囉佐耶五怛他羯他耶
怛姪他唵七薩婆桒悉迦囉八波唎輸底九達磨底十伽迦娜十一莎訶其特迦底十二
薩婆婆毗輸底十三摩訶娜耶十四波唎婆囉莎訶十五
尒時復有恒河沙殑佛一時同聲說是无量壽宗要經陁羅尼曰
南謨薄伽勃底阿波唎蜜多二阿喻紇硯娜三須毗你尸指多四囉佐耶五怛他羯他耶
怛姪他唵七薩婆桒悉迦囉八波唎輸底九達磨底十伽迦娜十一莎訶其特迦底十二
薩婆婆毗輸底十三摩訶娜耶十四波唎婆囉莎訶十五
善男子若有自書寫教人書寫是无量壽宗要經如其命盡復得長壽滿百年陁羅尼曰
南謨薄伽勃底阿波唎蜜多二阿喻紇硯娜三須毗你尸指多四囉佐耶五怛他羯他耶六
怛姪他唵七薩婆桒悉迦囉八波唎輸底九達磨底十伽迦娜十一莎訶其特迦底十二
薩婆婆毗輸底十三摩訶娜耶十四波唎婆囉莎訶十五
若有自書寫教人書寫是无量壽宗要經讀誦受持畢竟不墮地獄在在所生得宿命陁羅
尼曰南謨薄伽勃底阿波唎蜜多二阿喻紇硯娜三須毗你尸指多四囉佐耶五怛他羯他耶六
怛姪他唵七薩婆桒悉迦囉八波唎輸底九達磨底十伽迦娜十一莎訶其特迦底十二
薩婆婆毗輸底十三摩訶娜耶十四波唎婆囉莎訶十五
若有自書寫教人書寫是无量壽宗要經受持讀誦如同書寫八万四千一切經典陁羅尼曰
南謨薄伽勃底阿波唎蜜多二阿喻紇硯娜三須毗你尸指多四囉佐耶五怛他羯他耶六
怛姪他唵七薩婆桒悉迦囉八波唎輸底九達磨底十伽迦娜十一莎訶其特迦底十二
薩婆婆毗輸底十三摩訶娜耶十四波唎婆囉莎訶十五

BD04492 號　無量壽宗要經　（7–3）

怛姪他唵七薩婆桒悉迦囉八波唎輸底九達磨底十伽迦娜十一莎呵其特迦底十二
薩婆婆毗輸底十三摩訶娜耶十四波唎婆羅莎呵十五
若有自書寫教人書寫是无量壽宗要經受持讀誦如同書寫八万四千一切經典陁羅尼曰
南謨薄伽勃底一阿波唎蜜多二阿喻紇硯娜三須毗你尸指多四囉佐耶五怛他羯他耶六怛
姪他唵七薩婆桒悉迦囉八波唎輸底九達磨底十伽迦娜十一莎呵其特迦底十二
薩婆婆毗輸底十三摩訶娜耶十四波唎婆羅莎呵十五
若有自書寫教人書寫是无量壽宗要經即是書寫八万四千部建立塔廟陁羅尼曰
南謨薄伽勃底一阿波唎蜜多二阿喻紇硯娜三須毗你尸指多四囉佐耶五怛他羯他耶六
怛姪他唵七薩婆桒悉迦囉八波唎輸底九達磨底十伽迦娜十一莎呵其特迦底十二
薩婆婆毗輸底十三摩訶娜耶十四波唎婆羅莎呵十五
若有自書寫教人書寫是无量壽宗要經能消五无間等一切重罪陁羅尼曰
南謨薄伽勃底一阿波唎蜜多二阿喻紇硯娜三須毗你尸指多四囉佐耶五怛他羯他耶六
怛姪他唵七薩婆桒悉迦囉八波唎輸底九達磨底十伽迦娜十一莎呵其特迦底十二
薩婆婆毗輸底十三摩訶娜耶十四波唎婆羅莎呵十五
若有自書寫教人書寫是无量壽宗要經受持讀誦設有重罪猶如須弥盡能除滅陁羅尼曰
南謨薄伽勃底一阿波唎蜜多二阿喻紇硯娜三須毗你尸指多四囉佐耶五怛他羯他耶六
怛姪他唵七薩婆桒悉迦囉八波唎輸底九達磨底十伽迦娜十一莎呵其特迦底十二
薩婆婆毗輸底十三摩訶娜耶十四波唎婆羅莎呵十五
若有自書寫教人書寫是无量壽宗要經受持讀誦若魔魔之眷屬夜叉羅剎不得其
便終无枉死陁羅尼曰　南謨薄伽勃底一阿波蜜多二阿喻紇硯娜三須毗你尸指多四囉絁
怛他羯他耶六怛姪他唵七薩婆桒悉迦囉八波唎輸底九達磨底十伽迦娜十一莎呵其
特迦底十二薩婆婆毗輸底十三摩訶娜耶十四波唎婆羅莎呵十五
若有自書寫教人書寫是无量壽宗要經受持讀誦當命終時有九十九姟佛現其人前
豪千佛授手能遊一切佛剎莫於此經生於疑惑陁羅尼曰
南謨薄伽勃底一阿波唎蜜多二阿喻紇硯娜三須毗你尸指多四囉佐耶五怛他羯他耶六怛
姪他唵七薩婆桒悉迦囉八波唎輸底九達磨底十伽迦娜十一莎呵其特迦底十二
薩婆婆毗輸底十三摩訶娜耶十四波唎婆羅莎呵十五
若有自書寫教人書寫是无量壽宗要經受持讀誦常得四天大王隨其衛護陁羅尼曰
南謨薄伽勃底一阿波唎蜜多二阿喻紇硯娜三須毗你尸指多四囉佐耶五怛他羯他耶六

BD04492號　無量壽宗要經　（7–4）

……遊一十佛剎莫於此經生於疑惑陁羅尼曰
南謨薄伽勃底一阿波唎蜜多二阿喻紇硯娜三須毗你尸指多四囉佐耶五怛他羯他耶六怛
姪他唵七薩婆桒悉迦囉八波唎輸底九達磨底十伽迦娜十一莎呵其特迦底十二
薩婆婆毗輸底十三摩訶娜耶十四波唎婆羅莎呵十五
若有自書寫教人書寫是无量壽宗要經受持讀誦常得四天大王隨其衛護陁羅尼曰
南謨薄伽勃底一阿波唎蜜多二阿喻紇硯娜三須毗你尸指多四囉佐耶五怛他羯他耶六
怛姪他唵七薩婆桒悉迦囉八波唎輸底九達磨底十伽迦娜十一莎呵其特迦底十二
薩婆婆毗輸底十三摩訶娜耶十四波唎婆羅莎呵十五
若有自書寫教人書寫是无量壽宗要經受持讀誦當得往生西方極樂世界阿弥陁淨土
陁羅尼曰　南謨薄伽勃底一阿波唎蜜多二阿喻紇硯娜三須毗你尸指多四囉佐耶五
怛他羯他耶六怛姪他唵七薩婆桒悉迦囉八波唎輸底九達磨底十伽迦娜十一莎
呵其特迦底十二薩婆婆毗輸底十三摩訶娜耶十四波唎婆羅莎呵十五
若有方所自書寫使人書寫是无量壽經典之處則為是塔皆應恭敬作礼若
是畜生或為鳥獸得聞是經如是等類皆當不久得成一切種智陁羅尼曰
南謨薄伽勃底一阿波唎蜜多二阿喻紇硯娜三須毗你尸指多四囉佐耶五怛他羯他耶六
怛姪他唵七薩婆桒悉迦囉八波唎輸底九達磨底十伽迦娜十一莎呵其特迦底十二
薩婆婆毗輸底十三摩訶娜耶十四波唎婆羅莎呵十五
若有於是无量壽經自書使人書畢竟不受女人之身陁羅尼曰
南謨薄伽勃底一阿波唎蜜多二阿喻紇硯娜三須毗你尸指多四囉佐耶五怛他羯他耶六
怛姪他唵七薩婆桒悉迦囉八波唎輸底九達磨底十伽迦娜十一莎呵其特迦底十二
薩婆婆毗輸底十三摩訶娜耶十四波唎婆羅莎呵十五
若有能於是經少分能惠施者等於三千大千世界滿中七寶布施陁羅尼曰
南謨薄伽勃底一阿波唎蜜多二阿喻紇硯娜三須毗你尸指多四囉佐耶五怛他羯他耶六
怛姪他唵七薩婆桒悉迦囉八波唎輸底九達磨底十伽迦娜十一莎呵其特迦底十二
薩婆婆毗輸底十三摩訶娜耶十四波唎婆羅莎呵十五
若有能供養是經者則是供養一切諸經等无有異陁羅尼曰
南謨薄伽勃底一阿波唎蜜多二阿喻紇硯娜三須毗你尸指多四囉佐耶五怛他羯他耶六
怛姪他唵七薩婆桒悉迦囉八波唎輸底九達磨底十伽迦娜十一莎呵其特迦底十二
薩婆婆毗輸底十三摩訶娜耶十四波唎婆羅莎呵十五
如是毗婆尸佛尸弃佛毗舍浮佛俱留孫佛俱那含牟尼佛迦葉佛釋迦牟尼佛

BD04492號　無量壽宗要經　（7–5）

……阿喻紇硯娜三須毗你尸指多四囉佐耶五怛他羯他耶六
怛姪他唵七薩婆桑悉迦囉八波唎輸底九達磨底十伽迦娜十一莎呵其特迦底十二
薩婆婆毗輸底十三摩訶娜耶十四波唎婆囉莎呵十五
若有能供養是經者則是供養一切諸經等无有異陀羅尼曰
南謨薄伽勃底一阿波唎蜜多二阿喻紇硯娜三須毗你尸指多四囉佐耶五怛他羯他耶六
怛姪他唵七薩婆桑悉迦囉八波唎輸底九達磨底十伽迦娜十一莎呵其特迦底十二
薩婆婆毗輸底十三摩訶娜耶十四波唎婆囉莎呵十五
如是毗婆尸佛尸棄佛毗舍浮佛俱留孫佛俱那含牟尼佛迦葉佛釋迦牟尼佛
若有人以七寶供養如是七佛其福有限書寫受持是无量壽經典所有功德不可數量陀羅尼曰
南謨薄伽勃底一阿波唎蜜多二阿喻紇硯娜三須毗你尸指多四囉佐耶五怛他羯他耶六
怛姪他唵七薩婆桑悉迦囉八波唎輸底九達磨底十伽迦娜十一莎呵其特迦底十二
薩婆婆毗輸底十三摩訶娜耶十四波唎婆囉莎呵十五
若有七寶等於須弥以用布施其福亡能知其限量是无量壽經典其福不可知數陀羅尼曰
南謨薄伽勃底一阿波唎蜜多二阿喻紇硯娜三須毗你尸指多四囉佐耶五怛他羯他耶六
怛姪他唵七薩婆桑悉迦囉八波唎輸底九達磨底十伽迦娜十一莎呵其特迦底十二
薩婆婆毗輸底十三摩訶娜耶十四波唎婆囉莎呵十五
如是四大海水可知渧數是无量壽經典所生果報不可數量陀羅尼曰
南謨薄伽勃底一阿波唎蜜多二阿喻紇硯娜三須毗你尸指多四囉佐耶五怛他羯他耶
怛姪他唵七薩婆桑悉迦囉八波唎輸底九達磨底十伽迦娜十一莎呵其特迦底十二
薩婆婆毗輸底十三摩訶娜耶十四波唎婆囉莎呵十五
若有自書使人書寫是无量壽經典之能護持供養即如恭敬供養一切十方佛土如來无
有別異陀羅尼曰　南謨薄伽勃底一阿波唎蜜多二阿喻紇硯娜三須毗你尸指多
囉佐耶五怛他羯他耶六怛姪他唵七薩婆桑悉迦囉八波唎輸底九達磨底十伽
迦娜十一莎呵其特迦底十二薩婆婆毗輸底十三摩訶娜耶十四波唎婆囉莎呵十五
布施力能成正覺　悟布施力人師子　布施力能聲普聞　慈悲階漸最能入
持戒力能成正覺　悟持戒力人師子　持戒力能聲普聞　慈悲階漸最能入
忍辱力能成正覺　悟忍辱力人師子　忍辱力能聲普聞　慈悲階漸最能入
精進力能成正覺　悟精進力人師子　精進力能聲普聞　慈悲階漸最能入
禪定力能成正覺　悟禪定力人師子　禪定力能聲普聞　慈悲階漸最能入
智慧力能成正覺　悟智慧力人師子　智慧力能聲普聞　慈悲階漸最能入

BD04492號　無量壽宗要經　（7–6）

若有七寶等於須弥以用布施其福亡能知其限量是无量壽經典其福不可知數陀羅尼曰
南謨薄伽勃底一阿波唎蜜多二阿喻紇硯娜三須毗你尸指多四囉佐耶五怛他羯他耶六
怛姪他唵七薩婆桑悉迦囉八波唎輸底九達磨底十伽迦娜十一莎呵其特迦底十二
薩婆婆毗輸底十三摩訶娜耶十四波唎婆囉莎呵十五
如是四大海水可知渧數是无量壽經典所生果報不可數量陀羅尼曰
南謨薄伽勃底一阿波唎蜜多二阿喻紇硯娜三須毗你尸指多四囉佐耶五怛他羯他耶
怛姪他唵七薩婆桑悉迦囉八波唎輸底九達磨底十伽迦娜十一莎呵其特迦底十二
薩婆婆毗輸底十三摩訶娜耶十四波唎婆囉莎呵十五
若有自書使人書寫是无量壽經典之能護持供養即如恭敬供養一切十方佛土如來无
有別異陀羅尼曰　南謨薄伽勃底一阿波唎蜜多二阿喻紇硯娜三須毗你尸指多
囉佐耶五怛他羯他耶六怛姪他唵七薩婆桑悉迦囉八波唎輸底九達磨底十伽
迦娜十一莎呵其特迦底十二薩婆婆毗輸底十三摩訶娜耶十四波唎婆囉莎呵十五
布施力能成正覺　悟布施力人師子　布施力能聲普聞　慈悲階漸最能入
持戒力能成正覺　悟持戒力人師子　持戒力能聲普聞　慈悲階漸最能入
忍辱力能成正覺　悟忍辱力人師子　忍辱力能聲普聞　慈悲階漸最能入
精進力能成正覺　悟精進力人師子　精進力能聲普聞　慈悲階漸最能入
禪定力能成正覺　悟禪定力人師子　禪定力能聲普聞　慈悲階漸最能入
智慧力能成正覺　悟智慧力人師子　智慧力能聲普聞　慈悲階漸最能入
尒時如來說是經已一切世間天人阿脩羅揵闥婆等聞佛所說皆大歡喜信受奉行

佛說无量壽宗要經

[illegible]寫

BD04492號　無量壽宗要經　（7–7）

BD04492號背　寺院題名

（1–1）

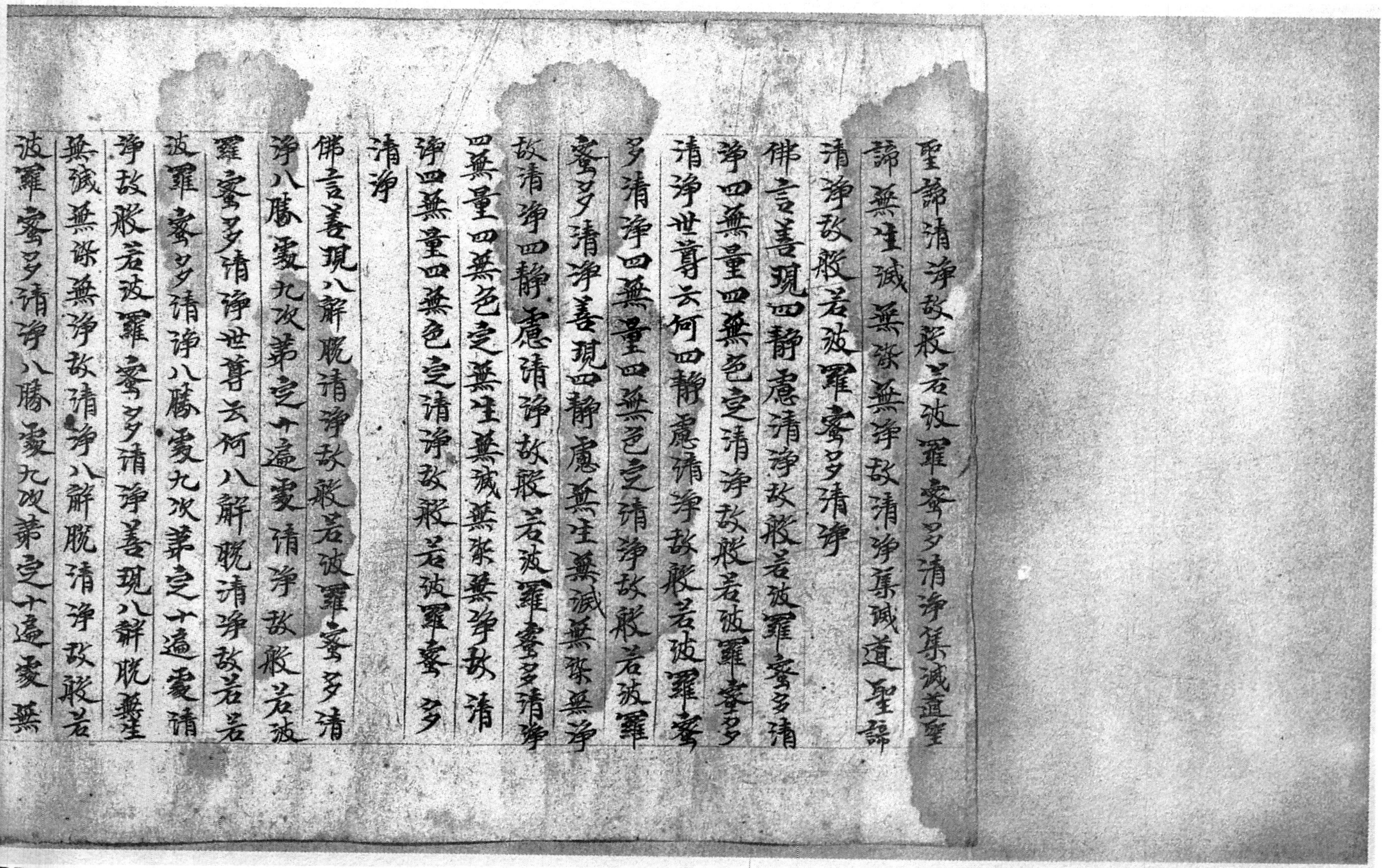

聖諦清淨故般若波羅蜜多清淨集滅道聖
諦無生滅無染無淨故清淨集滅道聖諦
清淨故般若波羅蜜多清淨
佛言善現四靜慮清淨故般若波羅蜜多清
淨四無量四無色定清淨故般若波羅蜜多
清淨世尊云何四靜慮清淨故般若波羅蜜
多清淨四無量四無色定清淨故般若波羅
蜜多清淨善現四靜慮無生無滅無染無淨
故清淨四靜慮清淨故般若波羅蜜多清淨
四無量四無色定無生無滅無染無淨故清
淨四無量四無色定清淨故般若波羅蜜多
清淨
佛言善現八解脫清淨故般若波羅蜜多清
淨八勝處九次第定十遍處清淨故般若波
羅蜜多清淨世尊云何八解脫清淨故若若
波羅蜜多清淨八勝處九次第定十遍處清
淨故般若波羅蜜多清淨善現八解脫無生
無滅無染無淨故清淨八解脫清淨故般若
波羅蜜多清淨八勝處九次第定十遍處無

BD04493號　大般若波羅蜜多經卷二九三

（7–1）

波羅蜜多清淨八勝處九次第定十遍處清
淨故般若波羅蜜多清淨善現八解脫無生
無滅無染無淨故清淨八解脫清淨故般若
波羅蜜多清淨八勝處九次第定十遍處無
生無滅無染無淨故清淨八勝處九次第定
十遍處清淨故般若波羅蜜多清淨
佛言善現四念住清淨故般若波羅蜜多清
淨四正斷四神足五根五力七等覺支八聖
道支清淨故般若波羅蜜多清淨世尊云何
四念住清淨故般若波羅蜜多清淨四正斷
四神足五根五力七等覺支八聖道支清淨
故般若波羅蜜多清淨善現四念住無生無
滅無染無淨故清淨四念住清淨故般若波
羅蜜多清淨四正斷乃至八聖道支無生無
滅無染無淨故清淨四正斷乃至八聖道支
清淨故般若波羅蜜多清淨
佛言善現空解脫門清淨故般若波羅蜜多
清淨無相無願解脫門清淨故般若波羅蜜
多清淨世尊云何空解脫門清淨故般若波
羅蜜多清淨善現空解脫門無生無滅無
染無淨故清淨空解脫門清淨故般若波羅
蜜多清淨無相無願解脫門無生無滅無染
無淨故清淨無相無願解脫門清淨故般若
波羅蜜多清淨
佛言善現菩薩十地清淨故般若波羅蜜多
清淨世尊云何菩薩十地清淨故般若波羅

BD04493 號　大般若波羅蜜多經卷二九三

（7–2）

蜜多清淨無相無願解脫門無生無滅無染
無淨故清淨無相無願解脫門清淨故般若
波羅蜜多清淨
佛言善現菩薩十地清淨故般若波羅蜜多
清淨世尊云何菩薩十地清淨故般若波羅
蜜多清淨善現菩薩十地無生無滅無染無
淨故清淨菩薩十地清淨故般若波羅蜜多
清淨
佛言善現五眼清淨故般若波羅蜜多清淨
六神通清淨故般若波羅蜜多清淨世尊云
何五眼清淨故般若波羅蜜多清淨六神通
清淨故般若波羅蜜多清淨善現五眼無生
無滅無染無淨故清淨五眼清淨故般若波
羅蜜多清淨六神通無生無滅無染無淨故
清淨六神通清淨故般若波羅蜜多清淨
佛言善現佛十力清淨故般若波羅蜜多清
淨四無所畏四無礙解大慈大悲大喜大捨
十八佛不共法清淨故般若波羅蜜多清淨
世尊云何佛十力清淨故般若波羅蜜多清
淨四無所畏乃至十八佛不共法清淨故般
若波羅蜜多清淨善現佛十力無生無滅無
染無淨故清淨佛十力清淨故般若波羅蜜
多清淨四無所畏乃至十八佛不共法無生
無滅無染無淨故清淨四無所畏乃至十八
佛不共法清淨故般若波羅蜜多清淨
佛言善現無忘失法清淨故般若波羅蜜多
清淨恒住捨性清淨故般若波羅蜜多清淨

BD04493 號　大般若波羅蜜多經卷二九三

（7–3）

若波羅蜜多清淨善現佛十力無生無滅無
染無淨故清淨佛十力清淨故般若波羅蜜
多清淨四無所畏乃至十八佛不共法無生
無滅無染無淨故清淨四無所畏乃至十八
佛不共法清淨故般若波羅蜜多清淨
佛言善現無忘失法清淨故般若波羅蜜多
清淨恒住捨性清淨故般若波羅蜜多清淨
世尊云何無忘失法清淨故般若波羅蜜多
清淨恒住捨性清淨故般若波羅蜜多清淨
善現無忘失法無生無滅無染無淨故清淨
無忘失法清淨故般若波羅蜜多清淨恒住
捨性無生無滅無染無淨故清淨恒住捨性
清淨故般若波羅蜜多清淨
佛言善現一切智清淨故般若波羅蜜多清
淨道相智一切相智清淨故般若波羅蜜多
清淨世尊云何一切智清淨故般若波羅蜜
多清淨道相智一切相智清淨故般若波羅
蜜多清淨善現一切智無生無滅無染無淨
故清淨一切智清淨故般若波羅蜜多清淨
道相智一切相智無生無滅無染無淨故清
淨道相智一切相智清淨故般若波羅蜜多
清淨
佛言善現一切陀羅尼門清淨故般若波羅
蜜多清淨一切三摩地門清淨故般若波羅
蜜多清淨世尊云何一切陀羅尼門清淨故
般若波羅蜜多清淨一切三摩地門清淨故
般若波羅蜜多清淨善現一切陀羅尼門無

BD04493號　大般若波羅蜜多經卷二九三　（7–4）

佛言善現一切陀羅尼門清淨故般若波羅
蜜多清淨一切三摩地門清淨故般若波羅
蜜多清淨世尊云何一切陀羅尼門清淨故
般若波羅蜜多清淨一切三摩地門清淨故
般若波羅蜜多清淨善現一切陀羅尼門無
生無滅無染無淨故清淨一切陀羅尼門清
淨故般若波羅蜜多清淨一切三摩地門無
生無滅無染無淨故清淨一切三摩地門清
淨故般若波羅蜜多清淨
佛言善現預流果清淨故般若波羅蜜多清
淨一來不還阿羅漢果清淨故般若波羅蜜
多清淨世尊云何預流果清淨故般若波羅
蜜多清淨一來不還阿羅漢果清淨故般若
波羅蜜多清淨善現預流果無生無滅無染
無淨故清淨預流果清淨故般若波羅蜜多
清淨一來不還阿羅漢果無生無滅無染無
淨故清淨一來不還阿羅漢果清淨故般若
波羅蜜多清淨
佛言善現獨覺菩提清淨故般若波羅蜜多
清淨世尊云何獨覺菩提清淨故般若波羅
蜜多清淨善現獨覺菩提無生無滅無染無
淨故清淨獨覺菩提清淨故般若波羅蜜多
清淨
佛言善現一切菩薩摩訶薩行清淨故般若
波羅蜜多清淨世尊云何一切菩薩摩訶薩
行清淨故般若波羅蜜多清淨善現一切菩

BD04493號　大般若波羅蜜多經卷二九三　（7–5）

蜜多清淨善現獨覺菩提無生無滅無染無淨
淨故清淨獨覺菩提清淨故般若波羅蜜多
清淨
佛言善現一切菩薩摩訶薩行清淨故般若
波羅蜜多清淨世尊云何一切菩薩摩訶薩
行清淨故般若波羅蜜多清淨善現一切菩
薩摩訶薩行無生無滅無染無淨故清淨
一切菩薩摩訶薩行清淨故般若波羅蜜多清
淨佛言善現諸無上正等菩提清淨故般
若波羅蜜多清淨世尊云何諸佛無上正等
菩提清淨故般若波羅蜜多清淨善現諸佛
無上正等菩提無生無滅無染無淨故清淨
諸佛無上正等菩提清淨故般若波羅蜜多
清淨
復次善現虛空清淨故般若波羅蜜多清淨
世尊云何虛空清淨故般若波羅蜜多清淨
善現虛空無生無滅無染無淨故清淨虛空
清淨故般若波羅蜜多清淨
復次善現色無染汙故般若波羅蜜多清淨
受想行識無染汙故般若波羅蜜多清淨世
尊云何色無染汙故般若波羅蜜多清淨受
想行識無染汙故般若波羅蜜多清淨善現
色不可取故無染汙色無染汙故般若波羅
蜜多清淨受想行識不可取故無染汙受想
行識無染汙故般若波羅蜜多清淨佛言善
現眼處無染汙故般若波羅蜜多清淨耳鼻
舌身意處無染汙故般若波羅蜜多清淨世

BD04493號　大般若波羅蜜多經卷二九三　（7–6）

受想行識無染汙故般若波羅蜜多清淨世
尊云何色無染汙故般若波羅蜜多清淨受
想行識無染汙故般若波羅蜜多清淨善現
色不可取故無染汙色無染汙故般若波羅
蜜多清淨受想行識不可取故無染汙受想
行識無染汙故般若波羅蜜多清淨佛言善
現眼處無染汙故般若波羅蜜多清淨耳鼻
舌身意處無染汙故般若波羅蜜多清淨世
尊云何眼處無染汙故般若波羅蜜多清淨
耳鼻舌身意處無染汙故般若波羅蜜多清
淨善現眼處不可取故無染汙眼處無染汙
故般若波羅蜜多清淨耳鼻舌身意處不可
取故無染汙耳鼻舌身意處無染汙故般若
波羅蜜多清淨佛言善現色處無染汙故般
若波羅蜜多清淨聲香味觸法處無染汙故
般若波羅蜜多清淨世尊云何色處無染汙
故般若波羅蜜多清淨聲香味觸法處無染
汙故般若波羅蜜多清淨善現色處不可取
故無染汙色處無染汙故般若波羅蜜多清
淨聲香味觸法處不可取故無染汙聲香味
觸法處無染汙故般若波羅蜜多清淨
佛言善現眼界無染汙故般若波羅蜜多清

BD04493號　大般若波羅蜜多經卷二九三　（7–7）

三部合卷 罪報應經 此經有六十品 略此二品流行
南无不動光觀自在无量命足弥寶炎弥留金剛佛
南无大奮迅通佛 南无善寂慧月佛
南无聲自在王佛 南无清淨月輪佛
南无住阿僧祇精進功德佛
南无无盡意佛 南无寶幢佛
南无光明无垢藏佛 南无大奮迅通佛
南无雲香讚佛 南无師子奮迅通佛
南无弥留上王佛 南无智慧來佛
南无護妙法幢佛 南无金光明師子奮迅佛
南无寶照積上功德王佛 南无善住功德如香積王佛
南无普現佛 南无釋迦牟尼佛
南无无量光佛 南无放炎佛
南无栴檀香佛 南无无垢慧深聲王佛
南无斷一切障佛 南无无量光明佛
南无作功德佛 南无普香上佛
南无不可勝奮迅聲王佛 南无降伏憍慢佛
南无毗婆尸佛 南无尸棄佛
南无毗舍浮佛 南无拘留孫佛
南无拘那含牟尼佛 南无迦

BD04494號　佛名經（十六卷本）卷一　（17–1）

南无斷一切障佛 南无无量光明佛
南无作功德佛 南无普香上佛
南无不可勝奮迅聲王佛 南无降伏憍慢佛
南无毗婆尸佛 南无尸棄佛
南无毗舍浮佛 南无拘留孫佛
南无拘那含牟尼佛 南无迦葉佛
南无釋迦牟尼佛 南无成就一切義佛
南无能作无畏佛 南无寂靜王佛
南无阿閦佛 南无盧至佛
南无阿弥多佛 南无尼弥佛
南无住法佛 南无寶炎佛
南无弥留佛
從此以上五百佛十二部經一切賢聖
南无金剛佛 南无持法佛
南无勇猛法佛 南无妙法光明佛
南无法月面佛 南无住法佛
南无法幢佛 南无法威德佛
南无法自在佛 南无善住法佛
南无法寂佛 南无善智力佛
南无弥勒等无量佛
南无毗婆尸佛 南无尸棄佛
南无毗舍浮佛 南无拘留孫佛
南无拘那含牟尼佛 南无迦葉佛
南无釋迦牟尼佛 南无阿弥陀佛
南无照 南无勝色佛

BD04494號　佛名經（十六卷本）卷一　（17–2）

南无毗婆尸佛　南无尸棄佛
南无毗舍浮佛　南无拘留孫佛
南无拘那含牟尼佛　南无迦葉佛
南无釋迦牟尼佛　南无阿弥陁佛
南无照佛　南无勝色佛
南无樂意佛　南无大導師佛
南无大聖天佛　南无那羅延佛
南无樹提佛　南无慈他佛
南无毗盧遮那佛　南无旃檀佛
南无具足佛　南无化佛
南无善化佛　南无世自在佛
南无人自在佛　南无摩醯那自在佛
南无勝自在佛　南无十力自在佛
南无毗頭羅佛　南无離諸畏佛
南无離諸憂佛　南无能破諸邪佛
南无散諸邪佛　南无破異意佛
南无持法佛　南无沫月面佛
南无智慧嚴佛　南无寶嶽佛
南无弥留嚴佛　南无降魔佛
南无善才佛　南无堅才佛
南无堅奮迅佛　南无堅精進佛
南无堅㓗羅佛　南无堅心佛
南无堅勇猛破陣佛　南无破陣佛
南无寶體佛　南无曇无竭佛
南无尼尸陁佛

BD04494號　佛名經（十六卷本）卷一　（17–3）

南无堅㓗羅佛　南无堅心佛
南无堅勇猛破陣佛　南无破陣佛
南无寶體佛　南无曇无竭佛
南无尼尸陁佛
南无波羅羅堅佛　南无普光佛
南无普賢佛　南无勝海佛
南无功德海佛　南无法海佛
南无虛空寂佛　南无虛空功德佛
南无盡空庫藏佛　南无盡空心佛
南无盡空多羅佛　南无无垢心佛
南无放光世界中現在說法虛空勝離塵无垢
塵平等眼清淨功德幢光明華波頭摩琉璃
光寶香為身勝妙羅網莊嚴頂无量日月
光明照莊嚴頂上莊嚴法界善化无障㝵
王佛　彼佛世界中有菩薩名无㝵彼佛授記不
久得阿耨多羅三藐三菩提号種種光華寶
波頭摩金色身普照莊嚴不住眼放光照十
方世界幢王佛
若有善男子善女人信心受持讀誦彼佛及
菩薩名是善男子善女人超越閻浮提微塵
數劫得陁羅尼一切諸惡病不及其身
南无无量功德寶集樂示現金光明師子奮迅王佛
南无師子奮迅心雲聲王佛
南无无垢清淨光明覺寶華不斷光莊嚴王佛
南无寶光明莊嚴智功德聲自在王佛

BD04494號　佛名經（十六卷本）卷一　（17–4）

南无无量功德寳集樂示現金光明師子奮迅王佛
南无師子奮迅心雲聲王佛
南无无垢清淨光明覺寳華不斷光莊嚴王佛
南无寳光明莊嚴智功德聲自在王佛
南无寳波頭摩智清淨上王佛
南无摩善住山王佛
南无光花種種奮迅王佛
南无拘蘓摩奮迅王佛
南无波頭摩花上彌留幢王佛
南无法幢空俱蘓摩王佛
南无涉羅華上光王佛
南无无垢眼上光王佛
南无无垢意山上王佛
南无種種樂說莊嚴王佛
南无无礙藥王成就勝王佛
南无千雷雲聲王佛
南无金光明師子奮迅王佛
南无善寂智慧月聲自在王佛
南无善住摩尼山王佛
南无歡喜藏勝山王佛
南无普光上勝功德山王佛
南无功德藏增上山王佛
南无動山嶽王佛　南无善住諸禪藏王佛
南无法海潮功德王佛　南无稱功德山王佛
從此以上六百佛十二部經一切賢聖

南无普光上勝功德山王佛
南无功德藏增上山王佛
南无動山嶽王佛　南无善住諸禪藏王佛
南无法海潮功德王佛　南无稱功德山王佛
從此以上六百佛十二部經一切賢聖
南无一切華香自在王佛　南无
南无銀幢蓋王佛　南无雷燈幢王佛
南无月摩尼光王佛　南无波頭摩上星宿王佛
南无无量香上王佛　南无覺王佛
南无上彌留幢王佛　南无涉羅華上王佛
南无日隱羅幢王佛　南无師子奮迅王佛
南无俱蘓摩生王佛　南无微細華佛
南无說義佛　南无无量精進佛
南无无邊彌留佛　南无離藏佛
南无无量眼佛　南无无量發行佛
南无發行離佛　南无无所發行佛
南无无量發行佛　南无斷諸難佛
南无不定願佛　南无善住諸願佛
南无不念示現佛　南无无量善根成就諸行佛
南无无垢奮迅佛　南无不住奮迅佛
南无妙色佛　南无无相聲佛
南无虛空星宿增上王佛　南无栴檀室佛
南无樂意佛　南无善行佛
南无境界自在佛　南无樂行佛
南无樂解脫佛　南无遠離怖畏毛竪佛

南无妙色佛 南无无相聲佛
南无虛空星宿增上王佛 南无栴檀室佛
南无樂意佛 南无善行佛
南无境界自在佛 南无樂行佛
南无樂解脫佛 南无遠離怖畏毛竪佛
南无清淨眼佛 南无進寂靜佛
南无世間可樂佛 南无隨世間意佛
南无隨世間眼佛 南无寶佛
南无寶愛佛 南无羅睺羅佛
南无羅睺羅天佛 南无羅睺羅淨佛
南无寶慧佛 南无寶髻佛
南无寶形佛 南无羅網手佛
南无摩尼輪佛 南无解脫威德佛
南无善行佛 南无善愛佛
南无人面佛 南无吉佛
南无夢陁羅佛 南无淨聖佛
南无淨宿佛 南无離胎佛
南无虛空莊嚴佛 南无集一切德佛
南无師子步佛 南无一切德海佛
南无摩尼一切德佛 南无廣一切德佛
南无稱氏佛 南无大如意輪佛
南无无畏上王佛 南无俱蘇摩國王佛
南无一切德幢佛 南无威德佛
南无華眼佛 南无喜身佛
南无惠國土佛 南无喜威德佛

BD04494號　佛名經（十六卷本）卷一　（17–7）

南无稱氏佛 南无大如意輪佛
南无无畏上王佛 南无俱蘇摩國王佛
南无一切德幢佛 南无威德佛
南无華眼佛 南无喜身佛
南无惠國土佛 南无喜威德佛
南无波頭弛智慧奮迅佛
南无一切德聚佛 南无寂滅慧佛
南无降伏魔佛 南无无上光佛
南无法自在佛 南无得世間一切德佛
南无寶諦稱佛 南无智勝佛
南无智愛佛 南无得智佛
南无智幢佛 南无羅網光幢佛
善男子善女人與一切衆生安隱樂如諸佛
者當讀誦是諸佛名復作是言
南无離諸无智闇佛 南无虛空平等心佛
南无清淨无垢佛 南无善无垢藏佛
南无堅固行佛 南无精進聲佛
從此以上七百佛十二部經一切賢聖
南无不離一切衆生門佛 南无斷諸過佛
南无成就觀佛 南无平等須彌面佛
南无无障无导精進佛 南无莎羅華華王佛
南无无量一切德王佛 南无彌留燈王佛
南无樂王聲聲王佛 南无梵聲王佛
南无妙鼓聲王佛 南无雲聲王佛
南无龍自在王佛 南无世間自在王佛

BD04494號　佛名經（十六卷本）卷一　（17–8）

南无无障无㝵精進佛　南无莎羅華華王佛
南无无量功德王佛　南无弥留燈王佛
南无藥王聲聲王佛　南无梵聲王佛
南无妙鼓聲王佛　南无雲聲王佛
南无龍自在王佛　南无世間自在王佛
南无莎羅座自在王佛　南无藻王佛
南无治諸病王佛　南无藥王佛
南无鷹王佛　南无燈王佛
南无樹提王佛　南无喜王佛
南无星宿王佛　南无雲王佛
南无雷王佛　南无沙羅王佛
南无堅固自在王佛　南无功德聚佛
南无華聚佛　南无寶聚佛
南无寶住持莊嚴佛　南无住持功德佛
南无住持无障力佛　南无住持地力進去佛
南无住持妙无垢住佛　南无一切寶莊嚴色持佛
南无自在轉一切法佛　南无轉法輪佛
南无勝威德佛　南无淨威德佛
南无聖威德佛　南无大威德佛
南无師子威德佛　南无莎羅威德佛
南无悲威德佛　南无地威德佛
南无无垢威德佛　南无无垢琉璃佛
南无无垢辟佛　南无无垢眼佛
南无无垢面佛　南无波頭摩面佛
南无月面佛　南无日面佛
南无日威德莊嚴佛　南无金色佛

南无无垢威德佛　南无无垢琉璃佛
南无无垢辟佛　南无无垢眼佛
南无无垢面佛　南无波頭摩面佛
南无月面佛　南无日面佛
南无日威德莊嚴佛　南无金色佛
南无金色形佛　南无可樂色佛
南无瞻婆伽色佛　南无能與樂佛
南无能與眼佛　南无難勝佛
南无難降伏佛　南无斷諸惡佛
南无難量佛　南无難成佛
南无俱蘇摩成佛　南无甘露成佛
南无寶成就佛　南无功德成就佛
南无日成就佛　南无華成就佛
南无成就有佛　南无成就功德佛
南无大勝佛　南无妙佛
南无无垢佛　南无離諸障佛
南无婆樓那佛　南无婆樓那天佛
南无勇猛仙佛　南无精進仙佛
南无无垢仙佛　南无金剛仙佛
南无觀眼佛　南无无障礙佛
南无住虛空佛　南无住清淨佛
南无善住清淨功德寶佛　南无善跡佛
南无善思義佛　南无善化佛
南无善愛佛　南无善眼佛
南无善親佛　南无善行佛

南无[illegible]佛　南无[illegible]佛
南无善住清淨功德寶佛　南无善跡佛
南无善思義佛　南无善化佛
南无善愛佛　南无善眼佛
南无善親佛　南无善行佛
南无善生佛　南无善華佛
南无善香佛　南无善聲佛
從此以上八百佛十二部經一切賢聖
南无善辟佛　南无善光佛
南无善山佛　南无切德山佛
南无寶山佛　南无智山佛
南无勝山佛　南无上山佛
南无光明莊嚴佛　南无大光明莊嚴佛
南无清淨莊嚴佛　南无波頭摩莊嚴佛
南无寶中佛　南无金剛合佛
南无金剛齊佛　南无碎金剛佛
南无碎金剛堅佛　南无降伏魔佛
南无不空見佛　南无愛見佛
南无現見佛　南无善見佛
南无大善見佛　南无普見佛
南无无垢見佛　南无見平等不平等佛
南无見一切義佛　南无斷一切障导佛
南无斷一切衆生病佛　南无一切世間愛見佛
南无上妙佛　南无大莊嚴佛
南无度一切法佛　南无度一切疑佛
南无度一切法佛　南无不取諸法佛

BD04494號　佛名經（十六卷本）卷一　（17–11）

南无見一切義佛　南无斷一切障导佛
南无斷一切衆生病佛　南无一切世間愛見佛
南无上妙佛　南无大莊嚴佛
南无度一切法佛　南无度一切疑佛
南无度一切法佛　南无不取諸法佛
南无一切清淨佛　南无一切義成就佛
南无一切通佛　南无華通佛
南无波頭摩樹提奮迅通佛
南无俱蘓摩通佛
南无海住持勝智慧奮迅通佛
次礼十二部尊經大藏法輪
南无賢愚經　南无雜寶藏經
南无賢劫經　南无大般涅槃經
南无十住毗婆沙經　南无三藏經
南无大莊嚴論經　南无阿育王經
南无優婆塞經　南无道行經
南无菩地持經　南无阿羡足經
南无雜心經　南无中阿含經
南无弥勒成佛經　南无大品經
南无百緣經　南无華手經
南无悲華經　南无觀佛三昧經
南无大哀經　南无中論經
南无法華經　南无普曜經
南无大樓炭經　南无佛本行經
次礼十方諸大菩薩
南无[illegible]菩薩　南无[illegible]菩薩

BD04494號　佛名經（十六卷本）卷一　（17–12）

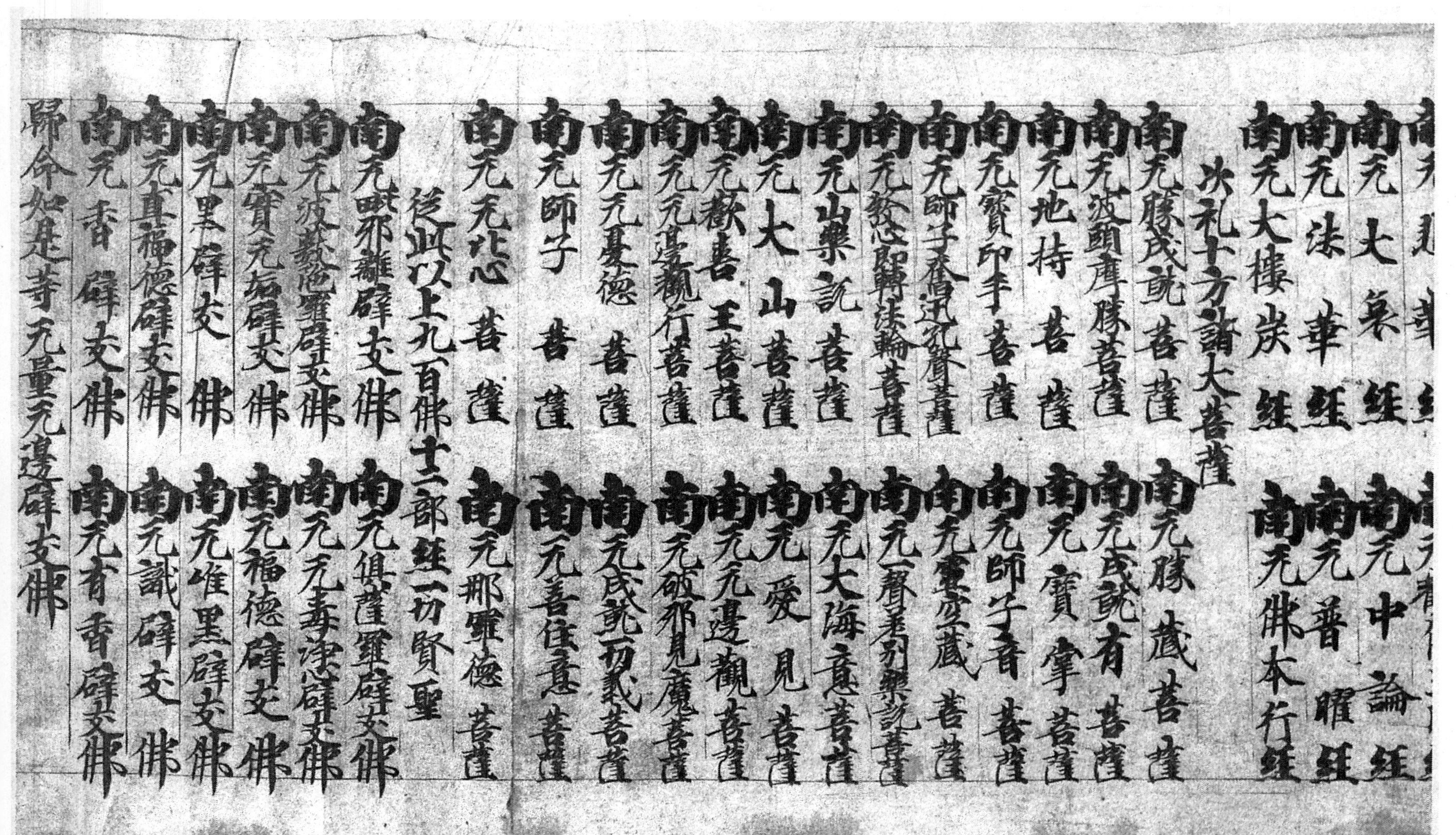

南无□華經
南无大衆經　南无中論經
南无法華經　南无普曜經
南无大樓炭經　南无佛本行經
次禮十方諸大菩薩
南无勝成就菩薩　南无勝藏菩薩
南无波頭摩勝菩薩　南无成就有菩薩
南无地持菩薩　南无寶掌菩薩
南无寶印手菩薩　南无師子音菩薩
南无師子奮迅光菩薩　南无雷音藏菩薩
南无發心即轉法輪菩薩　南无齊差別衆說菩薩
南无山樂說菩薩　南无大海意菩薩
南无大山菩薩　南无愛見菩薩
南无歡喜王菩薩　南无无邊觀菩薩
南无无邊觀行菩薩　南无破邪見魔菩薩
南无无憂德菩薩　南无成就一切義菩薩
南无師子菩薩　南无善住意菩薩
南无无比心菩薩　南无那羅德菩薩
從此以上九百佛十二部經一切賢聖
南无無邪離辟支佛　南无俱薩羅辟支佛
南无波數他羅辟支佛　南无无毒德辟支佛
南无寶无垢辟支佛　南无福德辟支佛
南无黑辟支佛　南无唯黑辟支佛
南无直福德辟支佛　南无識辟支佛
南无香辟支佛　南无有香辟支佛
歸命如是等无量无邊辟支佛

BD04494號　佛名經（十六卷本）卷一　（17-13）

南无寶无垢辟支佛　南无福□□□□
南无黑辟支佛　南无唯黑辟支佛
南无直福德辟支佛　南无識辟支佛
南无香辟支佛　南无有香辟支佛
歸命如是等无量无邊辟支佛
禮三寶已次復懺悔
夫論懺悔者本是改往修來滅惡興善人
居世誰能无過學人失念尚起煩惱羅漢
結習動身口業豈況凡夫而當无過但智者先
覺便能改悔愚者覆藏遂使滋蔓所以積習
長夜曉悟无期若能慚愧發露懺悔者豈惟
正是滅罪而已亦復增長无量功德樹立如來
涅槃妙果若欲行此法者先當外肅形儀瞻
奉尊像內起敬意緣想法身懇切至到生
二種心何等爲二一者自念我此形命難可常
保一朝散壞不知此身何時可復若復不值諸佛
賢聖忽遇惡友造衆罪業復應墮落深坑
險趣二者自念我此生中雖得值遇如來正法爲
佛弟子弟子之法紹繼聖種淨身口意善法自居
而今我等公自作惡而復覆藏言他不知謂彼不見
隱匿在心傲然无愧此實天下愚惑之甚即今現有十
方諸佛諸大地菩薩諸天神仙何曾不以清淨天眼
見於我等所作罪惡又復幽顯靈祇注記罪福纖
豪无差夫論作罪之人命終之後牛頭獄卒錄其
精神在閻羅王所辯覈是非當今之時一切怨對皆
來證據各言汝先屠裂我身炮煮蒸炙或言汝

BD04494號　佛名經（十六卷本）卷一　（17-14）

隱匿在心慢然无愧山實天下東西之且即今現有十
方諸佛諸大地菩薩諸天神仙何曾不以清淨天眼
見於我等所作罪惡又復幽顯靈祇注記罪福纖
豪无差夫論作罪之人命終之後牛頭獄卒錄其
精神在閻羅王所辯覈是非當介之時一切怨對皆
來證據各言汝先屠裂我身炮煮蒸炙或言汝
先剝奪於我一切財寶離我眷屬我於今者始得汝
便于時現前證據何得敢諱唯應甘心分受宿殃如
經所明地獄之中不枉治人若其平素所作衆罪心
自忘失者是其生時造惡之處一切諸相皆現在
前各言汝昔在於我邊作如是罪今何得諱是為
作罪无藏隱處於是閻魔羅王切齒呵責將付地獄
歷劫窮年求出莫由此事不遠不關他人正是我身
自作自受雖父子至親一旦對至无代受者衆等相
與及其形休體无衆疾各自努力與性命競大怖
至時悔无所及是故弟子至心歸依
南无東方破疑淨光佛　南无南方无優功德佛
南无西方華嚴神通佛　南无北方月殿清淨佛
南无東南方破一切闇佛　南无西南方大悲觀衆生佛
南无西北方香氣發明佛　南无東北方无量功海佛
南无下方斷一切疑佛　南无上方離一切憂佛
如是十方盡虛空界一切三寶弟子等從无始以來至於
今日積聚无明障蔽心目隨煩惱性造三世罪或耽染
愛著起於貪欲煩惱或瞋恚忿怒懷害煩惱或惛
情瞻曈不了煩惱或我慢自高輕慠煩惱或疑正
道猶預煩惱謗无因果邪見煩惱不識緣假著我

南无東南方破一切闇佛
南无西北方香氣發明佛　南无東北方无量功海佛
南无下方斷一切疑佛　南无上方離一切憂佛
如是十方盡虛空界一切三寶弟子等從无始以來至於
今日積聚无明障蔽心目隨煩惱性造三世罪或耽染
愛著起於貪欲煩惱或瞋恚忿怒懷害煩惱或惛
情瞻曈不了煩惱或我慢自高輕慠煩惱或疑正
道猶預煩惱謗无因果邪見煩惱不識緣假著我
煩惱迷於三世執斷常煩惱朋狎惡友起見取煩惱
僻稟邪師造戒取煩惱乃至一切四執横計煩惱今
日至誠皆悉懺悔
又復无始以來至於今日守惜堅著起慳悋煩
惱不攝六情奢誕煩惱心行弊惡不忍煩惱
怠惰緩縱不勤煩惱猜慮躁動覺觀煩惱
觸境迷惑无知解煩惱隨世八風生彼我煩
惱諂曲面譽不直心煩惱穢難觸不調和煩
惱易忿難悅多含恨煩惱嫉妬擊刺很戾煩
惱凶險暴害諂毒煩惱乖背三諦執相煩惱於
苦集滅道生顛倒煩惱隨從生死十二因緣
流轉煩惱乃至无始无明住地恒沙煩惱起四
住地構於三界苦果煩惱如是如是諸煩惱无
量无邊惱亂賢聖六道四生今日發露向十
方佛尊法聖衆皆悉懺悔
願弟子等承是懺悔貪瞋癡等一切煩惱生
生世世折憍慢幢竭愛欲水滅瞋恚火破愚
癡闇拔斷疑根壞諸見網深識三界猶如牢

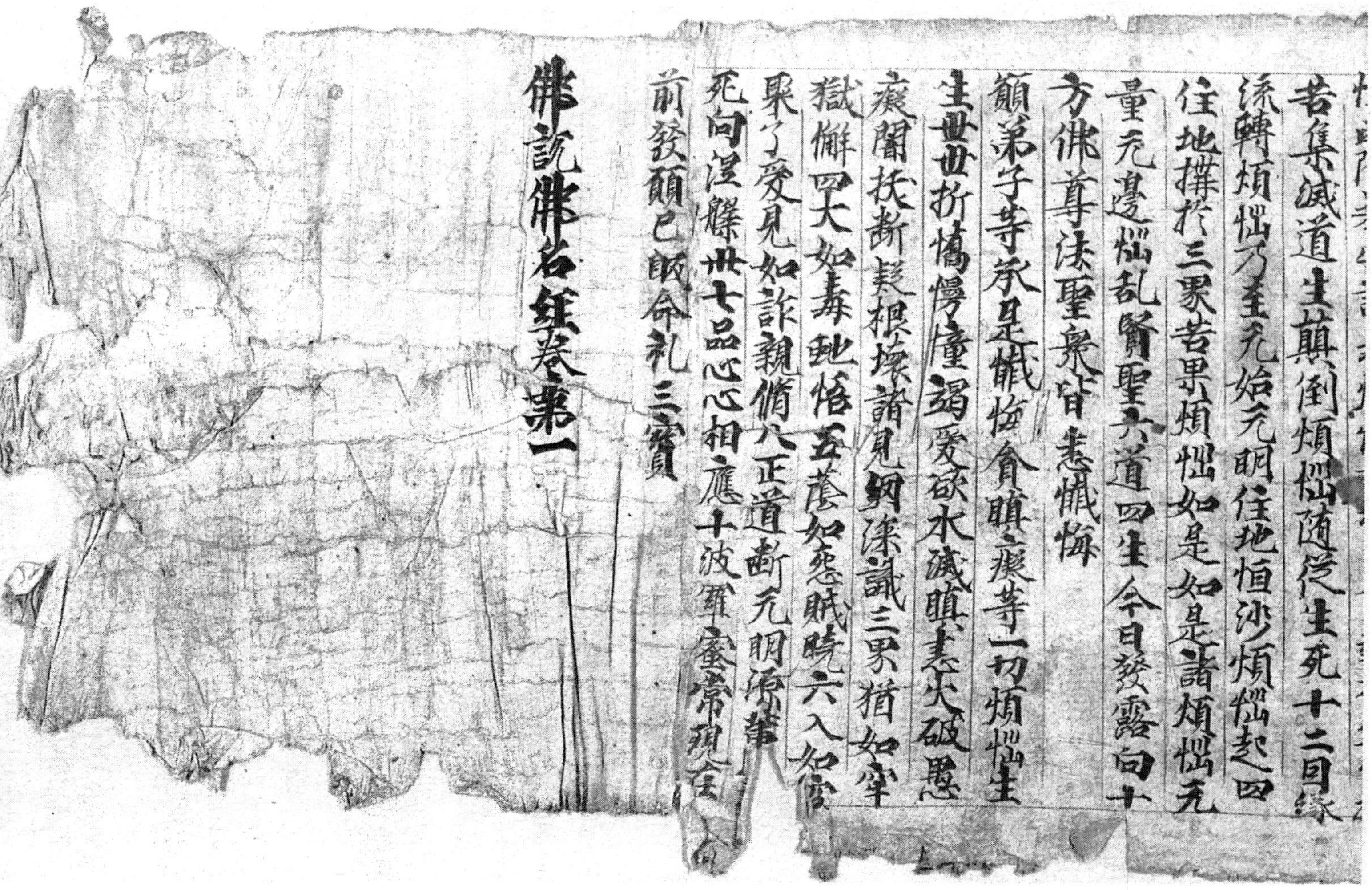

苦集滅道生顛倒煩惱隨從生死十二因緣
流轉煩惱乃至无始无明住地恒沙煩惱起四
住地攝於三界苦果煩惱如是如是諸煩惱无
量无邊惱乱賢聖六道四生今日發露向十
方佛尊法聖衆皆悉懺悔
願弟子等承是懺悔貪瞋癡等一切煩惱生
生世世折憍慢幢竭愛欲水滅瞋恚火破愚
癡闇拔斷疑根裂諸見網深識三界猶如牢
獄四大如毒蛇怖五蔭如怨賊曉六入如空
聚了愛見如詐親修八正道斷无明源
死向涅槃卅七品心心相應十波羅蜜常現在
前發願已歸命礼三寶

佛說佛名經卷第一

BD04494號　佛名經（十六卷本）卷一　（17–17）

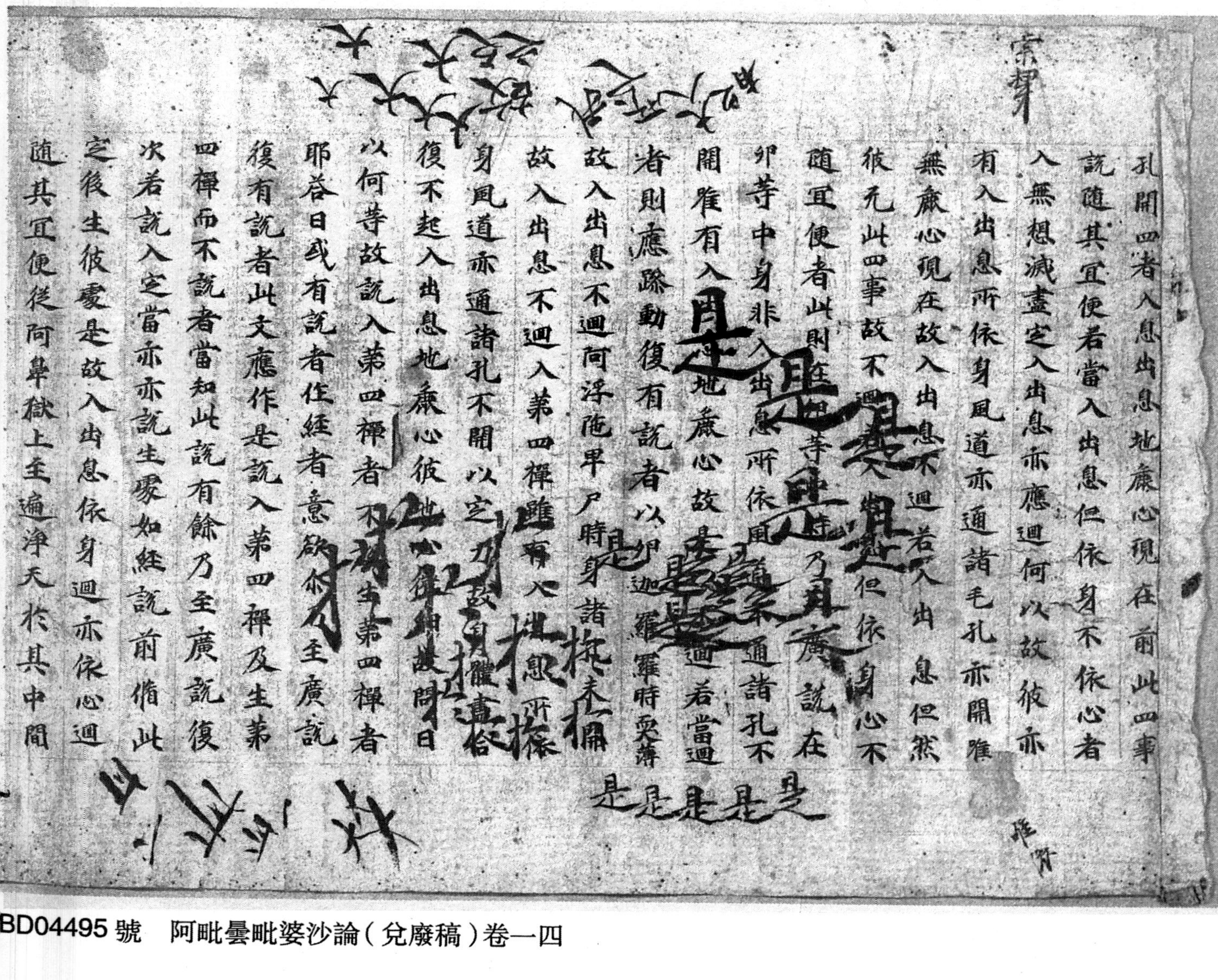

孔開四者入息出息地麁心現在前此四事
說隨其宜便者當入出息但依身不依心者
入無想滅盡定入出息亦應過何以故彼亦
有入出息所依身風道亦通諸毛孔亦開雖
無麁心現在故入出息不過若入出息但然
彼无此四事故不過入出息但依身心不
隨宜便者此則在…乃至廣說在
卵等中身非入出息所依風道通諸孔不
開雖有入出息地麁心故是不過若當過
者則應踰動復有說者以迦羅羅時乘薄
故入出息不過阿浮陀卑尸時身諸根未滿
故入出息不過入第四禪雖有入出息所依
身風道亦通諸孔不開以定力故身體盡合
復不起入出息地麁心彼地…問曰
以何等故說入第四禪者不說生第四禪者
耶荅曰或有說者作經者意欲爾乃至廣說
復有說者此文應作是說入第四禪及生第
四禪而不說者當知此說有餘乃至廣說復
次若說入定當亦亦說生處如經說前脩此
定後生彼處是故入出息依身過亦依心過
隨其宜便從阿鼻獄上至遍淨天於其中間

BD04495號　阿毗曇毗婆沙論（兑廢稿）卷一四　（2–1）

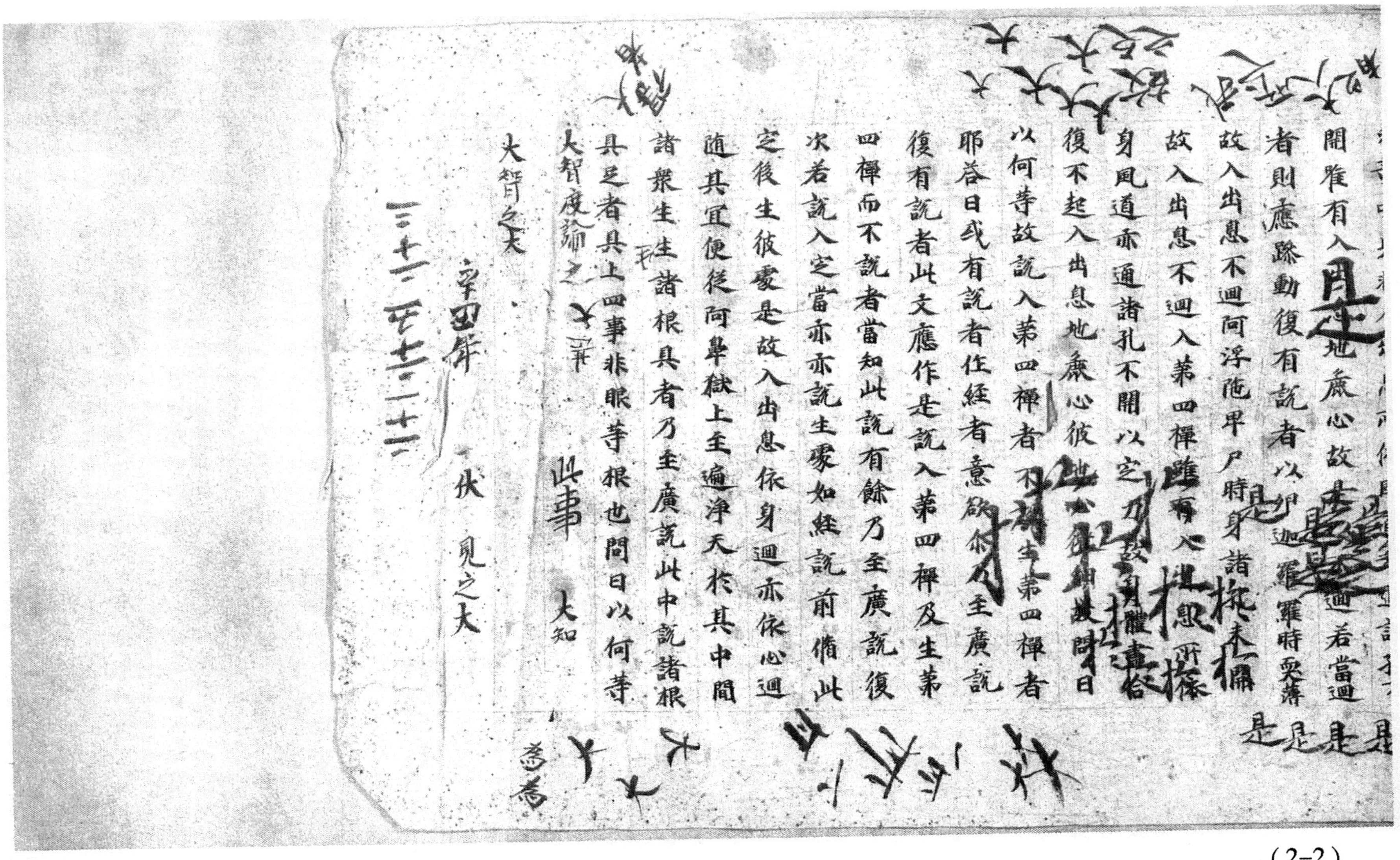

聞雖有入出地麁心故是
者則應踰動復有說者以迦羅羅時
故入出息不迴阿浮陀尸時是諸根未備
故入出息不迴入第四禪雖有心所據
身風道亦通諸孔不開以定力故身體遍密
復不起入出息地麁心彼地細故問曰
以何等故說入第四禪者不說生第四禪者
耶答曰或有說者佐經者意欲爾乃至廣說
復有說者此文應作是說入第四禪及生第
四禪而不說者當知此說有餘乃至廣說復
次若說入定當亦亦說生處如經說前備此
定後生彼處是故入出息依身迴亦依心迴
隨其宜便從阿鼻獄上至遍淨天於其中間
諸衆生生諸根具者乃至廣說此中說諸根
具足者具上四事非眼等根也問曰以何等
大智度論之大 此事 大知
大智之大 辛四年 伏 見之大

BD04495號　阿毗曇毗婆沙論（兌廢稿）卷一四

（2–2）

BD04495號背　雜寫

（2–1）

BD04495 號背　雜寫

（2–2）

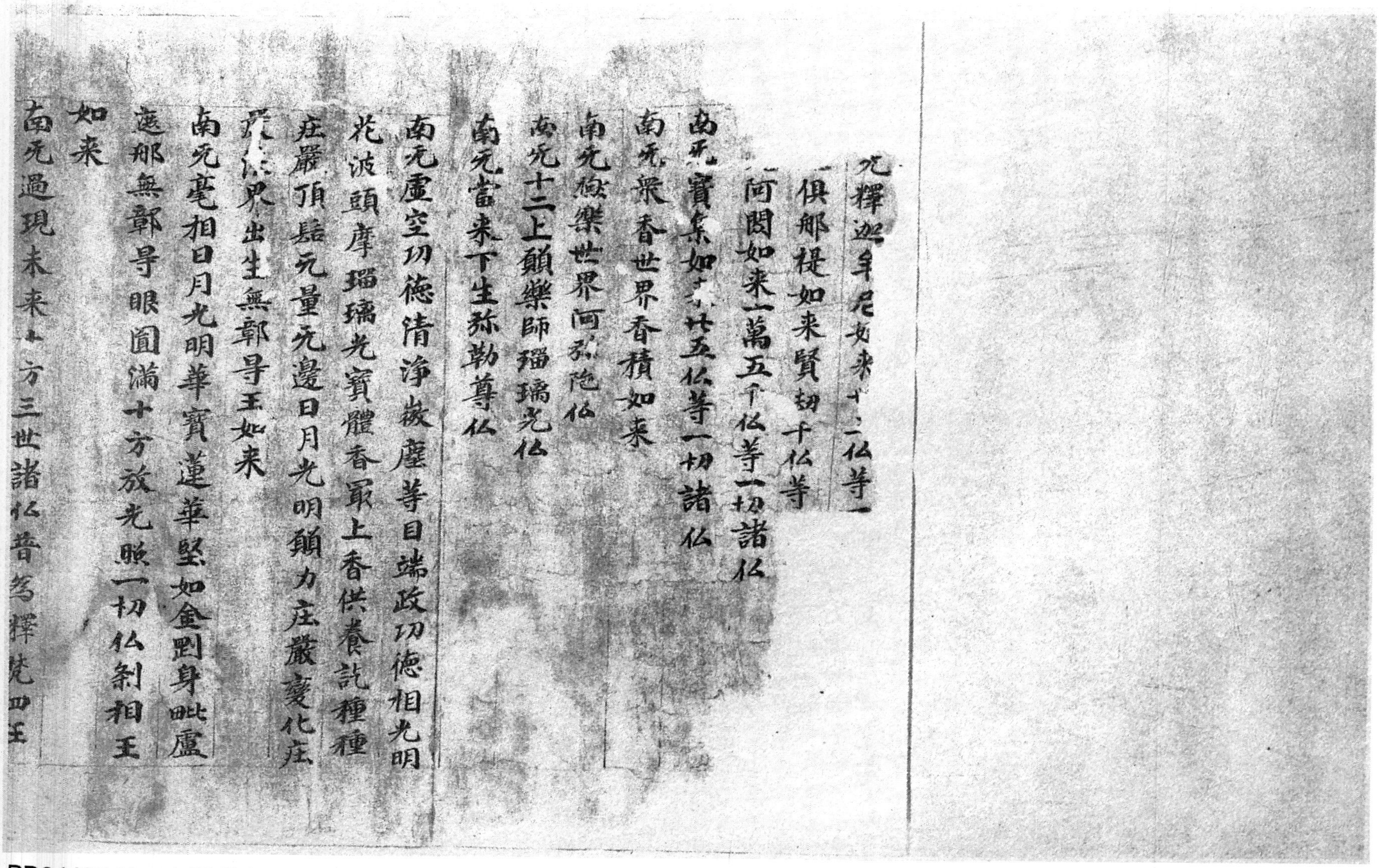

无釋迦牟尼如来十二仏等一
俱那提如来賢劫千仏等
阿閦如来一萬五千仏等一切諸仏
南无寶集如来廿五仏等一切諸仏
南无衆香世界香積如来
南无極樂世界阿彌陀仏
南无十二上願藥師瑠璃光仏
南无當来下生弥勒尊仏
南无虚空功德清淨微塵等目端政功德相光明
花波頭摩瑠璃光寶體香最上香供養訖種種
庄嚴頂髻无量无邊日月光明願力庄嚴變化庄
嚴法界出生無鄣㝵王如来
南无毫相日月光明華寶蓮華堅如金剛身毗盧
遮那無鄣㝵眼圓滿十方放光照一切仏剎相王
如来
南无過現未来十方三世諸仏普為釋梵四王

BD04496 號　七階佛名經

（11–1）

[illegible]界出生無鄣㝵王如来
南无毫相日月光明華寶蓮華堅如金剛身毗盧
遮那無鄣㝵眼圓滿十方放光照一切仏刹相王
如来
南无過現未来十方三世諸仏普为釋梵四王
天龍八部帝主人王師僧父母信施檀越下及
無邊法界衆生普願斷除三鄣歸命懺悔
至心懺悔　　南无仏南无法南无賢聖比
丘僧如是等一切世界諸仏世尊常住在世是諸
世尊當慈念我憶念我證知我若我此生若我
前生從無始生死[illegible]已来所作罪若自作若教
他作見作隨喜若塔若僧若四方僧物若自取
若教人取見取隨喜或作五逆無間重罪若自作
若教人作見作隨喜十不善道自作教他見作隨
喜所作罪鄣或有覆藏或不覆藏應墮地獄餓
鬼畜生諸餘悪趣邊地下賤及蔑車處如是等處
所作罪鄣今皆懺悔
今諸仏世尊當證知我當憶念我我復於諸仏世
尊前作如是言若我此生若於餘生曾行布施
或守淨戒乃至施与畜生一摶之食或脩淨行所
有善根成就衆生所有善根脩行菩提所有善
根求无上智所有善根一切合集計校籌量悉迴
向阿耨多羅三藐三菩提如是過去未来現在諸
佛所作迴向我亦如是迴向　衆罪皆懺悔諸福

[illegible]
有善根成就衆生所有善根脩行菩提所有善
根求无上智所有善根一切合集計校籌量悉迴
向阿耨多羅三藐三菩提如是過去未来現在諸
佛所作迴向我亦如是迴向　衆罪皆懺悔諸福
盡隨喜請仏及功徳願成无上智去来現在仏
於諸衆生无量功徳海歸依合掌礼　普誦
處世界　如虚空　如蓮花　不著水　心清淨　超於彼
稽首礼無上尊　說偈發願　願以此功徳　普及於一切
我等与衆生　皆共成仏道　一切恭敬
自歸依仏當願衆生體解正覺發菩提意
自歸依法當願衆生深入經藏智恵如海
自歸依僧當願衆生統理大衆一切无㝵
願諸衆生諸悪莫造諸善奉行自淨其意順
諸佛教和南一切賢聖　廿五仏名礼
南无寶集如来廿五佛等一切諸佛
南无寶集佛　南无寶勝佛
南　盧舍那佛　南无盧舍那鏡像佛
南无盧舍那光明佛　南无不動佛
南无大光明佛　南无不可量聲佛
南无无量聲如来三唱　南无阿弥陁瞿沙佛
南无大稱佛　南无寶光明佛
南无施大无畏佛　南无然燈火佛
南无寶聲佛　南无无邊寶佛

十礼

南无无量聲如來 三唱　南无阿弥陁瞿沙佛

南无大稱佛　南无寶光明佛

南无德大无畏佛　南无燃燈火佛

南无寶聲佛　南无无邊寶佛

南无无邊无垢佛　南无月聲佛

南无无邊稱佛　南无日月光明世尊 三唱

南无无垢光明佛　南无清淨光明佛

南无日光明佛　南无无邊寶佛

南无華勝佛　南无妙身佛

敬礼毗盧遮那佛　敬礼盧舍那佛 十方礼

敬礼釋迦牟尼佛　敬礼東方善德佛

敬礼東南方无憂德佛　敬礼南方旃檀德佛

敬礼西南方寶勝佛　敬礼西方无量明佛

敬礼西北方華德佛　敬礼北方相德佛

敬礼東北方三乘行佛　敬礼上方廣衆德佛

敬礼下方明德佛　敬礼當來下生弥勒尊佛

敬礼過現未來三世諸佛敬礼舍利形像浮圖寶塔

敬礼十二部尊經甚深法藏　敬礼諸大菩薩摩訶薩衆

敬礼聲聞緣覺一切賢聖　為法界衆生礼佛懺悔

至心懺悔十方無量佛所知无不盡我今悉於前發

露諸黑闇三ゝ合九種從三煩惱起今身若前身有

罪盡懺悔於三惡道中若應受業報願得今身

償不入惡道受懺悔已歸命礼三寶

至心懺悔十方無量佛所知无不盡我今悉於前發

露諸黑闇三ゝ合九種從三煩惱起今身若前身有

罪盡懺悔於三惡道中若應受業報願得今身

償不入惡道受懺悔已歸命礼三寶

至心勸請十方一切佛見在成道者我請轉法輪安

樂諸衆生十方一切佛若欲捨壽命我今頭面礼勸

請令久住勸請以歸命礼三寶

至心隨喜所有布施福持戒出禪惠從身口意生

去來今所有習學三乘人具足一乘者無量人

天福衆等皆隨喜隨喜已歸命礼三寶

至心迴向我所作福業一切皆和合為度衆生故正

迴向佛道罪應如是懺勸請隨喜福迴向於菩

提迴向以歸命礼三寶

至心發願ゝ諸衆生等悉發菩提心繫心常思念

十方一切佛復願諸衆生永破諸煩惱了ゝ見佛

性猶如妙得等發願已歸命礼三寶

白衆等聽說晨朝清淨偈　欲求寂滅樂當學沙

門法衣食支身命精麁隨衆等諸衆等今日

晨朝清淨各誦六念　第一念佛願得佛身

第二念法願轉法輪　第三念僧頭陀苦行

第四念施ゝ心不絕　第五念戒五戒全具

第六念天ゝ是大般涅槃

一切恭敬ゝ自歸依佛當願衆生體解正覺發菩提意

第二念法願轉法輪　第三念僧頭陀苦行
第四念施〻心不絶　第五念戒〻全具
第六念天〻是大般涅槃
一切恭敬〻自歸依佛當願衆生體解正覺發菩提意
自歸依法當願衆生深入經藏智慧如海
自歸依僧當願衆生統領大衆一切無㝵
願諸衆生　諸惡莫造　諸善奉行　自淨其意
是諸佛教　和南一切賢聖　七仏礼
敬礼維衛佛盡空法界无量諸仏
敬礼式佛盡空法界无量諸佛
敬礼隨式佛　盡空法界无量諸佛
敬礼俱留秦佛　盡空法界无量諸佛
敬礼俱那含牟尼佛　盡空法界无量諸佛
敬礼迦葉佛　盡空法界无量諸佛
敬礼釋迦牟尼佛　盡空法界无量諸佛
敬礼當來下生弥勒尊佛　敬礼過現未來三世諸佛
敬礼舍利形像佛圖寶塔　敬礼十二部尊經甚深法藏
敬礼諸大菩薩摩訶薩衆　敬礼聲聞緣覺一切賢聖
敬礼東方阿閦　南方寶相　西方无量壽　北方微妙聲
上方香積　下方億祥　十方佛前　歸命懺悔
至心懺悔所有一切罪將滴於溪谿今於佛前懺悔
罪成菩提懺悔已歸命礼三寶
至心勸請說生在家雖滅影於雙樹然隨願留

上方香積　下方億祥　十方佛前　歸命懺悔
至心懺悔所有一切罪將滴於溪谿今於佛前懺悔
罪成菩提懺悔已歸命礼三寶
至心勸請說生在家雖滅影於雙樹然隨願留
礼勸請令久住勸請已歸命礼三寶
至心隨喜說法於雙樹方便入涅槃隨喜納廣供
令充具足檀隨喜已歸命礼三寶
至心迴向佛說三歸心毒藥成甘露十仙得羅漢
皆由迴向故迴向已歸命礼三寶
至心發願弥勒下生時衆生盡出家三途得解
脫地獄生蓮花法鼓振天響度人如恒沙發願
已歸命礼三寶　十二光礼
南无清淨法身毗盧遮那佛　南无圓滿寶身盧舍那仏
南无千百億化身釋迦牟尼佛　南无極樂世界阿弥陀佛
南无无量光佛　南无无邊光佛　南无无㝵光佛
南无无對光佛　南无光炎王佛　南无清淨光佛
南无歡喜光佛　南无智慧光佛　南无不斷光佛
南无難思光佛　南无无稱光佛　南无超日月光佛
南无盡虛空遍法界微塵剎土中一切諸佛
南无大悲觀世音菩薩　南无大勢至菩薩
南无藥王菩薩　南无藥上菩薩
南无普賢菩薩　南无妙吉祥菩薩
南无諸菩薩摩訶薩清淨大海衆願共諸衆生
咸歸命敬[illegible]頂礼[illegible]國

南无大悲観世音菩薩　南无大勢至菩薩
南无藥王菩薩　南无藥上菩薩
南无普賢菩薩　南无妙吉祥菩薩
南无諸菩薩摩訶薩清淨大海衆願共諸衆生
咸歸命敬我頂礼生彼國
普為釋梵四王龍天八部帝主人王師僧父母
信施檀越下及无邊法界衆生斷除三障歸
命懺悔
至心懺悔一切業障海皆從妄相生若欲求除
滅端坐觀實相衆罪如霜露慧日能消
除是故應至心懃懺六根罪懺悔已至
心歸命礼西方阿弥陀佛
至心發願ゝ臨命終時見无量壽佛无邊
功德身我及餘信者已見彼佛已願得離
垢眼往生安樂國成无上菩薩願已至
心歸命礼西方阿弥陀佛
无生礼　南无盡虛空遍法界微塵剎土中功德智
慧海虛空无邊身一切法身佛
南无盡虛空遍法界微塵剎土中功德智慧
海虛空功德身一切寶身佛
南无盡虛空遍法界微塵剎土中功德智慧
海相好莊嚴身一切化身佛
无色无形像　无根无住處　不生不滅故　敬礼无所觀

南无盡虛空遍法界微塵剎土中功德智慧
海虛空功德身一切寶身佛
南无盡虛空遍法界微塵剎土中功德智慧
海相好莊嚴身一切化身佛
无色无形像　无根无住處　不生不滅故　敬礼无所觀
无住亦无去　不取亦不捨　遠離六入故　敬礼无所觀
出過於三界　等同於虛空　諸欲不染故　敬礼无所觀
於諸威儀中　去來及睡悟　常在寂定故　敬礼无所觀
去來悉平等　以住於平等　不壞平等故　敬礼无所觀
入諸无相定　見諸法寂淨　常在寂淨故　敬礼无所觀
諸佛虛空相　虛空亦无相　離諸因果故　敬礼无所觀
佛常在世間　而不染世法　不分別世間故　敬礼无所觀
虛空无中邊　諸佛身亦然　心同虛空故　敬礼无所觀
諸法由如幻　如幻不可得　離諸幻法故　敬礼无所觀
一切平等礼　无礼无不礼　一礼遍含識　同歸實相體
敬礼无所觀
一切含靈一時礼　終歸共礼一真如　一礼即遍恒沙佛　无施罪障頃消除
敬礼无所觀
普為四恩三有及法界衆生悉願斷除諸障歸命懺悔
至心懺悔我於三時求罪性内外中間心實无以无心
故諸法寂三毒四到悉皆无懺悔以无心无識礼无為
至心勸請一切諸法本不生以无生故何有滅不
生不滅性常住准願諸仙莫卅勸請以无心无
識礼无為

至心懺悔[illegible]

故諸法㝵三毒四到悉皆无懺悔以无心无識礼无為

至心勸請一切諸法本不生以无生故何有滅不

生不滅性常住唯願諸仏莫𣴎勸請以无心无

識礼无為

至心隨喜法本不貪亦不恚爲我不一亦不以

同觀一寶悟无生无緣等觀盡隨喜隨

喜以无心无識礼无為

至心迴向迷於一實隨名想名想執故我塵

生今聽我塵无自姓迴向无住無成迴向以

无心无識礼无為

至心發願了諸衆生坊六賊悲智了照現

前不斷不常刹如略非空非有非行行發

願以无心无識礼无為

自歸无為法姓身能濟衆生无量苦普勸含

靈同悟此无心无識礼无為

自歸真空般若法能濟衆生越苦海普勸

含靈同悟此无心无識礼无為

自歸无為法姓僧能為衆生作福田普勸

含靈同悟此无心无識礼无為

願諸衆生諸惡莫造諸善奉行自淨其

意是諸仏教和南一切賢聖

BD04496 號　七階佛名經　（11–10）

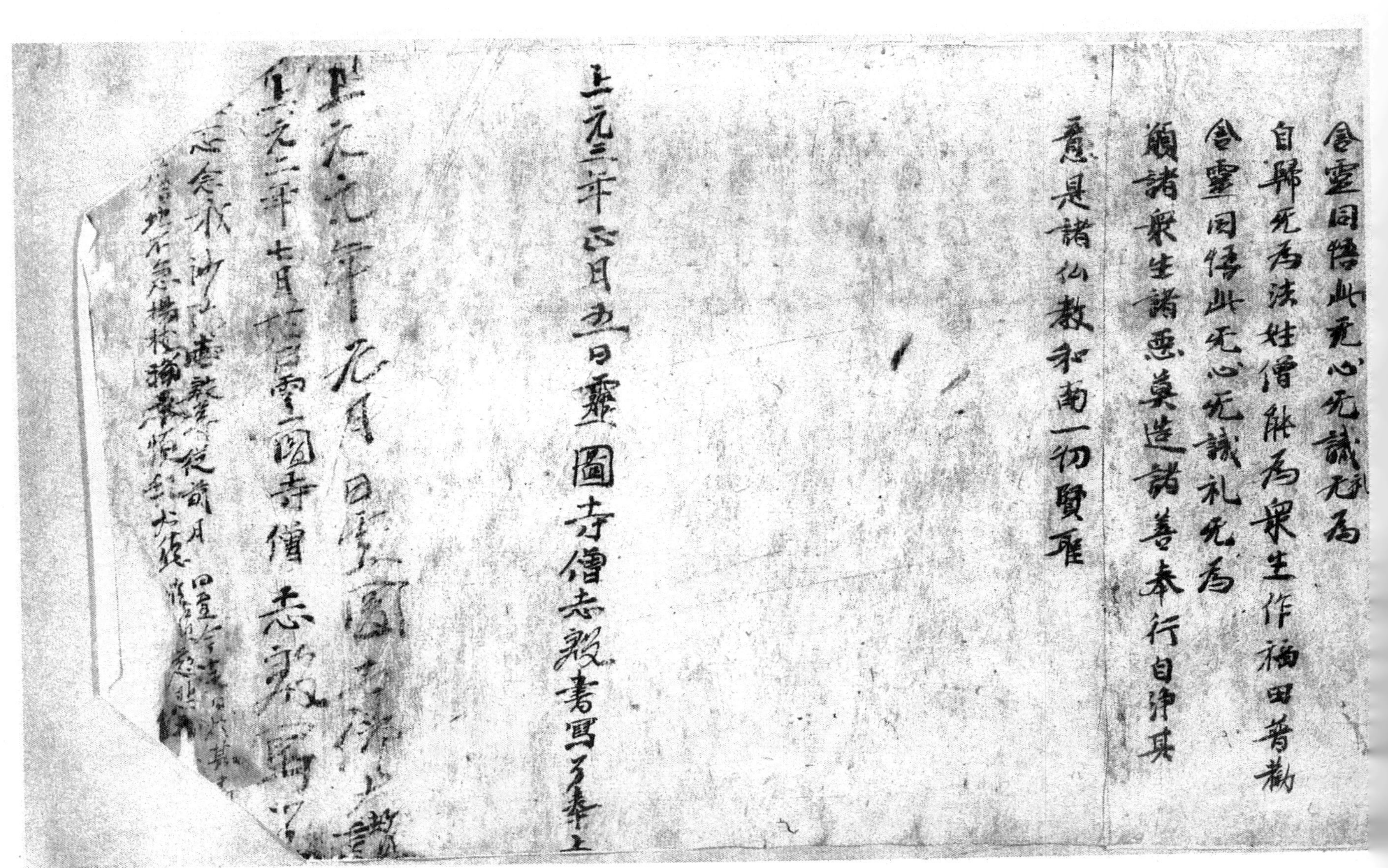

含靈同悟此无心无識礼无為

自歸无為法姓僧能為衆生作福田普勸

含靈同悟此无心无識礼无為

願諸衆生諸惡莫造諸善奉行自淨其

意是諸仏教和南一切賢聖

上元二年正月五日靈圖寺僧志穀書寫了奉上

上元元年[illegible]月[illegible]日靈圖寺[illegible]

上元二年七月廿日靈圖寺僧志穀寫[illegible]

[illegible]

BD04496 號　七階佛名經　（11–11）

无處无時亦无實事可宣說故隨順般若波
羅蜜多應觀諸法但有量假性相用故隨順
般若波羅蜜多應觀諸法无限數故隨順般
若波羅蜜多應觀色蘊无限量故隨順般
若波羅蜜多應觀受想行識蘊无限量故
隨順般若波羅蜜多應觀眼處无限量故隨順
般若波羅蜜多應觀耳鼻舌身意處无限
量故隨順般若波羅蜜多應觀色處无限量故
隨順般若波羅蜜多應觀聲香味觸法處无
限量故隨順般若波羅蜜多應觀眼界无限
量故隨順般若波羅蜜多應觀耳鼻舌身意
界无限量故隨順般若波羅蜜多應觀色界
无限量故隨順般若波羅蜜多應觀聲香味
觸法界无限量故隨順般若波羅蜜多應觀
眼識界无限量故隨順般若波羅蜜多應觀
耳鼻舌身意識界无限量故隨順般若波羅蜜
多應觀眼觸无限量故隨順般若波羅蜜多應
觀耳鼻舌身意觸无限量故隨順般若波羅蜜
多應觀眼觸為緣所生諸受无限量故隨順般若
波羅蜜多應觀耳鼻舌身意觸為緣所生諸
受无限量故隨順般若波羅蜜多應觀地界无限
量故隨順般若波羅蜜多應觀水火風空識界

BD04497號　大般若波羅蜜多經卷五五五　（4–1）

耳鼻舌身意識界无限量故隨順般若波羅蜜
多應觀眼觸无限量故隨順般若波羅蜜多應
觀耳鼻舌身意觸无限量故隨順般若波羅蜜
多應觀眼觸為緣所生諸受无限量故隨順般若
波羅蜜多應觀耳鼻舌身意觸為緣所生諸
受无限量故隨順般若波羅蜜多應觀地界无限
量故隨順般若波羅蜜多應觀水火風空識界
无限量故隨順般若波羅蜜多應觀因緣无限
量故隨順般若波羅蜜多應觀等无間緣所緣緣
增上緣无限量故隨順般若波羅蜜多應觀无明
无限量故隨順般若波羅蜜多應觀行識名色六
處觸受愛取有生老死愁歎苦憂惱无限量故隨
順般若波羅蜜多應觀諸法无相狀故隨順般
若波羅蜜多應觀諸法遍逮相故隨順般若
波羅蜜多應觀諸法本性淨故隨順般若波
羅蜜多應觀諸法无言說故隨順般若波羅
蜜多應觀諸法无生等故隨順般若波羅蜜
多應觀諸法无滅等故隨順般若波羅蜜多
應觀諸法涅槃等故隨順般若波羅蜜多應
觀諸法真如等故隨順般若波羅蜜多應觀
諸法无去来故隨順般若波羅蜜多應觀諸
法无自他故隨順般若波羅蜜多應觀諸
法自他等故隨順般若波羅蜜多應觀諸法
異生聖者本性淨故隨順般若波羅蜜多應
觀諸法棄捨重擔无增益故隨順般若波羅
蜜多應觀諸法　无方處故隨順般若波羅
蜜多所以者何色蘊本性无方无處受想行
識蘊本性无方无處眼處本性无方无處耳鼻
舌身意處本性无方无處色處本性无方无

BD04497號　大般若波羅蜜多經卷五五五　（4–2）

法自他等故隨順般若波羅蜜多應觀諸法
異生聖者本性淨故隨順般若波羅蜜多應
觀諸法棄捨重擔无增益故隨順般若波羅
蜜多應觀諸法　无方處故隨順般若波羅
蜜多所以者何色蘊本性无方无處受想行
識蘊本性无方无處眼處本性无方无處耳鼻
舌身意處本性无方无處色處本性无方无
處聲香味觸法處本性无方无處眼界本性
无方无處耳鼻舌身意界本性无方无處色
界本性无方无處聲香味觸法界本性无方
无處眼識界本性无方无處耳鼻舌身意識
界本性无方无處眼觸本性无方无處耳鼻
舌身意觸本性无方无處眼觸為緣所生諸
受本性无方无處耳鼻舌身意觸為緣所生
諸受本性无方无處地界本性无方无處水火
風空識界本性无方无處因緣本性无方无
處等无間緣所緣緣增上緣本性无方无處
處无明本性无方无處行識名色六處觸受
愛取有生老死愁歎苦憂惱本性无方无處
復次善現應觀諸法寂滅安樂故隨順般若
波羅蜜多應觀諸法无愛无離愛故隨順般
若波羅蜜多應觀諸法无染无離染故隨順
般若波羅蜜多所以者何色蘊真性无染无
離染受想行識蘊真性无染无離染眼處真
性无染无離染耳鼻舌身意處真性无染无
離染色處真性无染无離染聲香味觸法處
真性无染无離染眼界真性无染无離染耳
鼻舌身意界真性无染无離染色界真性无
染无離染聲香味觸法界真性无染无離染

BD04497號　大般若波羅蜜多經卷五五五　　（4–3）

界本性无方无處眼觸本性无方无處耳鼻
舌身意觸本性无方无處眼觸為緣所生諸
受本性无方无處耳鼻舌身意觸為緣所生
諸受本性无方无處地界本性无方无處水火
風空識界本性无方无處因緣本性无方无
處等无間緣所緣緣增上緣本性无方无處
處无明本性无方无處行識名色六處觸受
愛取有生老死愁歎苦憂惱本性无方无處
復次善現應觀諸法寂滅安樂故隨順般若
波羅蜜多應觀諸法无愛无離愛故隨順般
若波羅蜜多應觀諸法无染无離染故隨順
般若波羅蜜多所以者何色蘊真性无染无
離染受想行識蘊真性无染无離染眼處真
性无染无離染耳鼻舌身意處真性无染无
離染色處真性无染无離染聲香味觸法處
真性无染无離染眼界真性无染无離染耳
鼻舌身意界真性无染无離染色界真性无
染无離染聲香味觸法界真性无染无離染
眼識界真性无染无離染耳鼻舌身意識界
真性无染无離染眼觸真性无染无離染耳
鼻舌身意觸真性无染无離染眼觸為緣所
生諸受真性无染无離染耳鼻舌身意觸為

BD04497號　大般若波羅蜜多經卷五五五　　（4–4）

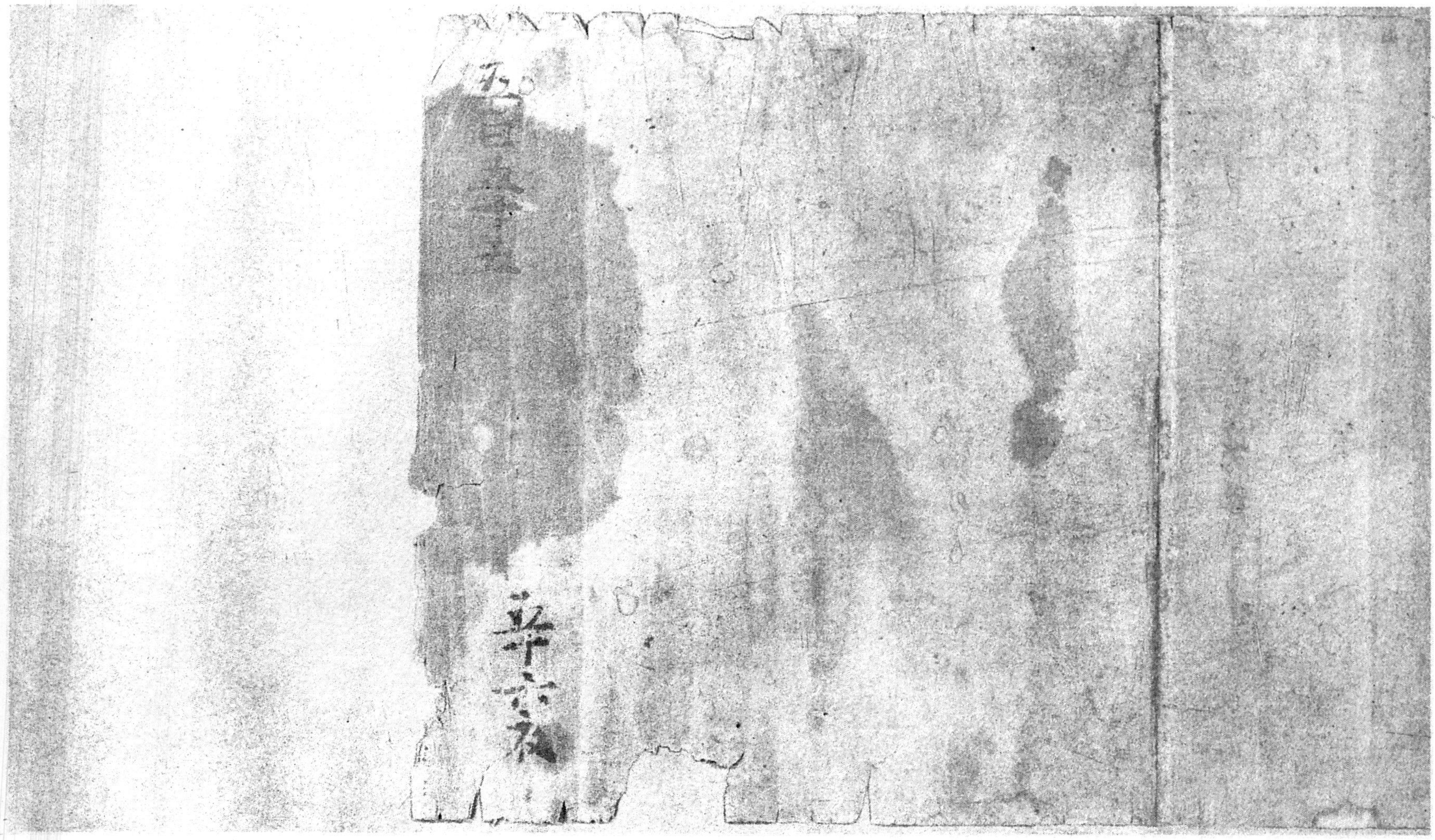

BD04497號背　勘記　　（1–1）

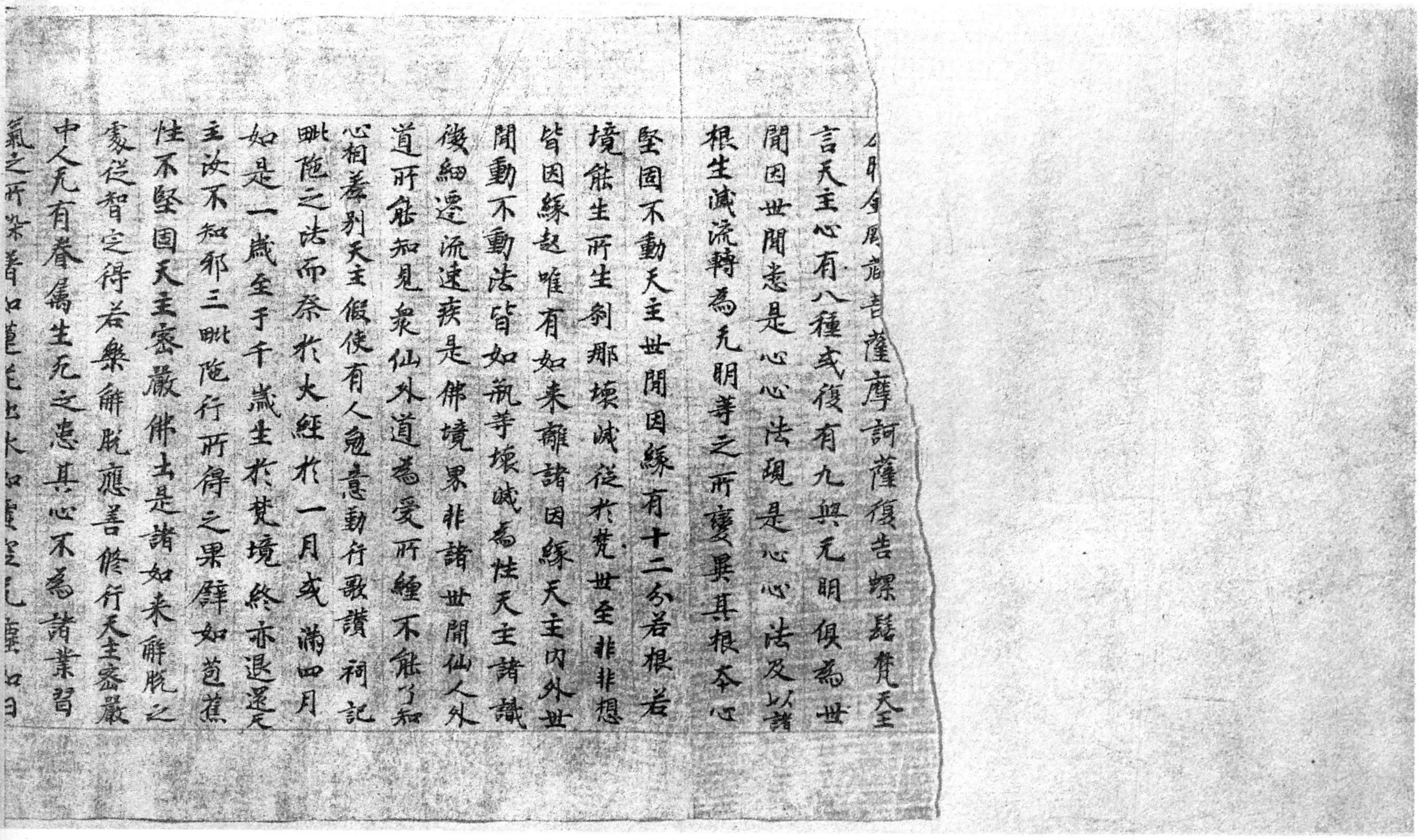

佛金剛藏菩薩摩訶薩復告螺髻梵天王
言天王心有八種或復有九與无明俱為世
間因世間志是心心法現是心心法及以諸
根生滅流轉為无明等之所變異其根本心
堅固不動天王世間因緣有十二分若根若
境能生所生剎那壞滅從於梵世至非非想
皆因緣起唯有如來離諸因緣天王內外世
間動不動法皆如瓶等壞滅為性天王諸識
微細遷流速疾是佛境界非諸世間仙人外
道所能知見衆仙外道為受所纏不能了知
心相差別天王假使有人忽意動行歌讚祠記
毗陁之法而祭於大經於一月或滿四月
如是一歲至于千歲生於梵境終亦退還天
王汝不知耶三毗陁行所得之果譬如芭蕉
性不堅固天王密嚴佛土是諸如來解脫之
處從智定得若樂解脫應善修行天王密嚴
中人无有眷屬生死之患其心不為諸業習
氣之所染著如蓮花出水如虛空无塵如日

BD04498號　大乘密嚴經（地婆訶羅本）卷中　　（5–1）

如是一歲至于千歲生於梵境終亦退還
主汝不知耶三昧陁行所得之果譬如芭蕉
性不堅固天主密嚴佛土是諸如來解脫之
處從智定得若樂解脫應善修行天主密嚴
中人无有眷屬生死之患其心不為諸業習
氣之所染著如蓮花出水如虛空无塵如日
月高昇淨无雲翳一切諸佛恒共稱受沐淨
戒流飲智慧液得真實解度生死岸天主衆
生身中諸界五蘊識等衆法皆无所有眼色
為緣而生於識譬如因木火得熾然天主一
切境界隨妄識轉如鐵動移逐於慈石又如
陽焰乾闥婆城是諸渴鹿愚幻所取此中无
有能造等物但是凡夫心之變異天主如乾
城之中人衆往來馳騖所作見而非實衆生
之身進止去為亦復如是如夢中所見寤即
非有世間之人見蘊等法覺心明照本來寂
靜天主地等和合微塵之聚若離於心即无
所得世間諸物可持舉等就非大種之所合
成譬如風淡病緣或亂見種種物又如起屍
无能作者世間諸法悉亦如是汝諸佛子應
勤觀察天主一切世間動植之物譬如水沫共
聚成形瓶衣等想同於陽焰苦樂諸受猶
如浮泡行如芭蕉中无有堅識如幻事虛偽
不實天主三界之中動不動法同於夢境迷
心所現亦如幻事乾闥婆城但誑愚夫若諸
佛子於如是法能正覺知心无所畏以智慧
火焚燒一切諸患因緣即生妙樂密嚴之土天
主一切世間皆无有相相為繫縛无相即

如浮泡行如芭蕉中无有堅識如幻事虛偽
不實天主三界之中動不動法同於夢境迷
心所現亦如幻事乾闥婆城但誑愚夫若諸
佛子於如是法能正覺知心无所畏以智慧
火焚燒一切諸患因緣即生妙樂密嚴之土天
主一切世間皆无有相相為繫縛无相即
解相是心境心境不實真實之法是智境界
遠離衆相非心所行天主一切諸相是三界
法色聲等法名之為相諸根境界一切衆生
繫縛之因若能於相而不貪著衆縛悉除安
樂自在

尒時寶髻菩薩摩訶薩在大衆中坐殊妙座
向金剛藏菩薩摩訶薩而作是言尊者於諸
億佛國菩薩衆中最為上首成最上智了
所知法无量悉種皆已明見在瑜祇衆能淨彼
疑善知衆生身之本起能於一切或一劫餘
以妙意詞演而不倦何故不為諸仁等說離
諸逆順似非似因真實之法令諸智者心淨
无疑捨蘊因緣疾得解脫法與非法是蘊因
緣生於此身及後身故智能脫苦愛為堅縛
尊者衆生之心因色與明作意等緣馳散於
境其心速疾難可覺知无明愛業以之溷亂
尊者衆生身中種種諸法意為先導意最
速疾意為殊勝隨所有法與意相應彼法皆以
意為其性如摩尼殊顯現衆彩如是之義仁
何不說又如衆色摩尼之寶隨所相應種種
明現仁亦如是具如來像住自在宮諸佛子
衆所共圍遶亦應如是隨宜說法

速疾意慧為殊勝隨所有法與意相應彼法皆以
意慧為其性如摩尼殊顯現衆彩如是之義仁
何不說又如衆色摩尼之寶隨所相應種種
明現仁亦如是具如来像住自在宮諸佛子
衆所共圍遶亦應如是隨宜說法
尒時金剛藏菩薩摩訶薩言密嚴佛土是最
寂靜是大涅槃是妙解脫是淨法界亦是智
慧及以神通諸觀行者所止之處本来常住
不壞不滅水不能濡風不能燥非如瓶等勤
力所成尋復破壞非諸似因及不似因之所
成立何以故宗及諸分是不定法諸宗及因
各差別故密嚴佛土是轉依識起分別心非
諸妄情所行之境密嚴佛土是如来處无始
无終非微塵生非自性生非樂欲生不從摩
醯首羅而生亦非无明愛業所生但是无功
用智之所生起出過欲界及色无色无想天
中閻宜之網密嚴佛土阿若悉擅非因明者
所量境界亦非勝性自在聲論毗陀如是等
宗之所顯示乃至於資糧位智慧之力不能
照了唯是如来十地所修清淨智境諸仁者
一切凡夫迷於世間為業非業我今當說業
非業義令諸定者獲於安樂即說偈言
內外一切物　所見唯自心　衆生心二性　能取及所取
心體有二兩　即心見衆物　凡夫性迷惑　於自不能了
所見衆境界　皆是自所為　瓶等相現前　求之悉无體
諸仙智微劣　不能明了知　捨於真實理　而行分別路
是心有二性　如鏡含衆像　亦如水現月　翳者見毛輪

BD04498號　大乘密嚴經（地婆訶羅本）卷中

（5–4）

各差別故密嚴佛土是轉依識起分別心非
諸妄情所行之境密嚴佛土是如来處无始
无終非微塵生非自性生非樂欲生不從摩
醯首羅而生亦非无明愛業所生但是无功
用智之所生起出過欲界及色无色无想天
中閻宜之網密嚴佛土阿若悉擅非因明者
所量境界亦非勝性自在聲論毗陀如是等
宗之所顯示乃至於資糧位智慧之力不能
照了唯是如来十地所修清淨智境諸仁者
一切凡夫迷於世間為業非業我今當說業
非業義令諸定者獲於安樂即說偈言
內外一切物　所見唯自心　衆生心二性　能取及所取
心體有二兩　即心見衆物　凡夫性迷惑　於自不能了
所見衆境界　皆是自所為　瓶等相現前　求之悉无體
諸仙智微劣　不能明了知　捨於真實理　而行分別路
是心有二性　如鏡含衆像　亦如水現月　翳者見毛輪
毛輪瓔珞珠　此皆无所有　但從病翳眼　若斯而顯現
瓶衣皆自識　衆生亦復然　虛妄計著人　不知恒執取
衆生及瓶等　種種諸形相　內外雖不同　一切從心起
此密嚴妙定　非餘之所有　若有能修行　生於衆福地

BD04498號　大乘密嚴經（地婆訶羅本）卷中

（5–5）

大慈悲根認所化何必要須請也
所可根機多種如何稱會答如來出世
從此生生不可說以因緣故亦可得說因緣者
是起尒以三因將此義三門分別第一翻名解
起教以初翻稱者悉檀者或云陀翻或云无翻其
三翻者或云宗或云墨或云所或云實或云成就究竟
雜可實者此隨根說法離文字言宗即是也南岳師云此例如
言是隨喜檀是梵語悉言遍檀翻為施仏以法遍施衆
稱相者一世界二各各為人三對治四第一義大聖為破外道邪四悉
悉檀起一切大小乘教　第一世界悉檀者即是衆生五蘊十二入十八
界一切諸法名相隔別不同故名世界外人迷此世界或計邪因
緣有世界大聖隨衆生所欲樂以為說正因緣世界之法令衆生得世間正見即
是世間法施　二各各為人悉檀者大聖觀人心而為說法人心各各不同故於一事或
聽不聽如經所說雜業故雜生世間雜　雜受更有破羣那經說无人得觸
无人得受是悉已為破執生所增長善根施法善故名為各各為人悉檀
三對治悉檀者大智度論云有法對治則有實性故无者是即是貪欲多者
教修不淨觀瞋恚多者教修慈悲觀愚癡多者教觀因緣故也仏說對治
之法藥治衆生病斷其惡故名對治悉檀也　第四第一義悉檀者大論云
第一義有二種一約不可說二約可說初不可說即是諸仏辟支仏阿羅漢所實法
境大論云言語道斷心行處滅又如大經說諸法不可受名世界說不可受名第一義約
可說者如大論云一切法實一切不實一切亦實亦不實一切非實非不實是名諸法之實
相仏於此是不受之法證說第一義悉檀於此即是一乘法所以四人亦一入處中說

BD04499號　淨名經關中釋抄卷上

（12–1）

教修不淨觀，治恚多者教修慈悲觀，愚癡多者教修因緣觀也。仏說對治
之法藥，適施眾生，爲斷其惡，故名對治悉檀也。第四第一義悉檀者，大品經
第一義有二種：一約不可說，二約可說。初不可說即是諸仏辟支仏阿羅漢所實法
故。大品云：涅槃是心行處滅，言語道斷。又如大經說：諸法不可受，名第一義。約
可說者，如大品云：一切法實，一切不實，一切亦實亦不實，一切非實非不實，名諸法之實
相。仏於如是等處處諸經說第一義悉檀。天台即是一家，所明四門入第一義。彼中亦
云：善爲向道之人，所說四句，即能悟入，即是諸法實相。若人於中四句心生取着，即是
戲論。天台即約一隨樂欲，二隨便宜，三隨對治，四隨第一義，故寶積歎仏樂說辯云：
仏以一音演說法，或有恐畏或歡喜，或生厭離或斷疑，斯則神力不共法。恐畏者
世界悉檀，爲說三界大宅，故恐怖；歡喜者，爲人悉檀，發本善根，得法喜也；
或生厭離者，即是厭遠煩惱，與對治也；斷疑即第一義悉檀，初入見道，見諦理，名爲
於斷疑也。第三明起一切教者，大論明四悉檀起十二部經八万四千法藏。是即
世界悉檀起八万四千法門名等者，爲人悉檀起八万四千三昧陀羅尼門，
對治悉檀起八万四千法對治八万四千諸煩惱也，第一義悉檀起八万四
千法門，亦名八万四千諸波羅蜜，乃至大小乘經律論教，通有二空，說更
果。因悉檀方便而進之。第二爲明此經起緣，其意多途，略述四種，明至大意，
餘皆委細隨文釋之。一爲明二種解脫不同，二爲顯淨土之宗，三爲顯淨名勝德，
四爲成勝供養。初爲顯不可思議、不可思議二種解脫有其異者，諸聲聞等菩薩
權說之教，自謂同仏同坐解脫床，無心趣大，故今經簡之，令知有異，歎小求大，
成生敬信。流支有多義，略舉三種：一約七性解脫簡，如身子云此座高廣，吾
不能昇，菩薩不思議解脫理深大故，九小乘所入。又云仏爲增上慢人說離婬怒
癡爲解脫，若無增上慢者，說婬怒癡性即是解脫，是即思議（不思議）離不離可。
二約定惠簡者，文云不斷癡愛起於明脫，此異二乘定惑取證。又云無得無證，
故如是等事之時，有如來種不是也。三約方便解脫簡者，經云結習未
盡，花著身耳，結習盡者，花不著也。二乘雖得解脫，未盡惑原。又云以不定
於戒大座須彌納芥子中，本相如故，乃至現作魔王等，擊大而求小是菩
方便示現利物故也。二爲顯淨土之宗者，大聖欲於寶集示淨土之源，說法身
之報，明淨土依報，故於此中合蓋現土，寶積發問，如來酬答，乃至指案
現淨宮室，待問不普之界，遂現上方妙喜之國，來遊斯土，此示種之因緣，
使諸菩薩上知諸仏功德平等，爲眾生故現仏土不同，下於成就眾生同法，如
來淨仏國土，具如下文，不可悉述。三爲顯淨名勝之德之究彰，則前來宣化
咸可宗承，物情伏信，故下文云汝等捨置菩薩所以是維摩詰所現神力，汝等
百千億劫盡力變化所不能作也。又什法師云：維摩詰秦言淨名，即五百童

現淨宮室待問不香三界來遊現上方妙喜之國來遊新土此示種種因緣
使諸菩薩上知諸佛功德平等不為眾生故現佛土不同下明成就眾生同法如
來佛國土者如下文不可思述　三為顯淨名勝勝德德光彰則前來宣化
咸可宗承物情伏信故下文云欲示諸菩薩所行是維摩詰所現神力汝等未
曾百千億劫盡力變化所不能作也又什法師云維摩詰秦言淨名即五百童
子一人也從妙樂國來遊此土所為既周將還本土欲顯其淳德以澤群生顯
迹悟時要必有由故命同志詣佛而獨不行以現其疾疾故有問疾問疾之
會由淨國國之集由淨名方便故則始終良有在也　又肇師亦云救護既
畢將返妙喜故欲顯其神德以弘如來不思議之道四為成就最勝供養故
說此經故下文云若受持讀誦解說者如說修行則為諸佛之所讃念是為供養如
是人等當知則為供養於佛又云天帝若善男子善女人受持讀誦供養
是經者則為供養去來今佛況梵天云諸福寧多五劫施安供養猶不勝
眾賢聖獲陀羅尼護持法藏人天之法供養矣　第二翻譯帝代者大唐內
典錄云教流原起寔本非周秦正弥之遺蹤閑出劉向校書天祿注之見有
佛經依是校量不止漢之代今敘中興之始起於後漢孝明帝七年夜夢見金人
殿庭尋詳傳毅奏對臣聞昔西方有神其名為佛陛下所見將必是乎帝乃遣
使中郎秦景博士王遵等一十八人往適天竺於月支國請得迦葉摩騰竺法蘭焉
將經像載以白馬至永平十年還達雒陽立白馬寺譯出四十二章經此即漢地經
之祖也自下綠教相繼重興得諸梵經傳譯義至皇朝時移九代此經翻傳總
有六譯　第一後漢劉氏靈帝代臨淮清信士嚴佛調於雒陽白馬寺譯二卷名古
維摩詰經　第二吳朝孫氏大皇帝月支國優婆塞支謙於武康譯三卷名維
摩詰說不思議法門經　第三西晉司馬氏武帝時沙門竺法護西域人解卅六國語於雒
陽譯一卷名維摩詰所說法門經　第四東晉惠帝西域沙門竺叔蘭元康六年
於雒陽譯三卷名毗摩羅詰經　第五後秦姚興弘始八年三藏沙門鳩摩羅什於
長安大寺譯三卷名維摩詰所說經即今所釋之本是也　第六唐三藏沙門玄奘貞
觀廿一年於長安大慈恩寺譯六卷名無垢稱經　第三正釋經題略分為二一初二
通名即維摩詰所說經三字所以名通者略為三義一約教如花嚴大品
等教並名異是為經故為通也二約行者如涅槃云六行
資生種種入種種異為所以名通名同趣菩提即一理故名通也三約理者理是一
法名義即多故經云如天帝釋有種種名解脫亦爾多有諸名字異故名為所同
是一理故名通也從教起行從行入理俱有通別先明別名後分人法所以雙標者凡
所說法必有能說之人是所尊人重其法也初弁人名即為二別初翻名解釋後明本
迹高下初翻譯者或云毗摩羅詰者羅此翻淨名無垢稱或云毗摩羅詰此翻為淨

實不生種〻入〻〻異為以為故須立名同趣涅槃即一理故名通也三約理者理是一
法名義即多故經云如天帝釋有種〻名解脫亦尒多諸名字異故名為不同
是一理故名通也從教起行從行入理但是通別先明別名後立人法所以雙標者凡先
以能詮先所詮人是所尊在人重在法也初辨人名即為二分初翻名解釋後明本
迹高下 初翻譯者或云毗摩羅詰此翻淨名无垢稱或云毗摩羅詰此翻為淨
名或云毗摩羅詰栗致此翻為淨无垢稱此梵語輕重不同故人亦存略隨方次解
稱者初翻似覺為繁雜為中稱次淨名者似對於應二身淨即真身真智感
故立為淨名者即應身垂形濟物名稱普聞也什云五百童子之一人也次翻淨
无垢稱者似對三身淨即法身自性清淨暎徹无塵即是性淨法身也无垢即報身
報智圓明无有垢染即是圓淨報身也稱者即是應身大慈化世名稱普聞即是
應身也故智度論云水銀和真金能塗諸色像功德和法身處〻應現往修稱
法名中存辨二明本迹高下者淨名大士補處菩薩阿毗曇即以生兜率為補處
若大品共行十地即九地菩薩地為補處若五十二位即以等覺為補處菩薩摩訶薩也
是何次即初心即補處此究竟教異故須辨其本迹今明此義略分二意初正
通明本迹後別明淨名本迹初正明者本即所依之理迹者是能依之事〻理合明故
稱本迹也辭約人法往處則有〻注之殊迹也將明此又略五為意一約事理二約理
教三約理以四約神用五約權實初事理者理即不思議真諦之理本事即不思
議俗諦之事迹由真諦不思議之理本故有不思議俗諦之事迹尋俗諦之事
迹得真諦之理本〻迹雖殊不思議一也二約理教者此經云三轉法輪於大千其輪本
來常清淨此即以有不思議二諦為理本能詮二諦為教迹由理垂教尋教得理條
然有三約理以者法无經云法從本來常自寂滅有佛子行道已來世得作佛此經
云无離文字說解脫者即有理教並以為本不思議觀以為事迹條然有明四約神
用者即以法身神為本應身用為迹故金光明經云佛真法身由如虛空應物現形
如水中月餘亦如有五約權實者實即齊位證得真應二身為實本權化方
便現真應二身或高或下隨逐物情為事迹故經云雖復成道轉於法輪而不捨
於菩薩之道條亦如有是正理事明本迹正是理正理教明即名字正理以明正觀以正
神用明正權實明正究竟正法菩薩或本高迹下或本下迹高或俱高
俱下雖可格量未二有明淨名本迹者舊云本是金粟如來迹居妙喜為无動
補處或本是八地迹現毗耶位居長者然執意定判本迹者為是何位金粟
何位補處若妙覺之金粟為妙喜之補處此即本高迹下若初住之金粟現
十地之補處即本下迹高妙覺現妙覺即本迹俱高若初住住現小乘補處本
迹俱下然不可定判在優劣高下之位也二明經者此第二標通名先總辨明經後
格經字初明經者 肇曰維摩詰秦言淨名法身大士也其權道无方隱顯殊
[illegible]

補處或本是八地迹現毗耶位居長者務執意宗判本迹者為是何位金粟
何位補處為妙覺之金粟為妙喜之補處此就本高迹下為初住之金粟現
十地之補處即本下迹高妙覺現妙覺為本迹俱高為初住住現小乘補處本
迹俱下並可定判至優劣高下之位也所說經者此第二釋通名先總辨所說後
釋經字初所說者　肇曰維摩詰秦言淨名即法身大士也至權道無方隱形殊
迹釋彼妙喜現此忍土所以和光塵俗因通之教常與寶積俱遊為法城之侶至
教路究畢遊妙喜故欲形至神德以弘妙乘不思議解脫之道至令寶積獨
詣釋迦因遊現疾以生四疾之端建發言之始唱自彼故稱至說　生曰維摩
諸菩薩梵音無垢稱也至人曠迹五欲超然無染清名遐布故致名斯號貴名求實
者必重至說之本表實重之則終得所求目斯近權者過重之矣為說淨名說者
仏法不說自法、乃與仏說以令解淨名自證之法乃是一切仏法故下文云如自觀身
実相觀仏亦然以淨名菩薩所說何得稱經答大論說仏弟子化人諸天仙人所說為仏
所印亦稱經也二釋字經依天竺語仏之教首通標脩多羅或云脩妬路例如此云是
夏之言有古今諸法師解釋不同最或云為翻或云無翻今并此義略為五意第
第一無翻第二有翻第三會通有無第四正釋經字第五歷法明經第一云無翻
者外國名多含之語此是脩多羅名含五義豈可但用經字翻之故存梵善
法師云經非正翻但以經字代之以此方周孔聖教稱之為經外國聖教於此
亦以此經字代也言五義者一法本為三一教本不出世界悉檀二行本即對治為人二
悉檀三理本即第一義悉檀亦云形示言示理也如稱勒章示其蘊求也二微發
者謂生起教行妙言除謹發起著靡所不謹是以文義衛形明發物心初中後善
圓滿具足故也亦云出生謂聞時得道出生能身經云法仏從此經生三涌
泉義者此從辭受名如泉涌流滴無竭如弥勒章得無所乃能獲之三義無邊
觀不生以悟生則悲之名莫竭故云也四繩墨義亦從辭彰如世繩墨
能截耶就正執範之度如不生不滅乃不可乘無常無我四果不可受又
如六度四求名不不可易故界寧末不可加故云也五結鬘義者此從辭以彰如
結鬘穿花使無零落大聖說法貫通理以亦無漏失後次如百花英色更相輝
煥万以莊嚴至為勝飾如憁如持園苑八解浴池大乘寶車駕以白牛求也
此五既無多含此五之可故用經字代也第二有翻者有法師云著仏法初度
梵漢之語未通故河西羣學皆無翻也今經所說度梵漢之語後通將多
羅宗為翻也但法師各稟其師文成兆一形出五家翻稱一翻為法本具如前
并二翻為契理初悉檀契情二三悉檀契以第四悉檀契理也此則如法相解
如法相說故也三翻為綖此因辭彰又與前結鬘又同又結成則人三道之果也
四翻為善語教謂大聖所鑒慈心順理後悉檀善巧化順物情故也五翻為經

BD04499號　淨名經關中釋抄卷上

（12–5）

梵漢之語未通故河西羣學因无翻也今經是既度梵漢之語復通從多
羅含五翻也但法師各稟三家中文成兆一師出五家翻稱一翻為法本具如前
[illegible]二翻為契經初悉檀契情二三悉檀契以第四悉檀契理也此別如法本解
如法本說故也三翻為綖此曰聲形文字結縛又因文結成可人三種之異也
四翻為善語教謂大聖所說慈心順理後悉檀善巧化順物情故也五翻為經
以於此方極一聖所說故也第三會通者无翻者取經字為正者无翻者有三此无多
含之語此亦不然如此訓字或一或二乃至多訓如經訓法常訓乃經緯等皆能
多含及世文者翻者三者今謂无通宗之者翻何故五
譯不定多感而存一及後不同多翻無名者中假名者說悉檀方便起教是人
至根性已者翻无翻皆无滯也故經云依義不依語也又兩家五義皆以經字標名
題不以契綖等為目今立經字亦是融通无失　第四正釋經字略開四義一者
經由義二意初云聖者下備經由如來心口故也二云三代聖人莫不皆由悉檀之教而
鼓大果二者經緯義上法師云世之經緯成自素帛斯之經緯形于入真先緣三
者常義又有二意一者邪不能壞二者正不能異故肇師云古今雖殊覺道不
改群邪不能沮眾聖不能異故曰也　四者法義安法師曰謂神可楷模如法六經
形道德人倫之是也　第五歷法明經者流三種經一色二色三法初者經者教
詮理故大品經云若從善知識受中般若也二色經者尋文悟理故大品云若從
經卷中聞般若也三法經者是人聖心自法念思惟得證故經云眼我法者證乃
自知故也問餘三塵何故非法答此土三根鈍故後次如法華云眼六根本清淨是經
下文國食香飯得道是明六塵俱為佛事不因不示唯說要要者是為佛事文
大品明諸法非故般若波羅蜜亦如金剛云一切法皆是佛法也　一名不可思議解脫
者此是第二大段經法受名此經流布既多申稱不同略開九家以成此決　初付日示
名三時亦名神足或今明短或度或巨細相容變化隨意於法自在解脫无寻名
解脫　二生曰不思議有三種一月理空非感情所圖二曰神奇非淺識所量智解大空理
則脫不思議之惑之既脫矣則所為難測三聖曰微遠幽深二乘不能測不思議也　縱
任无得如果不能拘解脫也　四叡曰其无心應物為說不生但叡至設莫測其所
由故名所說亦為思議也雖說而无心故不尋於為无心而說故亦尋於空空者亦不然
果故名之為解脫也　五關內舊解六地斷正使七地侵除習氣遊觀雙流名不思議
正習俱盡名為解脫也　六地論師云不真宗啓發七識知照佛性之理斷界內見思界
外无明是思議解脫若真宗八識真識神形二郭無明果名不思議解脫也　七真
諦三藏云解脫有二種不相離亦是法相之本有之理未與惑離也二相離者得法
身之智斷心障與惑相離故名相之離解脫不思議　八三論師云若自他明縛脫縛是
自縛脫是自脫已是自性之縛脫今明縛非自縛由脫說縛脫非自脫由縛得脫

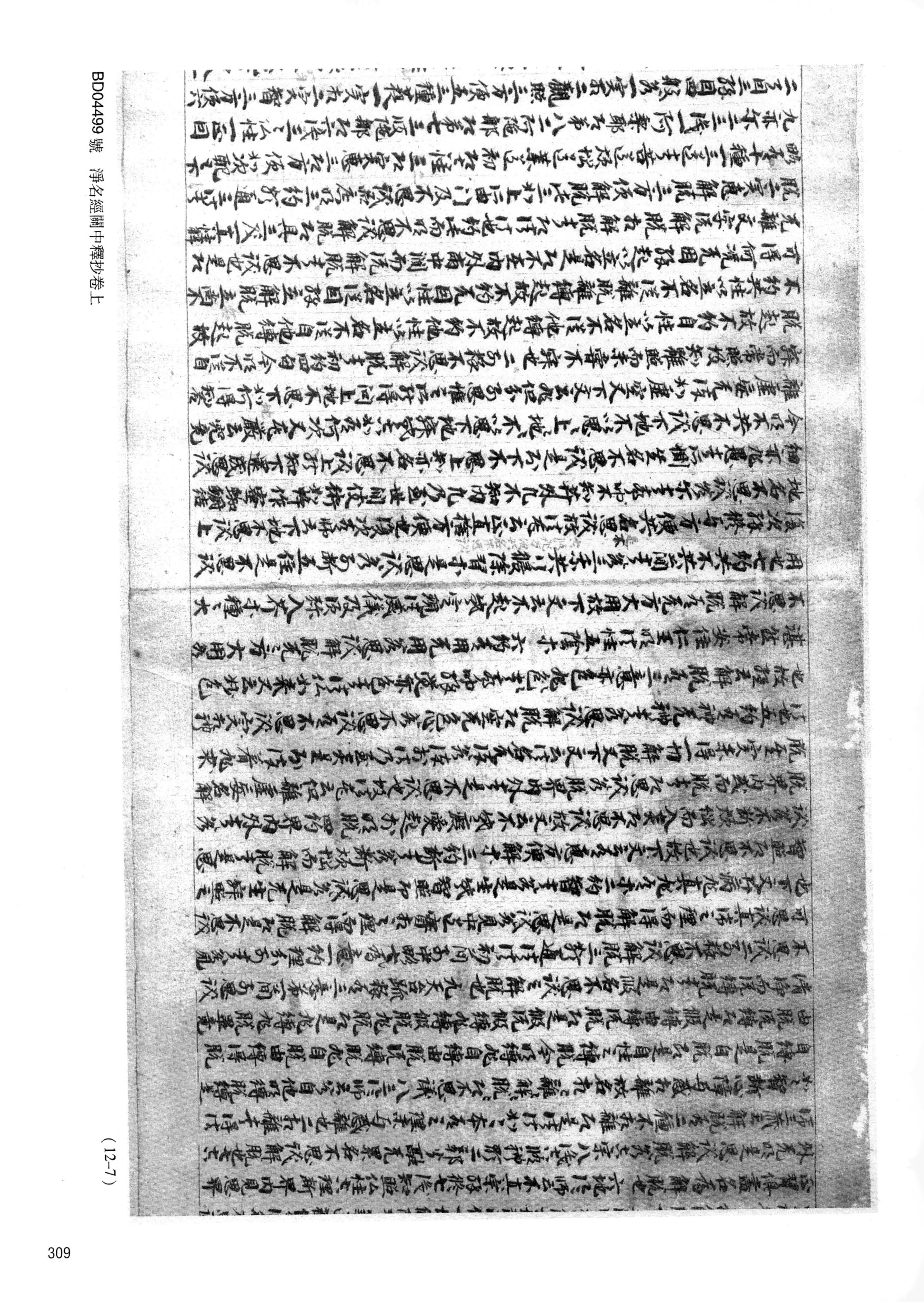

BD04499號　淨名經關中釋抄卷上

（12–7）

可得何况无因緣起以立名是故不在内外兩中間而說解脫者不思議也是故
无離文字說解脫故解脫者即諸法也約此而明不思議解脫故具三義一真性解
脫二實慧解脫三方便解脫此三如上所由門及不思議所在明三約於通三皆有
略有十種一三道者菩提道煩惱道業道初故此性三故實慧三故方便如次配之下
九亦爾二三德一阿耨菩提故第八二阿耨菩提故第七三般涅槃故第六德三三佛性一正因
二了因三緣因四般若一實相二觀照三方便五三種菩提一實相二實智三方便六
三種大乘一性乘二得乘三隨乘七三種法身一法性身二果報身三應化身八三
種身一性淨身二圓淨三方便淨九一體三寶一七性故法二實慧故仏三方便故
僧十三德一法身二般若三解脫如是故七性解脫是淨實慧解脫是无垢方
便解脫是釋此乃是人住法立名法從人受稱故得號不思議大道也　大明第
二明經神者略開三意一弁神所以二正明經神三簡偽取真初所以須明神者終年
經失者多同調達雖讀八万法藏不免墮大地獄者乃意言乃盤持一偈氏
阿羅漢果者不須經題大性之神雖復讀誦明日終不能得无生法忍故須弁也
第二正明經神然此一門經文莫說今古申釋復多紊亂統之在要不出二種一約
詮之理取術如云契經神者略有二種一文二義是以法明假實者名句文身
並能詮教稱如有釋名門具以辯說者法明七義性等並所詮理稱今此真明舊稱
此經多用權實為神之即是宗此釋不然何則天无二日國无二主豈可權實具
明又神據理明宗據行况昌乃宗神同弁也今明以不思議真性解脫為神者此經
云婬怒癡性即是解脫又云諸佛菩提解脫名不可思議又云一切法亦如也然此真
性實相離四句絕百非能執生以人正智万行故得名神也故大論云明小乘經
三法印無常无我寂滅大乘經一實相印又下文云以陀羅尼即諸經之正體也
若得三法印能入善忍七明至无學果若得實相印能入无生法忍得大菩提也
第三簡偽取真即為三意初簡外實相二形真實相初中復三一簡世俗經書
二簡外人經書三簡毒帥經書　初世俗經書但明安國家積善斥惡仁義禮
智以保生養性乃至梵天說出欲於五通神仙之法並屬實於破壞慧眼不見
真實无實體相二外人經書多起身邊二見或計神及世間常是事實餘妄語
乃至无常非无常墮十四難生六十二見多法是實以為所得起法行業流轉生死
並屬見於破壞慧眼故无實相體也三毒帥經明无常等三法印厭三界苦乏真
不能求法性實相亦无實相體也二形真實相者摩訶衍教所明為利根菩薩說法
實相不滯二邊體用圓備自利利他即真性解脫之體也此中復有共二不共
共亦說共二乘者如大品經三乘共以十地為帥斷正使緣覺假習氣菩薩於窮法性
習氣都盡辟如三獸渡河淺深有異二不共二乘者有斷有圓漸者雙斷二鄣
得實相獲圓者婬怒癡性即是解脫一切法即仏性契如來藏也或名一實諦或名

並屬見修破壞慧眼故非實非體也三者中經明無常等三法印默三界衆生之實
不扵末法法實非亦非實非體也二者真非者摩訶衍教所明為利根菩薩說法性
實非不際二邊體用圓備自利利他即真性解脫之體也此中復為共二乘說不
共亦說共二乘者如大品經三乘共行十地為所斷正使聲聞緣覺俱習氣菩薩所窮法性
習氣都盡辟如三獸渡河淺深為異不共二乘者為斷為圓漸者雙斷二部
得實非權圓者悟煩惱性即是解脫一切法即佛性如來藏也或名一實諦或名
自性清淨或云如如實際法性法身中道畢竟空等故大經云般若是一法佛說種種名大
經云如千本精為千種名解脫亦爾多諸名字也不得通為諸大乘經之正體也
大段第三佛國因果為宗者斯乃不可思議之綱要詣理之關鍵窮尋經旨亦不乏宗神之
所但傳經者巧宣以致畢發物心使有所趣者究竟果真性為不思議神遂乃而因而果為
不思議宗舉因則攝萬行畢果則萬德雙收因果為不思議之總要也大經明四德者之果
究竟五分十力德之因大品明般若智照之因究竟種智者之果此經寶積陳請具問因果
究竟中佛國清淨是果說菩薩淨土之行為因如來呈明四句合果橫明不可思議因果乃至
入室問權疾果問實疾因不思議品明果次下三品明因香積淨土為果八究竟行
為因示病雖然生不同為果請法退還為因妙善來生為果發心生彼為因是諸章
要集示明法身正義此中明淨土緣發故如來合蓋現土使物修心正明宗之大意
大段第四權實善巧為用先徵因修果故為權實之妙用令法不生斷疑生信略為三
意一明權實二明折伏攝受三明通此經文 初明權實者為人偏用權巧莫測為用此
明偏用令權實意修為用問若實是神通神起用能以實亦是用答權實
有三種一化他權實諸佛菩薩非名無中假中非說種種權實皆是隨他意語二自行化他
權實諸佛菩薩自行隨自意語為實隨他意語為權三自行權實者諸佛菩薩自行所為三諦
三諦之理以辨權實也此中明用即化他權實也二明折伏攝受者如勝鬘經云夜折伏者
而折伏之夜攝受者而攝受之以折伏攝受故令正法久住命淨名菩薩為令不思議法
得久住故是以方便折伏實智攝受故室外彈呵室內攝受使命法久住不思議
解脫也 三正通經文略舉四例如方便品法仁者此可患厭印權折伏當樂佛身即
實攝受如善吉章明於食等求於法亦不是實折伏文云如佛所作化人以是事詰
是權攝受實折伏實攝受如弥勒身子等為權折伏權攝受如迦葉述等並並
文示辯 大段第五判教者同異者有雖在此名不四八不辯此經所法經趣同異
略出三意一明辯教者意二明古今同異三正明判此經 初辯教者意者夫至王
無言言之者為物物清范異趣故之教亦多如光嚴獨明大乘而含偏說小教或下關
半滿而同為佛性或總會三乘而俱至寶所故光德法師各為理釋欲使大小區分權
實教實 二明今古同異為三意一約人二約時三約科簡一後魏菩提三藏立一音教
引此經云佛以一音演說法二北涼無讖立二種教一半字小乘二滿字大乘三陳真諦

（12–9）

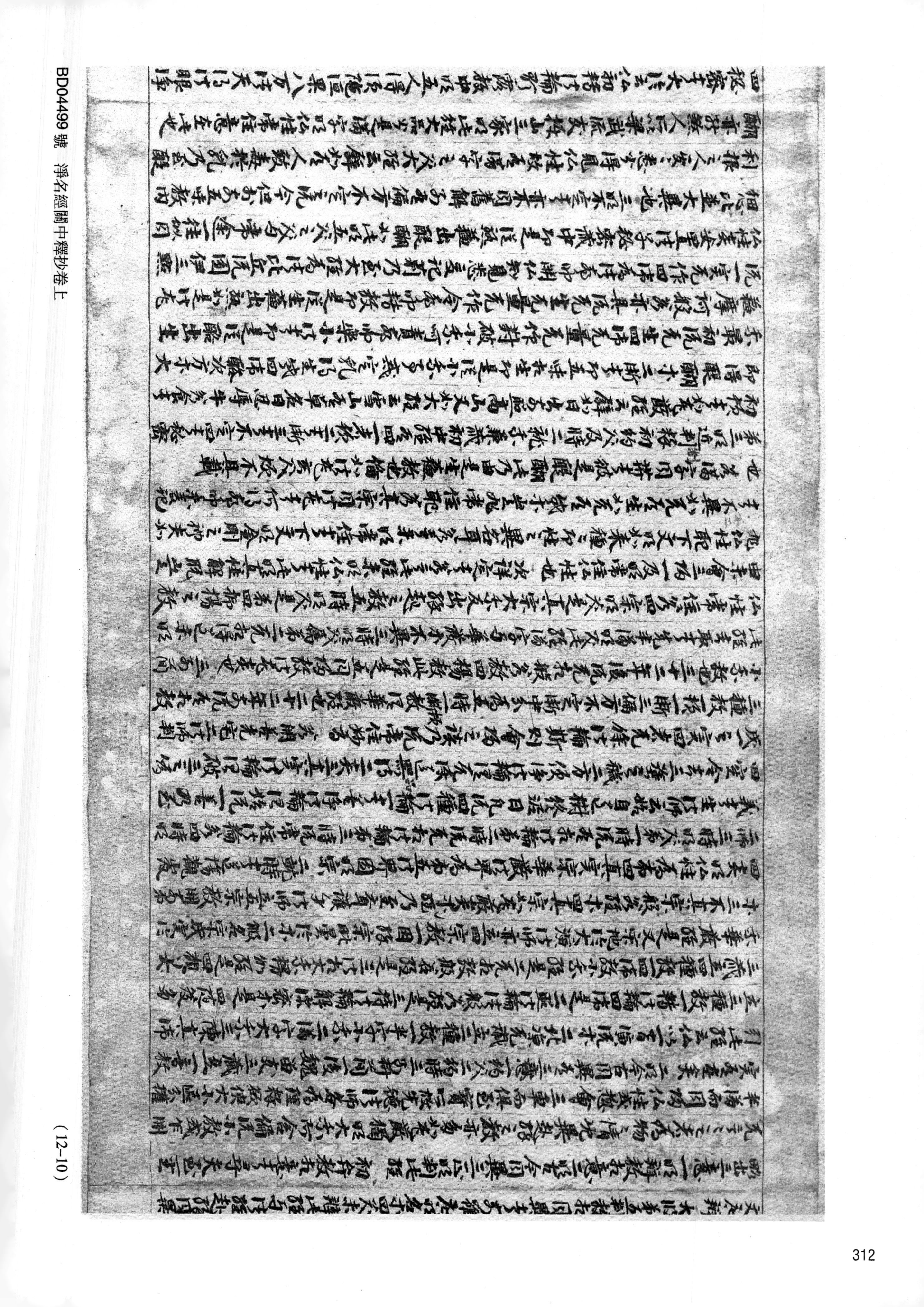

BD04499號　淨名經關中釋抄卷上

（12–10）

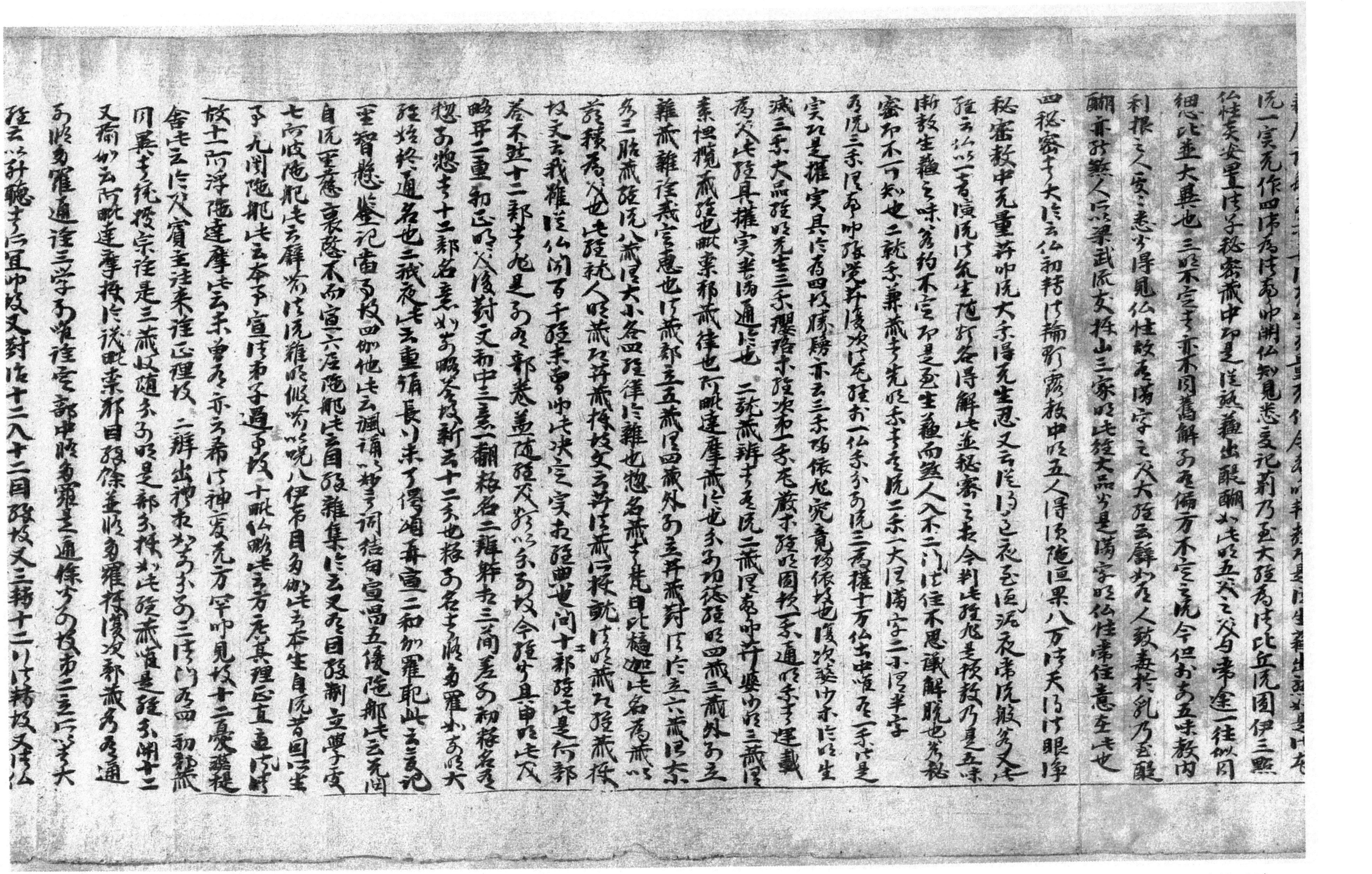

BD04499號　淨名經關中釋抄卷上

（12–11）

七、阿波陀那，此云譬喻。諸說難明，假喻以曉。八、伊帝目多伽，此云本生。自說昔因行事
子。九、闍陀伽，此云本事。宣說弟子過去故。十、毗佛略，此云方廣。其理正直通說時
故。十一、阿浮陀達摩，此云未曾有，亦云希法。神變无方，眾中見故。十二、優婆提
舍，此云論義。賓主往來，詮正理故。二辯出體者，如常可知。三經門爲四：初就藏
門異者，說攝宗詮是三藏。攸隨餘子所是部分攝。如此經藏所詮是經，分開十二
又摘如云阿毗達摩攝，依毗奈耶目得迦攝，并修多羅攝，復次部藏分爲通
所以多羅通詮三學，多羅詮定，部中修多羅是二通，餘十所以故。第二二乃說之大
經云：以斜聽者，行宜中故，文對治十二八十二因緣故，又三轉十二行法輪故，又法佛
法不故。第三大小分，分爲四：一大具小闕，如法花經云：我此九部法，隨順眾生說。小
乘不求大果故，无受記；无論師資故，无自說；无常理深故，无方廣。
二小具大闕，大經云：護大乘者受持九部，菩上根无譬喻、制戒、无因緣、說法印。
悟无譬喻文，无諸問无論議。三大具十二，小唯十一，猶如云方廣，唯菩薩藏所攝法分
爲中藏。爲四大唯爲一，小具十一，猶如云除方廣，分餘爲中藏也。第四攝者，契經
重頌，長行偈誦，二分所攝；契經諷誦，亦不相攝，單重所攝故。以此三唯爲十部。二
本不相攝，師資所攝。此二唯爲十一，餘之七部各具十二可知。大段第二明對此經文
者，此經方等大乘，理微辭曠，權實兼備，行行不讓。以茲對文，所不煩具。
復次花嚴初教，依理因說三點，行界理所差，因菩獨從二乘不悔，故次於阿含經
中權說小乘矣。今佛爲二乘同一解脫，所明差，故次於大乘經，廢權示實，故此經
示不思議解脫，點明二乘解脫非究竟故。經云：佛爲增上慢人說離婬怒癡爲解
脫耳，若无增上慢者，婬怒癡性即是解脫。二乘既知解脫之不真，部小慕大，
故次於般若經中明摩訶般若，點明空色平等，未一令知十智之非實。既二
乘斷見之智，故於法花經示明權迹，分寶不生不滅，凡長凡短同一法身，示法
身點也。二乘既會小歸大，故最後於涅槃三點圓伊，不偏不異，不一不異，終焉之
今攝理三點，常因在名偏當解脫，初十揭大經之意焉。

乃至小罪猶懷大懼亦行瞋恚而常慈忍亦
行懈怠而勤修功德亦行乱意而常念定亦
行愚癡而通達世間出世間慧亦行諂偽而
善方便隨諸經義亦行憍慢而於衆生猶如
橋梁亦行諸煩惱而心常清淨亦入於魔而
順佛智慧不隨他教亦入聲聞而為衆生說
未聞法亦入辟支佛而成就大悲教化衆生
亦入貧窮而有寶手功德无盡亦入刑殘而
具諸相好以自莊嚴亦入下賤而生佛種姓
中具諸功德亦入羸劣醜陋而得那羅延身
一切衆生之所樂見亦入老病而永斷病根超
越死畏亦有資生而恒觀无常實无所貪
亦有妻妾婇女而常遠離五欲淤泥現於訥
鈍而成就辯才捴持无失亦入邪濟而以正
濟度諸衆生現遍入諸道而斷其因緣現於
涅槃而不斷生死文殊師利菩薩能如是行
於非道是為通達佛道
於是維摩詰問文殊師利何等為如來種文

BD04500 號　維摩詰所說經卷中　（3–1）

亦有妻妾婇女而常遠離五欲淤泥現於訥
鈍而成就辯才捴持无失亦入邪濟而以正
濟度諸衆生現遍入諸道而斷其因緣現於
涅槃而不斷生死文殊師利菩薩能如是行
於非道是為通達佛道
於是維摩詰問文殊師利何等為如來種文
殊師利言有身為種无明有愛為種貪恚癡
為種四顛倒為種五蓋為種六入為種七識
處為種八邪法為種九惱處為種十不善道
為種以要言之六十二見及一切煩惱皆是
佛種曰何謂也荅曰若見无為入正位者不
能復發阿耨多羅三藐三菩提心譬如高原
陸地不生蓮華卑濕汙泥乃生此華如是見
无為法入正位者終不復能生於佛法煩惱
泥中乃有衆生起佛法耳又如植種於空終
不得生糞壤之地乃能滋茂如是入无為正
位者不生佛法起於我見如須弥山猶能發
于阿耨多羅三藐三菩提心生佛法矣是故
當知一切煩惱為如來種譬如不下巨海不能
得无價寶珠如是不入煩惱大海則不能得
一切智寶
尒時大迦葉歎言善哉善哉文殊師利快說
此語誠如所言塵勞之疇為如來種我等今
者不復堪任發阿耨多羅三藐三菩提心乃
至五无間罪猶能發意生於佛法而今我等
永不能發譬如根敗之士其於五欲不能復
利如是聲聞諸結斷者於佛法中无所復益

BD04500 號　維摩詰所說經卷中　（3–2）

尒時大迦葉歎言善哉善哉文殊師利快說
此語誠如所言塵勞之疇為如來種我等今
者不復堪任發阿耨多羅三藐三菩提心乃
至五无間罪猶能發意生於佛法而今我等
永不能發譬如根敗之士其於五欲不能復
利如是聲聞諸結斷者於佛法中无所復益
永不志願是故文殊師利凡夫於佛法有反
復而聲聞无也所以者何凡夫聞佛法能起
无上道心不斷三寶正使聲聞終身聞佛法
力无畏等永不能發无上道意尒時會中有
菩薩名普現色身問維摩詰言居士父母妻
子親戚眷屬吏民知識悉為是誰奴婢僮僕
象馬車乘皆何所在於是維摩詰以偈答曰
智度菩薩母　方便以為父　一切眾導師　无不由是生
法喜以為妻　慈悲心為女　善心誠實男　畢竟空寂舍
弟子眾塵勞　隨意之所轉　道品善知識　由是成正覺
諸度法等侶　四攝為伎女　歌詠誦法言　以此為音樂
總持之園苑　无漏法林樹　覺意淨妙華　解脫智慧果
八解之浴池　定水湛然滿　布以七淨華　浴此无垢人
象馬五通馳　大乘以為車　調御以一心　遊於八正路
相具以嚴容　眾好飾其姿　慚愧之上服　深心為華鬘
富有七財寶　教授以滋息　如所說修行　迴向為大利
四禪為牀坐　從於淨命生　多聞增智慧　以為自覺音

BD04500號　維摩詰所說經卷中　（3–3）

佛告須菩提汝行詣維摩詰問疾須菩提白
佛言世尊我不堪任詣彼問疾所以者何憶
念我昔入其舍從乞食時維摩詰取我鉢盛
滿飯謂我言唯須菩提若能於食等者諸法
亦等諸法等者於食亦等如是行乞乃可取
食若須菩提不斷婬怒癡亦不與俱不壞於
身而隨一相不滅癡愛起於明脫以五逆相
而得解脫亦不解不縛不見四諦非不見諦
非得果非凡夫非離凡夫法非聖人非不聖
人雖成就一切法而離諸法相乃可取食若
須菩提不見佛不聞法彼外道六師富蘭那
迦葉末伽梨拘賒梨子刪闍夜毗羅胝子阿
耆多翅舍欽婆羅迦羅鳩馱迦旃延尼揵陀
若提子等是汝之師因其出家彼師所墮汝
亦隨墮乃可取食若須菩提入諸邪見不到
彼岸住於八難不得无難同於煩惱離清淨
法汝得无諍三昧一切眾生亦得是定其施
汝者不名福田供養汝者墮三惡道為與眾

BD04501號　維摩詰所說經卷上　（4–1）

[illegible]
若提子等是汝之師因其出家彼師所墮汝
亦隨墮乃可取食若須菩提入諸邪見不到
彼岸住於八難不得无難同於煩惱離清淨
法汝得无諍三昧一切眾生亦得是定其施
汝者不名福田供養汝者墮三惡道為與眾
魔共一手作諸勞侶汝與眾魔及諸塵勞等
无有異於一切眾生而有怨心謗諸佛毀於
法不入眾數終不得滅度汝若如是乃可取
食時我世尊聞此茫然不識是何言不知以
何荅便置鉢欲出其舍維摩詰言唯須菩提
取鉢勿懼於意云何如來所作化人若以是
事詰寧有懼不我言不也維摩詰言一切諸
法如幻化相汝今不應有所懼也所以者何
一切言說不離是相至於智者不著文字故
无所懼何以故文字性離无有文字是則解
脫解脫相者則諸法也維摩詰說是法時二
百天子得法眼淨故我不任詣彼問疾
佛告富樓那彌多羅尼子汝行詣維摩詰問
疾富樓那白佛言世尊我不堪任詣彼問疾
所以者何憶念我昔於大林中在一樹下為
諸新學比丘說法時維摩詰來謂我言唯富
樓那先當入定觀此人心然後說法无以穢
食置於寶器當知是比丘心之所念无以琉
璃同彼水精汝不能知眾生根原无得發起
以小乘法彼自无瘡勿傷之也欲行大道莫
示小徑无以大海內於牛跡无以日光等彼

BD04501 號　維摩詰所說經卷上

（4–2）

諸新學比丘說法時維摩詰來謂我言唯富
樓那先當入定觀此人心然後說法无以穢
食置於寶器當知是比丘心之所念无以琉
璃同彼水精汝不能知眾生根原无得發起
以小乘法彼自无瘡勿傷之也欲行大道莫
示小徑无以大海內於牛跡无以日光等彼
螢火富樓那此比丘久發大乘心中忘此意
如何以小乘法而教導之我觀小乘智慧微
淺猶如盲人不能分別一切眾生根之利鈍
時維摩詰即入三昧令此比丘自識宿命曾
於五百佛所殖眾德本迴向阿耨多羅三藐
三菩提即時豁然還得本心於是諸比丘稽
首禮維摩詰足時維摩詰因為說法於阿耨
多羅三藐三菩提不復退轉我念聲聞不觀
人根不應說法是故不任詣彼問疾
佛告摩訶迦旃延汝行詣維摩詰問疾迦旃
延白佛言世尊我不堪任詣彼問疾所以者
何憶念我昔佛為諸比丘略說法要我即於
後敷演其義謂无常義苦義空義无我義寂
滅義時維摩詰來謂我言唯迦旃延无以生
滅心行說實相法迦旃延諸法畢竟不生不
滅是无常義五受陰通達空无所起是苦義
諸法究竟无所有是空義於我无我而不二
是无我義法本不然今則无滅是寂滅義說
是法時彼諸比丘心得解脫故我不任詣彼問疾
佛告阿那律汝行詣維摩詰問疾阿那律白
佛言世尊我不堪任詣彼問疾所以者何憶

BD04501 號　維摩詰所說經卷上

（4–3）

滅義時維摩詰來謂我言唯迦旃延无以生
滅心行說實相法迦旃延諸法畢竟不生不
滅是无常義五受陰通達空无所起是苦義
諸法究竟无所有是空義於我无我而不二
是无我義法本不然今則无滅是寂滅義說
是法時彼諸比丘心得解脫故我不任詣彼問疾
佛告阿那律汝行詣維摩詰問疾阿那律白
佛言世尊我不堪任詣彼問疾所以者何憶
念我昔於一處經行時有梵王名曰嚴淨與
万梵俱放淨光明來詣我所稽首作礼問我
言幾何阿那律天眼所見我即答言仁者吾
見此釋迦牟尼佛土三千大千世界如觀掌
中菴摩勒果時維摩詰來謂我言唯阿那律
天眼為作相耶无作相耶假使作相則與外
道五通等若无作相即是无為不應有見世
尊我時嘿然彼諸梵聞其言得未曾有即為
作礼而問曰世孰有真天眼者維摩詰言有
佛世尊得真天眼常在三昧悉見諸佛國不
以二相於是嚴淨梵王及其眷屬五百梵天
皆發阿耨多羅三藐三菩提心礼維摩詰足
已忽然不現故我不任詣彼問疾

BD04501號　維摩詰所說經卷上　（4–4）

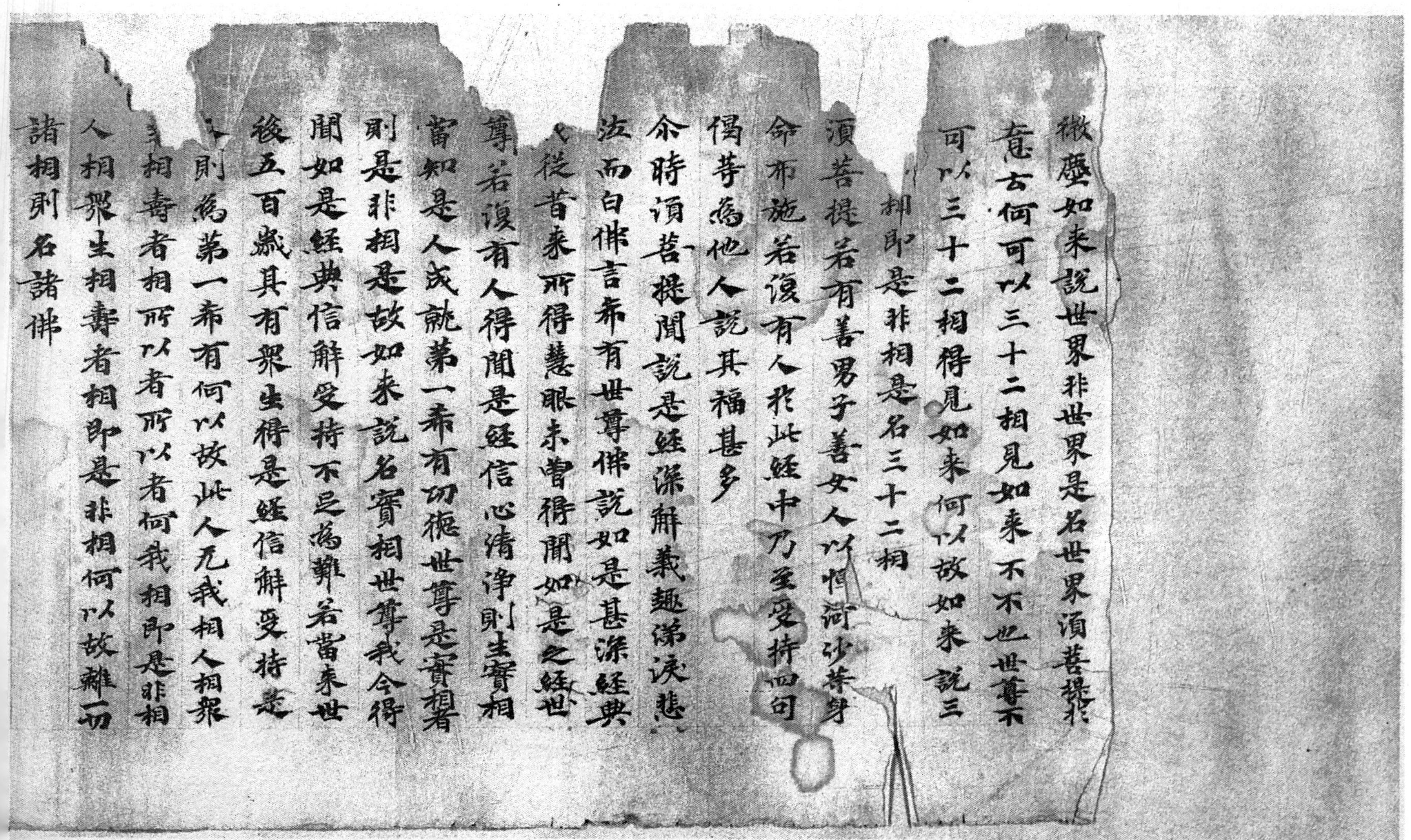

微塵如來說世界非世界是名世界須菩提於
意云何可以三十二相見如來不不也世尊不
可以三十二相得見如來何以故如來說三
十二相即是非相是名三十二相
須菩提若有善男子善女人以恒河沙等身
命布施若復有人於此經中乃至受持四句
偈等為他人說其福甚多
尒時須菩提聞說是經深解義趣涕淚悲
泣而白佛言希有世尊佛說如是甚深經典
我從昔來所得慧眼未曾得聞如是之經世
尊若復有人得聞是經信心清淨則生實相
當知是人成就第一希有功德世尊是實相者
則是非相是故如來說名實相世尊我今得
聞如是經典信解受持不足為難若當來世
後五百歲其有眾生得是經信解受持是
人則為第一希有何以故此人无我相人相眾
生相壽者相所以者何我相即是非相
人相眾生相壽者相即是非相何以故離一切
諸相則名諸佛

BD04502號　金剛般若波羅蜜經　（9–1）

則是非相是故如來說名實相世尊我今得
聞如是經典信解受持不足為難若當來世
後五百歲其有衆生得是經信解受持是
人則為第一希有何以故此人无我相人相衆
生相壽者相所以者所以者何我相即是非相
人相衆生相壽者相即是非相何以故離一切
諸相則名諸佛
佛告須菩提如是如是若復有人得聞是經
不驚不怖不畏當知是人甚為希有何以故
須菩提如來說第一波羅蜜非第一波羅蜜
是名第一波羅蜜
須菩提忍辱波羅蜜如來說非忍辱波羅蜜
何以故須菩提如我昔為歌利王割截身體
我於尒時无我相无人相无衆生相无壽者相
何以故我於往昔節節支解時若有我相
人相衆生相壽者相應生瞋恨須菩提又念
過去於五百世作忍辱仙人於尒所世无我相
无人相无衆生相无壽者相是故須菩提菩
薩應離一切相發阿耨多羅三藐三菩提心
不應住色生心不應住聲香味觸法生心應
生无所住心若心有住則為非住是故佛說
菩薩心不應住色布施須菩提菩薩為利益
一切衆生應如是布施如來說一切諸相
即是非相又說一切衆生則非衆生

BD04502號　金剛般若波羅蜜經　（9–2）

生无所住心若心有住則為非住是故佛說
菩薩心不應住色布施須菩提菩薩為利益
一切衆生應如是布施如來說一切諸相
即是非相又說一切衆生則非衆生
須菩提如來是真語者實語者如語者不誑
語者不異語者須菩提如來所得法此法无
實无虛
須菩提若菩薩心住於法而行布施如人入闇
則无所見若菩薩心不住法而行布施如人
有目日光明照見種種色
須菩提當來之世若善男子善女人能於此經
受持讀誦則為如來以佛智慧悉知是人悉
見是人皆得成就无量无邊功德
須菩提若有善男子善女人初日分以恒河
沙等身布施中日分復以恒河沙等身布施
後日分亦以恒河沙等身布施如是无量百千
万億劫以身布施若復有人聞此經典信心
不逆其福勝彼何況書寫受持讀誦為人解
說
須菩提以要言之是經有不可思議不可稱
量无邊功德如來為發大乘者說為發最上
乘者說若有人能受持讀誦廣為人說如來
悉知是人悉見是人皆得成就不可量不可
稱无有邊不可思議功德如是人等則為荷

BD04502號　金剛般若波羅蜜經　（9–3）

量无邊功德如來為發最上
乘者說若有人能受持讀誦廣為人說如來
悉知是人悉見是人皆得成就不可量不可
稱无有邊不可思議功德如是人等則為荷
擔如來阿耨多羅三藐三菩提何以故須菩
提若樂小法者著我見人見衆生見壽者見
則於此經不能聽受讀誦為人解說須菩提
在在處處若有此經一切世間天人阿脩羅
所應供養當知此處則為是塔皆應恭敬作
礼圍遶以諸華香而散其處
復次須菩提善男子善女人受持讀誦此經
若為人輕賤是人先世罪業應墮惡道以今
世人輕賤故先世罪業則為消滅當得阿耨
多羅三藐三菩提須菩提我念過去无量阿
僧祇劫於然燈佛前得值八百四千万億那
由他諸佛悉皆供養承事无空過者若復有
人於後末世能受持讀誦此經所得功德於我
所供養諸佛功德百分不及一千万億分乃
至筭數譬喻所不能及須菩提若善男子
善女人於後末世有受持讀誦此經所得功
德我若具說者或有人聞心則狂亂狐疑不
信須菩提當知是經義不可思議果報亦不
可思議
尒時須菩提白佛言世尊善男子善女人發

BD04502號　金剛般若波羅蜜經　（9–4）

善女人於後末世有受持讀誦此經所得功
德我若具說者或有人聞心則狂亂狐疑不
信須菩提當知是經義不可思議果報亦不
可思議
尒時須菩提白佛言世尊善男子善女人發
阿耨多羅三藐三菩提心云何應住云何降
伏其心佛告須菩提善男子善女人發阿耨
多羅三藐三菩提者當生如是心我應滅度
一切衆生滅度一切衆生已而无有一衆生
實滅度者何以故若菩薩有我相人相衆生
相壽者相則非菩薩所以者何須菩提實无
有法發阿耨多羅三藐三菩提者
須菩提於意云何如來於然燈佛所有法得阿
耨多羅三藐三菩提不不也世尊如我解佛
所說義佛於然燈佛所无有法得阿耨多
羅三藐三菩提佛言如是如是須菩提實无有
法如來得阿耨多羅三藐三菩提須菩提若
有法如來得阿耨多羅三藐三菩提者然燈
佛則不與我受記汝於來世當得作佛號釋
迦牟尼以實无有法得阿耨多羅三藐三菩
提是故然燈佛與我受記作是言汝於來世
當得作佛號釋迦牟尼何以故如來者即諸
法如義若有人言如來得阿耨多羅三藐三
菩提須菩提實无有法佛得阿耨多羅三藐

BD04502號　金剛般若波羅蜜經　（9–5）

迦牟尼以實无有法得阿耨多羅三藐三菩
提是故然燈佛與我受記作是言汝於來世
當得作佛号釋迦牟尼何以故如來者即諸
法如義若有人言如來得阿耨多羅三藐三
菩提須菩提實无有法佛得阿耨多羅三藐
三菩提須菩提如來所得阿耨多羅三藐三
菩提於是中无實无虛是故如來說一切法
皆是佛法須菩提所言一切法者即非一切
法是故名一切法
須菩提譬如人身長大須菩提言世尊如來
說人身長大則為非大身是名大身
須菩提菩薩亦如是若作是言我當滅度无
量衆生則不名菩薩何以故須菩提實无有
法名為菩薩是故佛說一切法无我无人无
衆生无壽者須菩提若菩薩作是言我當莊
嚴佛土是不名菩薩何以故如來說莊嚴佛
土者即非莊嚴是名莊嚴須菩提若菩薩通
達无我法者如來說名真是菩薩
須菩提於意云何如來有肉眼不如是世尊
如來有肉眼須菩提於意云何如來有天眼
不如是世尊如來有天眼須菩提於意云何如
來有慧眼不如是世尊如來有慧眼須菩提
於意云何如來有法眼不如是世尊如來有
法眼須菩提於意云何如來有佛眼不如是

BD04502號　金剛般若波羅蜜經　（9–6）

不如是世尊如來有天眼須菩提於意云何如
來有慧眼不如是世尊如來有慧眼須菩提
於意云何如來有法眼不如是世尊如來有
法眼須菩提於意云何如來有佛眼不如是
世尊如來有佛眼須菩提於意云何恒河中
所有沙佛說是沙不如是世尊如來說是沙
須菩提於意云何如一恒河中所有沙有如
是等恒河是諸恒河所有沙數佛世界如
是寧為多不甚多世尊佛告須菩提尒所
國土中所有衆生若干種心如來悉知何以故
如來說諸心皆為非心是名為心所以者何
須菩提過去心不可得現在心不可得未來
心不可得須菩提於意云何若有人滿三千
大千世界七寶以用布施是人以是因緣得
福多不如是世尊此人以是因緣得福甚多
須菩提若福德有實如來不說得福德多以
福德无故如來說得福德多
須菩提於意云何佛可以具足色身見不不
也世尊如來不應以具足色身見何以故如來
說具足色身即非具足色身是名具足色身
須菩提於意云何如來可以具足諸相見不
不也世尊如來不應以具足諸相見何以故如
來說諸相具足即非具足是名諸相具足須
菩提汝勿謂如來作是念我當有所說法莫

BD04502號　金剛般若波羅蜜經　（9–7）

也世尊如来不應以具足色身見何以故如来
說具足色身即非具足色身是名具足色身
須菩提於意云何如来可以具足諸相見不
不也世尊如来不應以具足諸相見何以故如
来說諸相具足即非具足是名諸相具足須
菩提汝勿謂如来作是念我當有所說法莫
作是念何以故若人言如来有所說法即為
謗佛不能觧我所說故須菩提說法者无
法可說是名說法
須菩提白佛言世尊佛得阿耨多羅三藐三
菩提為无所得邪如是如是須菩提我於阿
耨多羅三藐三菩提乃至无有少法可得是
名阿耨多羅三藐三菩提復次須菩提是法
平等无有高下是名阿耨多羅三藐三菩提
以无我无人无衆生无壽者脩一切善法則
得阿耨多羅三藐三菩提須菩提所言善法
者如来說非善法是名善法
須菩提若三千大千世界中所有諸須弥山
王如是等七寶聚有人持用布施若人以此般
若波羅蜜經乃至四句偈等受持讀誦為
他人說於前福德百分不及一百千万億分
乃至筭數譬喻所不能及
須菩提於意云何汝等勿謂如来作是念我
當度衆生須菩提莫作是念何以故實无有

BD04502號　金剛般若波羅蜜經　（9–8）

若波羅蜜經乃至四句偈等受持讀誦為
他人說於前福德百分不及一百千万億分
乃至筭數譬喻所不能及
須菩提於意云何汝等勿謂如来作是念我
當度衆生須菩提莫作是念何以故實无有
衆生如来度者若有衆生如来度者如来則
有我人衆生壽者須菩提如来說有我者則
非有我而凡夫之人以為有我須菩提凡夫
者如来說則非凡夫
須菩提於意云何可以卅二相觀如来不須
菩提言如是如是以卅二相觀如来佛言須
菩提若以卅二相觀如来者轉輪聖王則是
如来須菩提白佛言世尊如我觧佛所說義
不應以卅二相觀如来尒時世尊而說偈言
若以色見我以音聲求我是人行耶道不能見如来
須菩提汝若作是念如来不以具足相故得
阿耨多羅三藐三菩提須菩提莫作是念如
来不以具足相故得阿耨多羅三藐三菩提
須菩提汝若作是念發阿耨多羅三藐三菩
提者說諸法斷滅莫作是念何以故發阿耨
多羅三藐三菩提者於法不說斷滅相須菩

BD04502號　金剛般若波羅蜜經　（9–9）

爲无邊光三摩地善現謂若住此三摩地時
能發大光照无邊際是故名爲无邊光三摩
地世尊云何名爲發光三摩地善現謂若住
此三摩地時照諸等持令其无閒引發種種
殊勝光明是故名爲發光三摩地世尊云何
名爲普照三摩地善現謂若住此三摩地時
於諸定門皆能普照是故名爲普照三摩地
世尊云何名爲淨堅定三摩地善現謂若住
此三摩地時得諸等持淨平等性是故名爲
淨堅定三摩地世尊云何名爲師子奮迅三
摩地善現謂若住此三摩地時於諸垢穢縱
任棄捨如師子王自在奮迅是故名爲師子
奮迅三摩地世尊云何名爲師子頻申三摩
地善現謂若住此三摩地時起勝神通自在
无畏降伏一切暴惡魔軍是故名爲師子頻
申三摩地世尊云何名爲師子欠呿三摩地
善現謂若住此三摩地時引妙辯才處衆无
畏摧滅一切外道邪宗是故名爲師子欠呿
三摩地世尊云何名爲无垢光三摩地善現
謂若住此三摩地時普能蠲除一切定垢亦
能遍照諸勝等持是故名爲无垢光三摩地

BD04503號　大般若波羅蜜多經卷五二　（2–1）

此三摩地時得諸等持淨平等性是故名爲
淨堅定三摩地世尊云何名爲師子奮迅三
摩地善現謂若住此三摩地時於諸垢穢縱
任棄捨如師子王自在奮迅是故名爲師子
奮迅三摩地世尊云何名爲師子頻申三摩
地善現謂若住此三摩地時起勝神通自在
无畏降伏一切暴惡魔軍是故名爲師子頻
申三摩地世尊云何名爲師子欠呿三摩地
善現謂若住此三摩地時引妙辯才處衆无
畏摧滅一切外道邪宗是故名爲師子欠呿
三摩地世尊云何名爲无垢光三摩地善現
謂若住此三摩地時普能蠲除一切定垢亦
能遍照諸勝等持是故名爲无垢光三摩地
世尊云何名爲妙樂三摩地善現謂若住此
三摩地時領受一切等持妙樂是故名爲妙
樂三摩地世尊云何名爲電燈三摩地善現
謂若住此三摩地時照諸等持如電燈焰是
故名爲電燈三摩地世尊云何名爲无盡三
摩地善現謂若住此三摩地時引諸等持功
德无盡而不見彼盡不盡相是故名爲无盡

BD04503號　大般若波羅蜜多經卷五二　（2–2）

行於布施
不住色布方 法布施須
菩薩應如是布施不住於相何 若
菩薩不住相布施其福德不可思量須菩提
於意云何東方虛空可思量不不也世尊須
菩提南西北方四維上下虛空可思量不不
也世尊須菩提菩薩无住相布施福德亦復
如是不可思量須菩提菩薩但應如所教住
須菩提於意云何可以身相見如来不不也
世尊不可以身相得見如来何以故如来所
說身相即非身相佛告須菩提凡所有相皆
是虛妄若見諸相非相則見如来
須菩提白佛言世尊頗有衆生得聞如是言
說章句生實信不佛告須菩提莫作是說如
来滅後後五百歲有持戒脩福者於此章句
能生信心以此為實當知是人不於一佛二
佛三四五佛而種善根已於无量千万佛所
種諸善根聞是章句乃至一念生淨信者須
菩提如来悉知悉見是諸衆生得如是无量
福德何以故是諸衆生无復我相人相衆生
相壽者相无法相亦无非法相何以故是諸衆
生若心取相則為著我人衆生壽者若取
法相即著我人衆生壽者何以故若取非法

BD04504號　金剛般若波羅蜜經　（13–1）

佛三四五佛而種善根已於无量千万佛所
種諸善根聞是章句乃至一念生淨信者須
菩提如来悉知悉見是諸衆生得如是无量
福德何以故是諸衆生无復我相人相衆生
相壽者相无法相亦无非法相何以故是諸衆
生若心取相則為著我人衆生壽者若取
法相即著我人衆生壽者何以故若取非法
相即著我人衆生壽者是故不應取法不應
取非法以是義故如来常說汝等比丘知我說
法如筏喻者法尚應捨何況非法
須菩提於意云何如来得阿耨多羅三藐三
菩提耶如来有所說法耶須菩提言如我解
佛所說義无有定法名阿耨多羅三藐三菩
提亦无有定法如来可說何以故如来所說
法皆不可取不可說非法非非法所以者何
一切賢聖皆以无為法而有差別
須菩提於意云何若人滿三千大千世界七
寶以用布施是人所得福德寧為多不須菩
提言甚多世尊何以故是福德即非福德性
是故如来說福德多若復有人於此經中受
持乃至四句偈等為他人說其福勝彼何以
故須菩提一切諸佛及諸佛阿耨多羅三藐三菩
提法皆從此經出須菩提所謂佛法者即非佛法
須菩提於意云何須陁洹能作是念我得須
陁洹果不須菩提言不也世尊何以故須陁
洹名為入流而无所入不入色聲香味觸法
是名須陁洹須菩提於意云何斯陁含能作

BD04504號　金剛般若波羅蜜經　（13–2）

提法皆從此經出須菩提所謂佛法者即非佛法
須菩提於意云何須陁洹能作是念我得須陁
陁洹果不須菩提言不也世尊何以故須陁
洹名為入流而无所入不入色聲香味觸法
是名須陁洹須菩提於意云何斯陁含能作
是念我得斯陁含果不須菩提言不也世尊
何以故斯陁含名一往来而實无往来是名
斯陁含須菩提於意云何阿那含能作是念
我得阿那含果不須菩提言不也世尊何以
故阿那含名為不来而實无来是故名阿那
含須菩提於意云何阿羅漢能作是念我得
阿羅漢道不須菩提言不也世尊何以故實
无有法名阿羅漢世尊若阿羅漢作是念我
得阿羅漢道即為著我人衆生壽者世尊佛
説我得无諍三昧人中最為第一是第一離
欲阿羅漢我不作是念我是離欲阿羅漢世尊
我若作是念我得阿羅漢道世尊則不説
須菩提是樂阿蘭那行者以須菩提實无所
行而名須菩提是樂阿蘭那行
佛告須菩提於意云何如来昔在然燈佛所
於法有所得不世尊如来在然燈佛所於法
實无所得須菩提於意云何菩薩莊嚴佛土
不不也世尊何以故莊嚴佛土者則非莊嚴
是名莊嚴是故須菩提諸菩薩摩訶薩應如
是生清淨心不應住色生心不應住聲香味
觸法生心應无所住而生其心須菩提譬如
有人身如須弥山王於意云何是身為大不

實无所得須菩提於意云何菩薩莊嚴佛土
不不也世尊何以故莊嚴佛土者則非莊嚴
是名莊嚴是故須菩提諸菩薩摩訶薩應如
是生清淨心不應住色生心不應住聲香味
觸法生心應无所住而生其心須菩提譬如
有人身如須弥山王於意云何是身為大不
須菩提言甚大世尊何以故佛説非身是名大
身須菩提如恒河中所有沙數如是沙等恒河於
意云何是諸恒河沙寧為多不須菩提言甚
多世尊但諸恒河尚多无數何況其沙須菩
提我今實言告汝若有善男子善女人以七
寶滿尒所恒河沙數三千大千世界以用布施
得福多不須菩提言甚多世尊佛告須菩
提若善男子善女人於此經中乃至受持
四句偈等為他人説而此福德勝前福德復
次須菩提随説是經乃至四句偈等當知此
處一切世間天人阿脩羅皆應供養如佛塔廟
何況有人盡能受持讀誦須菩提當知是人
成就最上第一希有之法若是經典所在
之處則為有佛若尊重弟子
尒時須菩提白佛言世尊當何名此經我等
云何奉持佛告須菩提是經名為金剛般若
波羅蜜以是名字汝當奉持所以者何須菩
提佛説般若波羅蜜則非般若波羅蜜須菩
提於意云何如来有所説法不須菩提白佛
言世尊如来无所説須菩提於意云何三千
大千世界所有微塵是為多不須菩提言甚
多世尊須菩提諸微塵如来説非微塵是名

言世尊如来无所説須菩提於意云何三千
大千世界所有微塵是為多不須菩提言甚
多世尊須菩提諸微塵如来説非微塵是名
微塵如来説世界非世界是名世界須菩提
於意云何可以卅二相見如来不不也世尊不可
以卅二相得見如来何以故如来説卅二相即是
非相是名卅二相須菩提若有善男子善女人以
恒河沙等身命布施若復有人於此經中乃至
受持四句偈等為他人説其福甚多
尒時須菩提聞説是經深解義趣涕淚悲泣
而白佛言希有世尊佛説如是甚深經典我
從昔来所得慧眼未曽得聞如是之經世尊
若復有人得聞是經信心清浄則生實相當
知是人成就第一希有功徳世尊是實相者
則是非相是故如来説名實相世尊我今得聞
如是經典信解受持不足為難若當来世後
五百歳其有衆生得聞是經信解受持是人
則為第一希有何以故此人无我相人相衆
生相壽者相所以者何我相即是非相人相
衆生相壽者相即是非相何以故離一切諸
相則名諸佛
佛告須菩提如是如是若復有人得聞是經
不驚不怖不畏當知是人甚為希有何以故
須菩提如来説第一波羅蜜非第一波羅蜜
是名第一波羅蜜須菩提忍辱波羅蜜如来
説非忍辱波羅蜜何以故須菩提如我昔為
歌利王割截身體我於尒時无我相无人相

BD04504 號　金剛般若波羅蜜經　（13–5）

佛告須菩提如是如是若復有人得聞是經
不驚不怖不畏當知是人甚為希有何以故
須菩提如来説第一波羅蜜非第一波羅蜜
是名第一波羅蜜須菩提忍辱波羅蜜如来
説非忍辱波羅蜜何以故須菩提如我昔為
歌利王割截身體我於尒時无我相无人相
无衆生相无壽者相何以故我於往昔節節
支解時若有我相人相衆生相壽者相應生
瞋恨須菩提又念過去於五百世作忍辱仙
人於尒所世无我相无人相无衆生相无壽
者相是故須菩提菩薩應離一切相發阿耨
多羅三藐三菩提心不應住色生心不應住
聲香味觸法生心應生无所住心若心有住
則為非住是故佛説菩薩心不應住色布施
須菩提菩薩為利益一切衆生應如是布施
如来説一切諸相即是非相又説一切衆生
則非衆生須菩提如来是真語者實語者如
語者不誑語者不異語者須菩提如来所得
法此法无實无虚須菩提若菩薩心住於法
而行布施如人入闇則无所見若菩薩心不
住法而行布施如人有目日光明照見種種
色須菩提當来之世若有善男子善女人能
於此經受持讀誦則為如来以佛智慧悉知
是人悉見是人皆得成就无量无邊功徳
須菩提若有善男子善女人初日分以恒河
沙等身命布施中日分復以恒河沙等身布
施後日分亦以恒河沙等身布施如是无量
百千万億劫以身布施若復有人聞此經典、

BD04504 號　金剛般若波羅蜜經　（13–6）

於此經受持讀誦則為如来以佛智慧悉知
是人悉見是人皆得成就无量无邊功德
須菩提若有善男子善女人初日分以恒河
沙等身命布施中日分復以恒河沙等身布
施後日分亦以恒河沙等身布施如是无量
百千万億劫以身布施若復有人聞此經典
信心不逆其福勝彼何況書寫受持讀誦為
人解說須菩提以要言之是經有不可思議
不可稱量无邊功德如来為發大乘者說為
發最上乘者說若有人能受持讀誦廣為人
解說如来悉知是人悉見是人皆成就不可量
不可稱无有邊不可思議功德如是人等則
為荷擔如来阿耨多羅三藐三菩提何以故
須菩提若樂小法者著我見人見衆生見壽
者見則於此經不能聽受讀誦為人解說須
菩提在在處處若有此經一切世間天人阿
脩羅所應供養當知此處則為是塔皆應恭
敬作礼圍遶以諸華香而散其處
復次須菩提善男子善女人受持讀誦此經
若為人輕賤是人先世罪業應墮惡道以今
世人輕賤故先世罪業則為消滅當得阿耨
多羅三藐三菩提須菩提我念過去无量阿僧
祇劫於然燈佛前得值八百四千万億那由
他諸佛悉皆供養承事无空過者若復有
人於後末世能受持讀誦此經所得功德於
我所供養諸佛功德百分不及一千万億分
乃至筭數譬喻所不能及須菩提若善男子
善女人於後末世有受持讀誦此經所得功

BD04504 號　金剛般若波羅蜜經　　（13–7）

祇劫於然燈佛前得值
他諸佛悉皆供養承事无空過者若復有
人於後末世能受持讀誦此經所得功德於
我所供養諸佛功德百分不及一千万億分
乃至筭數譬喻所不能及須菩提若善男子
善女人於後末世有受持讀誦此經所得功
德我若具說者或有人聞心則狂亂狐疑不信須
菩提當知是經義不可思議果報亦不可思議
尒時須菩提白佛言世尊善男子善女人發阿
耨多羅三藐三菩提心云何應住云何降伏
其心佛告須菩提善男子善女人發阿耨多
羅三藐三菩提者當生如是心我應滅度一
切衆生滅度一切衆生已而无有一衆生
實滅度者何以故若菩薩有我相人相衆生
相壽者相則非菩薩所以者何須菩提實无
有法發阿耨多羅三藐三菩提者須菩提於
意云何如来於然燈佛所有法得阿耨多羅
三藐三菩提不不也世尊如我解佛所說義佛
於然燈佛所无有法得阿耨多羅三藐三菩
提佛言如是如是須菩提實无有法如来得
阿耨多羅三藐三菩提須菩提若有法如来
得阿耨多羅三藐三菩提者然燈佛則不與
我受記汝於来世當得作佛号釋迦牟尼以
實无有法得阿耨多羅三藐三菩提是故然
燈佛與我受記作是言汝於来世當得作佛
号釋迦牟尼何以故如来者即諸法如義若
有人言如来得阿耨多羅三藐三菩提須菩
提實无有法佛得阿耨多羅三藐三菩提須

BD04504 號　金剛般若波羅蜜經　　（13–8）

我受記汝於來世當得作佛号釋迦牟尼以
實无有法得阿耨多羅三藐三菩提是故然
燈佛與我受記作是言汝於來世當得作佛
号釋迦牟尼何以故如來者即諸法如義若
有人言如來得阿耨多羅三藐三菩提須菩
提實无有法佛得阿耨多羅三藐三菩提須
菩提如來所得阿耨多羅三藐三菩提於是
中无實无虛是故如來說一切法皆是佛法
須菩提所言一切法者即非一切法是故名
一切法須菩提譬如人身長大須菩提言世
尊如來說人身長大則為非大身是名大身
須菩提菩薩亦如是若作是言我當滅度无
量衆生則不名菩薩何以故須菩提實无有
法名為菩薩是故佛說一切法无我无人无衆
生无壽者須菩提若菩薩作是言我當莊嚴佛
土是不名菩薩何以故如來說莊嚴佛土者
即非莊嚴是名莊嚴須菩提若菩薩通達
无我法者如來說名真是菩薩
須菩提於意云何如來有肉眼不如是世尊
如來有肉眼須菩提於意云何如來有天眼
不如是世尊如來有天眼須菩提於意云何如
來有慧眼不如是世尊如來有慧眼須菩
提於意云何如來有法眼不如是世尊如來
有法眼須菩提於意云何如來有佛眼不如
是世尊如來有佛眼
須菩提於意云何恒河中所有沙佛說是沙
不如是世尊如來說是沙須菩提於意云何
如一恒河中所有沙有如是等恒河是諸恒

BD04504號　金剛般若波羅蜜經　（13–9）

有法眼須菩提於意云何如來有佛眼不如
是世尊如來有佛眼
須菩提於意云何恒河中所有沙佛說是沙
不如是世尊如來說是沙須菩提於意云何
如一恒河中所有沙有如是等恒河是諸恒
河所有沙數佛世界如是寧為多不甚多世
尊佛告須菩提尒所國土中所有衆生若干
種心如來悉知何以故如來說諸心皆為非心
是名為心所以者何須菩提過去心不可得
現在心不可得未來心不可得
須菩提於意云何若有人滿三千大千世界
七寶以用布施是人以是因緣得福多不如
是世尊此人以是因緣得福甚多須菩提
若福德有實如來不說得福德多以福德无
故如來說得福德多
須菩提於意云何佛可以具足色身見不不也
世尊如來不應以色身見何以故如來說具
足色身即非具足色身是名具足色身
須菩提於意云何如來可以具足諸相見不不
也世尊如來不應以具足諸相見何以故如
來說諸相具足即非具足是名諸相具足
須菩提汝勿謂如來作是念我當有所說法
莫作是念何以故若人言如來有所說法即
為謗佛不能解我所說故須菩提說法者无
法可說是名說法
須菩提白佛言世尊佛得阿耨多羅三藐三菩
提為无所得耶如是如是須菩提我於阿耨
多羅三藐三菩提乃至无有少法可得

BD04504號　金剛般若波羅蜜經　（13–10）

莫作是念何以故若人言如来有所說法即
為謗佛不能解我所說故須菩提說法者无
法可說是名說法
須菩提白佛言世尊佛得阿耨多羅三藐三菩
提為无所得耶如是如是須菩提我於阿耨
多羅三藐三菩提乃至无有少法可得是名
阿耨多羅三藐三菩提
復次須菩提是法平等无有高下是名阿耨
多羅三藐三菩提以无我无人无衆生无壽
者脩一切善法則得阿耨多羅三藐三菩提
須菩提所言善法者如来說非善法是名善
法須菩提若三千大千世界中所有諸須弥山
王如是等七寶聚有人持用布施若人以此般
若波羅蜜經乃至四句偈等受持為他人說
於前福德百分不及一百千万億分乃至筭
數譬喻所不能及
須菩提於意云何汝等勿謂如来作是念我
當度衆生須菩提莫作是念何以故實无有
衆生如来度者若有衆生如来度者如来則
有我人衆生壽者須菩提如来說有我者則
非有我而凡夫之人以為有我須菩提凡夫
者如来說則非凡夫
須菩提於意云何可以卅二相觀如来不須
菩提言如是如是以卅二相觀如来佛言須菩
提若以卅二相觀如来者轉輪聖王則是如来
須菩提白佛言世尊如我解佛所說義不應以
卅二相觀如来尒時世尊而說偈言

BD04504號　金剛般若波羅蜜經

（13–11）

菩提言如是如是以卅二相觀如来佛言須菩
提若以卅二相觀如来者轉輪聖王則是如来
須菩提白佛言世尊如我解佛所說義不應以
卅二相觀如来尒時世尊而說偈言
若以色見我　以音聲求我　是人行邪道　不能見如来
須菩提汝若作是念如来不以具足相故得
阿耨多羅三藐三菩提須菩提莫作是念如
来不以具足相故得阿耨多羅三藐三菩提
須菩提汝若作是念發阿耨多羅三藐三菩
提者說諸法斷滅相莫作是念何以故發阿
耨多羅三藐三菩提者於法不說斷滅相
須菩提若菩薩以滿恒河沙等世界七寶布
施若復有人知一切法无我得成於忍此菩
薩勝前菩薩所得功德須菩提以諸菩薩不
受福德故須菩提白佛言世尊云何菩薩不受
福德須菩提菩薩所作福德不應貪著是
故說不受福德
須菩提若有人言如来若来若去若坐若卧
是人不解我所說義何以故如来者无所從
来亦无所去故名如来
須菩提若善男子善女人以三千大千世界
碎為微塵於意云何是微塵衆寧為多不
甚多世尊何以故若是微塵衆實有者佛則
不說是微塵衆所以者何佛說微塵衆則非微
塵衆是名微塵衆世尊如来所說三千大千
世界則非世界是名世界何以故若世界實
有者則是一合相如来說一合相則非一合相是

BD04504號　金剛般若波羅蜜經

（13–12）

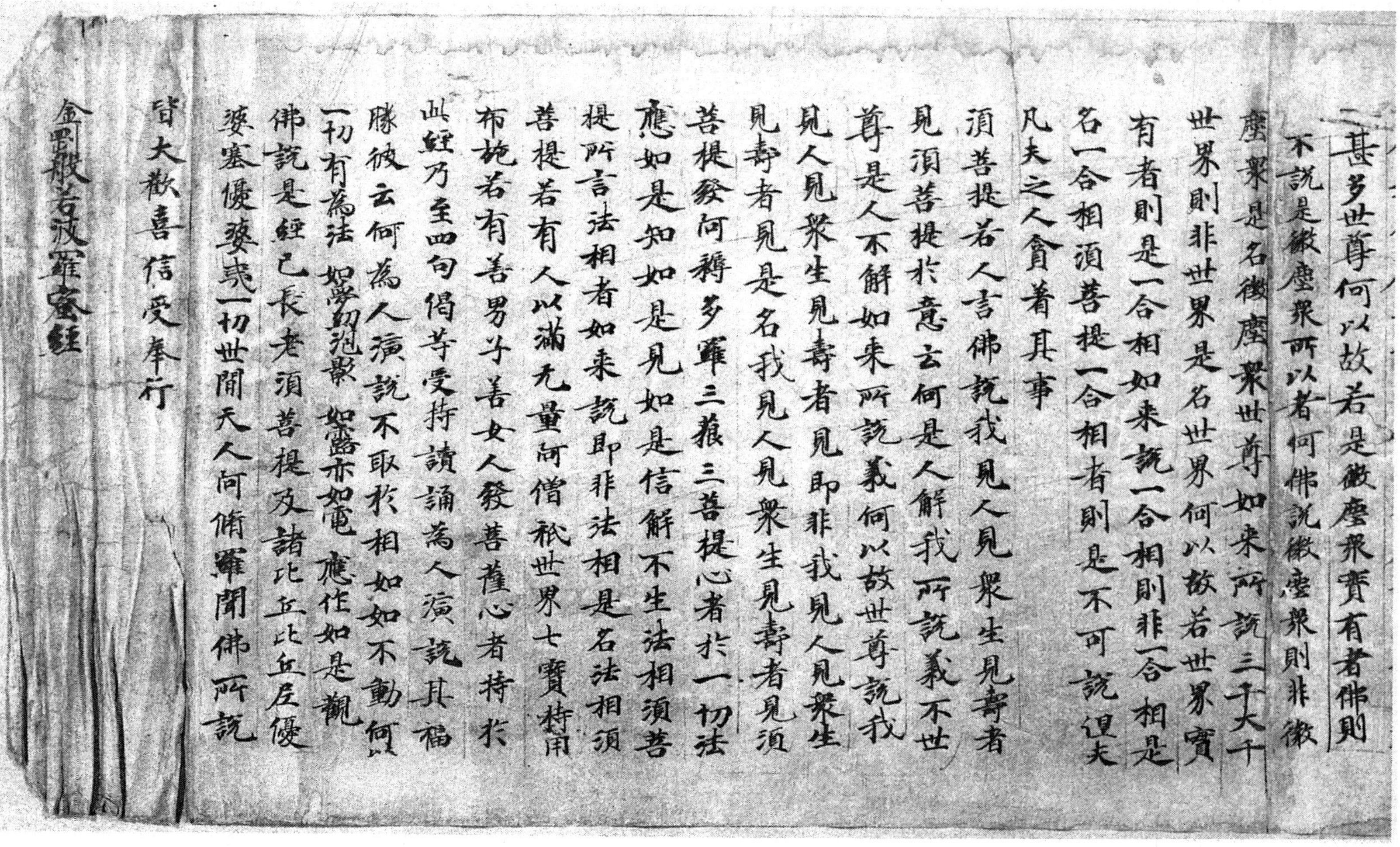

甚多世尊何以故若是微塵衆實有者佛則
不說是微塵衆所以者何佛說微塵衆則非微
塵衆是名微塵衆世尊如來所說三千大千
世界則非世界是名世界何以故若世界實
有者則是一合相如來說一合相則非一合相是
名一合相須菩提一合相者則是不可說但凡
夫之人貪著其事
須菩提若人言佛說我見人見衆生見壽者
見須菩提於意云何是人解我所說義不世
尊是人不解如來所說義何以故世尊說我
見人見衆生見壽者見即非我見人見衆生
見壽者見是名我見人見衆生見壽者見須
菩提發阿耨多羅三藐三菩提心者於一切法
應如是知如是見如是信解不生法相須菩
提所言法相者如來說即非法相是名法相須
菩提若有人以滿无量阿僧祇世界七寶持用
布施若有善男子善女人發菩薩心者持於
此經乃至四句偈等受持讀誦為人演說其福
勝彼云何為人演說不取於相如如不動何以
一切有為法 如夢幻泡影 如露亦如電 應作如是觀
佛說是經已長老須菩提及諸比丘比丘尼優
婆塞優婆夷一切世間天人阿脩羅聞佛所說
皆大歡喜信受奉行
金剛般若波羅蜜經

BD04504號　金剛般若波羅蜜經　（13–13）

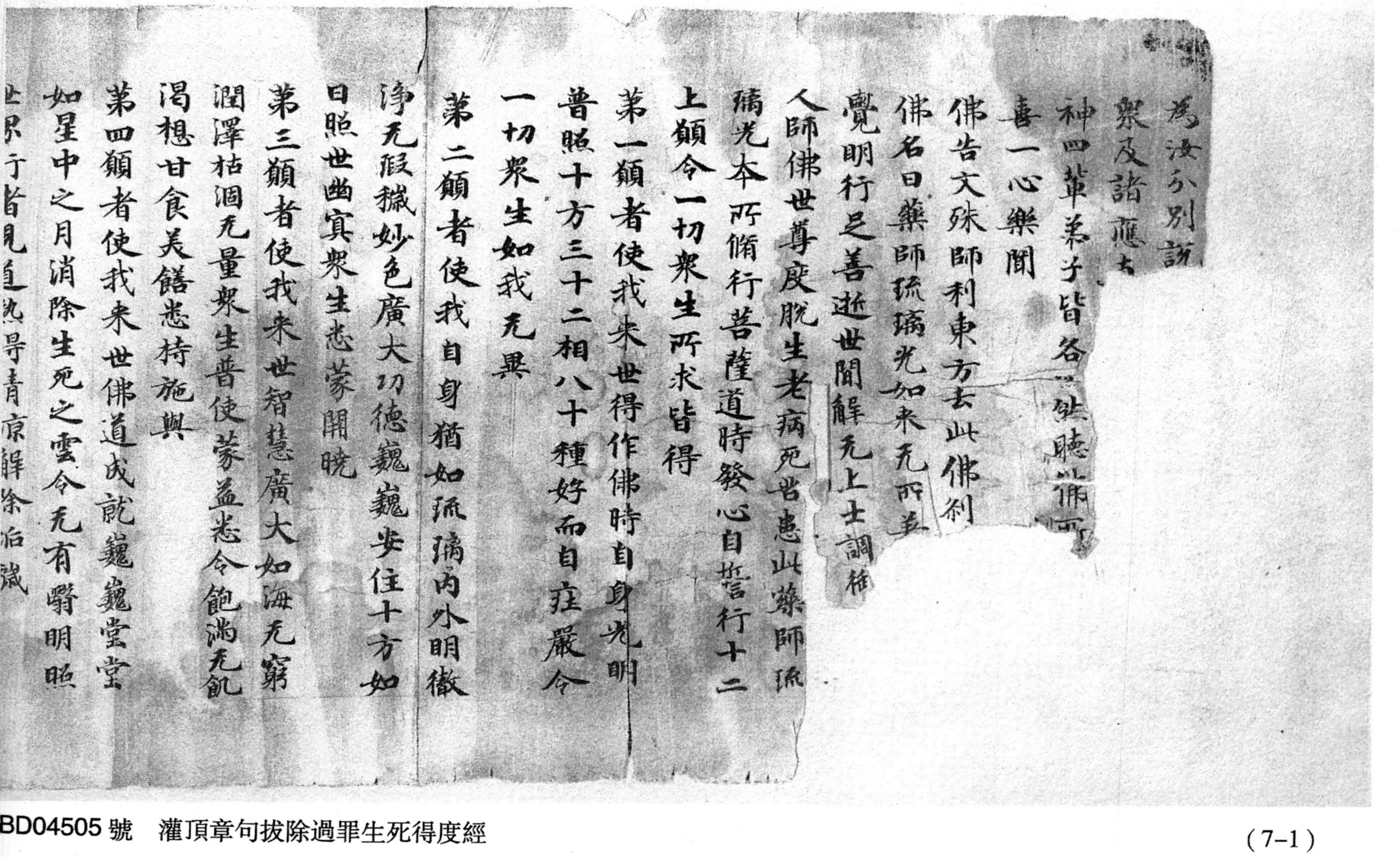

為汝分別說
衆及諸應
神四輩弟子皆各[illegible]然聽[illegible]
喜一心樂聞
佛告文殊師利東方去此佛剎
佛名曰藥師琉璃光如來无所[illegible]
覺明行足善逝世間解无上士調御
人師佛世尊度脫生老病死苦患此藥師琉
璃光本所脩行菩薩道時發心自誓行十二
上願令一切衆生所求皆得
第一願者使我來世得作佛時自身光明
普照十方三十二相八十種好而自莊嚴令
一切衆生如我无異
第二願者使我自身猶如琉璃內外明徹
淨无瑕穢妙色廣大功德巍巍安住十方如
日照世幽冥衆生悉蒙開曉
第三願者使我來世智慧廣大如海无窮
潤澤枯涸无量衆生普使蒙益悉令飽滿无飢
渴想甘食美饍悉持施與
第四願者使我來世佛道成就巍巍堂堂
如星中之月消除生死之雲令无有翳明照
世界行皆見道熱得青凉解除垢穢

BD04505號　灌頂章句拔除過罪生死得度經　（7–1）

第三願者使我來世智慧廣大如海无窮
潤澤枯涸无量衆生普使蒙益悉令飽滿无飢
渴想甘食美饍悉持施與
第四願者使我來世佛道成就巍巍堂堂
如星中之月消除生死之雲令无有翳明照
世界行者見道熱得清涼解除垢穢
第五願者使我來世發大精進淨持戒地无
令濁穢慎護所受令无毀犯亦令一切戒行具
足堅持不犯至无為道
第六願者若有衆生諸根毀敗盲者使視聾
者能聽啞者得語僂者能申跛者能行如是
不完具者悉令具足
第七願者使我來世十方世界若有苦惱无
救護者我為此等設大法藥令諸疾病皆
得除愈无復苦患至得佛道
第八願者使我來世以善業因緣為諸愚冥
无量衆生講宣妙法令得度脫入智慧門
普使明了无諸疑惑
第九願者使我來世摧伏惡魔及諸外道顛
揚清淨无上道法使入正真无諸耶僻迴向
菩提八正覺路
第十願者使我來世若有衆生王法所加臨
當刑戮无量怖畏愁憂苦惱若復鞭撻枷鎖
其體種種恐懼逼切其身如是无邊諸苦惱
等悉令解脫无有衆難

BD04505號　灌頂章句拔除過罪生死得度經　（7–2）

揚清淨无上道法使入正真无諸耶僻迴向
菩提八正覺路
第十願者使我來世若有衆生王法所加臨
當刑戮无量怖畏愁憂苦惱若復鞭撻枷鎖
其體種種恐懼逼切其身如是无邊諸苦惱
等悉令解脫无有衆難
第十一願者使我來世若有衆生飢火所惱
令得種種甘美飲食天諸餚饍種種无數悉
以賜與令身充足
第十二願者使我來世若有貧凍裸露衆
生即得衣服窮乏之者施以珍寶倉庫盈溢
无所乏少一切皆受无量快樂乃至无有一
人受苦使諸衆生和顏悅色形貌端嚴人所喜
見琴瑟鼓吹如是无量最上音聲施與一切
无量衆生是為十二微妙上願
佛告文殊師利此藥師琉璃光本願功德如
是我今為汝略說其國莊嚴之事此藥師琉
璃光如來國土清淨无五濁无愛欲无意垢
以白銀琉璃為地宮殿樓閣悉用七寶亦如
西方无量壽國无有異也有二菩薩一名日
曜二名月淨是二菩薩次補佛處諸善男子
及善女人亦當願生彼國土也文殊師利白佛
言唯願演說藥師琉璃光如來无量功德饒益
衆生令得佛道
佛言若有男子女人新破衆魔來入正道得

BD04505號　灌頂章句拔除過罪生死得度經　（7–3）

曜二名月淨是二菩薩次補佛處諸善男子
及善女人亦當願生彼國土也文殊師利白佛
言唯願演說藥師琉璃光如來无量功德饒益
衆生令得佛道
佛言若有男子女人新破衆魔來入正道得
聞我說藥師琉璃光如來名字者魔家眷屬
退散馳走如是无量拔衆生若我今說之佛
告文殊師利世間有人不解罪福慳貪不知
布施今世後世當得其福世人愚癡但知貪
惜寧自割身肉而噉食不肯持錢財布施求
後世之福世又有人身不衣食此大慳貪命
終以後當墮餓鬼及在畜生中聞我說是藥
師琉璃光如來名字之時无不解脫憂苦者
也皆作信心貪福畏罪人從索頭與頭索眼
與眼乞妻與妻乞子與子求金銀珍寶皆大
布施一時歡喜即發无上正真道意
佛言若復有人受佛淨戒遵奉明法不解罪
福雖知明經不及中義不能分別曉了中事
以自貢高恒當瞢憒乃與世間衆魔從事更
作縛着不解行之戀着婦女恩愛之情口爲
說空行在有中不能發覺復不自知但能論
說他人是非如此人輩當墮三惡道中聞我
說是藥師琉璃光佛本願功德无不歡喜念
欲捨家行作沙門者也
佛言世間有人好自稱譽皆是貢高當墮三

BD04505號　灌頂章句拔除過罪生死得度經　（7–4）

說空行在有中不能發覺復不自知但能論
說他人是非如此人輩當墮三惡道中聞我
說是藥師琉璃光佛本願功德无不歡喜念
欲捨家行作沙門者也
佛言世間有人好自稱譽皆是貢高當墮三
惡道中後還爲人牛馬奴婢生下賤中人當乘
其力負重而行困苦疲極亡去人身聞我說
是藥師琉璃光佛本願功德者皆當一心
歡喜踊躍更作謙敬即得解脫衆苦之患長
得歡喜聰明智惠遠離惡道得生善處與善
知識共相值遇无復憂惱離諸魔縛佛言世
間愚癡人輩兩舌鬬諍惡口罵詈更相嫉恨
或就山神樹下鬼神日月之神南斗北辰諸
鬼神所作諸呪誓或作人名字或作人形像
或作符書以相厭禱呪咀言說聞我說是藥
師琉璃光本願功德无不兩作和解俱生慈
心惡意悉滅各各歡喜无復惡念
佛言若四輩弟子比丘比丘尼清信士清信
女常脩月六齋年三長齋或晝夜精懃一心
苦行願欲往生西方阿彌陀佛國者憶念晝
夜若一日二日三日四日五日六日七日或
復中悔聞我說是琉璃光本願功德盡其壽
命欲終之日有八菩薩
文殊師利菩薩　觀世音菩薩　得大勢至菩薩　无盡意菩薩
寶檀華菩薩　藥王菩薩　藥上菩薩　彌勒菩薩

BD04505號　灌頂章句拔除過罪生死得度經　（7–5）

夜若一日二日三日四日五日六日七日或
復中悔聞我說是琉璃光本願功德盡其壽
命欲終之日有八菩薩
文殊師利菩薩　觀世音菩薩　得大勢至菩薩　无盡意菩薩
寶檀華菩薩　藥王菩薩　藥上菩薩　弥勒菩薩
皆當飛往迎其精神不逕八難生蓮華中自
然音樂而相娛樂佛言假使壽命自欲盡時
臨終之日得聞我說是琉璃光佛本願功德
者命終皆得上生天上不復逕歷三惡道中天
上福盡若下生人間當為帝王家作子或生
豪姓長者居士富貴家生皆當端政聰明智
慧高才勇猛若是女人化成男子无復憂苦
患難者也
佛語文殊我稱譽顯說琉璃光佛至真等正
覺本所脩集无量行願功德如是文殊師利
從坐而起長跪叉手白佛言世尊佛去世後
當以此法開化十方一切衆生使其受持是
經典者若有男子女人愛樂是經受持讀誦
宣通之者復能尊念若一日二日三日四日五
日乃至七日憶念不忘能以好素帛書取
是經五色雜綵作囊盛之者是時當有天
諸善神四天大王龍神八部常來營衛愛敬
此經日日作礼持是經者不墮横死所在安隱
惡氣消滅諸魔鬼神亦不中害佛言如是如
是如汝所說文殊師利言天尊所說言

BD04505號　灌頂章句拔除過罪生死得度經　（7–6）

佛語文殊我稱譽顯說琉璃光佛至真等正
覺本所脩集无量行願功德如是文殊師利
從坐而起長跪叉手白佛言世尊佛去世後
當以此法開化十方一切衆生使其受持是
經典者若有男子女人愛樂是經受持讀誦
宣通之者復能尊念若一日二日三日四日五
日乃至七日憶念不忘能以好素帛書取
是經五色雜綵作囊盛之者是時當有天
諸善神四天大王龍神八部常來營衛愛敬
此經日日作礼持是經者不墮横死所在安隱
惡氣消滅諸魔鬼神亦不中害佛言如是如
是如汝所說文殊師利言天尊所說言无不
善
佛言文殊若有善男子善女人發心造立藥
師琉璃光如來形像供養礼拜懸色幡蓋燒
香散華歌詠讚嘆圍遶百迊還本坐處端坐
思惟念藥師琉璃光佛无量功德若有男子
女人七日七夜菜食長齋供養礼拜藥師
琉璃光佛

BD04505號　灌頂章句拔除過罪生死得度經　（7–7）

又如燈破闇　一念盡
牟尼智燈照　剎那悉除滅
大乘密嚴經分別觀行品第五
尒時金剛藏菩薩摩訶薩復告大衆諸仁者
譬如有人在空閑地以泥凡草木瞢之成宇
既而歸觀一一物中无舍可得又如多指共合
成拳離指求拳即无所有軍徒車乘城邑
山林亂衣等物一切皆是和合所成智者觀
之悉如夢事凡夫身宅亦復如是諸果積集
譬如高山危脆不安同於朽屋不生不滅非
自非他如乹闥婆城如影如雲如陽鹼如繢
像雖可覩觀性常清淨遠離一切有无分別
如盲與跛相假而行无決定性乃至分析至
於微塵但有空名都无實物若諸定者作是
思惟即於色聲等法不生覺念離覺念已心
得休息泰然解脫不受諸有常樂修行甚深
禪定諸天仙等端正女人而来供養如觀夢
事不生染著身雖在此諸仙外道持呪之人
乃至梵天不能見頂是人不久生摩尼寶藏
宮殿之中遊戲神通具諸功德此觀行法是
大心者所行境界仁應速發廣大之心大心
之人疾得生於光明宮殿離諸貪欲瞋恚愚

BD04506號　大乘密嚴經（地婆訶羅本）卷中　（3–1）

禪定諸天仙等端正女人而来供養如觀夢
事不生染著身雖在此諸仙外道持呪之人
乃至梵天不能見頂是人不久生摩尼寶藏
宮殿之中遊戲神通具諸功德此觀行法是
大心者所行境界仁應速發廣大之心大心
之人疾得生於光明宮殿離諸貪欲瞋恚愚
癡乃至當詣密嚴佛土此土廣愽微妙寂靜
无諸老死衰惱之患遠離衆相非識所行妄
計之人所不能得諸仁者此土清淨觀行所
居若懷希仰當勤修習斷貪瞋癡離我我所
何以故貪等煩惱取諸境界若取於境即二
覺生如有女人端正可喜有多欲者見已生
著欲心迷亂若行若坐飲食睡眠專想思惟
更无餘念欲女容相常現於心此心即為境
界汩沒之所濁亂是故於境不應貪著諸仁
菟生无角解若使不見牛等有角於彼菟等
決定不生无角之見世間妄見悉亦如是妄
有所得起有分別後求其體不可得故便言
諸法決定是无乃至未離分別之心常生如
是不平等覺諸仁者應以智慧審諦觀察
心之所行一切境界皆如妄計見牛菟等若諸
佛子作如是觀隨其意樂或生人中為轉輪
王有大威力騰空来往或生日月星宿之宮
四天王天三十三天夜摩天兜率陁天乃至自
在天王摩尼藏殿或生色界梵身等天修
行定者十梵之處无煩无熱善見善現阿迦
尼吒空處識處无所有處非想非非想處住
於彼已斷除貪欲乏此而生清淨佛土常遊

BD04506號　大乘密嚴經（地婆訶羅本）卷中　（3–2）

是不平等覺諸仁者應以智慧審諦觀察
心之所行一切境界皆如妄計見牛兎等若諸
佛子作如是觀隨其意樂或生人中爲轉輪
王有大威力騰空来往或生日月星宿之宫
四天王天三十三天夜摩天兜率陁天乃至自
在天主摩尼藏殿或生色界梵身等天善
行定者十梵之處无煩无熱善見善現阿迦
尼吒空處識處无所有處非想非非想處住
於彼已漸除貪欲從此而生清淨佛土常遊
妙定至真解脫尒時金剛藏菩薩摩訶薩復
說偈言
如因氣破　而成於凡　刹那各别　恒是无常
因種生芽　芽生種壞　又如陶匠　以泥作瓶
泥是奢摩　瓶如其色　若復燕用　餘色泥作
火燒熟已　各雜色生　蒲竹生慈　角生於蘇
不淨之處　蠅生於蟲　世間之中　有果似因
或有諸物　不似因者　皆因變壞　而有果生
微塵等因　體不變壞　不應妄作　如是分别
无能作我　内我勝我　亦无我意　境界諸根
和合爲因　而生於識　智者方便　善知衆境
破煩惱等　一切諸魔　世有貪愛　如浚得蜜
貪愛若除　衆縛悉解　如蛇螫物　瞋毒亦然
生死趣中　多所惱害　諸仁若欲　令彼除盡
宜各勤心　修於觀行

BD04506號　大乘密嚴經(地婆訶羅本)卷中　(3–3)

无量功德如是不審誰肯信此言者佛荅文
殊言唯有百億諸菩薩摩訶薩當信是言耳
唯有十方三世諸佛當信是言
佛言我說是藥師瑠璃光如来本願功德難
可得聞何况得見亦難得說亦難得書寫亦
難得讀文殊師利若有男子女人能信是經受
持讀誦書著竹帛復能爲他人解說中義
此皆先世以發道意今復得聞此微妙法開
化十方无量衆生當知此人必當得至无上
正真道也
佛告阿難我作佛以来從生死復至生死勤
苦累劫无所不經无所不歷无所不作无所不
爲如是不可思議况復瑠璃光佛本願功
德者乎汝所以有疑者亦復如是阿難汝聞
佛所說汝諦信之莫作疑惑佛語至誠无有
虚僞亦无二言佛爲信者施不爲疑者說也
阿難汝莫作小疑以毁大乘之業汝却後亦
當發摩訶衍心莫以小道毁汝功德也阿難言
惟天中天我[illegible]

BD04507號　灌頂章句拔除過罪生死得度經　(7–1)

佛所說汝諦信之莫作疑惑佛語至誠无有
虛偽亦无二言佛為信者施不為疑者說也
阿難汝莫作小疑以毀大乘之業汝却後亦
當發摩訶衍心莫以小道毀汝功德也阿難言
唯天中天我從今日以去无復尒心唯佛自
當知我心耳
佛語阿難此經能照諸天宮殿若三災起時
中有天人發心念此幡燈光佛本願功德經
者皆得離於彼處之難是經能除水涸不調
是經能除他方逆賊悉令斷滅四方夷狄各
還正治不相嬈惱國土通文人民歡喜是經能
除穀貴飢涷是經能滅惡星變怪是經能
除疫毒之病是經能救三惡道苦地獄餓鬼
畜生等苦若人得聞此經典者无不解脫厄
難者也
尒時衆中有一菩薩名曰救脫從坐而起整衣
服叉手合掌而白佛言我等今日聞佛世尊
演說過東方恒河沙世界有佛号瑠璃光一
切衆會靡不歡喜救脫菩薩又白佛言若
族姓男女其有尩羸著牀痛惱无救護者我
今當勸請諸衆僧七日七夜齋戒一心受持
八禁六時行道卌九遍讀是經典勸燃七層之
燈亦勸懸五色續命神幡阿難問救脫菩
薩言續命幡燈法則云何救脫菩薩語阿難

BD04507號　灌頂章句拔除過罪生死得度經　（7–2）

族姓男女其有尩羸著牀痛惱无救護者我
今當勸請諸衆僧七日七夜齋戒一心受持
八禁六時行道卌九遍讀是經典勸燃七層之
燈亦勸懸五色續命神幡阿難問救脫菩
薩言續命幡燈法則云何救脫菩薩語阿難
言神幡五色卌九尺燈亦復尒七層之燈一層
七燈燈如車輪若遭厄難閉在牢獄枷鎖著
身亦應造立五色神幡燃卌九燈應放雜類
衆生至卌九可得過度危厄之難不為諸
橫惡鬼所持
救脫菩薩語阿難言若天王大臣及諸輔相
王子妃主中宮婇女若為病苦所惱亦應造
立五色縉幡燃燈續明放諸生命散雜色華
燒衆名香王宮放赦屈厄之人徒鎖解脫王得
其福天下太平雨澤以時人民歡樂惡龍攝
毒无病苦者四方夷狄不生逆害國土通同
慈心相向无諸怨害四海歌詠稱王之德乘
此福祿在意所生見佛聞法信受教誨從
是福報至无上道
阿難又問救脫菩薩言命可續也救脫菩薩
答阿難言我聞世尊說有諸橫勸造幡蓋令
其脩福又言阿難昔沙弥救蟻以脩福故盡
其壽命更不苦患身體安寧福德力强使之
然也阿難因復問救脫菩薩言橫有幾種世尊

BD04507號　灌頂章句拔除過罪生死得度經　（7–3）

阿難又問救脫菩薩言命可續也救脫菩薩
荅阿難言我聞世尊說有諸横勸造憣蓋令
其脩福又言阿難昔沙弥救蟻以脩福　故盡
其壽命更不苦患身體安寧福德力強使之
然也阿難因復問救脫菩薩言横有幾種世尊
說言横乃无數略而言之大横有九一者横病
二者横有口舌三者横遺縣官四者身羸无
福又持戒不完横爲鬼神之所得便五者横
爲劫賊所剥六者横爲水火焚漂七者横爲
雜類禽獸所噉八者横爲怨讎符書厭禱
耶横死九者有病不治又不脩福湯藥不順
鍼灸失度不值良毉爲病所困於是滅亡
又信世間妖孽之師爲作恐動寒熱言語妄
發禍福所犯者多心不自正不能自定卜問覓
禍煞牲𤙖牛羊種種衆生解奏神明呼諸邪
妖魍魎鬼神請乞福祚欲望長生終不能得愚
癡迷惑信邪倒見死入地獄展轉其中无解
脫持是名九横
救脫菩薩語阿難言其世間人瘻黃之病困
篤著林求生不得求死不得栲楚万端此病
人者或於前世造作惡業罪過所招殃咎所
引故使然也救脫菩薩語阿難言閻羅王者
主領世間名籍之記若人爲惡作諸非法无
孝順心造作五逆破滅三寶无君臣法
又有衆生不持五戒不信正法設有受者多

BD04507號　灌頂章句拔除過罪生死得度經

（7–4）

篤善林求生不得求死不得栲楚万端此病
人者或於前世造作惡業罪過所招殃咎所
引故使然也救脫菩薩語阿難言閻羅王者
主領世間名籍之記若人爲惡作諸非法无
孝順心造作五逆破滅三寶无君臣法
又有衆生不持五戒不信正法設有受者多
所毀犯於是地下鬼神及伺候者奏上五官
五官料簡除死定生或注録精神未判是非
若已定者奏上閻羅閻羅監察隨罪輕
重栲而治之世間瘻黃之病困篤不死一絕一
生猶其罪福未得料簡録其精神在彼王所
或七日五三七日乃至七七日名籍定者放
其精神還其身中如從夢中見其善惡其人
若明了者信驗罪福是故我今勸諸四輩造續
命神憣然四十九燈放諸生命以此憣燈放生
功德拔彼精神令得度苦今世後世不遭尼難
救脫菩薩語阿難言如來世尊說是經典威
神功德利益不少坐中諸鬼神有十二神王從
坐而起往到佛所胡跪合掌白佛言我等十二
鬼神在所作護若城邑聚落空閑林中若四
輩弟子誦持此經令所結願无求不得
阿難問言其名云何爲我說之救脫菩薩言
灌頂章句其名如是
神名金毗羅　神名和耆羅　神名弥佉羅　神名安陁羅
神名摩尼羅　神名宗林羅　神名因持羅　神名波耶羅

BD04507號　灌頂章句拔除過罪生死得度經

（7–5）

鬼神在所作護若城邑聚落空閑林中若四
輩弟子誦持此經令所結願无求不得
阿難問言其名云何為我說之救脫菩薩言
灌頂章句其名如是
神名金毗羅　神名和耆羅　神名彌佉羅　神名安陁羅
神名摩尼羅　神名宗林羅　神名回持羅　神名波耶羅
神名摩休羅　神名真陁羅　神名照頭羅　神名毗伽羅
救脫菩薩語阿難言此諸鬼神別有七千以為
眷屬皆悉叉手低頭聽佛世尊說是瑠璃光
如來本願功德莫不一時捨鬼神形得受人身
長得度脫无衆惱患若人疾急厄難之日當
以五色縷結其名字得如願已然後解結令
人得福灌頂章句法應如是
佛說是經時比丘僧八千人諸菩薩三万人俱
諸天龍鬼神八部大王无不歡喜阿難從坐
而起前白佛言演說此經當何名之佛言此
經凡有三名一名藥師瑠璃光本願功德二
名灌頂章句十二神王結願神呪三名拔
除過罪生死得度經佛說是經竟大衆人民
作礼奉行

藥師經

BD04507號　灌頂章句拔除過罪生死得度經　（7–6）

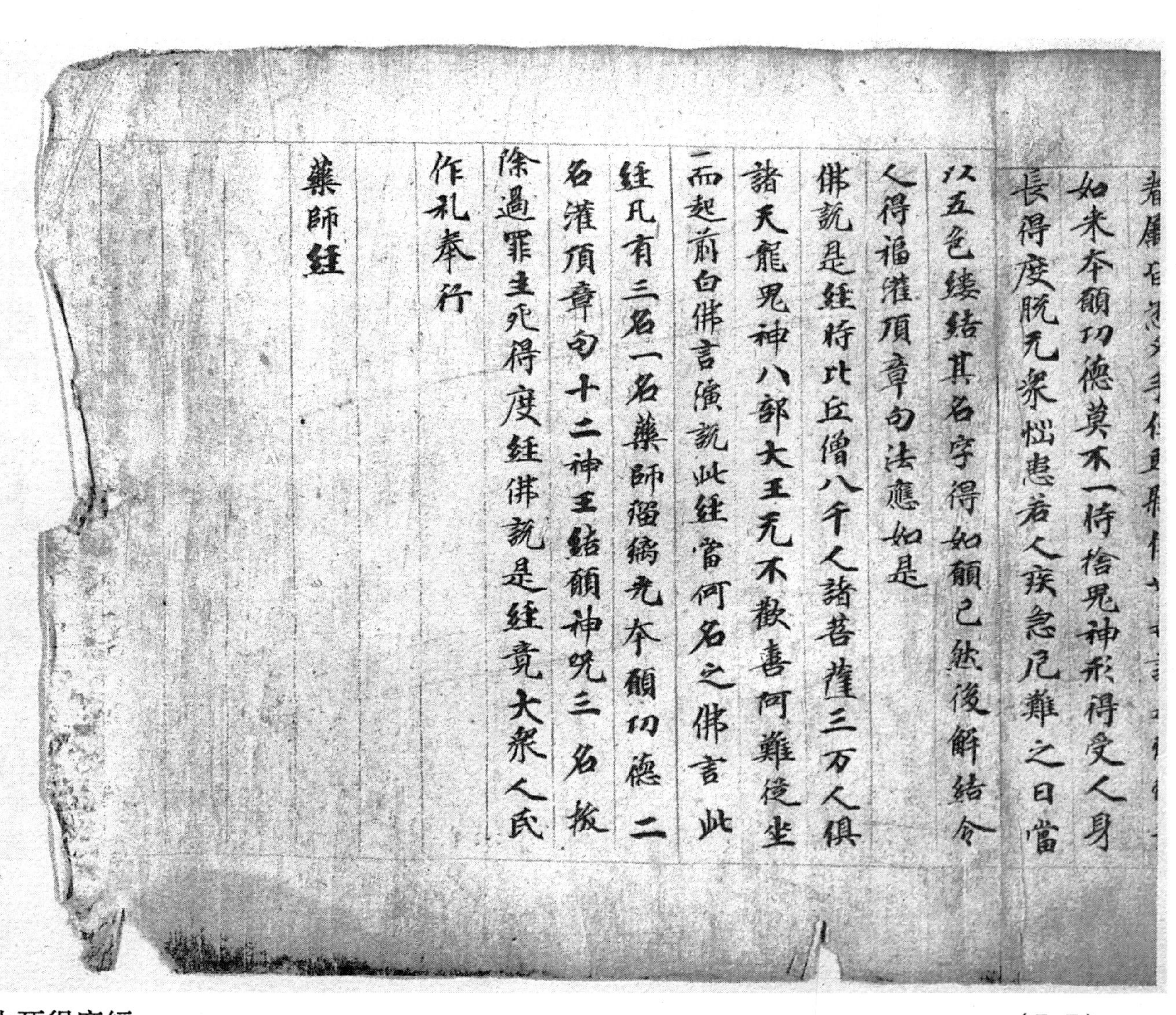
眷屬皆悉叉手低頭聽佛世尊說是瑠璃光
如來本願功德莫不一時捨鬼神形得受人身
長得度脫无衆惱患若人疾急厄難之日當
以五色縷結其名字得如願已然後解結令
人得福灌頂章句法應如是
佛說是經時比丘僧八千人諸菩薩三万人俱
諸天龍鬼神八部大王无不歡喜阿難從坐
而起前白佛言演說此經當何名之佛言此
經凡有三名一名藥師瑠璃光本願功德二
名灌頂章句十二神王結願神呪三名拔
除過罪生死得度經佛說是經竟大衆人民
作礼奉行

藥師經

BD04507號　灌頂章句拔除過罪生死得度經　（7–7）

德威力不可思議所
迷惑重入道場既稱心
空性品第九
此呪已為欲利益菩薩摩訶薩
天大衆令得悟解甚深真實第一義故重
明空性而說頌曰
我已於餘甚深經　廣說真空微妙法
今復於此經王內　略說空法不思議
於諸廣大甚深法　有情无智不能解
故我於斯重敷演　令於空法得開悟
大悲哀愍有情故　以善方便勝因緣
我今於此大衆中　演說令彼明空義
當知此身如空聚　六賊依止不相知
六塵諸賊別依根　各不相知亦如是
眼根常觀於色處　耳根聽聲不斷絕
鼻根恒嗅於香境　舌根鎮嘗於美味
身根受於輕耎觸　意根了法不知猒
此等六根隨事起　各於自境生分別
識如幻化非真實　依上根處妄貪求
如人奔走空聚中　六識依根亦如是

鼻根恒嗅於香境　舌根鎮嘗於美味
身根受於輕耎觸　意根了法不知猒
此等六根隨事起　各於自境生分別
識如幻化非真實　依上根處妄貪求
如人奔走空聚中　六識依根亦如是
心遍馳求隨處轉　託根緣境了諸事
常愛色聲香味觸　於法尋思无暫停
隨緣遍行於六根　如鳥飛空无障礙
藉此諸根作依處　方能了別於外境
此身无知无作者　體不堅固託緣成
皆從虛妄分別生　譬如機關由業轉
地水火風共成身　隨彼因緣招異果
同在一處相違害　如四毒蛇居一篋
此四大蛇性各異　雖居一處有昇沉
或上或下遍於身　斯等終歸於滅法
於此四種毒蛇中　地水二蛇多沉下
風火二蛇性輕舉　由此乖違衆病生
心識依止於此身　造作種種善惡業
當往人天三惡趣　隨其業力受身形
遭諸疾病身死後　大小便利悉盈流
膿爛蟲蛆不可樂　棄在屍林如朽木
汝等當觀法如是　云何執有我衆生
一切諸法悉无常　悉從无明緣力起
彼諸大種咸虛妄　本非實有體无生
故說大種性皆空　知此浮虛非實有
无明自性本是无　藉衆緣力和合有
[illegible]

一切諸法盡无常　悉從无明緣力起
彼諸大種性咸虛妄　本非實有體无生
故說大種性皆空　知此浮虛非實有
无明自性本是无　藉眾緣力和合有
於一切時失正慧　故我說彼為无明
行識為緣有名色　六處及觸受隨生
愛取有緣生老死　憂悲苦惱恒隨逐
眾苦惡業常纏迫　生死輪迴无息時
本來非有體是空　由不如理生分別
我斷一切諸煩惱　常以正知現前行
了五蘊宅悉皆空　求證菩提真實處
我開甘露大城門　示現甘露微妙器
既得甘露真實味　常以甘露施群生
我擊最勝大法鼓　我吹最勝大法螺
我然最勝大明燈　我降最勝大法雨
降伏煩惱諸怨結　建立无上大法幢
於生死海濟群迷　我當關閉三惡趣
煩惱熾火燒眾生　无有救護无依止
清涼甘露充足彼　身心熱惱並皆除
由是我於无量劫　恭敬供養諸如來
堅持禁戒趣菩提　求證法身安樂處
施他眼耳及手足　妻子僮僕心无悋
財寶七珍莊嚴具　隨來求者咸供給
忍等諸度皆遍修　十地圓滿成正覺
故我得稱一切智　无有眾生度量者
假使三千大千界　盡此土地生長物

BD04508號　金光明最勝王經卷五　（14–3）

施他眼耳及手足　妻子僮僕心无悋
財寶七珍莊嚴具　隨來求者咸供給
忍等諸度皆遍修　十地圓滿成正覺
故我得稱一切智　无有眾生度量者
假使三千大千界　盡此土地生長物
所有藂林諸樹木　稻麻竹葦及枝條
此等諸物皆伐取　並悉細末作微塵
隨處積集量難知　乃至充滿虛空界
一切十方諸剎土　所有三千大千界
地土皆悉末為塵　此微塵量不可數
假使一切眾生智　以此智慧與一人
如是智者量无邊　容可知彼微塵數
牟尼世尊一念智　令彼智人共度量
於多俱胝劫數中　不能算知其少分
時諸大眾聞佛說此甚深空性有无量眾
生悉能了達四大五蘊體性俱空六根六
境妄生繫縛願捨輪迴正修出離深心慶
喜如說奉持

金光明最勝王經依空滿願品第十

尒時如意寶光耀天女於大眾中聞說深法
歡喜踊躍從座而起偏袒右肩右膝著地合
掌恭敬白佛言世尊唯願為說於甚深理修
行之法而說頌言
我問照世界　兩足最勝尊　菩薩正行法　唯願慈聽許
佛言善女天　若有所疑者　隨汝意所問　吾當分別說
是時天女請世尊曰

BD04508號　金光明最勝王經卷五　（14–4）

掌恭敬白佛言世尊唯願爲說於甚深理脩
行之法而說頌言
我問照世界　兩足最勝尊　菩薩正行法　唯願慈聽許
佛言善女天　若有疑惑者　隨汝意所問　吾當分別說
是時天女請世尊曰
云何諸菩薩行菩提正行離生死涅槃饒益自他故
佛生善女天依於法界行菩提法修平等行
云何依於法界行菩提法修平等行謂於五
蘊能現法界法界即是五蘊五蘊不可說非
五蘊亦不可說何以故若法界是五蘊即是
斷見若離五蘊即是常見離於二相不著二
邊不可見過所見无名无相是則名爲說於法
界善女人天云何五蘊能現法界如是五蘊不
從因緣生何以故若從因緣生者爲已生
故生爲未生故生若已生生者何用因緣若
未生生者不可得生何以故未生諸法即是
非有无名无相非校量譬喻之所能及非是
因緣之所生故善女天譬如鼓聲依木依皮
及桴手等故得出聲如是鼓聲過去亦空未
來亦空現在亦空何以故是鼓音聲不從木
生不從皮生及桴手生不於三世生是則不
生若不可生則不可滅若不可滅无所從來
若无所從來亦无所去若无所去則非常非
斷若非常非斷則不一不異何以故此若是
一則不異法界若如是者凡夫之人應見真
諦得於无上安樂涅槃既不如是故知不一若

BD04508號　金光明最勝王經卷五　（14–5）

生不從皮生及桴手生不於三世生是則不
生若不可生則不可滅若不可滅无所從來
若无所從來亦无所去若无所去則非常非
斷若非常非斷則不一不異何以故此若是
一則不異法界若如是者凡夫之人應見真
諦得於无上安樂涅槃既不如是故知不一若
言異者一切諸佛菩薩行相即是執著未
得解脫煩惱繫縛即不證阿耨多羅三藐三
菩提何以故一切聖人於行非行同真實性
是故不異故知五蘊非有非无不從因緣生
非无因緣生是聖所知非餘境故亦非言說
之所能及无名无相无因无緣亦无譬喻始
終寂靜本來自空是故五蘊能現法界善女
天若善男子善女人欲求阿耨多羅三藐三
菩提異真異俗難可思量於凡聖境體非一
異不捨於俗不離於真依於法界行菩提行
尒時世尊作是語已時善女天踊躍歡喜即
從座起偏袒右肩右膝著地合掌恭敬一心
頂礼而白佛言世尊如上所說菩提正行我今
當學是時索訶世界主大梵天王於大衆
中問如意寶光耀善女天曰此菩提行難
可修行汝今云何於菩提行而得自在尒時善
女天答梵王曰大梵王如佛所說實是甚深
一切異生不解其義是聖境界微妙難知若
使我今依於此法得安樂住是實語者願令
一切五濁惡世无量无數无邊衆生皆得金
色三十二相非男非女坐寶蓮花受无量樂雨

BD04508號　金光明最勝王經卷五　（14–6）

可修行汝今云何於菩提行而得自在尒時善
女天答梵王曰大梵王如佛所說實是甚深
一切異生不解其義是聖境界微妙難知若
使我今依於此法得安樂住是實語者願令
一切五濁惡世无量无數无邊衆生皆得金
色卅二相非男非女坐寶蓮花受无量樂雨
天妙花諸天音樂不鼓自鳴一切供養皆悉
具足時善女天說是語已一切五濁惡世所
有衆生皆悉金色具大人相非男非女坐寶
蓮花受无量樂猶如他化自在天宮无諸惡
道寶樹行列七寶蓮花遍滿世界又雨七寶
上妙天花作天伎樂如意寶光耀善女天即
轉女身作梵天身時大梵王問如意寶光耀
菩薩言仁者如何行菩提行菩薩答言梵王若水
中月行菩提行我亦行菩提行若夢中行菩
提行我亦行菩提行若陽餘行菩提行我
亦行菩提行若谷響行菩提行我亦行菩提行
時大梵王聞此說已白菩薩言仁依何義而
說此語答言梵王无有一法是實相者但由
因緣而得成故梵王言若如是者諸凡夫人
皆悉應得阿耨多羅三藐三菩提答言仁以
何意而作是說愚癡人異智慧人異菩提異
非菩提異解脫異非解脫異梵王如是諸法
平等无異於此法界真如不異无有中間而
可執著无增无減梵王譬如幻師及幻弟子善
解幻術於四衢道取諸沙土草木葉等聚在

皆悉應得阿耨多羅三藐三菩提答言仁以
何意而作是說愚癡人異智慧人異菩提異
非菩提異解脫異非解脫異梵王如是諸法
平等无異於此法界真如不異无有中間而
可執著无增无減梵王譬如幻師及幻弟子善
解幻術於四衢道取諸沙土草木葉等聚在
一處作諸幻術使人覩見象衆馬衆車兵
等衆七寶之聚種種倉庫若有衆生愚癡
无智不能思惟不知幻本若見若聞作是思惟
我所見聞象馬等衆此是實有餘皆虛妄於
後更不審察思惟有智之人則不如是了於
幻本若見若聞作如是念如我所見象馬等
衆非是真實唯有幻事惑人眼目妄謂象
等及諸倉庫有名无實如我見聞不執爲實後
時思惟知其虛妄是故智者了一切法皆无
實體但隨世俗如見如聞表宣其事思惟諦
理則不如是復由假說顯實義故梵王愚癡
異生未得出世聖慧之眼未知一切諸法真
如不可說故是諸凡愚若見若聞行非行法
如是思惟便生執著謂以爲實於第一義不
能了知諸法真如是不可說是諸聖人若見
若聞行非行法隨其力能不生執著以爲實
有了知一切无實行法无實非行法但妄思
量行非行相唯有名字无有實體是諸聖人
隨世俗說爲欲令他知真實義如是梵王是
諸聖人以聖智見了法真如不可說故行非行
法亦復如是令他證知故說種種世俗名言

能了知諸法真如是不可說是諸聖人若見
若聞行非行法隨其力能不生執著以為實
有了知一切无實行法无實非行法但妄思
量行非行相唯有名字无有實體是諸聖人
隨世俗說為欲令他知真實義如是梵王是
諸聖人以聖智見了法真如不可說故行非行
法亦復如是令他證知故說種種世俗名言
時大梵王問如意寶光耀菩薩言有幾衆生
能解如是甚深正法荅言梵王有衆幻人心
心數法能解如是甚深正法梵王曰此幻化
人體是非有此之心數從何而生荅曰若知
法界不有不无如是衆生能解深義
尒時梵王白佛言世尊是如意寶光耀菩
薩不可思議通達如是甚深之義佛言如是
如是梵王如汝所言此如意寶光耀已教汝
等發心修學无生忍法是時大梵天王與諸梵
衆從座而起偏袒右肩合掌恭敬頂礼如意
寶光耀菩薩足作如是言希有希有我等今
日幸遇大士得聞正法
尒時世尊告梵王言是如意寶光耀於未
來世當得作佛号寶熖吉祥藏如來應正遍
知明行圓滿善逝世間解无上士調御丈夫天
人師佛世尊說是品時有三千億菩薩於阿
耨多羅三藐三菩提得不退轉八千億天子无
量无數國王臣民遠塵離垢得法眼淨
尒時會中有五十億苾芻行菩薩行欲退菩

來世當得作佛号寶熖吉祥藏如來應正遍
知明行圓滿善逝世間解无上士調御丈夫天
人師佛世尊說是品時有三千億菩薩於阿
耨多羅三藐三菩提得不退轉八千億天子无
量无數國王臣民遠塵離垢得法眼淨
尒時會中有五十億苾芻行菩薩行欲退菩
提心聞如意寶光耀菩薩說是法時皆得堅
固不可思議滿足上願更復發起菩提之心
各自脫衣供養菩薩重發无上勝進之心作
如是願願令我等功德善根悉皆不退迴向
阿耨多羅三藐三菩提梵王是諸苾芻依此
功德如說修行過九十大劫當得解悟出離
生死尒時世尊即為授記汝諸苾芻過世阿
僧祇劫當得作佛劫名難勝光王國名无垢
光同時皆得阿耨多羅三藐三菩提皆同一
号名願莊嚴間飾王十号具足梵王是金光
明微妙經典若正聞持有大威力假使有人
於百千大劫行六波羅蜜无有方便若有善
男子善女人書寫如是金光明經半月半月
專心讀誦是功德聚於前功德百分不及一
乃至算數譬喻所不能及梵王是故我今令
汝修學憶念受持為他廣說何以故我於往
昔行菩薩道時猶如勇士入於戰陣不惜身命
流通如是微妙經王受持讀誦為他解說
梵王譬如轉輪聖王若王在世七寶不滅王若
命終所有七寶自然滅盡梵王是金光明

汝㣧學憶念受持爲他廣說何以故我於往
昔行菩薩道時猶如勇士入於戰陣不惜身命
流通如是微妙經王受持讀誦爲他解說
梵王譬如轉輪聖王若王在世七寶不滅王若
命終所有七寶自然滅盡梵王是金光明
微妙經王若現在世无上法寶悉皆不滅
若无是經隨處隱沒是故應當於此經王專
心聽聞受持讀誦爲他解說勸人書寫行
精進波羅蜜不惜身命不憚疲勞功德中勝我
諸弟子應當如是精勤㣧學
尒時大梵天王與无量梵衆帝釋四王及諸
藥叉俱從座起偏袒右肩右膝著地合掌恭
敬而白佛言世尊我等皆願守護流通是金
光明微妙經典及說法師若有諸難我當除
遣令具衆善色力充足辯才无礙身意泰然
時會聽者皆受安樂所在國土若有飢饉怨
賊非人爲惱害者我等天衆皆爲擁護使其
人民安隱豊樂无諸枉橫皆是我等天衆之
力若有供養是經典者我等亦當恭敬供養
如佛不異
尒時佛告大梵天王及諸梵衆乃至四王諸
藥叉等善哉善哉汝等得聞甚深妙法復
能於此微妙經王發心擁護及持經者當獲无
邊殊勝之福速成无上正等菩提時梵王等
聞佛語已歡喜頂受
金光明冣勝王経四天王觀察人天品第十一

尒時佛告大梵天王及諸梵衆乃至四王諸
藥叉等善哉善哉汝等得聞甚深妙法復
能於此微妙經王發心擁護及持經者當獲无
邊殊勝之福速成无上正等菩提時梵王等
聞佛語已歡喜頂受
金光明冣勝王経四天王觀察人天品第十一
尒時多聞天王持國天王增長天王廣目天王
俱從座起偏袒右肩右膝著地合掌向佛礼
佛足已白言世尊是金光明冣勝王經一
切諸佛常念觀察一切菩薩之所恭敬一切
天龍常所供養及諸天衆常生歡喜一切護
世稱揚讚歎聲聞獨覺皆共受持悉能明照
諸天宮殿能與一切衆生殊勝安樂止息地
獄餓鬼傍生諸趣苦惱一切怖畏悉能除殄
所有怨敵尋即退散飢饉惡時能令豊稔疾
疫病苦皆令蠲愈一切灾變百千苦惱咸悉
消滅世尊是金光明冣勝王經能爲如是安
隱利樂饒益我等唯願世尊於大衆中廣爲
宣說我等四王并諸眷屬聞此甘露无上法
味氣力充實增益威光精進勇猛神通倍
勝世尊我等四王㣧行正法常說正法以法化
世我等令彼天龍藥叉健闥婆阿蘇羅揭路
荼俱槃荼緊那羅莫呼羅伽及諸人王常以
正法而化於世遮去諸惡所有鬼神吸人精氣
无慈悲者悉令遠去世尊我等四王與二十
八部藥叉大將并與无量百千藥叉以淨天
眼過於世人觀察擁護此贍部洲[illegible]

世我等令彼天龍藥叉揵闥婆阿蘇羅揭路
荼俱槃荼緊那羅莫呼羅伽及諸人王常以
正法而化於世遮去諸惡所有鬼神吸人精氣
无慈悲者悉令遠去世尊我等四王與二十
八部藥叉大將并與无量百千藥叉以淨天
眼過於世人觀察擁護此贍部洲世尊以此
因緣我等諸王名護世者又復於此洲中
若有國王被他怨賊常來侵擾及多飢饉
疾疫流行无量百千災厄之事世尊我等四王
於此金光明最勝王經恭敬供養若有苾
芻法師受持讀誦我等四王共往覺悟勸請
其人時彼法師由我神通覺悟力故往彼國界
廣宣流布是金光明微妙經典由經力故令
彼无量百千衰惱災厄之事悉皆除遣世尊
若諸人王於其國內有持是經苾芻法師至
彼國時當知此經亦至其國世尊時彼國王
應往法師處聽其所說聞已歡喜於彼法師
恭敬供養深心擁護令无憂惱演說此經利
益一切世尊以是緣故我等四王皆共一心護
是人王及國人民令離災患常得安隱世尊
若有苾芻苾芻尼鄔波索迦鄔波斯迦持
是經者時彼人王隨其所須供給供養令无
乏少我等四王令彼國主及以國人悉皆安隱
遠離災患世尊若有受持讀誦是經典
者人王於此供養恭敬尊重讚歎我等當
令彼王於諸王中恭敬尊重最為第一諸餘

BD04508號　金光明最勝王經卷五　（14–13）

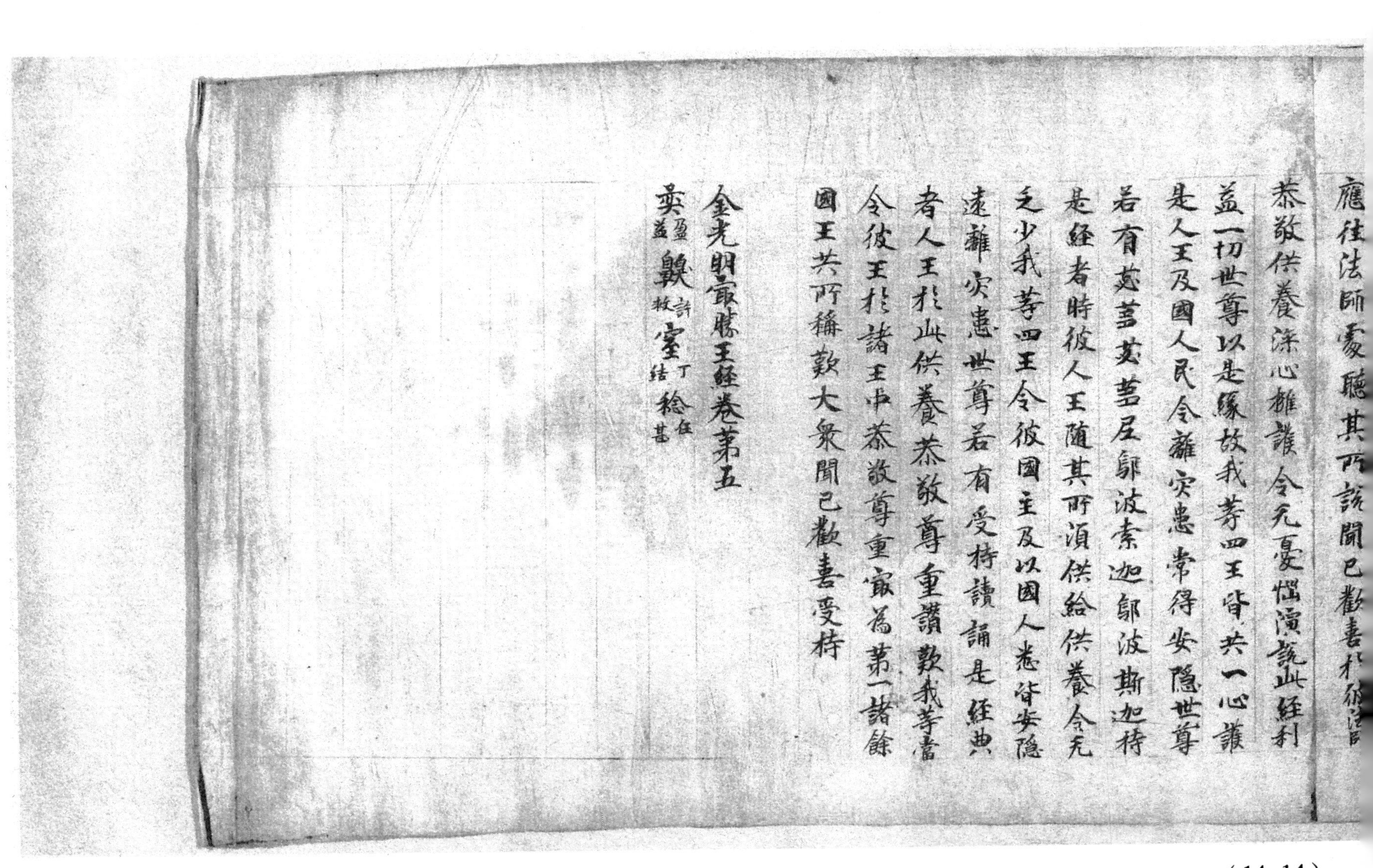
應往法師處聽其所說聞已歡喜於彼法師
恭敬供養深心擁護令无憂惱演說此經利
益一切世尊以是緣故我等四王皆共一心護
是人王及國人民令離災患常得安隱世尊
若有苾芻苾芻尼鄔波索迦鄔波斯迦持
是經者時彼人王隨其所須供給供養令无
乏少我等四王令彼國主及以國人悉皆安隱
遠離災患世尊若有受持讀誦是經典
者人王於此供養恭敬尊重讚歎我等當
令彼王於諸王中恭敬尊重最為第一諸餘
國王共所稱歎大眾聞已歡喜受持

金光明最勝王經卷第五

奕 盈益　齅 許救　窒 丁結　稔 任甚

BD04508號　金光明最勝王經卷五　（14–14）

著 錄 凡 例

本目錄採用條目式著錄法。諸條目意義如下：

1.1　著錄編號。用漢語拼音首字“BD”表示，意為“北京圖書館藏敦煌遺書”，簡稱“北敦號”。文獻寫在背面者，標註為“背”。一件遺書上抄有多個文獻者，用數字1、2、3等標示小號。一號中包括幾件遺書，且遺書形態各自獨立者，用字母A、B、C等區別。

1.2　著錄分類號。本條記目錄暫不分類，該項空缺。

1.3　著錄文獻的名稱、卷本、卷次。

1.4　著錄千字文編號。

1.5　著錄縮微膠卷號。

2.1　著錄遺書的總體數據。包括長度、寬度、紙數、正面抄寫總行數與每行字數、背面抄寫總行數與每行字數。如該遺書首尾有殘破，則對殘破部分單獨度量，用加號加在總長度上。凡屬這種情況，長度用括弧標註。

2.2　著錄每紙數據。包括每紙長度及抄寫行數或界欄數。

2.3　著錄遺書的外觀。包括：（1）裝幀形式。（2）首尾存況。（3）護首、軸、軸頭、天竿、縹帶，經名是書寫還是貼簽，有無經名號，扉頁、扉畫。（4）卷面殘破情況及其位置。（5）尾部情況。（6）有無附加物（蟲繭、油污、線繩及其他）。（7）有無裱補及其年代。（8）界欄。（9）修整。（10）其他需要交待的問題。

2.4　著錄一件遺書抄寫多個文獻的情況。

3.1　著錄文獻首部文字與對照本核對的結果。

3.2　著錄文獻尾部文字與對照本核對的結果。

3.3　著錄錄文。

3.4　著錄對文獻的說明。

4.1　著錄文獻首題。

4.2　著錄文獻尾題。

5　著錄本文獻與對照本的不同之處。

6.1　著錄本遺書首部可與另一遺書綴接的編號。

6.2　著錄本遺書尾部可與另一遺書綴接的編號。

7.1　著錄題記、題名、勘記等。

7.2　著錄印章。

7.3　著錄雜寫。

7.4　著錄護首及扉頁的內容。

8　著錄年代。

9.1　著錄字體。如有武周新字、合體字、避諱字等，予以說明。

9.2　著錄卷面二次加工的情況。包括句讀、點標、科分、間隔號、行間加行、行間加字、硃筆、墨塗、倒乙、刪除、兌廢等。

10　著錄敦煌遺書發現後，近現代人所加內容，裝裱、題記、印章等。

11　備註。著錄揭裱互見、圖版本出處及其他需要說明的問題。

上述諸條，有則著錄，無則空缺。

為避文繁，上述著錄中出現的各種參考、對照文獻，暫且不列版本說明。全目結束時，將統一編制本條記目錄出現的各種參考書目。

本條記目錄為農曆年份標註其公曆紀年時，未進行歲頭年末之換算，請讀者使用時注意自行換算。

條　記　目　錄

BD04420—BD04508

1.1　BD04420 號
1.3　妙法蓮華經（八卷本）卷七
1.4　崑 020
1.5　105:5898
2.1　218.3×25.5 厘米；6 紙；127 行，行 17 字。
2.2　01：10.0，06；　02：45.7，28；　03：45.7，28；
04：45.7，28；　05：45.7，28；　06：25.5，09。
2.3　卷軸裝。首殘尾全。經黄打紙。第 5、6 紙接縫下邊開裂，後兩紙上邊殘損。卷尾有蟲繭。有燕尾。有烏絲欄。
3.1　首殘→大正 262，9/55A12。
3.2　尾全→9/56C1。
4.2　妙法蓮華經卷第七（尾）。
5　與《大正藏》本對照，分卷不同。本文獻可能是八卷本或十卷本，在此按照八卷本著錄。
8　7～8 世紀。唐寫本。
9.1　楷書。
11　圖版：《敦煌寶藏》，95/660A～662B。

1.1　BD04421 號
1.3　維摩詰所説經卷上
1.4　崑 021
1.5　070:0912
2.1　（34+151+2）×25 厘米；5 紙；109 行，行 17 字。
2.2　01：32.5，19；　02：1.5+46.5，28；　03：48.0，28；
04：48.0，28；　05：8.5+2，06。
2.3　卷軸裝。首尾均殘。經黄打紙。通卷横向斷裂爲 2 截，第 1、2 紙中下部殘缺，有 1 殘片可與第 2 紙第 14 行至 20 行相綴接。背有鳥糞。有烏絲欄。
3.1　首 20 行中下殘→大正 475，14/537C12～538A2。
3.2　尾行中下殘→14/539A8。
6.2　尾→BD04411 號。
8　7～8 世紀。唐寫本。
9.1　楷書。
11　圖版：《敦煌寶藏》，64/10A～12B。

1.1　BD04422 號
1.3　佛名經（十六卷本）卷二
1.4　崑 022
1.5　063:0614
2.1　（20+1036.8）×27.4 厘米；26 紙；551 行，行 17 字。
2.2　01：20+22，23；　02：42.5，23；　03：42.5，23；
04：42.5，23；　05：42.5，23；　06：42.5，23；
07：42.5，23；　08：42.5，23；　09：42.8，23；
10：42.8，23；　11：42.8，23；　12：42.8，23；
13：42.5，23；　14：42.8，23；　15：42.8，23；
16：41.5，23；　17：41.5，22；　18：41.5，22；
19：41.5，22；　20：41.5，22；　21：40.0，22；
22：40.0，22；　23：41.0，23；　24：41.5，23；
25：08.0，05；　26：40.0，拖尾。
2.3　卷軸裝。首殘尾缺。首紙殘缺，卷後部有水漬及黴爛，第 24、25 紙接縫中部開裂。背有古代裱補。有烏絲欄。
3.1　首 11 行上中殘→《七寺古逸經典研究叢書》，3/69 頁第 73 行～70 頁第 83 行。
3.2　尾殘→《七寺古逸經典研究叢書》，3/112 頁第 630 行。。
5　與《七寺古逸經典研究叢書》本對照，585～589 行各佛名前缺“南無”二字。
7.3　卷面有雜寫“佛”。
8　7～8 世紀。唐寫本。
9.1　楷書。
11　圖版：《敦煌寶藏》，60/370B～383B。

1.1　BD04423 號
1.3　維摩詰所説經卷上
1.4　崑 023
1.5　070:0886
2.1　（20+960）×25 厘米；14 紙；526 行，行 17 字。

2.2　01：20 +19，21；　　02：77.5，42；　　03：77.5，42；
04：77.5，42；　　05：77.5，42；　　06：77.5，42；
07：77.5，42；　　08：77.5，42；　　09：77.5，42；
10：77.5，42；　　11：77.5，42；　　12：77.5，42；
13：77.5，42；　　14：11.0，01。
2.3　卷軸裝。首殘尾全。卷首右上殘缺，卷面有水漬及破裂，卷尾殘破。背有古代裱補。有燕尾。有烏絲欄。
3.1　首11行上殘→大正475，14/537C12～22。
3.2　尾全→14/544A19。
4.2　維摩詰經卷上（尾）。
8　8～9世紀。吐蕃統治時期寫本。
9.1　楷書。
9.2　有刮改。
11　圖版：《敦煌寶藏》，63/480A～493B。

1.1　BD04424號
1.3　大乘密嚴經（地婆訶羅本）卷中
1.4　崑024
1.5　040:0386
2.1　（79.5 +3.8）×26厘米；2紙；51行，行17字。
2.2　01：44.7，28；　　02：34.8 +3.8，23。
2.3　首尾均殘。有烏絲欄。
3.1　首殘→大正681，16/735B4。
3.2　尾行上中殘→16/736B13～14。
5　與《大正藏》比較，分段略有不同。
6.1　首→BD04498號。
8　8～9世紀。吐蕃統治時期寫本。
9.1　楷書。
11　圖版：《敦煌寶藏》，58/476A～478A。

1.1　BD04425號
1.3　大般若波羅蜜多經卷七〇
1.4　崑025
1.5　084:2197
2.1　（10 +178.5）×25.9厘米；4紙；112行，行17字。
2.2　01：10 +37，28；　　02：47.5，28；　　03：47.0，28；
04：47.0，28。
2.3　卷軸裝。首尾均殘。表面刷黃。卷首殘破嚴重，卷中有破裂，第3、4紙接縫處上開裂。有烏絲欄。
3.1　首6行中下殘→大正220，5/395A18～24。
3.2　尾殘→5/396B16。
6.2　尾→BD08304號。
8　8～9世紀。吐蕃統治時期寫本。
9.1　楷書。
11　圖版：《敦煌寶藏》，72/234A～236B。

1.1　BD04426號
1.3　大般涅槃經（北本　宮本）卷一三
1.4　崑026
1.5　115:6358
2.1　（100.5 +1）×25.4厘米；3紙；62行，行約17字。
2.2　01：45.5，28；　　02：45.5，28；　　03：9.5 +1，06。
2.3　卷軸裝。首尾均殘。有烏絲欄。
3.1　首殘→大正374，12/445B8。
3.2　尾行下殘→12/446A20。
5　與《大正藏》本對照，分卷不同。經文相當於《大正藏》卷十三聖行品第七之三的後部及卷十四聖行品第七之四的前部。分卷與宮內寮本相同。
8　8～9世紀。吐蕃統治時期寫本。
9.1　楷書。
11　圖版：《敦煌寶藏》，98/383A～384A。

1.1　BD04427號
1.3　天地八陽神咒經
1.4　崑027
1.5　256:7651
2.1　（22.5 +75.7 +7.3）×25.8厘米；3紙；正面61行，行17～18字；背面藏文，5行。
2.2　01：22.5 +28.1，29；　　02：47.6 +1.4，29；
03：05.9，03。
2.3　卷軸裝。首尾均殘。經黃打紙。卷面有黴爛，通卷下部黴爛殘損。背有古代代裱。有烏絲欄。
2.4　本遺書包括2個文獻：（一）《天地八陽神咒經》，61行，抄寫在正面，今編為BD04427號。（二）藏文，5行，抄寫在背面裱補紙上，今編為BD04427號背。
3.1　首13行下殘→大正2897，85/1423C11～26。
3.2　尾4行下殘→85/1424B27～C2。
8　7～8世紀。唐寫本。
9.1　楷書。
11　圖版：《敦煌寶藏》，107/220A～221A。

1.1　BD04427號背
1.3　藏文
1.4　崑027
1.5　256:7651
2.4　本遺書由2個文獻組成，本號為第2個，藏文5行，抄寫在背面裱補紙上。餘參見BD04427號之第2項、第11項。
3.3　錄文：

kyis – bskyon – Lava Lan – vdivl – dgun – Sn – vbring – po – ches – zhag – lnga – la sha – cnvi – gra □…□shags – vtshal – bar – gdns tshes – rmavi – gnyn? – la gnya – rgya – dang tshes – rmavi – sug – rgya – dang ring – lugs – dang dbang – can – gyi – dang – rgyas – gtab – phava tshes – rmavi – rgya – ma – mtsho – ste sug – yig – tshad – kyis – gtab – pava. □…□kyi – gran mkhan – mdog – gis dus – ni – ma

－vchal－ba－la－me □…□bcom－pavi－rin－nas－khal－cig－dang bre－bco－lnga－dzevu－ai－vgrub □…□

（錄文完）

7.3 背面用殘破護首作裱補，上有經名“七階佛名一卷”。

8 7～8 世紀。唐寫本。

9.1 楷書。

11 圖版：《敦煌寶藏》，107/220A～221A。

1.1 BD04428 號

1.3 大般涅槃經（北本 思溪本）卷一三

1.4 崑 028

1.5 115:6368

2.1 186×27 厘米；4 紙；111 行，行 17 字。

2.2 01：46.5，27； 02：46.5，28； 03：46.5，28；
04：46.5，28。

2.3 卷軸裝。首尾均脫。打紙。有烏絲欄。

3.1 首殘→大正 374，12/442A27。

3.2 尾殘→12/443B25。

6.1 首→BD04336 號。

8 7～8 世紀。唐寫本。

9.1 楷書。

11 圖版：《敦煌寶藏》，98/418A～420A。

1.1 BD04429 號

1.3 四分律比丘戒本

1.4 崑 029

1.5 156:6826

2.1 （9＋215）×26.6 厘米；5 紙；139 行，行 17 字。

2.2 01：9＋35，27； 02：45.0，28； 03：45.0，28；
04：45.0，28； 05：45.0，28。

2.3 卷軸裝。首殘尾脫。卷首殘破嚴重，脫落一塊殘片。有烏絲欄。

3.1 首 5 行下殘→大正 1429，22/1015A18～28。

3.2 尾殘→22/1017A13。

4.1 四分戒本（首）。

8 9～10 世紀。歸義軍時期寫本。

9.1 楷書。

11 圖版：《敦煌寶藏》，102/115B～118A。

1.1 BD04430 號

1.3 佛名經（十六卷本）卷一四

1.4 崑 030

1.5 063:0785

2.1 （3＋68.5）×31.8 厘米；2 紙；42 行，行 13 字。

2.2 01：3＋22，15； 02：46.5，27。

2.3 卷軸裝。首殘尾脫。接縫中部開裂。有烏絲欄。

3.1 首 2 行中下殘→《七寺古逸經典研究叢書》，3/693 頁第 92～93 行。

3.2 尾殘→《七寺古逸經典研究叢書》，3/696 頁第 133 行。

8 9～10 世紀。歸義軍時期寫本。

9.1 楷書。

11 圖版：《敦煌寶藏》，62/304A～304B。

1.1 BD04431 號

1.3 金光明經卷二

1.4 崑 031

1.5 081:1375

2.1 （8.1＋776.6）×25.8 厘米；17 紙；444 行，行 17 字。

2.2 01：8.1＋33，23； 02：48.8，28； 03：48.8，28；
04：48.7，28； 05：48.2，28； 06：48.6，28；
07：48.6，28； 08：48.8，28； 09：48.5，28；
10：48.8，28； 11：48.8，28； 12：48.5，28；
13：48.5，28； 14：48.7，28； 15：48.5，28；
16：48.5，28； 17：14.3，01。

2.3 卷軸裝。首殘尾全。首紙破碎嚴重，卷面油污。已修整。有烏絲欄。

3.1 首 4 行中下殘→大正 663，16/340C19～23。

3.2 尾全→16/346B9。

4.2 金光明經卷第二（尾）。

8 8 世紀。唐寫本。

9.1 楷書。

11 圖版：《敦煌寶藏》，67/259B～269B。

1.1 BD04432 號

1.3 金光明最勝王經卷二

1.4 崑 032

1.5 083:1537

2.1 （23.5＋96.3＋1.5）×25.3 厘米；4 紙；72 行，行 17 字。

2.2 01：04.5，護首； 02：19＋24，26； 03：43.3，27；
04：29＋1.5，19。

2.3 卷軸裝。首全尾殘。有護首，已残破。卷首鼠嚙殘缺嚴重。各紙背皆有古代裱補，有烏絲欄。

3.1 首 11 行下殘→大正 665，16/408B2～16。

3.2 尾行中殘→16/409A23。

4.1 金光明最勝王經□…□（首）。

8 8～9 世紀。吐蕃統治時期寫本。

9.1 楷書。

11 圖版：《敦煌寶藏》，68/349A～350B。

1.1 BD04433 號

1.3 大般涅槃經（北本 異本）卷二九

1.4 崑 033

1.5 115:6473

2.1 （6＋789.5）×26.8 厘米；20 紙；496 行，行 17 字。

2.2 01：6+12.5，12； 02：41.0，26； 03：41.0，26；
04：41.0，26； 05：41.0，26； 06：41.0，26；
07：41.0，26； 08：41.0，26； 09：41.0，26；
10：41.0，26； 11：41.0，26； 12：41.0，26；
13：41.0，26； 14：41.0，26； 15：41.0，26；
16：41.0，26； 17：41.0，26； 18：41.0，26；
19：41.0，26； 20：39.0，16。
2.3 卷軸裝。首殘尾全。第1、2紙下部殘破。有燕尾。尾有原軸，兩端塗黑漆，頂端點硃漆。有烏絲欄。
3.1 首4行下殘→大正374，12/534C17～21。
3.2 尾全→12/540C14。
4.2 大般涅槃經卷第廿九（尾）。
5 與《大正藏》本對照，分卷不同，經文相當於《大正藏》本卷第二十八師子吼菩薩品第十一之二至卷第二十九師子吼菩薩品第十一之三。與現知諸藏分卷均不同。
8 5～6世紀。南北朝寫本。
9.1 楷書。
11 圖版：《敦煌寶藏》，99/391A～400B。

1.1 BD04434號
1.3 金剛般若波羅蜜經
1.4 崑034
1.5 094:4036
2.1 （23.5+284+7）×25厘米；7紙；176行，行17字。
2.2 01：23.5，13； 02：50.0，28； 03：50.0，28；
04：50.0，28； 05：50.0，28； 06：50.0，28；
07：34+7，23。
2.3 卷軸裝。首尾均殘。經黄紙。卷面多水漬及破裂，第6、7紙間接縫處開裂，卷尾殘破，背有古代裱補。有烏絲欄。
3.1 首13行上下殘→大正235，8/750A7～20。
3.2 尾4行上殘→8/752A15～21。
5 與《大正藏》本對照，本卷經文無冥司偈，參見《大正藏》，8/751C16～19。
8 7～8世紀。唐寫本。
9.1 楷書。
11 圖版：《敦煌寶藏》，81/572A～576A。

1.1 BD04435號
1.3 佛名經（十六卷本）卷八
1.4 崑035
1.5 063:0677
2.1 （4+1211.1）×28厘米；17紙；614行，行16字。
2.2 01：04.0，護首； 02：75.3，40； 03：77.8，42；
04：78.3，42； 05：78.5，42； 06：78.5，42；
07：78.5，42； 08：75.6，41； 09：78.5，42；
10：78.5，42； 11：78.5，42； 12：78.5，42；
13：41.5，22； 14：74.5，40； 15：78.8，41；
16：77.8，41； 17：78.0，11。
2.3 卷軸裝。首尾均全。首紙上下部殘損，卷面有油污。背有現代裱補。有烏絲欄，甚淡。
3.1 首全→《七寺古逸經典研究叢書》，3/380頁第1行。。
3.2 尾殘→《七寺古逸經典研究叢書》，3/427頁第614行。
4.1 佛說佛名經卷第八（首）。
4.2 佛名經卷第八（尾）。
7.1 卷尾有題記"寫佛名人亡過神生淨土，莫樂（落）三途"。
7.3 第6紙背與卷尾背，有佛名經等雜寫9行。
8 9～10世紀。歸義軍時期寫本。
9.1 楷書。
11 圖版：《敦煌寶藏》，61/166A～132B。

1.1 BD04436號
1.3 大般若波羅蜜多經卷五二
1.4 崑036
1.5 084:2152
2.1 90.8×26厘米；2紙；47行，行17字。
2.2 01：47.8，28； 02：43.0，19。
2.3 卷軸裝。首脱尾全。有烏絲欄。
3.1 首殘→大正220，5/297B13。
3.2 尾全→5/298A1。
4.2 大般若波羅蜜多經卷第五十二（尾）。
6.1 首→BD04760號。
8 8世紀。唐寫本。
9.1 楷書。
11 圖版：《敦煌寶藏》，72/118A～119A。

1.1 BD04437號
1.3 大乘入楞伽經卷三
1.4 崑037
1.5 038:0347
2.1 773×25厘米；17紙；517行，行17字。
2.2 01：13.0，護首； 02：48.5，33； 03：49.0，34；
04：49.0，34； 05：49.0，34； 06：49.0，34；
07：49.0，34； 08：48.8，34； 09：49.0，34；
10：49.0，34； 11：49.0，34； 12：49.2，34；
13：49.0，34； 14：49.0，34； 15：49.0，34；
16：49.0，34； 17：25.5，08。
2.3 卷軸裝。首尾均全。有護首，已殘破。有烏絲欄。
3.1 首全→大正672，16/600B17。
3.2 尾全→16/607B15。
4.1 佛說大乘入楞伽經集一切法品第二之三，卷三（首）。
4.2 佛說大乘入楞伽經卷第三（尾）。
8 9～10世紀。歸義軍時期寫本。
9.1 楷書。
11 圖版：《敦煌寶藏》，58/234B～244B。

1.1　BD04438 號
1.3　大般若波羅蜜多經卷五二
1.4　崑 038
1.5　084:2136
2.1　47.8×25.7 厘米；1 紙；28 行，行 17 字。
2.3　卷軸裝。首尾均脱。有烏絲欄。
3.1　首殘→大正 220，5/292B28。
3.2　尾殘→5/292C27。
6.2　尾→BD04410 號。
8　8 世紀。唐寫本。
9.1　楷書。
11　圖版：《敦煌寶藏》，72/101。

1.1　BD04439 號
1.3　大般涅槃經（北本）卷一三
1.4　崑 039
1.5　115:6375
2.1　（3+75）×25.3 厘米；2 紙；48 行，行 17 字。
2.2　01：3+29.5，20；　02：45.5，28。
2.3　卷軸裝。首尾均殘。首紙下殘。有烏絲欄。
3.1　首 2 行下殘→大正 374，12/444C17～19。
3.2　尾殘→12/445B8。
6.1　首→BD04750 號。
8　8～9 世紀。吐蕃統治時期寫本。
9.1　楷書。
11　圖版：《敦煌寶藏》，98/432B～433B。

1.1　BD04440 號
1.3　合部金光明經（異卷）卷八
1.4　崑 040
1.5　082:1433
2.1　（4.5+667.8）×25.5 厘米；15 紙；409 行，行 17 字。
2.2　01：4.5+40，28；　02：45.4，28；　03：45.3，28；
04：45.4，28；　05：45.4，28；　06：45.4，28；
07：45.5，28；　08：45.5，28；　09：45.5，28；
10：45.5，28；　11：45.5，28；　12：45.5，28；
13：45.5，28；　14：45.4，28；　15：37.0，17。
2.3　卷軸裝。首殘尾全。經黄打紙，研光上蠟。接縫處多有開裂。有燕尾。有烏絲欄。
3.1　首 3 行上中殘→大正 664，16/396A15～17。
3.2　尾全→16/401C24。
4.2　金光明經卷第八（尾）。
5　與《大正藏》本對照，分卷不同。相當於《大正藏》之流水長者子品第二十一後半部至付囑品第二十四。又付囑品本件缺末 27 行。分卷與《思溪藏》、《普寧藏》、《嘉興藏》及宫本、聖語藏本相同。
8　7～8 世紀。唐寫本。
9.1　楷書。
11　圖版：《敦煌寶藏》，67/512B～521A。

1.1　BD04441 號
1.3　大乘密嚴經（地婆訶羅本）卷中
1.4　崑 041
1.5　040:0390
2.1　（2.5+74.8）×26.5 厘米；2 紙；48 行，行 17 字。
2.2　01：2.5+31.8，21；　02：43.0，27。
2.3　卷軸裝。首尾均殘。卷面有水漬。有烏絲欄。
3.1　首行中下殘→大正 681，16/737B28～29。
3.2　尾殘→16/738A18。
6.1　首→BD04560 號。
6.2　尾→BD04471 號。
8　8～9 世紀。吐蕃統治時期寫本。
9.1　楷書。
11　圖版：《敦煌寶藏》，58/483B～484B。

1.1　BD04442 號
1.3　大般涅槃經（北本　思溪本）卷一三
1.4　崑 042
1.5　115:6362
2.1　（30+89.3+3）×27 厘米；4 紙；72 行，行 17 字。
2.2　01：25.0，15；　02：5+42，28；　03：47.3，28；
04：03.0，01。
2.3　卷軸裝。首尾均殘。打紙。卷首殘缺嚴重，第 2、3 紙上方有多處殘缺及破洞。有烏絲欄。
3.1　首 18 行上下殘→大正 374，12/440A6～B2。
3.2　尾行上殘→12/440C28～29。
5　與《大正藏》本對照，分卷不同。經文相當於《大正藏》卷十二聖行品第七之二的後部至卷十三聖行品第七之三的前部，分卷與《思溪藏》、《普寧藏》、《嘉興藏》相同。
6.2　尾→BD04336 號。
8　7～8 世紀。唐寫本。
9.1　楷書。
11　圖版：《敦煌寶藏》，98/409A～410B。

1.1　BD04443 號
1.3　大般若波羅蜜多經卷五五五
1.4　崑 043
1.5　084:3339
2.1　（88.3+1.6）×26.2 厘米；3 紙；57 行，行 17 字。
2.2　01：44.5，28；　02：43.8，28；　03：01.6，01。
2.3　卷軸裝。首尾均殘。有烏絲欄。
3.1　首殘→大正 220，7/861B4。
3.2　尾行中殘→7/862A2～3。
6.1　首→BD04629 號。

6.2　尾→BD04746 號。
8　8～9 世紀。吐蕃統治時期寫本。
9.1　楷書。
11　圖版:《敦煌寶藏》, 77/305B～306B。

1.1　BD04444 號
1.3　大般涅槃經（北本　宮本）卷一三
1.4　崑 044
1.5　117:6571
2.1　50×25.5 厘米; 1 紙; 24 行, 行 17 字。
2.3　卷軸裝。首殘尾全。尾有原軸, 尾端塗棗紅色漆。有烏絲欄。
3.1　首殘→大正 374, 12/446A20。
3.2　尾全→12/446B14。
4.2　大般涅槃經卷第十三（尾）。
5　與《大正藏》本對照, 分卷不同。相當於《大正藏》本聖行品第七之四的一部分。分卷與宮本相同。
8　8～9 世紀。吐蕃統治時期寫本。
9.1　楷書。
11　圖版:《敦煌寶藏》, 100/375A～B。

1.1　BD04445 號
1.3　大般若波羅蜜多經（兑廢稿）卷二八
1.4　崑 045
1.5　084:2078
2.1　45.5×25.5 厘米; 1 紙; 25 行, 行 17 字。
2.3　卷軸裝。首尾均脱。卷面有黴爛破裂及等距離殘洞。有烏絲欄。尾有餘空。
3.1　首殘→大正 220, 5/156C23。
3.2　尾缺→5/157A20。
8　7～8 世紀。唐寫本。
9.1　楷書。上邊有一“兑”字。
11　圖版:《敦煌寶藏》, 71/584B。

1.1　BD04446 號
1.3　大般若波羅蜜多經卷二八
1.4　崑 046
1.5　084:2077
2.1　(3+25.8+1.5)×25.5 厘米; 1 紙; 19 行, 行 17 字。
2.3　卷軸裝。首尾均殘。卷面有殘洞, 破損嚴重。已修整。有烏絲欄。
3.1　首 2 行上下殘→大正 220, 5/154A15～16。
3.2　尾行中殘→5/154B4。
7.1　卷首背面有勘記“廿八, 三”, 前者是本文獻卷次, 後者是所屬袟次。
8　8～9 世紀。吐蕃統治時期寫本。
9.1　楷書。
11　圖版:《敦煌寶藏》, 71/584A。

1.1　BD04447 號
1.3　大般若波羅蜜多經卷一九六
1.4　崑 047
1.5　084:2491
2.1　(13.5+32.2+1.6)×25.5 厘米; 1 紙; 27 行, 行 17 字。
2.3　卷軸裝。首全尾脱。上下邊有破損, 卷面有破裂。已修整。有烏絲欄。
3.1　首 7 行下殘→大正 220, 5/1048C11～20。
3.2　尾行下殘→5/1049A11。
4.1　大般若波羅蜜多經卷第一百九十六, /初分難信解品第卌四之十五, 三藏法師□…□（首）。
7.1　卷首背有收藏者勘記“□闍黎經”。
8　7～8 世紀。唐寫本。
9.1　楷書。
11　圖版:《敦煌寶藏》, 73/473。

1.1　BD04448 號
1.3　大般若波羅蜜多經卷四九〇
1.4　崑 048
1.5　084:3222
2.1　45.8×25.4 厘米; 1 紙; 28 行, 行 17 字。
2.3　卷軸裝。首尾均脱。有烏絲欄。
3.1　首殘→大正 220, 7/491C17。
3.2　尾殘→7/492A15。
6.1　首→BD04472 號。
6.2　尾→BD04624 號。
8　8～9 世紀。吐蕃統治時期寫本。
9.1　楷書。
11　圖版:《敦煌寶藏》, 76/663A。

1.1　BD04449 號
1.3　金剛般若波羅蜜經
1.4　崑 049
1.5　094:4371
2.1　94.7×24.5 厘米; 3 紙; 57 行, 行 17 字。
2.2　01: 03.1, 01;　　02: 45.8, 28;
03: 45.8, 28。
2.3　卷軸裝。首殘尾全。經黄打紙。第 1 紙衹餘末行 5 個字, 2、3 紙粘接處大部開裂。有烏絲欄。
3.1　首行上殘→大正 235, 8/752A3。
3.2　尾全→8/752C2。
8　7～8 世紀。唐寫本。
9.1　楷書。
11　圖版:《敦煌寶藏》, 83/70B～71B。

1.1　BD04450 號
1.3　金光明最勝王經卷七
1.4　崑 050
1.5　083:1819
2.1　(10 +655.6) ×25.5 厘米；15 紙；394 行，行 17 字。
2.2　01：10 +23，20；　02：45.2，28；　03：45.3，28；
04：45.3，28；　05：45.3，28；　06：45.3，28；
07：45.4，28；　08：45.2，28；　09：45.4，28；
10：45.2，28；　11：45.2，28；　12：45.1，28；
13：45.0，28；　14：45.0，28；　15：44.7，10。
2.3　卷軸裝。首殘尾全。卷首殘破嚴重。紙張油污變色、變脆。有烏絲欄。
3.1　首 6 行上下殘→大正 665，16/432C22 ~29。
3.2　尾全→16/437C13。
4.2　金光明經卷第七（尾）。
5　尾附音義。
7.1　卷尾有題記 2 行“弟子沙彌慈光”、“王文信轉一部一遍”。
8　8 ~9 世紀。吐蕃統治時期寫本。
9.1　楷書。
11　圖版：《敦煌寶藏》，70/170A ~178B。
音義見許國霖本 260 頁。

1.1　BD04451 號
1.3　阿彌陀經
1.4　崑 051
1.5　014:0153
2.1　177.1 ×25.8 厘米；5 紙；99 行，行 17 字。
2.2　01：14.8，09；　02：48.0，28；　03：41.0，24；
04：48.0，28；　05：25.3，10。
2.3　卷軸裝。首斷尾全。卷首有破裂，通卷上部有水漬，卷尾有蟲繭。已修整。有烏絲欄。
3.1　首殘→大正 366，12/347A1。
3.2　尾全→12/348A29。
4.2　佛說阿彌陀經（尾）。
7.3　首紙背有雜寫 1 行 7 字：“磑上造作□麨五。”
8　9 ~10 世紀。歸義軍時期寫本。
9.1　楷書。
11　圖版：《敦煌寶藏》，57/6B ~9A。

1.1　BD04452 號
1.3　大乘密嚴經（地婆訶羅本）卷中
1.4　崑 052
1.5　040:0384
2.1　(3.5 +90.7) ×26.5 厘米；3 紙；59 行，行 17 字。
2.2　01：3.5 +6.7，06；　02：45.0，28；　03：39.0，25。
2.3　卷軸裝。首尾均殘。有烏絲欄。
3.1　首行下殘→大正 681，16/736B13 ~14。
3.2　尾殘→16/737A19。
6.2　尾→BD04560 號。
8　8 ~9 世紀。吐蕃統治時期寫本。
9.1　楷書。
11　圖版：《敦煌寶藏》，58/472A ~473A。

1.1　BD04453 號
1.3　金剛般若波羅蜜經（偽卷）
1.4　崑 053
1.5　094:4220
3.4　說明：
查京師圖書館《敦煌石室經卷總目》第五冊，對本號的著錄為《金剛槃（般）若》，長 7 尺 6 寸。首字為“羅作”，尾字為“佛持”。鈐有多種查勘印章及墨記。陳垣《敦煌劫餘錄》著錄為“2 紙，127 行，首殘”，首字為“羅所、作禮”，尾字為“聞佛、受持”。
依據上述著錄，本號原為《金剛般若波羅蜜經》，首殘尾全。
首起：
羅所應供養當知此處則為是塔皆應恭敬
作禮圍繞以諸華香而散其處。(參見《大正藏》235，8/750C22 ~23)
尾止：
優婆塞優婆夷一切世間天人阿修羅聞佛
所說皆大歡喜信受奉持。（參見《大正藏》235，8/752C01 ~02)
文中無冥司偈。共為 127 行。應為唐代寫經。
館存為後代被人偷換的偽卷，已經炭化，無法打開。
8　現代偽卷。
11　圖版：《敦煌寶藏》，82/431A ~433B。

1.1　BD04454 號
1.3　大般若波羅蜜多經卷四九○
1.4　崑 054
1.5　084:3226
2.1　60.7 ×25.3 厘米；2 紙；30 行，行 17 字。
2.2　01：46.4，28；　02：14.3，02。
2.3　卷軸裝。首脫尾全。卷上邊有火灼殘損，卷尾有破裂殘損。有燕尾。有烏絲欄。
3.1　首殘→大正 220，7/494A10。
3.2　尾全→7/494B10。
4.2　大般若波羅蜜多經卷第四百九十（尾）。
6　首→BD04533 號。
8　8 ~9 世紀。吐蕃統治時期寫本。
9.1　楷書。
9.2　有行間校加字。
11　圖版：《敦煌寶藏》，77/4A ~B。

1.1 BD04455 號
1.3 大般若波羅蜜多經卷五二
1.4 崑 055
1.5 084:2147
2.1 (1.9+45.6)×26 厘米；1 紙；28 行，行 17 字。
2.3 卷軸裝。首脱尾殘。有烏絲欄。
3.1 首殘→大正 220，5/296A16。
3.2 尾行下殘→5/296B15。
6.1 首→BD04347 號。
6.2 尾→BD04513 號。
8 8 世紀。唐寫本。
9.1 楷書。
11 圖版：《敦煌寶藏》，72/112。

1.1 BD04456 號
1.3 毗尼心經
1.4 崑 056
1.5 179:7108
2.1 (8+322.5+2.5)×24.5 厘米；9 紙；正面 191 行，背面 189 行，行 27 字。
2.2 01：8+9，10； 02：41.0，25； 03：42.0，24；
04：42.0，24； 05：41.5，22； 06：42.0，24；
07：42.0，23； 08：40.0，25； 09：23+2.5，14。
2.3 卷軸裝。首尾均殘。首紙上、中部有殘洞，第 2、5、6 紙下邊破損，第 2、3 紙接縫上部開裂，第 8 紙上部裱補紙上有横寫文字，中下部裱補上也有 2 行字。有烏絲欄。
2.4 本遺書包括 4 個文獻：(一)《毗尼心經》，191 行，抄寫在正面，今編為 BD04456 號。(二)《齋儀》(擬)，98 行，抄寫在背面，今編為 BD04456 號背 1。(三)《四乘義釋》(擬)，37 行，抄寫在背面，今編為 BD04456 號背 2。(四)《比丘戒述要》(擬)，54 行，抄寫在背面，今編為 BD04456 號背 3。
3.1 首 5 行下殘→大正 2792，85/660B20~25。
3.2 尾 2 行上下殘→85/664C13。
8 8~9 世紀。吐蕃統治時期寫本。
5 與《大正藏》本對照，首 114 行(85/660B20~663A1)、尾 30 行(85/664 A14~C13)文字略有差別。中間部分差別較大。詳情待考。
9.1 楷書。硬筆書寫。
9.2 有硃、墨筆校改、行間校加字。有科分、塗抹及倒乙符號。
11 圖版：《敦煌寶藏》，104/186A~195B。
從該件上揭下古代裱補紙 2 塊，今編為 BD16224。

1.1 BD04456 號背 1
1.3 齋儀(擬)
1.4 崑 056
1.5 179:7108
2.4 本遺書由 4 個文獻組成，本號為第 2 個，98 行。餘參見 BD04456 號之第 2 項、第 11 項。
2.1 此件由 2 個主題組成。此爲第 2 個。餘參見崑 56。
3.1 首 2 行上下殘→《敦煌叢刊初集》，10/第 287 頁第 2 行。
3.2 尾全→《敦煌叢刊初集》，10/第 292 頁第 5 行。
8 9~10 世紀。歸義軍時期寫本。
9.1 楷書。硬筆書寫。
9.2 有行間校加字。有墨筆斷句。

1.1 BD04456 號背 2
1.3 四乘義釋(擬)
1.4 崑 056
1.5 179:7108
2.4 本遺書由 4 個文獻組成，本號為第 3 個，37 行。餘參見 BD04456 號之第 2 項、第 11 項。
3.4 說明：
本文獻首尾均全。解釋外道乘、聲聞乘、緣爵乘、佛乘等四乘義。
8 9~10 世紀。歸義軍時期寫本。
9.1 楷書。硬筆書寫。

1.1 BD04456 號背 3
1.3 比丘戒述要(擬)
1.4 崑 056
1.5 179:7108
2.4 本遺書由 4 個文獻組成，本號為第 4 個，54 行。餘參見 BD04456 號之第 2 項、第 11 項。
3.4 說明：
本文獻首全尾殘。所抄依次為制戒因由、付囑傳承、五部分派、律藏四名、四分戒本簡介。然後記敍、婬戒第一、盜戒第二、煞戒第三、大妄語戒第四等四大戒。接著敍述僧殘戒第一、摩觸第二、粗語第三、勸供養第四、媒嫁戒第五、房舍第六(下殘)。
本文獻未為歷代大藏經所收。是關於戒律的各種基本知識與條規。
8 9~10 世紀。歸義軍時期寫本。
9.1 楷書。硬筆書寫。
9.2 有重文符號。

1.1 BD04457 號
1.3 妙法蓮華經卷三
1.4 崑 057
1.5 105:5173
2.1 (136.2+2.2)×24.6 厘米；3 紙；76 行，行 17 字。
2.2 01：51.1，28； 02：50.9，28； 03：34.2+2.2，20。
2.3 卷軸裝。首脱尾殘。經黄紙。卷面有黴斑，前 2 紙接縫上部開裂。尾紙背有古代裱補。有烏絲欄。
3.1 首殘→大正 262，9/24B5。

3.2　尾行中殘→9/25B11～12。
8　7～8 世紀。唐寫本。
9.1　楷書。
11　圖版：《敦煌寶藏》，89/317A～318B。

1.1　BD04458 號
1.3　無量壽宗要經
1.4　崑 058
1.5　275:8164
2.1　57.5×27 厘米；1 紙；28 行，行 17 字。
2.3　卷軸裝。首尾均脫。卷面刷黄。有烏絲欄。
3.1　首殘→大正 936，19/83C5。
3.2　尾殘→19/84A5。
8　8～9 世紀。吐蕃統治時期寫本。
9.1　楷書。
9.2　上邊有刮改。
11　圖版：《敦煌寶藏》，109/168B～169A。

1.1　BD04459 號
1.3　佛名經（十六卷本）卷一四
1.4　崑 059
1.5　063:0799
2.1　（3.5+57+1.5）×32 厘米；2 紙；36 行，行字不等。
2.2　01：3.5+43，27；　02：14+1.5，09。
2.3　卷軸裝。首尾均殘。有烏絲欄。
3.1　首 2 行中下殘→《七寺古逸經典研究叢書》，3/729 頁第 569～570 行。
3.2　尾 1 行下殘→（《七寺古逸經典研究叢書》，3/732 頁第 604 行。
5　與《七寺本》相比，文字有參差。
6.2　尾→BD04512 號。
8　9～10 世紀。歸義軍時期寫本。
9.1　楷書。
11　圖版：《敦煌寶藏》，62/345。
文字與《佛名經（十二卷本）》卷一也相符。參見大正 440，14/174C29～175A27。

1.1　BD04460 號
1.3　金光明最勝王經卷八
1.4　崑 060
1.5　083:1861
2.1　（14.7+613.8）×26 厘米；16 紙；396 行，行 17 字。
2.2　01：14.7+5.5，12；　02：43.0，27；　03：43.0，28；
04：42.8，27；　05：42.0，27；　06：42.0，27；
07：43.0，28；　08：43.0，28；　09：43.0，27；
10：43.0，27；　11：43.0，28；　12：43.0，28；
13：42.0，27；　14：42.0，27；　15：42.0，27；
16：11.5，01。
2.3　卷軸裝。首殘尾全。卷首殘缺。第 1 至 6 紙油污變爲褐色。有燕尾。已修整。有烏絲欄。
3.1　首 7 行上下殘→大正 665，16/438A5～11。
3.2　尾全→16/444A9。
4.2　金光明最勝王經卷第八（尾）。
8　7～8 世紀。唐寫本。
9.1　楷書。
9.2　有倒乙。
11　圖版：《敦煌寶藏》，70/381A～388B。

1.1　BD04461 號
1.3　金剛般若波羅蜜經
1.4　崑 061
1.5　094:4277
2.1　（7+124.5）×26.3 厘米；3 紙；75 行，行 17 字。
2.2　01：7+28，20；　02：49.5，28；　03：47.0，27。
2.3　卷軸裝。首殘尾脫。卷首油污，殘破嚴重，卷端脫落一塊殘片，可以綴接；卷尾殘破嚴重，有蟲繭。有烏絲欄。
3.1　首 4 行上下殘→大正 235，8/751B1～4。
3.2　尾殘→8/752A27。
5　與《大正藏》本對照，本卷經文無冥司偈，參見《大正藏》，8/751C16～19。
8　9～10 世紀。歸義軍時期寫本。
9.1　楷書。
11　圖版：《敦煌寶藏》，82/566B～568A。

1.1　BD04462 號
1.3　大般涅槃經（北本　宫本）卷二六
1.4　崑 062
1.5　115:6449
2.1　（9.5+853）×25.5 厘米；21 紙；520 行，行 17 字。
2.2　01：9.5+24.5，21；　02：42.5，26；　03：42.0，26；
04：42.0，26；　05：42.0，26；　06：43.0，26；
07：43.0，26；　08：43.0，26；　09：43.0，26；
10：43.0，26；　11：43.0，26；　12：43.0，26；
13：43.0，26；　14：43.0，26；　15：43.0，26；
16：43.0，26；　17：43.0，26；　18：43.0，26；
19：43.0，26；　20：43.0，26；　21：15.0，05。
2.3　卷軸裝。首殘尾全。卷首殘破嚴重，上邊有等距離火灼殘缺。背有古代裱補。有燕尾。有烏絲欄。
3.1　首 6 行上下殘→大正 374，12/516A7～12。
3.2　尾全→12/522A27。
4.2　大般涅槃經卷第廿六（尾）。
5　與《大正藏》本對照，分卷不同。經文相當於《大正藏》卷第二十五光明遍照高貴德王菩薩品第十之五至卷第廿六光明遍照高貴德王菩薩品第十之六。與宫内寮本、《思溪藏》、《普寧

藏》、《嘉興藏》分卷相同。
8　6 世紀。南北朝寫本。
9.1　楷書。
9.2　有行間校加字。有重文符號。
11　圖版：《敦煌寶藏》，99/243A ~254B。

1.1　BD04463 號
1.3　佛名經（十六卷本）卷一四
1.4　崑 063
1.5　063:0789
2.1　(1.6 +62.3) ×32 厘米；3 紙；36 行，行字不等。
2.2　01：1.6 +3，02；　02：47.0，27；　03：12.3，07。
2.3　卷軸裝。首殘尾斷。第 2、3 紙接縫下部開裂。有烏絲欄。
3.1　首 1 行上中殘→《七寺古逸經典研究叢書》，3/709 頁第 215 行。
3.2　尾殘→《七寺古逸經典研究叢書》，3/705 頁第 252 行。
5　與《大正藏》本對照，有缺文“歸命如是等無量無邊辟支佛”。
6.1　首→BD04644 號。
8　9 ~10 世紀。歸義軍時期寫本。
9.1　楷書。
11　圖版：《敦煌寶藏》，62/309A ~309B。

1.1　BD04464 號
1.3　金剛般若波羅蜜經
1.4　崑 064
1.5　094:3917
2.1　(112 +2) ×26.5 厘米；3 紙；66 行，行 17 字。
2.2　01：45.5，26；　02：48.0，28；　03：18.5 +2，12。
2.3　卷軸裝。首尾均殘。經黄紙。第 2、3 紙間接縫處開裂。有烏絲欄。
3.1　首殘→大正 235，8/749C18。
3.2　尾行下殘→8/750B28 ~29。
8　7 ~8 世紀。唐寫本。
9.1　楷書。
11　圖版：《敦煌寶藏》，81/195A ~196B。

1.1　BD04465 號
1.3　佛名經（十六卷本）卷一四
1.4　崑 065
1.5　063:0780
2.1　(3 +64) ×31.7 厘米；2 紙；41 行，行 12 字。
2.2　01：3 +43，27；　02：21 +3，14。
2.3　卷軸裝。首尾均殘。首紙下部撕裂。已修整。有烏絲欄。
3.1　首 2 行中下殘→《七寺古逸經典研究叢書》，3/690 頁第 53 ~54 行。
3.2　尾 2 行上中殘→《七寺古逸經典研究叢書》，3/693 頁第 92 ~93 行。
8　9 ~10 世紀。歸義軍時期寫本。
9.1　楷書。
11　圖版：《敦煌寶藏》，62/260A ~260B。

1.1　BD04466 號
1.3　正法華經卷五
1.4　崑 066
1.5　107:6193
2.1　(4 +246.7 +2.4) ×25.5 厘米；7 紙；154 行，行 17 字。
2.2　01：4 +17，13；　02：45.7，28；　03：46.0，28；
04：46.0，28；　05：46.0，28；　06：46.0，28；
07：02.4，01。
2.3　卷軸裝。首尾均殘。前 3 紙破損嚴重，有黴爛殘洞；通卷污損嚴重，卷面多黴斑。已修整。有烏絲欄。
3.1　首 2 行上下殘→大正 263，9/95A12 ~14。
3.2　尾 1 行上殘→9/97A22。
8　7 ~8 世紀。唐寫本。
9.1　楷書。
11　圖版：《敦煌寶藏》，97/233B ~236B。

1.1　BD04467 號
1.3　妙法蓮華經卷七
1.4　崑 067
1.5　105:6119
2.1　(12 +292.3) ×26 厘米；8 紙；172 行，行 17 字。
2.2　01：10.0，04；　02：2 +45.5，28；　03：47.7，28；
04：47.7，28；　05：47.7，28；　06：47.7，28；
07：48.0，28；　08：08.0，拖尾。
2.3　卷軸裝。首殘尾全。經黄打紙，研光上蜡。卷首多殘缺，下方有殘洞。尾有原軸，兩端塗硃漆。有燕尾。有烏絲欄。
3.1　首 5 行中下殘→大正 262，9/60A17 ~23。
3.2　尾全→9/62A29。
8　7 ~8 世紀。唐寫本。
9.1　楷書。
11　圖版：《敦煌寶藏》，97/59B ~63B。

1.1　BD04468 號
1.3　妙法蓮華經（八卷本）卷六
1.4　崑 068
1.5　105:5633
2.1　336.8 ×25.7 厘米；7 紙；196 行，行 17 字。
2.2　01：48.2，28；　02：48.2，28；　03：48.2，28；
04：48.2，28；　05：48.2，28；　06：48.0，28；
07：47.8，28。
2.3　卷軸裝。首尾均脱。經黄打紙。第 1、7 紙有破裂，卷面有黄色污染。背有古代裱補。有烏絲欄。

3.1 首殘→大正 262，9/46A10。
3.2 尾殘→9/49B14。
5 與《大正藏》本對照，分卷不同，相當於《大正藏》本卷五分別功德品第十七後部開始至卷六法師功德品第十九中部。
9.2 有刮改。
8 7～8 世紀。唐寫本。
9.1 楷書。
11 圖版：《敦煌寶藏》，93/454A～459A。

1.1 BD04469 號
1.3 金剛般若波羅蜜經
1.4 崑 069
1.5 094:4230
2.1 (58.5+1.5)×26 厘米；3 紙；35 行，行 17 字。
2.2 01：10.5，06； 02：48.0，28； 03：01.5，01。
2.3 卷軸裝。首尾均殘。經黃紙。有烏絲欄。
3.1 首殘→大正 235，8/751A10。
3.2 尾行下殘→8/751B16。
8 7～8 世紀。唐寫本。
9.1 楷書。
11 圖版：《敦煌寶藏》，82/456B～457A。

1.1 BD04470 號
1.3 妙法蓮華經（八卷本）卷八
1.4 崑 070
1.5 105:6059
2.1 (52.5+365.8)×29.5 厘米；9 紙；249 行，行 26 字。
2.2 01：46.5，28； 02：6+40，28； 03：47.0，28；
04：46.7，29； 05：47.0，29； 06：46.7，29；
07：46.7，29； 08：46.7，29； 09：45.0，20。
2.3 卷軸裝。首殘尾全。前 2 紙殘破嚴重，卷面有油污，卷尾上下有蟲繭。已修整。背有古代裱補。有烏絲欄。
3.1 首 32 行中下殘→大正 262，9/57B18～58A15。
3.2 尾全→9/62B1。
4.2 妙法蓮華經卷第八（尾）。
8 8 世紀。唐寫本。
9.1 楷書。
9.2 有白色塗改。有倒乙。
11 圖版：《敦煌寶藏》，96/426A～431A。

1.1 BD04471 號
1.3 大乘密嚴經（地婆訶羅本）卷中
1.4 崑 071
1.5 040:0391
2.1 70×26.5 厘米；3 紙；31 行，行 20 字（偈頌）。
2.2 01：02.0，01； 02：45.0，28； 03：23.0，02。
2.3 卷軸裝。首殘尾全。有烏絲欄。
3.1 首殘→大正 681，16/738A18。
3.2 尾全→16/238C16。
4.2 大乘密嚴經卷中（尾）。
6.1 首→BD04441 號。
6.3 與崗 60 號為同文獻。
7.1 尾題後有題記 1 行“比丘玄歸”，但字體與全卷經文不同。
8 8～9 世紀。吐蕃統治時期寫本。
9.1 楷書。
11 圖版：《敦煌寶藏》，58/485A～485B。

1.1 BD04472 號
1.3 大般若波羅蜜多經卷四九〇
1.4 崑 072
1.5 084:3220
2.1 (4.2+90.9)×25.5 厘米；3 紙；58 行，行 17 字。
2.2 01：04.2，02； 02：45.6，28； 03：45.3，28。
2.3 卷軸裝。首殘尾脫。第 2 紙前方下有 1 處撕裂。有烏絲欄。
3.1 首 2 行上殘→大正 220，7/491A17～18。
3.2 尾殘→7/491C17。
6.2 尾→BD04448 號。
7.1 卷背面有 2 行勘記：“四百九十”，為本文獻卷次。“四十九袟，十”，前者為本文獻所屬袟次，後者為袟內卷次。
8 8～9 世紀。吐蕃統治時期寫本。
9.1 楷書。
11 圖版：《敦煌寶藏》，76/661A～662A。

1.1 BD04473 號
1.3 梵網經盧舍那佛說菩薩心地戒品第十卷下
1.4 崑 073
1.5 143:6700
2.1 62×25.5 厘米；2 紙；35 行，行 17 字。
2.2 01：51.0，28； 02：11.0，07。
2.3 卷軸裝。首脫尾殘。卷面有油污。有烏絲欄。
3.1 首殘→大正 1484，24/1003B21。
3.2 尾殘→24/1003C28。
8 9～10 世紀。歸義軍時期寫本。
9.1 楷書。
11 圖版：《敦煌寶藏》，101/237B～238A。

1.1 BD04474 號
1.3 大般若波羅蜜多經卷五二
1.4 崑 074
1.5 084:2139
2.1 48×26 厘米；1 紙；28 行，行 17 字。
2.3 卷軸裝。首尾均脫。有烏絲欄。
3.1 首行下殘→大正 220，5/293B25～26。
3.2 尾殘→5/293C24。

6.1　首→BD04408 號。
6.2　尾→BD04503 號。
8　8 世紀。唐寫本。
9.1　楷書。
11　圖版:《敦煌寶藏》, 72/104。

1.1　BD04475 號
1.3　摩訶般若波羅蜜經（異卷）卷三三
1.4　崑 075
1.5　088:3462
2.1　114×26.3 厘米；3 紙；53 行，行 17 字。
2.2　01：47.8，28；　02：46.6，25；　03：19.6，拖尾。
2.3　卷軸裝。首脱尾全。卷面有黴斑、水漬，尾紙邊沿有殘損。有燕尾。有烏絲欄。
3.1　首殘→大正 223，8/387C17。
3.2　尾全→8/388B14。
4.2　摩訶般若波羅蜜經卷第卌三（尾）。
5　與《大正藏》本對照，卷次不同。《大正藏》本卷為廿三。
6　首→BD04697 號。
7.1　第 2 紙前端上邊有勘記“卌三”，為本文獻卷次。
8　7～8 世紀。唐寫本。
9.1　楷書。
11　圖版:《敦煌寶藏》, 78/94B～95B。

1.1　BD04476 號
1.3　妙法蓮華經卷三
1.4　崑 076
1.5　105:5155
2.1　101.9×24.5 厘米；2 紙；56 行，行 17 字。
2.2　01：50.7，28；　02：51.2，28。
2.3　卷軸裝。首尾均脱。經黄紙。有烏絲欄。
3.1　首殘→大正 262，9/23B19。
3.2　尾殘→9/24B4。
8　7～8 世紀。唐寫本。
9.1　楷書。
11　圖版:《敦煌寶藏》, 89/247A～248A。

1.1　BD04477 號
1.3　維摩詰所説經卷中
1.4　崑 077
1.5　70:1185
2.1　50.5×26.5 厘米；2 紙；29 行，行 17 字。
2.2　01：08.0，04；　02：42.5，25。
2.3　卷軸裝。首尾均殘。有烏絲欄。
3.1　首殘→大正 475，14/547A28。
3.2　尾殘→14/547C2。
6.2　尾→BD04589 號。
8　8～9 世紀。吐蕃統治時期寫本。
9.1　楷書。
11　圖版:《敦煌寶藏》, 65/620B～621A。

1.1　BD04478 號
1.3　佛名經（十六卷本）卷六
1.4　崑 078
1.5　063:0661
2.1　(20.5+63.5)×26.9 厘米；2 紙；54 行，行 11 字。
2.2　01：20.5+11.5，24；　02：52.0，30。
2.3　卷軸裝。首殘尾脱。卷面有等距離殘洞，接縫上中部開裂。已修整。有烏絲欄。
3.1　首 4 行中下殘→《七寺古逸經典研究叢書》, 3/272 頁第 34～38 行。
3.2　尾殘→《七寺古逸經典研究叢書》, 3/276 頁第 88 行。
7.3　卷首背有雜寫“南無瞋報佛”等。
8　9～10 世紀。歸義軍時期寫本。
9.1　楷書。
11　圖版:《敦煌寶藏》, 61/72B～73B。

1.1　BD04479 號
1.3　大般若波羅蜜多經（兑廢稿）卷四七九
1.4　崑 079
1.5　084:3196
2.1　46.6×27.3 厘米；1 紙；25 行，行 17 字。
2.3　卷軸裝。首斷尾脱。尾有餘空。有烏絲欄。
3.1　首殘→大正 220，7/431A19。
3.2　尾缺→7/431B16。
8　8～9 世紀。吐蕃統治時期寫本。
9.1　楷書。卷前方上邊處有 1“兑”字。
11　圖版:《敦煌寶藏》, 76/605A。

1.1　BD04480 號
1.3　金光明最勝王經卷二
1.4　崑 080
1.5　083:1573
2.1　119.8×25.5 厘米；3 紙；66 行，行 17 字。
2.2　01：42.5，26；　02：43.3，27；　03：34.0，13。
2.3　卷軸裝。首脱尾全。尾有原軸，兩端塗硃漆，軸頭呈亞腰形。背有古代裱補。有烏絲欄。
3.1　首殘→大正 665，16/412C28。
3.2　尾全→16/413C6。
4.2　金光明最勝王經卷第二（尾）。
8　7～8 世紀。唐寫本。
9.1　楷書。
11　圖版:《敦煌寶藏》, 68/409B～411A。

1.1　BD04481 號
1.3　佛名經（十六卷本）卷六
1.4　崑 081
1.5　063:0662
2.1　104×27 厘米；2 紙；60 行，行 13 字。
2.2　01：52.0，30；　02：52.0，30。
2.3　卷軸裝。首尾均脱。有烏絲欄。
3.1　首殘→《七寺古逸經典研究叢書》，3/276 頁第 89 行。
3.2　尾殘→《七寺古逸經典研究叢書》，3/281 頁第 148 行。
6.2　尾→BD04484 號。
8　8 世紀。唐寫本。
9.1　楷書。
11　圖版：《敦煌寶藏》，61/74A～75A。

1.1　BD04482 號
1.3　妙法蓮華經卷一
1.4　崑 082
1.5　105:4619
2.1　（8+169.1）×27 厘米；4 紙；124 行，行 33～34 字。
2.2　01：8+20，20；　02：49.7，34；　03：49.7，35；
04：49.7，35。
2.3　卷軸裝。首殘尾脱。卷首殘破嚴重，1、2 紙接縫處上部開裂。有烏絲欄。
3.1　首 6 行上下殘→大正 262，9/2A18～29。
3.2　尾殘→9/5B24。
8　8～9 世紀。吐蕃統治時期寫本。
9.1　楷書。硬筆書寫。
11　圖版：《敦煌寶藏》，85/116A～118A。

1.1　BD04483 號
1.3　法門名義集
1.4　崑 083
1.5　461:8720
2.1　40.5×27 厘米；1 紙；24 行，行 30 字。
2.3　卷軸裝。首尾均脱。卷面殘破。
3.1　首殘→大正 2124，54/202B16。
3.2　尾殘→54/202C28。
8　9～10 世紀。歸義軍時期寫本。
9.1　行楷。
11　圖版：《敦煌寶藏》，111/291B。

1.1　BD04484 號
1.3　佛名經（十六卷本）卷六
1.4　崑 084
1.5　063:0665
2.1　180.9×26.8 厘米；4 紙；104 行，行 13 字。
2.2　01：52.3，30；　02：52.3，30；　03：52.3，30；
04：24.0，14。
2.3　卷軸裝。首脱尾殘。第 1、2 紙接縫脱開，第 2、3 紙接縫上部開裂。有烏絲欄。
3.1　首殘→《七寺古逸經典研究叢書》，3/281 頁第 149 行。
3.2　尾殘→《七寺古逸經典研究叢書》，3/289 頁第 253 行。
5　與《七寺古逸經典研究叢書》本對照，本件少"歸命如是等無量無邊辟支佛，歸命如是等無量無邊諸大菩薩"。
6.1　首→BD04481 號。
7.1　背面兩紙接縫處有"杲"字。紙邊有回鶻文字。
8　8 世紀。唐寫本。
9.1　楷書。
11　圖版：《敦煌寶藏》，61/83A～85B。

1.1　BD04485 號
1.3　金光明最勝王經卷四
1.4　崑 085
1.5　083:1687
2.1　（10+14.5+12.3）×25.5 厘米；2 紙；23 行，行 17 字。
2.2　01：10+3，07；　02：11.5+12.3，16。
2.3　卷軸裝。首尾均殘。通卷破碎，背有古代裱補，紙上有字，朝内粘貼，難以辨認。有烏絲欄。
3.1　首 5 行下殘→大正 665，16/419A3～8。
3.2　尾 8 行上下殘→16/419A18～26。
8　8～9 世紀。吐蕃統治時期寫本。
9.1　楷書。
11　圖版：《敦煌寶藏》，69/279B。

1.1　BD04486 號
1.3　佛名經（十六卷本）卷一四
1.4　崑 086
1.5　063:0801
2.1　（3.5+40+3.5）×32 厘米；2 紙；28 行，行字不等。
2.2　01：3.5+33.5，21；　02：6.5+3.5，07。
2.3　卷軸裝。首尾均殘。有烏絲欄。
3.1　首 2 行上中殘→《七寺古逸經典研究叢書》，3/734 頁第 630～631 行。
3.2　尾 2 行中下殘→《七寺古逸經典研究叢書》，3/736 頁第 657～658 行。
6.1　首→BD04512 號。
6.2　尾→BD04721 號。
8　9～10 世紀。歸義軍時期寫本。
9.1　楷書。
11　圖版：《敦煌寶藏》，62/346B～347A。

1.1　BD04487 號
1.3　妙法蓮華經卷六
1.4　崑 087

1.5　105:5817
2.1　(32+2)×25.5 厘米；1 紙；20 行，行 17 字。
2.3　卷軸裝。首脱尾殘。經黄打紙。中間有大小等距離殘洞。有烏絲欄。
3.1　首殘→大正 262，9/51A27。
3.2　尾行上殘→9/51B21～22。
8　7～8 世紀。唐寫本。
9.1　楷書。
11　圖版：《敦煌寶藏》，95/229A。

1.1　BD04488 號
1.3　金光明最勝王經卷二
1.4　崑 088
1.5　083:1502
2.1　615.1×27.3 厘米；15 紙；391 行，行 17 字。
2.2　01：12.7，08；　02：42.8，28；　03：42.8，28；
04：42.8，28；　05：43.2，28；　06：43.1，28；
07：43.0，28；　08：43.0，28；　09：43.0，28；
10：43.3，28；　11：43.2，28；　12：43.2，28；
13：43.0，28；　14：43.0，28；　15：43.0，19。
2.3　卷軸裝。首殘尾全。前半卷上邊破損，有殘缺。卷尾有蟲繭。有烏絲欄，偈頌間劃横欄。
3.1　首殘→大正 665，16/408B23。
3.2　尾全→16/413C6。
4.2　金光明最勝王經卷第二（尾）。
5　尾附音義。
8　8 世紀。唐寫本。
9.1　楷書。
11　圖版：《敦煌寶藏》，68/145A～152B。

1.1　BD04489 號
1.3　大乘入楞伽經卷二
1.4　崑 089
1.5　038:0362
2.1　(6.5+720.1)×26.5 厘米；15 紙；411 行，行 17 字。
2.2　01：6.5+33，24；　02：45.5，28；　03：45.8，27；
04：46.3，27；　05：46.2，27；　06：46.0，27；
07：50.5，28；　08：51.0，28；　09：51.0，28；
10：51.0，28；　11：51.0，28；　12：51.2，28；
13：51.0，28；　14：51.0，28；　15：49.6，27。
2.3　卷軸裝。首殘尾全。全卷有黴斑，碎損嚴重。已修整。
3.1　首 4 行中殘→大正 672，16/595A22～28。
3.2　尾全→16/600B14。
4.2　佛說大乘入楞伽經卷第二（尾）
8　8 世紀。唐寫本。
9.1　楷書。
11　圖版：《敦煌寶藏》，58/369A～379A。

1.1　BD04490 號
1.3　妙法蓮華經（僞卷）卷一
1.4　崑 090
1.5　105:4635
3.4　說明：
查原京師圖書館《敦煌石室經卷總目》第五册，本號著録為“法華”，長 2 尺 3 寸。首字作“文實”，止字作“實生”。陳垣《敦煌劫餘録》著録為《妙法蓮華經》卷一序品第一，1 紙 37 行，首字作“文殊、實千”，止字作“增實、實生”。陳垣註曰：“字體尚存八分意味。”
現存寫卷係解京後近人僞造偷換，已碳化殘碎。
8　現代僞卷。
11　圖版：《敦煌寶藏》，85/141B。

1.1　BD04491 號
1.3　佛名經（十六卷本）卷一
1.4　崑 091
1.5　061:0548
2.1　61×32 厘米；2 紙；34 行，行 23 字。
2.2　01：36.0，20；　02：25.0，14。
2.3　卷軸裝。首尾均殘。有烏絲欄。
3.1　首殘→《七寺古逸經典研究叢書》，3/27 頁第 276 行。
3.2　尾殘→《七寺古逸經典研究叢書》，3/30 頁第 319 行。
8　9～10 世紀。歸義軍時期寫本。
9.1　楷書。
11　圖版：《敦煌寶藏》，60/10B～11A。

1.1　BD04492 號
1.3　無量壽宗要經
1.4　崑 092
1.5　275:7817
2.1　213×31.5 厘米；6 紙；138 行，行 30 餘字。
2.2　01：43.0，27；　02：42.5，29；　03：07.0，04；
04：42.5，28；　05：42.5，28；　06：35.5，22。
2.3　卷軸裝。首尾均全。有烏絲欄。
3.1　首全→大正 936，19/82A3。
3.2　尾全→19/84C29。
4.1　大乘無量壽經（首）。
4.2　佛說無量壽宗要經（尾）。
7.1　第 6 紙末有題記“解晟子寫”。第 1 紙背有寺院題名“圖”，為敦煌靈圖寺簡稱。
8　8～9 世紀。吐蕃統治時期寫本。
9.1　楷書。
9.2　有刮改。
11　圖版：《敦煌寶藏》，108/28B～31A。

1.1　BD04493 號

1.3　大般若波羅蜜多經卷二九三
1.4　崑 093
1.5　084:2799
2.1　233.7×273 厘米；5 紙；140 行，行 17 字。
2.2　01：47.0，28；　02：46.7，28；　03：46.8，28；
04：46.7，28；　05：46.5，28。
2.3　卷軸裝。首尾均脱。有烏絲欄。
3.1　首殘→大正 220，6/490A17。
3.2　尾殘→6/491C8。
8　8～9 世紀。吐蕃統治時期寫本。
9.1　楷書。
11　圖版：《敦煌寶藏》，75/139B～142B。

1.1　BD04494 號
1.3　佛名經（十六卷本）卷一
1.4　崑 094
1.5　061:0543
2.1　596.6×26.2 厘米；14 紙；328 行，行 18 字。
2.2　01：46.5，26；　02：46.5，26；　03：46.2，26；
04：46.2，26；　05：46.2，26；　06：46.2，26；
07：46.1，26；　08：46.2，26；　09：40.0，23；
10：42.5，24；　11：42.0，24；　12：42.0，24；
13：40.0，23；　14：20.0，02。
2.3　卷軸裝。首殘尾全。第 13 紙中部有殘洞，下部破裂；尾紙中部横向撕裂，下部殘破。背有古代裱補。有烏絲欄。
3.1　首殘→《七寺古逸經典研究叢書》，3/38 頁第 420 行。
3.2　尾全→《七寺古逸經典研究叢書》，3/62 頁第 738 行。
4.2　佛説佛名經卷第一（尾）。
5　與《七寺古逸經典研究叢書》本對照，首多一行文字，尾題前多一句經文。
8　9～10 世紀。歸義軍時期寫本。
9.1　楷書。
11　圖版：《敦煌寶藏》，59/660A～668B。

1.1　BD04495 號
1.3　阿毗曇毗婆沙論（兑廢稿）卷一四
1.4　崑 095
1.5　218:7303
2.1　47.5×27 厘米；1 紙；24 行，行 17 字。
2.3　卷軸裝。首殘尾脱。尾有餘空。有烏絲欄。
3.1　首殘→大正 546，28/104B4。
3.2　尾缺→28/104B29。
5　與《大正藏》本對照，有缺文：28/104B9“依”～B10“迴”。
7.3　經文上有雜寫“是”“於”字，上方有倒寫“大”“故、人、之、有”字，下方有“大、爲”字，尾端有“見之大”與倒寫“二十一、二十五、二十三”字。紙背有許多正、倒字雜寫。
8　9～10 世紀。歸義軍時期寫本。
9.1　楷書。
11　圖版：《敦煌寶藏》，105/414B～416A。

1.1　BD04496 號
1.3　七階佛名經
1.4　崑 096
1.5　305:8318
2.1　（5+382）×28.5 厘米；10 紙；190 行，行 16 字。
2.2　01：5+9，08；　02：41.0，22；　03：44.0，23；
04：43.7，23；　05：44.3，23；　06：44.0，23；
07：44.0，23；　08：39.5，21；　09：37.5，18；
10：35.0，06。
2.3　卷軸裝。首殘尾全。第 2 紙碎損。後 2 紙與前紙紙色不同。已修整。有烏絲欄。
3.4　説明：
本文獻爲敦煌地區流行的佛教懺儀，形態複雜，有待進一步整理研究。
5　行間有後加十方禮、七佛禮、十二光禮等子目。
7.3　尾有形如題記的文字，錄文如下：
“上元三年正月五日靈圖寺僧志殷書寫了奉上。”
“上元元年元月 日靈圖寺僧□讚。”
“上元二年七月廿八月靈圖寺僧志殷寫了”
“□…□一心念我沙彌志殷等從前月 日至今十五日於其□…□/□…□僧地不急揚技淨□順□大德□□慈悲□…□。”
上述題記，内容矛盾，形態類似雜寫。另，唐代有兩個上元年號，唐高宗（674～676）、唐肅宗（760～762）。高宗上元元年係 674 年八月改元，肅宗上元元年係四月改元，均不可能有上元元年元月。因此，不能把上述題記當作寫經題記。從形態看，上述文字應在肅宗上元年以後書寫。
7.3　有經文雜寫 2 處。
8　7～8 世紀。唐寫本。
9.1　楷書。
9.2　有塗抹。有重文符號。有倒乙。
11　圖版：《敦煌寶藏》，109/637B～642A。

1.1　BD04497 號
1.3　大般若波羅蜜多經卷五五五
1.4　崑 097
1.5　084:3337
2.1　110.6×26.1 厘米；3 紙；70 行，行 17 字。
2.2　01：24.1，15；　02：43.8，28；　03：42.7，27。
2.3　卷軸裝。首尾均殘。首紙前端有撕裂，下邊有 1 處殘損。卷面有油污。有烏絲欄。
3.1　首殘→大正 220，7/859C22。
3.2　尾殘→7/860C5。

6.2　尾→BD04629 號。
7.1　卷端背面有 1 行勘記“五百五十五，五十六袟”，前者是本文獻的卷次，後者是所屬袟次。
8　8～9 世紀。吐蕃統治時期寫本。
9.1　楷書。硬筆書寫。
9.2　有刮改。
11　圖版：《敦煌寶藏》，77/302B～303B。

1.1　BD04498 號
1.3　大乘密嚴經（地婆訶羅本）卷中
1.4　崑 098
1.5　040:0385
2.1　（2.8＋139.8）×26.5 厘米；4 紙；88 行，行 17 字。
2.2　01：2.8＋5.5，04；　02：45.0，28；　03：44.8，28；
　　04：44.5，28。
2.3　卷軸裝。首尾均殘。有烏絲欄。
3.1　首行上中殘→大正 681，16/734A23。
3.2　尾殘→16/735B3。
6.1　首→BD04536 號。
6.2　尾→BD04424 號。
8　8～9 世紀。吐蕃統治時期寫本。
9.1　楷書。
11　圖版：《敦煌寶藏》，58/473B～475B。

1.1　BD04499 號
1.3　淨名經關中釋抄卷上
1.4　崑 099
1.5　079:1356
2.1　（13.2＋411.4）×30 厘米；11 紙；314 行，行 33 字。
2.2　01：13.2＋6.1，14；　02：42.3，32；　03：42.4，32；
　　04：42.4，32；　05：42.6，32；　06：42.5，32；
　　07：42.8，32；　08：42.6，32；　09：42.6，32；
　　10：42.6，31；　11：22.5，13。
2.3　卷軸裝。首殘尾全。卷面多油污。有烏絲欄。
3.1　首 10 行下殘→大正 2778，85/510C12～28。
3.2　尾殘→85/508B27。
3.4　說明：
　　原卷抄到“釋序文四”以前為止。故尾有餘空 2 行。
8　8～9 世紀。吐蕃統治時期寫本。
9.1　行書。
9.2　有硃筆校改、點標。有墨筆行間校加字及重文號。
11　圖版：《敦煌寶藏》，67/117A～121B。

1.1　BD04500 號
1.3　維摩詰所說經卷中
1.4　崑 100
1.5　70:1199
2.1　95×26.5 厘米；2 紙；56 行，行 17 字。
2.2　01：48.0，28；　02：47.0，28。
2.3　卷軸裝。首殘尾脫。有烏絲欄。
3.1　首殘→大正 475，14/549A9。
3.2　尾殘→14/549C21。
6.2　尾→BD04524 號。
8　8 世紀。唐寫本。
9.1　楷書。
11　圖版：《敦煌寶藏》，65/651B～652B。

1.1　BD04501 號
1.3　維摩詰所說經卷上
1.4　崗 001
1.5　070:1025
2.1　（123.5＋2）×25 厘米；3 紙；73 行，行 17 字。
2.2　01：31.0，18；　02：48.0，28。　03：44.5＋2，27。
2.3　卷軸裝。首尾均殘。卷面中間有破裂。有烏絲欄。
3.1　首殘→大正 475，14/540B18。
3.2　尾殘→14/541B8～9。
6.2　尾→BD04647 號。
8　7～8 世紀。唐寫本。
9.1　楷書。
11　圖版：《敦煌寶藏》，64/410B～412B。

1.1　BD04502 號
1.3　金剛般若波羅蜜經
1.4　崗 002
1.5　094:4013
2.1　311.8×26.7 厘米；6 紙；168 行，行 17 字。
2.2　01：52.0，28；　02：51.8，28；　03：52.0，28；
　　04：52.0，28；　05：52.0，28；　06：52.0，28。
2.3　卷軸裝。首尾均脫。經黃紙。卷上邊有油污殘缺。有烏絲欄。
3.1　首殘→大正 235，8/750A19。
3.2　尾殘→8/752A25。
8　7～8 世紀。唐寫本。
9.1　楷書。
11　圖版：《敦煌寶藏》，81/503B～507B。

1.1　BD04503 號
1.3　大般若波羅蜜多經卷五二
1.4　崗 003
1.5　084:2140
2.1　48×26 厘米；1 紙；28 行，行 17 字。
2.3　卷軸裝。首尾均脫。有烏絲欄。
3.1　首殘→大正 220，5/293C24。
3.2　尾殘→5/294A23。

6.1　首→BD04474 號。
6.2　尾→BD04514 號。
8　8 世紀。唐寫本。
9.1　楷書。
11　圖版：《敦煌寶藏》，72/105。

1.1　BD04504 號
1.3　金剛般若波羅蜜經
1.4　崗 004
1.5　094:3645
2.1　(5.5+464.5)×24.7 厘米；12 紙；284 行，行 17 字。
2.2　01：5.5+6，07；　02：47.0，28；　03：47.0，29；
04：46.5，28；　05：46.5，29；　06：47.0，29；
07：47.0，28；　08：47.0，29；　09：46.0，28；
10：46.0，28；　11：32.0，20；　12：06.5，01。
2.3　卷軸裝。首殘尾全。打紙。卷首殘破嚴重，第 5 紙有橫裂，第 9、10 紙及第 11、12 紙間接縫開裂。背有古代裱補。有烏絲欄。
3.1　首 3 行上殘→大正 235，8/749A12~14。
3.2　尾全→8/752C3。
4.2　金剛般若波羅蜜經（尾）。
5　與《大正藏》本對照，本卷經文無冥司偈，參見《大正藏》，8/751C16~19。
8　7~8 世紀。唐寫本。
9.1　楷書。
11　圖版：《敦煌寶藏》，79/321B~327B。

1.1　BD04505 號
1.3　灌頂章句拔除過罪生死得度經
1.4　崗 005
1.5　250:7477
2.1　(12.2+215.1+2.9)×25.9 厘米；6 紙；127 行，行 17 字。
2.2　01：12.2+13.2，14；　02：50.4，28；　03：50.5，28；
04：50.6，28；　05：50.4，28；　06：02.9，01。
2.3　卷軸裝。首尾均殘。經黄打紙，砑光上蠟。卷首殘破嚴重，右下殘缺，脱落一塊殘片。有烏絲欄。
3.1　首 7 行下殘→大正 1331，21/532B22~29。
3.2　尾殘→21/534A5。
8　7~8 世紀。唐寫本。
9.1　楷書。
11　圖版：《敦煌寶藏》，106/393B~396B。

1.1　BD04506 號
1.3　大乘密嚴經（地婆訶羅本）卷中
1.4　崗 006
1.5　040:0383
2.1　(1+78.7+2.2)×26.5 厘米；3 紙；51 行，行 17 字。
2.2　01：1+18.5，12；　02：44.5，28；　03：15.7+2.2，11。
2.3　卷軸裝。首尾均殘。有烏絲欄。
3.1　首中殘→大正 681，16/732C11。
3.2　尾 2 行上中殘→16/733B26~29。
5　與《大正藏》本比較，分段略有不同。
6.1　首→BD04612 號。
6.2　尾→BD04536 號。
8　8~9 世紀。吐蕃統治時期寫本。
9.1　楷書。
9.2　有刮改。
11　圖版：《敦煌寶藏》，58/470B~471B。

1.1　BD04507 號
1.3　灌頂章句拔除過罪生死得度經
1.4　崗 007
1.5　250:7518
2.1　213.5×26.7 厘米；5 紙；111 行，行 17 字。
2.2　01：50.0，27；　02：49.8，27；　03：49.8，27；
04：37.0，20；　05：26.9，10。
2.3　卷軸裝。首脱尾全。有烏絲欄。
3.1　首殘→大正 1331，21/535A4。
3.2　尾全→21/536B5。
4.2　藥師經（尾）。
5　與《大正藏》本對照，此卷經文有缺文：21/536A23“即”~A27“訶”咒語。
8　7~8 世紀。唐寫本。
9.1　楷書。
11　圖版：《敦煌寶藏》，106/556A~558B。

1.1　BD04508 號
1.3　金光明最勝王經卷五
1.4　崗 008
1.5　083:1745
2.1　(11+471.7)×26.3 厘米；11 紙；272 行，行 17 字。
2.2　01：11+3.7，08；　02：47.7，28；　03：47.8，28；
04：48.0，28；　05：48.0，28；　06：48.0，28；
07：48.0，28；　08：47.9，28；　09：48.0，28；
10：47.6，28；　11：37.0，12。
2.3　卷軸裝。首殘尾全。有烏絲欄。
3.1　首 6 行上殘→大正 665，16/424A16~21。
3.2　尾全→16/427B13。
4.2　金光明最勝王經卷第五（尾）。
5　尾附音義。
8　8~9 世紀。吐蕃統治時期寫本。
9.1　楷書。
11　圖版：《敦煌寶藏》，69/564B~570B。

新舊編號對照表

一、千字文號與北敦號、縮微膠卷號對照表

千字文號	北敦號	縮微膠卷號
崑 020	BD04420 號	105：5898
崑 021	BD04421 號	070：0912
崑 022	BD04422 號	063：0614
崑 023	BD04423 號	070：0886
崑 024	BD04424 號	040：0386
崑 025	BD04425 號	084：2197
崑 026	BD04426 號	115：6358
崑 027	BD04427 號	256：7651
崑 027	BD04427 號背	256：7651
崑 028	BD04428 號	115：6368
崑 029	BD04429 號	156：6826
崑 030	BD04430 號	063：0785
崑 031	BD04431 號	081：1375
崑 032	BD04432 號	083：1537
崑 033	BD04433 號	115：6473
崑 034	BD04434 號	094：4036
崑 035	BD04435 號	063：0677
崑 036	BD04436 號	084：2152
崑 037	BD04437 號	038：0347
崑 038	BD04438 號	084：2136
崑 039	BD04439 號	115：6375
崑 040	BD04440 號	082：1433
崑 041	BD04441 號	040：0390
崑 042	BD04442 號	115：6362
崑 043	BD04443 號	084：3339
崑 044	BD04444 號	117：6571
崑 045	BD04445 號	084：2078
崑 046	BD04446 號	084：2077
崑 047	BD04447 號	084：2491
崑 048	BD04448 號	084：3222
崑 049	BD04449 號	094：4371
崑 050	BD04450 號	083：1819
崑 051	BD04451 號	014：0153
崑 052	BD04452 號	040：0384
崑 053	BD04453 號	094：4220
崑 054	BD04454 號	084：3226
崑 055	BD04455 號	084：2147
崑 056	BD04456 號	179：7108
崑 056	BD04456 號背 1	179：7108
崑 056	BD04456 號背 2	179：7108
崑 056	BD04456 號背 3	179：7108
崑 057	BD04457 號	105：5173
崑 058	BD04458 號	275：8164
崑 059	BD04459 號	063：0799
崑 060	BD04460 號	083：1861
崑 061	BD04461 號	094：4277
崑 062	BD04462 號	115：6449
崑 063	BD04463 號	063：0789
崑 064	BD04464 號	094：3917
崑 065	BD04465 號	063：0780
崑 066	BD04466 號	107：6193
崑 067	BD04467 號	105：6119
崑 068	BD04468 號	105：5633
崑 069	BD04469 號	094：4230
崑 070	BD04470 號	105：6059
崑 071	BD04471 號	040：0391
崑 072	BD04472 號	084：3220
崑 073	BD04473 號	143：6700
崑 074	BD04474 號	084：2139
崑 075	BD04475 號	088：3462
崑 076	BD04476 號	105：5155
崑 077	BD04477 號	70：1185
崑 078	BD04478 號	063：0661
崑 079	BD04479 號	084：3196
崑 080	BD04480 號	083：1573
崑 081	BD04481 號	063：0662
崑 082	BD04482 號	105：4619
崑 083	BD04483 號	461：8720

崑 084	BD04484 號	063：0665
崑 085	BD04485 號	083：1687
崑 086	BD04486 號	063：0801
崑 087	BD04487 號	105：5817
崑 088	BD04488 號	083：1502
崑 089	BD04489 號	038：0362
崑 090	BD04490 號	105：4635
崑 091	BD04491 號	061：0548
崑 092	BD04492 號	275：7817
崑 093	BD04493 號	084：2799
崑 094	BD04494 號	061：0543
崑 095	BD04495 號	218：7303
崑 096	BD04496 號	305：8318
崑 097	BD04497 號	084：3337
崑 098	BD04498 號	040：0385
崑 099	BD04499 號	079：1356
崑 100	BD04500 號	70：1199
崗 001	BD04501 號	070：1025
崗 002	BD04502 號	094：4013
崗 003	BD04503 號	084：2140
崗 004	BD04504 號	094：3645
崗 005	BD04505 號	250：7477
崗 006	BD04506 號	040：0383
崗 007	BD04507 號	250：7518
崗 008	BD04508 號	083：1745

二、縮微膠卷號與北敦號、千字文號對照表

縮微膠卷號	北敦號	千字文號
014：0153	BD04451 號	崑 051
038：0347	BD04437 號	崑 037
038：0362	BD04489 號	崑 089
040：0383	BD04506 號	崗 006
040：0384	BD04452 號	崑 052
040：0385	BD04498 號	崑 098
040：0386	BD04424 號	崑 024
040：0390	BD04441 號	崑 041
040：0391	BD04471 號	崑 071
061：0543	BD04494 號	崑 094
061：0548	BD04491 號	崑 091
063：0614	BD04422 號	崑 022
063：0661	BD04478 號	崑 078
063：0662	BD04481 號	崑 081
063：0665	BD04484 號	崑 084
063：0677	BD04435 號	崑 035
063：0780	BD04465 號	崑 065
063：0785	BD04430 號	崑 030
063：0789	BD04463 號	崑 063
063：0799	BD04459 號	崑 059
063：0801	BD04486 號	崑 086
070：0886	BD04423 號	崑 023
070：0912	BD04421 號	崑 021
070：1025	BD04501 號	崗 001
079：1356	BD04499 號	崑 099
081：1375	BD04431 號	崑 031
082：1433	BD04440 號	崑 040
083：1502	BD04488 號	崑 088
083：1537	BD04432 號	崑 032
083：1573	BD04480 號	崑 080
083：1687	BD04485 號	崑 085
083：1745	BD04508 號	崗 008
083：1819	BD04450 號	崑 050
083：1861	BD04460 號	崑 060
084：2077	BD04446 號	崑 046
084：2078	BD04445 號	崑 045
084：2136	BD04438 號	崑 038
084：2139	BD04474 號	崑 074
084：2140	BD04503 號	崗 003
084：2147	BD04455 號	崑 055
084：2152	BD04436 號	崑 036
084：2197	BD04425 號	崑 025
084：2491	BD04447 號	崑 047
084：2799	BD04493 號	崑 093
084：3196	BD04479 號	崑 079
084：3220	BD04472 號	崑 072
084：3222	BD04448 號	崑 048
084：3226	BD04454 號	崑 054
084：3337	BD04497 號	崑 097
084：3339	BD04443 號	崑 043
088：3462	BD04475 號	崑 075
094：3645	BD04504 號	崗 004
094：3917	BD04464 號	崑 064
094：4013	BD04502 號	崗 002
094：4036	BD04434 號	崑 034
094：4220	BD04453 號	崑 053

094：4230	BD04469 號	崑 069
094：4277	BD04461 號	崑 061
094：4371	BD04449 號	崑 049
105：4619	BD04482 號	崑 082
105：4635	BD04490 號	崑 090
105：5155	BD04476 號	崑 076
105：5173	BD04457 號	崑 057
105：5633	BD04468 號	崑 068
105：5817	BD04487 號	崑 087
105：5898	BD04420 號	崑 020
105：6059	BD04470 號	崑 070
105：6119	BD04467 號	崑 067
107：6193	BD04466 號	崑 066
115：6358	BD04426 號	崑 026
115：6362	BD04442 號	崑 042
115：6368	BD04428 號	崑 028
115：6375	BD04439 號	崑 039
115：6449	BD04462 號	崑 062
115：6473	BD04433 號	崑 033
117：6571	BD04444 號	崑 044
143：6700	BD04473 號	崑 073
156：6826	BD04429 號	崑 029
179：7108	BD04456 號	崑 056
179：7108	BD04456 號背 1	崑 056
179：7108	BD04456 號背 2	崑 056
179：7108	BD04456 號背 3	崑 056
218：7303	BD04495 號	崑 095
250：7477	BD04505 號	崗 005
250：7518	BD04507 號	崗 007
256：7651	BD04427 號	崑 027
256：7651	BD04427 號背	崑 027
275：7817	BD04492 號	崑 092
275：8164	BD04458 號	崑 058
305：8318	BD04496 號	崑 096
461：8720	BD04483 號	崑 083
70：1185	BD04477 號	崑 077
70：1199	BD04500 號	崑 100